대체투자 파헤치기(중)

타이타노마키의 서막

머리말

그리스 신화에 따르면 태초에 카오스 상태에서 가장 먼저 태어난 이는 여성 신인 가이아이다. 가이아는 스스로 우라노스를 만들어 남편으로 삼았다. 이들 사이에 난 자식들이 바로 타이탄 12신이다. 하지만 우라노스의 아들 크로노스는 가이아의 후원을 받아 부친 우라노스를 거세하고 신의 왕좌에 올랐다. 크로노스 역시 부친과 비슷하게 그의 아들 제우스에게 신의 왕좌를 찬탈 당하는데, 이 과정에서 크로노스편의 타이탄 12신과 제우스편의 올림포스 12신들 사이에 십여 년에 걸친 대전쟁이 일어났다. 바로 「타이타노마키(Titanomachy)」이다.

현대판 타이타노마키는 경영지상주의(Managerialism)로 무장한 전문경영인과 주주 중심주의 및 각종 금융기법으로 무장한 사모투자펀드인 PEF 사이의 혈투이다. 초대형 PEF인 KKR이 타이탄 기업인 알제이알 내비스코(RJR Nabisco)를 인수했던 사건을 묘사한 「문 앞의 야만인들(Barbarians at the Gate)」은 급격히 부상한 초대형 PEF라는 무지막지한 야만인들이, 타이탄 기업들을 대상으로 바로 그들의 문 앞에서 최초의 타이타노마키를 선언하는 장면을 순간적으로 포착한 명언 중의 명언이다.

초대형 PEF들의 타이탄 기업에 대한 2차 공격은 2010년대 들어 정점을 이루고 있는 주주행동주의(Shareholder Activism)이다. 2019년 현재에도 주주행동주의자들은 타이탄 대기업들을 대상으로 업종과 크기에 상관없이 무차별적인 "기습 공격(blitz)"을 퍼붓고 있다. 애플(Apple), 야후(Yahoo), 마이크로소프트(Microsoft), 다우 케미칼(Dow Chemical), 소더비(Sotheby), 암젠(Amgen), 소니(Sony), 코카콜라(Coca Cola), 펩시(Pepsi Co.), 소프트뱅크(Softbank), 롤스로이스(Rolls-Royce), 21세기 폭스(21st Century Fox), AIG, 듀퐁(DuPont),

GE, GM, 도시바, 바클레이즈 등이 주주행동주의자들의 타겟이다. 우리나라도 예외는 아니다. KT&G, 삼성물산, SK(주), 현대상선, 현대자동차, 현대모비스 등이 주주행동주의자들의 타겟이 되었고, SK 그룹은 주주행동주의자들 때문에 그룹의 지배구조를 완전히 바꾸었다.

사모투자펀드(PEF: Private Equity Fund)라는 용어가 낯설다고 느끼는 사람들이 아마 적지는 않을 것이다. 하지만 인스턴트 커피 맥심(Maxim)이나 프렌치 프라이를 찍어 먹는 하인즈(Heinz) 토마토 케첩을 모르는 사람은 거의 없을 것이다. 여행을 좋아하는 사람들에게는 힐튼(Hilton) 호텔이나 샘소나이트(Samsonite) 가방 또한 익숙한 아이콘이다. 나이가 중년에 접어든 이들은 조지 클루니(George Clooney), 브래드 피트(Brad Pitt), 메릴 스트립(Meryl Streep)에 한 때 열광했을 것이고, 미국 팝송을 좋아하는 젊은이들에게 져스틴 팀버레이크(Justin Timberlake)나 테일러 스위프트(Taylor Swift)는 지금도 우상임에 틀림없다. 우리나라 젊은 청춘남녀들은 방송국 연예국의 신입사원 이야기를 그린 KBS2 TV의 프로듀사에 나오는 아이유를 좋아할지도 모르겠다. 주말 오후 쯤 시간이 나면 할리스 커피에서 친구들과 만나 대화를 나누고, 귀가하는 길에 홈플러스 매장에 가서 반찬거리를 사온 후에, 저녁에는 C&M 케이블 방송의 주말 영화를 느긋하게 시청하는 것도 우리 주변에서 흔하게 볼 수 있는 일상들이다.

물론 PEF가 언제나 이와 같은 평화로운 일상과 관련되어 있는 것만은 아니다. 2015년 1월에는 하이마트의 대표였던 선종구 회장이 과거 하이마트 차입 인수과정에서 배임 혐의가 있다는 혐의로 고발된 1심 재판에서 무죄판결을 받기도 했다. 이 사건은 PEF가 주도한 차입인수 과정에서 발생한 배임 이슈가 핵심 쟁점이었다. 2015년 5월에는 론스타가 한국 정부를 사상 최초로 국제투자분쟁센터에 제소하면서, 국제투자분쟁센터는 워싱턴에서 론스타와 한국 정부를 대상으로 1차 심리를 열었다. 론스타는 부실 투자(distressed) 전략을 구사하는 PEF이며, 한국에

서는 대표적인 먹튀 자본으로 이미 악명이 높다.

　미국 역사상 가장 치열한 접전을 벌였던 2012년 대선에서도 오바마 대통령의 경쟁자는 바이 아웃(Buy-out) 전략을 구사하는 PEF인 베인 캐피탈(Bain Capital)을 창립한 롬니(Mitt Romney)였다. 역설적이게도 오바마는 롬니가 가진 약점 중 PEF 파트너로서의 약점을 가장 잘 활용하여 대선 승리를 거머쥐었다. 2014~2015년 미국 전역을 들썩이게 했던 주주행동주의(Shareholder Activism) 역시 PEF의 변종이다. 2016년 11월에는 트럼트 당선자가 차입인수(LBO)와 부실투자(distressed) PEF 전략의 귀재 월버 로스(Wilbur Ross)를 상무부 장관에 지명하였다. 한국에서도 2015년 6월 제일모직이 삼성물산과 합병을 추진하는 과정에서 주주행동주의자 헤지펀드인 엘리엇(Elliott Associates, L.P.)의 합병 비율 반대에 부딪히기도 하였다. 엘리엇은 현대자동차와 현대모비스에 대해서도 주주행동주의 전략을 구사하여, 2019년 주총에서 배당 확대를 요구하면서 시장에 파란을 일으켰다.

　이처럼 우리들이 알게 모르게 일상생활 가운데에 자리 잡고 있는 PEF가 근대적 형태를 갖추기 시작한 시점은 2차 대전 직후인 1946년 미국에서였다. 역사가 오래 되어 보이지 않는다고 대수롭지 않게 생각할지도 모르겠다. 하지만 실제로 모험자본으로서 PEF의 기본 형태는 기원전 1,500년 전후 크레타인과 페니키아인의 항해 프로젝트까지 거슬러 올라간다. 1492년 미국 대륙을 우연히 발견한 크리스토퍼 콜럼버스 역시 PEF 운영자였다. 그는 스페인의 페르난도 2세와 이사벨라 1세를 무려 7년 동안이나 설득하여 자금을 조달했는데, 콜럼버스의 항해 투자는 오늘 날의 PEF가 가진 모든 요소를 갖추고 있었다.

　PEF는 역사상 세 번의 전성기를 겪었다. 가장 첫 번째가 1980년대 차입인수(LBO) 붐이었다. 1980년대 이전까지만 해도 기업의 지분(equity) 투자에 필요한 자금은 기본적으로 자기 자금으로 조달하되, 차입금은 필요 최소한으로 한정하였다. 하지만, 투자은행 드렉셀 번햄 램버트(Drexel Burnham Lambert: DBL)와 마이클 밀큰(Michael Milken)의 등장은 이와 같은 자금조달 구조를 혁명적으로 바꾸었다. DBL과 밀큰이 유휴 자금을 기업 인수합병 시장으로 빨아들이면서, 당시 제1금융권과 같은 보수적 금융기관들이 쳐다보지도 않던 기업을 대상으로 한 인수 합병 시장이 그야말로 하루아침에 천지가 개벽하듯이 팽창하였다.

두 번째 PEF의 전성기는 1990년대 말 벤처붐이었다. 1990년대 후반기는 미국의 재정이 흑자로 전환되어, 미국 정부가 미국 국채 원금을 조기에 상환하면서 막대한 자금이 시중으로 흘러 들어간 시기이다. 이에 더하여 미국 국채와 같은 매력적인 투자 대상의 발행이 급격히 감소하면서 투자대상을 잃은 자금들이 갈 곳을 잃었다. 남아 있는 유일한 곳이 바로 나스닥이었다. 때마침 Y2K와 20세기의 새로운 대륙 간 철도인 인터넷 발명으로 폭증한 정보통신 투자 광풍과 결합하면서 벤처붐이 전 세계를 미친 듯이 휩쓸었다.

마지막 전성기는 폭발적으로 증가한 파생상품이 기업 M&A 활동과 결합된 2000년대 중반이다. 바로 대출채권담보부 증권(Collateralized Loan Obligation: CLO)의 등장이었다. CLO란 기업 M&A 과정에서 차입한 자금 중, 선순위와 메자닌 영역의 대출상품인 레버리지 론(Leveraged Loans)을 묶어서 구조화한 증권이다. CLO 상품으로 인해 PEF에 대한 자금유입과 기업 M&A 시장은 1980년대와 차원이 다른 증가세를 시현하였다. 1980년대 정크 본드(junk bond)가 폭스바겐의 대표 차량인 비틀(Beetle) 엔진을 포뮬러 1(F1)의 경주용 차량 엔진으로 바꾼 것이라면, 2000년대의 CLO는 F1 경주용 차량 엔진을 대륙 간 탄도 미사일의 로켓 추진체로 바꾼 것과 같았다. 2012년까지 거래 규모를 기준으로 PEF가 주도한 바이아웃(Buy-out) 딜 최상위 10건의 거래 중에서, 2007년 한해에 거래가 이루어진 건수가 모두 7건, 2007~2008년 거래 건수는 무려 9건에 달할 정도로,

대체투자 파헤치기(중)

타이타노마키의 서막

2000년대 중반 CLO가 PEF 주도의 차입인수(LBO)에 미친 영향은 과거 어느 시기와도 비교가 불가능한 엄청난 것이었다.

2008년 금융위기는 PEF 산업에도 적지 않은 영향을 끼쳤다. 우선 미국에서는 2010년 신설된 「해외금융계좌신고법(FATCA)」에 따라 미국 시민의 징후가 있는 계좌에 대한 계좌정보를 제공하지 않으면, PEF를 포함한 모든 금융기관에게 30%의 원천세율을 부과한다. 특히 「다드-프랭크 법(Dodd-Frank Act)」이 2012년부터 시행되면서 일정 수준 이상의 자산규모를 운영 중인 PEF는 자신의 포트폴리오까지 규제당국에 보고해야 한다. 볼커룰은 은행들이 자기자본으로 PEF에 투자하는 것을 원칙적으로 금지시켰다. 유럽에서는 2014년 7월부터 「대체투자펀드매니저 지침(AIFMD)」이 시행됨에 따라 PEF가 비상장기업 지분 10% 이상을 취득할 경우 재무적 구조조정을 2년간 금지하는 등의 PEF 운용 규제까지 신설되었다. 다만, 2016년부터 세계 경제 전체가 활황세를 타면서 PEF의 활동도 다시 활발해지고 있다. 이에 따라 PEF의 활동성은 이미 2008년 금융위기 이전 수준을 회복하였고, 2017년에는 금융위기 이전 수준을 넘어 사상 최고치인 5,660억불의 자금이 PEF로 구름처럼 몰려들었다. 미중 무역분쟁으로 2019년부터 세계 경제가 다시 침체기로 들어갈 가능성이 높은 가운데, 향후 PEF의 활동성이 어떤 방향으로 전개될지 귀추가 주목된다.

PEF에 대한 규제 논의 및 최근 들어 더욱 활발해진 PEF의 역동성과 함께, PEF의 기업 인수합병에 대한 찬반 논란 역시 1980년대 이후부터 여전히 평행선을 달리고 있다. PEF의 기업 인수를 긍정적으로 찬성하는 입장에서는 기업경영진의 안이하고 방만한 경영형태를 효과적으로 제어하기 위해서는, 주주 가치 극대화를 지상 목표로 한 PEF의 기업인수가 반드시 필요하다고 주장한다. 기업 이익은 정체되는데 회사비용으로 구입한 자가용 비행기로 해외 출장을 다니면서 맨해튼의 최고급 와인 바에서 로마네콩티 와인으로 비즈니스 미팅을 일삼는 회사대표를 어떻게 견제할 것인가? 비록 높은 비율은 아니지만 기업의 지분을 소유한 대다수 소액 주주들 권리가 거의 언제나 전문경영인들의 판단에 따라 경시되는 현실을 그냥 두고만 볼 것인가? 나아가 기업의 경영권을 장악한 주체가 오너 개인이 아니라 기업의 가치제고를 가장 중요한 목표로 삼는 PEF가 되면, 우리나라 기업문화에 만연한 오너 리스크를 효과적으로 제거할 수 있다고 주장한다.

PEF의 기업 인수를 반대하는 입장은 PEF가 재무적 가치로 환산할 수 없는 경영 전략적 판단을 무시한다고 비판한다. 예컨대, 기업들의 비즈니스는 비용효율적인 측면에서만 평가할 수 없는 무형의 자산들을 포함한다. 신뢰와 협업에 기초하여 시장가격보다 높은 비용을 지급하면서 장기간 유지된 하청업체와의 협력 관계, 당장은 손해를 보지만 미래의 경쟁력 강화를 위한 파일럿 프로젝트나 기술개발 등이 이에 해당한다. 아울러 PEF가 주도하는 가혹한 재무적 구조조정은 자칫하면 실물경제를 담당하는 선량한 기업을 허망하게 해체하는 기업사냥의 허울 좋은 수단으로 전락할 수도 있다. 특히, 소액주주의 권리를 옹호하는 척 하면서 전문경영인의 판단에 무조건적인 반기를 드는 주주행동주의자들은 기업의 장기적인 성장에는 관심이 없는 먹튀 자본의 전형일 뿐이다. 어느 편의 입장이 타당한지 또한 최근 PEF의 확산으로 해결하여야 할 논란거리 중의 하나이다.

이 책은 「대체투자 파헤치기」 시리즈 중 두 번째 책으로 사모투자펀드(PEF)에 대한 이야기를 담았다. (상)권과 마찬가지로 복잡한 이론서가 아니라 실제 경험한 것을 바탕으로 한 경험담이다. 이번 책은 「대체투자 파헤치기(상)」이 지나치게 어렵다는 지적이 많아서 되도록 쉽게 쓸려고 노력했다. 책 중간 중간에 쉬어가는 페이지 코너도 있어서 전체적으로 지루한 내용이 되지 않도록 노력했다.

(중)권의 가장 처음은 사모투자펀드 등장의 의미와 주요 투자자에 대한 개괄적인 설명이다. 다음으로 사모투자펀드의 역사를 크레타와 페니키아 시대까지 추적

대체투자 파헤치기(중)

타이타노마키의 서막

하였고, 2008년 금융위기 이후 2019년까지의 추세를 모두 담았다. PEF의 법률적 정의와 특성은 미국, 유럽, 한국으로 나누어 살펴보았고, 특히 2008년 금융위기 이후 신설된 규제에 대한 상세 내용도 포함하였다. PEF 구성원, 보수, 성과배분 방식 및 성과분석 방법 등은 기술적인 내용이지만 지나치게 기술적인 방식이 되지 않도록 노력했고, 사회적 논란의 대상이 되어온 이슈들도 모두 담기 위해 노력했다. PEF와 Tax는 미국과 유럽 주요 국가들의 PEF 관련 세제들을 개괄적으로 분석하였고, FATCA는 별도 장에서 따로 상술하였다. 특히 PEF와 Tax 부문에서는 미국을 중심으로 최근 전개되고 있는 역합병(Inversion) 추세, 씨티 오브 런던(City of London)과 조세회피 지역과의 관계, 유가 하락으로 인한 러시아 경제 파급효과, 나아가 미술품 거래와 관련된 흥미로운 이야기들이 포함되어 있다.

사모투자펀드 편의 가장 핵심 부문인 PEF 전략에서는 바이아웃(Buy-out), 차입인수(LBO), 성장자본(그로쓰 캐피탈, Growth Capital), 세컨더리(Secondary) 등 4개 전략으로 구분하여 상세히 설명하였다. 기업 가치 산정은 일반적인 이론 설명과 함께 이를 적용한 주요 사례들을 나열하였다. 주요 사례는 2012~2013년을 기준으로 서술하였는데, 이는 2019년 기준으로 현행화 하는 것이 큰 의미가 없고 오히려 투자방향을 오도할 우려가 있기 때문이다. 공매도는 헤지펀드 전략이나 PIPE 편에서 언급되어 간략히 설명하였다.

주주행동주의(Shareholder Activism)와 파이프(PIPE: Private Investment in Public Equity)는 최근 PEF 투자대상으로 새롭게 부상하는 전략이므로 (하)권 첫 번째 장에서 별도로 설명하였다. 특히 주주행동주의자 중 엘리엇(Elliott)은 최근 한국경제에서 적지 않은 이슈로 부각되고 있어 소규모 장에서 별도로 상세히 설명하였다. PEF와 헤지펀드(Hedge Fund) 편에서는 두 전략의 기본적 차이점과, 이 차이점으로 인해 경제와 금융에 미치는 영향력에서 어떻게 다른지를 설명하였다.

한국의 주요 대기업 그룹 해부 편에서는 우선 한국경제 전반에 대한 필자의 생각을 개괄적으로 정리하였다. 이어서 주요 대기업 그룹의 현재를 분석하고, 역사를 정리하였으며, 미래 지배구조 변화 이슈에 대한 생각들을 정리하였다. 특히 한국대기업의 지배구조는 소수의 지분으로 다수의 계열사를 거느리는 과정에서 기형적인 형태로 고착되었으며, 향후 한국경제에 상당한 부담이 될 가능성이 높다. 아울러 지배구조의 불투명성과 주주이익보다는 총수일가의 이익을 중시는 경영전략 구사에 따라 필연적으로 오너 리스크(owner risk)가 높을 수밖에 없는 구조이다. 따라서 한국의 주요 대기업은 2010년대부터 미국을 중심으로 점진적으로 확산되고 있는 주주행동주의의 희생양이나 타겟이 될 가능성이 매우 높다.

하지만 이와 같은 대기업 그룹의 부정적 측면에도 불구하고, 한국 주요 대기업이 이룩한 공적까지 경시하는 것은 균형된 시각이 아니다. 필자가 보기에 한국 대기업 그룹의 역사는 실패를 두려워하지 않고 끊임없이 도전하는 "기업가 정신(Enterpreneurship)"의 역사이다. 독과점적 시장지배, 전근대적인 지배구조, 고조되는 오너 리스크, 그리고 정경유착 논란에서 한국의 대기업 그룹이 결코 자유로울 수는 없다 하더라도, 선대 기업인들이 열정적으로 추구했던 도전과 혁신의 숭고한 정신까지 폄하하는 것은 바람직하지 않다. 과거 한국 대기업 그룹의 오너 경영인들이 추구했던 "실패를 두려워하지 않는 끊임없는 도전과 혁신의 열정" 만큼은 오늘날을 살아가는 기업인들과 우리 모두가 결코 잊지 않고 계승·발전시켜 나가야 한다.

마지막으로 사모투자펀드나 대기업 그룹의 이야기는 사람들이 살아가는 이야기이다. 사람들 이야기는 인간에 대한 탐구를 열정적으로 추구했던 그리스, 로마 시대 사람들과 메디치 가문을 중심으로 발흥한 르네상스의 근본정신이기도 하다. 따라서 크레타와 페니키아 문명, 그리스·로마 신화, 메디치가문의 이야기도 PEF 이야기와 완전히 동떨어진 단순한 잡담거리가 아니다. 그 속에는 오늘날에

대체투자 파헤치기(중)

타이타노마키의 서막

도 변하지 않는 인간의 본성에 대한 심오한 통찰이 담겨 있기 때문이다. 우리나라 대기업 그룹과 관련된 일화들도 사람들이 살아가는 단면을 포착한 것이기에 필요할 경우 인용하였다.

케이케이알(KKR)의 알제이알 내비스코(RJR Nabisco) 인수 역시 한편의 영화와 같다. PEF를 움직인 사람들의 이야기이기 때문이다. 실제로 1987년에 개봉한 올리버 스톤 감독 영화「월스트리트(Wall Street)」도 마이클 더글라스가 열연한 기업사냥꾼인 고든 게코(Gorden Gekko)의 이야기이다. 고든 게코의 실제 모델은 1980년대의 마이클 밀큰(Michael Milken), 이반 보에스키(Ivan Boesky), 혹은 영화 감독인 올리버 스톤 자신이라는 설도 있었다. 고든 게코의 헤어 스타일은 2019년 현재 세계 최대 규모의 PEF인 블랙스톤(Blackstone)의 부회장(Vice Chairman) 겸 블랙스톤(Blackstone) 헤지펀드 운용(BAAM) 부문 사장인 타밀슨 힐즈(Tomilson Hills)의 헤어스타일을 그대로 따라한 것이기도 하다. 마이클 더글라스는 이 영화로 아카데미 남우주연상을 수상하였고, 그가 영화에서 자주 쓰던 "탐욕이 최선이다.(Greed is good.)"라는 말은 지금도 PEF와 헤지펀드 업계에서 회자되는 살아있는 경구이다.

하지만 필자는 그 경구를 결코 좋아하지 않는다. 필자가 좋아하는 경구는 이 책의 가장 앞에 써 놓았다. "AMAT VICTORIA CVRAM!" 이 뜻을 이미 알고 있는 독자에게는 필요 없을지 모르지만, 이 경구의 뜻은 이 책 시리즈 어딘가에 설명해 두었다. 아마 급한 성격에 인터넷을 바로 검색할지도 모르겠다. 하지만 이 책 시리즈를 차근차근히 읽어 가면서 그 뜻을 자연스럽게 알게 되는 것은 어떨까?

> 마지막으로 처음 구상과는 책이 다르게 나와 독자 여러분께 사과 말씀을 드리고 싶습니다. 당초 중권으로 기획했던 PEF와 주요 대기업 그룹 해부 편이 지나치게 분량이 많아져 불가피하게 책을 두 권으로 출판하게 되었습니다. 당초 (하)권에 담을 주제들은 「황금, 설탕, 이자(상) – 바빌로니아의 수수께끼」와 「황금, 설탕, 이자(중) – 성지기사단의 비밀」이라는 별도의 책으로 출간할 예정입니다. 독자 여러분의 너른 아량을 바랍니다.

차례

〈상권〉

I. 세계 경제동향 ··· 13

01 새로운 세계 질서 – Novus Ordo Seclorum ················· 13
　　❄ Knickerbocker Crisis in 1907 ·· 17

02 2008년 금융위기(1) – 금본위제 폐지 ···························· 20

03 2008년 금융위기(2) – 파생금융상품 ····························· 31
　　1) 위기의 잉태: Fannie & Freddie ·· 33
　　2) 위기의 심화: Securitization & Structured Finance ············ 36
　　　❄ Abacus 2007-AC1, 세계에서 가장 비싼 주판 ················· 42
　　3) 위기의 발현: 타이타닉의 침몰 ·· 45
　　4) 위기의 진화: 구원투수 버냉키 ·· 56

04 위기의 결과: 미국 ··· 65
　　1) Great Recession ··· 65
　　　❄ 2008년 금융위기, 그리고 토요타와 삼성전자 ··················· 69
　　2) 규제강화: Too Big to Bail! Too Big to Fail!!, Too Big to Jail? ········ 74
　　3) Dodd-Frank Act ··· 75
　　4) Volcker Rule ··· 83
　　5) 미국경제는 회복 중? ·· 91

05 위기의 결과: Global 96

    1) EMIR (European Market Infrastructure Regulation) 96

    2) 국제교역 및 국제금융 100

    3) Risk-on/Risk-off 102

    4) 유럽재정위기 I: From Convergence To Divergence 108

    5) 유럽재정위기 II: 유럽 재정 위기 종료? 124

    6) 중국 I – 잠자는 용에서 G2로! 129

    7) 중국 II – 그림자 금융(Shadow Banking) 140

    8) 중국 III – Globalization 2.0과 중국발 금융위기? 146

06 이제 세계는 어디로 갈 것인가? – 미국과 중국의 충돌 152

II. 헤지펀드 163

07 프롤로그 163

08 헤지펀드의 기원 166

09 헤지펀드 산업 현황 169

10 헤지펀드의 구조 173

    1) 프라임브로커 173

    2) Administrator 181

    3) Custodian 185

    4) Form ADV / Form PE 187

11 헤지펀드의 레버리지 **189**
  ❄ *2008 Madoff* *195*

12 헤지펀드의 보수 및 환매(Fee and Redemption) **198**

13 헤지펀드의 성과분석 기법 **201**

14 조세회피처(Tax Haven) **203**
  ❄ *2014 Basket Option* *207*

15 헤지펀드의 투자 전략 **209**
  1) Equity Long/Short 210
  2) Equity Market Neutral 221
  3) Relative Value 226
    ❄ *2012 London Whale* *230*
  4) Global Macro – Alchemy of the Finance 232
    ❄ *1992년 9월 16일, 검은 수요일(Black Wednesday)* *239*
  5) CTA 241
  6) Event Driven 247

〈중권〉

III. 사모투자펀드(Private Equity Fund: PEF) (1) ·········· 1

01 프롤로그 – PEF의 등장과 타이타노마키(Titanomachy)의 서막 ·········· 1

02 PEF – 대체투자의 3대 축 ·········· 10

03 주요 PEF 투자자 ·········· 15
   1) 개괄 – 공적 연기금과 PEF: Humble Dignity!!! ·········· 15
   2) 주요 PEF 투자자 리스트 ·········· 20
      ● 쉬어가는 페이지: QIA와 Harrods 백화점 ·········· 26

04 PEF의 역사 ·········· 35
   1) 페니키아부터 콜럼버스까지 ·········· 35
      ● 쉬어가는 페이지: 페니키아와 크레타 문명 ·········· 38
   2) 도리엇(Doriot)의 등장과 신중한 전문가의 원칙(Prudent Expert Rule) ·········· 44
   3) 세 번의 싸이클, Three Boom & Bust: RJR Nabisco! TXU!! SABMiller??? ·········· 48
      ❄ *The Drexel Decade? or Forever?* ·········· 53
   4) 2008년 금융위기, 그리고 현재 ·········· 64
   5) 타이탄 대기업들의 반격 I: 기업 마지노선(Maginot Line for Corporations) ·········· 67
      ❄ *Legendary Revlon* ·········· 76
   6) 타이탄 대기업들의 반격 II: 독약조항(Poisons Pills), 방어기제의 제왕 ·········· 86
      ❄ *미술품 경매상과 헤지펀드의 吳越同舟* ·········· 87
   7) 타이탄 대기업들의 반격 III: 황금낙하산(Golden Parachute), 현대판 계륵 ·········· 95
   8) 타이탄 대기업들의 반격 IV: 왕관의 보석(Crown Jewel), 고스트 프로토콜 ·········· 98

05 PEF 산업 현황 105

06 PEF의 법률상 정의 및 특징 119
1) 미국: 근대적 PEF의 탄생지, 자유가 아니면 죽음을!(Live Free or Die!) 119
2) EU: 사회적 논란의 PEF, 그리고 AIFMD 126
3) 한국: PEF 신생국 133

07 PEF 구성원 및 보수 146
1) GP, LP의 이해관계 불일치: 트로이의 목마 146
2) LP, 수동적 투자자에서 능동적 투자자로! 149
3) GP의 세 가지 수익원: 관리보수, 성과보수, 수수료 153

08 PEF 성과 배분 방식 161

09 PEF 규모와 수익률 상호간 관계 169

10 PEF 성과분석 방법 173
1) 개요: 내부수익률(IRR), 투자배수(Money Multiple: DPI, RVPI, TVPI) 173
2) 실증자료 180

11 PEF와 Tax 186
1) 프롤로그 186
    론스타와 스타타워 *194*
2) 미국: 세계 최고의 법인세율과 PEF의 고뇌 201
    쉬어가는 페이지: 영화배우 절세전략 *205*
    Inversion *209*

3) 유럽의 PEF와 Tax ··· 212
4) 영국: 특별한 왕국(Unique Kingdom) ······································· 212
   ❄ *씨티 오브 런던, Dirige Nos!* ·· *221*
5) 프랑스: 위험자산 투자펀드(FCPR) ·· 227
6) 룩셈부르크: PEF의 유토피아(Utopia for PEF) ···························· 230
7) 네덜란드: 독특한 참여소득 면제제도(Exotic Participation Exemption) ··· 236
8) 아일랜드: 세액 공제 천국(Tax Credit Paradise) ·························· 242
9) 지브롤터: 조세천국의 제왕?(King of Tax Haven?) ······················ 245
10) 싸이프러스: 러시아 조세 회피처?(Russian Tax Resort?) ············ 247
    ❄ *유가하락, 나이오비(Niobe)에게 겨눈 화살* ·························· *250*
11) 모나코: 조세 회피처인가, 아닌가?(Tax Resort or not?) ·············· 253
    ❄ *미술품 거래, 무세이온의 몰락(Mouseion's Collapse)* ············ *254*
    ● *쉬어가는 페이지: 모나코, Kelly, 남부프랑스* ······················· *263*
12) 한국: To be transparent or not to be, that is the question! ········ 266
    ❄ *론스타, Project Knight & Project Squire* ·························· *269*

12 PEF와 해외금융계좌신고법(FATCA) ···································· 276

1) 프로크루스테스의 침대(Procrustean Bed) FATCA, 왜? ··············· 276
2) FATCA 추진 일정, 시한폭탄?(Timebomb?) ······························· 279
3) FATCA 적용 대상, PEF? 설마? ·· 284
4) FATCA의 5가지 의무 ·· 288

13 PEF 투자 전략 ·· 293

1) 전통적 바이아웃(Traditional Buy-out): 최근의 추세 ··················· 293
2) 전통적 바이아웃: 투자건 발굴과 진입가격(Deal Sourcing & Entry Value) ········· 300
3) 전통적 바이아웃: 가치 제고!(Add Value! Add Value!! Add Value!!!) ··········· 312
   ❄ *Houdaille vs. KKR* ··· *323*
4) 전통적 바이아웃: 투자회수(Exit) ·· 333
   ❄ *AB InBev와 3G Capital의 Sonho Grande* ·························· *345*

5) 차입인수(Leveraged Buy-out, LBO): 정의 ·· 348
　　❄ *Peter Cooper Village와 Stuyvesant Town* ································ 356
　　❄ *RJR Nabisco vs. KKR, 타이타노마키의 서막* ································ 363
6) 차입인수(Leveraged Buy-out, LBO): 레버리지 ································ 378
7) 차입인수(Leveraged Buy-out, LBO): 선순위 투자자와 Cov Lite ·············· 384
8) 차입인수(Leveraged Buy-out, LBO): 합법과 불법 사이? ···················· 394
9) Buy-out PEF의 3대 메이저(1): 칼라일(Carlyle) ································ 400
10) Buy-out PEF의 3대 메이저(2): KKR ·· 407
11) Buy-out PEF의 3대 메이저(3): 블랙스톤(Blackstone) ······················· 414
12) 그로쓰 캐피탈(Growth Capital/Later Stage VC): 개요 및 최근 동향 ········· 422
13) 그로쓰 캐피탈(Growth Capital/Later Stage VC): 전략 ······················· 432
14) 세컨더리 PEF(Secondary PEF): 주요 동기 및 최근 추세 ···················· 444
15) 세컨더리 PEF 3대 전략(1): 전통적(traditional secondary) 방식 ············ 447
16) 세컨더리 PEF 3대 전략(2): 직접 인수(secondary direct) 방식 ·············· 458
17) 세컨더리 PEF 3대 전략(3): 구조화(secondary structured) 방식 ············ 461
18) 세컨더리 PEF(Secondary PEF): 주요 운용사(Players) ······················· 463

14 기업가치 산정(Valuation) ·· **468**

1) 프롤로그: 모멘텀(Momentum) ·· 468
2) 기업가치 산정 일반론 ·· 470
3) 2가지 기본 방식(Two Basic Approaches) ······································ 471
4) 상대가치 방식 ·· 473
5) 상대가치 방식(EV/EBITDA) 실증 자료 ··· 476
6) 내재가치 방식 ·· 482

15 공매도 ··· **486**

1) 정의 ··· 486
2) 세부절차 ·· 489
　　❄ *2008년 폭스바겐 공매도 사건* ·· 499

〈하권〉

IV. 사모투자펀드(Private Equity Fund: PEF) (2) ········ 1

01 타이타노마키의 2막 – 주주행동주의(Shareholder Activism) ········ 1

1) 문 앞의 주주행동주의자!(Activists at the Gate!) ········ 1
2) 주주행동주의자(Activists) 동향 ········ 5
3) 주주행동주의자(Activists) 단계별 기본 전략 ········ 12
4) 주주행동주의자(Activists) 주장 유형과 사례 ········ 15
  ❄ *SK vs. Sovereign* ········ 22
5) 주요 주주행동주의자(Who are Activists?) ········ 26
  ❄ *Carl Icahn의 기업사냥* ········ 30
6) 주요 Activist 엘리엇(Elliott Management): 누구?(Who is this?) ········ 34
7) 주요 Activist 엘리엇: 전략 I, Holdout & Pari-Passu ········ 37
8) 주요 Activist 엘리엇: 전략 II, Playing the Back End ········ 41
9) 주요 Activist 엘리엇: 폴 싱어(Paul Singer) ········ 45
10) 주주 행동주의 방어 전략? Self-Evident! ········ 47

02 PIPE ········ 51

1) 개요: 파이프(PIPE)와 헤지펀드, 그리고 PEF ········ 51
2) 기원 및 역사: 미국, 그리고 1933년 증권법 ········ 55
3) 현재 및 미래: PIPE와 PEF, 나는 생각한다, 고로 존재한다.(Cogito Ergo Sum) 60

03 PEF와 Hedge Fund ········ 63

1) 주요 차이? (How Different?) ········ 63
2) 주주행동주의, PEF? 헤지펀드? ········ 68
3) 자산 배분, 엎치락뒤치락 ········ 69

V. 한국 주요 대기업 그룹 해부 — 74

01 한국 경제 — 75

1) 한국 경제는 어디로? – 초고령 사회 — 75
   - KIKO(Knock-In Knock-Out) — 83
2) 한국 경제는 어디로? – 가계 부채 — 87
3) 한국 경제는 어디로? – 대기업 혁신 역량 실종 — 90
   - 메디치家의 교훈 — 95
4) 한국 경제는 어디로? – 양극화 — 103

02 삼성 그룹 — 109

1) 현재의 사업 구조: 그룹 전체 — 109
2) 현재의 사업 구조: 주요 계열사 I – 왕관의 보석(Crown Jewel) 삼성전자 — 111
3) 현재의 사업 구조: 주요 계열사 II – 삼성중공업, 삼성엔지니어링 — 117
4) 현재의 사업 구조: 주요 계열사 III – 삼성물산, 삼성SDS — 121
5) 삼성 그룹 상장사 현황 — 126
6) 삼성 그룹의 역사 — 129
7) 삼성 그룹 지배구조: 현재 — 142
8) 삼성 그룹 지배구조의 미래 I: 2013년 8월 — 152
9) 삼성 그룹 지배구조의 미래 II: 지주회사? — 155
   - Samsung vs. Elliott, 타이타노마키의 2막 — 166

03 현대차 그룹 — 180

1) 현재의 사업 구조: 그룹 전체 — 180
2) 현재의 사업 구조: 주요 계열사 I – 현대자동차 — 182
3) 현재의 사업 구조: 주요 계열사 II – 현대모비스, 현대제철, 현대글로비스 — 188
4) 현대차 그룹 상장사 현황 — 191
5) 현대차 그룹의 역사 — 193

6) 현대차 그룹 지배구조: 현재 ·· 202

7) 현대차 그룹 지배구조: 미래 – 현대모비스와 현대글로비스 ··························· 206

04 SK 그룹 218

1) 현재의 사업 구조: 그룹 전체 ·· 218

2) 현재의 사업 구조: 주요 계열사 – SK텔레콤, SK하이닉스, SK이노베이션 ·········· 220

3) SK 그룹 상장사 현황 ··· 228

4) SK 그룹의 역사 ·· 231

5) SK 그룹의 지배구조: 현재 및 미래 – SK C&C, SK(주), SK하이닉스 ················ 243

05 LG 그룹 251

1) 현재의 사업 구조: 그룹 전체 ·· 251

2) 현재의 사업 구조: 주요 계열사 I – LG화학, LG전자, LG디스플레이 ················ 253

3) 현재의 사업 구조: 주요 계열사 II – LG생활건강, LG유플러스, LG상사 등 ······· 259

4) LG 그룹 상장사 현황 ··· 262

5) LG 그룹의 역사 ·· 264

6) LG 그룹의 지배구조: 현재와 미래 – 구본무, 구본준, 구광모 ··························· 270

06 롯데 그룹 276

1) 현재의 사업 구조: 그룹 전체 ·· 276

2) 현재의 사업 구조: 주요 계열사 – 롯데쇼핑, 롯데하이마트 ······························· 279

3) 롯데 그룹 상장사 현황 ··· 287

4) 롯데 그룹의 역사 ··· 290

5) 롯데 그룹의 지배구조: 현재 ·· 293

6) 롯데 그룹의 지배구조: 미래 – 롯데제과! 호텔롯데!! 광윤사? ··························· 301

07 POSCO(포스코) 그룹 ... 307

1) 현재의 사업 구조: 그룹 전체 ... 307
2) 현재의 사업 구조: 주요 계열사 – 포스코 ... 309
3) 포스코 그룹 상장사 현황 ... 316
4) 포스코 그룹의 역사 ... 317
5) 포스코 그룹의 지배구조: 현재와 미래 – 지주회사! ... 319

08 GS 그룹 ... 324

1) 현재의 사업 구조: 그룹 전체 ... 324
2) 현재의 사업 구조: 주요 계열사 – GS칼텍스, GS건설, GS홈쇼핑, GS리테일 ... 325
3) GS 그룹 상장사 현황 ... 334
4) GS 그룹의 역사 ... 336
5) GS 그룹의 지배구조: 현재와 미래 – One for All, All for One ... 339

09 현대중공업 그룹 ... 345

1) 현재의 사업 구조: 그룹 전체 ... 345
2) 현재의 사업 구조: 주요 계열사 – 현대중공업 ... 347
3) 현대중공업/KCC/현대 그룹 상장사 현황 ... 351
4) 현대중공업 그룹의 역사 ... 354
5) 현대중공업 그룹의 지배구조: 현재와 미래 ... 358
6) 현대중공업, KCC, 현대 그룹 지분율 분쟁의 역사: 현대엘리베이터 ... 362
7) 현대중공업, KCC, 현대 그룹 지분율 분쟁의 역사: 현대상선 ... 370
8) 현대차 그룹 및 현대 그룹 간 인수 갈등의 역사: 현대건설 ... 375

10 한진 그룹 ... 379

1) 현재의 사업 구조: 그룹 전체 ... 379
2) 현재의 사업 구조: 주요 계열사 – 대한항공, 한진해운 ... 381

3) 한진 그룹/한진중공업/메리츠 금융그룹 상장사 현황 ·················· 389
4) 한진 그룹의 역사 ·· 391
5) 한진 그룹의 지배구조: 현재와 미래 – 정석기업, 한진칼 ········· 397

11 에필로그: PEF와 대기업 그룹, 올림포스 세력과 타이탄 세력의 대결 ······ 403
1) 타이타노마키의 서막 – PEF vs. 한국 재벌 ······························ 403
2) 타이타노마키의 2막 – Activist vs. 한국 재벌 ························· 407

별첨: 주요 대기업 그룹 지배구조, 가계도 및 상장사 현황 ··················· **412**

III
사모투자펀드
(Private Equity Fund: PEF)

01 프롤로그 – PEF의 등장과 타이타노마키(Titanomachy)의 서막

　태초에 카오스가 있었다. 혼돈의 상태 카오스에서 가장 먼저 가이아(Gaia) 여신이 태어났다. 가이아 여신은 남편 우라노스(Uranus)를 스스로 만들고, 거대한 규모의 타이탄 12신들을 자식으로 두었다. 하지만 남편 우라노스가 타이탄 12신보다 먼저 태어난 키클롭스(Cyclops)와 헤카톤케이레스(Hecatonchires)를 청동벽으로 뒤덮인 지옥 타르타로스(Tartaros)에 가두면서 가이아와 갈등을 빚었다. 격분한 가이아가 타이탄 12신의 막내 아들 크로노스(Cronos)를 시켜 우라노스를 거세하였고, 이에 따라 크로노스가 왕위에 올랐다. 하지만 크로노스는 자신도 부친과 마찬가지로 자식들에게 쫓겨나갈 것이라는 예언을 듣고는 아내인 레아(Rhea) 사이에서 낳은 아이들을 태어나는 족족 먹어치웠다. 이를 보다 못한 레아는 막내 아들 제우스(Zeus)가 태어나자 곧바로 보자기에 돌을 싸서 크로노스에게 주어 아들 대신 삼키게 하고, 제우스는 살려서 크레타에서 키웠다. 장성한 제우스는 크로노스가 삼켰던 자식들을 모두 토해내게 하여 이들을 포함한 올림포스 12신을 모두 자기편으로 만들었다. 크로노스와 제우스의 충돌은 불가피했다. 결국 제우스 중심의 올림포스 12신과 크로노스 중심의 타이탄 12신의 사활을 건 신화 역사상 가장 거대한 규모의 전투, 거대 신들의 전쟁인 「타이타노마키

사모투자펀드(PEF)

(Titanomachy)」가 시작되었다!¹

인류 역사상 가이아와 같은 존재는 인클로져 운동을 시작으로 개인소유의 개념을 명확히 보장한 자본주의의 탄생이다. 자본주의는 스스로 우라노스와 같은 존재를 만들었는데 바로 주식회사이다.² 주식회사는 소규모 자본으로 기업설립에 참여할 수 있고 출자한 만큼만 책임지면 되기 때문에, 효과적으로 대규모 자금을 한 곳에 집중할 수 있는 인류 역사상 가장 혁신적인 제도였다. 가이아와 우라노스의 결합이 타이탄 12신을 만들었듯이, 자본주의와 주식회사의 결합은 마침내 타이탄처럼 거대한 자본주의 기업들을 탄생시켰다. 역설적이게도 수천만 명의 목숨을 앗아갔던 세계 1·2차 대전은 타이탄 기업들을 국경을 넘어 전 세계에서 활동할 수 있을 정도의 다국적 규모로 초대형화 시켰다.

하지만 주식회사의 가장 핵심적인 원리인 소유와 경영의 분리는 필연적으로 전문경영인이라는 현대판 귀족계급을 잉태했다. 바로 현대판 크로노스이다. 이들 전문경영인은 경영지상주의(Managerialism)라는 명분하에 기업 의사결정의 모든 과정을 장악했다. 소수의 전문경영인에게 타이탄 기업들이 보유한 막강한 권력이

---

1   타이타노마키가 끝난 후 올림포스 12신들은 또 다른 거신 기간테스(gigantes)들과 전투를 벌이는데, 이 전투를 「기간토마키(Gigantomachy)」 혹은 「2차 타이탄 전쟁(The Second Titan War)」이라 부른다. 필자는 기간토마키를 「타이타노마키의 2막」이라 부르고, 이를 (하)권의 제목으로 사용하였다. 타이타노마키와 기간토마키는 그리스 시대 뿐 아니라, 로마와 르네상스 시대 건축과 회화의 단골 주제였다. 타이타노마키를 묘사한 가장 유명한 조각품은 베를린 페르가몬 박물관의 페르가몬 제우스 제단(Pergamon Zeus Altar)에 있다. 하지만 현재 리노베이션 작업 중에 있어 2019년까지는 일반인들이 볼 수 없다. 그리스 역사상 가장 아름다운 건축물 중의 하나인 아테네의 파르테논 신전의 동쪽 전면(east metopes) 조각품 주제는 2차 타이탄 전쟁인 기간토마키이다. 파르테논의 기간토마키는 제우스와 아테나가 주인공으로 등장한다. 한편 파르테논의 주요 조각들은 아테네에 없고 런던의 대영박물관에 있다. 그리스가 터키 지배를 받을 때 駐이스탄불 영국 대사였던 토마스 브루스(Thomas Bruce), 다른 이름으로는 엘긴卿(Lord Elgin)이 이들을 구매했는데, 영국인들은 대영박물관에 있는 파르테논 조각품들을 엘긴 마블즈(Elgin Marbles)라 부르며 다분히 자랑스러워 한다. 반면 그리스 정부는 엘긴 마블즈의 반환을 줄기차게 요구하고 있다. 영국 변호사이자 영화배우 조지 클루니(George Clooney)의 아내인 아말 클루니(Amal Clooney)는 엘긴 마블즈의 그리스 반환을 위해 국제소송을 제기할 것을 그리스 정부에 제안하기도 하였다.

2   최초의 주식회사는 베네치아 탐험가 세바스찬 캐벗(Sebastian Cabot)이 1555년에 영국에서 설립한 무스코비 社(Muscovy Company)라고 한다. 에드워드 챈슬러, 강남규 역, 금융투기의 역사, 국일증권경제연구소, 2001. 그는 이 회사 설립을 위해 액면가 25파운드 주식을 발행해 총 6,000파운드를 영국 상공업자로부터 모집하였다. 한편 세바스찬 캐벗의 부친은 영국 왕 헨리 7세의 후원을 받아 캐나다를 영국에 선물한 탐험가 존 캐벗(John Cabot)이다. 존 캐벗은 크리스토퍼 콜럼버스보다 북쪽에 위치한 영국에서 출발하여 서쪽으로 항해하였으므로, 죽을 때까지 자신이 새로 발견한 땅 "뉴펀들랜드(New Found Land)"를 중국 땅이라 믿어 의심치 않았다고 한다.

집중된 것이다. 이 과정에서 알게 모르게 전문경영인들은 소액 주주들의 이익보다 자신들의 이익을 앞세웠다. 즉 자신의 품위를 유지한다는 명분하에 전문경영인들이 회사 비용으로 화려한 외출을 하기 시작한 것이다.

이를 지켜보다 못한 주주들이 반란을 일으켰다. 대기업들의 전문경영인 체제를 비판하며 새롭게 등장한 신규 주주세력인 현대판 올림포스신들 중의 하나는 주주 중심주의와 각종 금융기법으로 무장한 PEF였다. PEF는 소극적으로 지분 참여만 하던 과거 투자방식에서 벗어나, 투자자인 자신들의 이익을 극대화하기 위해서 어떤 방식도 마다하지 않았다. 즉 PEF가 어떤 식의 투자를 하든지 투자자이면서 주주인 PEF와 해당 기업 경영진의 이해관계를 일치(interest alignment)시키기 위한 공격적인 작업이 필수적으로 수반되었다. 심지어는 해당 기업 경영진을 모두 해고하고 PEF 자신이 직접 경영권을 장악해 나가거나, 소유권이 분산된 상장기업을 인수하여 소유구조를 단순화한 후에 상장폐지 시키는 방법도 사용했다.

나아가 PEF의 든든한 후원자인 공적 연기금(Public Pension Fund)과 국부펀드(Sovereign Wealth Fund)들이 1970년대 말부터 적극적으로 PEF 투자를 확대하기 시작했다. 기관투자자들의 적극적인 투자에 힘입어 마침내 PEF 역시 타이탄 기업들에 대항할 정도로 초대형화 되었다. 결국 PEF는 철옹성 같았던 타이탄 기업 경영인들의 독점적인 기업경영 체제를 1980년대부터 차입인수(Leverage Buy-out: LBO) 기법으로 무장하면서 맹포격하기 시작했다. 타이탄 기업과 전문경영인은 이를 방어하기 위해 포이즌 필(poison pills)과 같은 M&A 방어 기제를 앞 다투어 도입하면서 굳건한 공성전에 돌입하였다. 바로 초대형 타이탄 기업과 초대형 PEF 거대 세력 간 한 치의 양보도 없는 혈전인 현대판 거신들의 전쟁「타이타노마키의 서막」이다!!! 초대형 PEF인 KKR이 타이탄 기업인 알제이알 내비스코(RJR Nabisco)를 인수했던 사건을 묘사한「문 앞의 야만인들(Barbarians at the Gate)」은 급격히 부상한 초대형 PEF라는 거대 올림포스 신들이, 타이탄 대기업들을 대상으로 바로 그들의 문 앞에서 최초의 타이타노마키를 선언하는 장면을 순간적으로 포착한 명언 중의 명언이다.

초대형 PEF들의 타이탄 기업에 대한 2차 공격의 주역은 2010년대 들어 정점을 이루고 있는 주주행동주의자들(Shareholder Activists)이다. 주주행동주의(Shareholder Activism)는 경영지상주의에 대한 극단적인 반대론이다. 주주행동주의자들은 주주이익 극대화를 위해서 현금배당, 사업부문 분사나 매각 요구는 기본이고 심지어 주주의 경영진 참여와 경영진 교체까지 요구하며 이를 위해 위임장 대결까지 불사한다. 2019년 현재 주주행동주의자들이 열어젖힌 타이타노마키 2막의 타겟이 되고 있는 대기업들은 애플(Apple), 야후(Yahoo), 마이크로소프트(Microsoft), 다우 케미칼(Dow Chemical), 소더비(Sotheby), 암젠(Amgen), 소니(Sony), 코카콜라(Coca Cola), 펩시(Pepsi Co.), 메디슨 스퀘어 가든(Madison Square Garden), 듀퐁(Du Pont), 뱅크 오브 뉴욕 멜런(Bank of New York Mellon), 제이씨 페니(JC Penny), 앨러건(Allergan), 에어 프로덕츠(Air Products), 이베이(eBay), 소프트 뱅크(Softbank), 롤스-로이스(Rolls-Royce), 21세기 폭스(21st Century Fox)社, GE, GM, 도시바, 바클레이즈 등으로 주주행동주의자들은 타이탄 대기업들을 대상으로 업종과 크기와 상관없이 무차별적인 "기습 공격(blitz)"을 퍼붓고 있다. 우리나라도 예외는 아니다. KT&G, 삼성물산, SK(주), 현대자동차, 현대모비스 등이 주주행동주의자들의 타겟이 되었거나 현재 진행 중이며, SK 그룹은 주주행동주의자들 때문에 그룹의 지배구조를 완전히 바꾸었다.

사모투자펀드(PEF: Private Equity Fund)라는 용어가 낯설다고 느끼는 사람들이 아마 적지는 않을 것이다. 하지만 아침 식사 후에 간단히 먹는 인스턴트 커피인 맥심(Maxim)이나, 프렌치 프라이를 찍어 먹는 하인즈(Heinz) 토마토 케첩 혹은 간단한 식사대용을 위해 한번 쯤 들러 본 적이 있는 버거킹을 모르는 사람은 거의 없을 것이다. 살인적인 택시비에 염증을 느끼고 있는 런던 시민들에게 스마트폰 앱을 이용한 콜택시 애디슨 리(Addison Lee)의 편리성은 그야말로 축복 그 자체이다. 여행을 좋아하는 사람들은 힐튼(Hilton) 호텔을 한번쯤은 들어 보았을

대체투자 파헤치기(중)

타이타노마키의 서막

것이고, 샘소나이트(Samsonite) 가방 또한 하나쯤은 가지고 있을지 모르겠다. 미국인들이라면 AMC 영화관에서 영화 한편은 모두 관람한 경험이 있을 테고, 우리나라 사람이라면 코엑스 메가박스에서 영화 한번쯤은 보았을 것이다. 나이가 중년에 접어든 이들 중에 미국 영화배우 조지 클루니(George Clooney), 브래드 피트(Brad Pitt)와 메릴 스트립(Meryl Streep)을 모르는 사람은 아마 거의 없을 것이다. 미국 팝송을 좋아하는 이들에게 져스틴 팀버레이크(Justin Timberlake)나 테일러 스위프트(Taylor Swift) 노래는 더 이상 설명이 필요 없을 것 같다. 우리나라 젊은 청춘남녀들은 방송국 연예국의 신입사원 이야기를 그린 KBS2 TV의 프로듀사에 나오는 아이유에 열광할 지도 모르겠다. 주말 오후 쯤 시간이 나면 할리스 커피에서 친구들과 만나 대화를 나누고, 귀가하는 길에 홈플러스 매장에 가서 반찬거리를 사온 후에, 저녁에는 C&M 케이블 방송의 주말 영화를 느긋하게 시청하는 것도 우리나라에서 흔하게 볼 수 있는 일상들이다.

이와 같이 현재의 우리들 일상을 알게 모르게 지배하고 있는 상당수 기업들의 주인이 바로 PEF이다. 맥심(Maxim)은 브라질계 PEF인 3G 캐피탈(3G Capital)이 2013년에 인수한 하인츠(Heinz)가 2015년 3월에 지분 51%를 인수한 크래프트 푸드 홀딩스(Kraft Food Holdings Singapore)의 인스턴트 커피 브랜드이다.[3] 최근 공격적인 인수합병 시도와 극단적인 비용 절감 경영으로 시장에 파란을 일으키고 있는 브라질계 PEF 3G 캐피탈(3G Capital)은 2010년에는 버거킹(Burger King)을 인수하여 현재까지도 소유하고 있다.

힐튼 호텔(Hilton Hotel)은 2007년에 260억불이라는 거금을 모두 현금을 지급하여 인수함으로써 세상을 깜짝 놀라게 한 블랙스톤 그룹(Blackstone Group)

---

3 Financial Times, Sep 8, 2015. 크래프트 푸드 홀딩스의 인수 규모는 부채를 포함하여 626억불이었으며, 2015년 10월 이전에 미국에서 이루어진 발표 기준 인수합병 건으로 규모면에서 3위를 기록한 대규모 투자 건이다. 참고로 1위는 네덜란드의 로열 더치 쉘(Royal Dutch Shell)이 미국의 비지 그룹(BG Group)을 인수한 건으로 딜 규모가 815억불이었다. 2위는 미국의 차터 커뮤니케이션(Charter Communication)이 미국의 타임워너 케이블(Time Warner Cable)을 796억불에 인수한 건이다. 하지만 2015년 10월 13일에 AB InBev와 SABMiller가 상호 합의한 합병 건은 1,070억불의 초대형 합병 건으로 이 발표 이전의 순위는 모두 한 단계 씩 밑으로 내려야 한다. Financial Times, Oct 13, 2015

이 현재도 2대 주주이다. 가방제조업체인 샘소나이트(Samsonite)는 심각한 경영난에 빠져 있던 2003년에, 미국 PEF 애리스 매니지먼트(Ares Management)와 베인 캐피탈(Bain Capital)이 인수하여 경영하다가 2007년에 매각한 기업이다.[4] AMC 영화관(AMC Theaters) 역시 2012년 중국 최대의 부동산 갑부 왕젠린(Wang Jianlin) 대련 완다(Dalian Wanda) 그룹 회장이 인수하기 전까지, 제이피 모건(JP Morgan)의 PEF 사업부문과 또 다른 PEF인 아폴로(Apollo), 칼라일(Carlyle)이 소유하고 있었다.[5] 칼라일(Carlyle)은 2013년에 영국의 애디슨 리(Addison Lee)를 3억 파운드를 지급하고 인수하여 현재까지도 이 회사를 경영하고 있다.

우리나라의 메가박스 영화관은 매각이 완료된 2015년 6월 이전까지 PEF였던 맥쿼리가 최대 지분을 보유하고 있었다. 조지 클루니(George Clooney), 브래드 피트(Brad Pitt), 메릴 스트립(Meryl Streep)이 소속된 헐리우드 최대의 영화기획사 CAA(Creative Artists Agency)는 미국의 거대 PEF인 TPG가 지분의 최소 60%를 소유한 최대 주주이다.[6] 아놀드 팔머(Anold Palmer), 잭 니클라우스(Jack Nicklaus) 등의 스포츠 스타, 지젤 번천(Giesel Bundchen), 케이트 모스(Kate Moss) 등의 패션모델, 져스틴 팀버레이크(Justin Timberlake), 테일러 스위프트

---

[4] 샘소나이트(Samsonite)의 경영난에 가장 직접적인 타격을 준 사건은 9.11 테러 사건이다. 이 사건으로 여행 수요가 급감하면서 여행 가방에 매출의 대부분을 의존하던 샘소나이트(Samsonite)는 2003년 회사가 부도 직전의 풍전등화 상태에 놓여 있었다.

[5] 왕젠린 회장은 2012년 AMC를 인수한 이후 미국의 영화사를 인수하기 위해 공을 들이고 있다. 2014년 12월에는 영화 「헝거 게임」으로 유명한 헐리우드 영화제작 및 배급사인 라이온스 게이트(Lions Gate) 지분 37% 혹은 그 이상을 매입할 것이라고 파이낸셜 타임즈가 보도한 바도 있다. 라이온스 게이트 이외에도 메트로-골드윈-메이어(Metro-Goldwyn-Mayer: MGM) 인수에도 적극적인 것으로 알려져 있다. 왕젠린 회장은 결국 2016년 1월에 다크나이트, 고질라 등을 제작한 헐리우드 영화사 레전더리 엔터테인먼트(Legendary Entertainment)의 주요 지분을 35억불에 인수하였다. Financial Times, Jan 12, 2016. 그는 2020년까지 전 세계 영화 시장의 20% 이상을 장악한다는 목표를 가지고 있다고 한다. Financial Times, Dec 1, 2014 왕젠린 회장 외에도 미국 영화사 인수에 관심을 가진 이는 알리바바의 마 윈(Jack Ma) 회장인데, 그가 2018년 9월에 경영일선에서 물러나겠다고 발표하면서, 향후 행보에 귀추가 주목된다.

[6] TPG는 2010년에 CAA에 처음으로 투자를 시작, 2014년 10월에 추가투자를 완료하여 53%의 지분을 확보했다. TPG가 CAA에 투자한 총 금액은 10억불 내외이다. Wall Street Journal, Oct 20, 2014. 이후 TPG는 CAA에 대한 추가 투자를 지속하여 2019년 초에는 지분율이 60%를 넘는다고 한다. Financial Times, Jan 10, 2019

대체투자 파헤치기(중)

타이타노마키의 서막

(Taylor Swift) 등의 팝송 가수들이 소속된 IMG 역시, 2014년 WME(William Morris Endeavor)에 매각되기 전까지는 알제이알 내비스코(RJR Nabisco) 인수전에서 KKR에 대항했던 PEF인 포츠만 리틀(Fortsmann Little)이 소유하고 있었다.[7] 아이유의 소속사인 로엔 엔터테인먼트는 2016년 1월 카카오가 1조 8,700억 원에 인수하기 전까지 홍콩계 PEF인 어피니티(Affinity)가 SK플래닛으로부터 2013년 10월에 경영권을 인수한 기업이다. 한국의 버거킹은 보고펀드, 할리스 커피는 IMM PE, C&M은 MBK가 주인이다. 2015년 9월 7일, 국내 M&A 역사상 최고가를 갈아 치우며 대형 유통업체 홈플러스 소유권을 장악한 주인공도 홍콩계 PEF인 MBK이다.[8]

하지만 PEF가 언제나 이와 같은 평화로운 일상과 관련되는 것만은 아니다. 2015년 1월에는 하이마트의 대표였던 선종구 회장이 과거 하이마트 차입인수(LBO) 과정에서 배임 혐의가 있다는 혐의로 고발된 1심 재판에서 무죄판결을 받기도 했다. 이 사건은 PEF가 주도한 차입인수 과정에서 발생한 배임 이슈가 핵심 쟁점이었다. 2015년 5월에는 론스타가 한국 정부를 사상 최초로 국제투자분쟁센터에 제소하면서 워싱턴에서 론스타와 한국 정부를 대상으로 1차 심리가 열렸다. 론스타는 부실자산(distressed) 매입 전략을 구사하는 PEF이며, 한국에서는 대표적인 먹튀 자본으로 이미 악명이 높다.

미국 역사상 가장 치열한 접전을 벌였던 2012년 대선에서도, 오바마 대통령의

---

[7] WME(William Morris Endeavor)는 CAA의 또 다른 라이벌 연예기획사이다. WME는 영화배우 벤 애플렉(Ben Affleck), 맷 데이먼(Matt Damon)이 소속된 기획사 인데버(Endeavor)와 또 다른 연예기획사인 윌리엄 모리스(William Morris)가 2009년에 합병하면서 출범한 회사이다. 2013년 12월에는 하이테크 기업에 주로 투자하는 PEF인 실버레이크(Silver Lake)와 IMG를 공동으로 인수한다고 발표했다. IMG 인수대금 23억불은 IMG 상각 전 영업이익(EBITDA)의 13배에 달하는 금액이었다. Forbes, Dec 18, 2013. 한편 IMG는 본문에서 설명한 것 이외에, 테니스 4대 그랜드 대회 중 윔블던(Wimbledon) 대회와 뉴욕, 런던, 밀라노에서 주최되는 각종 패션행사 15개를 주관하는 회사이기도 하다. Financial Times, Feb 28, 2014

[8] MBK가 홈플러스 지분 100%를 매입하기 위해 사용한 금액은 약 5조 8,000억 원(49억 파운드)이다. 아울러 홈플러스 지분 인수를 위해 홈플러스가 가진 부채의 일부를 MBK가 부담하게 되었는데, 매도자인 테스코는 이를 1조 8,800억 원으로 평가하여 매각가치가 7조 6,800억 원이라고 밝혔다. 하지만 부채금액에 대한 평가를 MBK는 1조 4,000억 원으로 평가하면서 홈플러스의 매각가치는 7조 2,000억 원이라고 밝혔다.

사모투자펀드(PEF)

경쟁자는 바이아웃(Buy-out) 전략을 구사하는 PEF인 베인 캐피탈(Bain Capital)의 창립자 밋 롬니(Mitt Romney)였다. 역설적이게도 오바마는 롬니가 가진 약점 중 PEF 파트너로서의 약점을 가장 잘 활용하여 대선 승리를 거머쥐었다. 거의 모두의 예상을 깨고 45대 미국 대통령에 당선된 도널드 트럼프 또한 2016년 11월에 차입인수(LBO)와 부실투자전략(distressed) PEF 전략의 귀재 윌버 로스(Wilbur Ross)를 상무부 장관에 지명하였다. 2013년부터 2019년 현재까지도 미국 전역을 들썩이게 하고 있는 주주행동주의(Shareholder Activism) 역시 PEF의 변종이다. 한국에서도 2015년 6월 제일모직이 삼성물산과 합병을 추진하는 과정에서, 주주행동주의자 헤지펀드인 엘리엇(Elliott Associates, L.P.)의 합병 비율 반대에 부딪히기도 하였다. 엘리엇은 2016년 10월에 삼성전자 분할과 삼성 그룹 지주회사 설립을 제안하면서 세간의 입에 다시 오르내렸다. 엘리엇은 나아가 2018년 5월에는 현대모비스 분할 논의에, 2019년 3월에는 현대자동차와 현대모비스 배당 확대 논의에 주주행동주의 전략을 적극 구사함으로써 시장에 다시 파란을 일으켰다.

이처럼 PEF는 부지불식간에 우리들의 평범한 일상에 이미 침투해 있을 뿐만 아니라, 오늘날 세계 정치와 경제 이슈를 장악하고 선점해 나가면서 지속적으로 영향력을 확대하는 새로운 금융 권력 "현대판 리바이어던(Leviathan)"이다. 그리고 그 권력의 힘은 이미 기존의 타이탄 대기업 세력들을 위협할 만큼 갈수록 커져 가고 있다. 특히 2008년 금융위기를 겪은 이후 투자은행과 상업은행에 대한 규제가 갈수록 강화되면서, 2019년 현재는 PEF의 힘이 월가의 대형 투자은행, 상업은행의 권력을 능가하고 있다는 것이 거의 정설이다. 예컨대 2015년 말 기준으로 세계 최대 PEF인 블랙스톤 그룹(Blackstone Group)의 스티븐 슐츠만(Stephen Schwarzman) 회장 성과보수는 무려 1,000억 원에 육박했는데, 이는 골드만삭스 회장 로이드 블랭파인(Lloyd Blankfein)이나 제이피 모건 회장 제이미 다이먼(Jamie Dimon)의 성과보수보다 3배 이상 높은 금액이었다.

필자는 이와 같이 기존의 타이탄 대기업과 전문경영인들을 대상으로 주주이익 극대화를 내세우며 대립각을 세우고 있는 PEF와, 기존에 자본주의 왕좌 자리를

대체투자 파헤치기(중)

타이타노마키의 서막

지켜온 타이탄 대기업 간의 숨 막히는 긴장관계를 자본주의 역사상 가장 규모가 큰 전쟁인 현대판 「타이타노마키의 서막(Prelude of Titanomachy)」이라고 부를 것이다. 나아가 「타이타노마키의 서막」에서 "문 앞의 야만인들(Barbarians at the Gate)"인 PEF가 타이탄 대기업들과 교전을 벌이는 가운데, PEF의 또 다른 변종인 "문 앞의 주주행동주의자(Activists at the Gate)"들이 타이탄 대기업들을 대상으로 새로운 형태의 기습 공격을 전개하고 있는 상황을 「타이타노마키 2막(Act 2 of Titanomacy, 기간토마키)」이라고 부를 것이다. 이 시리즈의 (하)권인 타이타노마키의 2막이 PEF와 우리나라 대기업들의 이야기를 하나의 테마 아래에 병렬적으로 묶어 놓은 것도 PEF와 대기업 그룹 간 치열하게 진행될 수 있는 숨 막히는 혈투 가능성 때문이다. 이 가능성은 이미 미국에서는 현실화되어 2차례에 걸친 현대판 타이타노마키가 격렬하게 전개되고 있고, 우리나라도 10년 내외의 기간 안에 그와 같은 일이 벌어질 것이라 확신한다. 특히 주주행동주의자들과 한국의 대기업 그룹 간 타이타노마키 2막은 2015년 6월 처음 모습을 드러낸 이후 2016년 10월, 2018년 5월, 2019년 3월에 계속해서 등장하는 엘리엇으로 먼 나라 이야기가 아니라 바로 우리 자신들의 이야기가 되었다. 따라서 대체투자를 운용하는 자산운용 업계뿐만 아니라, 오늘날의 정치와 경제의 메카니즘을 통찰하기 위한 일반인에게도 PEF에 대한 이해는 필수 불가결한 것이라고 본다.

02 PEF – 대체투자의 3대 축

　PEF란 "프라이빗 에쿼티 펀드(Private Equity Fund)"의 약자로 직역하면 사모 지분투자 펀드이다. 간단히 풀어서 쓰면 투자자를 공모가 아닌 사모로 모집하여 지분증권에 투자하는 펀드[9]이다. 우선 가장 중요한 특징 중 하나는 자금을 모집하는 대상이 소규모 투자자에 한정되어야 한다. 미국의 「투자회사법(Investment Company Act of 1940)」은 수익적 소유자가 100인 이하인 경우를, 「증권거래법(Securities Exchanges Act of 1934)」은 전문투자자라 하더라도 499인 이하를 사모로 정의한다. 우리나라는 49인 이하를 사모로 정의한다.[10]

　투자 대상은 지분증권으로 기업 혹은 프로젝트(신탁)의 지분이다. 지분은 과거에는 의결권을 행사하는 보통주로만 해석되었으나, 지금은 지분과 부채의 성격이 혼합된 하이브리드(hybrid) 증권도 지분의 영역에 속한다. 따라서 부채 성격이 있다 하더라도 지분의 성격을 현재이든 미래이든 조금이라도 가지고 있으면 지분

9　우리나라 자본시장법에는 집합투자기구라고 하는데 펀드라는 용어가 더 직관적이고 이해가 쉬운 것 같아 이 책 전체에서 계속 펀드라는 용어를 사용하고자 한다. 한편 과거에는 PEF의 투자대상이 상장기업 지분이 아니어야 한다는 주장도 있었다. 하지만 최근에는 상장기업 지분도 PEF의 투자대상이라는 점에서 이 정의는 더 이상 유효하지 않다. 대표적인 전략이 주주행동주의와 PIPE이다.

10　PEF는 펀드이므로 PEF를 운영하는 주체(private equity firm)인 법률적 의미의 운용 회사(issuer)와 구분된다. 투자자(investor)와 운용 회사(issuer)를 중간에 연결시킨다는 점에서 PEF를 금융 중개기관(financial intermediary)이라고도 부른다. PEF 업계에서는 1개의 PE 운용 회사(issuer)가 여러 개의 펀드(PEF)를 거느리는 형태가 일반적이다.

대체투자 파헤치기(중)

타이타노마키의 서막

투자에 해당한다.[11] 보통주 성격의 지분에 투자하는 전략 중 대표적인 것들이 (1) 기업의 경영권을 인수하는 바이아웃(Buy-out) 전략, (2) 초기 모험 기업에 지분을 투자하는 벤처 캐피탈(Venture Capital) 전략, (3) 성장단계의 기업에 지분을 투자하는 그로쓰 캐피탈(Growth Capital) 전략, (4) PEF 지분이나 PEF가 이미 투자한 기업의 지분을 인수하는 세컨더리(Secondary) 전략, (5) 부실화되거나 그 가능성이 있는 기업의 지분이나 자산을 매입하는 부실자산 투자(Distressed) 전략 등이다. 지분과 부채의 성격이 뒤섞인 하이브리드(hybrid) 증권에 투자하는 전략은 메자닌(mezzanine) 전략으로 통칭한다. 하지만 이와 같은 구분이 언제나 명확하게 나뉘는 것은 아니다. 그로쓰 캐피탈(Growth Capital) 전략이라 하더라도 하이브리드(hybrid) 증권에 투자할 수 있으며, 부실자산 투자(Distressed) 전략과 바이아웃(Buy-out) 투자를 혼합하여 사용하기도 한다. 아울러 일시적으로 자금경색이 발생한 기업에 유동성을 제공하는 투자인 구제 융자(rescue financing) 전략처럼 해당기업의 부채에만 투자하는 펀드도 PEF라 부르기도 한다.[12]

지분증권이나 프로젝트에 대한 투자이므로 투자 지평이 다소 길다는 특성도 있다. 이는 헤지펀드와 대비되는 개념으로 헤지펀드가 "단기거래(trading)"를 중심으로 수익률을 올리는 반면, PEF는 "장기투자(investment)" 활동을 통해 수익률을 올리게 된다. 하지만 이 역시 최근 들어서부터는 명확히 구분되는 개념이 아니다. 최근에는 헤지펀드와 비슷한 투자기간을 가지면서 PEF와 유사한 활동을 하는 펀드, 예컨대 주주행동주의(Shareholder Activism; Activist) 전략을 구사하는 펀드가 매우 활성화되어 있다. 나아가 에너지, 인프라, 원자재 등 특정 섹터에

---

11 이와 같은 지분의 정의는 우리나라의 자본시장법은 채택하고 있지 않다. 경영권을 행사할 수 있는 지분 투자(보통주 10% 이상 혹은 10% 이하인 경우에는 경영권 행사를 목적으로 하는 투자) 펀드를 사모투자집합기구(PEF)로 정의하며, 이외의 투자는 PEF로 간주하지 않는다.

12 부채에만 특화되어 투자하는 펀드를 PEF와 대비되는 개념으로 PDF, 즉 프라이빗 뎃 펀드(Private Debt Fund)라 부르는데 아직 일반적으로 사용하는 개념은 아닌 것 같다. 하지만 정확히 이야기 하면 PEF에서 부채(Debt) 전략을 구사하는 것이므로 PEF의 일종이다. 이 책에서는 PEF와 PDF를 필요할 경우 구분하여 사용할 것이다.

투자하는 섹터 펀드도 사모로 자금을 모집하면 모두 PEF에 해당한다.[13]

    PEF는 헤지펀드, 부동산 등과 함께 대체투자의 3대 축을 형성한다. 그만큼 많은 기관투자자들이 PEF 투자를 대체투자의 중요한 포트폴리오로 간주하고 있다. 특히 미국 기관투자자들의 PEF에 대한 투자선호도는 전 세계에서 가장 각별하다. 한 조사에 따르면 2000년대에 유럽 연기금이 PEF에 자산을 배분한 금액 비중의 평균은 5.5%인 반면, 미국은 그 3배인 16%에 이르렀다고 한다.[14] 이는 미국에서 근대적 PEF가 가장 먼저 출범하여 역사가 오래되었고, PEF의 리스크 대비 수익률이 주식 시장보다 상대적으로 뛰어나기 때문이다. 예일대학의 기부금을 운용하였던 전설적인 대체투자 최고 투자책임자였던 데이비스 스웬슨(David Swenson)은 벤처 투자를 포함한 예일대 PEF의 연평균 내부수익률이 30.4%였다고 주장했다.[15] 2014년 9월말을 기준으로 과거 1년간 연평균 내부수익률(Horizon IRR)을[16] 조사한 결과, PEF에 투자한 미국의 연기금 18개 중 12개 연기금의 PEF 수익률이 같은 기간 S&P 수익률 19.7%를 넘어선 것으로 조사된 바도 있다.[17] 2017년 1분기 기준으로도 PEF의 수익률은 과거 1년 동안 극도의 활황세를 시현했던 S&P 수익률보다 2.4%나 높았다.[18] PEF 수익률의 표준편차 역시 S&P500보다 적다. 1986~2008년 사이 미국의 바이아웃(Buy-out) PEF

---

13   이 점에서 부동산 투자전략도 PEF의 일종이다.
14   Peter Cornelius, *International Investments in Private Equity*, Elsvier, 2011
15   David Swenson, *Pioneering Portfolio Management*, The Free Press, 2000
16   Horizon IRR의 정의에 대해서는 후술한다.
17   PEGCC, *Private Equity Performance Update*, September 2014
18   American Investment Council, *Performance Update Report*, 2017 Q1

대체투자 파헤치기(중)

타이타노마키의 서막

내부 수익률의 표준편차는 20.0%였으나, S&P500의 표준편차는 30.8%였다.[19] 나아가 2014년 말 기준으로 미국에서만 PE가 투자한 총액이 5,230억불을 기록하여 2013년보다 4% 증가하였다.[20] 미국의 2014년 GDP가 17조 달러 내외이므로 2014년 말 기준으로 미국의 PEF 투자 침투율(penetration rate)은 3%를 넘는다.[21] PEF의 고용인원도 점차 증가 추세이다. 보스톤 컨설팅 그룹에 따르면 2016년말 기준으로 미국의 Top 5 PEF 운용사가 고용한 인원은 96만명으로 가장 고용이 많은 월마트에 이어 2위를 차지했다. 유럽의 Top 5 PEF 또한 고용인원이 91만명으로 2위 폭스바겐을 제치고 1위를 차지하였다.[22]

이처럼 PEF 투자는 대체투자를 이야기할 때 빼놓을 수 없는 중요한 축이다. 특히 연기금들은 헤지펀드보다 PEF 투자를 먼저 시작하였고, 지금도 지속적으로 PEF 자금배분을 늘리고 있다. 2018년 말 글로벌 PEF 투자자의 투자금액 기준으로 공적 연기금이 차지하는 비중은 35%로 가장 높고, 국부펀드는 8%로 4위를 차지했다.[23] 공적 영역(public sector)의 중요한 기관투자자들인 공적 연기금과 국부펀드가 PEF의 최대 투자자라는 것은 그만큼 PEF가 리스크에 비해 리턴이 상대적으로 우수하다는 점을 객관적으로 반증하는 것이다. PEF 데이터 피딩 업체인 프레퀸(Preqin)이 2015년에 설문조사한 결과를 보아도 2015년 연간으로 PEF에

---

19 Peter Cornelius, 앞의 책. 다만, PEF의 수익률은 정확하지 않다는 단점이 있다. 이에 대해서는 상세히 후술한다. 따라서 여기서 기술한 PEF의 수익률과 표준편차를 단순히 S&P500 지수와 비교하는 것은 사실 객관적인 비교는 아니다. 나아가 PEF 전체를 대표할 만한 완벽한 벤치마크 수익률이 없다는 것 역시 PEF 수익률의 또 하나의 단점이다. PEF의 벤치마크 수익률을 제공하는 기관은 케임브리지 어쏘시에이츠(Cambridge Associates: CA), 프레퀸(Preqin), 스테이트 스트리트(State Street), 톰슨 벤처엑스퍼트(Thomson VentureXpert: TVE) 등 4개 기관인데, 기관마다 표본과 수익률 계산 방식이 다르다. 프레퀸(Preqin)과 TVE의 수익률 계산은 투자자가 자발적으로 제출하거나, 공개된 공시자료 혹은 자신만의 리서치 방식으로 계산한다. CA와 스테이트 스트리트(State Street)는 그들의 고객이 투자한 펀드의 정보에 기초해서 수익률을 계산한다. 가장 표본이 많은 미국 PEF를 포함한 기관은 CA이나, CA는 유럽 PEF에 대한 통계가 없다. 프레퀸(Preqin)이 그 다음으로 표본이 많고, 표본에는 유럽 PEF도 많이 포함되어 있다. 하지만 유럽 PEF 수가 가장 많은 곳은 TVE이다. 요컨대 4개 기관의 벤치마크 수익률 모두 장단점을 가지고 있어, 어느 하나가 더 뛰어나다고 이야기하기는 쉽지가 않다.
20 www.pegcc.org
21 PEF 투자 침투율은 유럽의 경우는 2% 내외, 아시아 선진국은 1% 내외이다. Peter Cornelius, 앞의 책.
22 BCG, *Capitalizing on the New Golden Age in Private Equity*, Mar 2017
23 Preqin, *Global Private Equity & Venture Capital Report*, 2018

대한 자산배분을 늘리겠다고 답변한 투자자들은 33%, 유지하겠다고 답변한 투자자들은 46%이다.[24] 장기적인 정책방향에 대한 답변에서도 PEF 투자 비중을 늘리겠다고 답변한 투자자들은 46%, 유지하겠다고 답변한 투자자들은 49%였다. 결국 90%가 넘는 투자자들이 2018년 이후에도 PEF에 대한 자산 비중을 유지하거나 늘리겠다고 답변한 것이다.

헤지펀드와 PEF를 비교하는 내용은 (하)권에서 상세히 설명하게 되겠지만 여기서 한 가지만 지적한다면, PEF가 헤지펀드와 달리 금융질서를 교란한다는 사회적 비난에서는 상대적으로 자유롭다는 점이다. 물론 대기업과 전문경영인들을 대상으로 대립각을 세우면서, PEF의 가혹한 차입인수 기법과 주주행동주의 전략에 대한 사회적 비난이 전혀 없는 것은 아니다. 하지만 금융위기 시 그 위기를 증폭하여 전 세계적 금융위기를 가중시킨다는 사회적 비난은 PEF보다는 헤지펀드에 적용되는 비판이다.[25] 이는 공적 연기금이나 국부펀드와 같은 공적 투자자들이 PEF에 대한 투자를 증가시키는 과정에서 헤지펀드 투자 시 직면하게 되는 심각한 사회적 저항이 없다는 뜻이다. 따라서 향후에도 PEF에 자금이 지속적으로 유입되면서, PEF가 대체투자의 중요한 축으로 지속될 가능성이 매우 높다. 이미 PwC는 2015년 3.5조 달러 내외의 PEF 수탁자산(AUM)이 5년 후인 2020년에 그 두 배가 넘는 6.5~7.4조 달러에 이를 것이라고 전망하기도 하였다.[26] 이는 PEF 투자에 대한 이해가 대체투자 전체를 이해하는 데 매우 중요한 요소라는 것을 의미하는 것이기도 하다.

---

24 Preqin, *Preqin Investor Outlook: Alternative Asset*, 2016.1Q
25 PEF와 헤지펀드의 주요한 차이점에 대한 상세내용과 금융위기 시 두 실체가 전체 경제 시스템에 미치는 영향에 대한 상세 분석은 「대체투자 파헤치기(하): PEF(2) 주주행동주의, 주요 대기업 그룹 해부 편」의 "PEF와 Hedge Fund" 참조
26 Financial Times, Jul 12, 2015

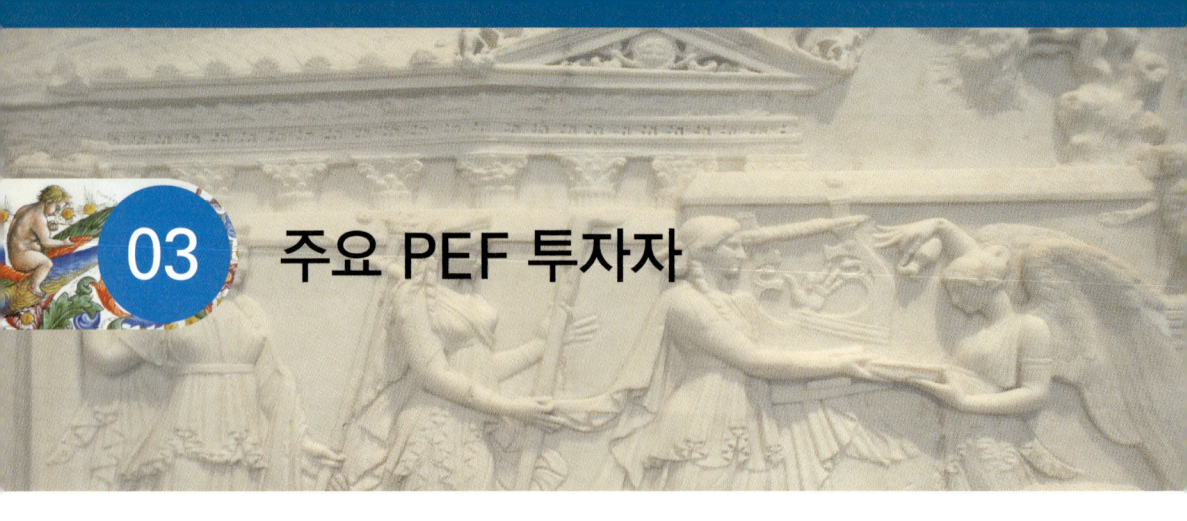

03 주요 PEF 투자자

1) 개괄 – 공적 연기금과 PEF: Humble Dignity!!!

주요 PEF 투자자라는 테마가 PEF를 설명하는 책에서 프롤로그 다음으로 가장 먼저 위치한 이유가 궁금할 수도 있을 것 같다. 혹자는 PEF의 전략이나 성과 분석 기법이 더 중요한 테마로 전반부에 위치해야 하는 것 아니냐고 반문할 수도 있을 것이다. 하지만 필자가 보기에 PEF의 투자자는 PEF의 장기적인 성장은 물론이고, PEF의 기본적인 생존을 위한 필수적인 전제조건이다. 따라서 PEF를 이해하는데 가장 중요한 요소이기도 하다.

PEF와 대립각을 세우고 있는 타이탄 기업들은 자신들이 투자한 계열사들을 처음부터 매각하려는 계획이 없고 특별한 사정이 없는 한 계속 보유하려는 경향이 강하다. 아울러 계열사들 스스로가 현금흐름을 창출하여 자생할 수 있는 계속기업(Ongoing Business, Ongoing Concern)의 지위를 가지면서, 타이탄 대기업 그룹 전체가 지속적으로 경영전략을 펼칠 수 있도록 뒷받침하는 역할을 한다. 따라서 대기업들의 경제적 지위와 힘은 선순환 구조를 갖추고 있으면서 이론적으로는 무한대로 생존이 가능한 자생적 구조이다. 하지만 PEF는 완전히 다르다. 우선 PEF의 포트폴리오 기업에 대한 투자는 투자회수(Exit)를 기본적으로 전제한다. 즉, PEF는 투자한 기업을 영원히 소유하지 않는다. 아니 이론적으로도 실제로도 영원히 소유할 수 없다. PEF에게 투자는 투자회수를 위한 수단일 뿐 그 이상이

사모투자펀드(PEF)

될 수 없다. 투자회수는 PEF의 본질에 내재된 DNA와 같은 숙명이기 때문이다. 투자에 대한 PEF의 이와 같은 특성은 타이탄 대기업과 가장 본질적으로 차이를 보이는 PEF의 아킬레스건이다.

더 근원적으로는 포트폴리오 기업에 대한 PEF의 투자자금은 대부분 투자자인 LP(Limited Partner)로부터 나온다. PEF 운영자인 GP(General Partners)의 자금이 아니다. 따라서 PEF는 투자자인 LP로부터 주기적으로 펀드 자금모집(funding)을 하지 않으면, 지속적인 전략을 구사할 수 없는 것은 물론이고 PEF의 생존 자체가 불가능하다. 달리 말해 PEF에 지속적으로 투자하는 대형 투자자가 없으면, PEF는 한 때 로마 전역의 교환 화폐로 이름을 떨치다가 소리 소문 없이 역사에서 사라진 데나리우스(Denarius) 은화와 같은 운명을 밟을 것이다.

필자가 대체투자팀장으로 있을 때 KKR, 블랙스톤(Blackstone), 칼라일(Carlyle), CD&R, 베인 캐피탈(Bain Capital) 등 내로라하는 글로벌 PEF들과 직간접적으로 접촉할 기회가 수 없이 많았다. 물론 국내 PEF도 마찬가지다. 하지만 최근 PEF 운용사들의 행보를 관찰하면, PEF에게 공적연기금과 같은 기관 투자자들이 얼마나 중요한지를 PEF 운용사들이 잘 모르는 것 같다는 인상을 적지 않게 받았다. 특히 소위 잘 나간다는 PEF 운용사들은 자신들의 명성에 너무 우쭐하여, 기관투자자인 LP의 요구에 다소 둔감하다는 느낌을 지울 수가 없었다. 어떤 때에는 LP에 대해서 고압적인 경우도 실제로 경험해 보았다. 나아가서 자신들의 수수료 수익에 지나치게 몰두한다. 후술하겠지만 KKR의 캡스톤(Capstone)은 해당 포트폴리오 기업의 성과 여부는 아랑곳 하지 않고, 매년 수 천만 불의 수수료를 징수하여 여론의 도마 위에 오르기도 했다.[27] KKR은 결국 2015년 6월에 바이아웃(Buy-out) 투자 과정에서 거래 건을 확보하는데 실패한 투자건(broken or dead deal)에서 발생한 거래 수수료를, 공동투자자와 자신의 펀드 사이에 불합리

---

27 KKR의 캡스톤(Capstone)에 대해서는 상세히 후술한다.

하게 배분하고도 이를 공시하지 않아 SEC로부터 3,000만 불의 벌금형을 받기도 하였다.[28] 어떤 국내 PEF는 기존 펀드자금을 대형 투자 5개로 뚜렷한 이유도 없이 일찌감치 소진하고 서둘러 다음 펀드자금을 모집한다. 심지어는 자신들의 주된 전략이 도대체 무엇인지 알 수도 없을 만큼 일시에 여러 개 전략의 펀드를 동시에 모집한다.

이와 같은 PEF 운용사(GP)들의 행태는 PEF 투자자(LP)들과의 이해관계 불일치라는 심각한 이슈를 야기한다. 필자가 보기에는 PEF 운용사와 투자자의 이해관계 불일치는 PEF 업계 전체를 공멸로 이끄는 트로이의 목마가 될 수도 있다. 최근 캘리포니아 연기금인 캘퍼스(CalPERS)가 PEF 투자를 축소하는 가장 큰 이유 중의 하나가 PEF 운용사가 투자자와의 이해관계는 진지하게 고려하지 않고, 펀드나 투자 포트폴리오 기업에게 무리하게 부과하는 비싼 수수료 때문이라는 설명은 시사하는 바가 매우 크다. PEF 운용사가 아무리 최첨단 금융기법으로 무장한 총을 가지고 있다 하더라도, 투자자가 PEF에 대한 투자를 중단하거나 축소하여 실탄이 없다면 PEF는 그야말로 빛 좋은 개살구일 뿐이다!

후술하겠지만 PEF가 타이탄 기업들과 맞설 만큼 대형화된 가장 결정적인 이유는 1970년대 말부터 미국의 공적 연기금들이 PEF 투자를 확대하면서 부터이다. 예컨대 KKR이 1978년에 가장 먼저 설립한 차입인수(LBO) 전용 바이아웃(Buy-out) 펀드 약정액은 3,200만 불에 불과했다.[29] 하지만 KKR이 2006년에 설립한 KKR Fund 2006은 최종 약정액이 176억 4,200만 불이었다! 무려 550배나 더 크다. 이와 같이 엄청난 규모의 자금이 KKR에 몰려든 이유가 KKR이 너무 뛰어났기 때문이라고 생각한다면 이는 완전히 오산이다. 물론 KKR의 명성과 능력이 나쁘다는 뜻이 아니다. 하지만 KKR과 같은 PEF의 대형화는 미국 공적 연

---

28 Financial Times, June 29, 2015
29 Mark Bishop, *The Future of Private Equity*, Palgrave Macmillan, 2012

사모투자펀드(PEF)

기금 운영자들의 위험투자에 대한 면책조항 확대가 가장 결정적인 요인이었다. 즉, "신중한 전문가의 원칙(Prudent Expert Rule)"이라는 조항으로 인해 미국의 공적연기금들이 PEF 투자를 공격적으로 확대할 수 있었기 때문에, KKR과 같은 PEF의 대형화가 가능했던 것이다.

PEF에 투자한 잔액 기준을 보아도 공적연기금과 국부 펀드의 역할이 PEF 투자에서 얼마나 중요한 역할을 하고 있는지 알 수 있다. 프레퀸(Preqin)에 따르면 재간접 펀드(PE Fund of Funds)를[30] 제외하고 PEF에 가장 많은 자금을 투자한 기관투자자는 공적 연기금(Public Pension Funds)으로, 2018년 기준으로 PEF 투자액의 35%를 차지한다.[31] 국부펀드는 8%로 5위를 차지하여 공적 연기금과 국부펀드를 합치면 43%이다. 공적 연기금에 이어 2위를 차지한 곳은 사적 연기금이며, 이들 3개 기관을 합치면 PEF 전체 투자액의 절반을 넘는 55%이다.

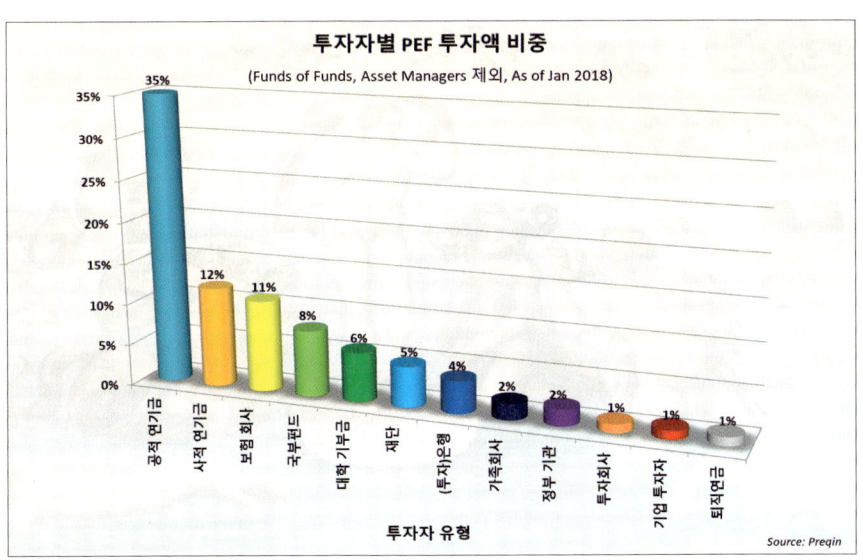

---

30 재간접 펀드(Fund of PEF 혹은 PE Fund of Funds)란 PEF에 투자하는 PEF이다.
31 Preqin, *Preqin Global Private Equity & Venture Capital Report*, 2018

특히 최근에는 과거처럼 수동적 투자자에만 머무는 LP가 아니라, PEF 운용사인 GP와 대등하게 직접 경쟁하는 투자자까지 등장하는 추세이다. 이와 같은 LP의 등장은 PEF 운용사가 투자자의 이익보다 자신들의 이해관계에만 몰두하는 모습에 염증을 느끼는 기관투자자들이 많다는 뜻이기도 하다. 기관투자자가 이와 같은 생각을 가지게 되면 PEF 운용사인 GP에게는 장기적으로 이로울 것이 하나도 없다. 특히 2008년 금융위기 이후 PEF 운용사 상호간에 경쟁이 심화되는 환경에서, 이제 PEF 운용사는 과거 자신들의 PEF에 수동적으로만 투자하던 기관투자자들과도 딜 소싱을 위해 경쟁을 펼쳐야 하는 상황에 직면하고 있다.

따라서 PEF 운용사인 GP는 자신들의 명성이나 위엄을 항상 유지하면서도, 언제나 PEF 투자자들인 LP들과의 상생 방안과 소통 강화에 진지하게 노력하는 겸손함을 보여야 한다. 바로 "겸허한 위엄(Humble Dignity)"의 정신이다. 이미 적극적 투자자자로서 기존의 PEF 운용사들인 GP에 대항하는 기관투자자의 등장은 거스를 수 없는 대세다. 하지만, 캘퍼스(CalPERS)와 같은 대형 연기금들이 PEF 투자에서 발을 빼는 상황은 막아야 한다. 그러기 위해서는 PEF 운용사인 GP가 PEF 투자자인 LP와 이해관계가 일치한다는 것을 진정성 있게 보여 주어야 한다. 이것이야 말로 대형 연기금들과 국부펀드들이 지속적으로 PEF에 투자하고, 이에 따라 PEF가 장기적으로 발전할 수 있는 토대가 마련되는 가장 중요한 전제조건이 아닌가 생각해 본다.

2) 주요 PEF 투자자 리스트

프레퀸(Preqin)에 따르면 2018년 12월 말 기준으로 국부펀드, 연기금과 재간접 펀드(PE Fund of Funds)를 통틀어서 PEF에 가장 많은 투자를 하고 있는 투자자는 캐나다연금투자위원회(Canada Pension Plan Investment Board: CPPIB)이다.

〈 주요 PEF 투자자 〉

순위	회사명	PEF 투자액 (USD mio)	형태	위치
1	CPPIB	52,500	Pension	캐나다
2	Ardian	51,000	PE FoF	프랑스
3	Pathway Capital Management	44,636	PE FoF	미국
4	Goldman Sachs AIMS Private Equity	43,400	PE FoF	미국
5	Abu Dhabi Investment Authority	39,600	SWF	
6	HarbourVest Partners	39,205	PE FoF	미국
7	AlpInvest Partners	36,300	PE FoF	미국 (네덜란드)
8	Kuwait Investment Authority	32,400	SWF	쿠웨이트
9	Neuberger Berman	29,194	PE FoF	미국
10	CalPERS	27,800	Pension	미국
11	Lexington Partners	27,467	Secondary	미국
12	GCM Customized Fund Investment Group	25,886	PE FoF	미국
13	CDPQ	25,700	Pension	
14	Pantheon	24,371	PE FoF	영국
15	JPMorgan Asset Management – PE Group	24,000	PE FoF	미국
16	Ontario Teachers' Pension Plan	23,800	Pension	캐나다
17	Adams Street Partners	22,618	PE FoF	미국
18	China Investment Corporation	22,100	Pension	중국
19	National Pension Service	21,000	Pension	한국
20	Partners Group	20,603	PE FoF	스위스

표 출처: Preqin, 각 사 홈페이지, 2018년 12월말 기준(2017년 말 기준: Pathway, Neuberger Berman, GCM, Pantheon, JPMorgan Asset Management – PE Group, Adams Street Partners, Partners Group)

캐나다연금투자위원회(Canada Pension Plan Investment Board: CPPIB)는 2018년 12월말 현재 AUM이 3,561억불인 대형 연기금이다. 캐나다 연금을 운용하는 독립 투자기관으로 1997년 의회 승인으로 탄생하였다. 1996년 당시 연금납입액이 110억불에 불과하였지만, 지급해야 할 금액은 170억불에 이르게 되면서 위기의식을 느낀 캐나다 정부가 범정부 차원에서 특단의 조치를 마련하면서 탄생하였다. 출범할 때 직원 수는 겨우 15명이었다. 처음에는 주식과 채권 등의 수동적(passive) 투자를 위주로 운용하다가, 2001년부터 대체투자 중 지분(equities) 투자를 가장 먼저 시작하였다. 이때까지만 해도 채권투자가 전체 운용자산(AUM)의 73%를 차지할 만큼 연금운용이 수동적인 투자에 집중되었다. 하지만 PEF 투자를 시작하면서 지분(equities) 투자 비중을 2001년 14%에서 2003년 30%까지 급격히 증가시켰다. 이후 지분 투자를 공개시장 투자(public)와 사모투자펀드(private)로 구분하면서, 2012년 기준 프라이빗 에쿼티(private equity: PE) 투자가 전체 운용자산(AUM)에서 16~17%를 차지하였다. 2018년 말 기준으로는 전체 운용자산의 20.5%가 PEF 투자로 비중이 지속 증가하고 있다.

운용인력의 경우 2012년 3월말 기준으로 전체 운용인력 341명 중 45%인 154명이 대체투자 인력이며, 이중 가장 많은 인력인 112명이 PE 부문에 배치되어 있다. CPPIB의 PE는 간접투자 및 세컨더리(Funds & Secondary), 직접투자(Principal Investment), 인프라(Infrastructure), 사모 부채(Private Debt) 팀 등 4개 팀으로 구분되며, 지역별 팀이 아니라 전략별 팀으로 구성되어 있다. 특히 CPPIB는 기관투자자 임에도 불구하고 PEF 운용사 선발을 통한 간접투자 방식보다는, 자신의 직원들이 스스로 투자 건을 발굴하여 투자하는 직접투자 위주로 PEF 운용 전략을 구사하는 선도적 역할을 하고 있다.

사모투자펀드(PEF)

⟨ 주요 연기금 대체투자 현황 ⟩

	CalPERS	CPPIB	Texas Teachers Retirement System	Future Fund
기준일	2012. 5.31	2012. 3.31	2011. 8.31	2012. 6.30
국가	미국	캐나다	미국	호주
AI 실질 비중	27%	40.9%	28.6%	38.2%
AI 실질 규모	611억불	544억불	301억불	256억불
PEF AUM	343억불	234억불	105억불	43억불
PEF %	15.1%	16.2%	10.4%	6.4%
부동산 AUM	217억불	238억불	98억불	86억불
부동산 %	9.6%	16.5%	9.7%	12.8%
HF AUM	51억불	61억불	44억불	128억불
HF %	2.3%	4.3%	4.4%	19.0%

표 출처: Towers Watson

필자가 2012년 연기금 간 협력관계 논의를 위해 영국의 HSBC를 방문하였을 때도, HSBC 관계자는 CPPIB가 전 세계 인프라 투자 건을 선점하기 위해 인프라 투자 클럽 딜(club deal)을 추진하고 있다면서 필자에게 CPPIB를 접촉하라고 조언한 적이 있었다. 그 후 2013년에 CPPIB를 대리하는 대리회사를 접촉하여 CPPIB의 구상에 대해 자세히 들을 수 있었다. 그들의 계획은 전 세계에서 대형 사회간접자본인 인프라를 새로 만들거나(greenfield) 혹은 증설·보수하는(brownfield) 대규모 투자 건에 대해, 자신이 주도하는 대형 펀드를 조성하여 전 세계 대규모 인프라 투자 기회를 석권하려는 야심찬 계획이었다. 이렇게 조성된 펀드는 전문적인 PE 운용사를 선정하여 운용하는 것이 아니라, 기관투자자들을 규합한 후 CPPIB 스스로가 직원을 파견하고 이들이 투자를 수행하는 클럽 딜(club deal) 형태의 직접투자였다. 현재 우리의 일반적인 기관투자자의 현주소가 운용을 잘하는 운용사 선정에 초점이 맞춰진 반면에, CPPIB는 이미 그 단계를 넘어서 스스로 투자를 할 수 있는 역량을 갖추어 놓고 직접 투자를 통해 높은 수익률을 추구하고 있었던 것이다.

이처럼 최근에는 CPPIB와 같은 연기금 및 GIC와 같은 국부펀드의 경우, 종

전의 PE 운용을 위한 운용사 선정에 초점을 맞추는 것이 아니라 스스로 직접 투자할 수 있는 역량을 양성하는데 초점을 두고 있다. 특히 운용사 선정 시 지급해야 할 수수료가 기관투자자 입장에서는 갈수록 부담스럽다고 판단하는 추세이다. 이에 따라 시장에서 전문성 있는 인원을 직접 선발, 고용하여 직접투자에 나서는 것이 PE의 수익성을 대폭 향상시킬 수 있는 전략이라고 판단하는 기관투자자가 계속 늘고 있는 추세이다.[32] 이에 따라 CPPIB는 직접투자 형태의 PEF 투자에 매우 적극적인데, 이와 같은 적극적인 투자 전략에 따라 2018년 말 기준으로 CPPIB는 PEF 투자자 중에서 가장 많은 투자액인 525억불을 PEF에 투자하고 있다.

CPPIB 다음으로 PEF 투자를 많이 하는 투자자는 510억불을 PE 관련 펀드에 투자하는 프랑스의 아디안(Ardian)이다. 이 회사는 파리에 본사를 두고 있는 재간접 펀드(PE Fund of Funds) 회사이다. 과거에는 프랑스 보험회사인 악사(AXA)의 한 부문으로 악사 프라이빗 에쿼티(AXA Private Equity)로 운영하였다가, 2013년 9월에 모회사에서 독립하면서 이름을 아디안(Ardian)으로 바꾸었다. 2019년 3월 현재 전 세계 200여 개 기관 및 개인투자자들을 위해 PEF에 투자하고 있다. 투자 인력 200여 명을 포함하여 전 세계 550여 명의 인력으로 바이아웃(Buy-out) 전략 PEF에 투자하는 재간접 펀드(PE Fund of Funds)가 주된 사업이다. 이 외에도 직접 투자, 인프라, 세컨더리(secondary PEF) 및 PDF 등에도 투자하고 있다.[33] 후술하겠지만 아디안(Ardian)은 PEF 지분을 유통시장에서 매입하여 거래하는 세컨더리(secondary PEF) 시장에서도 최대 투자자로 자리매

---

[32] 2014년 9월 15일, 캘퍼스(CalPERS)가 헤지펀드 투자에서 철수하겠다는 극단적인 정책을 발표한 것은 위험자산 축소의 의미보다는 헤지펀드 운용에 소요되는 비싼 수수료 때문이라는 것이 정설이다. 캘퍼스는 헤지펀드 투자 철수에 이어 PEF 자산 배분 비중도 줄이고 있는데, 헤지펀드 투자 철수 이유와 마찬가지로 비싼 수수료 때문이다. 헤지펀드와 PEF에 대한 자산배분 정책에 차이가 나는 이유는 헤지펀드의 경우 PEF와 달리 단기거래활동(trading)에서 수익을 창출해야 하는 바, 기관투자자가 직접 투자를 시도하거나 모방하는 것이 사실상 불가능하기 때문이다. 만약 PEF처럼 기관투자자의 직접 투자가 가능했다면 캘퍼스(CalPERS)처럼 헤지펀드에서 투자를 철수하는 극단적인 조치는 하지 않았을 것이다.

[33] 전략 비중은 바이아웃(Buy-out) 68%, 벤처 24%, 부실자산(distressed) 투자 1%, 기타 7%이다. Preqin, *Investor Intelligence*, June, 2015

사모투자펀드(PEF)

김 하고 있다. 2015년 6월에는 빈티지가 있는 유일한 샴페인인 돔 페리뇽(Dom Perignon)의 샴페인 병을 제작하는 베랄리아(Verallia) 인수전에 참여하기도 하였다.[34] 베랄리아는 아디안(Ardian)과 함께 블랙스톤, CVC 등이 참여한 경매 절차에서 결국 또 다른 PEF인 아폴로(Apollo)에 매각된다.

3위인 패스웨이 캐피탈 매니지먼트(Pathway Capital Management)는 1991년에 미국에서 설립되었고, 하버베스트와 마찬가지로 18명의 파트너가 100% 회사 지분을 소유한 회사이다. 투자위원회는 9명으로 구성되어 있으며, 회사에 평균 20년 가까이 근무한 장기 근속자들이다. 기업연금, 공적 연기금, 금융기관들로부터 자금을 모집하여 PEF에 투자하는 재간접 펀드(PE Fund of Funds) 사업에 주력한다. 주로 북미 지역의 바이아웃(Buy-out) 펀드에 투자하며, 부실자산 PEF(distressed PEF)나 벤처 투자 전략도 같이 구사한다. 2014년 3월에는 재간접 PEF(PE Fund of Funds) 3.3억불, 2018년 10월에도 3억불의 재간접 PEF 모집을 완료함으로써 여전히 건재함을 과시하고 있다. 2018년 12월말 기준으로 수탁자산(AUM)은 550억불 내외이다.

4위를 기록한 AIMS(Alternative Investment & Manager Selection)는 골드만삭스 자산운용(Goldman Sachs Asset Management: GSAM)의 내부 팀이다. 헤지펀드, PE, 부동산, 크레딧(credit) 등의 다양한 자산에 투자하고 있다. 골드만삭스 자체 자금은 거의 없고 거의 모두를 외부 기관투자자로부터 위탁받아 운영

---

34 베랄리아(Verallia)는 생–고뱅(Saint-Gobain)의 자회사로 유리 관련 제품을 전문적으로 생산하는 업체이다. 생–고뱅은 1665년에 설립되어 프랑스 왕 루이 16세에게 유리 관련 제품을 생산하여 납품하는 업체였다. 당시 와인 잔이나 유리 장식품 등의 유리 공예품은 귀족층이나 왕실에서 수요가 많았으나, 베네치아 공화국에서만 독자적인 기술을 확보하여 고급 물품을 소량으로 공급하고 있었다. 프랑스 재무장관 꼴베르(Collbert)는 이를 견제하기 위해 베네치아로부터 기술자들을 확보한 후, 국가 재정과 특허권을 동원하여 지원함으로써 프랑스만의 독자적인 유리 세공업 기술을 확보하는데 성공하였다. 베네치아는 유리 세공업 기술자들을 무라노 섬에 감금시킬 만큼 유리 공예 기술 보호에 적극적이었지만, 부상하는 프랑스의 유리 공예 기술을 저지하지는 못했다.

하고 있다.[35] 외부 투자자의 필요를 바탕으로 가장 최적인 투자조합이 무엇인지 파악하여 투자 포트폴리오를 만들어 준다. 특히 PEF 운용 인력(manager)에 대한 엄격한 실사가 이 회사의 강점인데, 어떤 경우에는 투자가 실제로 이루어지기 전 PEF 운용사(GP)와 운용 인력에 대한 실사를 수 년 동안이나 진행하는 경우도 있다고 한다. 골드만삭스가 보유한 마켓 리서치 역량을 활용한 투자전략 수립도 이 회사의 강점이다. 2014년 말 현재 전 세계 9개 사무소, 275명의 투자인력으로 국부펀드, 기관투자자, 연기금을 대상으로 자금을 모집하여 PEF에 투자한다. 재간접 펀드(PE Fund of Funds) 전략 위주로 투자하면서 바이아웃, 세컨더리(secondary) 전략 PEF를 직접 운영하기도 한다.

6위를 기록한 하버베스트(HarbourVest)는 1978년에 미국에서 소수의 투자 파트너쉽으로 출발하여, 1982년에는 현재 하버베스트(HarbourVest) 전신인 핸콕 벤처 파트너스(Hancock Venture Partners)를 설립하였다. 1984년에는 사업 영역을 해외로 확장하였고, 1990년에 런던에 사무실을 열었다. 본사는 미국의 보스턴에 있으며, 미국에서 PEF에 투자하는 재간접 펀드(PE Fund of Funds)라는 개념을 가장 먼저 도입한 PEF 중의 하나로 알려져 있다. 종업원이 회사 전체 지분을 소유하고 있는 지배구조로 종업원들의 회사에 대한 충성도가 높다. 재간접 펀드 투자 외에도 벤처, 세컨더리(secondary fund), 공동 투자(co-investment), 신용 및 채권(credit 혹은 debt) 관련 투자도 활발하게 수행하고 있다.

---

35 www.worldfinance.com

사모투자펀드(PEF)

 **쉬어 가는 페이지: QIA와 해롯 백화점 (30 페이지 KIA관련)**

중동 지역의 3대 국부 펀드(Sovereign Wealth Fund: SWF)는 쿠웨이트의 키아(KIA), 카타르의 아디아(Abu Dhabi Investment Authority: ADIA)와 퀴아(Qatar Investment Authority: QIA)이다. 가장 역사가 오래된 곳은 KIA이고, 가장 규모가 큰 곳은 2018년 12월 말 기준으로 6,970억불을 운영 중인 ADIA이다. QIA는 가장 늦은 2005년에 설립되었으며 2016년 6월말 기준 수탁자산(AUM)은 3,200억불이다. 세계 국부펀드 연구소(Sovereign Wealth Fund Institute: SWFI)가 발표한 순위는 2018년 12월말 기준, ADIA가 3위, KIA가 5,920억불로 4위, QIA가 11위다.

QIA는 중동 3대 국부펀드 중 가장 작지만 런던과 파리 부동산 시장에 가장 많은 투자를 하는 국부펀드 중의 하나인 것으로도 알려져 있다.[36] 특히 QIA의 런던 시장 진출은 매우 공격적이다. 예컨대 QIA는 런던의 명물 해롯(Harrods) 백화점(100%), 유럽에서 가장 높다는 샤드(Shard) 빌딩(95%), 세계 최대 전통시장인 런던의 캄덴 시장(Camden Market; 20%), 소매 유통점 세인즈베리(Sainsbury; 25%), 런던 히드로 국제 공항, 씨티 오브 런던(City of London)과 함께 런던의 2대 금융영업 구역 카나리 워프(Canary Wharf)의 주인인 카나리 워프 그룹(Carnary Wharf Group) 등을 2015년 1월부터 소유 중이며, 바클레이즈(Barclays Capital) 지분 6.7%를 소유한 최대 주주이기도 하다.

QIA가 소유한 부동산 중 대표적인 런던의 명물인 해롯 백화점은 1849년에 찰스 해롯(Charles Henry Harrods)이 하이드 파크 바로 옆의 나이트 브리지(Knightbridge)에서 소매상점으로 개점한 것이 시초이다. 1851년 하이드 파크에서 개최된 세계 박람회 때 현재 위치인 브롬프턴 거리(Brompton Street)로 옮겼다. 영국 왕실과 부유층을 고정 고객으로 확보하면서 사세를 키웠으며, 1889년 11월에는 영국 최초의 에스컬레이터가 설치되기도 하였다. 1914년에는 아르헨티나의 부에노스아이레스에 해롯 백화점의 처음이자 마지막 해외 매장을 열었다.

1985년에는 이집트 재벌인 모하메드 알 파예드(Mohamed Al Fayed)가 해롯 가문으로부터 해롯 백화점을 매수하였다. 매수가격은 6억 1,500만 파운드로 알려졌다. 2010년 초부터는

36 Financial Times, March 31, 2015

쿠웨이트, 사우디아라비아, 카타르 등이 해롯 백화점을 매수한다는 소문이 자자했으나, 모하메드는 일단 부인했다. 하지만 모하메드는 결국 2010년 5월 해롯 백화점을 QIA에게 매각했다. 매각가는 15억 파운드였다. 모하메드가 해롯 백화점을 매각한 이유는 이익 배분을 책임지는 해롯 신탁관리인(Harrods Trustee)으로부터 배당을 받을 때마다 매번 허가를 받는 것에 지쳤다는 설이 있다. 해롯 백화점이 QIA에 매각된 당일에는 최종 계약서에 서명하기 위해 카타르 총리까지 직접 런던을 방문했다.

모하메드(Mohamed)는 25년 동안 해롯 백화점을 소유하면서 해롯 백화점의 내부 리모델링을 주도했었다. 해롯 백화점의 꼭대기 층은 "이집트 에스컬레이터(Egyptian Escalator)"라고 알려진 곳인데, 올라가는 에스컬레이터 뒤편에 고대 이집트 최고 통치자인 파라오 상이 걸려 있다. 이 역시 모하메드의 리모델링 계획에 따라 설치된 것이다. 소문에는 이 파라오상의 얼굴이 모하메드 것이라는 설도 있다.

한편 다이애나 왕세자비가 그의 남편 찰스 왕세자의 불륜으로 1996년 8월 28일에 이혼하자, 모하메드의 장남 도디 파예드(Dodi Fayed)는 다이애나 왕세자비와 만인이 부러워하는 염문을 뿌렸다. 하지만 왕세자비와의 달콤한 로맨스도 다이애나 왕세자비가 이혼한 지 약 1년만인 1997년 8월 31일, 파리 알마 다리(Pont de l'Alma)에서 교통사고로 다이애나와 도디 파예드가 함께 사망하면서 비극적인 결론을 맞았다. 당시 운전기사는 헨리 폴(Henri Paul)로 모하메드가 소유한 파리 리츠 호텔의 경비 부책임자였다. 헨리 역시 메르세데스 벤츠를 운전하다 사망했다.

하지만 도디가 죽고 난 후 파예드 가문은 헨리가 MI6 직원으로 도디와 다이애나가 의도적으로 살해된 것이라며 세상을 떠들썩하게 하기도 하였다. 영국과 프랑스의 사법 당국은 사고원인이 헨리의 음주와 약물 과다로 인한 운전 부주의라고 결론 내렸다. 하지만 교각에 부딪힌 사고에 차량이 폭발하면서 완전히 파손된 이유에 대해서는 명확한 설명이 없었다. 사고 직후 다이애나 왕세자비는 생존해 있었지만, 병원에 도착할 때까지 무려 2시간 가까이 소요된 이유가 무엇인지에 대해서도 뚜렷한 해명이 없었다. 사고 전후 주변의 CCTV도 모두 작동하지 않았다는 소문도 돌았다. 심지어 다이애나 왕세자비가 임신을 했었다는 주장도 나왔다.

사고 이후는 더 영화 같은 스토리다. 사고 직후 폴이 MI6 직원이라고 폭로한 전직 MI6 요원 리처드 톰린슨은 미국 NBC TV에 이 내용을 1998년 8월 30일 인터뷰 형식으로 방송하려다가, 입국을 거부당하여 뉴욕 JFK 공항에서 제네바로 입국 당일 추방되었다. 우연의 일치인지 몰라도 톰린슨이 추방되기 전에 미리 예약했던 1998년 9월 2일 뉴욕발 제네바 행 스위스 항공 111편 비행기는 캐나다 근처 바다에 추락하여 탑승자 전원이 사망했다. 사고원인은 조종

사모투자펀드(PEF)

간에서 발생한 화재였다. 톰린슨은 추방되면서 이 비행기를 타지 못해 결국 목숨을 건졌다. 교각 아래에서 다이애나 왕세자비의 차량을 취재했던 피아트 운전자(파파라치) 제임스 앤더슨은 사고 후 약 3년만인 2000년 5월, 프랑스 낭트 외곽에서 불에 타서 숨진 채 발견되었다. 다이애나 왕세자비와 찰스 왕이 이혼하게 된 결정적인 계기를 제공한 여성이었던 카밀라 파커 불스(Camilla Parker Bowles)는 마침내 2005년 4월, 국내의 엄청난 반대 여론을 무릅쓰고 기어이 찰스 왕세자와 정식으로 재혼했다. 두 사람, 정말 사랑하긴 사랑했나 보다. 하지만 정식으로 결혼한 후에도 국내의 반대 여론 때문에 카밀라는 공식적인 왕세자비 칭호를 지금껏 받지 못하고 있다.

다이애나 왕세자비를 둘러싼 양측의 공방은 현재도 계속 중이다. 필자 개인적으로 보기에는 어느 쪽 주장이 진실인지는 아마도 영원히 알 수 없을 것 같다. 한 가지 확실한 것은 카타르나 이집트 등 아랍 국가의 거부들이 앞으로도 런던 투자를 계속 할 것이라는 점이다. 하지만 투자를 하더라도 영국 왕실 사람들과 염문을 뿌리는 것은 가급적 자제해야 하지 않을까?

대체투자 파헤치기(중)

타이타노마키의 서막

　2018년 12월말 기준 AUM은 580억불이다. 설립자는 브룩스 저그(Brooks Zug)로 필자가 여러 번 만난 적이 있다. 차분하고 진지한 모습이 인상적이었고, 온화한 성품으로 회사를 이끌고 있다. 금융업계에 오랫동안 몸 담았으면서도 항상 거짓되지 않고 진실된 모습으로 사람을 대하는 모습이 지금도 기억에 남는다. 나아가 설립자로서 회사의 지분을 이전하기 위한 계획을 일찍부터 만들어, 성공적인 세대교체를 준비하던 모습 역시 다른 독립계 PEF와는 확실히 다른 강점 중의 하나이다. 2012년 4월에는 중국 북경에 사무실을 열고 중국에 본격 진출하기 위한 준비를 차근차근 진행 중이다. 2014년에는 서울에도 사무실을 새로 세웠다. 2015년 유럽에서 가장 큰 67.5억 유로가 모집된 스웨덴 바이아웃 PEF인 EQT 펀드에도 GIC와 함께 지분을 투자한 것으로 알려져 있다. 2019년 3월에는 공항, 항만 등 인프라에 투자하는 코세르 펀드(Corsair Infrastructure Fund)에도 투자하면서, 투자영역을 확대 중이다.[37]

　1999년에 만들어진 알프인베스트 파트너스(AlpInvest Partners) 역시 초대형 PEF 투자자 중의 하나이다. 2012년에는 대체투자 전문컨설팅 업체인 타워스 왓슨(TowersWatson)이 선정한 세계 최대의 재간접 PEF(PE Fund of Funds) 운용사로 인용되기도 하였다. 투자하는 PEF 전략이 바이아웃(Buy-out), 그로쓰 캐피탈(growth capital), 벤처 캐피탈(venture capital), 세컨더리(secondary), 공동투자(co-investment), 메자닌(mezzanine), 부실자산 투자(distressed) 등으로 매우 다양하다는 게 특징이다. 설립 당시에는 네덜란드 연기금(PGGM)과 그의 자산 운용사인 APG를 위해 PEF에 투자하는 회사로 출발하였다.[38] 하지만, 2011년 7월 1일에 글로벌 바이아웃 PEF 운용사인 칼라일(Carlyle) 그룹이 지분의 60%

37　Financial Times, Sep 15, 2015
38　PGGM과 ABP는 이 회사의 주주이기도 하였다.

를 인수하였고, 2013년 8월에는 나머지 40%도 칼라일 그룹이 인수함으로써 현재는 칼라일의 100% 자회사로 편입되었다. 따라서 네덜란드에 본사가 위치해 있지만 국적은 미국으로 분류된다. 2014년 8월에는 최대 50억불에 이르는 제이피 모건(JP Morgan)의 PE 사업부문인 "원 에쿼티 파트너스(One Equity Partners)"를 렉싱턴(Lexington)과 공동으로 PEF 유통시장(secondary market)에서 인수하여, 대형 세컨더리 PEF(secondary PEF) 딜에서는 여전히 시장을 주도하고 있다는 평가를 받고 있다.

8위를 기록한 KIA는 쿠웨이트에 원유가 발견되면서 창출된 막대한 규모의 잉여 자금을 관리하기 위해 1953년 2월에 "쿠웨이트 투자 이사회(Kuwait Investment Board)" 형태로 창설되었고, 1982년에 KIA로 확대 개편되었다. (● 쉬어가는 페이지, 26 페이지 참조) KIA는 2018년 12월 말 기준 자신의 전체 수탁자산(Asset Under Management: AUM) 6,970억불의 약 5%인 324억불을 PEF에 투자하고 있다. 기금운용본부는 쿠웨이트에 있으나, 런던 사무소(Kuwait Investment Office: KIO)가 실질적으로 자산운용 전반을 책임지는 핵심운용 기관이다. 아부다비 투자청(ADIA)과 달리 쿠웨이트 국회로부터 상시적인 모니터링 대상이 되면서 매우 보수적인 투자운용을 하는 것이 특징이다. KIA는 PEF 투자 외에도 특정 기업의 지분을 직접 매입하여 보유하기도 한다.[39] 예컨대 2019년 3월말 현재 독일의 다임러(Daimler) 자동차의 2대 주주는 이 회사 지분 6.8%를 보유한 KIA이다.[40] 전술한 중국의 최대 갑부 중 한 사람인 왕젠린 회장의 대련 완다 그룹에도 KIA는 지분을 보유하고 있다. 특히 최근 KIA의 한국 진출 또한 주

---

39 KIA는 기업에 대한 직접 투자와 PEF 투자 말고도 부동산 및 인프라 투자에도 매우 공격적이다. KIA처럼 부동산과 인프라 투자에 공격적인 국부펀드와 연기금은 캐나다의 CPPIB와 싱가폴의 GIC가 있다. Financial Times, Nov 4, 2014
40 2019년 3월말 기준, 다이믈러의 최대주주는 2018년 2월에 지분 9.7%를 매입한 중국 지리 자동차(Geely Automotive) 회장인 리수푸(李書福)이다.

목된다. (하)권의 주요 대기업 그룹 해부편인 SK 그룹에서 설명하였지만, KIA는 2015년 3월말 기준으로 SK C&C 지분 5.57%를 확보하여 5대 주주로 새로이 등장하였다. 향후에도 한국 진출을 좀 더 강화하게 될지 귀추가 주목된다.

    10위를 기록한 기관은 타워스 왓슨(Towers Watson)과 GPAS(Global Pension Asset Study) 조사 결과에 따라 2013년 말 운용 자산 기준으로 전 세계 6위를 기록했던 캘리포니아 공무원 퇴직연금 캘퍼스(CalPERS: California Public Employees' Retirement System)이다. 2013년 말 기준으로 캘퍼스(CalPERS) 전체 운용 규모는 2,731억불이고 그 중 PEF에 투자한 총 규모가 16%인 437억불로, 당시까지만 해도 연기금 중에서 가장 PEF 투자를 공격적으로 한 기관투자자였다. 절대 금액 측면에서 비교하면 헤지펀드 최대 투자자인 UAE의 아디아(ADIA)가 2013년 말 기준으로 투자한 314억불보다 40% 가량 많았다. 하지만 2014년부터 PEF 투자 비중을 조금씩 줄여 나가고 있는데, 캘퍼스(CalPERS)의 PEF 투자축소는 헤지펀드 철수 이유와 동일하게 비싼 수수료 때문인 것으로 알려져 있다. 파이낸셜 타임즈는 캘퍼스(CalPERS)가 PEF 투자 이후 운용사(GP)에게 지급되는 비용이 정확히 얼마인지 계측하는 것이 거의 불가능하여, 비용 절감을 위해 향후에도 외부 PEF 운용사 선정을 계속 축소할 방침이라고 보도하기도 하였다.[41] 이에 따라 2018년 12월말 기준으로 PEF 실제 투자액은 2013년 수준보다 감소한 전체 AUM의 약 7.9%인 278억불이다.[42]

    12위를 기록한 GCM 고객맞춤형 펀드 투자그룹(GCM Customised Fund Investment Group: GCM CFIG)은 당초 크레디 스위스의 자기자본 투자 자회사로 PEF, 부동산 및 인프라 투자를 수행하던 크레디 스위스(Credit Suisse)의

---

41 Financial Times, Jul 12, 2015
42 2018년 12월말 기준으로 CalPERS 펀드의 시장 가치는 3,540억불이다

고객 맞춤형 펀드 투자 그룹(Customised Fund Investment Group)이 그 전신이다. 2013년 8월에는 헤지펀드와 PEF에 대한 고객 맞춤형 투자를 전문으로 하는, 독립계 대체투자 자산운용사인 그로버너 캐피탈 매니지먼트(Grosvenor Capital Management)가 이 회사를 인수하면서 사명이 GCM CFIG로 바뀌었다. 투자자가 원하는 방향과 전략에 부합하여 PEF 포트폴리오를 구성하는 고객 맞춤형(solution) 투자전략을 제공한다. GCM의 본사는 시카고에 있으며 1971년에 처음 설립되었다. 미국에서 처음으로 펀드 오브 헤지펀드(Fund of Hedge Fund) 사업을 시작한 운용사로 알려져 있어 헤지펀드 업계에서는 명성이 상당한 것으로 알고 있다. GCM의 수탁자산(AUM)은 2017년 12월말 기준으로 500억불이다. 2019년 1월에는 보수적인 CalPERS로부터 5억불을 출자 받아 여전히 시장에 명성이 유지되고 있음을 보여주었다. 2014년에 필자가 고객 맞춤형 헤지펀드 투자를 위해 그로버너에 대한 실사를 진행한 적이 있었는데, 회사 전반적인 분위기는 차분하면서도 투자 행태는 다소 보수적이라는 느낌을 받았다. 다만 고객 맞춤형 헤지펀드의 경우에는 CIO에게 특정 포트폴리오에 대한 거부권이 부여되어, 펀드의 성과가 핵심인력(keyman)의 영향을 많이 받는 것 같아서 투자를 보류한 적이 있다.

20위를 차지한 파트너스 그룹(Partners Group)은 스위스 주그(Zug)에 본사를 두고 있으며 1996년에 설립되었다. 2018년 12월말 기준 수탁자산(AUM)은 730억 유로이고, 이중 PE 관련 수탁자산은 360억 유로이다. 2006년에는 주식을 공개하여 현재 스위스 주식시장에 상장된 상장기업이다. 종업원들이 회사 지분의 60% 정도를 소유하고 있으며 나머지 주식은 공개되어 있다. 주요 투자 대상은 사모 지분투자(private equity), 사모 부채투자(private debt), 부동산, 인프라 등으로 전 세계 870여 명의 인력으로 19개 사무실을 운영 중이다. 사모 지분투자(private equity)는 결성시장 PEF(primary PEF), 유통시장 PEF(secondary PEF), 부실자산 투자 PEF(distressed PEF) 등 투자 전략이 다양하다. 2006년에는 싱가폴 오피스를 열어 처음으로 아시아 시장에 진출하였다. 2010년에는 UAE, 서울, 뮌헨 등에 오피스를 열고, 2011년에는 브라질에도 사무실을 열어 글로벌 투자 역량을

대체투자 파헤치기(중)

타이타노마키의 서막

강화해 나갔다. 2013년에는 이탈리아의 재간접 펀드(PE Fund of Funds) 업체인 페레니우스 캐피탈(Perennius Capital)을 인수하여 유럽 사업을 한층 강화하였다. 2014년 1월에는 일본의 미즈호 금융그룹(Mizuho Financial Group: MFG)과 전략적 제휴 관계를 맺어, 일본 연기금 들이 투자하기에 적합한 PEF 상품이나 인프라 상품을 독점적으로 소개하는 방식으로 일본 진출을 강화하고 있다. 상장기업이기 때문에 주요 기관투자자인 LP들과 필요한 정보 소통에 제한이 많은 편이다. 필자 경험에 따르더라도 기관 투자자 측에서 요구하는 정보를 적시에 제대로 제공하지 못하는 것 같다는 인상을 받았다.

국내에서 가장 PEF 투자를 많이 하는 곳은 국민연금이다. 국민연금은 연금 기금규모 면에서 2018년 12월말 기준으로 전 세계 3위를 기록하는 초대형 연기금이다. 하지만 PEF 누적 출자액 순위는 2018년 말 현재 9조 원 내외에 그쳐 글로벌 20위 안에도 들지 못한다. CalPERS나 CPPIB가 기금 규모면에서는 국민연금보다 작지만, 30~40조를 PEF에 투자하는 것과는 대조적이다. 특히 2013년 11월부터 PEF 출자에 대한 정책방향을 전면적으로 재검토하면서 2014년에는 출자 자체를 보류한 적도 있다.[43]

그 다음으로 PEF 출자액이 많은 곳은 우정사업본부이다. 우정사업본부 역시 예금과 보험을 합쳐 PEF 출자 총액이 5조에 미치지 못한다. 특히 우정사업본부 예금의 PEF 출자 총액은 우체국예금보험법률에 관한 법률 및 시행규칙의 한도 규정에 따라 제한을 받는다. 즉 우체금 예금이 지분증권을 취득할 경우, 취득 총액이 예금자금 총액의 20%를 초과할 수 없다.[44] 아울러 지분증권이 주식과 PEF 출자를 포함하는 금액이므로 주식을 제외하면 PEF 출자 여력은 더 줄어들게 된

---

43 국민연금은 2015년 3월부터는 PEF와 VC 출자액을 1조 8,000억 원으로 확정하고 출자자 모집 절차에 들어가, 2015년 5월에 선정 절차를 마무리 하였다. 2016년에는 PEF와 VC 출자액을 9,500억 원(7,000+2,500)으로 확정하였고, 7월에는 PEF 운용사 4개를 2018년에는 라지캡 출자액 8,000억원에 대해 2개 운용사를 확정하고 출자자 모집을 완료하였다.

44 우체국예금보험에관한법률 제18조, 우체국예금보험에관한법률 시행규칙 제15조의2

다. 당초 법의 취지는 우체국 예금의 듀레이션이 1년 내외로 짧기 때문에 10년 내외의 장기투자가 필요한 PEF 투자를 공격적으로 못하게 한 것이다. 하지만 법률에서 정한 지분증권의 개념이 모호하다는 것이 문제이다. 예컨대 중간에 현금흐름이 발생하는 PDF에 투자하는 경우에는 듀레이션에 미치는 영향이 크지 않다. 하지만 현행법 체계에서는 PDF 투자가 형식상으로 펀드의 지분에 투자하는 것이므로 지분증권으로 분류될 가능성이 높다. 하지만 실질적으로는 대출채권에 투자하는 것이므로 이를 듀레이션에 부정적인 영향을 주는 지분증권 투자라고 단정하기는 어렵다. 장기 저금리 현상이 고착되고 대체투자가 증가해 가고 있으며 대체투자 중에서 PEF 투자를 확대하고 있는 글로벌 추세를 보건데, 동 규정에 대한 합리적인 개정 논의가 필요한 시점이라고 본다.

PEF의 투자자와 관련하여 최근에 반드시 알고 있어야 하는 이슈가 바로 볼커룰이다. 볼커룰은 은행의 자기자본 투자를 제한하는 것으로 (상)권에서 이미 상세히 설명하였다. 표면적으로 보면 볼커룰이 PEF 투자자 풀을 감소시킴으로써 미국에서 PEF 출자가 감소할 가능성은 이전보다 높아졌다. 하지만 PEF 출자는 현재에도 전 세계적으로 지속 증가해 나가는 추세여서, 볼커룰이 실제로 전 세계 PEF 출자 규모에 구체적으로 어떤 영향을 미칠지는 좀 더 지켜봐야 할 사안이라고 본다. 특히 볼커룰 폐지를 주장해 온 트럼프 대통령 당선 이후 볼커룰의 적용이 쉽지 않을 것이라는 전망이 있어 향후 귀추가 주목된다. 예컨대 2018년 12월에 미국 예금보험공사(FDIC)와 증권거래위원회(SEC)는 공동으로 자산규모가 10억불 이하이고, 거래규모가 연결기준 자산의 5% 이하인 지역은행의 경우에는 볼커룰의 적용을 배제하는 내용의 수정안을 발표했다. 만약 이 수정안이 시행되면 PEF 투자자 풀은 종전보다 다소 확대될 것으로 보인다.

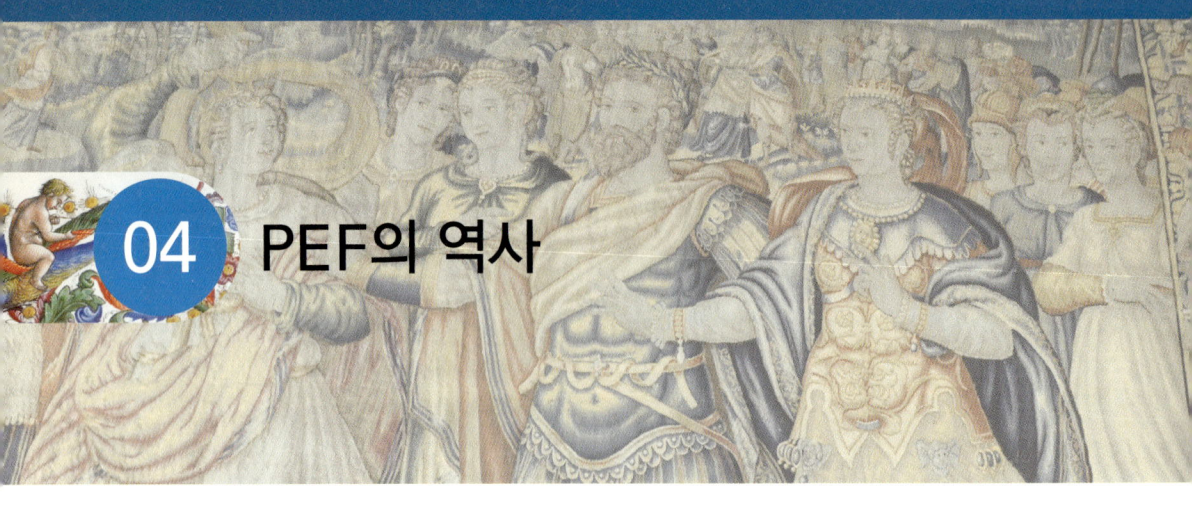

04 PEF의 역사

1) 페니키아부터 콜럼버스까지

　PEF 역사는 로마와 지중해 패권을 두고 자웅을 겨루었던 페니키아인의 시대까지 거슬러 올라간다. 당초 동지중해에서 발흥한 페니키아 문명은 그리스 신화에서도 보듯이 역시 지중해 해상 제국이었던 크레타 문명과도 매우 관련이 깊었던 것으로 보인다. (● 쉬어가는 페이지) 특히 페니키아인이 세운 카르타고는 서쪽 지중해의 해상 무역권을 완전히 장악하고 동쪽 지중해 방향으로 세력을 확장 중에 있었다. 이와 같은 해상 세력의 확장 과정에서 페니키아는 신흥국인 로마와 기원전 3세기를 전후하여 시칠리아 섬에서 정면으로 충돌하였다. 카르타고에는 명장 한니발이 있었지만 행운의 여신은 로마 편이었다. 세 차례의 포에니 전쟁에서 페니키아는 로마에게 패하였고, 중심 도시 카르타고는 로마군에 의해 철저히 파괴, 유린당하면서 세계사에서 영원히 사라졌다. 하지만 크레타 문명과 함께 지중해 해상교역을 장악한 페니키아인들의 문화적, 상업적 영향력은 서구 문명의 근간을 이루면서 현재까지도 유지, 사용되고 있을 정도로 막강하다. 대표적으로 현재 서구문명 기록 문화의 근본 체계인 알파벳 역시 페니키아인이 처음으로 사용한 것을 그리스와 로마가 계승한 것이다.

　또 하나의 대표적인 사례가 해상무역과 관련된 크레타인과 페니키아인의 상거래 관행이다. 즉, 기원전 1,550년부터 300년까지의 기간 동안 페니키아인들은 투

사모투자펀드(PEF)

자자들로부터 자금을 모아 항해를 시작한 후, 수익이 발생하면 수익의 20%를 가져간 것이 일반적인 관행이었다.[45] 이들 페니키아 인들의 20% 관행은 그보다 훨씬 이전에 투자 활동을 하였던 수메르 인과 바빌로니아 인들로부터 학습한 것이다. 따라서 현재 PEF 초과 수익(carried interest)의 기준인 "20% 규칙(rule)"의 기원은 인류 역사를 개막했던 수메르 인들의 것이다.[46] 르네상스 시대상인들, 특히 이탈리아 베네치아 상인들 역시 페니키아인들과 로마인의 전통을 그대로 이어받아, 친구나 지인들로부터 자금을 위탁 받아 동방으로의 교역로를 개척한 후 수익의 20%를 나누어 가졌다. 전술한 바대로 주식회사라는 개념을 처음으로 만들어 영국에 소개시켜 준 이도 베네치아 상인 세바스찬 캐벗(Sebastian Cabot)이었다. 베니스 서쪽에 위치한 피렌체의 메디치家 역시 아메리고 베스푸치 등을 비롯한 모험 항해가들을 적극 후원하면서, 페니키아인들의 초과 수익 20% 규칙을 스페인, 영국, 프랑스 등을 거쳐 전 유럽으로 전파했다. 이후 대항해 시대를 개막한 스페인 사람들은 20% 규칙을 "왕의 1/5(Royal Fifths)"이라고 부르면서, 전 유럽 초과 수익의 기준으로 확립했다.

하지만 특별한 경우에는 초과 수익 20%가 아닌 다른 방식의 수익률을 적용하기도 하였다. 예컨대 베네치아 공화국의 동방 항로 독점에 대항하여 미국 대륙에 우연히 도착하였던 크리스토퍼 콜럼버스는 스페인의 페르난도 2세와 이사벨라 1세를 무려 7년 동안이나 설득하여 자금을 조달했다. 하지만 콜럼버스 항해의 성공 가능성이 낮다고 본 스페인 국왕과 여왕은 "초과 수익"의 20%가 아니라 "수입"의 10%를 콜럼버스가 가져가는 계약을 체결하였다고 한다. 돌이켜 보면 콜럼버스의 항해 투자는 오늘날 PEF의 주요 요소가 모두 포함되어 있는 것을 알 수 있다. 즉 콜럼버스가 스페인 왕실을 개인적으로(private) 설득하여, 투자를 감행한

---

45 Preqin, *IESE Global VC and PE Country Attractiveness Index 2012*
46 이에 대해서는 『황금, 설탕, 이자(상) – 바빌로니아의 수수께끼』에 상세히 설명할 예정이다.

대체투자 파헤치기(중)

타이타노마키의 서막

이사벨라 1세 여왕이라는 기관 투자자(LP), 동방 무역 개척이라는 투자 프로젝트(equity), 그리고 프로젝트 수행자인 콜럼버스 자신(GP)과 운용자인 자신의 권리(10% of carried interest) 등을 구조화한 것이다.[47] 콜럼버스가 자신의 서인도 항해 프로젝트에 투자할 투자자를 모집하던 1492년 전후에, 자신이 오늘날 PEF나 벤처 투자와 유사한 형태를 만들었다는 사실을 알고 있었을까?

이처럼 본격적인 지분 투자라는 근대적인 PEF 형태가 나타나기 전에는 주로 해상세력을 중심으로 한 항해 프로젝트가 모험자본인 벤처 자금을 끌어 모으는(pooling interest) 핵심적인 분야였다. 사모로 자금을 모집하는 또 다른 사례는 미국 남북전쟁 때 북부군이 전비를 조달하던 방식이다. 즉 남북전쟁 당시 북부군이 부족한 전비를 조달하기 위해 제이 쿡(Jay Cooke)이라는 인물을 활용하여 북부(Union) 연합군의 재무부 채권을 사모형태로 일반인에게 팔아 전비를 조달하였다. 이는 현대적 의미의 상업은행 및 투자은행이나 PDF가 사용하는 사모 방식의 자금모집과 근본적으로 크게 다르지 않다.

이처럼 역사적으로 PEF라는 사모투자펀드는 최초 투자 대상이 기업의 지분이라기보다는, 해상무역 활동이나 항해와 같은 모험적 활동과 전비조달 등의 대출 활동이 특정 프로젝트와 관련된 사모형태의 자금 모집이 일반적인 관행이었다. 오늘날 관점에서 보면 모험자본인 벤처투자나 프로젝트 펀드가 PEF의 역사적 기원인 것이다.

---

47   Cyril Demaria, *Introduction to Private Equity*, Wiley, 2010

쉬어 가는 페이지: 페니키아와 크레타 문명

에우로페와 하얀 황소(BC 380년 경 그리스 그릇), 대영 박물관 소장

그리스 신화를 통해서 판단하건데 페니키아 문명은 기원전 2,000년을 전후하여 지중해 해상 교역을 장악하였던 크레타 문명과도 매우 관련이 깊었던 것으로 보인다. 대표적인 사례가 에우로페 납치 사건이다. 그리스 신화에 따르면 제우스가 페니키아 공주였던 에우로페(Europe)를 보고 첫눈에 반하여, 하얀 황소로 변한 후 크레타로 납치하여 크레타의 여왕으로 삼았다고 한다. 이는 페니키아 문명과 크레타 문명의 밀접한 관련성을 상징적으로 보여 주는 은유적 서사이다. (황소라는 아이콘이 가진 의미는 기회가 되면 별도의 책에서 다루려고 한다.)

더욱이 그리스 신화에 따르면 제우스 역시 크레타에서 성장한 신이다. 즉, 모친인 레아가 자식들을 잡아먹는 부친인 크로노스의 살해 위협을 피해 12번째로 낳은 제우스 대신 보자기에 싼 돌인 옴파로스(Omphalos)를 크로노스에게 주고, 제우스는 크레타 섬에 숨겨서 키웠다고 한다. 나아가 에우로페의 영어식 표현이 Europe으로, 이를 통해 보건데 혹자는 현재 유럽 문명의 뿌리가 페니키아와 크레타에서 온 것이라고 주장하기도 한다.

한편 제우스와 에우로페 사이에 난 아들들이 바로 미노스, 라다만티스, 사르페돈이다. 이 중에 미노스가 포세이돈의 도움을 받아 크레타의 왕이 되

옴파로스, 그리스 델파이 고고학 박물관 소장

었고, 이후 건설한 왕궁이 바로 미노스 왕궁(혹은 크노소스 왕궁)이다. 그리스 신화에 따르면 미노스가 자신이 왕이 되는 과정에서 도움을 준 포세이돈을 속이자, 포세이돈이 격분하여 미노

타이타노마키의 서막

스 왕비 파시파에가 황소를 사랑하게 만들어 미노타우루스란 괴물 아들을 낳게 하였다고 한다. 미노스는 이 괴물 아들을 숨기기 위해 왕궁을 미로처럼 복잡하게 만들었다. 이 왕궁의 별칭이 래버린트(Labyrinth)였고, 현재 영어의 미로라는 어원이 되기도 하였다.

미노스 왕궁 전경, 그리스 크레타 섬 소재

그리스 신화를 별론으로 하면 크레타 문명은 이집트, 페르시아, 사이프러스 등의 동양과 아테네, 스파르타, 마케도니아 등의 서양 중간에 위치한 지리적 이점을 최대한 활용하여, 지중해에서 가장 먼저 해상 교역권을 장악하면서 화려한 문화의 전성기를 구가하였다. 이때가 기원전 1,900~1,700년을 전후한 시기이니 무려 4,000여 년 전이다. 특히 아테네에 대해 7명의 소년, 소녀들을 산채로 제물로 바치도록 요구할 정도로 강력한 정치력을 소유한 지중해의 해상제국이었다. 플라톤이 아틀란티스 문명이라고 칭송한 문명이 크레타 문명이라는 설이 있을 정도이다.

크노소스 왕궁의 황소 벽화(BC 1,600~1450), 크레타 헤라클리온 고고학 박물관 소장

현재 그리스 크레타 섬의 주요 도시인 헤라클리온의 고고학 박물관에는 당시 화려했던 크레타 문명의 흔적들을 쉽게 찾아 볼 수 있다. 4,000년 전 문명이라고 보기에는 너무나 세련된 기록물, 벽화, 장신구, 그릇 등이 수를 헤아릴 수 없을 정도로 전시되어 있고, 크레타 문명이 숭상했던 것으로 보이는 황소들과 관련된 벽화, 조각, 장신구 등도 어렵지 않게 볼 수 있다. 전시된 유물의 양이 엄청나게 많아, 박물관 규모는 작지만 이를 모두 관람하기에는 하루 종일도 부족했던 기억이 있다.

한편 크레타 문명은 자신들의 글자인 히에로글리픽(Hieroglyphic)과 리니어 A(Linear A)라는 글자 체계를 가지고 있었는데 아직도 해독되지 않았다. 특히 크레타의 파이스토스 미노아 궁전에서 발굴된 파이스토스 원반(Phaistos Disk)은 기원전 2,000년 전후에 제작된 것으로 추정되는데 글자의 의미, 목적, 원반의 사용 용도 등이 현재까지도 알려지지 않은 현대 고고학 최대의 미스테리로 남아 있다. 따라서 여전히 크레타 문명에 대해서는 그 수수께끼가 완전히 풀리지 않은 상태이다. 플라톤의 아틀란티스 문명 이론에서 보듯이 아테네인들 역시 비록 크레타인들의 종교적 희생양이 되기는 하였지만, 이들의 문명을 매우 칭송하고 동경했던 것으로 보인다.

필자가 보기에는 그리스 신화가 단순한 허구가 아니라 역사적 사실을 은유한 서사시임을 페니키아와 크레타 문명이 간접적으로 보여주는 것이라고 본다. 그리스 신화가 역사적 사실에 대한 은유임을 보여 주는 또 다른 사례는 트로이 전쟁이다. 트로이 전쟁의 발단은 제우스의 손자이고 트로이 전쟁의 영웅인 아킬레스의 아버지인 페레우스와 물의 요정 테티스의 결혼식이었다.

크레타 문명의 파이스토스 원반(Phaistos Disk), 기원전 2,000년 전후 제작. 그 의미가 현재까지 수수께끼로 남아있는 현대 고고학 최대의 미스테리 유물, 크레타 헤라클리온 고고학 박물관 소장

파리스의 심판, Juan de Juanes (1510~1579) 作, 이태리 우디네 디오체사노 박물관(Museo Diocesano e Gallerie del Tiepolo) 소장

이 결혼식에 불화의 여신인 에리스가 초대 받지 못하자, 에리스는 "이 세상에서 가장 아름다운 여성에게 바친다"는 문구를 새긴 황금 사과를 결혼식장에 던졌다. 이 황금사과를 누가 차지하느냐를 두고 헤라, 아테나, 아프로디테 세 여신간의 경연이 벌어졌고, 제우스는 트로이 프리아모스 왕의 아들인 파리스를 심판관으로 지명했다. 이에 세 여신은 심판관인 파리스를 대상으로 치열한 로비를 벌였다. 자신을 최고의 미인이라고 지명하면 헤라는 세상을 지배하는 권력을, 아테나는 언제나 전쟁에서 승리하는 명예를, 아프로디테는 세상에서 가장 아름다운 여인을 주겠노라는 일종의 뒷거래를 제안한 것이다. 파리스는 세상에서 가장 아름다운 여인을 그 무엇보다 갈망했고, 이 때문에 아프로디테를 가장 아름다운 여신으로 지명했다.

대체투자 파헤치기(중)

타이타노마키의 서막

아프로디테는 약속을 지켰지만 불행히도 아프로디테가 파리스에게 약속한 세계 최고의 미인은 처녀가 아니라 유부녀 헬레네였다. 결과만 놓고 보면 파리스는 세상에서 가장 아름다운 여인이 아니라 세상에서 가장 아름다운 처녀를 원한다고 말했어야 했다. 하여튼 당시 그리스 최고의 미녀 헬레네의 남편은 미케네의 왕 아가멤논의 동생인 메넬라오스였다. 메넬라오스는 자신의 부인인 헬레네를 유혹하여 트로이로 도망친 파리스에 대

트로이 전쟁 직전 아킬레스와 아이아스, 가운데 신은 아테나 여신(BC 510), 베를린 알테스 박물관 소장

해 화가 머리끝까지 치밀었고, 트로이에 대한 복수를 위해 형인 아가멤논을 찾아갔다. 이로 인해 그리스 연합과 트로이 간 10여 년에 걸친 대 전쟁이 일어났다.

(중)권의 제목인 타이타노마키와 (하)권의 제목인 타이타노마키의 2막 기간토마키가 10여 년에 걸친 신들 상호간의 전쟁이라면, 트로이 전쟁은 10여 년에 걸친 신들과 인간들 상호간의 대 전쟁이었다. 이 트로이 전쟁에서 파리스에게 외면당한 헤라와 아테나는 그리스 국가를 전폭 지원하였고 아폴론, 아레스 등의 신들은 트로이를 지원하였다. 인간 진영에서는 그리스의 전쟁 영웅 아킬레스, 오디세우스와 트로이의 헥토르, 아이아네스 등의 걸출한 영웅들이 자웅을 겨루었다. 하지만 그리스는 승리의 여신 아테나의 전폭적인 지원을 등에 업고 아킬레스와 같은 전설적인 영웅이 전쟁에 참여하고도 트로이를 굴복시키지는 못했다.

이피게니아와 그를 제물로 바치려는 제사장 칼카스(Calchas), Giovanni Battista Tiepolo(1696-1770) 作, 비첸차(Vicenza) 빌라 발마라나 아이 나니(Villa Valmarana ai Nani) 프레스코

한편 전쟁 기간 중에 아가멤논은 사냥의 여신인 아르테미스(다이애나)의 성지에서 사냥을 하다가 사슴 한 마리를 죽여 그녀의 분노를 샀다. 이 때문에 바다 바람이 불지 않으면서 트로이로 가는 모든 그리스 배들이 멈춰서는 비운을 겪기도 했다. 결국 아가멤논은 아르테미스에게 자신의 딸 이피게니아(Iphigenia)를 제물로 바친 후에야 트로이로 가는 해풍을 얻을 수 있었다. 그만큼 그리스는 트로이를 멸망시키기 위해 엄청난 희생을 치러야 했다. 그리스의 전쟁 영웅 아킬레스 역시 자신의 유일한 약점인 아킬레스 건 때문에 트로이 전쟁에서 결국 목숨을 잃었다.

사모투자펀드(PEF)

하지만 그리스에게는 난공불락과 같았던 트로이 성의 몰락은 역설적이게도 트로이 인들이 10여 년에 걸친 전쟁에서 승리했다는 착각을 유도한 오디세우스의 트로이의 목마라는 전략에서 비롯되었다. 이 트로이 목마로 인해 트로이는 그리스 연합군에 의해 철저히 짓밟혔다. 트로이 왕자였던 헥토르의 부인 안드로마케는 그리스 장군 네옵톨레무스(Neoptolemus)의 첩으로 전락했다.

트로이의 멸망과 헥토르의 무덤 앞에서 슬퍼하는 그의 부인 안드로마케(Andromache), Johan Ludiwig Lund(1777~1867) 作, 코펜하겐 국립미술관 소장

트로이 전쟁은 모차르트의 오페라 작곡에도 영향을 미쳤다. 모차르트는 화려한 의상을 매우 좋아하여 자신이 벌어들인 돈의 대부분을 당시로서는 가장 유행하는 최신 패션 의상을 구입하는데 사용하였다고 한다. 하여튼 이와 같은 그의 의상에 대한 집착은 화려한 의상과 무대장치를 사용하는 오페라 작곡에 대한 열정으로 이어졌다. 트로이 전쟁과 관련된 모차르트의 오페라는 "이도메네오"이다. 이도메네오는 크레타의 왕으로 트로이 전쟁에 참여하여 승리한 후, 크레타 왕국으로 돌아오는 길에 포세이돈의 도움을 받아 목숨을 건져 귀국한다.

트로이 목마, Giovanni Domenico Tiepolo(1727~1804) 作, 런던 국립 미술관 소장

대체투자 파헤치기(중)

타이타노마키의 서막

　이도메네오는 포세이돈에게 받은 도움의 대가로 크레타에 도착하여 가장 처음 만나는 사람의 목숨을 바칠 것을 약속한다. 아이러니하게도 이도메네오가 크레타 왕국에 도착하여 가장 처음 만난 이는 그의 아들 이다만테이다. 신에게 약속한 희생양이 바로 자기 아들이 된 것이다. 이 비극적인 오페라 이도메네오는 모차르트 자신이 지휘하여 뮌헨에서 처음으로 대중에게 선보이며 대성공을 거두었다.

　마지막으로 이 거짓말 같은 트로이 전쟁에 얽힌 이야기들을 정리한 호메로스의 일리아드를 독일의 고고학자 하인리히 슐리만은 트로이 유적 발굴을 통해 역사적인 사실임을 증명하기도 하였다. 슐리만이 발굴한 유적이 트로이 유적인지에 대한 논란이 있긴 하지만, 그리스 신화가 전설과 역사의 혼합된 접점이라는 사실은 필자 혼자만의 생각은 아니었던 것 같다.

2) 도리엇(Doriot)의 등장과 신중한 전문가의 원칙(Prudent Expert Rule)

투자자가 기업의 지분을 취득하는 투자 방식이 처음으로 나타나는 시기는 19세기 중반부터이다. 이때는 주식회사라는 기업 형태가 역사적으로 본격적으로 등장한 시기이도 하다. 잘 알려져 있다시피 정치적으로는 민주주의의 탄생이, 경제적으로는 주식회사의 탄생이 근대 자본주의가 혁명적으로 발전하는 결정적인 계기였다.[48] 특히 경제적 측면에서 주식회사라는 새로운 법인형태가 출범하면서, 사모펀드인 PEF도 주식회사의 지분에 대한 투자를 위한 프로젝트로 대거 무게중심이 쏠리기 시작했다. 지분투자가 주식회사 형태로 집중되면서 이제 PEF 투자의 지역적 무게중심은 유럽에서 미국으로 건너간다. 대표적인 사례가 1901년에 제이피 모건(JP Morgan)이 4.8억불을 투자하여, 앤드류 카네기(Andrew Carnegie)로부터 카네기 철강회사(Carnegie Steel Company)를 인수(Buy-out)한 투자 건이다. 모건의 카네기 철강회사 인수 건은 그 당시까지 자본주의 역사상 규모가 가장 큰 초대형 M&A 딜로, 미국뿐만 아니라 전세계를 경악시킨 전대미문의 사건이었다.

제이피 모건이나 카네기 외에도 20세기 중반까지 PE 투자의 주역은 벤더빌트(Vanderbilt), 휘트니(Whitney), 락펠러(Rockefeller), 워버그(Warburg) 등 소수의 백만장자 가문이었다. 바이아웃(Buy-out), 그로쓰 캐피탈(Growth Capital) 전략과 벤처투자 전략을 구사하는 PEF인 워버그 핀커스(Warburg Pincus)도, 에릭 워버그(Eric Warburg)가 1938년에 설립한 워버그 앤 코(Warburg & Co)가 그 전신이다.[49] 이처럼 20세기 초반까지만 해도 근대적 PEF 투자의 주역은 소수의 백만장자들이었다.

---

48 민주주의와 주식회사의 기본 원리는 동일하다. 즉 민주주의가 1인 1표이고, 주식회사가 1주 1표이다.
49 워버그 핀커스는 2013년에 뉴욕 연방준비은행장과 재무장관을 역임한 티모시 가이트너를 임원으로 영입했다. 가이트너는 2016년 말 현재 워버그 핀커스의 회장(president)이다. 가이트너는 2015년 3월 말에 교직원공제회를 방문하기 위해 한국에 입국하기도 하였다. 가이트너 입국 2개월 후인 2015년 6월 초, 교직원공제회는 워버그 핀커스의 베트남 부동산개발 프로젝트에 선순위 대출형식으로 900억 원을 투자했다.

대체투자 파헤치기(중)

타이타노마키의 서막

그러다가 1946년 조지 도리엇(Georges Doriot)[50]이 설립한 「미국 R&D 회사 (American Research and Development Corporation: ARDC)」가 처음으로 자금 모집의 범위를 소수의 백만장자 이외의 고소득 개인(high-net worth)으로 확장시키면서, 근대적 의미의 PEF라는 개념이 명확히 정립되었다. ARDC의 주요 전략은 하버드나 MIT 출신의 공학도들이 설립한 모험 기업에 초기 자금을 조달하여 주는 벤처캐피탈 전략이었다. 특히 도리엇(Doriot)은 고소득층이기는 하나 자금 모집의 범위를 종전보다 확대시키면서, PEF 투자의 기반을 근대적으로 확대시킨 중요한 역할을 하였다. 요컨대 제이피 모건처럼 소수의 백만장자를 중심으로 기업의 지분을 일괄 매수하거나, 도리엇(Georges Doriot)처럼 고소득층을 대상으로 벤처기업 지분을 매수한 것이 바로 근대적 의미의 PEF 기원인 것이다.[51]

특히, 1958년에는 미국 중소기업청(Small Business Administration: SAB)이 중소기업 지분에 전문적으로 투자하는 중소기업 투자회사(Small Business Investment Companies: SBIC)를 만들면서 공식적인 벤처캐피탈이 등장하였다. SBIC는 중소기업에 자금을 대출하는 활동을 하는 것이 아니라, 중소기업의 모험

---

50 도리엇(Doriot)은 벤처투자의 아버지로 불리우며 벤처투자 개념을 정립한 장본인이다. 도리엇(Doriot)이 정립한 벤처투자 전략(Doriot's rule)은 신기술 및 이를 보호하는 특허, 저작권 등 법적 장치를 가진 기업에 주요(significant) 지분을 취득하여, IPO나 기업매각 등을 통해 투자를 회수(exit)하는 전략을 말한다. VCEXPERTS, *What is Venture Capital?*, 2013. 하지만 역설적이게도 도리엇(Doriot)은 미국인이 아니라 프랑스인이었다. 이 때문에 PEF와 벤처 투자의 효시가 프랑스라는 풍자 섞인 해석도 있다. 하기야 "기업가 정신(Entrepreneurship)"이라는 단어도 영어가 아니라 프랑스어이니 이들의 주장이 마냥 농담이라고 치부할 수만은 없어 보인다. 실제로 전 세계 해운 물동량의 15% 내외를 차지하면서 서유럽의 동양 정복에 획기적인 전환점을 마련하였던 수에즈 운하 역시, 기업가 정신으로 무장한 프랑스인 레셉스(Ferdinand Marie De Lesseps)가 10년 동안 매진하여 건설한 것이다. 비록 금융 스캔들과 복잡한 정치 게이트로 실패하긴 했지만 파나마 운하 역시 레셉스의 도전 정신에 따라 첫 삽을 뜬 것이다. 다른 차원의 이야기인지는 몰라도 이집트의 로제타石을 해석한 이도 프랑스인 샹포리옹(Jean François Champollion)이다. 영국은 넬슨 제독이 이집트에 주둔한 프랑스군을 상대로 승리하면서 프랑스인 포로와 교환하는 조건으로 이 돌을 획득하였지만, 이집트 문자가 표의 문자라는 기존의 고정 관념에서 벗어나지 못하면서 이 문자를 결코 해독하지 못했다. 하지만 프랑스인 샹포리옹은 이집트 상형문자가 한자와 같은 표의문자가 아니라 영어의 알파벳과 같은 표음문자라는 도전적인 발상의 전환으로 비문을 해석하는데 결국 성공하게 된다. 하여튼 필자가 판단하기에 도리엇(Doriot)의 ARDC가 설립된 1946년이 근대적 의미의 PEF가 출발한 가장 첫해라고 보아도 무리가 없다고 본다. 이를 기준으로 계산하면 2019년 기준으로 근대적 PEF의 역사는 약 70년이 된다.

51 이처럼 근대적 의미의 PEF 초점은 바이아웃(Buy-out) 전략과 벤처투자 전략이다. 2019년 현재도 2개 전략이 글로벌 PEF의 주된 전략인 이유이다.

사모투자펀드(PEF)

적 기업가 정신을 믿고 해당 기업의 지분에 투자하는 활동에 초점을 맞추었다. 도리엇(Doriot)과 SBIC의 등장은 PEF나 벤처투자의 근대화가 미국에서 제도적으로 확실히 정착되는 결정적 계기가 되었다.[52] 한편 이 시기에는 유럽도 미국의 LP/GP 시스템을 도입하거나, 프랑스의 위험자산 투자펀드(FCPR)와 같이 PEF나 벤처투자에 조세 중립적인 구조를 새로이 도입하면서 사모로 자금을 모집하여 지분에 투자하는 제도적 형태가 조금씩 갖추어지기 시작했다.[53]

다만 전술한 주식회사의 등장은 기업의 지분을 소규모로 보유한 대다수의 소액 주주들과 기업을 실질적으로 경영하는 소수의 경영진을 필연적으로 분리시켰다. 이른 바 소유와 경영의 분리였다. 예컨대 주주는 광범위한 수로 분산되어 있고 경영진은 소수의 몇 명으로 집중되면서, 주주가 기업의 주인임에도 불구하고 경영진이 회사를 주주 이익과는 무관하게 자기 뜻대로 운영할 수 있는 가능성이 열린 것이다. 이와 같이 전문경영인들의 경영행태가 주주 이익으로부터 괴리되는 현상을 이론적으로 설명하기 위해 1970년대에는 주인-대리인 이론이 처음으로 등장했다. 나아가 기업 경영진이 회사 자금으로 사치스럽고 호사스런 생활을 누리면서, 경영진이 의사결정의 전권을 장악하는 현실에 주주들이 반감을 가지기 시작했다.[54]

한편 1979년에는 미국의 노동부가 노동자들의 연금수급권을 보장한 「종업원 퇴직소득보장법(ERISA: Employment Retirement Income Security Act)」에서, 기관투자자의 책임판단 기준을 능동적 분산투자를 옹호하는 "신중한 전문가의 법

---

52 Cyril Demaria, 앞의 책.
53 Cyril Demaria, 앞의 책. 위험자산 투자펀드(FCPR)의 정의에 대해서는 PEF와 Tax 부분에서 상술한다. 한편 유럽은 1980년대 영국의 대처 수상 등장 이전까지는 PEF에 대한 본격적인 발전이 거의 없었다. 시장이 여러 개 국가로 분할되어 있는 데다가, 2차 대전으로 생산능력이 심각하게 파괴되어 있었기 때문이다. 나아가 미국인들보다 위험 회피적인 경향이 강하다는 유럽인들의 성향도 한 몫 했다. EC가 벤처캐피탈을 육성하기 시작한 것은 1980년대 중반부터이다. Stefan Povaly, Private Equity Exits, Springer, 2007. 하지만 자본시장(capital market)이 미국처럼 발전하지 않은 것은 지금도 마찬가지여서, 유럽은 현재도 기업들의 주요 자금조달 통로가 자본시장(capital market)이 아니라 은행 대출이다.
54 주인-대리인 이론은 1980년대 미국의 차입인수(LBO) 열풍, 1990년대 기업사냥꾼, 그리고 2000년대 이후 전 세계적으로 주주행동주의가 번성하게 된 중요한 이론적 토양을 제공하였다.

대체투자 파헤치기(중)

타이타노마키의 서막

칙(Prudent Expert Rule)"으로 확대하였다. 이에 따라 기관 투자자의 PEF 투자가 종전보다 훨씬 확대될 수 있는 계기가 마련되었다.[55] 신중한 전문가의 법칙이란 종전에는 투기적인 결정으로 금기시되었던 PEF와 헤지펀드 투자 등에 대한 투자가 시장 상황에 맞게 수익률을 극대화하기 위한 능동적 자산 배분의 결과였다면, 기관 투자자의 투자 실패에 대해 면책한다는 것이다.[56] ERISA가 미국의 대다수 연기금들의 투자 운용을 규제하는 법임을 감안할 때, 이와 같은 법적인 정의로 인해 연기금들과 같은 대형 기관투자자들이 대규모 자금을 PEF에 투자할 수 있는 중요한 계기가 마련되었다. 요컨대 신중한 전문가의 법칙은 PEF의 대형화를 촉진시킨 가장 결정적인 계기였다.

이어 1982년에는 미국 의회가 저축은행(Savings-and-Loan Banks: S&Ls)의 상업적 대출을 허용하는 법안인 「간-저메인 예금기관법(The Garn – St. Germain Depository Institutions Act of 1982)」을 통과시켰다. 이 법으로 인해 미국 저축은행(S&Ls)의 대출활동이 허용되면서 마이클 밀큰의 정크 본드(junk bond) 매출을 폭발적으로 증가시킨 가장 중요한 동력원이 마련되었다. 이처럼 PEF가 근대적으로 발전하기 위한 기반이 1980년대 초에 거의 완성되었고, 마침내 1980년대부터는 PEF가 본격적으로 도약하기 위한 모든 준비가 다 갖추어졌다. 이제 PEF는 세 번의 "붐-버스트(Boom-Bust)" 싸이클을 맞이할 채비를 모두 끝냈다.

---

55 Stefan Povaly, 앞의 책
56 위험을 가급적이면 회피하는 투자 원칙을 「신중한 사람의 원칙(Prudent Man Rule)」이라고 한다. 19세기 중반부터 1970년대 말까지 미국 기관투자자의 투자원칙으로, 원금이 보장되는 국채 등에 대한 소극적 투자를 옹호하는 원칙이다. 하지만 다양화를 기본으로 하는 현대 포트폴리오 이론이 등장하면서, 소극적인 매수 위주(long-only)의 채권투자가 오히려 손실을 보는 현상이 다반사가 되었다. 이에 따라 ERISA가 수정 제시한 원칙이 바로 투자의 다양화, 거시 경제 환경에 능동적으로 대처하면서 분산투자를 옹호하는 원칙인 「신중한 전문가의 법칙(Prudent Expert Rule)」이다.

3) 세 번의 싸이클, Three Boom & Bust: RJR Nabisco! TXU!! SABMiller???

PEF의 역사적 발전이라는 관점에서 1950년을 전후한 시기부터 2019년 현재까지 PEF는 세 번의 커다란 변혁(Boom & Bust Cycle) 기간이 있었다. 첫 번째가 1980년대 차입인수(LBO)의 확산, 두 번째가 1990년대 말의 벤처 붐, 세 번째가 2000년대 중반 파생금융상품과 결합한 인수합병 붐이 그것이다. 세 가지 사건 모두 정크본드(junk bond), 대출채권담보부 증권(CLO)과 같은 특정 금융상품이 발명되면서 막대한 양의 자금이 PEF 시장으로 흘러들어가거나, 미국 정부의 재정흑자로 인해 풍부한 유동성이 PEF 주도의 인수합병 시장으로 공급된 것이 공통된 특징이었다.

PEF 역사상 첫 번째로 도약의 계기를 제공한 중요한 사건 중의 하나가 바로 1976년 투자은행 드랙셀 번햄 램버트(DBL)의 등장과 1980년대 마이클 밀큰(Michael Milken)의 활동이다. 종전까지만 해도 기업의 지분(equity) 투자에 필요한 자금은 기본적으로 자기 자금으로 조달하되, 차입금은 필요 최소한으로 한정하는 것이 일반적인 관행이었다. 기업인수 활동에 자금을 빌려준 기관들도 공격적인 투자은행이 아니라 보수적인 상업은행과 보험회사로, PEF가 레버리지를 높이고 싶어도 마음대로 높일 수 없었다.[57] 하지만 투자은행 DBL과 밀큰의 등장은 이와 같은 자금조달 구조를 혁명적으로 바꾸었다. 즉, 이들이 발행한 고수익(high-yield) 채권이나 정크 본드(junk bond) 등은 해당 기업의 현금흐름에 대한 냉정한 분석을 바탕으로 투자의 안정성을 담보하는 동시에 높은 수익률까지 보장하였으므로, 시장의 유휴자금을 그야말로 진공청소기처럼 흡입하면서 기업 인

---

57 공격적인 차입인수 활동을 창업 아이디어로 포착하고 회사를 설립한 콜버그(Kohlberg)와 크래비스(Kravis) 역시 본격적인 차입인수 활동은 KKR을 설립한 1976년 이후부터 시작했다.

대체투자 파헤치기(중)

타이타노마키의 서막

수자금 조달구조를 완전히 바꾸었다.[58] 특히, 중순위인 메자닌(mezzanine) 투자자는 기존의 보험회사에서 정크 본드(junk bond) 투자자로 거의 완벽하게 대체되었다.

투자은행 램버트와 밀큰이 유휴 자금을 기업 인수합병 시장으로 빨아들이면서, 당시 제1금융권의 은행과 같은 보수적 금융기관들이 쳐다보지도 않던 기업을 대상으로 한 인수 합병 시장이 그야말로 하루아침에 천지가 개벽하듯이 팽창하였다. 이에 따라 막대한 규모의 자금이 기업인수 시장으로 흘러들어가면서 차입인수(Leveraged Buy-out: LBO) 시대가 본격적으로 열렸다. LBO 시장의 본격 개막으로 기존의 기업 인수합병 시장은 급격히 팽창하였고, 인수가액 역시 천문학적으로 치솟았다. LBO 시장의 개막은 KKR이라는 거물급 PEF와 살로몬 브라더스(Salomon Brothers), 모건 스탠리(Morgan Stanley), 퍼스트 보스톤(First Boston) 등의 쟁쟁한 투자은행들이 한꺼번에 탄생하는 결정적 계기가 되기도 하였다. 전설적인 알제이알 내비스코(RJR Nabisco)의 LBO는 이 모든 것이 하나의 기업에 집중되면서 탄생한 M&A 역사의 살아 있는 신화이다.

나아가 DBL과 밀큰의 등장으로 종전에는 PEF와 투자은행들이 장기적 영업관계를 고려하여 절대로 금기시하였던 적대적 인수합병 물결이 들불처럼 미국 전역을 휩쓸었다. 전술한 바대로 PEF의 타이탄 대기업 인수합병의 이론적 토대는 바로 기업 경영의 주인-대리인 이론이다. 기업의 주인도 아닌 경영진이 기업 실적이 악화되고 주가는 하락함에도 불구하고, 자기 마음대로 회사자금을 이용하여 막대한 연봉으로 호화스럽고 사치스런 생활을 향유하다니. 주주 입장에서는 이를 도저히 용납할 수 없으므로 투자자가 나서서 기업을 인수한 후, 해당 기업의 도

---

[58] 마이클 밀큰이 사용한 방법은 대체로 이자지급을 3~7년 후로 미루는 구조(deferred-coupon structure)였다. 구체적으로는 크게 다음과 같은 방법을 사용하였다. 첫째, 이자지급 자체를 후일로 연기하는 방법(deferred interest), 둘째, 이자율을 일정 기간 후에는 올리는 방법(step-up), 셋째, 만기에 일시에 원리금을 수령하는 방법(PIK: payment-in-kind), 넷째, 일정 기간 후에는 이자율을 시장이자율에 따라 재조정 하는 방법(reset) 등이다.

사모투자펀드(PEF)

덕적 해이에 빠진 경영진들을 모조리 교체해 버려야 한다는 것이 PEF 적대적 인수합병의 이념적 바탕이었다. 이와 같이 PEF를 중심으로 한 적대적 인수합병 위협은 주주들 입장에서는 기존의 경영진에 대해 "시장의 매운 맛(discipline of the market)"을 보여 주는 중요한 수단이었다. 달리 말해 PEF 중심의 적대적 인수 합병 전략은 경영진의 도덕적 해이에 대해 본때를 보여 주기 위한 일종의 "주주 반란"이었다.

하지만 1980년대 유행한 PEF의 적대적 인수합병은 막대한 차입을 활용한 차입인수(LBO) 방식으로 적지 않은 여론의 역풍을 받아야 했다. 1984년에는 FRB 의장인 폴 볼커(Paul Volcker)까지 나서서 소액의 자기자금으로 막대한 레버리지를 일으켜 회사를 인수하는 LBO 거래 관행을 공개적으로 비난하고 나섰다. 나아가 기존의 회사 경영진 역시 PEF를 중심으로 한 투자자의 역풍에 마냥 당하고 있지만은 않았다. 이에 따라 타이탄 대기업들은 적대적 인수합병의 거센 물결을 방어하기 위해 상어 퇴치기(Shark Repellent), 독약조항(Poison Pills), 황금 낙하산(Golden Parachute), 백기사(White Knight), 왕관의 보석(Crown Jewel) 등의 적대적 M&A 방어 장치들을 이 시기에 봇물처럼 도입하기 시작했다.

심지어 연방정부는 반독점법(Antitrust Law)을 개정하여, 인수합병 거래 이외에 일정 규모 이상 기업의 지분 증권을 취득하는 거래까지도 법무부와 경쟁당국이 심사하는 「하트-스콧-로디노 법(Hart-Scott-Rodino Antitrust

대체투자 파헤치기(중)

타이타노마키의 서막

Improvements Act: HSR Act)」을 1976년에 새로 도입하였다.[59] 1980년에는 법을 추가로 개정하여 적용대상을 단순한 기업(corporation)에서 PEF의 파트너쉽, 자연인과 함께 모든 형태의 비즈니스 실체(business entity)를 포함하는 "사람(person)"으로 확대하였다. 미국의 50개 州정부 또한 1970년대~1980년대에 기존의 기업경영진을 보호하는 反M&A 조항들을 경쟁적으로 州법에 도입하였다.[60] 특히 州마다 反M&A 입법 조항의 강도가 조금씩 달랐기 때문에, 미국 기업들이 어느 州를 설립지로 채택하여 적대적 인수합병 시도자들과 법원에서 혈투를 벌일지 고민하는 이른 바, 법정 쇼핑(Forum Shopping)이 전 미국을 유행처럼 휩쓸었다.[61]

이와 같은 1980년대 LBO 형태의 적대적 M&A 전략은 1990년대 기업사냥꾼, 2000년대 이후 주주행동주의 전략으로 현대적으로 진화하였다. 특히 주주행동주의 전략은 2013년부터 2019년 현재까지 전 미국을 뒤흔들 만큼 중대한 이슈로 부

---

59 원래 반독점법(Antitrust)은 기업 상호간 인수합병으로 인해 시장의 경쟁성이 훼손되지 않도록 정부가 개별 인수합병 건을 심사하는 제도이다. 하지만 HSR법은 인수합병 이외에도 일정 규모 이상의 지분취득 역시 미국 법무부(Department of Justice)와 공정위(Fair Trade Commission)에 의무적으로 보고하게 하는 제도이다(§7 of Clayton Act). SEC의 5% 규칙(13D filing)은 대상 기업 지분을 5% 이상 취득할 때만 신고하는 반면, HSR의 지분취득 신고요건(Transaction Threshold)은 이보다 현저히 낮다. 신고요건은 경제상황을 감안하여 매년 개정될 수 있다. 2015년 1월 기준 신고 요건은 (i) 지분취득 규모가 총 3억 510만 불(법 개정당시 2억불) 초과, 혹은 (ii) 지분취득 규모가 7,630만 불(법 개정 당시는 5,000만 불)을 초과하고, (ii-1) 피인수기업의 순매출액이나 총자산이 1,530만 불 이상이면서, 동시에 인수기업의 순매출액이나 총자산이 1억 5,250만 불(법 개정당시 1억불) 이상인 경우, 혹은 (ii-2) 피인수기업의 순매출액이나 총자산이 1억 5,250만 불이면서, 동시에 인수기업의 순매출액이나 총자산이 1,530만 불 이상인 경우에 동 법이 적용된다. 따라서 이 요건에 해당되는 지분취득 건은 기업의 인수합병을 위한 최초 지분취득 사실이 공개됨으로써, 대상 기업은 적대적 인수합병에 대비한 시간을 확보할 수 있다. HSR에 따르면 지분취득을 신고한 이는 신고 후 최소 15일에서 최장 50일 동안 법무부나 공정위의 답변을 기다려야 하며 추가 지분취득은 금지된다. 다만 경영권을 행사하지 않는 단순한 투자목적(solely for investment purpose)의 경우는 신고대상에서 제외된다. 가장 최근의 위반 사례는 2015년 8월에 주주행동주의자 펀드인 써드 포인트(Third Point)가 야후 지분을 2011년부터 취득하는 과정에서 이 조항을 위반하여, 거액의 합의금을 FTC에 지급하고 향후 유사한 위반이 재발하지 않도록 약속한 사건이다. 하지만 FTC의 이와 같은 결정은 찬성 3, 반대 2의 근소한 결정으로, 반대의견을 피력한 이들은 이 결정이 주주이익을 중시하는 추세를 억제할 수도 있다는 우려를 표명하기도 했다. Financial Times, Aug 24, 2015

60 대표적인 反M&A 입법(Anti-takeover legislation) 조항은 일정 수준 이상의 지분을 보유하는 주주가 등장하게 되면, 나머지 주주들에게 이 주주의 의결권 행사여부에 대한 승인을 취하게 하는 지분취득통제(Control Share Acquisition: CSA) 조항과, 이 주주를 제외한 나머지 주주들에게 공정가격(Fair Price: FP)을 지급하게 하는 조항 등이었다.

61 이 가운데 가장 기업 친화적인 법률을 도입한 州가 델라웨어(Delaware)이다. 이에 따라 미국 기업의 국내 설립지로 델라웨어(Delaware)가 최고의 각광을 받으면서, 현재도 미국 주요 기업의 주된 설립지가 델라웨어(Delaware)이다.

각하였고 한국의 경우도 예외가 아니다. 주주행동주의 전략의 상세 내용, 엘리엇(Elliott)을 포함한 주요 주주행동주의자, 주주행동주의에 대한 대응 전략 등에 대해서는 (하)권에서 상세히 설명한다.

대체투자 파헤치기(중)

타이타노마키의 서막

🦅 The Drexel Decade? or Forever?

마이클 밀큰(Michael Milken)은 1946년에 태어났다. 중산층 유대인으로 와튼 스쿨(Wharton School)을 졸업한 그는 투자등급이 아닌 투기등급 채권에 끊임없는 관심을 가졌다고 한다. 그의 첫 직장이었던 드렉셀 파이어스톤(Drexel Firestone)에서도 그의 직위는 투기등급채권 리서치를 담당하는 팀장이었다. 1973년 드렉셀 파이어스톤(Drexel Firestone)이 번햄 앤 컴퍼니(Burnham and Company)와 합병하여 드렉셀 번햄(Drexel Burnham)이 만들어졌을 때, 밀큰(Milken)은 와튼 출신인 CEO 터비 번햄(Tubby Burhnam)을 설득하여 투기등급 채권 거래부서를 처음으로 만들었다.

1976년에 회사가 드렉셀 번햄 램버트(Drexel Burnham Lambert: 이하 DBL)로 개명한 이후부터 밀큰은 투기등급 채권사업에 본격적으로 뛰어들었다. DBL의 등장 이전 미국의 회사채 시장은 재무구조가 건실한 기업만이 참여할 수 있는 매우 제한된 시장이었다. 하지만 DBL은 1977년부터 투자은행들이 위험하다고 쳐다보지도 않는 모험기업의 회사채 발행을 중개하였고, 1982년까지 투기등급, 즉 투자부적격 등급 채권의 중개 및 매각에서 상당한 시장 지위를 확보하게 된다. 시장에서는 이 투기등급 채권을 비아냥거리면서 "쓰레기 같은 채권(junk bond, 정크 본드)"이라고 불렀다. 하지만 DBL이 중개한 회사 중에는 테드 터너(Ted Turner)의 CNN, 그리고 당시에는 초기 기업이었던 엠씨아이 커뮤니케이션즈(MCI Communications) 등의 우량한 기업들도 다수 포함되어 있었다. 밀큰은 특히 위험도가 높다고 판단한 기업에 대해 탁월한 분석 능력을 보유하고 있었다. 나아가 자금을 빌려준 이후에도 해당 기업을 모니터링하는 데 천재적인 능력을 발휘했다. 이에 따라 밀큰과 DBL이 인수한 정크 본드(junk bond)의 부도율은 거의 "제로"에 가까웠다.

특히 밀큰은 저축은행들과 매우 긴밀한 협력 관계에 있었는데, 정크 본드의 대량 매각을 위해 소수의 저축은행들과 수백 개의 파트너쉽(partnership)을 체결하여 기관투자자들의 참여를 유도했다. 즉, DBL이 정크 본드를 인수한 이후 저축은행과 같이 설립한 파트너쉽에 수수료를 붙여 넘기고, 다시 이 파트너쉽에는 기관투자자들이 참여하여 수수료를 다시 붙여 대중에 팔아 넘겼다. 더구나 DBL의 정크 본드는 수익률이 높으면서도 거의 부도가 나지 않는 것으로 시장에 알려졌다. 이에 따라 정크 본드 시장이 급격히 팽창하기 시작했다. DBL이 사실상 투기등급 회사채인 정크 본드 시장을 조성한 것이나 마찬가지였다. 1980년대 중반 DBL은 투기등급 채권 중개의 절대 강자로 부상했다.

한편 1970년대 중반부터 미국에서는 재무적 투자자들의 기업인수 합병 활동이 다소 활발

사모투자펀드(PEF)

히 전개되기 시작되었다. 하지만 규모가 크지 않았고 최대 규모가 고작 3천만 불 내외의 딜이 차입인수(LBO) 형태로 이루어졌다. 당시 주요 차입인수(LBO) 부띠끄(boutique)는 초기 기업에 주로 투자하는 워버그 핀크스(Warburg Pincus), 에이이에이 인베스터즈(AEA Investors), 토마스 에이치 리 컴퍼니(Thomas H.Lee Company) 등이었다.[62] 아울러 1970~80년대 M&A 시장의 인수 자금중개는 씨티뱅크(Citibank), 매뉴펙처러즈 하노버 트러스트(Manufacturers Hanover Trust Co.), 그리고 뱅커스 트러스트(Bankers Trust) 등 이른 바 "빅 쓰리(Big Three)"가 주도하는 시장이었다. 하지만 정크 본드가 빅히트를 치면서 DBL이 M&A 인수시장에도 영향을 미치기 시작했다.

이 즈음인 1976년에 KKR이 설립되었다. KKR이 설립되면서 1970년대 말부터 1980년대 초까지 자금 차입(leverage, 이하 레버리지)을 활용한 기업 인수합병 붐이 본격 시작되었다. 기업 인수합병 규모가 조금씩 커지게 되자 보통주(equity) 부분이 전체 딜 규모에서 차지하는 비중이 갈수록 작아지면서, 레버리지 부분의 중요성이 차츰 부각되었다. 이 당시 레버리지의 가장 윗단에 위치한 최선순위 대출(senior secured loan)은 대부분 상업은행이 그 역할을 담당하고 있었는데, 딜 규모가 조금씩 커지면서 선순위 대출과 보통주(equity) 사이 중간영역인 메자닌(mezzanine) 대출의 역할이 매우 중요한 변수로 부상하였다. 하지만, 당시만 해도 메자닌 대출의 위험성이 지나치게 부각되면서 상업은행은 아예 메자닌 대출을 취급하지 않았고 프루덴셜(Prudential Insurance), 메트로폴리탄(Metropolitan Life Insurance), 올스테이트(Allstate Insurance) 등 주요 보험사들이 그 역할을 수행하였다.

하지만 보험사들의 요구수익률은 통상 20% 내외로 지나치게 높았고, 때로는 초과이익에 대한 주주 수준의 권리까지 주장하는 무리한 요구가 메자닌 시장을 짓누르고 있었다. 이 때 혜성처럼 등장한 이가 바로 DBL의 밀큰이었다. 가장 결정적인 계기는 1984년, 장난감 소매판매업체인 코울 내셔널(Cole National)을 바이아웃(Buy-out)하려는 KKR이 프루덴셜(Prudential)의 메자닌 조건이 지나치다는 판단 하에 DBL과 손을 잡은 사건이었다. 이 거래 건 이후 오래지 않아 대규모 차입인수(LBO) 딜에서 메자닌 펀딩(mezzanine funding) 역할은 보험회사에서 DBL로 완전 교체되었다. DBL의 공격적인 메자닌 대출은 이후 M&A 시장의 지평을 완전히 바꾸어 놓았다. 즉, 중간 단위의 펀딩이 대규모로 가능해지면서 1980년대 중반 이후부터 M&A 거래의 레버리지는 10배 내외로 치솟고, 규모도 수 억불 단위가 아니라

---

62 David Carey and John E. Morris, *King of Capital*, Crown Business, 2010

대체투자 파헤치기(중)

타이타노마키의 서막

수십억 불, 수백억 불 단위의 메가 딜(Mega Deal)이 시장을 지배하게 된 것이다.[63]

TXU 이전 가장 규모가 컸던 1988년의 전설적인 알제이알 내비스코(RJR Nabisco)의 차입인수 딜은 DBL의 밀큰과 KKR의 크래비스가 없었다면 불가능했을 것이다. 언론에서는 KKR의 무지막지한 펀딩능력을 빗대 헨리 크래비스(Henry Kravis)를 "킹 크래비스(King Henry)," DBL의 밀큰을 "정크본드 킹(Junk Bond King)"이라고 불렀다. 1980년대 중반 투기등급 채권 시장에서 DBL은 시장점유율 60%에 이르는 절대강자였다. 1980년대는 말 그대로 드렉셀(Drexel)의 10년이었다!

DBL의 조직문화는 일을 많이 하기로 유명하였다. DBL의 평균 노동시간은 하루 16시간이었다. 심지어 뉴욕 증시 개장보다 1시간 앞서야 한다는 회사방침에 따라, 캘리포니아에 위치한 DBL의 출근시간은 뉴욕 증시 개장시간에 맞춘 새벽 4:30이었다고 한다.[64] 1980년대 말 밀큰의 연간 소득은 당시 화폐가치로 십억 불을 넘었고, 1989년 뉴욕 타임즈는 그의 소득이 미국 역사상 가장 높은 소득이라고 인용하였다.

하지만 밀큰의 화려한 외출은 SEC의 내부자 거래혐의 적발로 인해 막을 내렸다. 문제의 발단은 1985년 KKR이 TV 및 라디오 방송국 회사인 스토러 브로드캐스팅(Storer Broadcasting: SB)을 차입인수 하는 과정에서 발생하였다. DBL의 몇몇 고객이 SB의 신주인수권을 DBL의 투기등급 부서에 매각하자, DBL의 투기등급 부서가 이 신주인수권을 밀큰이 주요 LP로 참여하여 설립한 맥퍼슨 파트너즈(MacPherson Partners: MP)에 다시 매각하였던 것이다. SEC는 밀큰이 차입인수가 예정되어 있다는 사실을 인지한 상태에서 SB의 주가가 오를 것에 대비하여 미리 신주인수권을 구매한 것이라고 판단하였다. SEC 조사과정에서 맥퍼슨 파트너즈의 주요 LP로서 머니 마켓 펀드(MMF)의 트레이더(trader)들까지도 자신의 펀드고객에게 매수기회를 주지도 않고, 자신이 스스로 신주인수권을 매수한 사실도 드러났다. 심지어 동 신주인수권은 밀큰의 자식까지도 구매한 것으로 알려졌다. 나아가 밀큰은 자신

---

63 1980년대 미국의 LBO에서 지분투자(equity)가 차지하는 비중은 10~15%에 불과했다. Eileen Appelbaum & Rosemary Batt, *Private Equity at Work*, Russell Sage Foundation, 2014. 반면 유럽지역의 경우는 전통적으로 레버리지 비율이 낮았는데, 지분투자(equity) 비중이 30~40%가 일반적인 비율이었다고 한다. 2003~2004년의 경우를 예를 들어도 유럽 지역 LBO의 지분투자(equity) 비중은 30% 내외였다. 이 중 나머지 50%는 은행(mandated arrangers/book-runners)으로부터 주로 신디케이션 형태로 조달하고, 메자닌은 10% 내외, 고수익 채권(high-yield) 채권은 1~3%로 비중이 가장 낮았다. Stefan Povaly, 앞의 책

64 DBL 이후 뉴욕 개장시간에 맞추기 위해 캘리포니아의 금융기관들이 출근 시간을 새벽 4:30으로 조정하기 시작했다. 대표적으로 세계 최대 채권회사인 핌코(PIMCO) 역시 출근시간이 새벽 4:30이다.

사모투자펀드(PEF)

과 긴밀한 협력관계를 유지하던 저축은행들의 계좌를 자기 마음대로 사용하여, 14억불 상당의 정크 본드가 마치 실제로 매각된 것처럼 위장 거래를 했다는 사실도 적발되었다.

1989년 3월, 밀큰은 미 연방 기소배심(grand jury)에서 공갈, 사기, 내부자 거래, 조세포탈 등의 혐의로 기소되었다. 1990년 4월, 밀큰은 10년 형을 선고받고 6억불에 이르는 벌금을 부과 받았다. SEC로부터는 향후 영원히 증권업에 종사할 수 없다는 사실상의 사망선고를 받았다. CEO를 잃은 DBL은 1990년 파산처리 되었고 역사에서 영원히 사라졌다. 결국 PEF의 첫 번째 퀀텀 점프는 이렇게 극적으로 막을 내렸다.

하지만 회사가 파산한 이후 DBL에서 일했던 사람들의 활약은 2008년 금융위기를 거쳐 2019년 현재까지도 그 명맥을 생생하게 유지하고 있을 정도로 DBL은 지금까지도 여전히 살아 있는 월가의 전설이다. DBL에서 일했던 인물 중 가장 악명 높은 대표적인 인물이 2008년 금융위기라는 전염병을 전 세계로 전염시킨 최초의 감염자로, "페이션트 제로(Patient Zero)"라고 불리었던 조셉 카사노(Joseph J. Cassano)였다. 그는 2008년 당시 AIGFP의 CFO로 CDS 영업을 공격적으로 주도하여 전 세계 투자은행과 헤지펀드들을 거미줄처럼 연결시킨 장본인이다. 만약 미국 재무장관이었던 헨리 폴슨(Henry Paulson)이 AIG를 구제하지 않았다면, 리먼 브러더스의 파산 충격은 카사노(Cassano)가 쳐놓은 엄청난 규모의 거미줄을 타고 격렬한 연쇄반응을 일으키며 전 세계 경제를 완전히 초토화시켰을 것이다.[65]

또 다른 인물이 DBL의 M&A 부문장이었던 레온 블랙(Leon Black)으로 DBL이 파산한 직후인 1990년 2월에 바이아웃 PEF인 아폴로(Apollo)를 설립했다. Apollo는 DBL의 후예답게 차입인수 전략을 구사하되 부실화(distressed)된 기업의 부채를 활용한 독특한 전략, 이른 바 "경영권 인수를 위한 부실투자(Distressed-for-Control)" 전략에 집중하고 있다. 경영권 인수를 위한 부실투자(Distressed-for-Control) 전략이란 부실화된 기업의 선순위 채권을 정크본드 시장에서 헐값에 매입한 후, 파산절차에 돌입하면 이를 지분으로 전환하여 해당 기업을 바이아웃(Buy-out) 하는 전략이다.

한편 DBL에서 정크 본드에 대한 경험을 축적하였던 수많은 전문가들은 1990년대부터 고수익 채권(high-yield fixed income) 투자에 두각을 드러내기 시작한, 또 다른 투자은행인 DLJ(Donaldson, Lufkin and Jenrette)로 자리를 옮겼다. DBL과 DLJ에서 쌓은 경험을 바탕으로 베넷 굿맨(Bennett Goodman)은 2005년에 트립 스미스(Tripp Smith), 더그

---

65 AIGFP의 CDS 관련 상세 내용은 「대체투자 파헤치기(상)」, 2008년 금융위기(2) – 파생금융상품 참조.

대체투자 파헤치기(중)

타이타노마키의 서막

오스트로버(Doug Ostrover)와 함께 GSO를 만들었는데, 2008년 블랙스톤(Blackstone)이 약 1조원의 자금으로 이를 인수하였다. 2019년 현재 GSO는 블랙스톤 그룹(Blackstone Group)의 5개 사업 부문 중 하나인 신용 채권(credit) 관련 사업을 책임지고 있다.

2015년 6월 삼성물산과 제일모직 합병 비율을 공개적으로 반대한 엘리엇 매니지먼트 CEO인 폴 싱어(Paul Singer) 역시 DLJ 출신이다. 폴 싱어는 DLJ의 변호사로 활약하면서 부도 직전의 부실자산 및 채권투자 전략의 모든 기초적 운영 전략을 DLJ에서 습득하였다. 폴 싱어는 이 때 학습한 부실자산 투자전략을 바탕으로 아르헨티나 국채 투자와 같은 "홀드 아웃(Holdout) 전략"과 피인수기업의 소액주주 전략인 "곡 후반부에 따로 연주하기(Playing-the-Back-End) 전략"이라는 자신만의 독특한 투자전략을 발전시켰다.[66]

결론적으로 DBL은 비록 파산하여 영원히 역사에서 사라졌지만, DBL에서 일했던 이들의 실력과 명성은 사라지지 않았다. 오히려 밀큰의 드렉셀은 2019년 현재까지도 막대한 영향력을 행사하고 있는 AIGFP, 아폴로(Apollo), DLJ, GSO, 엘리엇(Elliott) 등의 걸출한 금융기관과 인물들을 배출하면서, 월가의 또 다른 전설들을 탄생시킨 산파 역할을 톡톡히 해내었다. 이 정도로 DBL의 영향력이 크다면 "드렉셀의 10년(Drexel Decade)"이 아니라, "영원한 드렉셀(Drexel Forever)"이라고 불러도 될지 모르겠다.

베넷(Bennett)과 더그(Doug)를 공식적인 자리 뿐 아니라 사석에서도 여러 번 만난 적이 있다. 베넷은 DBL의 후예답게 기업과 프로젝트 분석 능력에 대한 자신감을 엿볼 수 있었고, 더그는 천성적으로 낙천적인 성격이라 사람들과 잘 어울린다. 더그는 2015년 7월에 자신의 개인회사(Owl Rock)를 설립하기 위해 블랙스톤(Blackstone)의 GSO를 떠나기도 하였다. 한편 베넷(Bennett)에게 필자가 GSO의 투자전략 중 에너지 개발 프로젝트의 지분(equity)에 투자하는 것은 크레딧(credit) 전략에 맞지 않으며 PDF 전략의 기본 취지에도 맞지 않는다고 공방을 벌인 적이 있다. 베넷(Bennett)은 PDF란 용어는 아직 공식적인 용어가 아니라서 그 취지가 명확하지 않다고 반박하면서, 에너지 프로젝트의 지분(equity) 투자는 해당 SPV 투자 형태를 의미하며, 중간에 현금흐름이 발생한다는 점에서 전통적인 크레딧(credit) 전략에 부합한다고 답변한 적이 있다. DBL 출신다운 내공이 느껴지는 답변이었다.

---

66   엘리엇이 즐겨 사용하는 이 두 전략에 대해서는 「대체투자 파헤치기(하) – PEF(2) 주주행동주의, 주요 대기업 해부 편: 타이타노마키의 2막」, 주주행동주의 章에서 상세히 설명한다.

사모투자펀드(PEF)

　1980년대 말에 DBL이 몰락하면서 미국은 급격한 LBO 광풍을 억제하기 위한 각종 규제 장치들을 도입하였다. 대표적인 것이 바로 저축은행들이 정크 본드(junk bond)에 투자하는 것을 금지한 「금융기관 개혁 및 부흥법(Financial Institutions Reform Recovery and Enforcement Act of 1989: FIRREA)」이었다. 기업 경영진을 보호하는 反M&A 입법들도 DBL 몰락 이후 州정부 차원에서 좀 더 강화되었다. 이에 따라 1990년대는 1980년대와 같은 차입인수 활동이 활발할 수 없었다. 하지만 대규모 기업에 대한 주인-대리인 문제와 도덕적 해이 이슈는 주주입장에서 여전히 풀어야 할 숙제였다.[67] 1990년대는 이와 같은 기업경영의 딜레마를 해결하기 위해 투자자가 직접 나서서 주주로서의 권리 주장을 좀 더 강화하기 시작했다.

　특히 연기금을 중심으로 한 기관투자자의 발언권이 강화되면서 연기금의 기업경영 참여 건수가 급증하기 시작했다. 미국 대형기업 429개를 대상으로 조사한 통계에 따르면, 기관투자자 주주들이 경영과 관련된 공식적인 제안을 한 사례가 1979년 100건에서 1991년에는 350건, 1995년 450건으로, 6년 만에 4배 이상 급증하였다.[68] 나아가 기업 경영진들도 주주들의 이익을 극대화하는 방향으로 기업 경영방침을 근본적으로 바꾸기 시작했다. 예컨대 기업 경영진의 성과보수를 주주의 이해관계와 일치시키기 위해 성과보수를 해당 기업의 주가와 연계시키는 스탁옵션(stock option)을 경쟁적으로 도입했다. 이에 따라 1980년에는 기업 CEO들 중 20%만이 스탁옵션을 도입했으나, 1994년에는 이 수치가 50%로 올라갔다. 결국 상장기업들 경영진의 주가에 대한 민감도가 극도로 올라간 것이다.

　기업 경영진들은 주가를 올리기 위해 필요한 경우 의도적으로 부채를 일으켜 세후 이익을 증가시키는 방법을 사용하기도 했다. 회계적인 조작을 통한 이익 부

67　주주와 기업 경영진 사이의 이해 상충 이슈에 대한 가장 유명한 논문은 1990년 4월에 발표된, 마이클 젠슨(Michael C. Jensen)과 케빈 머피(Kevin J. Murphy)의 「Performance Pay and Top-Management Incentives」이다.
68　Eileen Appelbaum, 앞의 책

풀리기에 대한 유혹도 강했다. 주가가 경영진의 성과와 직접 연결되면서 필연적으로 나타나는 부작용이었다. 엔론(Enron)의 분식회계 사건이 대표적인 사례이다. 하여튼 주주 이익 극대화가 기업 경영진의 지상 목표로 설정되면서, 기업인수합병 시장에서 PEF의 역할은 벤처붐이 일었던 1990년대 말 이전까지는 1980년대보다 다소 위축될 수밖에 없었다. PEF의 인수과정에서 차입하는 자금의 비중도 1980년대 85~90%까지 치솟았으나, 1990년대는 전체 인수금액에서 차지하는 차입금 비중이 70~75% 비율로 낮아졌다.

1990년대의 또 다른 특징은 정보통신 기술의 발전과 함께 진행된 세계화(globalization) 추세가 PEF 운용의 국제화를 급격히 촉진시켰다는 점이다. 즉 미국에서만 펀드를 결성하여 활동하던 미국 운용사들이 1980년대 말 1990년대 초부터 너도 나도 해외에 사무소를 열었고 해외 투자자들로부터 자금을 모집하였다. 특히 1993년에는 종전의 느슨한 경제연합체인 EC가 해체되고 단일 시장으로 통합된 EU가 출범하였다. EU의 출범으로 유럽 국가 상호간의 자본과 노동의 이동에 걸림돌이 되었던 장벽들이 거의 완전히 철폐되기 시작했다. 이에 따라 미국의 거대 바이아웃(Buy-out) PEF 들이 1997년부터 유럽 시장 진출을 가속화하였다. TPG가 1997년에 런던 사무소를 처음 설립한 것을 기점으로 KKR, 워버그 핀크스(Warburg Pincus), CD&R이 1998년에, 칼라일(Carlyle)은 1999년에, 블랙스톤(Blackstone)이 2000년에 런던 사무소를 처음으로 세웠다.

유럽 통합과 미국 PEF의 유럽 진출로 유럽 대륙의 PEF 활동은 1990년대 중반부터 본격적으로 활발해지기 시작했다. 유럽 전체 대륙의 차입인수(LBO) 규모는 1996년까지 영국의 거래규모를 따라가지 못했으나 독일, 프랑스, 네덜란드를 중심으로 차입인수 활동이 폭발적으로 전개된 1997년부터는 영국의 차입인수 규모를 넘어섰다. 한 통계에 따르면 차입인수 규모가 독일은 1995년부터 2004년 동안 연평균 34.9%, 프랑스는 26.6%, 스페인은 31.3%, 벨기에는 무려 76.0%나 성장하는 기록적인 성장세를 보였다. 이에 따라 유럽 대륙의 차입인수 규모는

사모투자펀드(PEF)

1995년부터 2004년까지 연평균 26.1%라는 기록적인 성장세를 시현하였다.[69]

⟨ 유럽 주요국 차입인수 현황 (1995~2004) ⟩

국가	1995	1996	1997	1998	1999	2000	2001	2002	2003	2004	연평균 증가율 (1995-2004)
독일	1,208	1,704	3,523	5,313	4,660	15,076	7,500	8,121	11,578	17,912	34.93%
프랑스	1,424	2,189	5,250	6,198	8,375	6,448	6,405	15,550	8,768	11,878	26.58%
네덜란드	857	988	1,059	3,435	2,901	1,739	4,428	1,793	4,958	6,936	26.16%
스페인	241	227	374	861	1,713	944	1,530	2,069	970	2,791	31.28%
이태리	271	1,115	3,115	695	2,714	2,550	737	3,428	7,770	2,472	27.84%
벨기에	14	147	414	823	2,595	337	1,744	517	1,448	2,266	75.98%
스웨덴	685	700	1,551	928	2,926	3,164	3,000	1,116	2,223	1,813	11.42%
스위스	712	1,276	2,426	1,347	1,013	1,772	715	2,764	863	1,327	7.16%
핀란드	189	723	455	559	1,085	675	1,047	460	1,039	977	20.03%
아일랜드	172	116	97	258	1,475	259	5,021	4,918	779	935	20.70%
노르웨이	18	316	181	23	226	1,004	1,371	142	301	427	42.17%
덴마크	54	388	263	269	2,165	1,313	498	1,391	848	335	22.48%
오스트리아	56	68	128	95	680	734	47	150	303	88	5.15%
포르투갈	344	154	64	84	206	83	2	26	54	8	-34.16%
전체 유럽대륙	6,245	10,111	18,900	20,888	32,734	36,098	34,045	42,445	41,902	50,165	26.05%
영국	9,012	12,602	17,109	23,265	26,750	38,339	31,334	24,823	23,518	30,072	14.33%
전체 유럽	15,257	22,713	36,009	44,153	59,484	74,437	65,379	67,268	65,420	80,237	20.25%

단위: 백만 유로, 출처: Deloitte

때마침 1997년 말에 터진 아시아 금융위기 역시 해외 진출을 시작하던 PEF, 특히 부실자산 투자를 주된 전략으로 구사하는 PEF에게 그야말로 천금 같은 투자기회를 제공했다. 우리나라에서 악명 높은 론스타 역시 이 시기에 한국의 부실자산과 일본의 부동산을 인수하면서 아시아에서도 이름이 처음으로 알려졌다.

아시아 금융위기와 함께 1998년부터 새로운 PEF의 붐이 전 세계를 휩쓸었다. 바로 벤처붐의 개막이었다. 미국을 중심으로 한 벤처붐은 당시 급격히 발전하기 시작한 정보통신 기술과 결합되면서 황금알을 낳는 거위로 변신했다. 특히 1990년대 후반기 미국의 재정이 흑자로 전환되어 미국 정부가 미국 국채원금을 조기에 상환하자 막대한 자금이 시중으로 흘러 들어갔다. 아울러, 미국 국채와 같은 매력적인 투자 대상의 발행이 급격히 감소하여 투자대상을 잃은 자금들이 갈 곳

69　Stefan Povaly, 앞의 책

대체투자 파헤치기(중)

타이타노마키의 서막

을 잃었다. 남아 있는 유일한 곳이 바로 1994년에 문을 연 나스닥이었다.[70] 바로 닷컴 주식시장이 비이성적 광풍으로 휩싸인 이유였다. 이 시기가 바로 PEF 역사상 두 번째 전성기였다.

하지만 닷컴 버블은 오래가지 못했다. 닷컴 시장의 붕괴와 엔론(Enron)의 분식 회계 등으로 PEF 활동은 잠시 소강상태에 들어갔다. 특히 엔론(Enron) 분식회계 사건으로 2002년에 도입된「상장회사 회계개혁 및 투자자 보호법(The Public Company Accounting Reform and Investor Protection Act of 2002)」, 이른 바「사베인-악슬리 법(Sarbanes-Oxley Act, SOX)」은 상장기업으로 하여금 엄청나게 많은 양의 정보와 엄격한 투명성을 강요하였다. 이에 따라 IPO를 준비하는 기업들의 비용 부담이 급격히 올라갔으며, 덩달아 PEF 활동도 다소 위축되었다. 한때는 상장기업의 엄격한 규제를 회피하고 투자 후 자산 가치 변화의 급격한 변동성을 줄이기 위해, 상장 회사를 인수하여 비공개기업으로 전환하는 (Public-to-Private) 딜이 유행하기도 하였다.

닷컴 버블의 붕괴로 다소 주춤하던 기업인수 합병 시장은 2000년대 중반부터는 파생금융상품의 폭발적 증가가 기업 M&A 활동과 결합되면서 또 다시 획기적인 전환기를 맞이하였다. 바로 대출채권담보부 증권인 CLO(Collateralized Loan Obligation)의 등장이었다. CLO란 기업 M&A 과정에서 차입한 자금 중 선순위와 메자닌 영역의 대출상품인 레버리지 론(Leveraged Loans)을 묶어(pooling) 구조화한 증권이다. CLO는 2008년 금융위기를 촉발한 부채담보부 증권인 CDO(Collateralized Debt Obligation)와 구조가 기본적으로 동일하다. 이와 같은 증권화와 구조화 금융(Securitization & Structure Finance) 기법의 과정과 그 파괴적 영향력은 이미 (상)권에서 상세히 서술하였다. CDO의 파괴적 영향을 간

---

70 유럽국가도 나스닥(NADSQ)을 모방한 이스닥(EASDAQ)을 설립하여, 1996년에 브뤼셀에 처음으로 문을 열었다. 이스닥(EASDQ) 설립을 주도한 이들은 "유럽 PE & VC 협회(European Private Equity and Venture Capital Association)" 이다.

사모투자펀드(PEF)

단히 요약하면, CDO의 파산은 주택담보자산 대출과 관련된 독일 산업은행, 영국의 노던 락(Nothen Rock), 미국의 페니(Fannie)·프레디(Freddie)·베어스턴즈·AIG 등을 파산직전까지 몰아갔고, 실제로 리먼 브러더스와 2,500개의 헤지펀드가 CDO 때문에 파산하면서 전 세계 경제에 운석 충돌과 버금가는 대재앙을 초래했다. CDO 상품의 대재앙이 CLO 상품으로 전염되기 직전 구원투수 버냉키가 이를 극적으로 진화했다. 만약 버냉키의 CPFF 프로그램이 없었다면 CLO 상품과 그에 연결된 PEF, 미국의 거의 모든 제조 및 서비스 기업들, 나아가 이들에 자금을 빌려준 상업은행들까지 파산하면서 자본주의 역사상 최악의 시나리오가 현실화 되었을 것이다.[71]

이와 같은 파괴적인 영향력을 보유한 증권화와 구조화 금융기법에 따라 등장한 CLO 상품으로 인해, PEF 시장과 기업 M&A 시장은 1980년대와 차원이 다른 증가세를 시현하였다. 1980년대 정크 본드가 폭스바겐의 대표 브랜드 차량인 비틀(Beetle) 엔진을 포뮬러 1(F1)의 경주용 차량 엔진으로 바꾼 것이라면, 2000년대의 CLO는 경주용 차량 포뮬러 1 엔진을 대륙간 탄도 미사일의 로켓 추진체로 바꾼 것과 다름이 아니었다. 특히 투자은행과 헤지펀드들이 거의 광분한 상태에서 CLO 상품을 중개하면서, 이들의 열정적인(!) CLO 상품 중개로 인해 CLO가 가진 파생상품으로서의 파괴력은 인류가 이전에는 한 번도 상상하지 못했던 규모로 증폭되었다.

이에 따라 2003년부터 2007년 중반까지 바이아웃(Buy-out) 투자 규모는 미국과 유럽을 모두 합쳐 연평균 35% 이상이라는 엄청나 속도의 성장세를 보였다.[72] 특히 2007년 2사분기에만 PEF가 주도하는 바이아웃 딜 규모가 약 1,000건에 2,700억불이라는 기록적인 규모를 시현하기도 하였다. KKR, TPG, 골드만

---

71 CDO 및 CPFF와 관련된 상세내용은 「대체투자 파헤치기(상)」 2008년 금융위기(2), 파생금융상품 편 참조
72 Peter Cornelius, 앞의 책

대체투자 파헤치기(중)

타이타노마키의 서막

삭스가 합작하여 텍사스 州에 위치한 전기회사인 TXU 인수를 발표하였을 때 역시 2007년 2월이었고, 2007년 10월에 마무리된 TXU의 최종 인수금액은 438억불이었다! 이 기록은 알제이알 내비스코(RJR Nabisco) 인수 규모를 가볍게 뛰어 넘었고, 2016년 말까지도 기록이 깨지지 않는 사상 최대 규모의 PEF 주도 인수 합병 건이다. 아울러 2012년 말까지 거래 규모를 기준으로 PEF가 주도한 바이아웃(Buy-out) 딜 최상위 10건의 거래 중에서, 2007년 한해에만 거래가 이루어진 건수가 모두 7건, 2007~2008년 거래 건수는 무려 9건에 달할 정도로, 2008년 금융위기 이전 CLO가 PEF 주도의 차입인수에 미친 영향은 과거 어느 시기와도 비교가 불가능한 엄청난 것이었다.

〈 차입인수 거래 역대 Top 10 (1945~2008) 〉

순위	기업	거래규모 (bn USD)	PEF	시기	산업
1	TXU (Energy Futures Holding)	43.80	KKR, TPG, Goldman Sachs Capital Partners	2007	에너지
2	Equity Office Properties Trust	38.90	Blackstone Real Estate Partners LP	2007	부동산
3	HCA, Inc.	32.70	Bain Capital, Inc., KKR, Merrill Lynch Global PE	2007	헬스
4	RJR Nabisco, Inc.	31.10	KKR	1988	식품/담배
5	Alltel Corporation	27.87	TPG, Goldman Sachs Capital Partners	2007	통신
6	Fist Data Corporation	27.73	KKR	2007	금융/기술
7	Harrah's Entertainment, Inc.	27.40	Apollo Management LP, TPG	2008	엔터테인먼트
8	Hilton Hotels, Inc.	25.80	Blackstone Group LP	2007	호텔
9	Clear Channel Communications, Inc.	24.86	Bain Capital, Inc., Thomas H. Lee Partners	2008	미디어
10	Kinder Morgan, Inc.	21.56	Goldman Sachs Capital Partners, AIG Global Asset Management, Riverstone Holdings, Carlyle Group, Inc.	2007	에너지

Source: Pensions & Investments

CLO 상품과 더불어 정크 본드 역시 2000년대에 기업 M&A 시장에 엄청난 자금을 끌어 모았으며, PEF 주도 차입인수 시장에도 막대한 자금이 흘러 들어갔다. 예컨대 2007년 한 해 동안 정크 본드 시장에서 1,930억불의 자금이 모집되었는데, PEF의 차입인수에 사용된 금액은 1,930억불의 28%인 540억불에 이르렀다

사모투자펀드(PEF)

고 한다.[73] CLO와 정크 본드에 힘입어 차입인수 시장에 막대한 자금이 유입되면서 차입인수 규모가 천문학적으로 커지게 되자, PEF 운용사 상호간에 협의해서 공동으로 기업을 인수하는 "클럽 딜(Club Deal)"도 이 시기부터 유행하기 시작했다. 한 보고서에 따르면 2000~2007년까지 PEF 주도 차입인수 2,994건 중 클럽딜 형태의 차입인수가 493건으로 전체의 16%를 차지하였으며, 2007년 한해에만 이 비중이 44.4%였다고 한다.[74] 2004~2007년, 이 시기가 PEF의 세 번째 퀀텀점프 시기였다.

4) 2008년 금융위기, 그리고 현재

하지만 CLO 시장 중심의 인수합병 붐은 글로벌 크레딧 시장이 위축되던 2007년 3사분기부터 급격히 감소하였고, 2008년 금융위기로 인해 본격적인 침체 국면에 진입하였다. 이에 따라 2008년과 2009년의 바이아웃(Buy-out) 딜 규모 총액은 2007년에 비해 모두 50% 이상 감소하였고, PEF 약정액 또한 2년 동안 2007년에 비해 연평균 45%나 감소하였다.[75] 특히 막대한 레버리지를 사용하여 기업을 인수한 바이아웃(Buy-out) PEF에게 2008년 금융위기는 그야말로 재앙에 가까운 사건이었다. 예컨대 PEF 투자자 협회인 PEGCC에 따르면 미국 기업의 2008년 한해 부도율은 2007년 부도율의 4배를 기록했었고, 2008년 1~9월까지 부채에 대한 디폴트를 선언했던 86개 기업 중 62%인 53개 기업이 PEF가 바이아웃(Buy-out)한 기업이었다고 한다.[76] 나아가 2008년 금융 위기 이후에는 3G 캐피탈(3G Capital)과 워렌 버핏의 하인즈 인수를 포함하여, PEF가 주도한

---

73 Financial Times, Aug 18, 2014
74 Spencer J. Fritz, *Private Equity and its Impact*, NOVA, 2009
75 Peter Cornelius, 앞의 책
76 Eillen Appelbaum, 앞의 책

대체투자 파헤치기(중)

타이타노마키의 서막

200억불을 넘는 규모의 대형 인수 건은 2건에 불과할 정도로 대규모 거래가 위축되었다. 2014년에 루퍼트 머독이 타임워너(Time Warner)를 710억불에 매입하겠다는 제안도 결국에는 없던 일로 되었다. 특히 2014년 8월까지 부채시장에서 모집된 자금 3,440억불 중 PEF가 바이아웃(Buy-out)에 사용한 자금은 전체의 9%에 불과한 310억불에 그쳤다.[77] 2007년 정크 본드 시장에서 28%나 자금을 쓸어간 때와 비교하면 상전벽해이다. 나아가 2008년 금융위기 이후 리스크에 대한 민감도가 전체적으로 올라가면서, 이제 PEF도 과거와 같은 대형 딜보다는 중간 정도의 위험과 중간 정도의 수익을 추구하는 전략을 채택하는 경향이 짙어졌다.[78] 다만 2015년부터는 전 세계적인 경기 회복 추세에 힘입어 PEF 자금모집이 다시 활발하게 전개되고 있다. 특히 2017년에는 2008년 금융위기 이전 수준을 넘어, PEF 자금 모집 사상 최고치인 5,660억불의 자금이 PEF로 몰려 들었다. 미국과 중국의 무역분쟁이 촉발된 2018년 이후에도 이와 같은 PEF 확장 추세가 지속될 수 있을지 귀추가 주목된다.

2008년 금융위기 이후 가장 큰 이슈는 미국, 유럽을 중심으로 한 PEF와 헤지펀드에 대한 규제신설이다. 대표적인 것이 다드-프랭크 법(Dodd-Frank Act: DFA), 볼커 룰(Volcker Rule), 대체투자펀드매니저 지침(AIFMD)이다. DFA의 등장배경과 볼커 룰(Volcker Rule)은 (상)권에서 상세히 설명하였다. 한 가지만 추가로 언급하면 DFA가 발효된 2012년 이후에는 규제대상 운용자산 규모(RAUM)가 1.5억불 이상인 PEF나 헤지펀드는 SEC에 펀드를 반드시 등록해야 한다는 점이다. 등록에 포함될 내용은 운용사 조직, 펀드 규모, 서비스 종류, 잠재적인 이해상충 가능성 등이다. 다만 SEC에 등록은 하되 관련 내용은 공개하지 않

77　Financial Times, Aug 18, 2014
78　프레퀸(Preqin)이 2015년 1사분기에 투자자들을 대상으로 설문 조사한 결과를 보아도, 2015년에 가장 유망한 투자분야가 중소 규모 바이아웃(Buy-out) 전략이라고 답변한 것으로 조사되었다. Preqin, *Preqin Investor Outlook: Alternative Asset*, H1 2015

사모투자펀드(PEF)

는데, 이는 PEF나 헤지펀드가 기본적으로 사모로 모집한 펀드이므로 사적 거래의 기본적 특성을 존중하기 위한 것이다. 유럽도 AIFMD와 같은 제도를 도입하여 PEF와 헤지펀드에 대한 규제를 좀 더 강화해 나가고 있다. 이에 대해서는 상세히 후술한다.

    2008년 이후 주목할 만한 또 하나의 새로운 추세는 종전에는 주목받지 못했던 채권투자(fixed income) 전략이나 부채 투자 영역 중, 직접 대출/구제 융자(direct lending/rescue financing) 전략에 PEF가 진출하였다는 사실이다. 이와 같은 PEF의 부채전략은 2008년 금융위기 이후, 은행들의 대출규제가 강화되면서 발생한 "자금모집의 공백(funding gap)" 때문에 발생한 것이다. 이처럼 직접 대출(direct lending)이나 구제 융자(rescue financing) 전략 진출로 인해, 과거 PEF가 영위하였던 메자닌(mezzanine)이나 부실자산 투자(distressed) 전략 등 부채(debt) 위주의 전략은 좀 더 중층화, 다양화 되었다. 이에 따라 2010년을 전후한 시기에는 부채전략을 위주로 자금을 투자하는 새로운 형태의 PEF인 "프라이빗 뎃 펀드(Private Debt Fund: PDF)"가 탄생하기도 하였다.[79] 나아가 1990년대 중반에 헤지펀드를 중심으로 유행하던, 상장기업을 대상으로 대량의 지분을 매입하는 이른 바 "파이프(PIPE: Private Investments in Public Equity)" 전략이 2008년 금융위기 이후 PEF 전략의 또 다른 관심 전략으로 부상하기 시작했다. 2010년대 들어 미국을 중심으로 활발한 움직임을 보이는 주주행동주의(Shareholder Activism) 역시 PEF의 최근 추세에서 결코 빼 놓을 수 없는 새로운 추세이다.

    향후 PEF의 앞날은 어떻게 될 것인가? 과거 1980년대, 1990년대, 2000년대와 같이 10년마다 최소한 한 번, 지금까지 총 세 번의 전성기를 거친 PEF가 과거와 같은 화려한 광풍을 다시 한 번 몰고 올 저력을 발휘할 수 있을 것인가? 1980년대와 1990년대의 PEF 침체의 특징은 10년도 안 되는 기간 내에 PEF 투자의

---

79 PDF가 2008년 금융위기 촉발의 원인 중의 하나였고, 2015년 현재 중국의 잠재적 위험요소인 이른 바 그림자 은행(shadow banking)으로 발전하게 될지 여부도 중요한 관심요소이다.

빠른 회복세를 보여 주었다는 점에서 공통점이 있었다. 하지만 2008년 금융위기로 인한 PEF 시장의 급격한 침체 이후, 과거 두 시기처럼 동일한 기간 내에 회복세를 보이면서 또 다른 PEF의 전성기를 맞이할 수 있을까? 아니면 2008년 이후 다드-프랭크 법(Dodd-Frank Act)이나 볼커룰과 같은 강화된 금융규제 여파로 과거와 같은 화려한 잔치는 이제 더 이상 불가능하게 된 것일까? 2016년 이후 가장 중요한 이슈인 미국의 단기 금리 인상은 바이아웃(Buy-out) 중심의 PEF들에게 어떤 파장을 가져오게 될 것인가?

2008년 금융위기로 인한 규제환경의 변화를 활용하여 PEF가 새로이 진출한 업무 영역인 PDF 전략은 향후에 어떤 진화 경로를 따르게 될 것인가? 전통적으로 은행 업무가 정부의 인허가 업무임을 감안할 때, PDF는 향후에도 지속가능한 성장가도를 달릴 수 있을까? PEF 전략이 과거와 같은 화려한 성장이 어렵다면, 대체할 수 있는 새로운 전략은 PDF 외에 어떤 전략이 될 것인가? 2010년대 들어 미국에서 급격히 세력을 확장하고 있는 주주행동주의는 과연 미국을 벗어나, 유럽, 아시아 지역으로 그 작전반경을 넓힐 것인가? 주주행동주의의 이론적 바탕이 극단적인 주주 이익 극대화라는 점을 감안할 때, 우리나라 대기업 그룹의 총수 중심의 경영관행이 주주행동주의의 완벽한 타겟이 될 가능성이 높지는 않은가? 주주행동주의자들과 우리나라 대기업의 타이타노마키 2막인 기간토마키의 승자는 과연 누가 될 것인가?

5) 타이탄 대기업들의 반격 I: 기업 마지노선 (Maginot Line for Corporations)

전술한 바와 같이 1980년대부터 대형화되기 시작한 거대 PEF들이 기업경영진들을 차입인수 기법으로 맹포격하면서, 현대 기업경영의 패러다임이 완전히 바뀌었다. 거대 PEF의 등장 이전에는 대기업과 전문경영인들은 자본주의 최고의 왕좌 자리를 차지하면서, 경영지상주의라는 이름으로 왕좌의 지위가 제공하는 화려한 잔치를 마음껏 즐겼다. 자가용 비행기는 기본이고, 영화배우와 스포츠 스

사모투자펀드(PEF)

타와 같은 명사들과의 우아한 만찬이나 럭셔리한 골프대회 역시 대기업 CEO로서 너무나 자연스러운 화려한 외출이었다. 하지만 거대 PEF의 등장으로 이와 같은 화려한 외출이 이제 더 이상 불가능해졌다. 언제 어디서 KKR이 자신의 회사를 인수하여 경영진을 완전히 바꿀지 모르기 때문이다. 금융 권력인 월스트리트(Wall Street)와 기업 권력인 메인스트리트(Main Street)간 혈투, 「타이타노마키의 서막」으로 인해 기업경영의 패러다임이 완전히 뒤바뀐 것이다.

하지만 타이탄 대기업들도 이대로 마냥 앉아서 당하고 있을 수만은 없었다. 그들은 자신들이 2차 대전 직후부터 확보한 자본주의 왕좌를 지키기 위한 공성전에 돌입했다. 그들의 공성전은 적대적 인수합병을 방어하기 위한 각종 방어 전략을 도입하여 굳건히 기업 경영의 성곽을 지키는 것이었다. 즉, 1980년대 유행하기 시작한 적대적 인수합병 방어 전략(anti-takeover tactics)은 타이탄 대기업들과 전문경영인들이 외부 적대세력, 특히 차입인수 전략을 구사하는 PEF나 기업 사냥꾼들로부터 경영진을 보호하기 위해 구축한 일종의 최후 방어선인 "마지노선(Maginot Line)"이었다.

적대적 인수합병에 대한 방어 전략은 크게 세 가지로 구분된다. 첫 번째, 정관(articles of incorporation)이나 회사 내규(by-laws) 개정 등을 통하여 방어기제를 장착하는 방법이다. 특히 정관을 개정하기 위해서는 반드시 주주의 동의가 필요하다. 대표적인 사례가 상어 퇴치기(Shark Repellent)이다. 두 번째 방어기제는 배당권이나 전환권 등 다양한 형태의 권리가 부여된 옵션을 보통주에 부착시키는 방법이다. 이 방법은 새로 진입한 주주들의 지분율을 극도로 희석시키거나, 회사 내의 현금을 과도하게 주주에게 지급하는 방법을 사용한다. 대표적인 방법이 바로 독약조항(Poison Pills)이다. 세 번째 방어기제는 자산에 기초한 기타 전략으로 황금 낙하산(Golden Parachute), 왕관의 보석(Crown Jewel), 그린메일(Greenmail) 등이 이에 해당한다. 하지만 천문학적인 돈을 쏟아 부은 후 첨단시설로 중무장하고도 독일의 2차 대전을 막지 못하고 관광단지로 전락해 버린 프랑스의 마지노 요새처럼, 적대적 인수합병 방어기제가 기업 이익을 보호한다는 명분

대체투자 파헤치기(중)

타이타노마키의 서막

으로 도입된 후 경영진의 럭셔리한 삶을 유지해주는 관광 상품으로 전락해 버린 것이 아닌지는 아직도 역사적 판단의 몫이다.

● 상어 퇴치기(Shark Repellent): 여기서 상어는 적대적 인수합병을 시도하는 PEF 혹은 기업사냥꾼을 빗댄 말이다. 상어퇴치기의 가장 초창기 형태는 이사회를 여러 층(class), 보통 3개 이상의 층으로 나누어 한 번에 과반수의 이사가 교체되지 않도록 하는「차등임기제(staggered board)」를 도입하는 방식이었다. 하지만 미국 법원이 기존 이사회나 주주가 새로이 최대 주주로 부상한 주주의 이사회 임명권을 희석시키는 것은 불법이라고 1967년에 판시하면서[80] 더 이상 사용되지 않았다. 이에 따라 상어퇴치기의 두 번째 라운드가 열렸다. 두 번째 라운드의 첫 번째 형태는「초 다수 의결제(super-majority)」의 도입이었다. 즉, 어떠한 형태의 합병(business combination)[81]에도 타겟 기업의 이사회가 승인하지 않거나 매수 가격이 사전에 지정한 적정가격이 아닌 경우에는, 타겟 기업의 인수합병을 위한 주총 의결권을 75% 이상으로 올리는 조항을 정관에 삽입하는 것이다. 예컨대 적대적 인수합병 위협에 시달렸던 에드먼드 켈리(Edmund Kelly)라는 회사는 1980년대 중반에 인수합병을 위한 주주찬성 비율을 95%로 올리기도 하였다.

두 번째 형태는 보통주의 의결권을 복수로 부여하되, 만약 해당 보통주를 다른 이에게 매각하면 복수 의결권이 없어지게 하는 방법(「Time Phased Voting Plan」)이었다. 즉, 주주가 이미 소유한 주식을 적대적 인수합병을 시도하는 제3자에게 매각할 경우 의결권이 아예 없어지는 것이다. 세 번째 방법은 일정 수준 이상의 보통주를 소유한 주주에게는 의결권을 부여하지 않는 것(「Capped Voting Plan」)

---

80 *Condec Corp. v. Lunkenheimer Co.*, 230 A.2d 769 (Del. Ch. 1967)
81 비즈니스 콤비네이션(Business Combination)이란 인수합병 이외에도 인수합병에 준하는 자산매각, 담보, 처분, 교환 등과 이와 유사한 결과를 가져오게 하는 모든 거래형태를 의미한다. Delaware General Corporation Law (DGCL) § 203(c)(3)

사모투자펀드(PEF)

이다. 즉 보통주를 일정 수준 미만으로 보유할 경우에만 의결권을 부여함으로써, 외부에서 적대적 인수합병을 시도하는 이가 보통주를 대량으로 취득하더라도 의결권은 그만큼 증가하지 않도록 하는 것이다. 네 번째 방법은 회사의 내부 직원에게 발행되는 주식 종류(class)와 외부에게 발행되는 주식 종류(class)를 구분하여, 내부 직원에게 발행되는 주식에만 의결권을 부여(「Two-Tier Voting Stock」)하는 것이다.[82]

이상과 같은 상어 퇴치기는 주로 하이텍(high-tech) 기업들이 외부로부터의 인수합병 시도를 방어하기 위해 주로 사용한 기법이었다. 하지만 상어 퇴치기의 가장 결정적인 단점은 정관을 개정해야 하므로 주주의 동의를 밟는 절차가 반드시 필요했다는 점이다. 따라서 상어 퇴치기 도입에 대해 주주 간 의견이 다를 경우 위임장 대결(proxy fight)을 펼쳐야 하는데, 위임장 대결과 관련된 미국의 증권거래 관련 규정(SEC rule)이 너무 엄격하여 준수해야 할 절차와 내용이 너무 복잡하다는 것이 문제였다. 이에 따라 새로운 형태의 방어기제가 필요하게 되었다. 바로 독약 조항(poison pill)의 등장 배경이다.

● 독약 조항(Poison Pill)[83]: 문헌상으로 가장 먼저 독약 조항의 도입을 실제로 검토한 회사는 원유정제 회사인 제너럴 어메리칸 오일(General American Oil)

---

82 1984년에 GM이 2종 보통주를 신주로 발행하면서 1주당 0.5의 의결권을 부여한다는 계획을 발표하였다. 당시 NYSE는 상장 주식에 대해서는 1주 1표제를 준수할 것을 내부 규약으로 가지고 있었다. 이에 따라 GM의 신주발행은 보류되었고, GM은 신주발행 보류가 불합리하다며 법원에 소송을 제기하였다. 법원은 해당 신주발행이 주주에게 충분히 설명되었고 주주가 전적으로 동의한 바, 이를 금지하는 것은 합리적이지 않으므로 GM의 신주발행 금지가 위법이라고 판시하였다. 나아가 1주 1표를 제도화한 SEC Rule 19c-4까지 무효화시켰다. *Business Roundtable v. SEC*, 905 F.2d 406 (D.C.Cir. 1990). 이 판결 후 특수한 종류주를 발행하는 사례가 증가하기 시작했는데, 2004년에 구글(Google)이 IPO를 할 때 의결권 주식과 무의결권 주식을 나누어서 공모한 것은 가장 유명한 사례이다. 월 스트리트에 대비되는 메인 스트리트(Main Street) 대기업 중, 유일하게 주주행동주의의 작전 반경에서 구글이 벗어나 있는 것도 이와 같은 차등의결권 주식의 도입 때문인지도 모르겠다.
83 독약 조항의 정확한 명칭은 Preferred Shareholder's Purchase Rights이다.

대체투자 파헤치기(중)

타이타노마키의 서막

社였다. 당시 티 분 피큰즈(T. Boone Pickens)[84]라는 거대 기업사냥꾼이 제너럴 어메리칸 오일(General American Oil)을 적대적으로 인수하려고 하자, 이 회사는 주가를 희석시키는 방법으로 인수를 저지하려고 시도하였다. 하지만 이와 같은 조항이 합법적인지에 대한 확신이 없어 독약조항을 실제로 도입하지는 않았다. 독약 조항은 1982년 마틴 립튼(Martin Lipton)이라는 변호사가 엘 파소(El Paso)라는 기업의 적대적 인수합병을 저지하기 위해 회사 내규를 검토하던 중, 막대한 현금 배당 권한을 부여하는 우선주의 발행이 주주의 동의 없이 발행이 가능하다는 것을 발견함으로써 처음으로 시장에 도입되었다. 이어 하우스홀드 인터내셔널(Household International)社가 도입한 독약 조항의 효력을 1985년에 델라웨어 최고 법원이 "경영판단 존중의 법칙(Business Judgement Rule)," 즉 기업 경영차원에서 내린 결정에 대해서는 법원이 개입하지 않는다는 원칙을 준용하여 이를 인정함으로써 미국 전역으로 들불처럼 확산되었다.[85]

상어 퇴치기가 적대적 인수 합병을 시도하는 이가 아예 원천적으로 접근하지 못하도록 하는 방어기제인 반면, 독약 조항은 적대적 인수합병을 시도하는 이가 실제로 인수합병에 성공하는 경우 인수합병을 시도한 회사가 곤경에 빠지도록 하

---

84 티 분 피큰즈(T. Boone Pickens)는 미국의 대표적인 석유재벌이다. 미국 석유산업의 본거지인 오클라호마에서 태어났으며 나중에 다시 텍사스로 이주하였다. 그곳에서 메사 페트롤리움(Mesa Petroleum)이라는 원유 회사를 세워 1981년 메사(Mesa)보다 30배나 큰 기업인 휴거튼 프로덕션(Hugoton Production Co.)을 인수하면서 시장에 이름을 알리기 시작했다. 이후 씨티 서비스(Cities Service), 걸프 오일(Gulf Oil), 필립스 페트롤리움(Phillips Petroleum)과 유노컬(Unocal) 등을 인수하면서 에너지 업계의 대부로 확고히 자리 잡았다. 1988년에는 미국 대선 출마를 검토할 만큼 정치적 역량도 뛰어났으며, 조지 부시(George W. Bush) 대통령의 당선에 필요한 자금을 후원하기도 하였다. 지금도 공화당에 막대한 자금을 기부하면서 미국 에너지 정책을 좌우하고 있다. 종전에는 석유의 중요성을 강조하다가, 최근에는 천연가스와 풍력 등 대체에너지 사업에도 많은 관심을 기울이고 있다. 2019년 현재 세계에서 가장 큰 풍력단지를 자신의 본거지인 텍사스에서 운영하고 있다. 1997년에는 에너지 섹터에서 매크로(macro) 전략과 다중 전략(multi-strategy)을 구사하는 헤지펀드인 비피 캐피탈 매니지먼트(BP Capital Management)를 설립하여 헤지펀드 분야에도 진출하였다.

85 *Moran v. Household International, Inc.*, 500 A.2d 1346 (Del. 1985). 하우스홀드(Household)社는 금융, 교통, 잡화 등을 거느린 지주회사였으며, 당시 이 지주회사를 사업별로 분할해야 한다는 주장을 가진 이들의 적대적 인수합병 시도에 직면하였다. 이에 이사회는 1984년 공개매수의 경우는 지분의 30%, 그 외의 경우는 20% 지분을 취득한 이에게, 기존 주주들이 50%의 할인된 가격으로 이들의 지분을 매수할 수 있게 하는 "우선주 매수권 계획(Preferred Share Purchase Rights Plan)"을 마련하여 이사회에서 이를 통과시켰다. 이에 주주 중 한 사람이 이 계획이 주주의 권한을 심각하게 저해하는 것이라 하여 소송을 제기하였다.

사모투자펀드(PEF)

는 전략이다. 상어 퇴치기와 달리 주주의 동의 절차가 필요 없다. 즉, 이미 발행된 보통주나 우선주 등에 저가로 구주를 매입할 수 있는 권한을 부여하거나 막대한 현금 배당을 요구할 수 있는 권한을 부여하는 방식을 사용하므로, 정관이나 내규를 개정할 필요가 없다. 오직 이사회가 자신의 권한 내에서 정당한 절차만 밟으면 언제든지 사용할 수 있다. 필요할 경우에는 이사회가 해당 독약 조항의 권리를 이사회 결의가 아니라 배당형태로 주주에게 배분하는 것도 가능하다. 어떤 경우에는 새로이 이사로 임명된 이에게는 독약 조항이 부여한 권한을 박탈하는 이른 바, "데드-핸드(Dead-hand)" 혹은 "노-핸드(No-hand)" 독약 조항도 사용되었다.[86]

    독약 조항은 기존의 기업가치가 변하지 않는 상태에서 신주 발행이나 배당 등을 통해 주주의 주권분포 구조를 완전히 바꾸는 기법이다. 주권 분포를 바꾸어서 인수합병 의도자의 지분을 최대한 희석시키는 것이 독약 조항의 핵심인 것이다. 주주의 동의 없이 이사회 결의만으로 가능하므로, 이사회의 경영판단(business judgement)이 항상 개입되게 마련이다. 미국 법원은 전통적으로 이와 같은 경영 판단에 대해 거의 언제나 법적인 판단을 보류하고, 필요할 경우에는 공정절차(fair process) 등 최소한의 절차적 원칙만을 강조하였다. 따라서 적대적 인수합병을 시도하는 이는 독약 조항이 있는 경우 대상 기업의 경영진과 어떤 방식으로든지 협상을 해야 한다. 그렇지 않으면 독약 조항이라는 덫에 걸려 인수 합병 계획을 한 발짝도 진전시키지 못하게 된다. 이처럼 독약 조항의 도입으로 이사회는 필요할 경우 언제든지 적대적 인수합병 시도에 대응할 수 있게 되었다. 독약 조항은 그야말로 미국 기업 M&A 방어기제 역사상 가장 획기적인 이노베이션이었다. 하지만 독약 조항은 기업 경영진의 입장에서는 천사와 같은 존재였을지 모르나, 적대적 인수합병을 시도하려는 PEF나 기업사냥꾼에게는 스위스 아이거(Eiger) 산의 북

---

86   데드-핸드(Dead-hand)와 노-핸드(No-hand) 독약조항은 미국 법원이 불법이라고 판시하여 더 이상 사용되지 않는다.

대체투자 파헤치기(중)
타이타노마키의 서막

벽(North Face)과도 같은 존재였다.

①「구주할인 매수 독약조항(Flip-over Poison Pill)」: 구주할인 매수(Flip-over) 독약조항은 인수 합병이 실제로 진행된 이후에 발동된다. 이 때 발동 요건을 보통 "트리거링 이벤트(triggering event)"라 하여, 1980년대 중반에는 통상 적대적 인수합병 시도자가 타겟 기업의 지분 15%를 취득하면 발동되었다.[87] 법원에서 구주할인 매수(Flip-over) 독약조항을 최초로 다루었던 하우스홀드 인터내셔널(Household International)社의 경우에는 공개매수(tender offer)의 경우는 30%, 그 외의 경우는 20% 취득을 발동요건으로 내걸었다. 이와 같은 발동요건이 발생하면 신규로 대량의 지분을 취득한 주주를 상대로 대폭 할인된 가격, 통상 50%의 할인된 가격으로 지분을 매입할 수 있는 콜 옵션(call option)을 다른 주주들을 대상으로 부여한다. 일반적으로 이와 같은 콜 옵션은 발동 요건 이전에는 부여되지 않으므로 행사될 수 없다. 오직 발동요건이 발생한 경우에만 이사회 결의를 거쳐 부여되며, 만약 발동요건이 발생하면 해당 주권과 분리되어 거래될 수 있도록 한다. 해당 주권과 분리되므로 기존의 경영진들은 나머지 주주들을 대상으로 콜 옵션을 매수하여, 적대적 인수합병 시도자에게 콜 옵션을 행사할 수 있다.

물론 기존의 경영진이 아니라 적대적 인수 합병 시도자가 나머지 주주들의 콜 옵션을 매수함으로써 콜옵션을 행사하지 못하게 할 수도 있다.[88] 따라서 어느 누구에게도 지분을 넘기지 않은 주주 입장에서는 더 비싸게 지분을 매각할 기회를 얻는 것이다. 따라서 구주할인 매수(Flip-over) 독약 조항은 50% 이상의 지분을 공정가격으로 취득한 후 나머지 지분을 넘기지 않는 주주들의 지분을 이보

---

87 하지만 최근에는 기업규모가 커지면서 15%보다는 보통 10%를 기준으로 발동된다.
88 물론 기존의 경영진들이 적대적 인수합병 시도자보다 먼저 이 권리를 매수할 것이므로, 적대적 인수합병 시도자들이 이 권리를 충분히 매수하지 못할 가능성이 높다. 아울러 이사회가 권한을 부여한 후부터 옵션을 행사할 수 있는 권리를 아주 짧게 가져가는 방법도 사용된다. 이렇게 되면 적대적 인수합병 시도자가 옵션을 매수할 충분한 시간을 갖지 못하게 된다.

다 할인된 가격으로 매입하는 이른 바, "전방위 집중 인수(Front-End Loaded Acquisition or Back-End Acquisition)" 방식이나 "이중 인수(Two Tiered Acquisition)" 방식을 방어하는 효과도 있다. 이와 같이 구주할인 매수(Flip-over) 조항이 주주들의 권한을 좀 더 보호한다는 차원에서 델라웨어 법원도 구주할인 매수(Flip-over) 독약 조항의 정당성을 인정한 것이다. 구주할인 매수(Flip-over) 독약조항은 가장 일반적으로 사용된 독약 조항이었으며, 그 뒤로 많은 변종 독약 조항을 양산하였다. 구주할인 매수(Flip-over) 독약조항의 가장 흔한 변종은 콜옵션의 행사기간을 사전에 지정하는 것이 아니라 이사회에 위임하는 것이다. 이렇게 하면 이사회 입장에서는 인수합병을 시도하는 이와 더 높은 인수가격에 대한 교섭을 할 수 있는 시간을 벌 수 있을 것이다.

② 「신주할인 매수 독약조항(Flip-in Poison Pill)」: 적대적 인수 합병을 시도하는 이가 특정 지분율(보통 15%)을 넘어가면, 합병대상 기업(target company)의 주주에게 시가보다 보통 50%의 할인된 가격으로 신주를 인수할 수 있는 콜옵션을 부여한다. 이 때 대상기업은 신주를 발행하고 기존 주주들은 시장가격보다 매우 낮은 가격으로 매입한다. 결과적으로 시장에서 시장가격으로 인수한 적대적 인수합병 시도자의 주식을 최대한 희석시키는 효과를 발휘한다.

③ 「우선주 발행 요구 독약조항(Back-end Poison Pill)」: 기존 주주들을 대상으로 발행되면서 우월한 현금흐름을 제공하는 우선주 발행을 요구하는 권리이다. 물론 신규로 대량 지분을 취득한 적대적 인수합병 시도자에게는 권한을 부여하지 않는다. 나아가 신규로 지분을 취득한 적대적 인수합병 시도자를 대상으로 신규로 발행한 우선주를 비싸게 매입하도록 요구하는 권리를 이들을 제외한 기존 주주들에게 부여할 수도 있다. 예컨대 원유 정제회사 슈퍼리얼 오일(Superior Oil)社는 1983년에 정관을 개정하여, 보통주 주식 35% 이상을 취득한 이를 대상으로 나머지 주주가 1주당 0.9주의 우선주 발행을 요청할 권한을 부여하였다. 35% 이

대체투자 파헤치기(중)

타이타노마키의 서막

상 지분보유 주주는 이 우선주를 발행 직전 12개월 동안 가장 높은 가격으로 매수해야 할 의무가 부과되었다. 만약 적대적 인수합병이 성공하였다면 적대적 인수합병을 시도한 회사의 현금은 시쳇말로 거의 거덜 났을지도 모른다. 역사적으로 가장 유명한 우선주 발행 요구(Back-End) 독약조항은 1985년에 미국의 화장품 회사인 레블론(Revlon)의 이사회가 발행한 독약 조항이다. 레블론(Revlon)의 우선주 발행 요구(Back-end) 독약조항 사례는 미국 M&A 역사에서, 레블론 의무(Revlon Duty 혹은 Revlon Rule)[89]라는 새로운 규율을 탄생시킨 M&A 역사의 살아있는 전설로 남아 있다.

---

89 Revlon Duty란 매각 대상 기업의 이사회는 복수의 인수 후보자가 참여하는 공식적인 회사 매각절차가 시작되었다면, 가장 높은 가격을 받을 수 있도록 합리적인 노력을 다해야 한다는 원칙이다.

Legendary Revlon

레블론(Revlon)은 현재까지도 여성 화장품을 만드는 회사로 1980년대 중반까지 미국의 5대 화장품 회사 중 하나였다.[90] 하지만 1980년대 중반부터 고급 화장품 시장 경쟁에서 에스티 로더(Estee Lauder)에게 밀리면서 회사 주가가 하락하기 시작했다. 이 즈음인 1985년 6월, 슈퍼마켓 체인으로 소비재 유통 사업을 영위하던 팬트리 프라이드(Pantry Pride)가 레블론(Revlon) 인수를 타진한다. 처음에는 상호간 협의를 거쳐 우호적으로 시작했으나, 팬트리 프라이드(Pantry Pride)가 인수가격을 주당 40불 초반대로 제안하고 레블론(Revlon)이 이를 거부하면서 적대적 M&A로 국면이 바뀌었다. 즉 팬트리 프라이드(Pantry Pride)가 이사회를 소집하여 우호적 M&A인 경우에는 주당 42~43불, 적대적 M&A의 공개매수인 경우에는 주당 45불로 레블론(Revlon)을 인수할 것을 의결하고 본격적으로 레블론(Revlon)을 인수하기 위한 작업에 착수한 것이다. 이때가 1985년 8월 14일이었다.

팬트리 프라이드(Pantry Pride)의 이사회 결정이 알려지자 이에 대항하여 8월 19일, 레블론(Revlon)은 어느 누구든 레블론(Revlon) 주식의 20% 이상을 취득할 경우, 이 주주를 제외한 다른 주주들에게 보통주 1주당 원금 65불, 이자율 12%, 만기 1년의 레블론 회사채(Revlon note)와 교환하는 "회사채 인수권 계획(Note Purchase Rights Plan)"을 의결하였다. 다시 말해 적대적 인수합병 시도가 나타날 경우 65불에 구주를 매입하여 소각하고 높은 이자까지 지급함으로써, 회사의 거의 모든 현금을 기존 주주에게 배분하겠다는 의사표시였다. 다만, 이 권리는 적대적 인수합병을 시도하는 이가 레블론(Revlon)의 주식을 주당 65불 이상 현금을 주고 인수할 경우에는 발동되지 않았다. 바로 우선주 발행 요구 독약 조항(Back-end Poison Pill)의 전형적인 형태였다. 한편 레블론(Revlon)은 팬트리 프라이드(Pantry Pride)와의 협상과는 별개로 회사를 매각하기 위해 포츠만 리틀 앤 코(Forstmann Little & Co; 이하 포츠만)라는 PEF 회사와 협상을 진행하였다. 포츠만(Forstmann)은 KKR과 마찬가지로 바이아웃(Buy-out) 전략을 구사하는 PEF 회사였다. 후술하게 될 알제이알 내비스코(RJR Nabisco) 인수전에도 등장하는 KKR의 사실상 라이벌 PEF이었다.

---

90 레블론(Revlon)의 주요 경쟁자였던 에스티 로더(Estee Lauder)는 주로 이국적인 슈퍼모델을 자사 화장품의 마케팅 수단으로 활용하면서 고급화장품 시장을 급격히 잠식했다. 이에 대항해 레블론(Revlon)은 2000년대부터 주로 영화배우를 자사 화장품의 마케팅 수단으로 활용하였다. 판타스틱4, 스트레치에 출연한 제시카 알바가 레블론(Revlon) 화장품의 모델을 맡기도 했다.

대체투자 파헤치기(중)

타이타노마키의 서막

　레블론(Revlon)의 회사채(Note) 발행 소식이 알려지자 팬트리 프라이드(Pantry Pride)는 공개 매수를 통해 적대적 M&A를 시도하였다. 8월 23일, 보통주 1주당 인수가격을 주당 47.5불로 제안한 팬트리 프라이드(Pantry Pride)의 공개 매수가 시작되었다. 당시 레블론(Revlon)의 주가는 45불이었다. 8월 26일 레블론(Revlon)은 다시 이사회를 소집하여 보통주 1,000만 주를 액면가 47.5불, 이자율 11.7%, 만기 10년인 회사채(note)와 교환해 주겠다는 제안을 새로 발표하였다. 이 이사회의 제안에 최초 제안의 3배가 넘는 87%의 레블론(Revlon) 주주들, 주권으로 환산하면 약 3,300만 주가 몰려들었다. 레블론(Revlon)은 안분 배분(Pro Rata) 방식으로 1,000만 주를 신규 발행한 회사채와 교환해 주었다. 결국 레블론(Revlon)이 명시적으로 팬트리 프라이드(Pantry Pride)의 공개 매수 제안을 거부한 것이다. 이에 대응하여 팬트리 프라이드(Pantry Pride)는 공개 매수 가격을 9월 27일에는 주당 50불, 10월 1일에는 53불로 계속 올렸다.

　노트 발행에 이어 10월 3일에는 레블론(Revlon)의 이사회가 포츠만(Forstmann)의 인수 제안을 승인했다. 포츠만(Forstmann)의 제안은 주당 56불로 레블론(Revlon)을 현금 인수하고 레블론(Revlon)의 회사채 발행으로 발생한 4.75억불의 부채를 상환해 주되, 레블론(Revlon)이 발행한 회사채의 만기 10년, 11.7%의 이자 지급은 무효화하겠다는 내용이었다. 이 사실이 알려지자 레블론(Revlon)이 발행한 회사채를 보유한 이들의 항의 전화가 레블론(Revlon)에 빗발쳤다. 자사가 발행한 채권의 이자 수령 권리를 무효화 하겠다는 인수합병자의 제안을 자사의 이사회가 동의하는 믿을 수 없는 일이 벌어졌기 때문이다. 이에 따라 레블론 회사채의 시장 가격이 액면가 밑을 하회하기 시작하더니 결국 85까지 떨어졌다. 10월 7일, 팬트리 프라이드(Pantry Pride)는 인수가격을 56.25불로 다시 올려 인수합병 의지를 확고히 했다. 10월 9일, 레블론(Revlon), 팬트리 프라이드(Pantry Pride), 포츠만(Forstmann) 3자가 회동을 가지고 레블론(Revlon) 인수합병에 대한 협의를 시도하였지만 서로 입장 차이만 확인하고 헤어졌다. 이 회동에서 팬트리 프라이드(Pantry Pride)는 포츠만(Forstman)이 어떤 제안을 하든 그 제안 가격보다 항상 높은 가격으로 인수할 것이라고 제안하였다. 하지만 레블론(Revlon)은 어떤 확약도 하지 않았다.

　10월 12일, 포츠만(Forstmann)은 다음과 같은 조건하에서 팬트리 프라이드(Pantry Pride)의 제안가보다 1불 높은 주당 57.25불에 현금으로 레블론을 인수하고, 시중에 할인되어 유통 중인 레블론 회사채(Note)를 액면가에 모두 매수할 것을 새로이 제안하였다. 포츠만(Forstmann)의 신규 제안에 대한 전제 조건은 우선, 레블론(Revlon)의 비젼 케어(Vision Care)와 또 다른 내부 사업부문인 내셔널 헬스 래브러토리즈(National Healths

Laboratories) 부문을 시가보다 1~1.75억불 낮은 5.25억불에 포츠만(Forstmann)이 매수할 권한인, 이른 바 "락업 옵션(Lock-up option)"을 부여할 것. 둘째, 레블론(Revlon)은 포츠만(Forstmann) 외의 다른 잠재적 매수자를 상대를 물색하거나 협상하는 행위를 해서는 안 되는, 이른 바 "노-샵 조항(No-shop clause)"을 수용할 것.[91] 셋째, 이 전에 발행된 회사채의 권리를 10월 3일부로 무효화 할 것. 넷째, 이와 같은 제안이 종료되거나 새로운 인수합병회사가 등장하여 레블론(Revlon) 주식의 19.9%를 초과해서 인수하게 되면, 계약 파기 수수료인 2,500만 불을 포츠만(Forstmann)에 지급하기 위해 사전에 이 금액을 예치 계좌(escrow account)에 넣을 것. 마지막으로, 레블론(Revlon)의 경영진은 인수 과정에 참여하지 말 것 등이었다.

놀랍게도 레블론(Revlon) 경영진은 포츠만(Forstmann)의 이 황당무계한 제안을 당일에 바로 수용하였다! 10월 14일, 팬트리 프라이드(Pantry Pride)는 락-업 옵션(Lock-up option), 노-샵 조항(No-shop clause), 계약 파기 수수료 등이 위법하다면서, 이의 효력을 정지해 줄 것을 요청하는 가처분 소송을 법원에 제기하였다. 동시에 포츠만(Forstmann)에게 어떠한 자산의 양도도 있어서는 안 된다는 조건하에 인수가격을 주당 58불로 다시 제안했다. 법원은 10월 15일 팬트리 프라이드(Pantry Pride)의 가처분 소송을 받아들여, 레블론(Revlon) 이사회 결정의 효력을 법원 판결시까지 정지시켰다.

1심 법원을 거쳐 간 델라웨어 최종 법원의 판결은 간결했다. 바로 레블론(Revlon) 경영진이 주주의 이익을 극대화하는 행동을 하지 않았다는 것이다. 우선 경영진은 적대적 인수합병 위협으로부터 회사를 지키고자 하지 않았다. 즉, 회사를 매각하기 위한 입장을 분명히 하였다. 이와 같이 회사 매각 입장을 분명히 한 이상 주주에게 최대의 이익을 제공하는 매수자를 선택해야 할 의무가 발생한다. 레블론(Revlon)은 이와 같은 의무를 준수하지 않았다. 즉, 락-업 옵션(Lock-up option)과 노-샵 조항(No-shop clause)을 수용하는 등 포츠만(Forstmann)에게 회사를 헐값에 매각하려고 하였다. 따라서 레블론(Revlon) 경영진의 결정은 무효이다. 이 결정에 담긴 이사회의 의무는 "레블론 의무*(Revlon Duty)*"라 하여, 향후 모든 M&A 사건에서 원용되는 원칙으로 확정되었다.

---

91   노-샵 조항(No-shop clause)과 대비되는 개념으로 고-샵 조항(Go-shop clause)이 있다. 고-샵 조항(Go-shop clause)이란 처음 배타적 거래를 진행하던 이와 인수 가격에 대해 협상한 후, 보통 30~50일 기간 동안 이보다 높은 가격을 지급하는 투자자를 물색하도록 허용하는 조항을 말한다.

대체투자 파헤치기(중)

타이타노마키의 서막

결국 1985년 11월, 레블론(Revlon)은 팬트리 프라이드(Pantry Pride)에게 주당 58불에 매각되었다. 인수 총액은 27억불이었다. 이 인수 역시 정크 본드가 개입된 차입인수(LBO)였다. 사실 팬트리 프라이드(Pantry Pride)의 최대 주주였던 로날드 페렐먼(Ronald Perelman)은 레블론(Revlon)을 인수하기 직전에, 마이클 밀큰(Michael Milken)의 정크 본드를 활용하여 팬트리 프라이드(Pantry Pride)의 지분 38%를 차입 인수한 상태였다. 팬트리 프라이드(Pantry Pride) 인수 직후에 레블론(Revlon)을 인수함으로써 결과적으로 따지고 보면, 팬트리 프라이드(Pantry Pride) 역시 로날드 페렐먼(Ronald Perelman)이 레블론(Revlon)을 인수하기 위한 도구로 사용되었던 것이다. 레블론 판례가 미국 법원이 이와 같은 페렐만(Perelman)의 공격적인 차입인수 활동에 공식적인 면죄부를 준 것이라고 이야기하면 지나친 비아냥인가?

④「고액매각권리(Put Plan)」: 콜옵션이 아니라 풋옵션(put option)을 사용하는 것도 가능하다. 즉, 합병을 당한 주주가 합병을 시도한 이에게 보통 인수가액의 2배 이상 높은 가격으로 자기의 지분을 매각할 권리를 부여하는 것이다.

● 기타 전략: 상어 퇴치기(Shark Repellent)나 독약 조항(Poison Pill) 외의 방어기제는 기타 전략으로 분류한다. 기타 전략은 주로 경영진의 퇴직금이나 회사의 자산과 관련된 전략이 대부분이다.

①「황금낙하산(Golden Parachute)」: 황금낙하산은 피인수 기업의 경영진들이 인수합병 이후에 수백만 불에서 수천만 불에 이르는 막대한 양의 현금배당과 퇴직금, 혹은 비금전적 혜택(perks)을 요청하는 권한을 부여하는 정관 규정을 일컫는다. 심지어는 핵심 경영진에 대한 황금낙하산 부여 대상이 1~2명이 아니라 수십, 수백 명에 이르는 황당한 경우도 흔하게 볼 수 있었다. 예컨대 1980년대 중반 유나이티드 테크놀로지스(United Technologies)는 64명, 킴벌리 클락(Kimberly Clark)은 80명, 베너피셜즈(Beneficials)라는 회사의 경우에는 황금낙하산의 대상이 되는 임원진이 무려 234명이었다고 한다. 어떤 경우에는 황금낙하산의 권한이 부여되는 기간이 인수합병 후 5년에 이르기도 하고, 심할 경우에는 65세까지도 황금낙하산의 권한이 부여되는 경우도 있었다.[92] 나아가서 인수 합병 후 임원이 타의가 아닌 자의로 회사를 떠나더라도 황금낙하산의 권한을 부여하는 경우도 있었다.[93] 하지만 황금낙하산 조항 하나만으로는 적대적 인수합병을 효과적으로 저지하는 기제가 아니다. 어차피 기업 인수합병이란 전략적 투자자나 PEF 전략상 필요에 의해서 추진하는 것인데, 문제되는 것이 상대방 경영진의 막대한 퇴직금

---

92 Idalene F. Kesner and Dan R. Dalton, *Anti-takeover Tactics*, Business Horizons, 2001.
93 적대적 인수합병을 시도하는 이가 회사 인수 후 황금낙하산으로 인해 곤경에 빠진다는 점에서 일종의 독약 조항(Poison Pill)으로 볼 수도 있다.

대체투자 파헤치기(중)
타이타노마키의 서막

뿐이라면 협상을 통해서 타협점을 찾으면 될 일이지 기업 인수합병 의도를 중지할 정도의 심각한 사안은 아닌 것이다.

② 「그린메일(Greenmail)」: 적대적 인수합병을 시도하는 이가 상당한 양의 지분을 확보한 후에, 공개 매수를 통해 지분을 좀 더 확보하여 경영진을 교체할 것이라고 압박을 가할 수도 있다.[94] 이 때 타겟 기업의 경영진이 디딤돌 지분(toe-hold share)을 비싸게 매수하게 하는 전략을 그린메일(Greenmail)이라고 한다. 어떻게 보면 M&A 시도에 대한 역 M&A이다. 그린메일(Greenmail) 전략을 유도하는 이를 그린메일러(Greenmailer)라고 불렀는데, 이와 같은 적대적 인수합병 전략은 "불법적인 협박(Blackmail)"이 아니라 "합법적인 압박"이라 하여 그린메일(Greenmail)이라 불렀다. 중세 스코틀랜드의 소작료를 의미하였던 화이트메일(Whitemail)이 은화를 가리키는 것을 모방하여, 달러를 취득하기 위한 합법적인 압박이라는 의미에서 그린메일(Greenmail)이라고 부른 것이다. 그린메일(Greenmail)은 적대적 인수합병을 저지하기 위해 치러야 할 몸값(Takeover Ransom)이라는 별명도 가지고 있었다.

그린메일(Greenmail) 전략을 귀신처럼 구사한 이가 바로 칼 아이칸(Carl Icahn)이다. 그는 1980년대 중반에 이 전략을 집중적으로 구사하여 색슨 인더스트리즈(Saxon Industries), 해머밀 제지사(Harmmermill Paper Company), 걸프 & 웨스턴(Gulf & Western), 어메리칸 캔 컴퍼니(American Can Company), 댄 리버(Dan River), 마샬 필드(Marshall Field), 에이씨에프 인더스트리즈(ACF Industries) 등이 그의 그린메일(Greenmail) 전략의 희생양이 되었다. 칼 아이칸(Carl Icahn)은 최근에 와서도 애플(Apple), 델(Dell) 등의 유수 기업들을 상대로 그린메일(Greenmail) 전략이 현대적으로 진화한 주주행동주의 전략을 구사하는

---

94 이 때 상당한 양의 지분을 디딤돌(toe-hold) 지분이라고 부른다.

사모투자펀드(PEF)

M&A 업계의 살아 있는 전설이다. 미디어 황제인 루퍼트 머독(Rupert Murdoch)도 워너 커뮤니케이션(Warner Communication)을 상대로 이 전략을 구사하여, 최초 구입가보다 35%나 높은 가격의 프리미엄을 챙겼다. 그린메일(Greenmail) 전략은 2000년대 들어 주주행동주의 전략으로 진화하게 된다. 2011년 소버린(Sovereign)이 국내 기업인 SK를 상대로 구사한 전략, 2015년 6월과 2016년 10월에 엘리엇(Elliott)이 삼성을 상대로 구사한 전략이 우리나라에서 전개된 대표적인 주주행동주의 사례이다. 이에 대해서는 (하)권에서 상세히 설명한다.

③ 「왕관의 보석(Crown Jewel)」: 기업의 핵심적인 수익 창출원(cash cow)이나 미래 성장가능성이 가장 높은 사업부문 혹은 자산인 왕관의 보석(crown jewel)을 의도적으로 매각하는 것도 대표적인 인수합병 방어 전략이다.[95] 적대적 인수합병을 시도하는 이에게 왕관의 보석은 인수합병을 시도하는 바로 원천적 이유이기 때문이다. 이를 매각하게 되면 인수합병을 시도할 이유가 어디에 있을까? 따라서 왕관의 보석 전략은 기타 전략 중에서 가장 효과적인 적대적 인수합병 방어 기제이기도 하다. 왕관의 보석 전략은 종종 해당 자산을 시가보다 싸게 백기사나 제3자에게 넘기는 전략인 "락-업(Lock-up)" 전략과 병행하기도 한다.

④ 「백기사(White Knight)」: 적대적 인수합병을 시도하는 이에 대항하여 우호적인 제3자를 선정, 적대적 인수합병을 시도하는 이의 인수합병을 저지하거나,

---

95 왕관에 박혀 있는 보석(jewel in the crown)이라 함은 왕관이 가진 위엄 중 가장 핵심적인 위엄을 의미하는 말이다. 실제로 현재 영국 여왕인 엘리자베스 2세의 즉위식에 사용된 왕관에는 "코-히-누르(Koh-i-Noor)" 다이아몬드가 박혀 있는데, 전형적인 왕관의 보석이다. 코-히-누르는 페르시아어로 "빛의 산"이란 뜻이다. 이 다이아몬드는 14세기 초에 역사서에 처음으로 등장하여 바부르, 후마윤, 아우랑제브 등 인도 황제들과 시크 교도 손에 차례로 넘어가면서 여러 번 주인이 바뀌었다. 이 다이아몬드를 남성이 가지면 저주가 내린다 하여 '피의 다이아몬드'라는 별칭이 있다. 1849년 시크 교도를 진압한 영국군이 이 다이아몬드를 손에 넣어 당시 여왕이었던 빅토리아 여왕에게 헌정하였다. 헌정 당시 크기는 무려 190 캐럿이 넘었다고 하나, 커팅을 추가로 하면서 현재의 105 캐럿으로 줄어들었다. 2015년 11월에는 인도인들이 런던 고등법원에 이 다이아몬드를 돌려달라는 소송을 제기하기도 하였다.

대체투자 파헤치기(중)

타이타노마키의 서막

아예 우호적인 제3자와 합병하는 전략을 일컫는다. 하지만 백기사가 만약 적대적 인수합병을 방어하기 위한 또 다른 합병 전략이라면 대부분 실패할 가능성이 많다. 우선 백기사는 적대적 인수합병을 시도하는 이보다 더 많은 프리미엄을 제공해야 한다. 따라서 합병 후 백기사의 재무상황이 그렇게 좋지가 않게 된다. 나아가 백기사가 합병한 후에 악화된 모기업의 재정 상태를 타개하기 위해 피인수기업의 종업원을 대량으로 해고할 수도 있다. 예컨대 고급 기차차량을 만드는 풀먼(Pullman)이라는 회사는 해상 원유 시추장비를 제작하는 맥더맛(McDermott)의 적대적 인수합병 시도에 끊임없이 시달렸다. 풀먼(Pullman)은 윌러브레이터 프라이(Wheelabrator Frye)라는 자동차 부품회사에 자사의 핵심자산(crown jewel)인 엔지니어링과 건설부문을 단돈 2억불로 대폭 할인(deep discount)하여 매각(lock-up)한다는 계약을 제안하며 백기사 역할을 요청하였다. 결국 윌러브레이터 프라이(Wheelabrator Frye)는 제안을 수락하였으나, 결과적으로 적대적 인수합병을 시도한 맥더맛(McDermott)보다 무려 2배 가까운 돈을 지급하였다. 합병 후 윌러브레이터 프라이(Wheelabrator Frye)는 1,500명에 이르는 풀먼(Pullman) 직원을 2년 만에 모두 해고하는 처참한 광경이 벌어졌다.

⑤「불가침 협약(Standstill Agreement: SA)」: 적대적 인수합병을 시도하는 이에게 당분간 합병 시도를 하지 않도록 하는 일종의 휴전협정을 체결하는 경우도 있다. 이를 불가침 협약(Standstill Agreement: SA)이라 불렀다. SA란 원래 법률 용어로 소멸시효가 발생하지 않도록 어떤 특정한 행위를 취하거나 소멸시효가 종료되지 않음을 상호 인정하는 계약을 의미한다. M&A에서 변호사의 활동이 많다 보니 이런 용어까지 만들어진 것은 아닐까?

⑥「기타 전략」: 이상과 같은 전략 외에도 다양한 전략이 가능하다. 적대적 인수합병 시도 조짐이 있으면 곧바로 신주를 발행할 수도 있다. 이렇게 함으로써 이미 디딤돌 지분(toe hold) 주식을 보유한 적대적 인수합병 시도의 주식 가치를 희

사모투자펀드(PEF)

석시키는 것이다.[96] 또 하나가 자사주 매입이다. 자사주를 매입하면 적대적 인수합병을 시도하는 이가 비싼 가격으로 지분을 취득해야 하기 때문이다. 이는 피인수 기업이 보유한 현금이 기존 주주에게 새로 할당되는 효과도 있으므로 기존 주주가 이를 마다할 이유가 없다. DBL과 마이클 밀큰이 활보하던 1984년 1사분기에만 보든(Borden), 제이피 스티븐즈(J.P. Stevens), 필립 모리스(Philip Morris), 케이 마트(K-Mart)와 인디애나 스탠다드 오일(Standard Oil of Indiana) 등은 자사주 매입으로 무려 600억불을 쏟아 부었다. 자사주를 매입하지 않고 보유한 자사주를 우호 세력에게 넘기는 것도 방법이다. 보유 중인 자사주는 의결권이 없으므로 우호 세력에게 지분을 넘겨 의결권을 부활시킬 수 있기 때문이다. 나아가 보유 주식의 수량이나 비율과 상관없이 기업의 주요 경영 현안에 대해 거부권을 행사할 수 있는 주식인 황금주(Golden Share)를 도입하는 이들도 있었다.[97]

기존 경영진의 권리보호에 좀 더 유리하면서 반면 적대적 인수합병을 시도하는 이에게 엄격한 규제를 적용하는 지역으로 기업의 설립지를 이전하는 것도 방법이다. 이른 바 포럼 쇼핑(forum shopping)이다. 이들이 가장 선호한 지역이 바로 델라웨어(Delaware) 州와 네바다(Nevada) 州였다.[98] 예컨대 걸프 코퍼레이션(Gulf Corporation)은 캘리포니아 스탠다드 오일(Standard Oil of California)과

---

[96] 디딜돌 지분(toe hold)이란 금융당국에 신고해야 하는 5% 지분 직전까지 비밀리에 매집한 지분을 의미한다. 2015년 6월 4일, 주주행동주의자 엘리엇이 삼성물산 지분 7.12%를 취득했다고 신고하기 전 비밀리에 매집한 4.95%가 대표적 사례이다.

[97] 황금주는 영국의 브리티쉬 텔레콤(British Telecom)이 1984년 민영화 과정에서 처음으로 도입한 것으로 알려져 있다. 하지만, 황금주가 주주평등주의에 반한다는 이유로 유럽연합이 불법으로 규정한 이후에는 사용되지 않는다.

[98] 델라웨어(Delaware) 州는 독약조항(poison pill)을 도입한 정관을 의결한 주총 결정을 미국에서 최초로 합법적이고 정당하다고 판시한 州이다. 따라서 기업보호를 위해 경쟁적으로 많은 미국기업이 델라웨어(Delaware)로 설립지를 옮겼다. 미국 500대 기업 중 75% 내외가 델라웨어(Delaware)州에 설립지를 두고 있고, NYSE에 상장된 기업 중 60%가 델라웨어(Delaware) 州에 설립지를 두고 있다. Bloomberg, Apr 30, 2014. 나아가서 전 세계 PEF의 약 60%가 델라웨어(Delaware)에 본거지를 두고 있다. 헤지위크에 따르면 유럽에 본거지를 둔 PEF의 수탁자산(AUM) 1.2조 유로 가운데, 69%에 해당하는 수탁자산을 거느린 PEF가 델라웨어(Delaware)에 설립지를 두고 있다고 한다. 두 번째가 룩셈부르크이며 세 번째가 영국령 건지(Guernsey)라고 한다. 특히 건지(Guernsey)의 경우 설립된 대체투자 펀드의 75%가 PEF로서, 건지(Guernsey)에게는 PEF가 가장 중요한 고객이다. Hedgeweek, Nov 26, 2014

합병 이전, 메사 페트롤리엄(Mesa Petroleum)의 적대적 인수합병 시도에 시달렸다. 캘리포니아 스탠다드 오일은 델라웨어(Delaware) 州로 회사 설립지를 옮기기 위해 결국 메사(Mesa)와 주주 위임장 대결(proxy fight)까지 펼쳤다. 이들의 회사 이전 목적은 적대적 인수합병을 시도하던 메사(Mesa)의 임원진이 자사의 이사회에 참석하지 못하도록 정관을 변경하기 위한 것이었다. 이와 같은 정관 변경을 허용한 거의 유일한 州가 바로 델라웨어(Delaware)였다. 회사의 배당정책을 획기적으로 바꾸어 기존 주주의 이탈을 방지하는 방법도 가능하다. 이와 비슷한 맥락에서 적대적 인수합병을 시도하는 이에게 지분을 넘기지 않는 주주들을 대상으로 특별한 혜택을 부여하는 것도 가능한 방법 중의 하나였다. 마지막으로 적대적 인수합병을 시도하는 이를 상대로 소송을 제기하여 시간을 버는 방법도 종종 사용되었다.

⑦「혼합 전략」: 적대적 인수합병에 대한 방어 기제는 일반적으로 혼합되어서 사용한다. 예컨대 황금낙하산 규정을 부여하는 동시에 초다수 의결제를 도입할 수도 있다. 신주할인 매수 독약조항(Flip-in Poison Pill)을 사용하면서 구주할인 매수 독약조항(Flip-over Poison Pill)을 동시에 도입할 수도 있다. 그린메일링(Greenmailing)을 하면서 불가침 조약을 체결할 수도 있다. 어떤 경우이든 인수합병과 관련된 방어 기제는 주주이익의 극대화라는 기본적인 원칙하에 합리적인 판단에 기초하여 적대적 인수합병의 위협에 비례하여 사용되어야 한다. 만약 주주이익에 반하거나 해당 기업이 파리를 잡기 위해 대포를 사용하게 된다면, 주주의 권리를 침해하거나 경영진의 자리보전을 위한 것으로 판단되어 법원에서 무효화될 가능성이 높다.

6) 타이탄 대기업들의 반격 II: 독약조항(Poisons Pill), 방어기제의 제왕

독약 조항은 2019년 현재까지도 전 세계 기업들이 가장 흔히 사용하는 기업인수합병 방어 기제이다. 특히 적대적 인수합병 전략 중 그린메일링(Greenmailing)이 현대적으로 진화한 전략인 주주행동주의(Shareholder Activism)에 대항하기 위해, 대상 기업 경영진의 합법적인 방어기제로 독약조항이 가장 활발하게 사용된다. 최근에 가장 이슈가 되는 독약 조항은 바로 1774년에 영국에서 설립된 세계 최고·최대의 미술품, 보석, 부동산 중개 및 경매업체인 소더비(Sotheby)가 채택한 독약 조항이다.[99] 소더비는 2012년까지 미술품 경매 사상 최고가인 1억 1,900만 불을 기록한 노르웨이 화가 뭉크의 「절규」를 경매하면서 최고의 전성기를 구가하기도 하였다. 하지만 뭉크의 절규를 경매에 붙여 16% 내외의 수수료를 챙긴 직후인 2013년부터 시작된 주주행동주의의 공세 때문에, 소더비 경영진은 핏 빛 하늘 아래에서 처절하게 절규하는 뭉크의 「절규」 속 주인공처럼 두 손으로 얼굴을 감싸고 절규해야만 하는 최악의 상황에 직면하게 된다.

---

99 소더비 前 회장인 故 알프레드 토브만(Alfred Taubman)이 인수한 1983년 이후부터는 미국기업이다.

대체투자 파헤치기(중)

타이타노마키의 서막

미술품 경매상과 헤지펀드의 吳越同舟

소더비(Sotheby) 독약 조항과 관련한 뜨거운 논쟁은 소더비가 NYSE에 상장된 상태에서 주주행동주의 헤지펀드들이 경쟁적으로 소더비의 지분을 취득하면서 시작되었다. 나중에 가장 문제가 되었던 주주행동주의 헤지펀드는 (상)권과 (하)권에서 언급한 써드 포인트(Third Point)로, 2015년 9월말 기준 규제대상 수탁자산(RAUM)이 196억불에 이르는 초대형 헤지펀드이다.[100] 하지만 2013년 5월 15일, 써드 포인트(Third Point)가 SEC에 제출한 신고서(Form 13F)에 따르면 써드 포인트(Third Point)의 당시 소더비 주식 보유량은 5십만 주에 불과하여 지분율이 1%도 되지 않았다.[101] 한편 2013년 6월에는 또 다른 주주행동주의 헤지펀드인 트라이안 펀드 매니지먼트(Trian Fund Management)가 소더비 주식 25만주를 추가로 취득했다고 공시했다.

2013년 7월 19일에는 헤지펀드 프라임 브로커인 모건 스탠리(Morgan Stanley)가 소더비에게 5.1% 지분을 보유하고 있다고 알려왔다. 모건 스탠리는 이 지분이 여러 헤지펀드들의 지분을 합친 것이며, 써드 포인트(Third point)의 대니얼 뢉(Daniel Loeb)과 또 다른 주주행동주의자인 퍼슁 스퀘어 캐피탈 매니지먼트(Pershing Square Capital Management)의 빌 애크만(Bill Ackman) 지분일 수도 있다고 암시하였다.[102] 모건 스탠리는 조만간 이들이 증권신고서(13D filing)를 통해 그들의 의도를 공개할 것이라고 넌지시 알려 주었다.[103] 2013년 7월 30일, 또 다른 주주행동주의 헤지펀드인 마카토 캐피탈 매니지먼트(Marcato Capital Management LLC)가 소더비 지분 6.61%의 지분을 취득했다고 증권당국 신고서(Schedule 13D)를 통해 공시하였다. 마카토(Marcato)는 이 신고서(13D filing)에서, M&A를 비롯해 소더비 경영진과 미래 경영전략에 대한 협의를 진행할 의도를 보유하고 있음을 명백히 밝혔다. 2013년 8월 1일, 써드 포인트(Third Point)는 소더비에게 이메일을 보내

---

100 규제대상 수탁자산(RAUM)에 대한 상세설명은 「대체투자 파헤치기(상)」, 헤지펀드 편 참조

101 Form 13F란 적격 자산(Qualifying Asset) 1억불 이상의 기관 투자자가 정기적으로 SEC에 보고해야 하는 정기보고서이다.

102 시장에서는 이처럼 주주행동주의 주주들이 단합하여 지분을 보유하는 것을 늑대떼 전략(Wolfpack)이라 부른다. 소더비(Sotheby) 사건에서 2013년 10월 3일 기준, 늑대떼들(Wolfpack)은 써드 포인트(Third Point), 마카토(Marcato), 트라이언(Trian)을 합쳐 19%에 이르렀다.

103 Form 13D란 공개시장에서 상장기업의 주식 5% 이상 취득했을 때 SEC에 제출해야 하는 양식을 의미한다. 우리나라 주식 시장의 5% rule에 따른 금감원 신고와 동일하다.

사모투자펀드(PEF)

회사경영 전반에 대한 논의를 위한 면담을 요청했다. 2013년 8월 14일, 써드 포인트(Third Point)는 소더비 지분을 5십만 株에서 2백 5십만 株로 5배 증가시켜 지분율을 3.6%로 급격히 올렸다. 불과 3개월 만에 일어난 일이었다. 8월 26일에는 마침내 써드 포인트(Third Point)가 새로운 증권신고서(Schedule 13D)를 통해 소더비의 지분 5.7%를 보유하고 있다고 SEC에 신고했다.

소더비는 마카토(Marcato)와 써드 포인트(Third Point)의 의도가 그들의 경영 전략 전반에 대한 개입은 물론 적대적 M&A 가능성까지도 있음을 알고, 9월 11일 자사주 매입, 부동산 포트폴리오 조정 등을 포함한 새로운 경영전략을 선제적으로 시장에 발표하였다. 이와 같은 新 경영전략의 발표는 주주행동주의를 제외한 나머지 주주들의 환심을 끌기 위한 것이었다. 2013년 10월 2일, 써드 포인트(Third Point)는 이와 같은 소더비의 다분히 의도된 경영 전략 발표에도 불구하고, 수정된 신고서(13D filing)를 통해 소더비에 대한 지분이 635만주, 지분율로는 9.4%로 증가하였다고 SEC에 신고함으로써 소더비에 대한 공세를 한 층 강화했다. 특히 댄 뢉(Dan Loeb)은 SEC에 제출한 신고서(Form 13D)의 별첨에 소더비의 CEO인 윌리엄 루프레히트(William Ruprecht)에게 보내는 공개편지, 이른 바 "독약 펜(Poison Pens)"을 첨부하였다. 이 편지에서 댄 뢉(Dan Loeb)은 소더비가 주주의 이해와 경영진의 이해가 심각하게 동떨어져 있는 상태에서 실적이 갈수록 악화되고 있으며 이의 책임은 과도한 연봉이 지급되는 게으른 이사회 때문이므로, CEO인 윌리엄 루프레히트는 당장 퇴진해야 한다면서 소더비를 맹비난하였다. 이른 바 "전면공격(All-out Assault)" 작전으로 소더비社를 뒤흔든 것이다.[104]

바로 다음 날인 2013년 10월 3일, 소더비는 이사회를 소집하여 다음과 같은 독약 조항이 담긴 "주주권리 보장계획(Shareholders' Rights Plan)"을 논의하고 10월 4일, 이사회 전원 일치로 이를 의결하였다. 즉 발동 요건(triggering event)이 발생하면 보통주 1株당 0.01개의 신주인 우선주(new series A junior)를 당시 소더비 주가의 절반인 200불에 매수할 수

---

[104] 이와는 별도로 댄 뢉(Dan Loeb)은 언론을 통해 소더비(Sotheby)가 고전 미술품에만 집착하고 현대 미술품 경매는 도외시 하면서, 값비싼 만찬과 골프 클럽 회원권 등을 회사비용으로 처리하는 등 주주 돈으로 사치스럽고 방만한 회사 경영을 하고 있다고 경영진을 맹비난하였다. 댄(Dan) 역시 열렬한 미술품 수집가이자 애호가로 알려져 있다. He (Daniel Loeb) has accused Sotheby's management of wasting shareholders' money, singling out what he says was an "extravagant" lunch and dinner at a famous restaurant in New York, where they "feasted on organic delicacies and imbibed vintage wines at a cost to shareholders of multiple hundreds of thousands of dollars. BBC News, Oct 4, 2013.

대체투자 파헤치기(중)

타이타노마키의 서막

있는 콜 옵션을 부여(Flip-in or Back-end Poison Pill)한다. 아울러, 발동 요건이 발생하면 적대적 인수합병 시도자가 인수한 주식을 200불에 매수할 콜옵션을 부여(Flip-over Poison Pill)한다. 특히, 이와 같은 콜옵션 권리는 이사회가 매수할 수 있도록 주권과 분리된다. 넷째, 앞서 언급한 모든 권리는 적대적 인수합병을 시도하는 이에게는 적용되지 않는다. 마지막으로 동 독약조항은 1년 동안만 유효하며, 그 중간 어느 시점에라도 최소한 100일 이상 동안 전체 소더비 주주의 지분을 현금으로 매수하겠다는 제안이 있으면 독약조항이 발동되지 않는다.

소더비의 독약 조항은 과거 독약 조항에 비추어 한 가지를 제외하고는 특별할 것이 없었다. 소더비 독약 조항의 특징은 바로 발동 요건이 매우 특이했다는 것이었다. 즉, "스케쥴 13G(Schedule 13G)"에 따라 지분율을 신고하는 이는 20%, 그 외의 경우에는 10% 이상인 경우에만 독약 조항이 발동되는 이중 구조를 가지고 있었던 것이다. "스케쥴 13G(Schedule 13G)"는 경영참여 의사가 "없는" 기관투자자의 지분보유 양식이므로, 이 요건을 풀어서 이야기하면 경영참여 의사가 "있는" 이가 10% 이상 지분을 취득하는 경우에만, 이들 외의 투자자와 차별하여 독약 조항을 요건을 낮추어서 발동하겠다는 것이다.

댄 뢉(Dan Loeb)은 소더비의 이와 같은 이사회 결의에 정면으로 맞서면서, 10% 발동요건을 철회할 것을 강력히 요구하였다. 댄(Dan)은 이사회 결의 무효화를 위한 위임장 대결의지를 공개적으로 피력했다. 나아가 2014년 2월에는 기존의 13D filing을 수정하여 지분율이 9.53%로 증가하였다고 밝혔으며, 이번에는 소더비의 이사회 중 세 사람을 댄 뢉(Dan Loeb)이 임명하겠다는 뜻을 명시적으로 밝혔다. 2014년 3월 19일, 소더비 이사회는 댄(Dan)의 요구를 모두 거부하였다. 2014년 3월 25일, 댄(Dan)은 이사회 의결의 무효를 주장하며 소송을 제기하였다.

이 소송은 발동요건을 이중으로 정의한 독약 조항과 관련된 최초의 소송 사건이었고, 주주행동주의에 대항한 독약 조항에 대해 최초로 법원이 심사하게 된 사건이라는 점에서 세간의 이목을 집중시켰다. 2014년 5월 2일, 델라웨어 법원은 소더비 이사회의 독약 조항이 합리적이고 비례적인 범위 내에서 이루어져 위법성이 없다고 판시하였다. 특히 이중적인 발동 요건 역시 주주행동주의의 현실적 위협에 대응하여 이사회가 합리적으로 판단한 비례성이 인정된다고 판시하였다.

이 판결로 소더비는 댄(Dan)의 위협으로부터 완전히 자유로워 졌을까? 아니다. 오히려 이와 같은 소송 결과와는 별개로 댄(Dan)은 결국 자신의 뜻대로 소더비와의 협의를 거쳐 이사회 중 3인을 임명할 권한을 확보하였다. 나아가 인과 관계는 정확히 알려지지 않았지만 소더비의 CEO인 루프레히트 역시 2014년 12월 소더비 CEO에서 사임할 의사를 밝혔고, 2015년 3

사모투자펀드(PEF)

월에는 메디슨 스퀘어 가든(Madison Square Garden)의 사장을 역임한 태드 스미스(Tad Smith)로 CEO가 결국 교체되었다. 결과적으로 댄(Dan)과 소더비의 관계는 문자 그대로 적과의 동침, 吳越同舟가 되어 버렸다. 하지만 역설적이게도 소더비 지분을 취득하였던 또 다른 주주행동주의 헤지펀드인 마카토(Marcato)는 2015년 2월에 소더비의 실적 악화를 우려하며, 댄(Dan)을 포함한 소더비 경영진을 맹비난하면서 5억불에 이르는 자사주 매입을 제안하기도 하였다. 주주행동주의가 주주행동주의를 비난하는 이전투구 상황까지 전개된 것이다. 이 쯤 되면 주주행동주의는 오늘의 친구가 내일의 적이 되고, 먹잇감을 차지하기 위해서는 동료들도 공격하는 늑대 떼(Wolfpack)의 전형적인 특성을 보유하고 있는 것은 아닌지 모르겠다.

한편 소더비를 1983년부터 소유·경영하였던 소더비 前 회장인 알프레드 토브만(Alfred Taubman)은 2015년 4월에 91세의 나이로 별세하였다. 이에 따라 토브만 회장이 소유하고 있던 라파엘, 모딜리아니, 피카소, 오키피(O'Keeffe) 등의 명화가 2015년 11월부터 소더비 경매를 통해 시장에 나온다고 한다. 토브만의 개인 소장품 경매는 개인 소장품 경매규모로는 최대인 5억불 내외로 알려졌다.[105] 토브만은 폴란드 계 유태인으로 1924년 미시간에서 태어나 1950년에 5,000불을 빌려서 처음으로 사업을 시작했다. 그의 주된 사업 영역은 쇼핑몰 개발 사업으로, 주로 인구밀도가 낮은 지역 외곽에 쇼핑몰을 개발하여 주변지역에 주택건설을 유도하는 방식으로 돈을 벌었다. 다분히 위험한 이 모험 투자방식으로 1980년대 미국의 10대 부자에 들만큼 엄청난 부를 축적하면서 미술품에 관심을 가지기 시작하였다. 결국 1983년에는 적대적 인수합병설에 시달려 온 영국의 미술품 경매회사 소더비의 주요 지분을 1억 2,480만 불에 인수하였다. 주요 자금은 지인들로부터의 차입이었으며, 이 중에는 미국 자동차 왕 헨리 포드의 손자인 헨리 포드 2세(Henri Ford II)도 포함되어 있었다.[106] 소더비를 인수하면서 소더비 경영을 직접 책임지는 소더비 회장직을 거의 20년간 유지하다가, 소더비 회장직에서 퇴임하기 전인 2001년에 미국 법무부로부터 크리스티와 가격담합을 했다는 이유로 10개월간 옥고를 치르기도 했다. 이 후 2005년 소더비 지분을 2억 1,700만 불에 매각하여 미술품 경매 업계를 떠났다.

2017년 11월, 후술하는 「살바토르 문디」가 기록을 깨기 전까지 개인 소장품 규모가 아니라 단일 미술 작품 중 경매 사상 최고가는 2015년 5월에 소더비의 경쟁사인 크리스티가 판매한

---

105 Financial Times, Sep 4, 2015
106 New York Times, April 18, 2015

피카소의 「알제의 여인들」로, 판매가는 1억 7,936만 불이었다. 크리스티는 모딜리아니의 「머리를 풀고 누워 있는 여인의 누드(Nu Couché; Reclining Nude)」를 2015년 11월경에 경매에 붙일 계획을 가지고 있었는데, 경매 이전 1억불 가치로 추정되는 이 작품이 크리스티의 경매를 통해 종전의 피카소 작품 기록을 깰지 전 세계의 이목이 집중되었다. 계획대로 2015년 11월 10일 진행된 크리스티의 경매에서 이 그림은 수수료를 포함한 경매가 1억 7,045만 불(수수료 이전 1억 5,200만 불, 추정 수수료 12.1%)에, 상하이 택시 운전기사 출신 중국인 갑부 류이첸(Liu Yiqian)에게 낙찰됨으로써 결국 피카소의 최고가 기록을 깨지는 못했다.[107]

---

[107] Financial Times, Nov 10, 2015

사모투자펀드(PEF)

소더비 사건은 독약 조항의 새로운 전기를 만들었다. 즉, 주주행동주의(activist)에 대응한 독약 조항의 발동 요건을 2중으로 규정할 수 있게 된 것이다. 소더비와 유사한 독약 조항을 도입한 이는 허츠(Hertz Global Holdings Inc.)이다. 미국을 중심으로 한 차량 렌트 사업을 영위하는 허츠(Hertz) 역시 상장기업이다. 엔터프라이즈(Enterprise)와 근소한 차이로 2위 시장점유율을 기록하고 있다. 이 기업은 소더비와 같이 명시적으로 주주행동주의자 헤지펀드의 위협에 노출되지는 않았으나, 2013년 말부터 주가가 급상승하고 관련 옵션 거래가 증가하면서 이사회가 이상기류가 흐르기 시작했다고 판단했다. 이에 따라 허츠(Hertz) 이사회는 2014년 1월 수동적인 투자자인 경우는 15%, 그 외의 투자자는 지분 10% 이상을 취득하면 보통주 1주당 우선주 1주를 발행하는 독약 조항을 의결하였다. 지분 10%이면 당시 허츠(Hertz)의 시총이 120억 불 내외였으므로 총 12억 불에 이르는 막대한 금액이었다. 이와 같이 막대한 금액으로 허츠(Hertz)를 위협할 만한 주주행동주의자가 누구인지는 당시에는 알려지지 않았다.

하지만 적대적 인수 합병을 시도하는 이가 누구이든 이사회가 명시적인 조치를 취할 만큼 그 위협이 상당했던 것만큼은 틀림없어 보였다. 미국의 CNBC는 2013년 12월 31일, 써드 포인트(Third Point)의 대니얼 롭(Daniel Loeb)이 허츠(Hertz) 지분을 보유하고 있으나, 5% 미만으로 적대적 인수합병 의지는 없는 것 같다고 보도하였다. 하지만 2014년 1월 4일, CNBC는 다시 허츠(Hertz) 지분 매입 주체가 칼 아이칸(Carl Icahn)이며, 아이칸이 허츠(Hertz)에 대해 적대적 인수합병 시도를 하는 것 같다고 추측성 기사를 다시 냈다. 결국 이 추측성 기사는 사실로 밝혀졌으며, 2014년 8월말 기준 아이칸이 허츠(Hertz) 지분 8.48%를 보유하고 있는 것으로 드러났다. 2014년 9월에는 아이칸이 CEO를 선정할 권한이 있는 5명의 허츠(Hertz) 이사회 중 3명의 임명권을 확보하면서 허츠(Hertz) 경영일선의 전면에 등장하였다. 만약 아이칸이 CEO를 자기 뜻대로 선정하게 되면 기존의 독약 조항은 없어질 것이 거의 확실하다. 한편 2014년 10월에는 또 하나의 행동주의 전략 헤지펀드인 자나 파트너스(Jana Partners)가 허츠(Hertz)의 지분율이 종전

대체투자 파헤치기(중)

타이타노마키의 서막

의 1.3%에서 7%로 올라갔다고 SEC에 신고하였다. 허츠(Hertz)는 이미 주주행동주의자들 연합전선인 늑대떼(Wolfpack)의 먹잇감이 되어 버린 것은 아닐까?

2014년 1월 27일, 미국의 소매업체인 제이씨 페니(JC Penny)는 독약 조항 발동요건을 기존의 10%에서 4.9%로 절반 이상을 낮추었다. 이 독약 조항은 2017년 1월 26일까지 3년간 유효하다. 독약 조항을 이전보다 강화한 이유는 2013년에 발생한 20억불에 이르는 순영업 손실 때문이었다. 만약 누군가가 제이씨 페니(JC Penny)를 인수한다면, 이 금액만큼은 향후에 세금을 덜 내도 되기 때문이라는 것이 이사회의 "황당무계한" 설명이었다. 2조 원이 넘는 영업 손실이라면 경영진의 무능 때문에 발생했다고 보는 것이 합리적이 아닌가? 오히려 막대한 영업 손실을 경영진의 자리 보전을 위한 독약조항 강화의 근거로 사용하는 것이 왠지 씁쓸한 뒷맛을 남기는 것은 필자 혼자만의 느낌인가?

십대 의류를 판매하는 업체인 애버크롬비 앤 피치(Abercrombie & Fitch)는 오히려 기존에 존재하던 독약조항을 없애 버려 M&A 가능성을 의도적으로 높였다. 문제는 애버크롬비(Abercrombie)의 매출액이 지속적으로 감소하면서 시작되었다. 결국 주주들은 CEO이면서 회장(Chairman)이던 마이크 제프리즈(Mike Jeffries)를 CEO 직위만 유지하게 하고 회장(Chairman) 자리에서 해고하였다. 대신 前 시어즈(Sears) CEO이던 아더 마르티네즈(Arthur Martinez)를 영입하여 회사 경영진을 일신했다. 이의 연장선상에서 기존에 인수합병의 걸림돌이었던 독약조항을 아예 삭제하여, 경영진보다는 주주 이익을 극대화하는 방향으로 회사를 매각할 수 있도록 허용한 것이다.

캘리포니아 로스앤젤레스에 헤드 오피스가 위치한 어메리칸 어패럴(American Apparel)의 독약조항은 더 극적이다. 이 회사의 이사회는 창업자이자 CEO였던 도브 체니(Dov Charney)를 사내 성희롱과 자금 유용으로 2014년 6월에 직위 해제하였다. 자신이 1989년에 아버지로부터 1만 불을 빌려서 창업한 이후 어렵게 키운 회사의 이사회가 자신의 CEO 직위를 빼앗았으니 도브 체니(Dov Charney)의 심정이 어떠했을까? 하여튼 도브 체니(Dov Charney)를 해고한 이틀 후, 어메

사모투자펀드(PEF)

리칸 어패럴(American Apparel)의 이사회는 누구든지 15% 이상의 보통주를 소유하게 되면 발동되는 독약조항을 의결하였다. 누가 봐도 축출당한 CEO인 도브 체니(Dov Charney)가 다시 회사를 장악하지 않게 하는 조치였다. 이에 도브 체니(Dov Charney)는 헤지펀드 스탠다드 제너럴(Standard General)과 PEF인 어빙 플레이스 캐피탈(Irving Place Capital) 등을 동원하여, 어메리칸 어패럴을 인수하기 위해 절치부심하였으나 결국 모든 시도는 실패했다. 2014년 12월, 어메리칸 어패럴은 결국 도브 체니를 모든 공식 직위에서 해고하고, 새로운 CEO로 폴라 쉬나이더(Paula Schneider)를 임명했다.[108] 하지만 여기가 끝이 아니었다. 2015년 6월, 해고된 도브 체니는 어메리칸 어패럴이 헤지펀드인 스탠다드 제너럴과 공모하여 부당하게 자신을 축출했다면서 소송을 제기했다. 2015년 7월에는 이번에는 스탠다드 제너럴이 도브 체니가 의결권을 포기하는 댓가로 자금을 차입해 놓고, 지금까지 의결권을 포기하지 않는다면서 역소송을 제기했다. 글자 그대로 진흙탕 싸움, 이전투구의 전형이다. 원래 독약 조항은 외부의 적대적 인수합병 시도로부터 회사를 지키기 위해 도입된 제도임에도 불구하고, 어메리칸 어패럴처럼 회사경영진 내부 간의 권력 다툼에 사용되는 현실이 왠지 모를 쓸쓸함을 남기는 것은 필자 혼자만의 느낌일까? 어메리칸 어패럴은 결국 2016년 2월에 파산 처리되었고, 2017년 1월에는 캐나다 의류 회사인 길단(Gildan Activeware Inc.)에 현금 8,800만불에 매각되었다. 2019년에는 미중 무역분쟁에 따른 중국산 의류 관세 중과세로 또 다른 도전에 직면하고 있어, 향후 이 회사의 대응이 주목된다.

---

108 Financial Times, Dec 14, 2014

대체투자 파헤치기(중)

타이타노마키의 서막

7) 타이탄 대기업들의 반격 III: 황금낙하산(Golden Parachute), 현대판 계륵

황금 낙하산과 관련된 최근의 이슈는 황금낙하산이 M&A 방어효과는 크지 않으면서 그 비용은 갈수록 증가하는 추세라는 점이다. 그렇다고 경영진 입장에서 엄청난 규모의 퇴직금 규모를 스스로 마다할 이유는 없는 노릇이다. 황금 낙하산 비용은 황금 낙하산이 러쉬를 이루었던 1980년대는 평균 수백만 불 단위, 많아야 천만 불 단위였다. 하지만 최근에는 황금 낙하산의 규모가 눈덩이처럼 불어났다. 거버넌스 메트릭스 인터내셔널(GovernanceMetrics International)社가 2011년 기준으로 미국 경영진의 황금낙하산을 조사하여 결과를 발표한 적이 있는데, 21명의 CEO의 경우 황금낙하산 규모가 1억불을 넘었다고 한다. 러시아 광산업체인 GMK 노릴스키(GMK Norilsky)의 경우 2008년부터 CEO였던 블라디미르 스틀츠할코프스키(Vladimir Strzhalkovsk)가 2012년 말에 퇴직했을 때 퇴직금은 1억불이었다. 이탈리아 은행 유니크레딧(UniCredit)의 CEO였던 알레산드로 프로푸모(Alessandro Profumo)의 2010년 황금낙하산 퇴직금은 4,000만 유로, 달러화로 당시 5,600만 달러였다.

2013년 9월에 노키아(Nokia)를 54억 유로에 인수한 마이크로소프트(Microsoft: MS) 역시, 노키아(Nokia)의 당시 CEO 였던 스티븐 일럽(Stephen Elop)에게 그의 황금낙하산 비용 3,300만 불의 70%를 지급하였다. 하지만 이와 같은 황금낙하산 조항이 마이크로소프트의 노키아 인수를 막지는 못했다. 마이크로소프트의 노키아 인수가 실제로 적대적 인수합병도 아니었고, 3,300만 불이 적은 돈은 아니지만 그렇다고 인수를 저지할 정도의 천문학적인 금액 역시 아니었기 때문이다. 노키아는 고급 스마트폰 시장에서 애플과 삼성에 밀렸고 저가 피쳐폰 시장에서는 중국 업체에 밀리면서, 스마트폰 시장에서 살아남기 위해 2011년부터 윈도우 플랫폼을 장착하여 일찍부터 마이크로소프트와 협력관계를 유지하고 있었다. 따라서 양자 사이의 관계는 기본적으로 협력관계였다. 하지만 이들의 협력관계도 오래 지속될 수 없었다. 마이크로소프트가 2012년 설피스(Surface)란

사모투자펀드(PEF)

상품명으로 자사의 태블릿 장치를 만든다고 선언하면서 더 이상 노키아가 의지할 곳이 없어져 버렸기 때문이다. 노키아는 사면초가에 빠졌다. 하지만 마이크로소프트는 수익성도 없고 시너지도 없는 핸드폰 기기부문은 인수대상에서 아예 제외하였다. 협상 과정에서 노키아는 CEO에 부여된 황금낙하산 비용의 70%를 마이크로소프트에게 부담시켰다. 마이크로소프트는 300조 원에 이르는 스마트폰 시장 진출이 더 중요하다고 판단하여 이를 수락하였다.

황금낙하산에 대한 일반인들의 시선은 따갑기만 하다. 이와 관련하여 글로벌 기업의 CEO 연봉이 너무 많다는 것은 어제 오늘의 이야기가 아니다. 여기에 경영진이 회사를 옮길 때 또 다시 천문학적인 퇴직금을 주는 것이 2008년 금융위기 이후 사회적으로 얼마나 용인될 수 있을까?[109] 다음은 미국 주요 기업의 연봉비교표이다. 2012년 말 기준인데 CEO와 종업원 연봉차이가 적게는 170배, 많게는 650배까지 차이가 난다.

⟨ 주요 미국 기업 연봉 비교표(2012년 기준) ⟩

기업	CEO 연봉 (기본급+성과급)	종업원 연봉(중간값)	비율
Walt Disney	$37.1 mil	$56,800	653:1
Coca-Cola	$21.6 mil	$50,600	427:1
Lockheed Martin	$23.8 mil	$74,000	332:1
Citigroup	$12.3 mil	$72,300	170:1

표 출처: Financial Times, SEC rules US groups must disclose pay data, September 18, 2013

이에 따라, 2008년 금융위기 이후에는 주주들이 황금낙하산 규정 자체를 무효화시키는 추세가 늘고 있다. 2013년 6월에 워렌 버핏과 브라질계 PEF인 3G 캐

---

109 Paul Hodgson and Greg Ruel, "Twenty-One U.S. CEOs with Golden Parachutes of More Than $100 Million."

대체투자 파헤치기(중)

타이타노마키의 서막

피탈(3G Capital)이 미국 식품회사인 하인즈(Heinz)를[110] 1주당 72.5불에 인수하여 인수금액이 280억불에 이르렀을 때, 하인즈(Heinz) 주주는 이사회를 압박하여 당시 CEO인 빌 존(Bill John)의 황금 낙하산 비용인 5,600만 불의 퇴직금 지급을 무효화시켰다. 2013년 2월에는 스위스 제약업체인 노바티스(Norvatis) 이사회가 대니얼 바셀라(Daniel Vasella)에게 7,800만 불의 퇴직금을 지급하려다, 주주와 정치권의 압박에 밀려 이를 철회하기도 하였다. 2011년 11월에는 미국의 파생상품 중개 회사인 엠에프 글로벌(MF Global)이 고객 돈으로 불법적인 거래를 하다가 손실을 일으켜 파산하자, CEO인 존 코진(Jon Corzine)은 1,200만 불의 황금낙하산을 포기해야 했다.

요컨대 2008년 금융위기 이후에는 수천만 불의 돈 잔치를 벌이다가 극도의 도덕적 해이에 빠져 전 세계 경제계를 파탄으로 몰고 간 경제, 금융계의 경영진들에 대한 거부반응이 극도로 고조되면서 종전처럼 황금낙하산 조항의 자유로운 활용이 이제는 더 이상 쉽지 않게 되었다. 심지어 2012년에 발효된 다드-프랭크 법(Dodd-Frank Act)은 미국 상장기업의 경우에는 황금 낙하산을 포함한 경영진의 연봉을 공개하도록 의무화하였다. 2012년에는 프랑스의 프랑소와 홀란드 대통령이 국영 기업의 CEO 연봉을 가장 최하위 연봉의 20배 이내에서 제한한다고 발표하기도 하였다. 결론적으로 말해 향후에는 황금낙하산의 절대 규모를 키우는 것은 상당한 정치적·사회적 역풍을 받을 가능성이 크고, 따라서 효과적인 적대적 M&A의 방어기제로 활용되기는 쉽지 않아 보인다.

---

110 하인즈(Heinz)는 1869년 미국 펜실베니아 피츠버그에서 창립된 식품회사이다. 하인즈 케첩은 매년 6억 5천만 병이 팔리는 이 회사의 대표 브랜드이다.

8) 타이탄 대기업들의 반격 IV: 왕관의 보석(Crown Jewel), 고스트 프로토콜

적대적 M&A를 방어하기 위해 자사의 핵심 자산을 실제로 매각하는 경우는 최근 사례에서는 거의 찾아 볼 수 없다. 1980년대와 1990년대는 핵심 자산을 경쟁기업이나 백기사에게 크게 할인된 가격으로 넘기는 락-업(Lock-up) 전략이 유행하기도 하였으나, 미국의 법원이 이를 주주의 이익을 극대화해야 하는 의무(fiduciary duty) 위반이라고 판시하면서 그 마저도 이후에는 사용되지 않았다. 따라서 왕관의 보석(crown jewel) 전략은 이제 사실상 M&A전략에서는 지워져야 할 전략, 고스트 프로토콜이 되었다. 하지만 왕관의 보석(crown jewel)의 본래 의미는 아직도 여전히 사용되는 살아있는 용어이다. 아래에서는 최근 이슈가 되고 있는 각 회사들의 핵심 자산에 대한 사례들을 살펴본다. 아래는 왕관의 보석이 방어기제로 사용되는 사례가 아니라, 각 기업에서 왕관의 보석이라는 명칭이 붙을 만큼의 핵심 사업부문이나 자산이 무엇인지 보여 주는 구체적인 사례이다.

영국의 테스코(Tesco)는 한때 영국의 소비재 유통 시장을 장악한 최강 유통 기업이었다. 하지만 슈퍼마켓 간의 가격경쟁이 심해지면서 2012년부터 매출액이 감소하기 시작하더니 2014년 1분기에는 매출액이 4% 감소하였는데, 이는 15년 만에 최악의 실적이었다.[111] 급기야 2014년 말에는 64억 파운드, 우리 돈으로 10조가 넘는 대규모 적자를 기록했다. 여기에 분식회계 의혹까지 제기되면서 테스코(Tesco)에게는 엎친 데 덮친 격이 되어 버렸다. 이에 따라 테스코(Tesco)의 새로운 CEO인 데이브 루이스(Dave Lewis)는 회사가 보유한 5대의 자가용 비행기 매각부터 레스토랑 체인 지래프(Giraffe) 매각, 배당 중지, 유상증자까지 검토하고 있다고 발표하였다. 테스코(Tesco)가 보유한 핵심 자산은 아이러니하게도 한국의 홈플러스였다. 파이낸셜 타임즈에 따르면 한국 홈플러스의 기업 가치

111　Financial Times, May 28, 2014

대체투자 파헤치기(중)

타이타노마키의 서막

는 80~100억 파운드, 우리나라 돈으로 최소 13.6조에서 17조원에 이른다고 한다.[112] 바로 테스코(Tesco)에게는 한국 홈플러스가 크라운 주얼(crown jewel)이다. 하지만 여기서 테스코(Tesco)의 딜레마가 시작된다. 가장 핵심적인 자산이므로 가장 확실하게 유동성을 확보할 수 있지만, 이를 매각할 경우 회사의 미래 성장성이 정체된다는 점이다. 신임 CEO인 데이브(Dave)는 당초 한국 홈플러스와 태국의 테스코 사업부를 통합한 후, 주식시장에 상장하여 유동성을 확보하려는 계획을 가지고 있었다고 한다. 이렇게 하면 유동성을 확보하는 동시에 경영권을 유지할 수 있기 때문이다. 바로 한국의 홈플러스가 테스코에게 얼마나 중요한 자산인지 보여 주는 대목이다. 하지만 주식시장 상장은 1년 이상의 오랜 시간이 소요되고, 각 국의 법률요건을 충족하기 위한 험난한 과정이 필요하다. 결국 데이브(Dave)는 자사의 핵심 자산(crown jewel) 한국 홈플러스의 매각으로 방향을 바꾸었다. 즉 2015년 5월 한국의 홈플러스 매각방침을 사실상 확정하고, 2015년 7월부터 정식 매각 절차에 돌입한 것이다. 테스코(Tesco)는 결국 홍콩계 PEF인 MBK에게 2015년 9월 7일, 7조 6,800억 원에 매각된다.[113]

영국의 세계적인 인프라 및 플랜트 건설업체인 밸포어 비티(Balfour Beatty)는 2013년부터 매출액 및 영업이익이 급감하면서 다른 업체와의 인수 합병 논의를 시작하였다. 가장 가능성이 높았던 기업은 유사 업종을 영위하던 카릴리온(Carillion)이었다. 문제는 한창 합병 논의가 진행 중일 때, 밸포어 비티(Balfour Beatty)의 가장 수익성 높은 사업부문이었던 파슨즈 브링커로프(Parsons Brinkerhoff)의 매각을 카릴리온(Carillion)이 문제 삼으면서 시작되었다. 파슨즈 브링커로프(Parsons Brinkerhoff)는 밸포어 비티(Balfour Beatty)의 2013년 글로

---

112 Financial Times, October 10, 2014
113 인수조건은 홈플러스 지분 100%와 홈플러스가 차입한 1.4조 원(MBK 추산 0.8조 원)을 승계하는 것이었다. 홈플러스 인수금액은 국내 M&A 사상 최고액이다. 홈플러스 인수 이전 최고가는 신한금융지주가 LG카드를 인수하기 위해 지급한 6조 6,756억 원이었다.

벌 수익 전체의 24%를 차지한 핵심 자산(crown jewel)이었는데, 합병 논의 전에 밸포어 비티(Balfour Beatty)는 유동성 확보를 위해 이 사업부문 매각을 결정하고 매각 절차를 진행하고 있었다. 이 사업부문은 영국의 PEF인 앳킨즈(Akins)와 WSP가 관심을 가지고 입찰 절차를 한창 진행 중에 있었다. 이들이 예상한 파슨즈 브링커로프(Parsons Brinkerhoff)의 기업 가치는 5.8억~6.5억 파운드, 우리 돈으로는 약 10조 원 내외이다. 카릴리온(Carillion)은 발포어 비티(Baflour Beatty)의 매각 대금을 합병 주주로서 당연히 받아야 한다는 입장인 반면, 발포어 비티(Balfour Beatty)는 이 매각 건이 합병 논의 전에 이루어진 것이므로 합병 논의 대상에서 제외되어야 한다고 맞받아 쳤다.

케어링(Kering) 그룹은 프랑스 럭셔리 제품 생산 그룹으로 구찌(Gucci), 보테가 베네타(Bottega Veneta), 생 로렝(Saint Laurent) 등의 브랜드를 소유하고 있다. 2014년 상반기 기준으로 이 회사의 영업 이익은 전년 동기보다 4.7% 하락한 5.6억 유로, 매출액은 1.5% 증가한 47.5억 유로를 기록했다. 이 회사 영업이익의 감소는 경쟁사인 루이 뷔통(Louis Vuitton)과 프라다(Prada)의 선전이 그 주요 원인이었다. 케어링(Kering) 그룹의 핵심 자산(crown jewel)은 바로 구찌 브랜드이다. 구찌 브랜드는 2013년 상반기에 이 회사 매출의 40% 내외를 차지할 정도로 케어링(Kering) 그룹의 핵심 자산(crown jewel)이었다. 하지만 2013년 하반기부터 매출이 감소하여 2014년 상반기 기준으로는 구찌의 매출 비중이 30%대로 내려 앉았다. 그럼에도 불구하고 케어링(Kering) 그룹은 여전히 구찌 브랜드를 회사의 핵심 자산으로 간주하면서, 향후에도 구찌 마케팅을 계속 강화해 나갈 예정이라고 밝혔다. 케어링 그룹의 구찌 브랜드에 대한 집착은 어느 정도 성공을 거두어서, 2015년 상반기 기준으로 구찌 브랜드의 매출은 전년 동기보다 4.6% 성장하였다.[114] 이와 같은 구찌 브랜드의 매출 증가세는 거의 2년 만에 처음이며, 시장의

---

114 Financial Times, July 28, 2015

대체투자 파헤치기(중)

타이타노마키의 서막

예상은 △3% 하락이었다. 2016년 3/4분기에는 구찌 브랜드 매출이 전년 동기보다 17%나 증가하는 견고한 성장세를 시현함으로써, 케어링 社의 주가는 15년 만에 최고치를 기록하기도 하였다.[115] 구찌 브랜드 매출은 이후에도 성장가 지속되어, 2018년에는 전년보다 매출이 36.9%나 증가하였다.[116] 향후 케어링(Kering) 그룹의 크라운 주얼인 구찌 브랜드 집중 전략이 성공할 수 있을지 주목된다.

2014년을 가장 뜨겁게 달군 M&A 테마 중의 하나는 바로 21세기 폭스의 루퍼트 머독이 타임워너(Time Warner)를 710억불에 인수하겠다는 제안이었다. 앞서도 언급하였지만 1987년의 알제이알 내비스코(RJR Nabisco)의 311억불, 2007년의 에쿼티 오피스 프라퍼티즈(Equity Office Properties)의 인수가액 389억불, 이 모든 기록을 깬 최고 금액의 M&A인 TXU의 인수가액이 438억불이라는 점을 감안할 때, 이 인수합병은 비록 PEF가 주도한 딜은 아니었지만 2008년 금융위기 이후 보기 드문 대형 M&A 기록이 될 뻔한 인수 제안이었다. 골드만삭스와 센터뷰(Centerview)라는 투자은행의 자문수수료만 1.7억불, 제이피 모건(JP Morgan), 골드만삭스(Goldman Sachs), 도이치 뱅크(Deutch Bank)가 주선하게 될 일시적 자금 대출(Bridge Loan) 규모만 해도 250억불에 이르렀다. 실제 성사되었다면 2014년 최대 규모의 M&A이었을 것이다.

루퍼트 머독은 2019년 현재 미국 나이로 88세이다. 이 고령의 미디어 황제가 무엇이 아쉬워서 타임워너(Time Warner)를 인수하려고 했을까? 최근 미디어 산업의 가장 큰 적은 인터넷이다. 공중파가 아닌 인터넷으로 TV 프로그램을 시청하고 영화를 보는 것이 가능해지면서 케이블 네트워크 사업자의 수익성이 갈수록 악화되고 있는 것이다. 대표적인 기업이 바로 구글(Google)의 유튜브(YouTube)와 넷플릭스(Netflix)이다. 루퍼트 머독은 구글을 "컨텐츠 절도병

---

115 Financial Times, Oct 26, 2016
116 Financial Times, Feb 12, 2019

(content kleptomaniac)"에 걸려 있다고 비아냥거렸고, 타임워너(Time Warner)의 제프 뷰크스(Jeff Bewkes) CEO는 넷플릭스(Netflix)를 "알바니아 군대(Albanian army)"라고 비하하였다[117]. 하지만 문제는 21세기 폭스사와 타임워너(Time Warner)가 케이블 네트워크와 영화 스튜디오라는 동일한 사업 라인을 가지고 있다는 점이다. 두 사업 부문의 비중은 21세기 폭스社는 100%이고 타임워너(Time Warner)에게는 80%였다. 따라서 합병으로 인한 시너지 효과가 그렇게 크지는 않을 것이다.

　유일하게 겹치지 않는 사업부문이 바로 타임워너(Time Warner)가 보유하고 있는 TV 시리즈 제작 부문이었다. 타임워너(Time Warner)에서 TV 시리즈를 제작하는 기업은 HBO인데, HBO가 바로 타임워너(Time Warner)의 크라운 주얼(crown jewel)이다.[118] 루퍼트 머독이 타임워너(Time Warner) 인수를 시도한 2014년에 발표된 HBO의 2013년 매출액은 50억불이었고, 영업이익률은 무려 36%이었다. 하지만 HBO를 제외하고는 타임워너(Time Warner) 인수를 위해 710억불이라는 천문학적인 자금을 쏟아 부어야 할 이유가 도대체 무엇인가? 2014년 8월 5일 주식시장 폐장 직후, 루퍼트 머독은 타임워너(Time Warner) 인수를 더 이상 추진하지 않겠다고 짤막하게 발표했다. 제이피 모건, 골드만삭스, 도이치 뱅크 입장에서는 엄청난 수수료 수익이 한 번에 날아가는 순간이었다. 타임워너(Time Warner)에게는 HBO라는 핵심 자산(crown jewel)을 계속 지킬 수 있게 된 환희의 순간이기도 하였다. 아이러니하게도 머독이 인수를 포기한 2년여 후인 2016년 10월에, 미국 내 전화·인터넷·TV 회사인 AT&T가 타임워너(Time Warner)를 854억불에 매입하겠다고 발표하였다. 루퍼트 머독과 트럼프 대통령의 친분을 과시라도 하듯이 2018년 6월 트럼프 행정부가 이 합병을 승인

117　Financial Times, Aug 13, 2014
118　HBO가 2011년부터 제작한 드라마 "왕좌의 게임(Game of Throne)"은 시즌4에 이르러 전 세계에 약 2,000만 명의 고정 시청자를 가지고 있는 공전의 히트작이다.

대체투자 파헤치기(중)

타이타노마키의 서막

하면서, 이 합병 기업은 전화와 인터넷 뿐만 아니라 방송·영화까지 장악하는 초대형 공룡 미디어 기업이 될 전망이다. 타임워너(Time Warner)의 크라운 쥬얼인 HBO 역시 AT&T의 인수대상에 "당연히" 포함되어 있다.

참고로 타임워너(Time Warner)는 2019년 말까지 타이탄 대기업들 상호간 인수합병 역사에서 규모가 가장 높은 인수합병을 단행한 기업이라는 기록을 가지고 있다. 즉 2000년 1월, 전 세계적으로 인터넷 광풍이 몰아치던 해에 타임워너(Time Warner)가 어메리카 온라인(America Online: AOL)을 인수하면서, 지분과 부채를 합쳐 무려 1,800억불 내외에 이르는 초대형 인수합병 기록을 세운 것이다.

〈 글로벌 Top 10 M&A 거래(2019.3월 기준) 〉

순위	2015년 4월 기준				2019년 3월 기준			
	합병 기업명 및 국가	딜규모 (십억 불)	시기	산업	합병 기업명 및 국가	딜규모 (십억 불)	시기	산업
1	Time Warner (미국) – America Online (미국)	186.2	2000. 1	영화	Time Warner (미국) – America Online (미국)	186.2	2000. 1	영화
2	Mannesmann (독일) – Vodafone (영국)	185	1999.11	통신	Mannesmann (독일) – Vodafone (영국)	185	1999.11	통신
3	Verizone Wireless (미국 지분 45%) – Verizone Communications (미국)	130.1	2013. 9	통신	Verizone Wireless (미국 지분 45%) – Verizone Communications (미국)	130.1	2013. 9	통신
4	Warner–Lambert (미국) – Pzer (미국)	111.8	1999.11	제약	Warner–Lambert (미국) – Pzer (미국)	111.8	1999.11	제약
5	Philip Morris International (미국) – Altria Group (미국)	107.6	2008. 1	담배	AT&T Inc. (미국) – Time Warner (미국)	108.7	2018. 6	통신
6	BellSouth (미국) – AT&T (미국)	101.9	2006. 3	통신	Philip Morris International (미국) – Altria Group (미국)	107.6	2008. 1	담배
7	ABN Amro (네덜란드) – RBS consortium (영국 등)	100	2007.4	금융	Anheuser–Busch InBev (독일) – SAB Miller (영국)	107.0	2016.10	식품
8	Mobile Corp (미국) – Exxon (미국)	85.6	1998.12	에너지	BellSouth (미국) – AT&T (미국)	101.9	2006. 3	통신
9	BG Group (영국) – Royal Dutch Shell (네덜란드)	81.5	2015. 4	에너지	Heinz (미국) – Kraft (미국)	100.0	2015. 3	식품
10	Comcast (미국) – AT&T (미국)	76	2001.12	통신	ABN Amro (네덜란드) – RBS consortium (영국 등)	100	2007.4	금융

2018년 6월까지 타임워너의 CEO 직위를 유지하였던 제프 뷰크스(Jeff Bewkes)는 방송계에서 인터넷의 힘을 활용하여 급격히 부상하는 넷플릭스(Netflix)를 비아냥거리기는 하였지만 결국 애플(Apple), 버라이즌(Verizone),

아마존(Amazon), 구글(Google) 등과 협력하여 컨텐츠를 공급하기 위한 체제를 2014년부터 구축하기 시작했다.[119] 타임워너의 HBO에 대항하는 넷플릭스가 더 이상 기존 대형 미디어 기업들의 아류가 아니라, 이제는 미국 방송 산업의 혁명을 주도하는 주류로 급격히 부상하고 있기 때문이다. 특히 넷플릭스는 방송 산업에서 기존 케이블 사업자와의 계약을 해지하고 모바일 미디어로 옮겨 가는 이른 바, "코드 커팅(Code-Cutting)" 열풍을 일으키고 있는 장본인이다. 넷플릭스가 월 정액제로 인터넷을 활용한 스트리밍 기술을 적용하여 영화나 드라마를 단순히 전달하는 기업이 아니라는 것은, 최근 넷플릭스가 직접 제작하여 방송하고 있는 최고의 미국 정치 드라마 "하우스 오브 카드(House of Cards)"의 열풍을 보아도 어렵지 않게 알 수 있다. 넷플릭스의 기존 서비스 모델은 루퍼트 머독의 비난대로 컨텐츠 절도병이라는 굴레가 전혀 틀렸다고 할 수는 없었지만, 하우스 오브 카드 열풍으로 이제 그 비난도 더 이상 사실이라고 보기는 어렵다. 현재는 넷플릭스와 타임워너 양자 간의 대전이 다윗과 골리앗 싸움인 것처럼 보이지만, 미래의 어느 시점에 누가 최후의 승자가 될지는 지금 현재로서는 아무도 모르는 일이 아닐까?

---

119 Financial Times, Aug 5, 2015

05 PEF 산업 현황

2018년 6월말 현재 전 세계 PEF가 보유한 자산(unrealized values)은 총 2조 1,980억 달러이다. 미투자 약정액(dry powder 혹은 overhang)이 1조 2,130억 달러임을 감안하면, PEF 전체의 수탁자산(asset under management: AUM)은 3조 4,110억 달러이다. 바클레이즈(Barclays Hedge)에 따르면 헤지펀드가 2018년 6월 기준으로 AUM이 3.3조 달러이므로 이보다 많다. 기업 지분에 투자하는 PEF 이외에 PDF, 부동산, 인프라, 자원개발까지 모두 합할 경우 2017년 6월 말 기준 AUM은 4조 9,250억불이다. PEF 전체의 AUM이 3조 달러를 처음으로 넘긴 해는 2011년으로 헤지펀드가 2013년에 처음으로 3조 달러를 넘긴 것에 비하면 2년 정도 빠르다.[120] 특히 2015년에는 전체 PEF의 글로벌 수탁자산이 처음으로 4조 달러를 넘어섰다. 이는 PEF가 대체투자 자산으로서 헤지펀드보다 시기적으로 먼저 대형화되었고, 규모 역시 헤지펀드보다 좀 더 크다는 것을 보여준다.

---

120 Financial Times, July 30, 2012. 헤지펀드 투자동향은 「대체투자 파헤치기(상)」, 헤지펀드 산업 현황 참조

사모투자펀드(PEF)

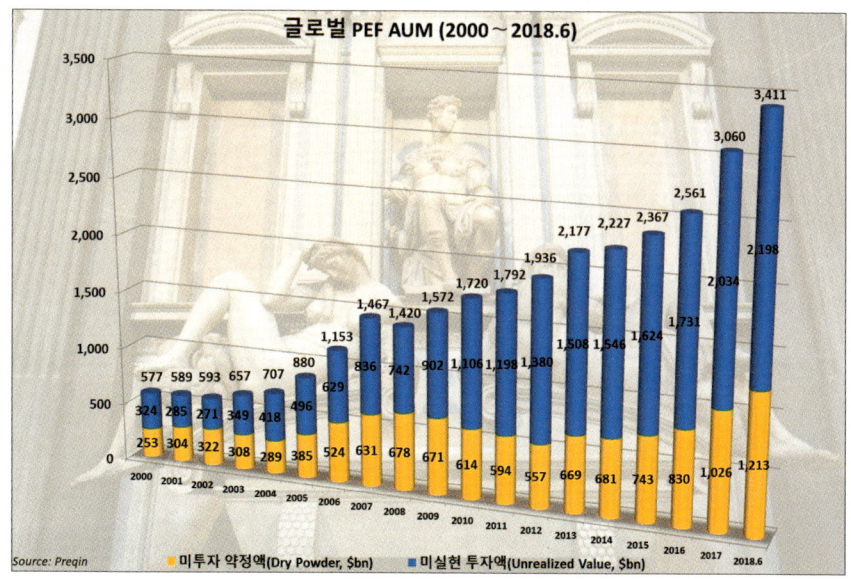

 2010년부터 2018년 6월까지 PEF AUM의 연평균 증가율은 10.1%이다. 미실현 투자액은 이보다 높은 연평균 11.8%의 비율로 성장했고, 미투자 약정액은 매년 7.3%씩 증가하였다. PEF의 AUM을 2000년과 2018년 6월 말을 단순 비교하면 18.5년 만에 AUM이 5.9배 증가한 것으로 나타났다. PEF AUM의 증가율이 가장 높았던 시기는 글로벌 금융위기 직전인 2006년으로 한해에만 무려 31.0%가 증가하였다. 2008년 금융위기 때는 거의 성장이 정체되었다가, 세계 경제가 활황이던 2017년과 2018년에는 급격한 성장세를 다시 시현하였다.

 또 하나 주목할 만한 추세는 PEF의 기관투자자가 약정한 금액 중 아직 투자가 이루어지 않은 미투자 약정액(dry powder)이다. 미투자 약정액은 2008년에 정점을 이루고 그 이후 감소하다가 2013년부터 다시 증가하는 추세이다. 특히 2017년에는 1조 260억불을 기록하였으며, 2018년 6월 말에는 사상 최고치인 1조 2,130억불을 기록하였다. 이는 PEF 투자를 위한 딜소싱이 과거보다 매우 어려워지고 있다는 것을 의미한다. 딜 소싱이 어려워지면 PEF 상호간 거래건 확보를 위한 경쟁도 좀 더 치열하게 전개될 것으로 예상된다. 한편 이처럼 미투자 약정액

대체투자 파헤치기(중)
타이타노마키의 서막

이 최고치를 기록하는 이유 중의 하나는 전 세계적으로 초저금리 추세가 장기화되면서 지분가치가 비정상적으로 올라가, PEF의 신규투자 활동이 좀 더 신중해졌기 때문이기도 하다. 미국의 단기 금리 인상 이후 이와 같은 추세가 지속될 것인지, 향후 PEF 업계의 대응이 주목된다.

2017년 말 현재 전 세계에서 활동하는 PEF 운영 회사의 개수는 약 5,000개이다. PEF 회사 수는 2008년 금융위기 때도 줄어들지 않고 지속적으로 증가해 왔다. 1980년부터 2017년까지 기존 PEF 회사 수는 연평균 17.0%라는 놀라운 속도로 증가했고, 신규 PEF 회사 수 역시 연평균 10.1%의 속도로 증가해 왔다.

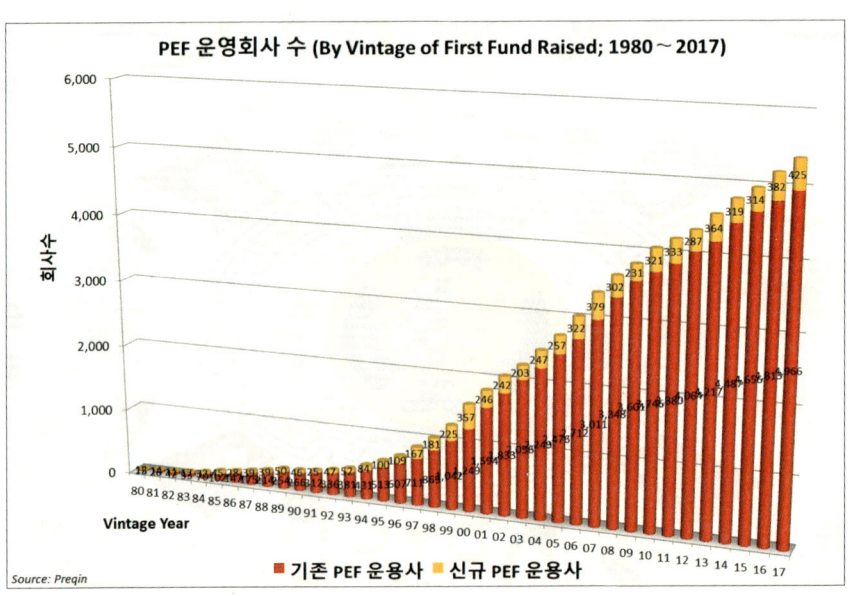

PEF 운영회사 수가 가장 급격히 늘어난 시기는 전 미국에서 차입인수 활동이 들불처럼 확산되었던 1980년대이다. 즉, 1980년대 PEF 회사 수는 연평균 36.9% 증가라는 엄청난 속도로 성장했다. 하지만 매년 설립되는 PEF 회사 수를 기준으로 보면 가장 최근인 2010년대가 가장 높아, 매년 평균 326개의 회사가 설립되고 있다. 이는 갈수록 PEF 회사 상호간 경쟁이 심화될 가능성이 높다는 것을 시사하는 것이어서 매우 주목되는 특징이다.

사모투자펀드(PEF)

⟨ PEF 운용사 현황 시대별 분포도(1980~2017) ⟩

Vintage Year	New	Existing	Vintage Year	New	Existing
80	12	15	00	357	1,249
81	14	28	01	246	1,594
82	11	42	02	242	1,833
83	17	53	03	203	2,056
84	32	70	04	247	2,249
85	45	102	05	257	2,476
86	28	147	06	322	2,712
87	39	175	07	379	3,011
88	39	214	08	302	3,348
89	50	254	09	231	3,601
평균설립 개수 (연평균증가율)	28.7	(36.9%)	평균설립 개수 (연평균증가율)	278.6	(12.5%)
90	46	266	10	321	3,746
91	25	312	11	333	3,880
92	47	336	12	287	4,064
93	52	381	13	364	4,217
94	84	431	14	319	4,487
95	100	513	15	314	4,656
96	109	607	16	382	4,813
97	167	711	17	425	4,966
98	181	869	평균설립 개수 (연평균증가율)	325.46	(3.6%)
99	225	1,042			
평균설립 개수 (연평균증가율)	103.6	(16.4%)			

출처: Preqin

 PEF 자금 모집(fund raising) 현황을 살펴보면 2008년 금융위기 이전에는 엄청난 양의 자금이 PEF로 유입되었던 것을 알 수 있다. 2005년의 경우는 증가율이 80%를 넘는 기록적인 증가율을 보여 주었고, 2007년 한 해에만 전 세계적으로 4,100억불, 원화로 400조 원이 넘는 돈이 PEF로 구름처럼 몰려들었다. 하지만 2008년 금융위기로 인해 PEF로의 자금 유입은 막대한 타격을 입게 되는데, 2009년에는 전년보다 △48%나 자금 모집액이 감소하였다. 2011년부터 자금모집이 다소 활발해 지면서 2013년과 2014년에는 3천억 불 이상의 자금이 유입되기도 하였다. 2015년에 다소 주춤하던 PEF로의 자금 유입은 2016년부터 증가하기 시작하더니, 2017년에는 5,660억불의 자금이 PEF로 구름처럼 몰려 들었다. 이제 PEF는 2008년 금융위기 이전 수준을 넘어 새로운 전성기에 접어들었다고 평가해도 무방하다고 본다.

대체투자 파헤치기(중)

타이타노마키의 서막

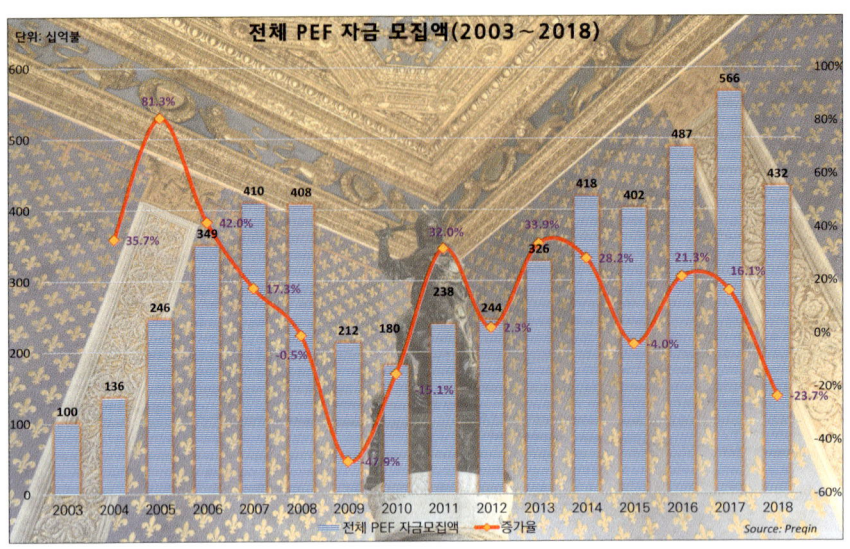

    2014년 자금모집의 특징은 바이아웃(Buy-out) 전략을 구사하는 PEF의 자금 모집액이 1,770억불로 사상 최고를 기록했다는 점이다. 이는 전체 자금 모집액의 33.0%를 차지하는 것으로, 바이아웃(Buy-out) 전략이 최근에도 PEF 전략 중에서 가장 비중이 높은 전략임을 보여주는 것이다. 이는 바이아웃(Buy-out) 전략이 역사가 가장 오래된 전통적인 PEF 전략이고 리스크 대비 리턴이 뛰어난 전략이기 때문이다. 나아가 바이아웃(Buy-out) 전략이 기본적으로 경영진을 교체하여 투자대상 기업의 경영권을 장악한다는 점에서, 현재의 추세를 보아 판단할 때 PEF가 향후에도 계속적으로 타이탄 대기업들과 긴장관계를 유지할 가능성은 높아 보인다. 2014년에 자금 모집된 펀드의 평균 규모도 5억 4,400만 불로 사상 최고치를 갈아 치웠다. 이 역시 PEF의 대형화가 지속적으로 진행된다는 점을 보여주는 것이어서, 대형 PEF와 타이탄 대기업들과의 피할 수 없는 타이타노마키는 장기전이 될 가능성이 높다. 2014년에 가장 규모가 큰 펀드는 바이아웃(Buy-out) 전략을 구사하는 헬만 앤 프리드만(Hellman & Friedman) VIII로 109억불의 자금이 모집되었다.

    2015년에는 전년 5,400개보다 10.5% 증가한 5,970개의 펀드가 자금 모집을 시도하였으며, 이에 따라 갈수록 PEF간 경쟁이 치열해 질 것으로 예상된다.

2015년 PEF에 모집된 자금은 2014년 수준보다 약간 감소한 5,510억불 규모 수준이다. 특히 이 시기에는 블랙스톤(Blackstone)이 단 7개월 만에 글로벌 바이아웃(Buy-out) 전략을 구사하는 펀드(Blackstone Capital Partners VII: BCP VII)에 170억불의 자금을 모집하고, 2015년 5월에 1차로 펀드모집 자금을 완료(first closing)하였다. 이 모집금액은 1차 모집완료 기준으로는 사상 최고 기록이다.[121] 블랙스톤 바이아웃 펀드의 자금모집 규모는 2015년 2사분기 전 세계에 유입된 PEF 자금규모의 22.7%나 차지하는 엄청난 규모이기도 하다.

2016년에는 1,243개의 기업지분 투자형 PEF가 결성되었으며, 총 4,180억불의 자금이 모집되었다. 2017년에는 921개의 기업지분 투자형 PEF가 결성, 총 4,530억불의 자금이 모집되어 펀드의 대형화가 지속적으로 진행되고 있음을 알 수 있다.

한편 2017년 말 현재 전 세계 PEF 회사에 고용된 총 고용인원은 108,400명 수준이다.[122] 2012년 6월말 기준으로 전략별로 고용인원을 추정한 자료가 있는데, 이에 따르면 바이아웃(Buy-out) 전략에 가장 많은 인원인 25,500명이 근무하고 있다. 이는 전체 PEF 산업에 고용된 인원의 28%에 해당한다. 펀드 자금모집 뿐만 아니라 고용인원도 바이아웃(Buy-out) 전략이 가장 많은 것이다. 그 다음이 벤처 캐피탈(Venture Capital) 전략으로 거의 비슷한 규모로 고용되어 있다. 이는 바이아웃(Buy-out)과 벤처 캐피탈(Venture Capital) 전략이 역사가 가장 오래되었고, 자금모집도 가장 활발한 PEF 대표 전략이기 때문이다.

---

121   Reuters, May 7, 2015. 2015년 12월에 마감된 BCP VII의 최종 모집금액은 180억불이다.
122   Preqin, *2018 Preqin Global Private Equity Report*, 2018

대체투자 파헤치기(중)

타이타노마키의 서막

⟨ PEF 전략별 추정 고용인원(2012.6 기준) ⟩

전략	추정 고용인원(명)
바이아웃(Buy-out)	25,500
벤처(Venture Capital)	21,500
부동산(Real Estate)	14,500
그로쓰 캐피탈(Growth Capital)	6,500
재간접 펀드(Private Fund of Funds)	6,500
부실자산 투자(Distressed)	4,500
인프라(Infrastructure)	4,000
메자닌(mezzanine)	2,000

표 출처: Preqin, 2012.6월말 기준

PEF 중 가장 많은 자금이 몰리는 전략은 전술한 바대로 바이아웃(Buy-out) 전략이며, 2013년 말 기준으로 목표로 하는 자금모집 기준에 의거하였을 때 전체 PEF 전략의 1/4을 차지했었다. 2014년 말 기준으로는 바이아웃(Buy-out) 전략의 자금모집 비중은 전체 PEF 전략의 1/3을, 2018년 1월 기준으로는 전체 자금의 63.8%가 바이아웃(Buy-out) 전략에 모집되었다.

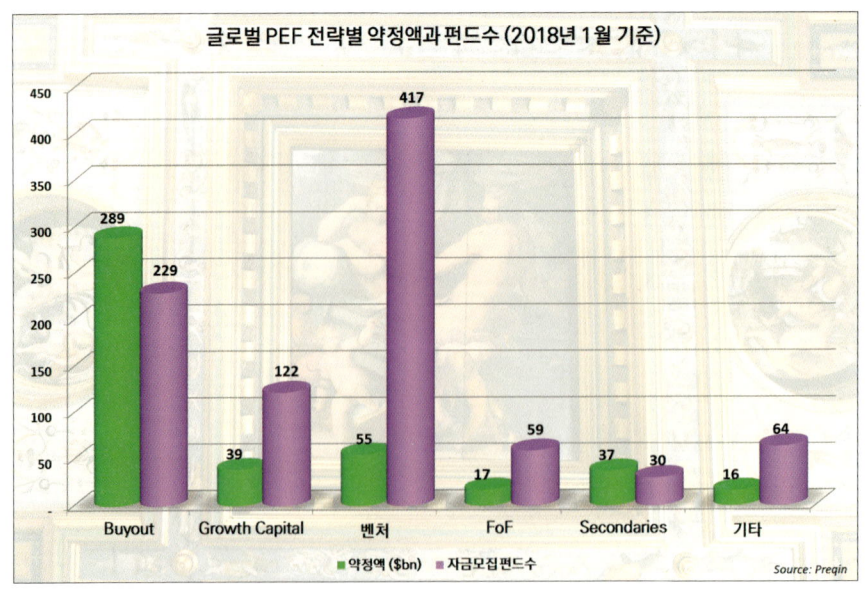

사모투자펀드(PEF)

　전 세계 PEF GP를 자금을 모집한 순서로 나열하면 2018년 12월 기준으로 칼라일 그룹(Carlyle Group)이 1위, SB 투자 그룹(SB Investment Advisers)이 2위, 블랙스톤 그룹(Blackstone Group)이 3위를 차지했다. 아폴로(Apollo), KKR, CVC, TPG, 베인 캐피탈(Bain Capital) 등이 그 뒤를 잇는다. 10위 안에 든 PEF들은 영국의 SB 투자 그룹(SB Investment Advisers), 프랑스의 아디안(Ardian)을 제외하고는 8개 운용사 모두 미국 PEF이다. 특히 2015년과 비교해서 2018년에는 중국 운용사 3개가 새로 순위에 포함되었다. 중국 실물경제의 힘이 커지면서, PEF 분야에서도 중국의 약진이 두드러진 것으로 풀이된다. 향후에도 중국 PEF 운용사의 규모는 지속적으로 커질 것으로 예상된다.

〈 글로벌 Top 35 PEF 운용사 〉

순위	운용사명	Total Funds Raised in last 10 years ($bn)	GP 위치
1	Carlyle Group	97.7	미국
2	SB Investment Advisers	93	영국
3	Blackstone Group(GSO 제외)	71	미국
4	Apollo Global Management	61.8	미국
5	KKR	61.5	미국
6	CVC Capital Partners	55.8	미국
7	TPG	54.3	미국
8	Ardian	46.3	프랑스
9	Bain Capital	44.8	미국
10	Warburg Pincus	43.9	미국
11	Advent International	39.6	미국
12	Apax Partners	35.9	영국
13	Goldman Sachs	31.4	미국
14	Silver Lake	27.1	미국
15	Vista Equity Partners	26.8	미국
16	HarbourVest Partners	26.7	미국
17	Neuberger Berman	25.9	미국
18	Lexington Partners	23.5	미국
19	Clayton Dubilier & Rice	21	미국
20	Partners Group	20.7	스위스
21	Hellman & Friedman	20.3	미국

대체투자 파헤치기(중)

타이타노마키의 서막

순위	운용사명	Total Funds Raised in last 10 years ($bn)	GP 위치
22	China Reform Fund Management	20.2	중국
23	Onex Corporation	20.2	미국
24	General Atlantic	19.7	미국
25	CCT Fund Management	19.6	중국
26	Bridgepoint	19	영국
27	EQT	18.5	스웨덴
28	Adams Street Partners	18	미국
29	China Aerospace Investment Holdings	17.4	중국
30	BC Partners	17.1	영국

표 출처: Preqin, 2018년 12월 기준

칼라일 그룹의 공동 창업자이고 CIO인 윌리엄 콘웨이(William E. Conway, Jr.)를 만난 적이 있었다. 그에게 각 PEF 운용사의 특징들을 물어 보았다. 그는 부동산 분야에서 영향력도 많고 독보적인 딜을 많이 한 운용사로 블랙스톤(Blackstone)을 꼽았다. KKR은 기념비적인 딜을 많이 하는 명망 있는 PEF로 생각하고 있었고, 창립자인 본더맨(Bonderman)을 천재라고 칭찬하면서도 TPG는 최근 수익률 저하로 곤욕을 치르고 있다고 하였다. 자신이 속한 칼라일(Carlyle)에 대해서는 수익률이 가장 자신 있는 PEF라고 언급하였다. 블랙스톤(Blackstone) PEF 그룹의 회장인 조셉 브라타(Joseph P. Baratta)를 만났을 때도 각 PEF 운용사의 특징들을 물어 보았다. 그에 따르면 KKR은 주로 사이즈가 큰 대형 딜에서 해당 산업의 선두업체에 투자하는 경향이 있으며, 이에 따라 수익률이 약간 떨어지는 단점이 있다고 한다. TPG에 대해서는 에너지, 인프라 등 니치 마켓에서 활발한 활동을 하고 있으나 그다지 성과는 뛰어나지 않다고 평가했다. 칼라일(Carlyle)은 미국 펀드의 성과는 괄목할 만큼 뛰어나나, 유럽 쪽의 성과는 미국보다는 상대적으로 뛰어나지 않다고 평가했다. 그에 따르면 KKR, TPG, 칼라일(Carlyle) 모두 미국, 유럽, 아시아 지역 등 지역별로 별도로 펀드를 운영하는 반면, 블랙스톤(Blackstone)의 특징은 지역별로 특화된 펀드가 없고 한 개의 팀이 미국, 유럽, 아시아 등 글로벌 전체를 포괄하는 것이 특징이라고 한다. 아울러 블랙스톤(Blackstone)은 주로 기업의 분사나 구조조정과 같은 특별한 이벤트가 발생하였을 때, 싸게 기업을 인수하여 가치를 높인 후 파는 전략을 주로 구사하는 것이 다른 기업과 비교한 자신만의 강점이라고 한다. 칼라일(Carlyle), KKR, 블랙스톤(Blackstone)의 회사 특성과 펀드 전략에 대해서는 후에 상술한다.

우리나라의 경우 금융감독원에 따르면 2018년 12월말 기준으로 국내 등록된 PEF는 583개이고 총출자약정액이 74.5조 원, 신규투자액은 2017년 말 기준으로 12.4조 원이라고 한다. 국내에 PEF 제도가 도입된 2004년에는 펀드수가 2개였으나 14년 만에 290배가 넘게 성장했다. 약정액도 도입 첫 해인 2004년에 0.4조 원에 불과했으나, 10년 만에 누적 약정액 51.2조 원을 기록하여 약 130배 성장하였다. 특히 2018년에는 도입 후 최대 규모인 11.9조 원의 자금이 약정되어 처음으로 누적 약정액이 70조원을 넘었다.

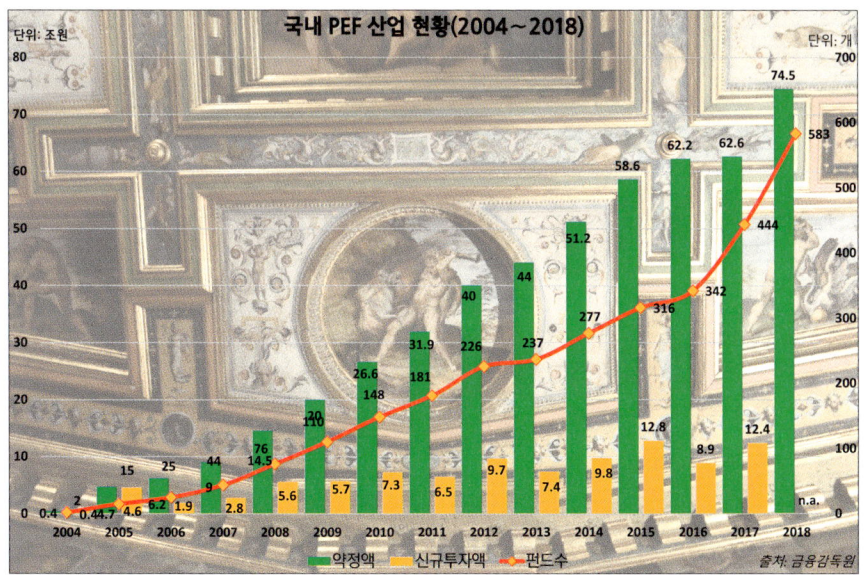

연평균 증가율 역시 기록적인데 PEF 약정액의 경우 2004~2018년의 15년 동안 연평균 증가율이 45.3%이고, 펀드수의 경우는 15년 동안 연평균 증가율이 50.5%에 달한다. 글로벌 평균 증가율과 비교해 보았을 때 한국의 PEF 성장은 가

대체투자 파헤치기(중)

타이타노마키의 서막

히 "폭발적"이다. 특히 금감원이 분석한 바에 따르면 2009년 이후부터 국내 연기금들이 전문성을 앞세워 공격적으로 PEF 투자를 확대하면서, 기존에 PEF를 설립한 실적이 있는 운용사들이 펀드를 재설립하는 비중이 지속적으로 상승하는 추세이다. 즉, 재설립 PEF(수)/당해 년도 신설 PEF(수)의 추이를 보면 2007년에는 그 수치가 47.4%로 50%에 미치지 못하였다가 2009년 51.4%, 2011년 60.5%, 2013년 91.1%, 2014년에는 91.5%까지 재설립 PEF수가 급증하였다.[123] 하지만 한국의 경우는 바이아웃(Buy-out) 전략에 대한 전문성이 아직까지는 갖추어져 있지 않아, 바이아웃(Buy-out) 투자가 차지하는 비중이 매우 낮다. 금감원에 따르면 2004년부터 2014년까지 PEF가 투자회사의 경영에 직접 참여한 비중을 투자회사 개수로 계산했을 때 25.7%(177개사/690개사)에 불과하다고 한다. 필자가 보기에 이를 투자금액 기준으로 계산하면 그 비중이 20% 밑으로 하락할 것으로 추산된다.

2004년 12월에 국내에 PEF가 도입된 이래 펀드가 모집된 규모를 2018년 9월까지를 기준으로 20위까지 나열하면 아래 표와 같다. 약정액 기준으로 가장 큰 자금을 모집한 "빅 5(Big Five)"로는 MBK, 한국산업은행, 한앤컴퍼니, 연합자산관리, IMM PE 등이다. 약정액이 1조 원을 넘는 운용사는 금감원 등록 기준으로 2013년에는 9개, 2014년에는 8개에 그쳤으나, 몇 몇 펀드가 해산했음에도 2018년 9월 기준으로는 10개로 지속 증가추세이다.

---

123 금융감독원, *국내 사모투자전문회사(PEF) 도입 10년간의 변화 및 평가*, 2015. 3.10

사모투자펀드(PEF)

〈 연도별 국내 PEF 운용사 Top 20 〉

구분 순위	2016년 9월 기준 GP명	약정액 (억원)	2017년 3월 기준 GP명	약정액 (억원)	2018년 9월 기준 GP명	약정액 (억원)
1	엠비케이파트너스	85,724	엠비케이파트너스	85,724	엠비케이파트너스	98,471
2	한국산업은행	50,388	한국산업은행	50,388	한국산업은행	57,877
3	한앤컴퍼니	38,267	한앤컴퍼니	38,267	한앤컴퍼니	38,785
4	아이엠엠프라이빗에쿼티	24,454	아이엠엠프라이빗에쿼티	24,454	연합자산관리	28,005
5	스틱인베스트먼트	20,528	스틱인베스트먼트	20,528	아이엠엠프라이빗에쿼티	27,914
6	연합자산관리	20,220	연합자산관리	20,220	아이엠엠인베스트먼트	21,631
7	미래에셋자산운용	18,429	미래에셋자산운용	18,429	스틱인베스트먼트	20,245
8	스카이레이크인베스트먼트	15,467	스카이레이크인베스트먼트	15,467	맥쿼리코리아오퍼튜니티즈운용	16,150
9	맥쿼리코리아오퍼튜니티즈운용	12,951	맥쿼리코리아오퍼튜니티즈운용	12,951	제이케이엘파트너스	12,462
10	아이엠엠인베스트먼트	11,504	아이엠엠인베스트먼트	11,504	이큐파트너스	10,382
11	하나금융투자	10,665	하나금융투자	10,665	스카이레이크인베스트먼트	9,807
12	이큐파트너스	9,467	이큐파트너스	9,467	브이아이지파트너스이호	9,163
13	브이아이지파트너스이호	9,163	브이아이지파트너스이호	9,163	SC 프라이빗에쿼티매니저스코리아	9,081
14	SC 프라이빗에쿼티매니저스코리아	9,081	SC 프라이빗에쿼티매니저스코리아	9,081	미래에셋자산운용	8,923
15	신한프라이빗에쿼티	8,691	신한프라이빗에쿼티	8,691	하나금융투자	8,895
16	큐캐피탈파트너스	7,759	큐캐피탈파트너스	7,759	미래에셋캐피탈	8,800
17	에스케이증권	7,060	에스케이증권	7,060	도미누스인베스트먼트	7,606
18	케이티비프라이빗에쿼티	6,914	케이티비프라이빗에쿼티	6,914	미래에셋대우	7,530
19	미래에셋대우	6,560	미래에셋대우	6,560	브이아이지파트너스	7,322
20	케이비인베스트먼트	6,515	케이비인베스트먼트	6,515	메디치인베스트먼트	6,521

Source: 금융감독원 Note: 복수의 GP가 운용하는 펀드의 경우 GP 수에 따라 펀드 금액 일괄 안분

    2018년 9월 기준으로 9조 8,471억 원의 약정액으로 부동의 1위를 기록하고 있는 MBK파트너스(MBK Partners) 회장은 故 박태준 회장 사위인 김병주 회장이다.[124] 회사명 MBK는 그의 영어식 이름인 마이클 병주 김에서 따왔다. 골드만삭스와 살로몬 브라더스에서 일한 후 칼라일(Carlyle) 아시아 대표를 역임하면서 투자경험을 축적하였으며, 이를 바탕으로 2005년에 자신의 회사인 MBK파트너스를 설립했다. 투자 대상 지역은 한국을 비롯해 중국, 일본, 대만 등지의 북아시아 지역이다. 칼라일(Carlyle) 출신답게 경영권을 인수하여 기업 가치를 제고한 이후 투자를 회수하는 바이아웃(Buy-out) 전략에 집중한다. 우리나라 PEF로서 몇 안 되는 바이아웃(Buy-out) 전문 PEF이다. 관련업계 선도 기업에 대해서는 과감히 투자하는 투자스타일을 가지고 있는 것으로 알려져 있다. 2005년 10월, 민항기 정비회사인 북경 보웨이 공항서비스(Beijing Bowei Airport Support Ltd) 인수를 시작으로 한미캐피탈

---

124 포철 회장인 박태준 회장은 4명의 딸이 있는데, 사위 모두 내로라하는 인물이라 세간에 회자가 많이 된다. 박태준 회장의 첫째 사위는 윤영각 前 삼정KPMG 회장이고, 둘째 사위는 일반인에게도 잘 알려진 고승덕 변호사, 셋째 사위는 전두환 前 대통령의 차남 전재용 씨이다. 넷째 사위가 바로 MBK 회장인 김병주 회장이다. 김병주 회장에 대해서는 본문에 기술한 것 이외에는 시장에 잘 알려져 있지 않고 언론에도 잘 등장하지 않아 많은 것이 베일에 가려져 있다.

대체투자 파헤치기(중)

타이타노마키의 서막

(2006.6), C&M(2008.3), 유니버설 스튜디오 제팬(2009.5), 웅진 코웨이(2013.1), NEPA(2013.4), ING 생명(2013.12), 홈플러스(2015.9), 아코디아 골프(2017.2), 중국 네트워크(2018.12) 등에 투자했다. 2008년 C&M 투자는 당시 투자금액으로 2조 750억 원이라는 막대한 투자 규모로 세간을 깜짝 놀라게 하기도 했다. 특히 2015년 9월에 지분을 100% 인수한 홈플러스 인수전에서는 강력한 경쟁자였던 KKR을 제치고, 7조 6,800억 원이라는 국내 M&A 사상 최고가로 홈플러스를 인수하여 세간을 다시 깜짝 놀라게 했다. 2015년 11월에는 아시아 지역 비공개 지분 매각 중 최대 규모인 1.8조 원에 유니버설재팬 지분 51%를 NBC유니버설에 매각했다. 주요 LP에 대해서는 잘 알려져 있지 않으나 자금 동원 능력이 매우 뛰어나다는 것이 가장 큰 강점이다. 인수한 기업의 총 자산 규모가 2015년 9월 기준으로 약 19조 내외에 이르러, 2016년 4월 공정위가 발표한 자산총액 기준으로는 이준용 회장의 대림그룹을 앞서는 25위에 오를 만큼 국내에서는 대형 PEF이다. 향후 한국에서「타이타노마키의 서막」을 열어젖힐 가능성이 가장 높은 PEF로 향후 행보가 매우 주목된다.

한앤컴퍼니(Han&Company)의 한상원 대표는 모건스탠리 PE 한국대표 출신으로 쌍용, 전주제지, 현대로템 등의 M&A 거래에 참여하면서 투자 경험을 쌓았다.[125] 2010년에는 現 한앤컴퍼니 회장인 윤여을 회장과 공동으로 회사를 설립했다. 윤여을 회장은 소니뮤직·소니코리아 등 소니 한국 계열사의 최고경영자 출신이다. 한앤컴퍼니 펀드의 주요 LP로는 싱가폴, 미국, 캐나다 등의 연기금 등으로 알려져 있다. 2013년에는 약정액 기준으로 1조 원에 미치지 못해 10위권 밖에 있었으나, 2018년 9월 기준 3조 8,785억 원의 약정액으로 3위를 기록하는 등 최근 활발한 자금모집과 투자 활동을 전개하고 있어서 주목된다. 기업을 인수하여 가치를 장기적으로 제고한 후 투자를 회수하는 바이아웃(Buy-out) 투자가 전문이다. 대한시멘트(2012.5), 쌍용양회(2012.7), 유진그룹 광양시멘트 공장(現 한남시멘트, 2012.11), 웅진식품(2013.9), 한진해운 벌크선 사업부(2014.7), 한라

---

125 한상원 대표는 조선일보 방상훈 사장의 사위이기도 하다.

비 스테온공조(2014.12), 현대상선 벌크사업부(2016.2), 라한호텔(2018.12) 등에 투자했다. 특히 한라비스테온공조 인수는 한국타이어와 공동으로 추진한 투자 건이었는데, 인수금액이 원화로 3.9조원에 이른다. 한라비스테온 공조를 인수할 당시 이사회와 경영진을 분리하고, 이사회에서 주요 경영진에 대한 업무 감독 및 선임과 해임권한을 행사하는 독특한 경영권 장악 방식을 구사했다.

IMM PE(In Manus Mundus Private Equity)[126]의 송인준 대표는 국내 회계사 출신으로 아더앤더슨(現 딜로이트안진 회계법인)과 한국종합금융 등에서 M&A 경험을 쌓았다. 2001년에는 기업구조조정(CRC) 회사 IMM파트너스를 설립하였고, 2004년에는 IMM창업투자와 합병하여 IMM인베스트먼트를 세웠다. 2004년 자본시장법에서 PEF 제도가 도입되자 PEF 투자를 전담하는 IMM PE를 2006년에 설립했다. 송인준 대표는 외국 대학 및 외국계 회사 출신이 아니라, 서울대학교 경영학과 출신으로 국내에서 투자경험을 축적한 순수 토종 국내파이다. IMM PE 초기에는 안정적인 투자회수 장치를 바탕으로, 소수 지분(significant minority)을 취득한 후 신속하게 투자를 회수하는 전략을 주로 구사하였다. 화려한 겉멋보다는 수익창출을 위해 독하게 집중하는 악착같은 면이 특징이다. 주요 LP는 국민연금, 우정사업본부, 싱가폴 파빌리온(Pavilion Capital), 영국 칼라 캐피탈(Coller Capital) 등이다. 이외에도 미국, 캐나다 등에서 명망 있는 연기금, 보험사, 종합자산 운용사 등이 주요 해외 LP로 참여하고 있는 것으로 알려져 있다. 최근에는 본격적으로 바이아웃(Buy-out) 투자에 집중하기 위한 전략을 내부적으로 수립하고 있는 것으로 알려져 있다. 셀트리온 전환사채(2010.8), 교보생명(2012.9), 할리스커피(2013.7), 티브로드 (2014.3), 현대상선 (2014.5), 태림포장(2015.5), 대한전선(2015.9), 우리은행(2016.11), 현대삼호중공업(2017.7), 케이뱅크(2018.10) 등이 대표적 투자 포트폴리오이다.

---

126 "세계를 내 손안에"라는 뜻의 라틴어이다.

06 PEF의 법률상 정의 및 특징

1) 미국: 근대적 PEF의 탄생지, 자유가 아니면 죽음을!(Live Free or Die!)

　PEF의 역사 부분에서도 언급했듯이 미국은 근대적 의미의 PEF가 탄생한 PEF의 본고장이다. 그럼에도 불구하고 미국법 어디에도 PEF를 명시적으로 정의한 법규가 없다. 우리나라 법이 PEF를 명시적으로 정의한 것에 비추어 볼 때 이상하게 들릴지 모르지만 사실이다. 하지만 미국은 시장에서 PEF가 자연스럽게 먼저 생성되었고, 미국의 금융감독 당국이 법률에서 이를 따로 정의할 필요도, 이유도 없었다. Live Free or Die! 따라서 미국법상 PEF란 이것이라고 단정적으로 이야기할 만한 정의가 없다. (상)권에서도 언급하였듯이 헤지펀드 역시 증권과 관련된 연방법 어디에도 명확한 정의가 없다. PEF도 마찬가지다. 다만 PEF는 헤지펀드와 마찬가지로「1940년 투자회사법(Investment Company Act of 1940)」과「1940년 투자자문사법(Investment Adviser Act of 1940)」에 따라, 투자운영자인 PEF GP나 그들이 운영하는 펀드에 대해 증권 감독 당국의 등록 면제를 관행적으로 신청해 왔다. 결국 PEF는 헤지펀드와 마찬가지로 투자회사법(Investment Company Act)과 투자자문사법(Investment Adviser Act) 하에서 등록이 면제되는 회사가 운영하는 펀드라고 정의할 수 있겠다. 너무 광범위한 정의이므로 등록 면제 조건을 풀어서 이를 다소 협의로 정의하면, 미국의 PEF란 "소수의 투자자를 대상으로 자금모집을 하여 투자운영회사의 책임으로 투자하는

사모투자펀드(PEF)

펀드" 정도가 된다.[127]

한편 미국식의 이와 같은 정의를 사용하게 되면 헤지펀드와 PEF는 형식적으로는 서로 차이가 없게 된다. 즉, 미국법상 헤지펀드와 PEF는 법률상 정의에서 차이가 나는 것이 아니다. 헤지펀드와 PEF의 차이점에 대해서는 수시로 언급하거나 (하)권에서 별도로 상세히 설명하겠지만, 핵심적인 차이는 성과보수 지급 방식, 공매도 수행 여부, 환매 제한(Lock-up) 기간이나 단기거래(trading) 활동에 집중하는지 여부 등 펀드별로 판단해야 할 문제이다. 최근에 미국의 다드-프랭크 법(Dodd-Frank Act)에 따라 수정된 Form PE에 따르면, 첫째 실현된 수익이 아니라 시장가치(MtM)에 따라 성과보수를 지급하는 펀드, 둘째, 규제대상 수탁자산(RAUM)의 1.5배 이상을 차입할 수 있거나 규제대상 수탁자산(RAUM)의 2배 이상 총 레버리지(Gross Leverage Exposure)를 가지는 펀드, 셋째, 듀레이션이나 외환 이외의 헤지 목적으로 공매도나 이와 유사한 거래를 하는 펀드를 헤지펀드로 분류한다.[128] 하지만, 최근에 와서는 이마저도 그 구분이 항상 명확한 것이 아니다. 특히 주주행동주의 펀드는 PEF이면서 헤지펀드 특성을 동시에 가지고 있어 이 전략이 PEF인지 헤지펀드인지 구분이 쉽지 않다.

논리적으로 너무나 당연한 이야기겠지만 PEF는 설립하는 펀드 형태가 어느 회사인지에 따라 그 특징이 달라진다. 미국에서 설립하는 PEF는 일반적으로 헤지펀드와 마찬가지로 유한책임 파트너쉽(LLP)이나 유한책임회사(LLC) 형태로 주로 설립된다.[129] 이 경우에는 PEF가 펀드 운용과 펀드 투자에 따른 전반을 책임지는 펀드운영자(GP: General Partners)와, 펀드에 자금을 투자하고 투자한 자금 내에서만 책임을 지는 펀드출자자 혹은 펀드투자자(LP: Limited Partners)로 구성된다. GP라는 용어는 펀드 형태가 파트너쉽이기 때문에 사용하는 용어로 일

---

127 헤지펀드와 PEF의 투자회사로서의 등록 면제 조항은 동일하다. 주요 내용은 「대체투자 파헤치기(상)」 헤지펀드의 기원 참조
128 Form PE 및 RAUM의 정의에 대해서는 「대체투자 파헤치기(상)」 헤지펀드의 구조, Form ADV/Form PE편 참조
129 두 형태의 정의 및 차이에 대해서는 PEF와 Tax 부분에서 상술한다.

반적인 투자용어는 아니다. 하지만 PEF 업계에서는 보편적으로 통용되는 용어이다. 굳이 투자관련 용어로 전환하자면 GP는 투자자문(investment advisors) 회사 혹은 포트폴리오 매니저들을 고용하고 있는 투자매니저(investment managers) 회사이다.

한편 미국은 PEF를 운영하는 투자회사인 GP에 대한 최소 자본금 규제가 없다. 이는 AIFMD가 시행되고 있는 유럽이나, 2014년 자본시장법 개정안이 국회를 통과하여 2015년 7월부터 이 규제가 시행되는 한국과 구분되는 중요한 특징이다. 다만 일반적으로 GP는 펀드의 지분에 일정 비율을 투자하게 되는데, 통상 전체 펀드 규모의 1~2% 내외로 투자하게 된다. 펀드 규모가 클수록 GP의 투자 지분 비율은 낮아진다. GP의 펀드 지분 투자는 GP로 하여금 투자자인 LP와 이해 관계를 일치(alignment of interests)시킨다는 점에서 매우 중요하다. 명망 있는 GP의 경우에는 LP의 투자 규모도 하한을 설정하여 LP 숫자를 의도적으로 줄이는 경우도 있다. 펀드 규모가 클수록 LP의 최소 투자규모도 커지게 되는데, 최종 목표 펀드 규모가 십 억불 단위이면 최소 투자규모도 3~5천만 불 내외로 제한하는 것이 그 예이다.

나아가 다드-프랭크 법(Dodd-Frank Act)이 시행된 2012년 이전 미국은 증권의 발행과 관련된 등록의무나 일반적인 사기금지 의무를 제외하고는 PEF에 대한 규제가 거의 없었다. 다만 미국의 종업원퇴직소득연금(ERISA)과 같이 특별히 보호해야 할 필요가 있는 투자자인 경우에는, 투자대상인 헤지펀드나 PEF가 투자회사법(Investment Company Act)에 반드시 사전에 등록을 하도록 유도하는 규제를 부과하고 있었다. 만약 투자한 펀드가 등록된 펀드가 아닐 경우에는, 투자자로 하여금 선량한 관리자의 의무(fiduciary duties)라는 엄격한 의무를 부과하였다. PEF의 자금 운용 방식도 투자회사법(Investment Company Act)이 부과하는 금지된 투자를 제외하고는 모든 투자가 가능하다. 특히, 투자회사법(Investment Company Act)에 등록을 한 펀드는 일정 수준 이상의 특정 부동산이나 상품을 취득하기 위해서는 펀드 운영과 독립적인 이사회의 승인을 받게 하는데, 일반적으

사모투자펀드(PEF)

로 등록 면제를 추구하는 PEF는 이와 같은 운영 규제를 받지 않는다. 이는 경영 참여를 목적으로 기업의 지분 취득에만 운용을 허용하는 한국 PEF와 중요한 차이점이기도 하다.[130]

다만, 2010년에 제정되고 2012년부터 시행된 다드-프랭크 법(Dodd-Frank Act: DFA)은 PEF 규제라는 관점에서는 완전히 새로운 패러다임이다.[131] DFA에 따라 PEF에 부과되는 대표적인 규제는 다음과 같다.[132] 우선 RAUM이 가장 최근 연도 말 현재 1.5억불을 넘는 PEF의 GP는 Form PE를 매년 작성해서 SEC에 제출해야 한다. Form PE에 들어가는 내용은 해당 GP의 이름 · 주소 · 사무소 현황, RAUM 전체 현황, 펀드별 총자산 및 순자산 가치, 펀드차원의 레버리지 및 파생상품 투자 현황, 펀드별 재무제표, 펀드의 실질적 소유자 상위 5人(top 5), 펀드 소유자의 지역별 및 형태별 분류 통계, 펀드의 총수익 및 순수익 등이다. 1.5억불 기준에 해당되는지 여부에 대해서는 헤지펀드가 매달 확인해야 하는 반면 PEF는 매년 확인하면 된다. RAUM에 포함될 펀드는 해당 PEF가 운영하는 모든 펀드이며 약정액을 기준으로 병행펀드, 관리계좌(managed account), 심지어 해당 펀드의 GP와 특수 관계인[133]의 RAUM까지 포함해야 한다. RAUM이 20억불을 넘는 PEF는 대형 PEF라 하여, 좀 더 엄격한 자료(Form PE section 4) 제출의무가 부과된다.[134] SEC가 추정한 바에 따르면 약정액 기준으로 RAUM이 20억불을 넘는

---

130 나아가서 2012년 다드-프랭크 법(Dodd-Frank Act) 시행 이전에는 만약 PEF가 등록면제 조항을 충족한다면, 보유하고 있는 포트폴리오를 공개할 필요가 없었고 이를 규제당국에 보고할 필요도 없다. 후술하겠지만 다드-프랭크 법(Dodd-Frank Act) 시행 이후 미국과 AIFMD 시행 이후 유럽은 PEF가 투자한 포트폴리오 회사 정보를 증권감독 당국에 비공개로 신고하도록 강제하고 있다.
131 DFA에 따라 PEF에 부과된 규제는 거의가 보고(reporting) 규제이며 운영과 관련된 규제는 없다.
132 다드-프랭크 법(Dodd-Frank Act)에 따라 설치된 FSOC이 5개 금융 분야의 건전성과 시스템 리스크를 모니터링 한다. 상세 내용은 「대체투자 파헤치기(상)」, 다드-프랭크 법(Dodd-Frank Act) 참조
133 GP와의 관계인이란 해당 GP의 경영인(officers, partners, directors), 해당 GP를 통제하거나 통제를 받거나 공동통제 관계에 있는 자연인, 행정처리 직원을 제외한 포트폴리오 매니저를 포함한 해당 GP의 전체 직원이다.
134 펀드 순자산가치(NAV)의 5%가 넘는 포트폴리오 공개, 레버리지 사용 정도, 포트폴리오 회사의 부채/자본 비율, 레버리지를 제공한 금융기관 등이 이에 해당한다. 한편 헤지펀드의 경우는 대형 헤지펀드 기준이 15억불이다.

대체투자 파헤치기(중)

타이타노마키의 서막

미국 PEF는 2014년말 기준으로 전체 PEF의 약 75%라고 한다. 동 규제는 미국 PEF와 GP 외에도, 미국에서 펀드를 판매하거나 미국인이 실질적 소유자인 경우에는 외국의 PEF와 GP에게도 적용된다. 두 번째가 볼커룰(Volcker Rule)이다. 볼커룰은 은행의 PEF에 대한 자기자본 투자 금지인데 상세 내용은 (상)권에서 서술하였다.

일반적으로 PEF는 폐쇄형 펀드(closed end fund)로 펀드가 청산되기 전까지는 투자자가 자금을 인출할 수 없다. 미국의 경우 투자기간 3~5년, 투자회수기간 3~5년을 포함하면 6~10년 간이 투자자금에 대한 환매제한(Lock-up) 기간이다. 이에 더하여 LP가 동의하면 추가로 1~2년 내외의 기간에서 펀드 청산 기간을 연장하기도 한다. 이는 글로벌 표준이다. 따라서 PEF는 헤지펀드와 달리 펀드가 출범한 이후 투자 건에 대한 면밀한 검토에 충분한 시간을 가질 수 있게 된다. 블랙스톤의 슐츠만 회장 표현을 빌리면, "우리는 공격 제한시간 '24초 rule'의 적용을 받지 않는 농구선수"라며, "공을 들고는 있지만 반드시 슈팅해야 하는 것은 아니다."[135]

펀드의 투자기간과 투자회수기간 등을 포함한 전체의 환매 제한(Lock-up) 기간은 펀드 전략에 따라서도 차이가 난다. 만약 부동산 부실채권(NPL)에 투자하는 펀드이면 투자회수 기간이 짧으므로 펀드 투자기간이나 투자회수기간이 길 필요가 없다. 하지만 부실화(distressed) 된 부동산을 매입하여 이를 업그레이드한 후에 되파는 "기회주의적(opportunistic, 어퍼튜니스틱)" 부동산 투자 전략의 경우는, 펀드 투자기간도 길 뿐 아니라 펀드 청산기간도 길게 되므로 전체적으로 펀드의 환매 제한(Lock-up) 기간이 길어진다. 이는 투자자가 언제든지 자금을 인출할 수 있는 머니마켓펀드(MMF)나, 환매 제한(Lock-up) 기간을 제외하고는 언제든지 자금을 인출할 수 있는 헤지펀드와 구분되는 PEF의 가장 중요한 특징

---

135 한국경제, 2015.4.30

사모투자펀드(PEF)

중의 하나이다.

특히 환매 제한(Lock-up) 기간과 관련하여, 헤지펀드와 달리 PEF는 환매 제한(Lock-up) 기간이 매우 길다. 헤지펀드의 경우는 환매 제한(Lock-up) 기간이 1년 미만인 경우가 많고, 통상 환매 제한(Lock-up) 기간이 장기인 경우는 1년~1.5년 내외이다. 하지만 PEF의 경우에는 투자기간 3~5년은 물론이고, 투자회수 기간인 추가 3~5년 동안에도 투자자 뜻대로 투자금을 인출하지 못한다. 즉, 6~10년 동안 운영자가 투자금을 배분한다고 결정하기 전까지는 투자자의 투자자금이 투자자의 뜻대로 유동화 되지 못하는 것이다. 따라서 유동성 관리 측면에서는 PEF가 헤지펀드보다 투자자에게 다소 불리한 측면이 있다. 하지만 개별 투자자 입장이 아니라 전체 글로벌 경제 입장에서는 헤지펀드의 짧은 환매 제한(Lock-up) 기간이 전체 금융 시장의 변동성을 높이는 주요 원인이 된다. 이에 대해서는 (하)권의 PEF와 Hedge Fund 편에서 상세히 설명한다.

아울러, 헤지펀드와 달리 PEF는 최초 약정액 내에서 투자 기간 동안 투자 건이 발생할 때마다 자금을 요청하는 "캐피탈 콜/드로우 다운(Capital Calls/Draw Down)" 방식을 사용하여 투자한다.[136] 캐피탈 콜/드로우 다운(Capital Calls/Draw Down)이란 약정액 투자금의 범위 내에서 투자포트폴리오가 GP 입장에서 확정되었을 때, LP에게 "자금을 요청(call capitals)" 혹은 "자금을 인출(draw down)"하는 것이다. 보통 투자기간 내에서만 캐피탈 콜/드로우 다운(Capital Calls/Draw Down)이 허용된다. 다만, 투자기간이 종료되더라도 선행 투자의 후속으로 필요한 경우나 투자기간 내에 GP의 투자심의회를 통과하는 경우에는, 투자기간이 종료되었더라도 캐피탈 콜/드로우 다운(Capital Calls/Draw Down)을 할 수 있다. 이 경우는 사전에 펀드의 정관(Limited Partnership Agreement: LPA)에 그 사유를 지정해 두어야 한다. 투자기간이 통상 3년 내외이므로 투자자

---

[136] 헤지펀드에서 사용하는 드로다운(drawdown)은 투자자가 자금을 인출하여 펀드의 AUM이 하락하는 기간 혹은 상태를 의미하는 것으로 PEF와 그 뜻이 완전히 다르다.

는 투자 기간 동안에는 약정액 중에서 요청(call)되지 않는 금액은 투자자 스스로 유동성 관리를 하게 된다. 반면 헤지펀드는 투자자금을 일시에 모두 수령하여, 투자자가 아닌 펀드 운영자가 유휴 자금을 미국 국채나 또 다른 유동성 자산에 투자하면서 필요할 경우 수시로 자금을 집행한다.[137]

해외 투자자를 위해서 혹은 다른 세금감면 목적으로 펀드를 병행해서 설립하는 경우가 있는데 이를 병행 펀드(parallel fund)라고 한다. 헤지펀드의 피더 펀드(feeder fund)와 유사한 개념이다. 모펀드가 투자를 집행할 때 병행 펀드에서 자금을 받아서 투자하게 된다. 헤지펀드와 마찬가지로 병행 펀드는 통상 미국 이외의 지역인 역외에서 설립되는 것이 보통이다. 병행 펀드의 목적이 절세라면 해당 국가와 병행 펀드 설립지 상호간의 조세조약, 설립지의 특별한 조세 혜택 등이 반드시 사전에 검토되어야 한다. 병행 펀드는 주로 조세회피 지역에서 설립된다. PEF와 조세 상호간의 관련된 상세 내용은 후술한다.

마지막으로 PEF가 투자하는 포트폴리오는 상장 주식이나 미국 국채와 같이 유동성이 높지 않은 자산이 대부분이다. 헤지펀드 용어로 표현하면 PEF 투자자산은 거의 모두가 "레벨 3(Level III)" 자산이라고 보면 된다.[138] 따라서 PEF의 경우에는 보유 자산의 시장가치(MtM) 평가가 매우 어렵고, 이에 따라 외부 평가기관의 객관적인 평가가 매우 중요하다. 이는 앞서 (상)권에서 서술한 헤지펀드의 유동성이 낮은 자산에 대한 외부평가기관의 중요성과 맥락이 완전히 동일하다. 따라서 PEF는 외부의 독립적인 자산 평가사를 고용하여 자신의 포트폴리오를 객관적으로 평가하도록 해야 한다. 하지만 미국은 이를 법으로 강제로 규정하지 않

---

137 필자의 경험에 따르면 미국 보험회사의 한 부동산 펀드가 리먼 파산 발표 3일 전인 2008년 9월 11일에 펀드 약정액의 60%를 한 번에 자금 요청(capital call) 한 적이 있다. 이는 PEF로서 정상적인 자금 요청이라고 할 수 없다. 이에 따라 자금 사용 상세 내역에 대한 자료를 지속적으로 요구 하였지만, 이 펀드 운용자는 어떤 자료 요구에도 응하지 않았다. 이 펀드를 운용했던 운용사는 결국 대체투자, 주식, 채권, 단기금융상품 투자에서 우정사업본부와 5년 동안 거래를 할 수 없는 거래정지 조치를 당하였다. 5년 거래 정지는 우본 규정상 가장 긴 거래 정지 기간이다.

138 Level III 자산에 대한 상세설명은 「대체투자 파헤치기(상)」, 헤지펀드의 구조 Administrator 참조

고 있다.[139] 나아가 이와 같은 이유 때문에 통상의 PEF는 특정 포트폴리오에 20% 내외의 자금이 투자되지 않도록 투자제한 장치를 두게 된다. 이렇게 하게 되면 운용사의 자의적 운용을 방지하고 적절한 투자 분산을 통해 안정적인 운용 성과를 도모할 수 있기 때문이다.

2) 유럽: 사회적 논란의 PEF, 그리고 AIFMD

비록 PEF의 최초 형태가 유럽에서 태동하긴 했지만 유럽은 미국과 달리 근대적 PEF의 역사가 길지 않다. 전술한 바대로 1950년대 영국과 프랑스를 중심으로 한 PEF의 제도적 기반 확립 노력이 곧바로 벤처투자와 PEF 활성화로 연결되지는 않았다. 어떤 이는 유럽인들이 미국인과 달리 위험을 선호하는 성향이 적고, 미국과 같이 단일 거대시장이 아니라 여러 개의 국가와 문화로 구분되어 있어 기업들이 대규모 성공(home run)을 거두기가 쉽지 않은 것 등을 주요 이유로 제시한다.[140]

유럽에서 근대적 PEF가 본격 태동한 시기는 1980년대 후반부터이다.[141] 하지만 미국에 비교해서는 그 규모가 매우 작았다. 한 통계에 따르면 1980년대 말까지 미국의 바이아웃(Buy-out) 펀드가 모집한 자금이 500억불이었는데, 유럽의 경우는 그의 1/10에 불과한 60억불이었다고 한다. 1980년대 말까지 유럽의 바이

---

139 미국 규정은 단지 "공정 가격(fair price)"이기만 하면 되는데, 외부 평가기관을 반드시 활용하라는 의무 규정은 없다. 하지만 공정 가격의 정의에는 외부의 독립적인 기관이 포함되어 있으므로, 일반적으로는 외부 평가기관을 자산 평가 과정에서 활용한다. 유럽은 이와 달리 내부 자산에 대한 외부 평가기관의 객관적인 평가절차가 강제 규정이다. 한국의 경우 이를 강제 규정화한 자본시장법 개정안이 2015년 7월 국회를 통과하면서 현재는 외부 평가기관의 공정 가격 평가가 의무사항이다.

140 Cyril Demaria, 앞의 책

141 CVC는 씨티 뱅크(Citibank) 에쿼티(equity) 부문이 분사한 PEF이고, 퍼미라(Permira)는 쉬로더(Schroders) 그룹의 일원이었다. Jennifer Rayne, *Private Equity and Its Regulation in Europe*, European Business Organization Law Review, 2011

대체투자 파헤치기(중)

타이타노마키의 서막

아웃(Buy-out) 펀드는 런던의 비씨 파트너즈(BC Partners), 도티 핸슨(Doughty Hanson), 듀크 스트리트(Duke Street), CVC, 퍼미라(Permira), 에이팩스(Apax), 씬벤 앤 캔도버(Cinven and Candover) 등으로 걸음마 단계에 있었고, 인더스트리 카피탈(Industri Kapital)과 노르딕 캐피탈(Nordic Capital) 등이 스칸디나비아 반도에서 1989년에 처음으로 문을 열었다고 한다.[142] PEF 설립의 목적도 단순하여 경영진의 초기 자금 조달과 그로쓰 캐피탈(growth capital) 전략을 위한 PEF가 대부분으로, 바이아웃(Buy-out) 전략은 사실상 유행하는 전략이 아니었다. 하지만 1993년에 유럽연합이 출범하면서 이와 같은 추세는 급격히 반전된다. 유럽연합 출범으로 유럽대륙 전역이 단일 시장으로 통합되어 1997년부터 유럽대륙의 차입인수가 활발해지면서, 이 때 부터는 당시까지 가장 활발했던 영국의 차입인수 규모를 넘어섰다. 특히 1990년대 중반 바이아웃(Buy-out) 전략을 구사하는 몇몇 PEF들은 스칸디나비아 반도, 독일, 벨기에, 룩셈부르크 등의 국가에서 옥션이 아니라 개인적인 네트워크를 활용하여 딜을 발굴(proprietary deal)하면서 미국의 벤처펀드보다 오히려 높은 성과를 거두기도 하였다.

바이아웃(Buy-out) 전략이 서서히 자리를 잡으면서 유럽 지역은 1990년대 중반부터 바이아웃(Buy-out) PEF에 대한 자금모집이 증가하기 시작한다. 하지만 1990년대까지만 해도 같은 시기 미국 지역의 바이아웃(Buy-out) PEF 자금 모집에 비해서는 여전히 작았다. 예컨대 1990년대 유럽의 바이아웃(Buy-out) 펀드자금은 660억불이 모집되는데 그쳤으나, 같은 기간 미국은 그 5배인 3,480억불의 자금이 모집되었다.[143] 1990년대는 유럽 지역의 이자율도 높은 수준이어서 레버리지를 일으킨 대형 바이아웃(Buy-out) 규모도 크지 않았고, 이에 따라 10억불

---

142 Guy Fraser-Sampson, *Private Equity as an Asset Class*, John Wiley & Sons, Ltd, 2007. 한편 핀란드를 중심으로 한 스칸디나비아 반도는 기업 혁신활동이나 벤처 투자 활동이 다른 유럽 지역보다 상대적으로 매우 활발한 곳으로 알려져 있다. Cyril Demaria, 앞의 책.

143 Guy Fraser-Sampson, 앞의 책

사모투자펀드(PEF)

이상의 대형 펀드도 많지 않았다. 2000년 이전 유럽의 대형 펀드는 14개에 불과했지만 미국은 그 6배인 85개의 대형 펀드가 결성되어 있었다.

하지만 이와 같은 추세는 2000년대 중반부터 극적으로 반전된다. 특히 2005년의 경우는 유럽 지역에서 전년보다 3배 가까이 증가한 약 520억불이라는 대규모 자금이 모집되었다. 펀드 규모도 커지면서 2005년에는 유럽 전체의 바이아웃(Buy-out) 펀드 중 약 70%가 10억불 이상의 대형 펀드였다. 2008년에는 PEF 설립이 유럽에서 정점을 이루었는데 2008년 한 해에만 690억 유로의 자금이 PEF로 몰렸고, 차입인수(LBO)의 선순위에만 몰려든 자금이 무려 1,400억 유로였다. 이와 같은 유럽지역 사모투자펀드의 성장은 주식시장 등을 통한 자금모집 규모를 대체할 만큼 급격한 성장세였다. 예컨대 영국의 경우 2006년 주식시장의 IPO를 통한 자금모집이 1,040억 파운드였던 반면에, PEF를 통한 자금모집 규모는 그보다 많은 1,120억 파운드 규모에 이를 정도였다.[144]

이와 같은 PEF 시장의 급성장에도 불구하고 PEF 투자가 가진 본질적인 비공개성, 불투명성 등은 프랑스와 독일 등 유럽의 중심 국가들 사이에서는 언제나 사회적 이슈였다. 심지어는 2005년, 독일 사민당 당수였던 프란츠 뮌터페링(Franz Munterfering)은 PEF의 폐해를 "앵글로-어메리칸의 메뚜기들이 퍼뜨리는 역병(plague of Anglo-American locusts)"이라고 표현하기까지 하였다. 2008년 리먼의 파산과 글로벌 금융위기는 이와 같은 PEF에 대한 반감이 유럽에서 최고조에 이르는 결정적 계기가 되었고, 이에 따라 EU 회원국을 중심으로 PEF와 헤지펀드에 대한 규제 논의가 활발히 전개되었다.

마침내 EU는 2008년 금융위기를 교훈으로 삼아, 파생금융상품을 규제하기 위한 목적으로 (상)권에서 언급한「유럽 마켓 인프라 규제(European Market Infrastructure Regulation: EMIR)」제도를 도입하여 시행하고 있다. 파생금융

---

144 Jennifer Rayne, 앞의 논문

상품 규제에서 더 나아가 PEF와 헤지펀드 중심의 대체투자 펀드 매니저를 규제하기 위한 제도인「대체투자 펀드 매니저 지침(Alternative Investment Fund Managers Directive: AIFMD)」또한 도입하여, 1년간의 유예 기간을 거쳐 2014년 7월 22일부터 시행하고 있다.[145] 당초 2013년 시행이 목표였으나 법규가 매우 복잡하고 자산운용 업계의 적응 기간이 더 필요하다는 건의에 따라 2014년으로 시행이 연기되었다. AIFMD의 시행 주체는 유럽 증권 감독청(European Securities and Markets Authority: ESMA)이다.

AIFMD의 주요 내용은 다음과 같다. 우선 펀드 설립지가 어디이든, 펀드를 운영하는 실체가 EU 회원국에 설립되어 있으면 규제가 적용된다. 아울러 펀드 매니저가 EU 회원국 밖에서 설립되었다 하더라도 EU 회원국 내에서 펀드를 설립하였다면, EU 회원국 내의 펀드활동과 마케팅 활동에도 동 규제가 적용된다. 따라서 PEF 운용사인 GP는 예외 규정에 해당하지 않는 한 AIFMD의 적용을 받게 되고, 펀드 설립과 관련해서는 회원국의 승인을 먼저 받아야 한다. 승인과 관련된 구체적인 규제는 회원국의 국내법 절차를 거쳐 확정되며, 펀드 활동과 설립에 대한 승인 관련 내용은 회원국이 모두 유럽 증권 감독청(ESMA)에 보고하여야 한다.

PEF[146]에게 적용이 면제되는 경우는, PEF가 펀드 차원의 레버리지를 사용하지 않고 5년 동안 환매가 금지되며 AUM이 5억 유로 미만이거나, 혹은 PEF가 펀드 차원의 레버리지를 사용하되[147] AUM이 1억 유로 미만이고 5년 동안 환매가 금지되면 적용이 면제된다. 한편 다드-프랭크 법(Dodd-Frank Act)과 달리 AIFMD는 법 시행 이전에 활동하던 PEF의 경우에는 적용을 면제하는 "조부 조

---

145 한글 번역이 지침이라고 하여 단순한 가이드라인이라고 생각하면 안 된다. 법률과 동일한 효력을 가진 명백한 규제 장치이다.
146 AIFMD는 PEF와 헤지펀드 등을 포함하여 대체투자 펀드(Alternative Investment Fund: AIF)라는 표현을 사용한다. 본문에서는 PEF라고 표현하였지만 헤지펀드도 포함하는 광의의 대체투자 펀드가 AIF이다.
147 따라서 포트폴리오 내의 기업이나 자산이 사용한 레버리지는 계산하지 않는다.

항(Grandfathering Clause)"을 가지고 있다. 예컨대, AIFMD의 시행일 이후에 추가 투자를 하지 않는 폐쇄형 PEF(closed end PEF)는 AIFMD의 적용을 받지 않는다.

　PEF의 자기자본에 대한 규제도 신설되었는데 외부 자금을 운영하는 PEF의 경우에는 자기자본을 125,000유로, 자기 자본으로 PEF를 운영하는 PEF의 경우는 자기자본을 300,000유로 이상 보유하여야 한다. 아울러 PEF의 자산을 보관하는 단일 예탁소(single depository)를 지정해야 하며, 보관된 자산에 대한 객관적인 평가를 위해 적절한 내부절차를 의무적으로 갖추어야 한다. 특히, PEF 임직원에 대한 보수와 보너스에 대해서도 펀드 이익이 극대화될 수 있도록 설정할 의무를 부과하고 있으며, 나아가 펀드 전체의 리스크를 적절히 측정하고 모니터링 할 수 있는 시스템을 갖추도록 강제하고 있다.

　대체투자 펀드의 레버리지에 대해서도 의무를 부과하고 있는데, 레버리지 수준이 합리적이어야 하고 동 지침을 항상 준수하여야 한다는 일반적인 원칙을 우선 지켜야 한다. 나아가서 레버리지를 사용해야 하는 이유, 레버리지 사용의 최대치 및 내부 제한, 투자하기 전 레버리지 사용 수준 등에 대해서 투자자에게 공개할 의무를 부과한다. 아울러 증권을 차입한 레버리지와 레버리지가 내재된 상품을 분리하여 투자자에게 공개하도록 하고 있다. 만약 금융시스템의 안전성과 건전성(stability and integrity)을 보전하기 위해 필요하다고 판단하면, ESMA가 펀드 차원의 레버리지 규제를 시행할 수 있는 권한을 보유한다.

　투명성에 대한 규제도 대폭 강화되었다. 우선 펀드 투자 이전에 투자자에게 펀드 전략, 목적, 가치산정 방법, 모든 수수료, 과거 성과 등에 관한 정보를 의무적으로 공개해야 한다. 한편 EU에서 설립된 매니저나 EU에서 마케팅 되는 펀드의 경우 非 유동자산 비율, 리스크 시스템, PEF나 헤지펀드의 유동성 조절을 위해 새롭게 도입되는 조치, 거래되는 대상의 세부 자산 내역 등을 규제당국에 보고해야 한다. PEF 입장에서 주목해야 할 내용은 포트폴리오 기업이 EU 회원국내 비상장기업이고 10% 이상의 지분을 취득한 경우, 해당 PEF의 대략적 내

용(identity), 펀드와 기업 간 이행상충 방지에 관한 내용, 해당 기업의 종업원과 내·외부 소통 방식, 향후 경영전략 및 고용과 관련된 영향 등을 규제 당국, 주주 및 종업원에게 고시하여야 한다는 것이다. 가장 특이할 만한 것은 PEF가 유럽 지역의 비상장기업 지분 10% 이상을 취득한 경우에는 취득 후 24개 동안에는 배당, 감자, 자사주 취득 등의 의사결정 과정에서 의사결정을 할 수 없음은 물론, 이에 대한 지원, 지시, 절차진행(support, instruct or facilitate) 까지도 할 수 없다.

AIFMD는 규제 대상을 PEF와 헤지펀드로 구분하고 있지 않다. 따라서 이 규제 내용은 PEF와 헤지펀드 모두에 적용된다. 그러나 2008년 금융위기의 진원지로 글로벌 경제의 시스템 리스크를 초래한 실체는 PEF가 아니라 헤지펀드이다. 따라서 AIFMD의 규제 초점은 당연히 헤지펀드가 가진 부정적 내용을 최소화하려는 목적이었다. 하지만 AIFMD는 규제 대상을 헤지펀드라고 특정하지 않고 대체투자 펀드로만 정의하여, 결과적으로 PEF에 대해서는 불필요하게 과도한 규제가 부과되었다. 예컨대 단일 예탁소(single depository)나 레버리지에 관한 규제는 PEF에 대한 규제라기보다는 헤지펀드에 대한 규제이다. 하지만 AIFMD는 헤지펀드와 PEF를 구분하지 않으므로 이에 따라 동 법규상 PEF도 동일한 규제를 받게 된다.

이에 따라 AIFMD는 도입 초기 PEF와 헤지펀드 업계로부터 강렬한 반대에 부딪혔다. 업계의 공통된 목소리는 AIFMD가 이전에 없던 규제를 도입함으로써 규제에 순응해야 할 비용이 높아진다는 것이다. 예컨대 투자자산의 단일 예탁소 보관에 추가되는 비용은 수탁자산의 25bp(0.025%) 정도로 추산되며, 이와 같은 추가 비용이 투자자에게 전가될 위험도 있다.[148] 파이낸셜 타임즈는 AIFMD의 시행으로 수많은 미국계 헤지펀드 매니저 및 PEF 운용사들이 영국을 포함한 유

---

148 Financial Times, June 15, 2014

럽 지역에 마케팅 활동을 포기한다고 보도하기도 하였다.[149] 하지만 AIFMD가 종전보다 펀드 관리 및 운영의 투명성을 높이고 AIFMD에 순응하기만 하면 EU 전역에서 마케팅이 가능하다는 점에서 인허가 비용을 오히려 낮춘다는 반론도 만만치 않다. AIFMD를 둘러싼 격렬한 찬반 논란 속에서 2014년 11월 룩셈부르크 펀드협회(Association of the Luxembourg Fund Industry: ALFI)는 AIFMD 도입 논의 이후, 2010~2013 사이에 예상과 달리 유럽에 설립된 대체투자 펀드 수가 10%, AUM은 13%가 증가했다는 실증분석 결과를 발표했다.[150] 특히 2010~2013년 사이에 분석 대상 펀드 수의 60%가 위치했던 룩셈부르크의 경우, 대체투자 펀드 수는 11%, AUM은 30~35%가 증가하였는데 가장 큰 증가 요인은 PEF와 부동산 펀드의 등록 급증이었다. 아일랜드 역시 AIFMD 도입 논의 이후 펀드 수가 58%나 급증하였는데, 이는 헤지펀드의 등록 급증 때문이었다고 한다. 개방형 펀드인 유씨츠(UCITS) 펀드 수도 2009년보다 2013년에는 100% 가까이 성장하는 놀라운 결과를 보여 주었다.[151] 이 같은 결과는 AIFMD가 당초 우려와 달리 PEF나 헤지펀드와 같은 대체투자 펀드의 설립을 억제하는 것이 아니라, 오히려 증가시키는 효과를 가져왔다는 것이 유럽 금융당국의 주장이다.

이와 같은 유럽 금융당국의 주장에도 불구하고 여전히 PEF 입장에서 AFIMD가 불편한 것 또한 사실이다. AIFMD 중 PEF 고유의 이슈와 관련된 것 중의 하나가 포트폴리오 기업에 대한 10% 이상 지분 취득 시 정보공개 의무이다. 특히 향후 경영전략이나 고용에 미치는 영향까지 주주와 고용인에게 공개할 것을 요구하는 것이 과연 PEF 운영자 입장에서 바람직한 것인지 면밀한 분석이 필요할 것으로 본다. 예컨대 바이아웃(Buy-out) 전략을 구사하는 PEF가 유럽 기업의 지분 10% 이상을 취득하여 경영권을 행사하기 위해 반드시 향후 경영전략을 주주

---

149 Financial Times, May 10, 2015
150 Hedgeweek, Nov 26, 2014
151 유씨츠(UCITS) 펀드에 대해서는 PEF와 Tax 부분 참조

와 고용인에게 공개해야 한다면, 과감한 경영전략 수립과 필요한 구조조정 작업을 원활히 수행해 나갈 수 있을지 의문이다.

나아가서 PEF가 EU 회원국의 비상장기업 지분 10% 이상을 취득하는 경우 2년 동안이나 회사의 재무적 구조조정을 원천적으로 금지한 것은, PEF에 대한 EU의 부정적 시각을 그대로 반영한 극단적 조치이다. 재무적 구조조정에 대한 이와 같은 극단적인 정책은 1980년대 미국에서 유행한 차입인수(LBO)의 부정적 영향을 최소화하자는 취지로 채택되었다. 하기야 1980년대 미국에서는 막대한 자금을 차입하여 기업을 인수한 후, 피인수기업의 풍부한 현금흐름만 빼먹은 후 해당 기업을 매각하거나 파산시키는 사례가 적지 않았던 것이 사실이다. 향후 동 지침의 시행 동향과 파생되는 결과 등을 면밀히 모니터링 해야 할 필요가 있을 것으로 본다.

3) 한국: PEF 신생국

우리나라는 2004년 12월 「간접투자자산운용법(간투법)」 개정을 통해 PEF 제도를 처음 도입하였다. 우리나라 금융관련 법제의 열거주의 체제(positive system)상 PEF 역시 법률에서 먼저 사전에 정의한 후 시장에서 도입되는 방식을 취할 수밖에 없었다. PEF 도입 당시의 취지는 사모로 자금을 모집한 후 PEF가 적극적인 M&A를 추진하고, 이를 통하여 기업의 구조조정을 촉진한다는 것이었다. 따라서 도입 초기부터 PEF는 대상 기업의 경영권 취득에만 그 목적이 한정되어 있었다. 즉, 대상기업의 경영권 지분 10% 이상을 취득하거나 10%에 이르지 않더라도 경영권에 참여하는 다른 계약이 있는 경우에만 PEF 지분취득 활동을 인정하였다. 간투법은 다른 금융 관련 법률과 함께 2007년에 「자본시장과금융투자업에관한법률(자본시장법)」로 통합되었다. 자본시장법에 따르면 사모집합투자기구(PEF: private equity fund)란 공모가 아닌 사모방식(private)으로 투자하

사모투자펀드(PEF)

는 집합투자기구(fund)를 의미한다.[152] 자본시장법상 펀드란 투자신탁, 투자회사, 투자유한회사, 투자합자회사, 투자조합, 투자익명조합, 사모투자전문회사 등 7개로 구분된다.[153] 앞서 미국편에서 언급한 대로 이론적으로 미국의 PEF는 회사 형태를 어떤 식으로 가져가든 상관이 없지만, 우리나라는 이처럼 허용된 7개 펀드 형태 중의 하나만이 PEF로서 허용된다.

나아가 미국의 법제 하에서 등록면제 조항을 활용한 투자회사 PEF는 운용과 관련된 제한 역시 없다. 우리나라처럼 지분 10% 이상만 취득해야 한다는 조항도 없고, 옵션부 투자 가이드라인 역시 없다. 어떤 형태로든지 회사로 설립하여 투자회사법(Investment Company Act)의 면제조항을 신청하면 지분투자는 물론이고 부동산 투자, 대출(Loan) 투자, 선박·영화 등 실물 투자, 파생상품 투자 등 거의 모든 투자가 가능하게 된다.[154] 따라서 미국법제 상으로는 우리나라 자본시장법이 열거한 7가지 형태 중 어떤 형태를 갖든 PEF로서 설립이 가능하다. 하지만 우리나라는 자본시장법상 인정하는 펀드 7가지 형태 중 사모투자전문회사 한 가지 형태만을 PEF로 인정하고 있어 미국과 한국의 법규는 크게 차이가 난다. 한국 편에서 사용하는 PEF라는 용어는 자본시장법상 7개의 집합투자기구 중에서 마지막에 열거된 사모투자전문회사를 의미하는 것으로 사용하겠다.[155] 한편 금융위원회

---

152 자본시장과금융투자업에관한법률(이하 자본시장법)이 제정된 2007년 8월 이전에는 펀드를 간접투자자산운용업법(간투법) 상 간접투자기구라고 불렀다. 자본시장법은 2007년 8월 3일 공포되었고 시행은 2009년 2월 4일부터였다. 집합투자기구란 용어는 자본시장법에서 사용하고 있는데, 펀드라고 해도 이해하는데 크게 무리가 없을 것 같다. 한편 자본시장법 외에도 부품소재기업등의육성에관한특별조치법(부품소재전문펀드), 해외자원개발사업법(해외자원개발펀드), 산업발전법(CRC 펀드), 부동산투자회사법(REITs), 선박투자회사법(선박펀드), 사회기반시설에대한민간투자법(SOC 펀드), 문화산업진흥기본법(문화펀드), 중소기업창업지원법(중소기업창업펀드), 벤처기업육성에관한특별조치법(벤처펀드), 여신전문금융업법(신기술사업펀드) 등 십 여 가지의 다른 법률에서 PEF를 조금씩 다르게 정의하고 있다.

153 자본시장법 9조 18항 및 동법 시행령 10조

154 파생상품의 경우에는 CFTC라는 별도의 규정이 있으므로 이 규정은 당연히 준수해야 한다. 한편 우리나라는 부동산이나 실물투자를 하려면 PEF가 아니라 부동산이나 특별자산 투자신탁회사를 설립하여야 하고, 이 경우에는 별도의 라이센스가 필요하다.

155 자본시장법은 사모투자전문회사와는 별도로 부실징후기업의 구조개선을 지원할 목적으로 2010년 3월에 "기업재무안정사모투자전문회사(기업재무안정PEF)" 제도를 도입하였다. 기업재무안정PEF는 경영권 참여 없이 해당 기업의 지분, 부실채권, 부동산 등의 취득이 가능한 특례를 부여하였다. 이 제도는 2013년에 3년간 다시 연장되었다가, 2016년 12월에 자본시장법이 개정되면서 상시화 되었다. 여기서는 기업재무안정PEF를 제외한 일반PEF만을 대상으로 서술하기로 한다.

대체투자 파헤치기(중)

타이타노마키의 서막

는 2014년 4월 24일에 국내 PEF의 주요 내용을 일괄 개정하여 자본시장법 개정안을 입법 예고하였으며, 2015년 7월에 법 개정안이 국회를 통과하였다. 주요 내용은 후술한다.

우리나라의 경우 PEF는 상법상 합자회사에 해당하며, 사모이므로 사원의 총수는 49명 이하여야 한다. PEF의 무한책임사원은 상법상 무한책임사원으로서의 자격제한, 사원 겸업금지 등의 규정이 적용되지 않는다.[156] 사원총수를 계산할 때는 PEF 지분을 10% 이상 취득한 다른 집합투자기구의 투자자 수도 합산해야 한다. 예컨대, A PEF의 지분 10%를 보유하고 있는 B PEF의 투자자수는 A PEF 투자자수 계산 시 합산해야 한다. 미국도 마찬가지다. 투자회사법(Investment Company Act)의 §3(c)(1)에 따르면 투자자가 100인 이하이어야 하는데, 다른 투자회사 지분이 10%를 넘는 경우에는 이른 바 "관통(look-through)" 규정이라 하여 해당 투자회사의 투자자를 모두 합산한다. 한편 자본시장법이 규정한 국가, 은행, 종합금융회사 등 전문투자자[157]는 사원 총수 계산에서 제외한다. 유한책임사원의 최소 출자가액은 자본시장법에서는 100억 원 이하 범위 내에서 대통령령에 위임하고 있는데, 동법 시행령에서는 법인 및 단체는 최소 20억 원, 개인은 최소 10억 원으로 규정하고 있다.[158] 하지만 이 요건도 2014년 자본시장법 개정안에 따르면 법인과 개인 요건을 통합하여 최소 5억 원으로 일괄 하향 조정된다. 나아가 재간접 PEF (PE Fund of Funds) 제도를 도입함으로써 적격 투자자에 해당하지 않는 개인이라 하더라도 PEF에 투자할 수 있는 길을 열었다. 따라서 이와 같은 금액 요건은 2015년 7월 사모투자펀드 제도개편을 위한 자본시장법 개정안이 국회를 통과하면서 사실상 의미가 없다고 본다.

---

156   김규림 외, *Private Equity Fund*, 한국금융연수원, 2012
157   자본시장법 9조 5항
158   자본시장법 269조 및 동법시행령 291조 2항; 2006년 간투법 개정 전에는 법인(기금, 펀드 포함)은 50억 원, 개인은 20억 원이었다.

사모투자펀드(PEF)

한편 자본시장법은 제10장에서 사모투자전문회사에 대한 특례를 규정하고 있는데, 대표적인 것이 제272조4항이다.[159] 제272조4항에 따르면 사모투자전문회사의 업무집행사원이 사모투자전문회사 재산의 운용 및 보관·관리, 사모투자전문회사 지분의 판매 및 환매 등을 영위하는 경우에는 자본시장법 제11조를 적용하지 아니한다. 자본시장법 제11조가 금융투자업을 영위하기 위해서는 규제당국의 인가가 필요하다는 조항이므로, 동 272조4항을 풀어쓰면 누구나 PEF 사업을 수행할 경우에는 금융위원회의 인가 없이 금융투자업을 영위할 수 있다는 것이다.[160] 별것 아닌 것처럼 보이지만 이 조항이야 말로 국내 PEF의 가장 큰 특징을 부여하는 근거 조항이다.

다만 PEF에 대한 이와 같은 자율성은 다드-프랭크 법(Dodd-Frank Act), 볼커룰(Volcker Rule), AIFMD 등 글로벌 PEF에 대한 규제강화에 부응하기 위해 2014년 개정안에서 자율성을 통제하는 방향으로 다소 수정되었다. 즉, 2015년 7월에 국회를 통과한 2014년 자본시장법 개정안에 따르면 PEF의 설립과 별개로 업무집행사원(GP)에 대한 등록 의무가 새로이 부과되었다.[161] 아울러 1억 원 이상으로서 대통령령이 정하는 자본금 요건을 갖추어야 하고, 임원의 결격사유가 없어야 하며, 최소 1인 이상의 운용인력을 갖추고 이해상충에 관한 내부통제 기준을 가지고 있어야 한다. 특히 PEF 혹은 투자를 위해 설립한 SPC 등의 파생상품 투자 현황, 투자 및 자금조달 현황, 차입 및 채무보증 현황 등을 분기별로 1개월 이내 감독당국에 보고하도록 하였다. 나아가 PEF의 모든 자산은 별도로 제3의 수탁기관을 지정하여 보관하여야 한다. PEF 설립과 관련하여 특기할 만한 것은 자산총액 5조 원 이상이면 지정되는 대기업집단 중, 금융자산이 대부분인 금융

---

159 자본시장법 제11조(무인가 영업행위 금지): 누구든지 이 법에 따른 금융투자업 인가(변경인가를 포함한다)를 받지 아니하고는 금융투자업(투자자문업 및 투자일임업을 제외한다. 이하 이 절에서 같다)을 영위하여서는 아니 된다.

160 그러나, 사모투자전문회사는 설립등기일로부터 2주 이내에 금융위원회에 등록을 신청하여야 한다. 자본시장법 268조3항

161 자본시장법 개정안 통과 전까지는 PEF 등록 시 GP에 대한 정보를 간접적으로 취득하였다.

주력 기업집단의 의결권 제한[162]을 폐지하는 내용이다. 이렇게 되면 예컨대 미래에셋금융지주가 자신의 PEF를 설립하여 기업의 지분을 취득하여 경영에 참여하는 PEF 투자활동을 할 수 있게 된다.

 PEF의 운용규제는 앞서도 언급하였지만 경영권 지분 최소 10% 이상 취득이다. 지분이 10%에 미치지 못하더라도 경영권에 참여한다는 별도의 계약이 있으면 PEF 투자가 가능하다. 자산 운용 수단으로서 일반 주택 등의 부동산, 비지배 목적의 증권투자, 파생상품투자 및 채무보증·담보 제공이 가능하나, 순자산의 50% 이내에서만 가능하다. 펀드 운영 과정에서 운용비나 투자자금 등이 일시적으로 부족할 경우에는 펀드 재산의 10% 이내의 범위에서 펀드차원의 차입이 가능하다. PEF가 SPC를 설립하여 금융투자업을 수행할 경우에는 다단계 SPC 설립을 허용하되 SPC 차입은 SPC 자기자금의 300%까지 가능하다. 다만 2018년 11월 국회 정무위에 제출된 자본시장법 개정안에 따르면 PEF의 차입은 순자산의 400%까지 확대되는 것으로 되어 있다. 향후 국회 통과 여부가 주목된다.

 전체적인 틀에서 보면 우리나라의 PEF는 감독당국의 인가가 필요 없다는 점에서 가장 자율성이 보장된 금융투자수단이다. 특히, 국내 PEF는 해당 PEF의 목적인 지분취득을 위한 활동이라는 요건만 충족하면 사실상 금융투자업무에 제한이 없다. 현재 자본시장법은 금융투자업무를 6개로 분류하고,[163] 세부적으로는 인가와 등록 업무 단위를 42개로 규정하면서 업무단위별로 대상투자자와 자기자본을 지정하고 있다. 예컨대, 장외파생상품을 매매하고자 하는 경우에는 일반투자자와 전문투자자를 대상으로 영업이 가능하며, 이때 필요한 자기자본 규모는 900억 원이다.[164] 간단히 말해서 금융투자업무를 하고 싶으면 정해진 6개 업무만 가

---

162 상호출자제한기업집단 소속 PEF에 대해서는 투자회사가 상장회사인 경우, 15% 이상에 대해서는 의결권을 제한하며 5년 이내에는 매각하여야 한다.

163 자본시장법이 규정하는 금융투자업은 총 6가지(투자매매업, 투자중개업, 집합투자업, 신탁업, 투자자문업, 투자일임업)인데, 각 투자업종별로 자기자본금 규제, 사업계획 타당성 규제, 설비 규제, 대주주 요건 등의 인가 및 등록 규제를 적용받는다.

164 전문투자자만을 대상으로 매매할 경우에는 절반인 450억 원이 필요하다.

사모투자펀드(PEF)

능하며, 이 또한 사전에 규정된 조건에 맞추어야 한다는 뜻이다. 개인적으로 금융투자업무를 규제당국이 미리 정해진 개수로 한정하고, 업무 인가 단위 또한 사전에 세분화하는 것이 과연 금융 산업 발전을 위해 긍정적인지는 의문의 여지가 많다고 생각한다.

투자자 보호와 금융시장의 건전성 유지를 위해 최소한의 조치가 필요하다면 정보공개와 투명성, 그리고 이를 위반할 경우 강력한 제재를 통해서도 충분히 달성가능하다고 본다. 이와 같은 업무세분화와 단위별 사전 인가·등록제는 시장이 금융시장의 환경변화에 신속히 대응할 수 있는 활력을 억누르고, 시장의 자발적이고 창의적 발전을 저해하면서 불필요하게 규제당국의 권한을 강화시키는 부작용이 있지는 않을까 생각해 본다. 2008년 금융위기가 금융 산업에 대한 규제가 없었기 때문에 발생하였으므로 좀 더 규제를 강화해야 한다는 논리가 있다. 하지만 규제 강화 필요성은 규제가 거의 없었기 때문에 최소한의 규제를 마련해야 한다는 취지로 제기되는 것이며, 우리나라처럼 금융투자영업의 범주까지 사전에 규제당국이 정해놓고 건건히 인가 및 등록 권한을 휘두르는 금융규제 만연 국가에서, 금융규제를 추가로 강화하자는 논리는 당초부터 무리라는 것이 개인적인 생각이다.

예컨대 장외파생상품 매매의 경우에는 자기자본이 900억 원이 필요하고, 투자일임업의 경우에는 모든 금융투자 상품을 대상으로 일임을 허용하면서 자기자본을 15억 원으로 규정한 근거는 무엇인가? 설령 900억 원과 15억 원에 대한 근거를 누군가 제시한다고 하더라도 향후 얼마 동안이나 유지하게 될지, 그리고 자본금 규모를 얼마나 상향 혹은 하향 조정할지 여부에 대한 판단은 과연 누가할지, 그 근거는 무엇이 될 것인지 자못 궁금하다.[165] 마이클 밀큰처럼 정크본드 시장을 활성화면서 투자 부적격 등급 채권 시장을 창출하고 싶다는 금융시장의 혁신적인

---

165   이와 같은 진입장벽이 과연 바람직한 것인지는 진지한 고민이 필요하다고 본다. 미국의 경우는 브로커-딜러를 하고자 하는 자는 일정 자격요건을 갖추고 SEC에 등록하면 브로커-딜러가 될 수 있고, 브로커-딜러가 된 후에는 유동자산을 일정 비율만큼 유지(이른 바, net capital rule)하는 규정이 있다. 금융기관의 규제는 민간단체인 FINRA(Financial Industry Regulatory Advisor)가 자격심사와 행위준칙 등을 정하여 자율적으로 준수하는 체계이다.

대체투자 파헤치기(중)

타이타노마키의 서막

아이디어를 가진 이가, 투자매매 및 중개업 인가를 받기 위해 규제당국과의 지루한 협상과정에서 살아남아 끝까지 자신의 아이디어를 관철시킬 수 있을까? 만약 파산에 대한 위험을 헤지하기 위해 최초로 CDS를 만든 제이피 모건(JP Morgan)이 규제당국의 장외파생 영업인가를 사전에 먼저 받았어야 했다면 CDS 시장이 그렇게 급성장할 수 있었을까?[166]

또 다른 예는 외국법인의 무한책임사원 금감원 사전 등록 관련이다. 2015년 7월, 개정 자본시장법이 국회를 통과하기 전에는 법령에 외국법인의 무한책임사원의 경우 금감원에 우선 등록하라는 규정이 없었다.[167] 하지만 법인 설립의 정관 심사 시 우선 등록이 되어 있지 않으면 금감원이 심사를 해 주지 않아, 사실상 우선 등록이 강제되고 있었다. 와인, 영화 등 특별자산을 담기 위한 특별투자신탁 설립도 마찬가지이다. 감독당국에 대한 단순 등록 절차가 사실상 허가제와 유사하게 운영되고 있어, 사전에 감독당국과의 소통이 없는 경우 특별투자신탁의 등록은 "사실상" 불가능한 경우가 많다.

증권사의 영업용 순자본비율(NCR) 규제도 마찬가지이다. 현재는 증권사가 PEF의 GP로 참여하면, 해당 PEF에 대한 투자 지분 비율대로 위험액을 산출하는 것이 아니라 해당 PEF 전체 금액을 위험액으로 간주한다. PEF GP 투자금액은 통상 해당 펀드의 10% 이내인데, 이 규제에 따르면 투자금액의 최소 10배 이상을 위험액으로 계상해야 한다는 뜻이다. 이 규제는 지분투자 비율만큼 위험을 부담한다는 500년도 더 된, 16세기 영국과 네덜란드의 주식회사 개념을 완전히 무시하는 그야말로 기상천외한 규제이다.

---

166   CDS 시장이 가장 활성화 되었던 2007년 당시 시장 규모는 명목(notional) 금액 기준으로 62조 달러로 추산된다. 이는 2013년 말 전 세계 국가의 GDP 규모를 합한 수치와 동일하다. 이후 CDS가 2008년 금융위기를 확산시킨 주원인으로 지목되면서 2012년 초에는 25.5조 달러로 절반 이상 시장규모가 축소되었다. 25.5조 달러의 규모는 어느 정도일까? 전 세계 헤지펀드 결성규모가 2012년 말 기준 2.2조 달러, 전 세계 PEF 결성 규모가 2012년 말 기준 3.3조 달러이므로, CDS 시장규모는 헤지펀드 결성규모의 10배, PEF 결성규모의 8배 이상이라는 엄청난 규모에 해당한다.

167   2014년 개정된 자본시장법이 2015년 7월에 국회를 통과하면서 국내, 해외 GP 모두 금융당국에 먼저 등록해야 한다.

사모투자펀드(PEF)

감독당국이 2013년에 발표한 옵션부 투자에 대한 가이드라인 역시 그 취지를 떠나서 결코 바람직하지 않다고 본다. 사실상 감독당국이 창구지도와 시장계도를 통해 PEF의 개별 운용을 감독하겠다는 것인데, 이는 금융산업의 자생적인 발전을 가로막는 결과를 초래할 수 있으므로 사실상 본말이 전도된 규제라고 본다.[168] 감독당국의 논리는 PEF가 원래 경영권 취득을 위한 목적에서 탄생한 바, 이에 충실하여 지분투자에 집중해야 하므로 원칙적으로 원금이 보장되는 형태의 옵션부 투자는 금지해야 한다는 것이다.

하지만 필자의 생각은 다르다. 미국에서도 PEF가 지분취득을 통한 경영권 취득의 도구로 활성화된 결정적 계기는 마이클 밀큰의 고수익 채권(high-yield)과 정크 본드(junk bond) 시장이 활성화되면서 부터이다. 세계 최대 바이아웃(Buy-out) PEF인 KKR도 마이클 밀큰을 만나기 전까지는 조그만 M&A 부띠끄에 불과했다. 마이클 밀큰 이후에는 은행의 대출상품을 묶은 대출채권 담보부 증권인 CLO 상품이 정크 본드를 대신하였다. 다시 말해 PEF가 자금조달을 수행하기 위한 고수익 채권(high-yield), CLO 등의 전방 자본시장(capital market)이 잘 발달되면서 PEF가 기업을 인수하기 위한 자금조달 비용이 매우 낮아졌고, 이에 따라 PEF의 과감한 지분취득 활동이 매우 자연스러웠던 것이다.

반면 우리나라의 경우에는 인수금융을 위한 제1금융권의 역할이 거의 없다. 제1금융권은 거의 소비자 금융에만 몰두하면서 예대금리 차이와 부동산 담보대출로 수익을 올리는 손쉬운 영업에만 집중하여, 인수금융과 같은 업무영역에 적극적으로 참여하지 않는다.[169] 대출 상품에 대한 2차 유통시장도 발달되지 않아서

---

168 옵션부 투자는 역외펀드나 해외 GP인 경우에는 적용되지 않는데, 이러한 규제 공백이 초래할 부작용도 심각하게 고려하여야 한다. 예컨대 경영권을 한동안 맡겨놓는 거래인 파킹 딜의 경우에는 국내 PEF가 참여할 방안이 없고, 오직 해외 GP나 역외펀드만 참여가 가능하다. 실제로 2013년 로엔엔터테인먼트 매각 시 어피니티, 칼라일 등 외국계 PEF와 역외 PEF를 운용할 수 있는 MBK 파트너스만 참여하여, 국내 PEF가 완전히 배제되는 상황이 벌어지기도 하였다.

169 국내은행의 이자수익 비중은 갈수록 커져 가고 있다. 이에 따라 이자 수익 이외의 별도 이익창출원인 비이자 수익비중은 갈수록 낮아지고 있다. 국내 은행 비이자 수익비중은 2006~2008 기간 사이에는 14.1%였으나 2009~2013 사이에는 13.4%로 하락하였다.

은행으로서는 대출 유동화를 적극적으로 추진한 유인이 적고, 설사 적극적으로 유동화를 할 수 있다 하더라도 유동화 대출자산이 유통되는 시장이 작아서 유통도 잘 되지 않는다. 다시 말해 인수금융 대출채권을 직접 자기 장부에 들고 가야한다. 지극히 위험 회피적인 제1금융권이 이를 적극적으로 수행하기는 한계가 많다. 최근에는 론펀드 등을 통해 제1금융권이 조금씩 인수금융 영역에 진출하고 있지만, 대규모 인수금융을 뒷받침하기는 아직도 부족하다. 따라서 우리나라는 인수금융을 하는 주체가 보험회사, 투신사 등 은행 이외의 금융기관이나 KDB산업은행 등의 국책은행이다. 국책은행 이외의 이들 금융기관은 상업은행보다 자금조달 비용이 높다. 그나마 인수금융 한도도 제한되어 있어 활발한 인수금융 활동을 할 수가 없다. ADT 캡스 인수전이 2014년 초에 한국에서 벌어졌을 때 해외 PEF들이 인수금융을 제공하는 우리나라 금융기관에 대해 자신들과만 협상해야만 하는 배타적 협상의무를 요구하면서, 후발 주자들이 인수금융을 구하지 못하는 웃지 못할 광경도 벌어졌다. 그만큼 한국 금융시장은 바이아웃(Buy-out) 전략을 구사하는 PEF가 필수적으로 활용해야 하는 인수금융의 기반이 취약한 것이다.

요컨대 우리나라의 경우는 PEF가 경영권 인수 지분투자를 위해 필요한 인수자금 조달이 쉽지가 않다. 더욱이 PEF는 보통 IRR 8%라는 높은 수익률을 요구받는다. 이처럼 바이아웃(Buy-out) 전략을 구사하기 위해 필수적인 인수자금 조달 환경이 열악하고 PEF 자체의 자금조달 비용도 매우 높기 때문에, 한국의 PEF는 본질적으로 경영권 인수라는 모험자본의 성격을 가지기가 매우 어렵다. 경영권 인수보다는 그로쓰 캐피탈(Growth Capital) 전략과 옵션부 투자에 치중하는 것이 너무나 자연스러운 것이다. 필자는 바로 이와 같은 한국의 취약한 자본시장 환경이, 한국의 PEF가 왜 전통적인 바이아웃(Buy-out) 전략을 구사하지 못하는지에 대한 근본적인 원인이라고 본다. "옵션부 투자 가이드라인"이라는 행정지도와 시장계도로 해결될 수 있는 문제가 결코 아니다. 오히려 옵션부 투자 가이드라인은 국내 PEF가 거래를 구조화할 때마다, 옵션부 투자 가이드라인에 부합한지 여부에 대한 법률 검토과정을 추가함으로써 거래 비용만 높일 것이 자명하다.

사모투자펀드(PEF)

　관계 당국은 오히려 PEF의 전방 금융 산업인 인수금융 시장을 활성화하기 위한 근본적인 자본시장(capital market) 활성화 대책을 세워야 한다. 예컨대 은행이 기업이나 프로젝트에 대한 대출을 자신의 판단과 시장원리에 따라 자율적으로 수행할 수 있는 시장 환경을 조성해야 한다. 아울러 이미 승인된 대출에 대해서는 상품화하여 자유롭게 시장에 내다 팔 수 있는 환경을 만들어서, 은행 스스로 이런 능력을 키울 수 있는 여건을 조성해야 한다.[170] 기업의 현금창출 능력에 문제가 있다면 대출이 자연스럽게 이루어지지 않아야 하고, 이루어지더라도 엄격한 대출 약정(covenant) 조건 하에서 이루어져야 한다. 나아가 이와 같은 대출상품이 시장에서 활발하게 유통될 수 있도록 증권회사 등으로 하여금 대출상품을 묶거나(pooling), 평가기관으로 하여금 풀링(pooling)한 대출채권에 대해 객관적이고 독자적인 신용등급 부여가 가능하도록 시장 환경과 법률 환경을 정비해야 한다.

　이와 같은 과정의 핵심은 시장의 자금이 수익성이 나는 곳과 나지 않는 곳을 스스로 평가하도록 해야 하고, 수익성이 있는 곳에 자금이 자연스럽게 흐르도록 금융시장 환경을 정비해야 한다는 것이다. 그렇게만 되면 시중의 자금이 안정성과 수익성이 검증된 대출상품에 자연스럽게 집중되면서, 인수금융에 대한 자금조달 비용도 자연스럽게 내려갈 것이다. 결국 이와 같은 금융 및 자본시장 환경의 개선이 한국의 PEF가 본연의 취지인 모험자본 투자에 뛰어들 수 있도록 유도하는 효과적인 정책 수단이다.[171]

170　우리나라에서는 과거 은행을 통한 기업이나 프로젝트 대출이 기업을 통제하는 수단으로 활용된 적이 있다. 이는 자금에 대한 수요가 높아서 은행 대출이 특혜인 시기에나 있었던 일이다. 지금은 현금자산이 많아 굳이 대출을 받을 필요가 없는 대기업들이 증가하면서 은행 대출을 통한 기업통제의 효과가 거의 없다. 오히려 이와 같은 관행은 현금자산이 적은 기업들의 대규모 투자에 은행의 대출이 편중되도록 유도하면서 부실대출의 가능성이 오히려 더 높아지고, 이로 인한 파급효과 때문에 전체 금융권과 제조업의 건전성까지 훼손되지 않을까 우려된다. 대우조선해양이 가장 대표적인 사례이다.

171　2014년 1월에 금융위원회는 만기 1년 이내 M&A 관련 대출을 한 경우 금융기관의 신용공여 한도에서 동 대출액을 포함시켜 계산하지 않도록 허용하였다. 하지만, 총 위험액에는 여전히 동 대출액이 포함되며 계열사 신용공여는 아예 금지되어 있다. 나아가 M&A와 관련한 인수금융 대출은 만기가 1년 내인 경우는 거의 없다. 1년 이내 M&A 대출만 신용공여 한도에서 제외한 것은 오직 브릿지 론(bridge loan)에 대해서만 신용공여 한도제외를 적용하겠다는 취지로 보인다. 따라서 이 조치가 M&A 활성화를 위한 인수자금의 원활한 조달에 얼마나 효과가 있을지 의문이다.

대체투자 파헤치기(중)

타이타노마키의 서막

개인적으로는 금융투자업의 사전 영업인가를 받지 않는다는 점에서 상대적으로 자율성이 부과된 PEF 산업이, 우리 금융시장의 혁신을 위해서라도 더욱 더 발전해야 한다고 본다. 특히 (하)권에서 언급하게 될 우리나라 대기업 그룹 경영의 가장 큰 아킬레스건인 오너 리스크(owner risk)를 최소화하기 위해서라도 PEF 산업의 발전은 반드시 필요하다고 본다.[172] 아울러 금융규제당국도 당초 PEF 설립 취지에 맞게 규제를 최소화하는 정책방향을 취하는 것이 옳다. 금융위원회가 2014년 4월에 발표한 자본시장법 개정안과 PEF의 M&A 활동에 대한 각종 규제완화 역시 올바른 정책방향이다. 향후 좀 더 획기적인 규제완화 정책을 기대해 본다.

다만 필자 개인적인 생각은 PEF 규제완화는 우리나라 PEF 규제의 가장 핵심인 운용규제부터 시작하는 것이 바람직하다고 본다. 지금도 10% 의결권 지분에 투자제한이 없는 기업재무안정PEF가 10% 이상의 의결권 있는 지분취득에만 운용이 한정된 통상의 PEF와 공존하고 있다. 이와 같은 기형적인 구조가 형성된 이유는 PEF에 부과된 현행 운용규제 때문이다. 필자가 이렇게 이야기하면 혹자는 역외에 펀드를 설립하면 PEF에 부과된 운용규제를 받지 않으니, 간단히 해결되는 것 아니냐고 반문한다. 하지만 이는 간단한 문제가 아니다. 아무리 홍콩이나 케이만 군도에 펀드 설립이 쉽다 하더라도 역외 펀드 설립은 당연히 비용이 추가된다. 그리고 역외 펀드에 자금을 송금하고 그로부터 자금을 입금하는 과정에서 규제강도가 가장 높은 외국환거래법이라는 "난관"을 거쳐야 한다. 특히 국세청은 역외 펀드의 경우에는 운용사의 자문서비스 대가인 관리보수가 부가가치세 면세가 아니라는 입장이다.

금융위원회가 의욕적으로 추진하다가 2015년 9월에 사실상 중단한 기업구조조정 전문회사 신규 설립도 그 근본적인 원인은 PEF 운용규제 때문이다. 만약 PEF 운용규제가 없었다면, 기존에 시장에서 설립된 PEF 중 기업구조조정에 전

---

172 이에 대해서는 PEF 투자전략 편에서 상술한다.

사모투자펀드(PEF)

문성을 갖춘 PEF 자금이 구조조정의 필요성이 발생한 기업에 자연스럽게 흘러갔을 것이다. 바로 자본주의의 역동성을 보장하는 시장의 힘이다. 별다른 행정 조치가 필요할 수가 없다. 하지만 현행법상 10% 이상 지분취득이나 경영권 참여에만 한정된 PEF 운용 규제 때문에, PEF가 기업구조조정에 참여하는 통로는 원천적으로 아예 차단되어 있다. 결과적으로 할 수 없이 금융위원회가 없는 제도를 새로이 "주도"하여 만들 수밖에 없다. 설사 금융당국이 적기라고 판단해서 기업구조조정 회사를 만들 수 있다 하더라도, 적시적기에 자금이 효율적으로 흘러간다는 보장도 없다. 효율적인 자금 흐름을 창출하기 위해서는 자율적인 시장 메카니즘의 역동적인 판단에 최종적인 자금흐름을 맡겨야 한다. 중세 시대의 길드 제도도 아니고 왜 특정 업무영역을 행정당국이 "지정"하여 인가하는가? 왜 행정당국이 나서서 기업구조조정 영역을 특정 시점에 특정기관에게 인가할 수밖에 없는가? 우리나라 금융투자업의 열거주의와 사전 인가제도가 특정시기에 특정 영업을 특정인에게만 영위할 수 있게 인가권을 부여하는 1,000년 전 과거의 중세 길드 제도하고 다를 것이 없다고 이야기하면 지나친 단정인가?[173]

하지만 PEF의 운용규제 철폐는 앞서 언급한 금융투자업의 인위적 분류 및 인허가 제도와 밀접히 관련되어 있다. PEF의 운용규제를 아예 없애버리면 금융투자업의 인허가 조건과 정면으로 배치되면서, 자본시장법 전체의 법체계를 고쳐야 할지도 모른다. 예컨대 PEF 운용규제를 전면 철폐하여 PEF가 부동산을 전문으로만 투자할 수 있도록 허용하는 경우, 부동산 거래에 인허가 조건을 부여한 현재의 조항에 따라 라이센스를 받고 부동산 투자업을 영위하는 기존의 부동산 자산운용사들은 어떻게 반응할 것인가? 현재와 같은 법제도 하에서는 당연히 이와 같은 일이 벌어지기는 쉽지 않을 것이다. 물론 금융투자업무의 세분화와 사전 인가제는 소비자 보호, 도덕적 해이 방지와 금융시스템 전체의 건전성을 확보하기 위

173　See World Economic Forum, *Global Competitiveness Report 2015~2016*, Sep 28, 2015, http://reports.weforum.org/global-competitiveness-report-2015-2016/economies/#indexId=GCI&economy=KOR

대체투자 파헤치기(중)

타이타노마키의 서막

해 필요한 측면이 있다. 하지만 이와 같은 정책 목표는 사전영업 인가를 최소화하고, 보편적인 사기금지 의무 등 네가티브 방식의 법체계 하에서 위반 시 강력한 처벌을 집행하는 사후 규제를 통해서 달성하는 것이 더 효율적이지 않을까?

결론적으로 필자가 보기에는 결국 한국의 PEF는 중세 길드 제도와 유사한 개별 금융투자업의 사전 인·허가라는 한국 금융산업의 구조적 폐쇄성에 갇히면서, 기업의 10% 이상 지분 취득에만 집중하는 기형적인 구조로 고착화될 가능성이 높다. 다른 나라 PEF가 기업의 지분취득 이외의 새로운 영역으로 자유롭게 진입하고 탈퇴하는 환경 하에서 활동함으로써, 기업구조조정(corporate restructuring), 구제금융/직접대출(rescue financing/direct lending), 크레딧(credit), 부실자산(distressed), 부동산, 파이프(PIPE), 에너지·광물 등 섹터 펀드와 같은 새로운 업무영역으로 끊임없이 진출하여 영업 범위를 넓히고 있는 것과 너무나 대조적이다.[174] 우리나라 PEF가 글로벌 환경변화에 대응하여 자신의 금융투자 업무 영역을 다양하게 확장하기 위해서는 먼저 금융당국을 설득해야 하거나, 아니면 금융당국이 나서서 시혜성 인가를 베풀기 전까지 기다릴 수밖에 없는 우리나라의 현실이 안타깝기만 하다. 향후 획기적인 개선을 기대해 본다.

다행히도 필자가 지속적으로 주장하였던 PEF의 지분 10% 보유 의무를 폐지하는 자본시장법 개정안이 2018년 11월에 발의되었다. 2019년 4월까지는 아직 정무위에 계류 중이지만, 조속한 법 개정을 기대해 본다. 만약 이 개정안이 통과되면 PEF는 금융투자업의 인허가라는 현재 한국금융의 폐쇄적인 길드제도를 완전히 혁파하는 "다마스쿠스의 강철 검(Damascus steel sword)"이 될 것이라 확신한다.

---

174 예컨대 칼라일(Carlyle), KKR, 블랙스톤(Blackstone)은 PEF 뿐만 아니라 헤지펀드, 기업구조조정, 부채전략, 부동산 전략을 모두 보유한 종합자산운용사이다. 현재의 우리나라 법제 하에서는 이와 같은 종합자산운용사의 출범을 기대하기는 사실상 불가능에 가깝다.

07 PEF 구성원 및 보수

1) GP, LP의 이해관계 불일치: 트로이의 목마

PEF는 회사형태가 헤지펀드와 마찬가지로 일반적으로 유한책임 파트너쉽(Limited Liability Partnership: LLP)이나 유한책임회사(Limited Liability Company: LLC)의 형태를 띤다.[175] 우리나라의 경우 이와 유사한 회사형태가 바로 합자회사이다. 일반적으로 LLP, LLC 혹은 합자회사의 구성원은 무한책임사원(General Partners: GP)과 유한책임사원(Limited Partners: LP)으로 구분된다. 이 중 GP가 자금 모집, 펀드 등록, 투자건 발굴, 실사, 투자집행 및 투자회수 등 펀드의 일상적 운용을 책임지는 역할을 하고, LP는 GP에게 일상적 운용 책임을 맡기면서 일정금액을 투자하는 투자자이다.[176] 풀어 쓰면 PEF GP는 PEF를 운용(advise and/or manage)하는 운용회사이고, PEF LP는 PEF에 출자하거나 투자하는 출자자/투자자이다.

펀드가 LLC나 LLP 형태로 설립되면, GP도 LP와 마찬가지로 자신이 투자한

---

175 LLP와 LLC의 차이에 대해서는 PEF와 Tax, 미국 편에서 상술한다.
176 GP가 자금모집을 위해 마련하는 마케팅 자료를 보통 "모집제안서(Offering Memorandum: OM)" 혹은 "모집계획서(Private Placement Memorandum: PPM)"이라고 부른다. GP가 한 개 펀드의 투자를 완료하고 다음 펀드를 모집하는데 소요되는 시간은 일반적으로 3년 내외이다.

대체투자 파헤치기(중)

타이타노마키의 서막

금액 내에서만 책임을 지며 개인적인 책임은 없다. GP는 보통 펀드 전체 약정액의 1~2%를 출자한다. 이와 같이 LP와 GP가 서로 출자한 범위 내에서만 책임을 지게 하는 구조는 PEF 구조에 더 많은 자금이 집중되게 하는 결정적 요인이 되었다. 특히 PEF의 주요 투자대상이 리스크가 높고 불확실성이 높은 지분(equity) 투자이므로, PEF를 통한 자금집중은 모험적인 투자를 적극 유도함으로써 자본주의 사회가 좀 더 진보된 형태로 나아가는 역동적인 혁신을 가능하게 했다. 예컨대 사업화가 불확실한 창조적 아이디어만 가지고 창업한 기업들은 PEF나 벤처펀드가 없었다면 보수적인 은행 대출만으로는 자금조달이 거의 불가능하였을 것이다. 아마 애플과 구글 역시 사업초기에 위험부담을 안고 투자한 벤처펀드가 없었다면, 오늘날과 같은 거대기업으로 성장하지는 못했을 것이다. 아울러, 2003년 미국에서 쇠락해 가는 철강 산업을 PEF가 인수하여 자금을 투입하지 않았다면, 미국의 철강 산업은 2000년대 말에는 종말을 겪었을 것이라는 주장도 있다.[177]

하지만 GP의 출자액이 LP 보다는 상대적으로 매우 적어서, PEF의 GP가 심각한 도덕적 해이에 빠질 수 있다는 비판도 있다. 즉 펀드 전체의 경영전반을 책임지면서도, GP 자신은 펀드 전체 금액의 1/50~1/100의 범위 내에서만 책임지면 되기 때문이다. 이 점에서 PEF 구조는 GP와 LP의 경제적 이해관계가 본질적으로 좁혀지기가 쉽지 않다. 핵심운용인력의 개인적 출자 비율을 좀 더 높이려고 시도하는 LP들이 최근에는 늘어나는 이유도, GP와 LP의 이해관계를 일치시키기 위한 노력의 일환이다.[178] 특히 GP가 관리보수 외에 거래수수료나 자문수수료 등을 펀드나 피인수기업으로부터 과도하게 징수함으로써, GP가 펀드의 성공여부와는 무관한 수익을 올리는데 지나치게 몰두하는 것이 아니냐는 비판도 많다. 나아가 핵심운용 인력이 1년 내외의 기간 동안에 변경된 경우에는 이와 같은 GP

---

177 Eileen Appelbaum, 앞의 책
178 2015년 국민연금의 국내 PEF 출자 계획에 동 이슈가 중대한 평가 요소로 삽입된 것도 같은 맥락이다.

의 도덕적 해이 문제가 해결되기 어렵다고 보고, 아예 서류 심사과정에서 PEF 운용사를 탈락시키는 LP도 있다. 우정사업본부가 대표적이다.

　PEF의 GP와 LP의 이와 같은 이해관계의 불일치(misalignment of interest) 문제는 PEF의 본질적인 한계이지만, 필자가 보기에는 PEF가 장기적인 성장을 하기 위해서는 반드시 해결되어야 할 매우 중요한 이슈이다. 특히 GP가 LP의 이해관계 불일치 문제에 무관심하거나 오히려 그 반대 방향으로 움직이게 되면, GP와 LP의 이해관계 불일치 이슈는 PEF의 생명줄을 끊어버리는 트로이의 목마가 될 수도 있다. 그 이유는 다음과 같다.

　우선, 전술한 바대로 PEF가 타이탄 대기업들의 경영지상주의를 비판하면서 기업인수의 중요한 주체로 등장한 이론적 배경 중의 하나가 바로 주인-대리인 문제였다. 즉, 전문경영인들이 기업의 주인인 주주 이익을 무시하고 기업을 경영하는 과정에서 필연적으로 발생하는 주주경시 관행을 해결하기 위해, 주주이익을 극대화하는 PEF가 기업을 직접 인수하여 경영하는 것이 바람직하다는 것이 PEF 기업인수의 중요한 이론적 바탕이다. 하지만 이와 같은 사회적 사명감을 가진 PEF가 자신의 내부 조직 내에, 타이탄 대기업들의 경영진과 주주 사이의 대리인 문제와 완전히 동일한 GP와 LP의 주인-대리인 문제를 잠재적으로 잉태하고 있다는 것은 PEF 기업인수 명분을 극적으로 약화시킬 것이다. 아울러 후술하게 될 PEF 기업 인수에 대한 찬반 논란 과정에서, PEF 내부에 잠재해 있는 GP와 LP의 이해관계 불일치 이슈가 추가되면 PEF에게 유리할 것이 하나도 없다.

　특히 PEF가 대형화된 가장 결정적인 이유는 1970년대 말부터 PEF에 대한 투자를 적극적으로 증가시켜 온 공적 연기금과 국부펀드들이었다는 점을 결코 잊어서는 안 된다. 공적 연기금과 국부펀드들은 공공의 영역(public sector)이라는 특성상, 사회적 논란에 대한 민감도가 매우 높다. 따라서 PEF GP가 수수료 수입에만 몰두함으로써 사회적 논란의 중심이 되고, 주요 LP들인 공적 연기금과 국부펀드들과 이해관계를 일치시키는 노력을 게을리 하게 되면, 공적 연기금들은 PEF에 대한 자금 투입을 줄이게 되어 결국에는 PEF가 장기적으로 발전할 수 있는 토

대를 완전히 잃어버릴 것이다. PEF는 스스로 현금흐름을 창출하는 계열사들을 영원히 소유하려는 타이탄 대기업과 달리, 투자기업을 가급적 빠른 시일 내에 매각하여 펀드를 주기적으로 모집하지 않으면 자생적인 성장이 불가능하다. 이 점은 타이탄 대기업과 기업인수를 둘러싼 타이타노마키 혈전에서 PEF의 가장 결정적인 약점이다. 공적 연기금과 국부펀드와 같은 대형 LP들의 지속적인 투자 없이는, 주주이익 극대화라는 PEF의 기업 인수 명분도 공염불에 그치고 말 것이다.

결국 PEF 운용사 스스로가 GP와 LP의 이해관계를 일치시키게 하는 노력을 기울이고 이를 진정성 있게 LP들에게 보여야만, PEF에 대한 부정적인 사회적 인식을 불식시킬 것이다. 이렇게 해야만 공적 연기금과 국부펀드가 사회적 논란 없이 PEF 투자를 지속적으로 늘려나가면서, 장기적으로 PEF가 성장해 나갈 수 있는 토대가 마련될 것이다. PEF가 펀드의 성과에는 관심이 없고 LP에 대해 안하무인한 자세로 지나치게 자주 새로운 펀드를 출범시켜 자금모집을 하거나, 포트폴리오 기업을 대상으로 수수료 징수에만 집착하는 듯한 모습은 PEF의 장기적인 발전을 위해서 결코 바람직하지 않다. 다시 말해 GP가 LP의 이해관계를 적극적으로 일치시키지 않고 자신의 이익만 앞세우게 되면, 장기적으로 PEF가 모두 공멸하는 트로이의 목마를 스스로 자기 내부에 심는 것과 결코 다르지 않을 것이다.

2) LP, 수동적 투자자에서 능동적 투자자로!

LP는 투자가 성공할 경우 투자원금과 투자수익을 배당받게 되고, 투자가 실패할 경우 투자원금의 범위 내에서만 책임을 지게 된다. 즉, 기본적으로 수동적 투자자이다. 하지만 최근에는 LP 상호간 협력을 통한 정보교환 활동도 매우 활발한데, 대표적인 사례가 「기관투자자 LP 협회(Institutional Limited Partners Association: ILPA)」이다. ILPA는 GP와 관련된 상세 정보, PEF 전체 산업현황, PEF 성과 벤치마크 등을 공유할 뿐만 아니라, GP 실사과정에서 사용하는 실사 질의서(due diligence questionnaire: DDQ), PEF 관련 용어 등을 인터넷에 공개하고 있다. 향후 이와 같은 적극적인 LP의 등장은 거역할 수 없는 대세라고 본다.

그럼에도 불구하고 현재의 법체계 하에서 아직까지는 PEF의 LP는 GP의 일상적 운용에 간여할 수 없다. 달리 말하면, LP는 GP가 선정된 후에는 GP를 전적으로 믿고 따라갈 수밖에 없다. 이는 법률이 보장한 GP의 권리이자 LP의 의무이다. 예컨대 개별 투자 건이 LP 마음에 들지 않는다고 해서 GP의 자금 요청(capital calls)에 불응할 수는 없다. 반면 GP는 투자 실패 시 손실액이 투자 원금의 1~2% 이내에 한정된다. 물론 펀드의 성과 악화가 GP의 명성에 미치는 영향 등을 감안하면, GP의 손실이 투자금액에만 한정된다는 것은 지나친 극단론이다. 하지만 이는 PEF의 GP가 가진 권한과 책임의 범위가 일치하지 않는다는 비판의 이론적 근거이고, 이에 따라 PEF의 GP/LP 구조는 심각한 도덕적 해이 문제가 본질적으로 내재되어 있다는 비판 역시 만만치 않다. 따라서 LP는 GP 선정에 매우 신중해야 한다. 선정과정에서 GP별로 개별적인 취약점이 발견된다면 이를 보완하기 위한 별도의 장치, 예컨대 부속 서신(side letter) 등을 본 계약 체결 전에 요구하여 만약의 상황에 철저히 대비하는 것이 좋다.

하지만 운용과정에서 GP가 LP에 비해 다소 우월적인 지위를 향유하는 추세는 최근에 큰 변화를 겪고 있다. 바로 거대 LP가 GP보다 우월한 정보력을 바탕으로 GP의 의사결정에 참여하는 추세가 강화되고 있는 것이다. 예컨대 정관에 펀드의 일정 금액 혹은 일정 비율 이상을 투자할 때는 LP의 동의를 받게 하는 등의 방법으로, LP와 GP가 상호간 커뮤니케이션을 강화해 나가고 있는 사례가 늘고 있다. 심지어는 대규모 자금을 운용하는 주요 LP가 직접투자에 대한 경험을 조금씩 축적한 후 GP와 주요 딜에서 직접 경쟁하는 경우도 증가하고 있다. 대표적인 사례가 캐나다연금투자위원회 CPPIB(Canada Pension Plan Investment Board)와 중동 및 아시아를 중심으로 한 국부펀드(Sovereign Wealth Fund: SWF)들이다.

CPPIB는 2012년에 이미 직접투자 비중을 전체 운용자산의 90%까지 끌어올린다는 목표를 가지고 있을 만큼 직접투자에 매우 적극적이다. CPPIB의 주요 직

대체투자 파헤치기(중)

타이타노마키의 서막

접투자 대상과 전략은 바이아웃(Buy-out) 전략, 인프라 및 부동산에 집중되고 있다. 특히 CPPIB는 대규모로 진행되는 전 세계 인프라 딜에 직접 참여하기 위해 별도의 조직을 만들고, 전 세계 주요 LP들을 규합하여 체계적인 클럽 딜(club deal) 형태를 추구하기도 한다. 표면적으로는 클럽 딜(club deal)이지만 CPPIB가 직접 GP 역할을 하는 것과 다름이 아니다. 2013년부터 2014년 여름까지 진행된 제이피 모건(JP Morgan)의 PEF 부문인 원 에퀴티 파트너즈(One Equity Partners)의 매각 입찰과정에서도, CPPIB는 막대한 자금력을 바탕으로 단독으로 입찰에 참여하여 입찰 참여자 모두를 놀라게 하기도 했다. 매각 규모가 최대 50억불에 이르는 초대형 딜이어서 다른 세컨더리(secondary) PEF 운용사들은 컨소시엄을 구성하여 참여했지만, CPPIB만 단독으로 입찰에 참여했기 때문이다. CPPIB의 행보는 현재에도 멈추지 않고 있다. 예컨대 CPPIB는 GE가 구조조정 일환으로 매각 방침을 정하고 2015년 5월부터 매각절차를 진행했던, GE 캐피탈(GE Capital)의 사모투자펀드 대출사업 부문 안타레스 캐피탈(Antares Capital)을 블랙스톤(Blackstone), KKR, 아폴로(Apollo), 애리스(Ares) 등의 쟁쟁한 PEF 운용사들을 제치고 2015년 6월에 단독으로 인수하는데 성공했다.[179] 2016년 10월에도 영국의 PEF 운용사인 SVG를 인수하는 입찰 절차에 CPPIB는 단독으로 참여하여 골드만삭스, 하버베스트 등과 직접 경쟁하기도 하였다.[180] 이코노미스트는 이와 같이 공격적인 직접투자 행보를 보이는 CPPIB를 자산운용 업계의 "단풍 혁명가들(Maple Revolutionaries)"이라고 칭하기도 하였다.[181]

CPPIB 외에도 국부펀드 역시 직접투자에 매우 적극적이다. 국부펀드센터(Sovereign Wealth Center: SWC)에 따르면, 2014년 전 세계 국부펀드의 총수

---

179 Financial Times, June 29, 2015
180 Financial Times, Oct 5, 2016
181 Economist, Mar 3, 2012. 캐나다 국기에 새겨진 단풍을 CPPIB에 은유하고, CPPIB의 공격적 행보를 혁명가들의 행보에 비유한 것이다.

사모투자펀드(PEF)

탁자산인 6.3조 달러의 약 10%인 6,200억불이 국부펀드가 직접 운용하는 자산이라고 한다.[182] 특히 SWC는 2013년의 경우에는 전년인 2012년보다 2배 이상 증가한 약 1,800억불이 국부펀드의 직접투자 금액이라고 추산하였다. 2014년에는 2013년보다 규모가 감소한 1,117억불이 국부펀드의 직접투자 금액이었지만, SWC는 국부펀드의 직접투자 금액은 2015년 이후에도 계속 증가할 것이라고 전망하였다.[183] 대표적인 국부펀드인 아부다비 투자청(Abu Dhabi Investment Authority: ADIA)도 2015년 6월에 자신이 운용하는 펀드의 1/3을 직접 운용한다고 밝힌 바 있는데, 이는 2014년의 25%보다 약 10% 포인트 증가한 수치이다. 싱가폴 국부펀드 GIC(Government of Singapore Investment Corporation) 역시 일찍부터 직접투자에 적극적인 활동을 전개하고 있는 대표적인 국부펀드이다. 예컨대 GIC는 2014년 9월 블랙스톤(Blackstone), CVC, 에이팩스(APAX) 등의 쟁쟁한 PEF 운용사들을 제치고, 차량 수리 및 차량 보험 전문 기업인 RAC를 칼라일(Carlyle)로부터 인수하는데 성공하기도 하였다. 2015년 8월에는 미국 바이아웃 전문 PEF인 칼라일(Carlyle)과 함께 데이터 저장 업체인 베리타스(Veritas)를 80억불에 공동 인수하였고, 캐나다 부동산 운용사인 브룩필드(Brookfield)와 함께 호주 항만 하역업체인 아시아노(Asciano)도 66억불에 공동으로 인수하였다. 2016년 11월에는 주로 전자상거래를 통해 거래되는 상품을 보관, 처리하는 유럽 물류회사 P3를 24억 유로에 인수하였고, 2018년 7월에는 블랙스톤과 함께 영국 보험회사 로스세이(Rothesay Life) 지분 32.7%를 인수하는 등 공격적인 행보를 이어가고 있다.

이에 따라 전 세계 PEF 업계가 벌써부터 긴장하고 있다. PEF 운용사에게는 딜소싱에서 PEF 상호간 경쟁은 당연한 현상이고, 기존의 수동적 투자자에서 적극적 투자자로 변신한 LP들과도 직접 경쟁해야 하기 때문이다. 향후 대형 연기금과 국부펀드 등의 LP를 중심으로 한 직접 투자 추세에 귀추가 주목된다.

---

182 Financial Times, June 15, 2015
183 Financial Times, June 15, 2015

3) GP의 세 가지 수익원: 관리보수, 성과보수, 수수료

PEF의 운용사인 GP의 수익원은 크게 세 가지이다.[184] 우선 펀드의 일상적 관리에 필요한 관리보수이다. 보통 투자기간 동안에는 약정액을 기준으로, 투자기간이 종료되면 투자액을 기준으로 1~2%를 GP가 가져간다. 관리 보수는 GP 입장에서 회사와 펀드를 유지하기 위한 기본적인 비용으로 가장 중요한 수익원이다. 예컨대 미국에서는 GP 수입의 2/3가 관리보수이고, 성공보수는 GP 수입의 1/3을 차지한다는 연구 결과도 있다.[185] 하지만 관리 보수는 LP 입장에서는 결코 가볍게 보아서는 안 된다. 예컨대 펀드 만기가 10년이고 펀드 투자 약정액을 100으로 가정했을 때, 관리보수가 연 2%이면 단순 계산으로 실제 펀드 투자액은 80에 불과하다. 나머지 20은 GP에 대한 수수료로 연 10년간 나눠서 지급되는 것이다. 이와 같이 관리보수가 지나치게 높다는 인식이 확산됨에 따라 과거에는 2% 관리 보수가 대세였으나, 2019년 기준으로는 1.5% 내외로 관리보수가 줄었다. 프레퀸(Preqin)이 2015년 1사분기에 기관투자자들을 대상으로 설문 조사한 결과를 보아도 LP 입장에서 PEF 투자에 가장 큰 걸림돌이 각종 보수라고 조사되었다. 그만큼 PEF의 수수료에 대한 LP의 민감도가 최근 급격히 상승하고 있어 향후 추이에 관심이 집중되고 있다. 이는 전술한 GP와 LP의 이해관계 불일치 이슈와도 밀접하게 관련되어 있다. 향후에 지나치게 많은 관리보수가 펀드의 성과와 무관하게 지급되는 불합리한 PEF 시장 관행에 대해 LP들이 어떻게 대응할지 주목된다.

---

184 Steven N. Kaplan and Per Stromberg, *Leveraged Buyouts and Private Equity*, Journal of Economic Perspective, 2009
185 Eileen Appelbaum, 앞의 책

사모투자펀드(PEF)

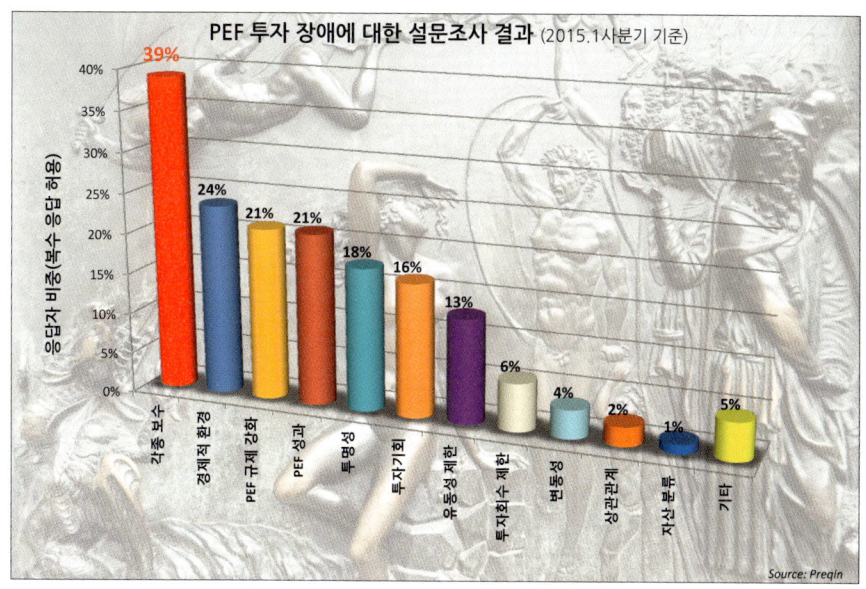

두 번째 수익원이 성과보수(carried interest)이다. 성과보수는 펀드가 일정 수준 이상(hurdle rate)의 성과를 거두었을 경우 초과 수익의 보통 20%를 GP가 가져간다.[186] 하지만 베인 캐피탈(Bain Capital)과 같은 PEF는 초과 수익의 30%를 요구하기도 한다. 성과보수 배분 방식에 대해서는 상세히 후술한다. 성과보수는 펀드운용의 역사가 오래된 명망 있는 최상위(top) PEF의 경우에는 관리보수보다 더 중요한 수익원이다. 예컨대 블랙스톤(Blackstone)의 경우 2013년 관리보수 수입은 21.9억불이었으나 성과보수는 그 두 배가 넘는 46.7억불이었다. 2014년에는 두 수입원의 차이가 더 커져서 관리보수 수입이 25.0억불이었고 펀드에 귀속된 성과보수는 실현된 성과와 실현되지 않은 성과를 합쳐 63.4억불이었다.[187]

---

186 이를 보통 "2 and 20 모델(Two and Twenty Model)"이라고 한다. 하지만 관리보수가 계속 하락하면서 현재는 "1.5 and 20 model"이 대세로 굳어지는 추세이다.

187 출처 – Blackstone Group L.P. (Filer) CIK: 0001393818, Feb 27, 2015. 블랙스톤(Blackstone)의 경우는 PEF보다 부동산 사업부문의 자산과 성과보수가 더 크다. 2014년 성과보수의 경우 부동산 사업부문의 성과보수 비중이 전체 성과보수의 59%인 37.2억불이었고, PEF 사업부문은 그 35%인 22.2억불이었다.

대체투자 파헤치기(중)

타이타노마키의 서막

특히 성과보수는 GP 핵심 운용인력의 수입을 대부분을 차지하는 중요한 수익원이다. 예컨대 블랙스톤 그룹(Blackstone Group)은 기업이 상장되어 있어 핵심 운용인력의 보수가 공개되어 있다. 이에 따르면 2012년 기준으로 창업자인 스티븐 슐츠만(Stephen Schwarzman) 회장의 연봉(즉 관리보수)은 35만 불이었으나, 그가 보유한 회사의 지분에 따라 배분된 성과보수는 그 20배가 넘는 806.5만 불이었다.[188] 2014년에는 슐츠만 회장의 성과보수 규모가 천문학적으로 증가하였는데, 연봉은 35만 불로 변하지 않았으나 성과보수는 그 200배가 넘는 8,553.9만 불이었다.[189] 2015년에는 이보다 더 증가하여 8,948.8만 불이 그의 성과보수였다! KKR의 헨리 크래비스(Henry Kravis) 역시 2012년 말 기준으로 연봉은 30만 불이었으나, 성과보수는 그 10배가 넘는 347.3만 불이었다. 2014년 말 기준으로도 연봉은 변하지 않았으나 크래비스의 성과보수는 2012년보다 두 배 가까이 증가한 641.5만 불이었고, 2015년 성과보수는 439.1만불을 기록했다.

참고로 PEF의 성과보수는 일반적으로 "실현된" 포트폴리오나 펀드를 기준으로 지급한다는 점에서 헤지펀드의 성과보수와 다르다. 헤지펀드는 보통 월별로 펀드 순자산의 시장가치(MtM NAV)를 평가하여, NAV가 그 전보다 상승하면 성과보수를 받고 그 보다 하락하면 성과보수를 돌려준다(high water mark). 즉, 헤지펀드는 PEF와 달리 펀드 포트폴리오의 실제 실현가치가 아니라 월말 "시장가

---

[188] 블랙스톤 그룹(Blackstone Group) 스스로도 핵심 운용인력의 주요 수입원은 성과보수라고 밝히고 있다. To that end, the primary form of compensation to our senior managing directors and other employees who work in our carry fund operations is generally a combination of annual cash bonus payments related to the performance of those carry fund operations, carried interest or incentive fee interests and, in specified cases, deferred equity awards. 10-K, Feb 27, 2015.

[189] 출처: Blackstone Group L.P. (Filer) CIK: 0001393818, Feb 27, 2015. 슐츠만 회장의 성과보수는 펀드의 소유 지분에서 나온다는 점에서 일반적인 성과보수(carried interest)와는 성격이 조금 다른 면이 있다. SEC 제출 서류(filing)에도 기타 보수(all other compensation)로 기재되어 있다. 하지만 펀드의 성과와 연계되어 있다는 점에서 본질적으로 광의의 성과보수와 틀리지 않다. 2014년 슐츠만 회장의 기록적인 성과보수는 2014년 블랙스톤(Blackstone)이 42.8억불이라는 엄청난 이익을 달성하면서 가능했다. 아울러 2008년 금융위기 이후 PEF 회장과 월가의 투자은행·상업은행 회장들의 연봉 차이는 갈수록 벌어지고 있다. 예컨대, 2014년 말 기준으로 골드만삭스 회장인 로이드 블랭크파인(Lloyd Blankfein)은 2,400만 불, 제이피 모건(JP Morgan)의 제이미 다이먼(Jamie Dimon) 회장은 2,000만 불의 성과보수를 받았다. 슐츠만 회장 성과보수의 약 1/4 수준에 불과하다.

치(MtM NAV)"를 기준으로 성과보수를 지급한다. 하지만 PEF의 경우는 해당 포트폴리오가 실제로 청산되었을 때 기준 수익률을 넘는 경우 성과보수를 지급한다. 보통 관리보수와 성과보수 관련 규정은 펀드의 정관(Limited Partnership Agreement: LPA)에 기재한다.

　세 번째, 실제 인수과정에서 발생한 거래 수수료(transaction fees)와 투자 후 모니터링 과정에서 포트폴리오 기업으로부터 징수하는 수수료(monitoring or advisory fees)를 GP가 가져가는 경우가 있다. 회사를 인수할 때 발생한 수수료를 피인수기업으로부터 징수하는 것은 LP 입장에서는 어떻게 보면 거부감이 덜할 수도 있으나, 거래 후 모니터링이나 자문과 관련된 비용까지 GP가 징수하는 것은 LP 입장에서는 불편할 수밖에 없다.[190] 이는 포트폴리오 기업의 재무적 성과를 필요 이상으로 악화시키기 때문이다. 특히 이와 같은 수수료 관행은 미국의 바이아웃(Buy-out) PEF에게 흔히 볼 수 있다.[191] 심지어는 포트폴리오 기업이 부도 직전까지 가는 단계에서도 수백만 불의 수수료를 자문 수수료(advisory fees)라는 명목으로 가져가는 경우를 적지 않게 볼 수 있다. 어떤 경우에는 수입 규모 측면에서 해당 포트폴리오 기업으로부터 징수하는 모니터링 비용(monitoring fees)이나 자문 비용(advisory fees)이 관리보수 금액과 거의 유사한 규모라는 연구 결과도 있다.[192] 대표적인 사례가 베인(Bain)과 KKR이다. 필자 경험에 따르면 미국의 바이아웃(Buy-out) PEF 중 규모가 큰 곳이면, 거의 모두가 이 수수료를 징수하는 것으로 알고 있다. LP가 GP를 선정할 때는 이와 같은 보수 구조에 대해 사전 검토를 면밀히 수행하여, LP 입장에서 이를 수용할 수 있는지 여부를 최종 약정

190　하지만 거래 과정에서 발생하는 수수료를 인수를 주도한 PEF가 징수하였다면, 해당 PEF는 미국법 상으로는 브로커-딜러 역할을 한 것이므로 SEC에 등록을 해야 한다. 하지만 SEC에 브로커-딜러 등록을 한 PEF가 과연 몇이나 될까?

191　미국의 바이아웃(Buy-out) PEF는 후술하겠지만 해당 산업의 전문가 집단(pool)을 운영하는 사례가 적지 않다. 이와 같은 전문가 집단(pool)을 운영하기 위한 기본적인 비용을 해당 포트폴리오로부터 자문비용(advisory fees)이나 모니터링 비용(monitoring fees)이라는 명목으로 징수하는 것이다.

192　Eileen Appelbaum, 앞의 책

대체투자 파헤치기(중)

타이타노마키의 서막

이전에 결정해야 한다.

　마지막으로 PEF에게 지급하는 기본적 경비인 관리 보수나 성과보수 외에, 바이아웃(Buy-out)을 진행할 경우 발생하는 부수적인 비용 중 가장 큰 비용을 차지하는 비용이 거래비용(transaction fees)이다. 즉, 투자은행에 대한 수수료이다. PEF가 주도하는 바이아웃(Buy-out) 거래의 거래비용은 1990년대에는 투자은행 수수료의 2~3%에 불과했지만, 2014년 이후로는 투자은행의 주요한 수입원으로 전환되고 있는 추세이다. 파이낸셜 타임즈와 딜로직에 따르면 바이아웃(Buy-out)이 가장 정점을 이루었던 2007년 미국의 투자은행 수입 360억불 가운데 24%인 86.4억불이 바이아웃(Buy-out) PEF로부터 나왔다.[193] 하지만 금융위기가 정점을 치닫던 2008년에는 이 비중이 12%로 최저 수준을 기록하기도 하였다. 2012년에는 19%의 비중으로 약간 상향하던 추세였다가, 2014년 8월까지는 바이아웃(Buy-out) PEF의 수수료가 미국 투자은행 수수료 수입 204억불의 31.8%인 65억불을 기록하면서 사상 최고치를 갈아 치웠다. 바이아웃(Buy-out) PEF와 전략적 투자자의 전체 글로벌 M&A 활동에 따른 투자은행의 수수료 수입 역시 2016년 10월까지 투자은행 수익의 32%를 차지하면서, 2008년 이후 최고치를 기록하기도 하였다.[194]

　투자은행 수수료의 가장 큰 수입원이 되는 PEF는 바이아웃(Buy-out) PEF Top 3 운용사인 칼라일(Carlyle), KKR, 블랙스톤(Blackstone) 3군데였다. 예컨대 블랙스톤(Blackstone)이 2007년에 기업공개를 한 힐튼(Hilton) 호텔의 경우 투자은행 수수료만 2억 3천만 불이었으며, 칼라일(Carlyle)이 케이블 및 통신업체인 뉴메리케이블(Numericable)을 기업 공개할 당시 투자은행 수수료는 2억 9,500만 불이었다고 한다. 특히 최근에는 다드-프랭크 법(Dodd-Frank Act)이

193　Financial Times, August 10, 2014
194　Financial Times, Nov 2, 2016. 1996~2016.10 기간 동안 M&A 활동에 따른 수수료 수입의 평균 비중은 28%라고 한다.

나 볼커룰(Volcker rule) 등의 영향으로 투자은행의 수입원이 갈수록 줄어들면서, 바이아웃(Buy-out) PEF의 수수료에 대한 투자은행의 의존도는 갈수록 커져갈 전망이다.

　바이아웃 거래와 관련하여 발생하는 수수료의 배분 문제도 최근에는 핫이슈이다. 특히 바이아웃 거래를 확보하기 위해 관련 절차에 참여하였다가, 최종적으로 딜이 성사되지 않은 이른 바 "깨어진 거래(broken deal)"에서 발생하는 거래 비용을 어떻게 분담할 것인가가 문제된다. 일반적으로는 펀드에서 부담하는 것이 원칙이나, 만약 공동투자자(co-investors)가 참여하면 비용 분담을 어떻게 하는 것이 맞는가? 상식적으로 판단하면 펀드와 공동투자자에게 동일한 비율을 적용하여 배분하는 것이 당연한 것 아닌가? 하지만 이와 같은 상식적인 배분을 지키지 않는 PEF도 있다. 대표적인 사례가 KKR이다. KKR은 2015년 6월에 미국의 증권 감독당국인 SEC로부터 불공정한 수수료 부과 관행이 적발되어 3,000만 불에 이르는 벌금형을 부과 받았다. SEC에 따르면 KKR은 2006~2011년 사이에 수행한 바이아웃(Buy-out) 거래에서 자신의 펀드로부터 300억불, 공동투자자(co-investors)로부터 46억불의 자금을 수혈 받았다. 이 기간에 거래가 성사되지 못한 바이아웃 거래(dead or broken deal)에서 발생한 수수료는 3억 3,800만 불이었는데, 이 중 1억 7,400만 불의 비용 부담을 공동투자자보다 펀드에 더 많이 배분하였다. 즉, 공동투자자에게 비용 부담이 적게 가도록 배분을 한 것이다. 심지어 공동투자자 목록에는 KKR의 임원들도 포함되어 있었다고 한다. 더 나아가 이와 같은 불공정한 배분 결정을 하면서, 펀드 투자자나 공동 투자자에게 이와 같은 사실을 알리지도 않았고 공시도 하지 않았다. 결국 KKR은 SEC로부터 투자자문법(Investment Advisor Act) 규정 상 선량한 관리자의 주의 의무(fiduciary duty)를 위반한 혐의로 3,000만 불의 벌금형을 받았다.[195]

195　Financial Times, June 29, 2015

대체투자 파헤치기(중)

타이타노마키의 서막

2014년 말 기준으로 PEF 딜에 대한 자문을 가장 많이 한 곳은 제이피 모건 체이스(JP Morgan Chase)였다.[196] 총 14건의 거래에 대한 자문을 수행했으며 거래 규모가 382억불에 달했다. 다음이 도이치 뱅크(Deutsche Bank), 크레디 스위스(Credit Suisse) 순으로 나타났으며, 10대 투자은행이 자문을 수행한 총 거래규모는 2,143억불에 달했다.

〈 PEF 주도 M&A 자문 상위 10대 투자은행 〉

순위	회사명	자문 거래 건수	자문 거래 금액($bn)
1	JPMorgan Chase	14	38.2
2	Deutsche Bank	19	28.8
3	Credit Suisse	22	27.6
4	Morgan Stanley	16	23.7
5	Bank of America Merrill Lynch	9	21.4
6	Barclays	8	19.2
7	Wells Fargo Bank	7	15.9
8	Goldman Sachs	14	14.5
9	Lazard	10	12.9
10	UBS	10	12.1
	합계	129	214.3

표 출처: *Preqin*, 2014년 말 기준

2015년 이후에는 대형 투자은행보다는 부띠끄의 약진이 두드러지고 있어 주목할 만하다. 파이낸셜 타임즈에 따르면 2015년에 가장 공격적으로 M&A 자문업에 진출하고 있는 부띠끄 투자은행은 센터뷰(Centerview)로, PEF 주도를 포함한 전 세계 M&A딜 자문업에서 11위를 차지했다고 한다.[197] 특히 2015년에는 차터 커뮤니케이션(Charter Communications)이 타임 워너 케이블

---

196 미국에서 PEF와 대기업 전체를 포함한 M&A 딜에서 가장 활발한 자문활동을 한 투자은행은 골드만삭스이다. 다음이 제이피 모건(JP Morgan), 모건 스탠리(Morgan Stanley), 보아 메릴(BoA Merrill), 씨티(Citi) 순이다. Financial Times, Sep 8, 2015. 씨티를 제외한 4대 투자은행의 순위는 2016년도에도 그대로 유지되었다. Financial Times, Nov 2, 2016. 다만 2019년 3월에는 제이피 모건, 씨티, 에버코어, 모건스탠리, 골드만 삭스 순이다.

197 Financial Times, Sep 8, 2015

사모투자펀드(PEF)

(Time Warner Cable)을 인수한 건(796억불), 하인즈(Heinz)가 인수한 크래프트 홀딩스(Kraft Holdings) 거래 건(626억불)과 GE가 매각한 GE 캐피탈(GE Capital) 거래를 모두 센터뷰가 차지하면서, 거대 투자은행들을 벌써부터 긴장시키고 있다고 한다. 센터뷰(Centerview) 이외에도 알렌앤코(Allen&Co), 페렐라 와인버그(Perella Weinberg), 에버코어(Evercore) 등이 부띠끄로서 약진하는 업체들이다. 특히 에버코어는 2019년 3월 기준으로 제이피 모건, 씨티에 이어 3위를 차지한 무서운 신예이다. 2016년 10월에 발표된 AT&T의 타임워너 인수 전에도 매수측(buy side) 자문社에 제이피 모건(JP Morgan), 보아 메릴(BoA Merrill)과 함께 페렐라 와인버그(Perella Weinberg)가 포함되었고, 매도측(sell side) 자문社에 씨티그룹, 모건스탠리와 함께 알렌앤코(Allen&Co)가 포함되었다. 부띠끄 전체를 합한 M&A 자문 규모는 2015년에 전체 시장의 약 15%를 차지하여, M&A 자문업에서 기존의 전통적인 1위 투자은행인 골드만삭스를 이미 추월하였다. 2016년에는 2015년보다 M&A 활동이 다소 감소하였는데, 이에 따라 2016년 10월까지 글로벌 M&A 활동에 수반된 투자은행의 수수료 총액은 전년 동기간의 658억불보다 감소한 600억불을 기록했다.[198]

M&A 부띠끄의 약진이 두드러지는 가장 결정적인 이유는 2008년 금융위기이다. 즉 금융위기 이후 대출상품, 고액자산 관리 등 투자은행 내에 다른 금융 업무를 보유하고 있는 대형 투자은행은 이해상충 규제 강화로 인해 M&A 자문업이 이전보다 위축될 수밖에 없다. 1999년 상업은행과 투자은행의 겸업을 허용한 GLB법(Gramm-Leach-Bliley Act)으로 인해 상업은행과 투자은행이 합병하여 대형화된 제이피 모건 체이스(JP Morgan Chase), 도이치, 크레디 스위스, 보아 메릴(BoA Merrill), 바클레이즈(Barclays) 등이 오히려 2008년 금융위기 이후 강화되고 있는 금융규제 때문에 불이익을 받고 있는 것이다. 향후 PEF 주도의 M&A 거래에서 대형 투자은행과 부띠끄 투자은행의 역학관계 변화에 귀추가 주목된다.

---

198 Financial Times, Nov 2, 2016

08 PEF 성과 배분 방식

PEF의 성과를 배분하는 방식은 크게 세 가지로 구분된다. 첫 번째가 바로 투자를 회수(exit)한 투자건별(investment-by-investment)로 성과를 배분하는 방식이다. 예컨대 α 펀드에 포트폴리오 A, B, C가 있고 기준 수익률(hurdle) 없이 성과의 20%를 GP에게 배분하며, 펀드 결성 첫 해에 각각의 포트폴리오에 2백만 불이 투자되었다고 하자. 둘째 해에 A 포트폴리오가 1.6백만 불에 청산되었고 셋째 해에 B 포트폴리오가 2.4백만 불에 매각되었으며, 편의를 위해 관리보수와 다른 보수는 없다고 가정하자.

〈 회수투자 건별 성과 배분 방식 사례 〉

회수투자 건별 배분 방식	Y1 투자액(백만불)	Y2 회수액(백만불)	Y3 회수액(백만불)	Y4 회수액(백만불)
포트폴리오 A	2	1.6		
포트폴리오 B	2		2.4	
포트폴리오 C	2			
LP 배분액		1.6	2.32	
GP 배분액			0.08	
펀드 누적 손익		△0.4	0	

둘째 해의 A 포트폴리오는 투자 건에 손실이 발생했으므로 투자자인 LP에게 모두 배분된다. 셋째 해의 B 포트폴리오는 초과수익 0.4백만 불의 20%인 0.08백만 불이 GP에게 배분된다. 투자건별로 성과를 배분하기 때문이다. 결과적으로

펀드 전체로는 이익이 나지 않았는데 GP에게 0.08백만 불이 지급되었다. 요컨대 이러한 방식을 따를 경우 투자규모가 큰 포트폴리오에 손해가 발생하여 전체 펀드의 성과가 손실이 나는 경우에도, 개별 투자포트폴리오의 성과가 좋으면 GP가 초과 성과의 20%를 가져가는 불합리한 사례가 발생한다. 이 방식의 장점이 아예 없는 것은 아니다. 예컨대 포트폴리오에 수익이 나는 경우에는, GP가 어떤 식으로든지 신속하게 포트폴리오를 처분하도록 유도한다는 점이 그것이다. 이와 같은 방식은 1980년대 중반까지 미국의 PEF가 일반적으로 사용하던 방식이었다. 하지만 보험회사인 프루덴셜(Prudential)이 처음으로 투자건별 성과배분 방식의 채택을 거부하고 펀드 전체를 기준으로 성과보수를 산정하도록 제안하여, 신규 모집 펀드의 GP를 대상으로 이를 관철시키면서 현재는 그 관행이 많이 줄었다. 그럼에도 불구하고 미국의 경우는 아직도 PEF의 절반이 투자건별 성과배분 방식을 사용한다. 반면 프레퀸(Preqin)이 2010년에 설문조사한 결과에 따르면 유럽이나 아시아의 경우 이와 같은 배분방식을 사용하는 PEF는 11%에 그친다고 한다. 이 방식은 LP 입장에서 바람직한 결과가 나오지 않을 수 있으므로, 펀드에 손실이 발생할 경우 배분된 성과보수를 환수(clawback)하는 조항을 반드시 펀드 정관(LPA)에 삽입하는 것이 좋다.

두 번째 방식은 투자건별로 성과를 배분하되, 회수(exit)한 투자 건을 모두 합하여 성과를 배분(realized aggregation)하는 방식이다. 이는 펀드가 손실이 난 경우에는 GP에게 성과보수가 배분되지 않도록 하는 방식이다. 만약 둘째 해 회수액이 1.2백만 불로 손해가 △0.8백만 불이 발생했다면, 둘째 해에는 1.2백만 불 모두 LP에게 배분된다. 셋째 해의 경우는 수익이 0.4백만 불이 발생하였는데 첫 번째 방식과는 달리 이 수익 역시 모두 LP의 첫째 투자건 회수(exit) 과정에서 발생한 손실을 보전하는 데 적용된다. 투자 회수한 투자 건을 모두 합하기 때문이다.

대체투자 파헤치기(중)

타이타노마키의 서막

〈 회수투자 합산 성과 배분 방식 사례 〉

회수투자 합산 배분 방식 I	Y1 투자액(백만불)	Y2 회수액(백만불)	Y3 회수액(백만불)	Y4 회수액(백만불)
포트폴리오 A	2	1.2		
포트폴리오 B	2		2.4	
포트폴리오 C	2			3
LP 배분액		1.2	2.4	2.88
GP 배분액			0	0.12
펀드 누적 손익		△0.8	△0.4	0.6

만약 넷째 해의 투자회수 금액이 3백만 불로 수익이 1백만 불이라면, 우선 원금 2백만 불을 LP가 먼저 가져가고 수익 중 손실발생액 0.4백만 불은 LP가 우선 수취한다. 수익 중 나머지 0.6백만 불에 대해서 LP와 GP가 8:2로 배분된다. 어느 경우든 투자를 회수(exit)한 투자금액 "전체"를 기준으로 초과수익을 계산하여 그 초과 수익의 20%를 GP가 가져가게 된다.

한편 이 방식은 마지막 C 포트폴리오의 매각 시, 투자금을 초과하는 수익이 발생할 것이라는 기본 가정을 전제로 하는 방식이다. 따라서 C 포트폴리오에 손실이 발생할 경우에는 GP가 가져간 초과 수익을 환수하는 조항(clawback)이 일반적으로 병행된다. 종전의 가정에서 둘째 해의 성과가 1.6백만 불, 셋째 해의 성과가 3백만 불, 마지막 펀드 청산시점에 C 포트폴리오를 회수하면서 1.6백만 불로 청산했다고 가정하자. 셋째 해에 GP가 가져간 성과자금이 초과 수익 0.6백만 불의 0.2%인 0.12백만 불이다. 하지만 펀드 전체의 성과는 0.2백만 불[199]이므로 이의 0.2%인 0.04백만 불을 가져가야 한다. 따라서 차액인 0.08백만 불은 LP에게 돌려주어야(clawback) 하는 것이 합리적이다.

---

199 초과수익 (1.6 + 3 + 1.6) − (2 + 2 + 2) = 0.2

⟨ 회수투자 합산 및 clawback 성과 배분 방식 사례 ⟩

회수투자 합산 배분 방식 II	Y1 투자액(백만불)	Y2 회수액(백만불)	Y3 회수액(백만불)	Y4 회수액(백만불)
포트폴리오 A	2	1.6		
포트폴리오 B	2		3	
포트폴리오 C	2			1.6
LP 배분액		1.6	2.88	1.6 + 0.08
GP 배분액			0.12	△0.08 (clawback)
펀드 누적 손익		△0.4	0.6	0.2

세 번째 방식은 모든 투자 건이 회수되는 순간까지 기다려서 실현된 수익을 모두 합하여 성과를 배분하는 방식(full aggregation)이다. 앞서와 같은 가정에서 셋째 해에까지 투자금은 모두 6백만 불, 회수된 금액은 4.6백만 불이므로 포트폴리오 A, B의 투자회수 금액은 모두 LP가 가져간다. 나머지 C 포트폴리오의 회수금액이 1.4백만 불을 넘을 경우에만 GP에게 초과 수익이 돌아간다. 실현된 총수익이 총투자금액을 초과할 경우에만 초과수익을 지급하고, 모든 포트폴리오가 실현되기 전에는 GP에게 성과를 배분하지 않는다는 점에서 LP에게 가장 유리하다.

PEF GP의 관리보수는 투자성과와 무관하게 수취한다는 점에서는 헤지펀드 관리보수와 유사하다. 반면 일정 수익률, 즉 기준수익률(hurdle rate) 8% 이상의 성과를 거두는 경우에만 성과보수를 받는다는 점에서, 투자시점보다 순자산가치(Net Asset Value: NAV)가 조금이라도 상승하면 성과보수를 받고 투자시점보다 순자산가치가 내려가면 성과보수를 받지 않게 되는 이른 바, 하이워터 마크(High Water Mark: HWM)를 사용하는 헤지펀드와는 다르다.

수수료는 통상 운용수수료인 관리보수이며 1~2%이다. 투자기간 동안에는 약정액을 기준으로 지급하며, 투자기간이 지나면 투자액을 기준으로 지급하는 것이 보통이다. 헤지펀드와 달리 성과보수는 기준 수익률(hurdle rate)을 넘어야 받

대체투자 파헤치기(중)

타이타노마키의 서막

을 수 있다.[200] 펀드전체의 성과를 기준으로 기준 수익률(hurdle rate)을 적용하는 방식은 1980년대 차입인수(LBO) 유행이 전 미국을 휩쓸고 있을 때 프루덴셜(Prudential)이 처음으로 GP를 대상으로 주장하여 관철시킨 후 업계의 관행이 되었다. 프루덴셜(Prudential)이 주창한 기준 수익률(hurdle rate) 적용 방식 이전에는 GP가 관리 보수 이외에 투자건별로 투자성과의 20%를 가져가는 방식이 대세였다. 전술한 바와 같이 이러한 방식을 따를 경우, 투자규모가 큰 포트폴리오에 손해가 발생하여 전체 펀드의 성과가 손실이 나더라도 개별 투자포트폴리오의 성과가 좋으면 GP가 초과 성과의 20%를 가져가는 불합리한 측면이 있었다. 프루덴셜(Prudential)이 신생 GP들을 대상으로 동 조항을 관철시키면서, 미국에서 약 절반 정도의 PEF가 준수하는 업계 관행으로 정착시키는데 성공하였다.

통상 기준 수익률(hurdle rate)은 8%이며, 8%를 넘는 이익의 20%를 GP가 가져간다. 20% 기준은 앞서 언급한 바대로 페니키아인들이 해상 무역 활동을 위한 자금모집 과정에서 일반적으로 통용되던 관례였다. 이 관례가 로마에 그대로 계승되었고 중세 이탈리아의 베네치아 상인들 역시 이 관행을 준수했다. 바로 이 20%가 오늘날 PEF 초과수익의 기준이 되었다. 한 연구에 따르면 조사 대상 144개의 바이아웃(Buy-out) 펀드 모두가, 94개 벤처 펀드의 94.7%가 초과수익 20% 기준을 사용하였다고 한다.[201]

반면 필자 경험에 따르면 기준 수익률 8%의 경우는 GP와 펀드마다 약간씩 차이가 있는 것 같다. 대부분의 경우는 기준 수익률 8%를 사용하나, 최근에는 저금리 추세가 지속되면서 이보다 낮은 기준 수익률을 사용하는 펀드도 가끔 볼 수 있다. 예컨대 KKR이나 베인 캐피탈(Bain Capital)의 바이아웃(Buy-out) 펀드는 기준 수익률(hurdle rate)이 8%가 아니라 7%이다. 투자자인 LP 입장에서는 다소

---

200 헤지펀드는 당해 월의 시장가치로 평가한 성과가 이전 월의 성과보다 높으면, 그 초과수익 만큼 무조건 성과보수가 지급된다.
201 Andrew Matrick & Ayako Yasuda, The Economics of Private Equity Funds, Review of Financial Studies, June 1, 2010. 하지만 베인 캐피탈(Bain Capital)의 어떤 펀드는 초과 수익의 30%를 요구하기도 한다.

부담스러운 대목이다. 한편 기준 수익률 8%를 판단하는 기준이 각 개별 포트폴리오인지, 아니면 펀드 전체의 순자산 가치(net asset value: NAV)인지는 펀드마다 차이가 있다. LP 입장에서는 펀드 전체의 NAV를 기준으로 하는 것이 유리하며, 나아가서는 펀드 전체의 최종 실현된 NAV를 합산한 금액을 기준으로 하는 것이 가장 유리하다. 전술한 대로 개별 포트폴리오를 기준으로 8:20 규칙을 적용하는 것은 LP 입장에서는 바람직하지 않다. 개별 포트폴리오별로 기준 수익률을 적용하는 것이 불가피하다면, 다른 포트폴리오에서 손실을 기록할 경우 배분된 초과 수익금을 환수(clawback)하는 조항이 필요하다.

기준 수익률(hurdle rate)을 넘었을 경우 20%를 무엇을 기준으로 적용할 것인지에 대한 기준은 총수익 기준과 초과수익 기준이 있다. 전 세계 표준은 "총수익"의 20%를 GP가 "먼저(catch-up)" 가져간다. 이를 캐치-업(catch-up) 규정이라고 부른다. 이는 총수익의 20%를 GP가 캐치-업(catch-up)할 때까지 초과수익을 8:2 비율로 LP와 GP가 배분하는 방식이다. 이에 반해 한국에서는 "초과수익"의 20%를 GP가 가져가게 함으로써, 캐치-업 규정을 보통 허용하지 않는다. 예컨대 펀드 규모가 1,000억이고 총수익이 100억인 경우, 기준 수익률을 8%, 기간 개념이 없다고 가정하면 기준수익은 1,000억의 8%인 80억이 되고 초과수익은 20억이 된다. 캐치-업(catch-up)이 허용되지 않으면 GP는 LP에게 80억을 먼저 배분하고 나머지 20억에 대해 20%인 4억이 GP, 나머지 16억이 LP에게 배분된다. 캐치-업(catch-up)이 허용이 되면 GP는 총수익 100억의 20%인 20억이 될 때까지 8:2의 비율로 LP와 GP에게 배분한다. 이 사례에서는 20억을 GP가, 80억을 LP가 가져가게 된다. 캐치-업(catch-up)을 했을 때와 하지 않았을 때 GP의 배분금액 차이(20억:4억)는 매우 크다.

캐치-업(catch-up)의 다른 시나리오는 다음과 같다. 펀드 약정 규모가 1억 불, 기준 수익률(hurdle rate) 8%, 성과보수(carried interest)가 약정 금액 기준으로 20%가 적용되면서 캐치-업(catch-up) 조항이 있다고 가정하자. 나아가 단순함을 위해서 첫날에 이 펀드가 모두 자금요청(capital calls)이 되었고, 첫째 해 마

대체투자 파헤치기(중)

타이타노마키의 서막

지막 날에 1.08억불로 투자 회수를 하였으며, 둘째 해 마지막 날에는 2백만 불, 투자기간 마지막 날에 1천만 불로 투자를 회수하였다고 가정하자. 투자기간 동안 이 펀드는 총 20%의 수익을 올렸다. 이 경우 첫째 해의 8백만 불은 모두 LP에게 배분된다. 기준 수익률(hurdle rate)이 8%이기 때문이다. 둘째 해의 2백만 불은 캐치-업(catch-up) 조항 때문에 모두 GP에게 배분된다. 마지막 해의 1천만 불은 LP와 GP가 8:2로 나누어 배분된다. 정리하자면 LP는 원금 이외에 1천 6백만 불의 수익을 배분받았고 GP는 4백만 불을 배분받았다. 캐치-업(catch-up) 조항이 없었다면 GP는 둘째 해의 초과 수익을 LP와 GP가 8:2로 나누어서 가져가야 한다.

캐치-업(catch-up)을 부분적으로 도입하는 것도 가능하다. 예컨대 캐치-업(catch-up)을 50:50으로 적용한다면 기준수익률을 넘었을 때, 총수익 중 절반의 20%를 GP에게 배분하는 것이다. 즉 GP에게 초과수익 배분액을 결정하기 전에 총수익의 50%를 LP에게 먼저 배분한다. 완전 캐치-업(Full catch-up)보다는 어느 수준까지는 LP에게 유리하나, 특정 수준을 넘어가면 완전 캐치-업과 차이가 없다.[202] 미국의 부동산 PEF 중 어퍼튜니스틱(opportunistic) 전략의 펀드가 보통 50:50 기준을 주로 사용한다.

〈 Full catch-up과 Partial catch-up 차이 사례 〉

주요 가정	항목	Sum	LP 배분	GP 배분
원본: 100		120	100	0
초과수익: 20	Hurdle rate	9	9	0
투자기간: 1년	GP catch-up x=2.25	11.25 (9+x)	9 (9)	2.25 (x*)
Hurdle rate: 9%				
Full catch-up	catch-up 이후 분배	8.75	7	1.75
	최종 수익배분		16	4

---

202 기준 수익률(hurdle rate)이 9%인 경우 IRR이 15%를 넘어가면 50:50 부분 캐치-업(partial catch-up)과 완전 캐치-업(full catch-up)은 차이가 없다.

주요 가정	항목	Sum	LP 배분	GP 배분
원본: 100		120	100	0
초과수익: 20	Hurdle rate	9	9	0
투자기간: 1년	GP catch-up x=6	15 (9+x)	12 (9 + 0.5x)	3 (0.5x**)
Hurdle rate: 9%				
50:50 catch-up	catch-up 이후 분배	5	4	1
	최종 수익배분		16	4

* full catch-up ⇒ 9:x = 8:2가 되려면 x=18/8=2.25.
** partial(50:50) catch-up ⇒ 9+0.5x:0.5x = 8:2가 되려면 x=18/3=6. (IRR이 20%인 경우 full/partial은 무차별)

이와 같은 캐치-업(catch-up) 방식은 외국 PEF 업계에서는 통상적으로 허용되나, 국내 PEF 업계에서는 보통 허용하지 않는다. 필자가 우정사업본부 대체투자팀장으로 있을 때 국내에서 처음으로 50:50 방식의 캐치-업(catch-up) 방식을 도입하였다.[203] 이는 국내 PEF가 해외 LP를 상대로 펀드를 모집할 때 다른 해외 PEF와 부당하게 차별을 받지 않도록 하기 위한 취지였다. 바꾸어 말하면 이제 국내 PEF는 해외 LP들을 상대로 펀드를 모집하고 국내시장을 넘어 아시아, 세계 시장으로 투자지역을 넓혀야 하는 시점이라는 뜻이다. 또 하나의 이유는 펀드의 성과에 미치는 영향은 성공보수보다는 관리보수 수수료가 더 큰 영향을 미친다는 필자의 개인적인 경험에 기초한 것이다. 이는 투자성과와 무관하게 정기적으로 GP에게 지급되는 관리보수를 적정화하는 것이 기관 투자자에게 좀 더 유리하며, 8~9% 이상의 성과를 내는 경우 성과보수를 더 지급하는 캐치-업(catch-up) 조항을 두는 것은 기관투자자인 LP와 PEF 운용사인 GP 모두에게 유리한 조항이라는 것이 개인적인 생각이다.

---

203 대신 고정적으로 펀드에서 지출되는 관리보수 수준은 낮추었다.

09 PEF의 규모와 수익률 상호간 관계

PE 펀드의 규모와 수익률 상호간에는 어떤 관계가 있을까? 이는 헤지펀드의 "적정 규모(capacity)" 이슈와 동일한 맥락에서 이해할 수 있다. 앞에서도 언급하였듯이 헤지펀드의 경우는 단기거래(trading) 활동을 위주로 수익을 올리는 펀드이므로 적정 규모(capacity) 이슈가 매우 중요하다. 예컨대 헤지펀드의 규모가 너무 크다 보면 트레이더 1인이 너무 많은 자산을 거래하면서 관리하게 되고, 이는 펀드의 안정적 성과에 상당한 정도의 부정적 영향을 미치게 된다. (상)권에서 언급한 2012년 "런던 백고래(London Whale)" 사건이 대표적이다. 물론 개인이 아닌 컴퓨터 프로그램으로 단기거래활동(trading)을 하는 헤지펀드의 경우는 상대적으로 적정 규모(capacity) 이슈가 덜 민감하긴 하다. 하지만, 일반적으로 헤지펀드의 크기가 너무 커지게 되면 거래의 진입시점과 탈퇴시점에서 트레이더가 원하는 반대 방향으로 시장이 움직이므로 결코 좋은 수익률을 보장할 수 없게 된다.[204] 따라서 장기투자(investment)가 아닌 시장에서 치고 빠지기식 단기거래(trading)를 위주로 하는 헤지펀드에게는 적정 규모(capacity) 이슈가 매우 민감할 수밖에 없다.

PEF는 헤지펀드와 달리 단기거래에 초점을 맞추는 전략이 아니라 장기투자에

---

[204] 예컨대 주식을 사는 경우 대량으로 주문을 하면 주식가격이 오히려 상승하고 주식을 대량으로 팔게 되면 주식가격이 하락함으로써, 싸게 사서 비싸게 팔려는 트레이더의 전략과 반대 방향으로 시장이 움직인다.

초점을 맞추어 성과를 시현하는 펀드이므로, 헤지펀드보다는 적정 규모(capacity) 이슈가 민감하지 않다. 하지만 PE 펀드의 크기와 성과 상호간의 상관관계에 대해서는 지속적으로 논쟁이 있어 왔다. PEF 크기가 클수록 수익률을 올리기가 쉬울 것이라는 주장의 근거는 다음과 같다. 우선 산술적으로만 보면 PE 펀드 규모가 클수록 단일 투자규모도 커지게 되며, 이에 따라 투자금액 대비 PEF 직원의 생산성도 올라간다. 두 번째로 특히 인수금융 등 PEF 운용에 필요한 자금조달 과정에서 펀드 규모가 작은 곳보다 유리한 파이낸싱 조건을 얻을 수 있다는 점도 대형 PEF가 좀 더 나은 성과를 올릴 수 있는 이유가 될 수 있다. 세 번째로 소규모 PEF는 펀드 규모가 작으므로 중대형 딜에 접근할 수 있는 역량이 한정되거나, 딜에 참여할 수 있는 최초의 기회조차 얻지 못할 수가 있다. 특히 현금흐름이 좋고 규모가 큰 투자 건은 투자은행을 브로커로 하여, 몇몇 대규모 펀드에만 옥션에 참여할 기회를 부여하는 통제된 경매방식(controlled auction)이 대부분이므로 규모가 작은 PEF는 최초 경매과정에서 아예 배제될 가능성이 높다. 마지막으로 특히, 초대형 PEF의 경우는 투자 무대가 자국 내로 한정되지 않고 국제적으로도 투자 반경을 넓힐 수가 있으므로, 투자의 안전성을 제고하기 위한 다양화 전략이 가능하게 된다. 이 또한 안정적인 수익률을 올릴 수 있는 원천적인 힘이 될 수 있을 것이다.

하지만 PEF 크기가 반드시 높은 수익률을 보장하지 않는다는 반론도 만만치 않다. 우선, 이론적으로 자본의 크기가 커질수록 수익률이 저하되는 이른바 한계생산성 체감의 법칙이 있다. 예컨대 투하 자금이 작은 벤처기업인 경우 성공할 경우 이른 바 IRR 수익률 두 자리 수 이상의 대박을 터뜨릴 수 있지만, 대규모 투자가 동반되는 M&A인 경우에는 두 자리 수 IRR을 기대하기는 결코 쉽지 않다. 둘째, 대형 PEF가 소규모 투자를 불가피하게 수행할 경우, 기존의 대형 투자건보다 적은 노력과 시간을 들이면서 투자를 감행하는 도덕적 해이 가능성이 높아지게 된다. 셋째, 소규모 PEF는 딜 소싱 능력만 뛰어나다면 이른 바 선도 기업 투자(first mover investment: FMI)가 가능하다는 장점을 가지고 있다. 선도 기업 투

대체투자 파헤치기(중)

타이타노마키의 서막

자는 어떤 분야에서건 새로운 제품이나 새로운 기술을 개발하는 기업에 투자하는 것으로, 만약 투자한 기업이 시장에서 선도적 위치를 차지하게 되면 상당한 수익률을 올릴 수 있을 것이다. 이와 같은 FMI 투자는 투자건당 투자금액이 근본적으로 클 수밖에 없는 대형 PEF보다는, 최초 출발에 많은 자금이 필요하지 않으므로 소형 PEF에게 좀 더 유리할 것이다. 마지막으로, 초대형 PEF처럼 전 세계를 대상으로 펀드를 운영하는 경우에는 인력 및 사무실 운영 등에서 많은 비용이 소요되므로, 오히려 펀드를 운영하는 비용 측면에서는 대규모 PEF가 소규모 PEF보다 더 불리할 수도 있다.

필자 견해는 PEF가 아무리 헤지펀드와 근본적으로 다른 성격을 가지고 있다 하더라도 적정한 펀드 규모와 포트폴리오 회사 수에 대한 고민은 반드시 필요하다고 본다. 펀드 규모가 GP 운용역 수와 역량에 비해 지나치게 클 경우에는 앞서 언급한 여러 단점들이 현실화될 가능성이 높다. 실제로 펀드 크기가 클수록 수익률이 저하된다는 실증자료 역시 적지 않게 찾아 볼 수 있다. 심지어 어떤 이는 "펀드 크기가 수익률의 적(enemy)"이라는 표현도 쓰는 것을 본 적이 있다.[205] 나아가서 펀드 크기가 크면 보통 관리보수가 펀드 설립 초반 3년 내외의 기간 동안에는 약정액을 기준으로 지급되므로 관리보수가 과다하게 지급될 수도 있다. 이는 LP 입장에서도 바람직한 것이 아니다. 필자가 국내 PEF를 운용하면서 경험한 바도 펀드 규모가 지나치게 커서 대형 딜 위주로만 거래를 하는 PEF의 경우, 물론 펀드가 청산되기 전까지는 지켜봐야 할 사안이긴 하지만, 그 성과가 아직까지는 크게 두각을 나타내지 못하는 것으로 알고 있다. 만약 펀드 크기를 대형화하려고 시도한다면 한국 시장을 포함하여 아시아 혹은 다른 선진국으로까지 투자기회를 넓혀 나가야만 수익률 저하의 가능성을 조금이라도 줄일 수 있다고 본다. 나아가서 하나의 PEF 회사에서 직원 한명이 관리하는 기준을 나름대로 정립하여 이를 지

---

205 Guy Fraser-Sampson, 앞의 책

속적으로 관리해 나가야 한다. 예컨대 PEF의 포트폴리오 매니저가 관리하는 피투자 회사를 일정 수 이하로 유지한다거나, 포트폴리오 수와 상관없이 1인의 포트폴리오 매니저가 관리하는 투자 규모를 일정금액 이하로 한정하는 것이 그것이다.

한편 한 개의 운용회사가 여러 개 전략의 펀드를 동시 다발적으로 자금 모집하는 경우도 보았다. 필자의 개인적 견해는 이런 자금모집 전략은 해당 운용사가 가진 전문적 역량을 어떻게 집중할 것인지 의문을 가지게 할 뿐만 아니라, 운용회사가 보유한 전문적 운용 전략이 도대체 무엇인지 모호하게 만든다는 점에서 결코 바람직한 행태는 아니라고 본다. 나아가 PEF의 GP가 경쟁력이 있는 전략에 집중하는 것보다는, 수수료 수입에 더 많은 관심을 가지는 것 아니냐는 의구심마저 가지게 한다. 향후 PEF 운용사의 좀 더 성숙한 자금모집 관행을 기대해 본다.

10 PEF 성과분석 방법

1) 개요: 내부수익률(IRR), 투자배수(Money Multiple: DPI, RVPI, TVPI)

프레퀸(Preqin)이 2015년 6월에 발표한 자료에 따르면 PEF를 선정하기 위해 LP가 가장 중요하게 고려하는 요소가 PEF의 과거 성과라고 한다.[206] 이 조사에 따르면 조사 대상 LP 중 가장 많은 37%가 PEF의 과거 성과가 PEF 선정의 가장 중요한 요소라고 답변하였다. 따라서 PEF 성과에 대한 분석 기법은 PEF에 대한 이해도를 높이기 위한 가장 초보적이고 중요한 단계이다.

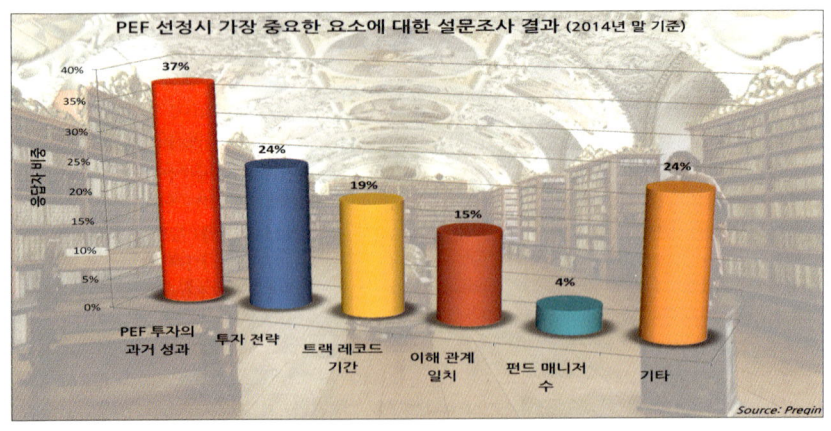

---

206 Preqin, *Private Equity Spotlight*, June 2015

PEF의 성과는 3~4년 이상의 장기에 걸쳐 나타나는 것이 일반적이다. 이론적으로도 자금이 필요한 기업에 자금을 수혈하므로 초기에는 자금 투입이 자금 회수보다 많을 수밖에 없다. 이는 펀드가 설립 당시에 제안한 투자기간과도 대체로 일치한다. 만약 투자기간이 4년이라면 초기 1~2년간은 자금 회수보다는 자금 투입이 많게 된다. 이 경우에는 통상 2년 내외에서 가장 많은 자금이 투입된다. 2년이 지나 3년부터는 자금 투입 외에 소량이나마 자금 회수가 시작되는 포트폴리오가 나올 수 있다. 따라서 4년을 전후한 시점부터는 자금 투입보다는 자금 회수가 더 많은 것이 일반적이다. 결국 투자기간 4년 동안에는 일반적으로 자금 회수보다는 자금 투입이 많아 수익률이 마이너스가 되고, 투자기간이 종료된 이후부터 서서히 수익률이 오르면서 펀드 청산이 가까울수록 펀드 수익률이 올라간다. 이 모양이 글자 J를 닮았다 하여 제이-커브(J-curve) 효과라 부른다. 이와 같은 제이-커브(J-curve) 효과는 일반적인 PEF 전략인 바이아웃(Buy-out), 그로쓰 캐피탈(Growth Capital), 벤처 전략에 공통적으로 나타난다. 후술하게 될 세컨더리(Secondary) 전략은 이와 같은 제이-커브(J-curve) 효과가 크게 나타나지 않는다. 그 이유는 상세히 후술한다.

PEF는 헤지펀드와 달리 성과를 분석하는 방법이 그리 복잡하지 않다. 이는 헤지펀드가 단기거래(trading) 활동에 집중하므로 매달 매달의 성과에 대한 통계적 분석기법이 중요한 반면, PEF는 단기거래(trading) 활동보다는 장기적 지평의 투자로 인한 성과에 주목하기 때문에 헤지펀드보다는 통계적 기법을 많이 사용할 필요가 없기 때문이다. PEF의 성과를 분석하는 방법은 크게 세 가지이다. 가장 기본적인 것이 내부수익률(IRR: Internal Rate Return)이다. 내부수익률은 현재의 현금투자액과 미래현금수익의 현재가치를 같게 만드는 할인율인데, 이를 거꾸로 이야기하면 현재의 현금투자액이 미래현금흐름의 현재가치를 산출할 수 있는

수익률이다.[207] 예컨대 투자 포트폴리오 A에 대하여 최초 투자금이 관련 비용과 투자보수를 제외한 이후에, 몇 년 후에 복리로 몇 %의 수익을 올렸는지 보여주는 수치이다. 필자가 PEF 업무를 할 때 개인적으로 5년 후 원금과 수익의 합계가 최초 투자금의 1.5배가 되면 IRR이 8%가 된다는 경험칙(rule of thumb)을 많이 사용하였다. IRR과 투자금액 대비 회수금액을 단순히 계산한 투자배수(Multiple)와의 관계는 아래 표와 같다.

〈 내부수익률(IRR)과 투자배수 관계표 〉

IRR\Year	2%	4%	5%	6%	8%	10%	15%	20%	25%	30%
Y2	1.04x	1.08	1.10	1.12	1.17	1.21	1.3	1.4	1.6	1.7
3	1.06	1.12	1.16	1.19	1.26	1.33	1.5	1.7	2.0	2.2
4	1.08	1.17	1.22	1.26	1.36	1.46	1.7	2.1	2.4	2.9
5	1.10	1.22	1.28	1.36	1.47	1.61	2.0	2.5	3.1	3.8
7.5	1.16	1.34	1.44	1.47	1.78	2.04	2.9	3.9	5.3	5.4
10	1.22	1.48	1.63	1.78	2.16	2.59	4.0	6.2	9.3	12.5
15	1.35	1.80	2.08	2.16	3.17	4.18	8.1	15.4	28.4	28.9

한편 IRR도 합산 IRR(Pooled IRR)과 기간 IRR(Horizon IRR)로 구분한다. 합산 IRR(Pooled IRR)은 투자금액 대비 실제로 들어오고 나간 모든 현금흐름(cash flows)을 기간별로 혹은 펀드별로 합산(pooling)하여 계산한다. 기간 IRR(Horizon IRR)은 1년, 3년, 5년, 10년, 20년 등으로 기간을 구분하여 실제 현금흐름 뿐만 아니라, 특정 시점 포트폴리오나 펀드의 순자산 가치(Net Asset Value: NAV)를 현금흐름으로 환산하여 IRR을 계산한다. 예컨대 3년 기간 IRR(Horizon IRR)을 계산할 경우, 투자를 회수하지 않은 1, 2년차 포트폴리오

---

207 IRR은 원래는 기업금융에서 사용하던 용어를 PEF 업계가 그대로 차용하여 사용하고 있다. 즉, 기업이 특정 투자프로젝트를 진행할 때 예상되는 수익률과 그 프로젝트에 소요되는 자금이 다른 주식이나 채권에 투자하는 경우의 수익률을 비교하기 위해 IRR을 산출하여 사용한 것이다.

의 순자산가치(NAV)는 현금 유출로 환산하고 3년차에 남아 있는 포트폴리오의 NAV는 현금 유입으로 환산한 후, 이를 실제 현금 유출입에 각각 더하여 IRR을 계산한다. 이는 PEF 성과뿐만 아니라 모든 자산의 성과분석에도 사용되는 일반적인 개념이다. 기간 IRR(Horizon IRR)은 시간의 흐름에 따라 PEF의 펀드성과 추이가 어떻게 변화하고 발전하는지 명확하게 보여주는 장점이 있다. 단점으로는 NAV를 정확히 계산하지 않으면 실제 현금흐름이 최종 확정된 후 계산한 IRR과 차이가 발생할 수 있다.

나아가 펀드 내의 포트폴리오별로도 IRR을 계산할 수 있고, GP가 보유한 전체 펀드별로도 IRR을 계산할 수 있다. 이렇게 되면 포트폴리오나 펀드들을 상위 25% 이내(top quartile), 중간 값(median), 하위 25%(lower quartile)로 분류할 수 있게 된다. 이 또한 펀드나 포트폴리오 성과의 변동성을 일목요연하게 보여 준다는 점에서, PEF의 GP나 개별 펀드에 대한 성과들이 얼마나 일관되게 산출되는지 보여 주는 유용한 성과측정 지표이다.

두 번째 방법이 기간 개념을 고려하지 않고, 단순히 투자된 자금과 회수되거나 남아있는 가치의 비율을 계산하는 투자배수(Money Multiple: MM) 방식이다. 투자배수 방식의 첫 번째 형태는 해당 PEF에 인출된 자금에 비해서 얼마나 많은 금액이 투자자에게 분배되었는지를 보여주는 "납입 대비 분배금 방식(Distribution to Paid-In: DPI)"이다. 분배되는 자금은 현금일 수도 있고 증권의 형태일 수도 있다. 증권의 경우에는 분배할 당시의 시가로 계산한다. DPI는 실제 현금 투입 대비 현금 회수 비율을 직관적으로 보여 준다는 점에서 다른 방법에 비해 매우 명료하다. 이 점에서 DPI를 "현금 對 현금 배수방식(Cash-on-Cash Multiple)"이라고도 한다. 자명한 이야기이겠지만 일반적인 PEF는 제이-커브(J-curve) 효과 때문에 DPI를 펀드 설립 초반에 적용하면 그 비율이 낮아지고, 펀드 후반에 적용하면 그 비율이 높아진다. 물론 펀드 설립 초기에 현금흐름이 발생하는 PEF의 경우에는 펀드 초기라 하더라도 DPI 비율이 올라갈 수 있다. DPI의 실증자료에 대해서는 후술한다.

대체투자 파헤치기(중)

타이타노마키의 서막

투자배수 방식의 두 번째 형태가 DPI에 현재 시점에서 남아 있는 잔여 지분(Residual Value to Paid-in: RVPI, 납입 대비 잔여 가치)의 가치를 더하는 "납입 대비 총 가치 방식(Total Value to Paid-in: TVPI)"이다.[208] "납입 대비 잔여가치(RVPI)"는 현재 펀드 상태의 순현재 가치(net asset value: NAV)를 측정하면 된다. TVPI는 이미 회수된 금액 뿐 아니라, 이를 제외한 나머지 포트폴리오의 잔여 가치를 합하여 총 인출된 자금으로 나누는 것이다. PEF가 장기 지평으로 투자하고 투자 이후 적극적인 기업가치 제고 활동에 몰두하게 되어 향후 지분가치가 증대될 가능성이 높으므로, 이를 고려하는 것이 가장 합리적이라는 전제하에 사용하는 방법이다. 납입 대비 총 가치 방식(TVPI)은 납입 대비 분배금 방식(DPI)과는 약간 다르게 해당 펀드의 포트폴리오가 정상적이라는 가정 하에, 펀드 설립 초반에 사용하든 후반에 사용하든 그 비율이 크게 변하지 않을 것이다. 하지만 펀드 포트폴리오의 가치가 올라가면서 시간이 흐를수록 점진적으로 상승하는 모양을 띨 것이다.

납입 대비 잔여 가치 방식이나 총 가치 방식(RVPI/TVPI)의 단점은 잔여 가치에 대한 객관적인 평가가 쉽지 않다는 것이다. 특히 펀드 초기에는 잔여 가치에 대한 객관적인 평가가 말처럼 쉽지가 않다. 따라서 LP 입장에서 해당 PEF가 객관적인 제3의 기관을 선정하여 포트폴리오의 평가가치를 시행하고 있는지 반드시 확인해야 한다. 그렇지 않을 경우 펀드 포트폴리오가 자의적으로 평가되어 객관성이 떨어질 수 있다. 다만, 펀드 수명주기의 후반으로 갈수록 잔여 가치가 좀 더 명확하게 되므로 펀드 후반의 수치가 좀 더 신뢰할 수 있는 수치이다. 마지막으로 납입 대비 총가치 방식(TVPI)의 경우 펀드 청산으로 인해 모든 포트폴리오 가치가 확정되면, 이는 투자금액 대비 실제 회수금액의 비율이 된다. 결국 납입 대비 총가치 방식(TVPI)은 모든 포트폴리오가 회수되는 마지막 순간에는 투자금

---

208 따라서 *TVPI = DPI + RVPI* 이다.

사모투자펀드(PEF)

액 대비 회수금액인 투하자본 수익률(Return on Equity: ROE) 개념과 동일하게 되는 것이다.

전술한 바대로 IRR은 시간이 고려된 개념인 반면, 납입금 대비 비교 방식(DPI/RVPI/TVPI)은 시간 개념이 개입되어 있지 않다. 따라서 납입금 대비 비교 방식(DPI/RVPI/TVPI)을 사용할 경우에는 시간에 대한 고려가 없다는 점을 명확히 인식해야 한다. 따라서 IRR과 납입금 대비 비교 방식(DPI/RVPI/TVPI) 비율 어느 하나의 지표만을 관찰하는 것보다는 관련 지표 모두를 고려하는 것이 바람직하다.

반면 IRR의 경우는 시간의 개념이 포함되어 있지만, 때에 따라서는 시간의 영향을 매우 크게 받는다는 단점도 있다. 예컨대 펀드 A와 펀드 B가 있는데 납입일, 납입주기, 펀드 청산일이 모두 동일하고, 10년 만에 펀드를 청산했다고 가정하자. 이 때 펀드 A는 통상의 PEF처럼 4~5년 동안은 회수활동이 없었고, 5~6년 이후부터 회수가 점진적으로 이루어져 마지막에 투자금의 2배를 회수하였다. 펀드 B는 이와 달리 투자한 당해에 약정액의 거의 절반이 투자되어 바로 다음 해에 투자금 거의 전부가 회수되었고, 이후 회수가 저조하여 펀드 청산일에 투자금의 1.1배를 회수하였다고 가정해 보자. 이 경우 펀드 청산일에 TVPI는 펀드 A가 2X이고 펀드 B가 1.1X이다. 하지만 IRR로 비교해 보면 펀드 A가 10% 내외로 산출되지만, 펀드 B의 경우 IRR이 100%가 넘어갈 수도 있게 된다. 하지만 펀드 A는 투자기간 이후부터 일정한 현금흐름이 발생하고 최종 회수금액이 최초 투자금의 2배인데, 펀드 B는 최종 회수금액이 최초 투자금액의 1.1배에 불과함에도 불구하고 IRR이 A보다 높게 산출된다. 이유는 펀드 초기에 많은 자금이 회수되면서 IRR이 비정상적으로 높아졌기 때문이다.[209] 이는 단순히 IRR만 비교해서도 펀드

---

209 이를 비현실적인 가정이라고 생각할 수도 있다. 어떻게 투자 1년 만에 투자금을 모두 회수할 수 있을까? 물론 절대 비현실적인 가정이 아니다. 실제로도 후술하게 될 배당금 재무조정(Dividend Recap) 회수 전략으로 얼마든지 실현 가능하며, 사례도 적지 않다. 1980년대 차입인수(LBO) 전략을 구사하던 PEF들이 조기 회수 전략으로 IRR을 의도적으로 높이기도 했다.

의 성과 비교가 정확하지 않을 수 있다는 것을 보여 주는 것이다. IRR의 또 다른 단점은 기간별 수익이 재투자되어 동일한 수익률이 나온다는 기본가정이다.

나아가 IRR과 투자 배수 방식은 펀드전략과 규모의 차이를 전혀 고려하지 않는다는 단점도 있다. 예컨대 펀드 규모가 1천만 불의 작은 벤처펀드의 IRR이 30%이고 50억불을 넘어가는 메가(Mega) 바이아웃(Buy-out) 펀드의 IRR이 9%라면, 단순히 IRR만 비교해서 벤처펀드의 성과가 바이아웃(Buy-out) 펀드보다 월등하다고 이야기할 수는 없다. 벤처의 투자수익률은 변동성이 매우 크기 때문에 단순히 IRR이 크다고 해서, 바이아웃(Buy-out) 전략보다 수익률이 더 뛰어난 전략이라고 말 할 수 없기 때문이다. 특히 펀드 규모가 커질수록 일반적으로 수익률이 하락하는 경향이 있으므로, IRR을 비교할 때는 유사한 펀드 규모 구간에 위치한 동일 전략의 펀드 상호간 비교가 좀 더 정확한 방법이다.

결론적으로 IRR과 납입금 대비 비교 방식(DPI/RVPI/TVPI) 지표 모두를 고려하여 종합적으로 펀드 성과를 판단하는 것이 중요하며, 어느 하나의 지표만을 보고 펀드 성과를 분석하는 것은 바람직하지 않다. 하지만 실무적으로 펀드의 현금흐름 전체의 기간별 자료를 펀드 선정 이전에 요구하여, 납입금 대비 분배 비율이나 총가치 비율(DPI/TVPI)을 모두 계산하는 것은 쉽지 않다. 이 경우에는 IRR 이외에 단순평균 수익률을 동시에 고려하면, 납입금 대비 총가치 비율(TVPI)을 같이 감안하는 효과가 있으므로 이를 사용하는 것이 편리하다. 왜냐하면 평균수익률은 조기에 투자를 대량으로 회수하더라도 수익률이 급격히 올라가지 않기 때문이다. 즉, 평균수익률은 현금유입이 어느 시기에 비정상적으로 높아졌다 하더라도 수익률이 크게 영향을 받지 않는다. 대표적인 기관이 우정사업본부이다. 나아가 펀드 규모와 전략을 동일하게 놓고 같은 그룹 상호간에 지표를 비교하는 것이 좀 더 객관적인 수익률 비교방법이다.

사모투자펀드(PEF)

2) 실증 자료

PEF 수익률에 대한 실증 자료를 제공하는 대표적 기관은 4군데이다. 피치북(Pitch Book), 케임브리지 어쏘시이에이션(Cambridge Association), 프레퀸(Preqin), 톰슨-로이터즈(Thompson-Reuters). 이들 네 기관의 공통점은 우선 기간 IRR(Horizon IRR)을 1년, 3년, 5년, 10년 단위로 제공하고 있다는 점이다. 아울러 연도별 그 년도의 1월 1일 기준으로 투자회수가 되지 않는 투자건의 순자산가치(이하 NAV)를 합산한 후, 이 수치로 분기별로 발생하는 현금흐름의 합을 나누어서 IRR을 구한다.[210] 즉, 매년 미회수 투자건의 NAV를 해당 년도 투자금액으로 간주하는 것이다. 다만 PEF의 수익률은 결정적인 단점이 있다. 즉 PEF의 수익률은 IRR이든 멀티플(Multiple)이든 NAV를 공정 가치로 계산해야 하는데, NAV는 펀드가 완전히 청산되기 전에는 정확히 계산하기 어렵다. 이를 "부패한 가격 이슈(Stale Price Issue)"라고 부른다. 아래에 설명할 실증 자료 역시 이와 같은 한계를 가지고 있다는 점을 염두에 두어야 한다.

보통 PEF의 요구 수익률은 8%이다. 복리로 8%의 수익률을 기록한다는 것은 말처럼 결코 쉬운 일이 아니다. 일반적인 펀드기간을 10년으로 했을 때 관리보수 및 운영보수 등을 제외하고, 10년 후 투자금의 2.16배가 되어야 순 내부수익률(net IRR)이 8%이다. 8%의 근거에 대해서는 많은 설이 있으나 필자가 보기엔 경험칙에 근거한 것이라고 보는 것이 맞는 것 같다. 프레퀸(Preqin)에서 2001년부터 2011년 출범(vintage) PEF를 대상으로 순 내부수익률(net IRR)의 중간치를 계산한 적이 있는데, 이 수치가 바로 8% 내외이다. 북미의 경우는 9.5%로 매우 높고 유럽지역이 8.4%로 가장 낮다. 특히 북미지역은 펀드 크기가 아시아 지역의 경우보다 10배가 넘지만 IRR은 가장 높다. 한편 전술한 바대로 최근 저금리 추세

---

210 Eileen Appelbaum, 앞의 책

대체투자 파헤치기(중)

타이타노마키의 서막

가 지속되면서 8%보다 낮은 수익률을 기준수익률로서 요구하는 운용사가 있다. KKR과 베인 캐피탈(Bain Capital)이 대표적 사례이다.

〈 지역별 내부 수익률 중간값과 표준편차 〉

지역	총 펀드 규모 ($bn)	Net IRR 중간값	Net IRR 표준편차
아시아	160,623.0	8.6%	17.1%
유럽	551,574.7	8.4%	24.5%
북미	1,721,742.8	9.5%	15.1%
나머지 지역	78,490.5	9.5%	14.4%

표 출처: Preqin, 2001~2011 빈티지의 PEF 대상

연차별로 보더라도 아시아 지역보다는 북미지역의 PEF 투자가 매력도가 높다. 아시아 지역의 경우에는 2000년대 초에 순 내부수익률(net IRR)이 14~26.8% 내외를 기록하면서 가장 높은 수익률을 시현하긴 하였다. 하지만 표준편차 또한 매우 커서 연평균 변동성이 25%에 이른다. S&P500의 1994~2013년간 변동성 평균이 15.2%임을 감안할 때, 이 보다 변동성이 더 크다는 것은 아시아 지역을 대상으로 한 PEF 투자가 대체투자 관점에서 아주 매력적인 선택은 아님을 보여 준다. 반면 북미지역의 변동성은 15% 내외이다. 수익률 역시 2008년 이후에는 10% 이상의 다소 높은 실적을 시현하고 있다.

사모투자펀드(PEF)

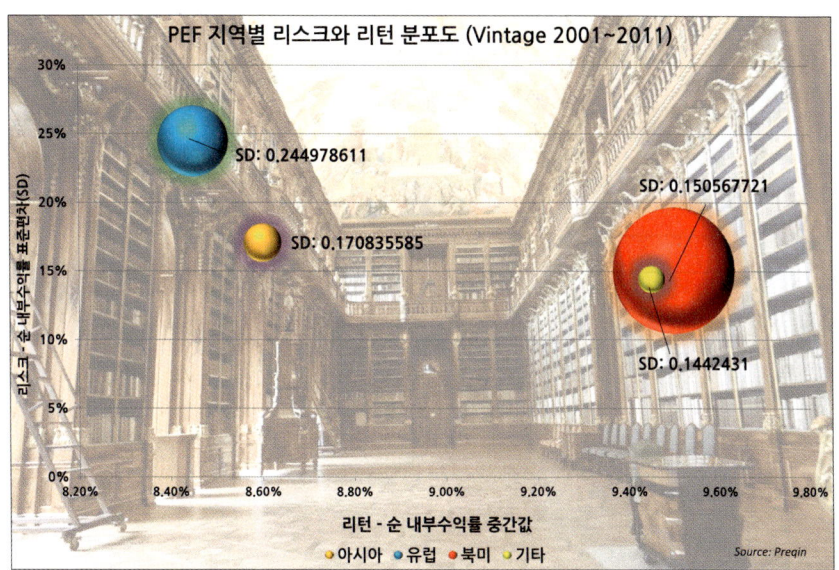

특이할 만한 것은 PEF의 수익률이 2008년 금융위기와는 무관하게 그 수익률 패턴이 일정하다는 점이다. 이는 헤지펀드와 PEF의 가장 큰 차이이다. 헤지펀드가 주로 단기거래(trading) 활동을 하면서 시장가격에 크게 영향을 받는 반면, PEF는 장기 지평으로 투자하기 때문에 그 성과가 헤지펀드보다는 시장가격에 덜 민감하기 때문에 발생하는 현상이다.

〈 빈티지별/지역별 PEF 순 내부수익률 현황 〉

Vintage Year	북미	유럽	아시아
1998	8.1%	8.1%	8.6%
1999	6.1%	12.4%	14.0%
2000	8.0%	13.4%	14.3%
2001	11.0%	13.9%	18.1%
2002	11.4%	16.5%	26.8%
2003	10.0%	12.0%	11.9%
2004	6.9%	8.7%	14.7%
2005	6.8%	7.0%	7.3%
2006	6.8%	5.4%	8.5%
2007	8.9%	6.2%	6.9%
2008	11.4%	8.6%	8.9%

대체투자 파헤치기(중)

타이타노마키의 서막

Vintage Year	북미	유럽	아시아
2009	15.9%	8.5%	6.9%
2010	13.1%	8.7%	8.5%
2011	13.3%	9.6%	15.1%

표32 출처: *Preqin*

    2014년 9월말 현재 미국에 소재한 PEF들의 기간 IRR(Horizon IRR)의 실증자료는 아래와 같다. 바이아웃(Buy-out) 전략과 그로쓰 캐피탈(Growth Capital) 전략 모두 1년차 성과가 가장 좋은 것으로 나타났다. 이는 2013~2014년 사이 미국 주식시장의 활황으로 인해 지분의 평가가치(equity pricing)가 전반적으로 올라가면서, 이 시기 PEF의 순자산 가치인 NAV가 자연스럽게 상승한 결과 발생한 것이다. 일종의 부패 가격(Stale Price) 현상이다.

〈 펀드 전략별 기간 내부수익률 현황 〉

PE 벤치마크(Horizon IRR)	1년	3년	5년	10년
Cambridge Associates US PE Index (VC 제외)	18.1%	17.0%	16.8%	14.1%
Cambridge Associates US Buy-out Index	18.3%	17.9%	17.5%	14.0%
Cambridge Associates US Growth Equity Index	19.7%	17.9%	17.2%	14.0%
ILPA US PE Index (VC 제외)	18.1%	16.9%	16.7%	14.0%
※ S&P	17.3%	20.4%	13.3%	5.9%

표33 출처: *PEGCC*, 기준: 2014년 9월말

    PEF 호황기 싸이클(Boom cycle)의 두 번째 시기인 1999년을 전후한 기간 IRR(Horizon IRR)도 유사한 형태를 보여주고 있다. 즉 1999년을 포함한 3년 기간 IRR(Horizon IRR)은 24.7%까지 치솟은 반면, 이후 급락한 주식시장 영향으로 지분 평가가치(equity pricing)가 하락하면서 3년과 5년 기간 IRR(Horizon IRR)이 마이너스 영역으로 진입하였다. 이와 같이 기간 IRR(Horizon IRR)이 주는 시사점은 PEF의 수익률이 경기 변동(cycle)에 크게 영향을 받는다는 점이다. 특히 기간을 감안한 PEF의 기간 IRR(Horizon IRR)은 주식시장의 지분 평가가치(equity pricing) 추이에 직접적인 영향을 받게 된다. 나아가 논리적으로 당연한

사모투자펀드(PEF)

이야기이긴 하지만, 3년 단위의 기간 IRR(Horizon IRR)은 10년 이상 단위의 기간 IRR(Horizon IRR)보다 경기 변동의 영향을 더 크게 받게 된다. 후술하겠지만 이와 같이 PEF 수익률이 경기 변동에 민감하다는 단점을 보완하기 위해서 칼라일(Carlyle), KKR, 블랙스톤(Blackstone) 등은 PEF 이외 PDF, 부동산, 헤지펀드, 채권투자(credit) 등으로 사업영역을 다각화 하는 추세이다. 향후 우리나라도 이와 같이 PEF 이외에도 업종을 다각화함으로써 경기 상황과 무관한 수익률 창출이라는 대체투자 원래의 취지에 부합하는 세계적인 종합자산운용사의 출현을 기대해 본다.

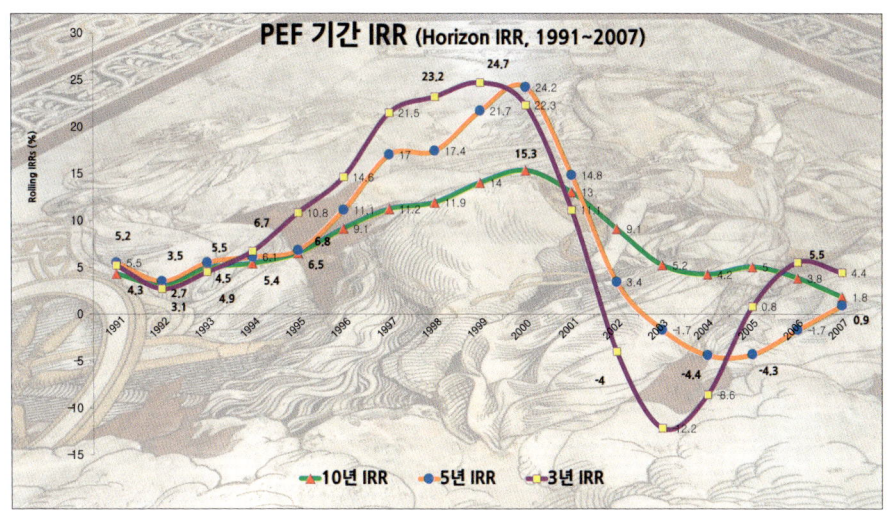

납입금 대비 잔여가치(DPI)와 총 가치(TVPI)에 대한 실측 자료 역시 프레퀸(Preqin)에서 제공하고 있는데,[211] 이를 통해 실제 PEF의 현금흐름에 대한 개괄적인 정보를 취득할 수 있다. 납입금 대비 분배금(DPI)의 경우는 펀드 출범(vintage)이 2011년 이후인 경우는 0%인데, 이는 3~4년간은 PEF에 현금흐름이

211　Preqin, *PEF Performance Update*, September 2014

대체투자 파헤치기(중)

타이타노마키의 서막

없는 전형적인 제이-커브(J-curve) 효과 때문이다. 2014년 현재 납입금 대비 총 가치(RVPI)가 100을 넘는 펀드 출범 연도(vintage) 역시 2010~2011년 사이의 PEF이며, 3~4년간 현금흐름이 없다가 그 뒤에 급격한 가치 상승이 이뤄지는 전형적인 제이-커브(J-curve) 효과를 잘 보여주고 있다. 펀드 출범 연도(vintage)가 2010년인 경우는 자금이 이미 요청된 비율의 중간값이 약 80%로 거의 자금이 소진되고 있다고 보면 된다. 이는 펀드의 평균 투자기간이 4~5년이라는 예측과도 일치 한다. 마지막으로 펀드소진율이 보통 75%가 되면 또 다른 펀드를 출범하게 되는데, 실증자료를 보면 3~4년 사이에 펀드 소진율이 75%에 이른다는 것을 알 수 있다. 이 또한 PEF 업계가 보통 3~4년마다 자금모집(fund raising)을 하는 관행에 대한 실증적 자료로 볼 수 있다.

〈 PEF 수익률 실증자료 (1997~2014) 〉

Vintage	펀드 수	Median Called (%)	DPI 중간 값 (%)	RVPI 중간 값 (%)	상위 25% 멀티플	중위 50% 멀티플	IRR 중간값 (%)
2014	24	5.4	0.0	87.5	0.92	0.88	n/m
2013	28	14.4	0.0	93.0	1.13	0.94	n/m
2012	29	37.3	0.0	97.8	1.17	1.00	n/m
2011	56	55.0	0.1	104.2	1.30	1.13	11.7
2010	20	79.9	14.4	113.7	1.35	1.28	15.1
2009	22	78.6	9.8	97.2	1.33	1.12	8.5
2008	71	87.5	23.2	89.6	1.34	1.13	6.9
2007	65	93.0	29.3	92.1	1.52	1.31	8.9
2006	47	94.2	69.8	58.1	1.46	1.30	6.9
2005	40	100.0	113.1	30.5	1.81	1.41	8.5
2004	18	99.1	105.9	1.0	1.94	1.30	7.3
2003	10	100.0	156.5	2.7	2.41	1.64	14.7
2002	8	100.0	193.5	0.0	2.18	1.94	11.9
2001	10	100.0	234.2	1.0	3.60	2.35	26.8
2000	20	96.0	154.3	0.0	2.16	1.57	18.1
1999	9	99.0	170.8	0.5	2.62	1.84	14.3
1998	7	100.1	184.2	0.0	n/a	1.84	14.0
1997	9	94.2	154.8	0.0	2.20	1.55	8.6

표34 출처: *Preqin*

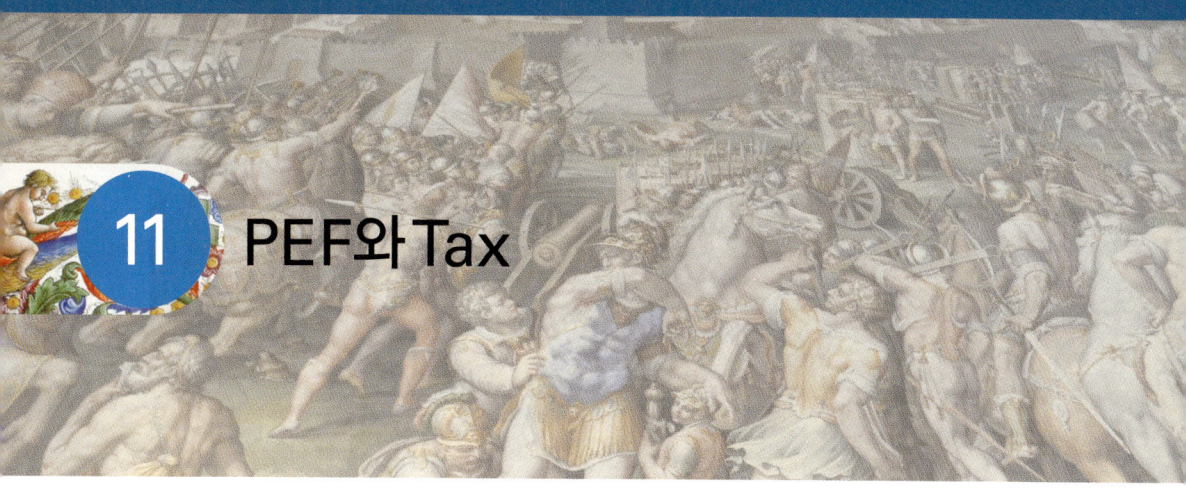

11 PEF와 Tax

1) 프롤로그

(상)권에서 언급한 헤지펀드와 조세회피 지역 상호간의 관계는 PEF와 조세회피 지역 상호간의 관계에도 대체로 적용된다. 다만 차이가 있다면 헤지펀드의 경우는 단기거래(trading) 활동이 활발하기 때문에 세율이 낮은 장기자본이득을 향유하기 어려운 반면, PEF는 투자지평이 보통 1년을 넘으므로 세율이 낮은 장기자본 이득을 향유할 가능성이 높다는 점에서 차이가 있다. 하지만 근본적으로 헤지펀드이든 PEF이든 불필요한 세금을 줄이고, 최대한 합리적인 범위 내에서 납부 세금을 최소화하려는 유인은 동일하다.

PEF 운용사가 가장 많이 설립되어 있는 미국은 트럼프 행정부의 세제개편 이전 최고 과표액을 기준으로 연방 법인 최고한계세율 35%와 州 법인 최고한계세율 7%를 적용할 경우 실질적인 법인세율이 과표액의 40%에 이르렀다.

〈 전 세계 주요국의 법인세율 〉

국가	2008	2009	2010	2011	2012	2013	2014	2015	2016	2017	2018
브라질	34	34	34	34	34	34	25	25~34	25	34	34
프랑스	33.33	33.33	33.33	33.33	33.33	33.33	33.33	33.33	33.33	33.33	33
일본	40.69	40.69	40.69	40.69	38.01	38.01	35.64	33.86	30.86	30.86	30.86
독일	29.51	29.44	29.41	29.37	29.48	29.55	29.58	30~33	29.58	29.79	30

대체투자 파헤치기(중)

타이타노마키의 서막

벨기에	33.99	33.99	33.99	33.99	33.99	33.99	33.99	33.99	33.99	33.99	29
캐나다	33.5	33	31	28	26	26	26.5	25~31	26.5	26.5	26.5
한국	27.5	24.2	24.2	22	24.2	24.2	24.2	24.2	24.2	24.2	26.5
룩셈부르크	29.63	28.59	28.59	28.8	28.8	29.22	29.22	29.22	29.22	27.08	26.01
중국	25	25	25	25	25	25	25	25	25	25	25
네덜란드	25.5	25.5	25.5	25	25	25	25	25	25	25	25
이탈리아	31.4	31.4	31.4	31.4	31.4	31.4	31.4	31.4	31.4	24	23
덴마크	25	25	25	25	25	25	24.5	23.5	22	22	22
미국	40	40	40	40	40	40	40	40	40	40	21
영국	30	28	28	26	24	23	21	20	20	19	19
스위스	19.2	18.96	18.75	18.31	18.06	18.01	17.92	12~24	17.92	17.77	18
홍콩	16.5	16.5	16.5	16.5	16.5	16.5	16.5	16.5	16.5	16.5	16.5
아일랜드	12.5	12.5	12.5	12.5	12.5	12.5	12.5	12.5	12.5	12.5	12.5
사이프러스	10	10	10	10	10	12.5	12.5	12.5	12.5	12.5	12.5
리히텐슈타인	–	–	–	12.5	12.5	12.5	12.5	12.5	12.5	12.5	12.5
지브롤터	33	27	22	10	10	10	10	10	10	10	10
케이만, 바하마, 건지, 몰타	0	0	0	0	0	0	0	0	0	0	0
EU 평균	–	–	–	–	22.51	22.75	22.39	22.15	22.09	21.33	21.29
OECD 평균	25.99	25.64	25.7	25.4	25.15	25.32	24.98	24.77	24.69	23.95	23.5
전 세계 평균	26.1	25.38	24.69	24.5	24.4	23.71	23.57	22.9	22.5	23.96	23.03

표 출처: KPMG, 실질세율 기준, 전 세계 세율 평균은 TaxFoundation

트럼프 행정부의 세제 개편 이전의 미국뿐만 아니라 PEF 설립이 활발한 프랑스, 독일, 이탈리아 등 유럽 지역의 선진국들 역시 한계 법인세율이 대체로 다른 국가들보다 높은 편이어서, PEF 입장에서는 펀드 설립 시 이들 국가의 세율에 대한 고려가 반드시 필요하다. 비단 PEF 설립뿐만 아니라 모든 금융투자활동에 있어서도 납부해야 할 관련 세율을 고려하지 않으면, 최적의 투자수익을 창출할 수 없다. 따라서 납부 세율을 효율화(tax efficiency)하는 거래구조를 구상하거나 실행하는 절세전략(Tax Planning)은 금융투자 전체 과정뿐 아니라, PEF 설립 및 거래를 구조화하는 과정에서도 필수적인 요소이다.

절세전략(Tax Planning)은 자산별로 상이한 세율뿐만 아니라, 세제 관련 법령이 허용하는 각종 공제 및 예외 조항을 최대한 활용하는 복잡한 과정을 거쳐야 한다. 특히 최근에는 PEF 설립과 거래 활동이 전 세계를 대상으로 확대됨에 따라, 전 세계 주요 국가들의 세제관련 법령에 대한 이해를 바탕으로 절세전략(Tax Planning)의 글로벌화가 자연스러운 현상이 되었다. 예컨대 단순한 세율만 비교하였을 때는 룩셈부르크는 매우 높은 세율을 부과함으로써 기업들이나 PEF, 헤지펀드 등이 별로 선호하지 않는 것처럼 보인다. 하지만 룩셈부르크는 유럽 지역에서 다국적 기업, PEF, 헤지펀드가 가장 선호하는 설립지 중의 하나이다. 그 이유 중의 하나가 룩셈부르크의 경우는 지식재산권을 보유한 지주회사(holding company)는 아예 법인세를 내지 않아도 되기 때문이다. 이에 따라 아마존(Amazon)은 유럽에 자사의 거의 모든 지재권을 보유한 아마존 유럽 지주회사(Amazon Europe Holding Technologies SCS[212])를 룩셈부르크에 설립한 후, 유럽 지역에서 발생한 매출을 이 회사에 집중시키는 방법으로 납세액을 줄였다. 애플이 유럽의 생산거점으로 아일랜드에 설립한 생산 공장 역시 비슷한 상황이다. 애플은 1980년에 애플의 지재권을 보유한 회사를 설립, 자사제품을 생산하여 유럽에 공급하는 공장을 아일랜드에 설립하였는데, 1990년까지 애플은 지재권에 대한 면세조항을 활용하여 아일랜드에 세금을 납부하지 않았다. 애플이 2013년과 2014년에 전 세계에 회사채를 발행하여 자금을 조달한 이유도 세금과 관련된 것이었다. 주주행동주의자인 아이칸(Icahn)의 요구와 미국의 양적 완화정책 이후 전개된 저금리 추세 때문에 자금조달 코스트를 최소화하려는 목적도 있지만,[213] 좀 더 근본적인 이유는 회사 내 1,500억불에 이르는 현금으로 배당을 지급할 경우에는 주주 입장에서 적지 않은 세금 부담이 발생하기 때문이었다.

---

212 SCS는 Société Commandites Simple의 약자로 룩셈부르크에서 허용되는 유한 파트너쉽(Limited Liability Partnership)이다.
213 전 세계적인 초저금리 현상으로 2013년에는 7,340억불, 2014년 8월까지 7,960억불의 회사채와 국채가 발행되었다. 2014년은 종전에는 해외 국채 발행이 매우 어려웠던 잠비아, 파키스탄, 몽고, 에콰도르 등의 국가들이 해외 국채 발행에 성공하는 기록을 세우기도 한 해였다. Financial Times, Aug 6, 2014. 2015년 3월에는 30년 이상 장기채(회사채 및 국채) 발행 물량이 69억불을 기록하여 사상 최고치를 기록하기도 하였다. 특히 장기금리가 사상 최저임에 따라 2014년에는 멕시코가 만기 100년의 국채를 발행하였고 캐나다, 스페인은 만기 50년의 국채를 발행하기도 하였다. Financial Times, Mar 10, 2015

대체투자 파헤치기(중)

타이타노마키의 서막

조세와 관련하여 PEF 펀드설립이나 거래 과정에서 고려해야 할 이슈는 크게 네 가지로 구분된다. 첫째가 바로 펀드의 설립과 관련된 이슈이다. 펀드 설립과 관련한 가장 큰 이슈는 이중 과세의 문제이다. 즉, 투자자는 결국 배당 형태이든 투자수익 형태이든 최종적으로 세금을 납부해야 하지만, 운영의 주체인 펀드가 세금을 낼 필요는 없다. 따라서 세금을 납부하지 않아도 되는 펀드의 구조(vehicle)를 탐색해야 하고, 납부해야 하더라도 최소한의 세금을 납부하는 방법을 모색해야 한다. 이를 보통 조세 중립적(tax neutral) 구조라고 부른다.

두 번째 이슈가 PEF의 GP가 제공하는 서비스에 대한 부가가치세 납부와 성공보수에 대한 세금 이슈이다. PEF는 펀드 운영의 대가로 보통 2% 이내의 관리보수를 수령하게 되는데, 이와 같은 펀드 관리보수에 대해 GP 입장에서 부가가치세를 내야 하는지에 대해서는 국가마다 다르다. 독일의 경우는 일반적으로 부가가치세를 납부해야 하고, 한국과 영국은 일정 조건하에서만 부가가치세가 면제이며, 룩셈부르크나 네덜란드는 이 세금이 아예 없다. 따라서 특히 전 세계를 대상으로 거래를 수행하는 PEF는 해당 국가마다 상이한 부가세 규정을 사전에 연구하여 이를 최소화하는 곳에 펀드를 설립해야 한다. 2014년에는 우리나라 국세청이 국내의 한 PEF 운용사가 역외에 설립한 펀드의 운용 수수료가 국내법상 부가가치세 면제 대상이 아니라고 판단하고, 이를 직접 한국의 GP에게 소급하여 징수한 바도 있다.[214] 이는 그만큼 관리보수에 대한 부가가치세 과세여부가 PEF에게는 중요한 이슈임을 의미하는 것이다.

아울러 펀드의 성공보수에 대해서도 가장 최적의 세율을 제공하는 국가나 구조를 탐색하는 것 역시 중요한 과제 중의 하나이다. 통상적으로 전 세계 과세당국

---

214 국세청은 2014년 3월, 국내의 어떤 PEF 운용사가 역외에 설립한 역외 사모투자펀드가 부가치세법 시행령 제 40조에서 세금 면제를 허용하는 금융·보험 용역의 범위 중 집합투자업에 해당하지 않는다고 판단했다. 역외 사모투자펀드는 해외에서 자금을 유치해 해외에서 등록을 하기 때문에, 면세혜택을 받는 국내의 금융·보험 용역의 범위에 해당하지 않는다는 것이다. 이 때 부가된 부가세는 2006년까지 7년을 소급적용한 54억 원이었고, 이로 인해 이 회사의 자본금까지 감소된 것으로 알려졌다. 더벨, 2014.3.28

사모투자펀드(PEF)

은 PEF의 성공 보수를 일반적인 소득이 아닌 자본이득으로 간주하여 보통 소득세율보다 낮은 세율을 적용해 왔다. 따라서 PEF 입장에서는 관리보수보다 훨씬 유리한 세율의 혜택을 어렵지 않게 누려 왔다.[215] 특히 성공보수를 수령하는 이들이 주로 PEF의 최고 경영진 등의 고급인력이 많으므로, 대다수 국가들이 성공보수에 대한 파격적인 세율을 제공하여 이들 인력을 자국에 더 많이 거주하는 유인책을 사용해 왔다. 룩셈부르크가 대표적인 예이다. 하지만 최근에는 PEF의 성공보수에 대한 과세율이 지나치게 낮다는 사회적 비난여론이 거세지는 추세이다. 예컨대 2013년 4월에는 오바마 대통령이 펀드의 성공보수 수령자가 실제로 자기 돈을 투자하지 않은 상태에서 성공보수를 받았다면, 이를 자본이득이 아니라 일반 소득으로 간주하여 일반소득세를 부과할 방침이라고 발표한 적도 있다.[216] 따라서 최근에 와서 PEF 입장에서 자신의 투자를 최소화하면서, 성공 보수에 대한 납세를 효율화하여 최적의 "입지"를 물색하는 것이 과거처럼 마냥 쉬운 작업은 아니라고 본다.

세 번째 이슈는 펀드가 수취한 자산의 양도세와 배당 소득세에 관한 이슈인데, PEF의 세금 관련 이슈 중 가장 중요한 이슈이다. PEF가 수익을 내기 위해서는 지분이든 부동산이든 특정 자산을 싸게 매입하여 비싸게 팔거나 배당을 받는 것이다. 이 과정에서 양도 차익 혹은 배당 소득이 발생하게 되는데, 이 양도차익과 배당소득에 대한 세금을 가장 최소화하는 방안을 거래과정에서 필수적으로 모색해야 한다. 예컨대 지분취득에 대한 양도소득세가 부동산에 대한 양도소득세보다 낮다면, 특정 부동산을 매입할 때 신탁이나 펀드가 해당 부동산을 "직접" 취득하는 것보다 부동산을 보유한 기업의 지분을 취득하는 것이 납부 세액을 최소화한

---

215 후술하겠지만 우리나라는 성공 보수에 대해서도 원칙적으로 일반 소득세율로 과세한다.
216 물론 오바마의 성공보수에 대한 과세율 논란의 점화는 대선 전략의 일환이었다. 왜냐하면 상대방 후보였던 및 롬니(Mitt Romney)가 주요한 바이아웃(Buy-out) PEF인 베인 캐피탈(Bain Capital)의 창립자로서, 수령한 성공보수가 2010년과 2011년 롬니 소득의 30%를 차지할 정도로 컸기 때문이다.

대체투자 파헤치기(중)

타이타노마키의 서막

다는 차원에서 PEF에게 좀 더 유리하다.

PEF의 경우는 전략에 따라 취득 대상 자산이 해당 기업의 지분 외에도 부동산, 인프라, 메자닌(mezzanine)·부실자산(distressed)·구제융자(rescue financing) 등의 전략을 구사하여 취득하는 각종 부채자산, 선박·원유 등 실물 자산, 특허·저작권·상표권과 같은 지재권 등 취득 자산이 매우 다양하다. 따라서 PEF 입장에서는 자산별로 납부해야 할 세율이 다르다는 점을 최대한 활용하여, 납부세액을 최소화하는 방식으로 펀드나 거래를 구조화하는 방안을 필연적으로 검토하게 된다.

PEF와 달리 헤지펀드의 경우에는 수익의 원천이 단기거래(trading) 활동이므로, 헤지펀드는 단기거래활동에 따른 과세 최소화에 초점을 맞춘다. 전 세계에 공통적으로 적용되는 세법 원칙 중 하나는 자금을 단기로 운용했을 때 납부해야 할 세금과 자금을 장기로 운용할 결과 납부해야 할 세금이 다르다는 점이다. 즉, 장기로 운용했을 때 발생한 수익에 대한 세금이 단기 투자로 인한 세금보다 적다. 헤지펀드는 단기거래(trading) 활동이 수익의 원천이므로 항상 이와 같은 납세원칙과 싸워야 한다. (상)권에서 언급한 바 있는 헤지펀드 르네상스 테크놀로지(Renaissance Technology)의 바스켓 옵션(Basket Option) 상품도 결국 단기거래(trading) 활동에 따른 중과세를 회피하기 위한 목적에서 구조화된 파생상품이었다.

네 번째 이슈가 2008년 금융위기 이후 급격히 부상하고 있는 탈세 방지 및 납세 관련 국가간 정보 교환활동의 급증이다. 앞서 언급한 세 가지 이슈에 따라 납부해야 할 조세를 최소화거나 효율화하는 목적으로 투자거래를 구조화 하는 행위는, 종종 조세납부를 회피하기 위한 조세 회피 목적의 투자거래 구조화와 구분하기가 매우 어려울 때가 많다. 특히 2008년 금융위기를 거친 후에는 조세 회피 목적의 투자거래 구조화에 대한 사회적 거부 반응이 매우 심각하다는 점을 알아야 한다. 따라서 과거처럼 조세효율화 작업을 지나치게 자유롭게 구사하는 것이 결코 쉬운 일이 아니게 되었다. 우리나라의 경우는 론스타가 대표적인 사례이다. 앞서 언급한 아마존(Amazon)의 경우도 2014년 10월에 룩셈부르크 정부가 아마존

사모투자펀드(PEF)

(Amazon)의 조세효율화 작업 과정에서 편의를 봐준 것이 아닌지에 대해 EC가 공식적으로 조사에 착수한다는 보도도 있었다.[217] 애플(Apple)의 경우 역시 세금 감면 혜택이 종료된 1991년에, 애플(Apple)과 아일랜드 정부 간 세금 납부에 대한 모종의 거래가 있었다는 의혹으로 EC의 조사대상에 올랐다.[218] 결국 EC는 애플이 아일랜드에 130억 유로에 이르는 금액의 세금을 탈루했다고 결론 내렸다.[219] EU 경쟁당국에 따르면 애플은 소득세가 높은 EU 국가의 소득은 줄이고, 소득세가 낮은 EU 국가의 소득은 높이는 방식으로 납부 세금을 줄였다고 한다.[220]

아울러 과거에는 단순히 국가 간 "이중과세 방지"를 위해 체결되었던 이중과세방지협정(Double Taxation Treaty: DTT)이 최근에는 국가 간 "탈세 방지"를 위한 공동 협약으로 급격히 진화하고 있는 추세이다. 예컨대 조세를 회피할 목적으로 설립된 회사에 대해서는 이중과세방지협정 상의 각종 혜택을 부여하지 않는 것이 최근의 일반적인 관행이다. 이에 따라 과거에 일반적으로 납부 세금을 최소화하기 위해 가장 활발하게 "애용"하던 이중과세방지협정의 활용의 효율성이 지속적으로 저하되고 있다. 특히 1990년대부터 시작되어 갈수록 강화되고 있는 OECD를 중심으로 한 조세효율화 조치의 남용방지 논의는 PEF가 거래 과정에서 필연적으로 고려해야 하는 조세 효율화 구조에 대한 심각한 제약조건이 될 가능성이 높다. 심지어는 미국의 「해외금융계좌신고법(Foreign Accounts Tax Compliance Act: FATCA)」처럼 탈세를 방지하기 위한 정보 교환에 응하지 않으면, 해당 국가 국적의 PEF가 배당을 받거나 자산을 매각할 때 30%의 세율로 원천 징수 당하는 초국가적 조치가 법제화되기도 한다. 유럽의 경우도 이와 별반 다

217　Financial Times, Oct 6, 2014. EC는 회원국 정부의 세율 확정과 관련해서 회원국 정부의 자율에 완전히 위임하고 있다. 즉, EC가 각 회원국에 대해 세율을 몇 퍼센트로 지정할 권한은 없다. 하지만 EC는 회원국 정부의 세율 결정 과정 전반에 대해 조사할 권한은 보유하고 있다.
218　Financial Times, Sep 30, 2014
219　Financial Times, Sep 3, 2016
220　Financial Times, Aug 31, 2016

르지 않아서「유럽 저축 명령(EU Savings Directive)」조치를 통해 이와 같은 추세에 동참하고 있다. 나아가 독일, 프랑스, 이탈리아, 스페인, 영국 등 이른 바 G5 유럽 국가들은 2013년에 미국의 FATCA와 동일한 법제 추진에 합의하기도 하였다.[221] 아울러 2014년 베를린에서는 전 세계 주요국 51개국 정부가 납세자의 세원 등을 포함한 각 국의 조세정보를 자동으로 교환하기로 전격 합의한 바도 있다.

결론적으로 PEF는 설립 혹은 거래 과정에서 필연적으로 조세를 효율화하는 작업을 수행할 수밖에 없다. PEF 설립이나 거래를 구조화하는 과정에서 해당 국가의 세율과 서로 다른 자산에 대한 차별적인 세율 등을 활용하는 것은 어떻게 보면 최대 수익을 추구하는 펀드 입장에서 당연한 금융투자 활동의 일환이다. 하지만 조세회피와 관련된 최근의 글로벌 동향과 관련하여 조세 효율화라는 명목 하에 절세전략(Tax Planning)을 지나치게 남용할 경우, 성공가능성이 낮을 뿐 아니라 부정적인 사회적 논란을 야기함으로써 오히려 역풍을 초래할 수 있다. 특히 최근의 과세 당국은 세금 부과의 기준으로 법률적 형식보다는 거의 언제나 실질적 활동과 결과에 집중해서 주목한다는 점을 잊어서는 안 된다고 본다.

---

221 Financial Times, Oct 29, 2014

사모투자펀드(PEF)

론스타와 스타타워

론스타는 1995년 존 그레이큰(John Grayken)이 미국의 텍사스 달라스에서 설립한 사모투자펀드(PEF)이다. 론스타 홈페이지에 따르면 그레이큰(Grayken)은 1990년대 초반 미국 저축은행 부도사태 때 부실자산을 처리하기 위해, 미국 예금보험공사(FDIC)와 로버트 바스 그룹(Robert M. Bass Group)이 1993년에 설립한 조인트 벤처(joint venture)였던 브레이조스 파트너스(Brazos Partners)의 대표직을 지냈다. 이때의 부실자산 처리 경험을 바탕으로 북미 지역의 부실자산, 특히 부동산을 투자 대상으로 한 브레이조스 펀드(Brazos Fund)를 2.5억불 규모로 1995년에 처음으로 설립한다. 동시에 브레이조스 펀드의 실질적 운영과 동 펀드가 취득한 자산의 관리를 위해 브레이조스 어드바이저(Brazos Advisors, LLC)를 별도로 설립하는데, 이 회사는 나중에 이름을 허드슨 어드바이저(Hudson Advisors LLC)로 개명한다. 이듬해인 1996년에는 3.96억불 규모의 론스타 어퍼튜니티 펀드(Lone Star Opportunity Fund)를 설립하여, 주로 캐나다의 부실자산에 집중 투자하였다. 1997년부터는 투자 범위를 글로벌로 확대하였고, 때마침 아시아 금융위기가 찾아오자 동아시아 지역의 부실자산을 집중적으로 매입하였다. 특히 2014년부터 펀드자금을 모집하기 시작한 "론스타 펀드 IX(Lone Star Fund IX)"은 부실화된 자산을 주로 매입하는 어퍼튜니스틱(opportunistic) 전략을 구사하는 펀드로, 2014년 7월말 마감(closing)된 약정금액이 72억불에 이를 만큼 사업이 번성중이다. 2015년 4월에는 "론스타 부동산 펀드 IV(Lone Star Real Estate Fund IV)"의 자금 모집을 최종 마감하였는데, 총 약정액은 58억불이다. 2015년 11월 현재 론스타는 총 약정금액 598억불 규모로 15개 펀드를 거느리고 있다.

론스타의 주요 투자 대상은 기업부실채권, 소비자 부실채권, 부실 부동산 등의 부실자산이다. 주된 전략은 이들 부실자산을 싸게 매입하여 정상화시킨 후 신속하게 투자를 회수하는 부실자산 투자(distressed) 전략이다. 특히 2000년 11월에 최종 모집된, 스타타워의 인수 주체였던 "론스타 펀드 III(Lone Star Fund III)"는 약정금액의 83%가 일본과 한국의 부실자산을 취득하는데 사용된 사실상 "한일 부실자산 매입 프로젝트 펀드"였다.

이 즈음인 1999년 8월, 故 정주영 회장의 동생인 정세영 씨가 회장이었던 현대산업개발이 IMF로 인한 범현대 그룹의 구조조정 과정에서 계열분리 되는 우여곡절을 겪었다. 계열분리 이후 유동성 확보와 부채비율 개선 등이 절실했던 현대산업개발측은 강남의 I-타워(스타타워, 現 강남파이낸스 빌딩)를 완공되기 전에 매각한다는 방침을 세웠다. 강남 I-타워는 연면적 212,190㎡(64,300평)의 대형빌딩으로 여의도 63빌딩, 삼성동 아셈타워빌딩보다 큰, 2015

년 현재까지도 연면적 기준 전국 최대 규모의 오피스 빌딩이다. 이 과정에서 론스타가 매수자로 등장하여 현대산업개발이 2001년 6월 18일에 I-타워 매각계약을 론스타와 체결하게 되었다. 총 계약금액은 당시 미완인 건설 공사비를 포함하여 6,632억 원이었고 계약금 2,000억 원은 2001년 6월 21일에, 잔금은 사업주 명의가 변경이 되는 날 지급하기로 하였다.

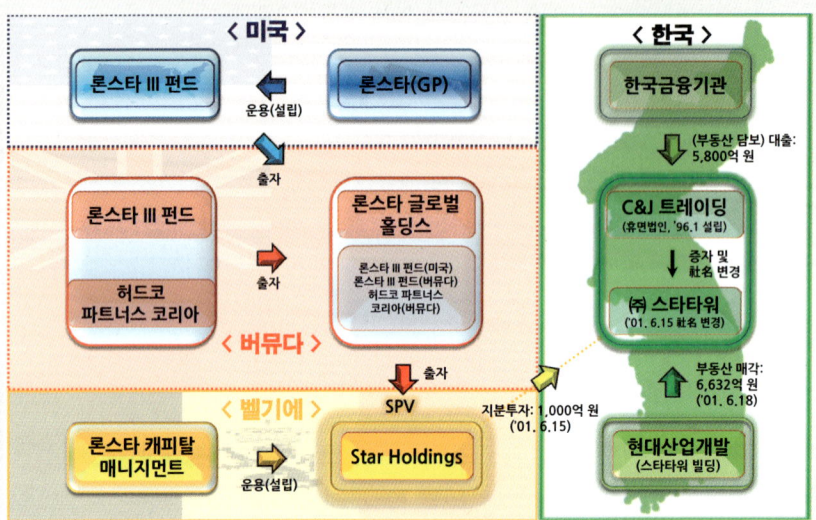

론스타는 스타타워를 인수하기 위해 국내에 1996년 1월에 설립되었지만 7월에 폐업하여 사실상 휴면법인이었던 ㈜씨엔제이트레이딩(C&J)을 발굴하여 자본금을 2001년 6월 7일에 2억 원으로 증자하였다. 2001년 6월 15일에는 C&J 보유지분을 벨기에의 스타 홀딩스(Star Holdings)라는 SPC에 1,000억 원에 매각한 후 상호를 ㈜스타타워로 변경하였다. ㈜스타타워는 2001년 6월 18일에 6,632억 원에 스타타워 빌딩을 취득하게 되고, 6월 21일에는 등기부상 목적사업에 부동산 개발, 임대 및 관리업을 추가하는 동시에 자본금을 53.7억 원으로 증자했다. 같은 날 스타타워 빌딩의 부수 토지에 대한 소유권까지 이전 등기하였으며, 스타타워 빌딩이 완공된 2001년 8월 16일에는 스타타워 빌딩에 대한 소유권 보존등기를 완료하였다. 3년 여에 걸친 보유 후 론스타는 2004년 12월 28일, 실소유주가 GIC인 싱가폴 투자청 산하 법인에 스타타워 빌딩을 약 9,100억 원에 매각하였다. 이 때 총 2,450억 원의 양도차익이 발생하게 된다.

론스타측은 이와 같은 거래를 실행하기 전에 한국, 미국, 벨기에의 조세 제도 및 한·벨기에 조세조약, 한·미 조세조약, 미·벨기에 조세조약을 면밀히 검토하였다. 그 결과 소득유형을 부동산 양도소득에서 주식 양도소득으로 전환하고, 소득의 귀속지를 미국에서 벨기에로 변경하는 것이 세금납부를 최소화하는 것이라는 결론에 이르게 된다. 추정되는 근거는 다음과 같다.

구분		한 · 벨 조세조약	한 · 미 조세조약
부동산 양도소득		원천지국 과세	원천지국 과세
주식 양도소득	일반적인 경우	거주지국 과세	거주지국 과세
	부동산과다보유법인의 주식양도소득	거주지국 과세	원천지국 과세

첫째, 당초 이 거래에 관련된 3개 국가의 세법상 부동산 양도소득은 이 거래의 관계국인 한국, 미국, 벨기에 모두 부동산이 존재하는 국가에서 과세권을 보유하고 있었다. 따라서 동 거래구조를 부동산 거래로 구조화하는 경우 한국 과세당국의 과세를 피할 수 없다. 둘째, 주식 양도 차익에 대해서는 한국과 미국, 한국과 벨기에 간 이중과세방지조약(Double-Taxation Treaty: DTT)의 규정이 서로 달랐다. 즉, 스타타워처럼 부동산을 과다하게 보유한 법인의 주식양도소득에 대해서 한 · 미 조세조약은 원천지국에서 과세하게 되어, 미국이 설립지인 론스타가 한국투자자로서 자산을 매각하면 한국 과세당국의 과세를 피하기 어렵다. 하지만 한 · 벨 조세조약에 따르면 부동산 과다 보유법인의 주식양도 소득이라 하더라도 투자자의 거주국인 벨기에의 과세를 받게 된다. 셋째, 미국과 벨기에 간 조세조약에 따르면 배당 수취인인 론스타가 의결권 있는 주식의 10% 이상을 소유하고 있을 경우 5%가 과세된다. 하지만 배당의 수익적 소유자가 미국 거주자의 연기금이거나, 10% 이상 지분을 배당일 당시 12개월 이상 보유한 미국법인인 경우에는 아예 벨기에에서 과세되지 않았다. 넷째, 벨기에의 경우는 해외자회사 배당소득의 95%를 과세대상에서 제외하는 이른 바, 참여소득 면제제도(participation exemption)를 운영하고 있었다.[222] 따라서, 배당되는 양도차익 중 95%는 과세대상에서 아예 빠지게 된다.

이와 같은 점을 종합적으로 고려했을 때 론스타는 자신의 펀드가 벨기에 법인에 투자하면

---

[222] 참여소득 면제제도란 해외 자회사의 지분이 일정 비율(보통 25%) 이상이고 보유 기간이 일정 기간(보통 1년) 이상인 경우, 배당소득을 과세대상에서 제외하는 것을 의미한다. 유럽의 룩셈부르크, 네덜란드, 벨기에, 이태리, 스웨덴, 노르웨이, 영국 등이 운영하고 있으며, 네덜란드의 경우는 해당 소득 전체를 과세하지 않는다. 장기로 자산을 보유하여 매각한 경우 이에 대한 세금을 낮추는 일종의 장기자본 소득세이다.

서, 동시에 벨기에 법인이 한국에 투자한 후 부동산 취득이 아닌 주식이나 지분 취득으로 스타타워 빌딩을 취득하는 것이 과세를 최소화하는 것이라고 판단하였다. 실제로 이를 계산하면 양도차익 2,450억 원 중 95%를 제외한 122.5억 원의 주식양도차익에 대해 40억 원(벨기에 과세율인 33%를 적용)의 세금만 벨기에에 납부하면 된다. 당시 ㈜스타타워의 주주구성은 론스타III 미국(60%), 론스타III 버뮤다(30%), 허드코(10%)이고 한국의 2001년 당시 최고 부동산 양도소득세율이 36%인 점을 감안하면, 한국에서 납부해야 할 세금총액은 기본경비·양도소득 기본공제나 기타 면세 가능한 항목 등을 일단 논외로 하면, 양도차익 2,450억 원의 36%인 약 878억 원이다. 한편 벨기에서 미국으로 송금하는 경우 벨기에서 부과되는 세율은 5~10%이지만 1년 이상 지분을 보유한 기관투자자의 경우는 면세된다는 점을 고려했을 때, 론스타의 절세전략으로 절감되는 과세액은 총 838억 원(878-40)이다!

하지만, 한국의 국세청은 벨기에의 스타홀딩스가 실질적인 사업장도 없으면서 경영 활동에 참여하지 않고 오직 절세 목적으로 세워진 도관체(conduit)[223]이므로, 실질과세원칙을 기반으로 체결된 한·벨기에 조세협약이 적용되지 않는다고 판단하였다. 이에 따라 2005년 12월 15일, 국세청은 동 주식양도차익에 대해 법인이 아닌 개인 양도세율을 적용하여 실질 세율 41.7%의 양도소득세(론스타III 미국 및 론스타III 버뮤다 대상) 1,003억 원 및 법인세 27%(허드코파트너스 코리아 대상)를 적용한 16억 원, 총 1,019억 원을 론스타에 과세하였다.[224] 론스타는 이에 불복하여 2006년 3월 3일 국세심판원에 심판청구를 제기하였으나 기각되었다. 론스타는 이에 다시 불복하여 행정소송을 제기하였고 1심과 2심을 거쳐, 2012년에 최종심인 대법원으로부터 법인에 대한 개인소득세 과세는 위법하다는 최종 판결을 받았다. 판결의 요지는 론스타는 한국 법인세법상 외국법인에 해당하므로, 외국법인은 국내에서 "개인" 소득세를 납부할 의무는 없다는 것이었다. 하지만, 법인세 부과에 대해서는 2012년 10월 대법원이 허드코에 대한 법인세 부과가 정당하다며 국세청의 손을 들어 주었다. 론스타는 1,000억 원 대의 소송에서 국세청에 승소함으로써 대체로 론스타가 승리하는 듯했다.

223　페이퍼 컴퍼니(paper company, shell company)가 아무런 직원도 고정사업장이 없는 것과 달리, 도관체(conduit)란 간단하나마 고정사업장이 있고 1~2명이 상주하면서 서류처리를 하는 회사를 의미한다. 도관체는 과세 당국 입장에서 사용하는 용어이며, 납세자 입장에서는 실제로 영업활동을 수행하는 고정 사업장이라고 주장하게 된다.

224　당시 국세청은 LP와 GP 및 펀드라는 명확한 개념을 가지고 있지 않아, 실질적으로 소득이 귀속되는 투자자에게 과세한다는 개념으로 펀드에 개인 소득세를 부과하였던 것으로 추정된다.

사모투자펀드(PEF)

하지만 법인세에 대해서는 부과가 정당하다는 대법원의 판결에 착안하여, 론스타III 미국 및 론스타III 버뮤다를 대상으로 국세청이 이번에는 부과세목을 소득세에서 법인세로 전환하고 지연 가산세까지 포함하여 1,040억 원의 법인세를 2012년에 다시 부과하였다. 론스타는 법인세 부과가 부당하다면서 다시 소송을 제기하였다. 이번 소송에는 당시 법인세법이 조세법률주의를 위반하였다는 헌법소원까지 같이 제출하였다. 2014년 1월 대법원은 론스타가 벨기에 법인을 설립하고 투자 지배구조를 수시로 변경한 것은 투자의 효율적인 관리·운용보다는 조세회피 방안의 일환임을 지적하고, 한국 법인세법상 론스타 미국법인과 버뮤다법인은 납세의무가 있는 법인이므로 매각으로 얻은 이익에 법인세를 부과하는 것은 정당하다고 최종 판결하였다. 동시에 론스타가 제기한 헌법소원까지도 이유 없다며 기각하였다. 론스타와의 길고 긴 대한민국 법정 다툼은 무려 10년의 기간을 끌며, 한국 정부의 승리로 종결되는 것처럼 보였다.

하지만 론스타는 스타타워 이외의 건에서 한국정부에 예기치 않은 일격을 날렸다. 즉, 한국 법정에서의 소송이 의미가 없다고 판단한 론스타가 스타타워와 관련한 국내 재판이 진행 중인 과정에서, 외환은행 매각 지연에 따른 손해배상 건으로 한국 정부를 국제투자법정으로 끌고 간 것이다.[225] 국제투자법정에 대한 정식 제소 전에 론스타는 2012년 5월, 외환은행 매각 지연으로 부당한 처분을 받아 수십억 유로의 손실이 발생했다면서, 한국-벨기에 투자보장협정을 근거로 한국정부를 국제투자분쟁해결센터(ICSID: International Center for Settlement of Investment Dispute)에 제소하겠다는 입장을 먼저 발표하였다. 투자보장협정상 냉각기간 6개월을 거쳐 2012년 11월 22일, 론스타는 투보 협정상 최초의 ICSID 제소라는 기록을 남기며 한국정부를 ICSID에 제소하였다. 소송가액은 무려 46억 7,950만불(약 5조 2,500억 원)이다. 2015년 5월 처음으로 워싱턴에서 당사자 간 1차 심리가 열렸다. 당초 최종 판결은 2년 내외가 소요될 전망이었으나, 2019년 4월까지 결론이 나지 않았다.[226] ICSID가 통상 투자자에게 유리한 판단을 한다는 점을 감안할 때, 국제재판소가 어떤 결론을 내릴지 세간의 관심이 집중되고 있다. 주의해야 할 것은 한-벨기에 투자보장협정상 ICSID의 판결은 최종 기속력을 가진다는 점이다. 이는 ICSID의 판결에 대해 국내 사법권이 다시 다툴 수 없다는 뜻이다. 따라서 ICSID의 최종 판결은 해외 PEF의 한국투자에 상당한 파장을 끼칠 것으로 예상된다.

---

225 스타타워 과세 건은 이미 국내 재판이 진행 중이므로 ICSID 재판을 제기할 수 없다. 론스타 측은 이와 같은 점을 나중에 인식하고 외환은행 매각 지연 건은 국내 사법절차를 거치지 않고 바로 ICSID에 제소하였다. 일반적인 투자보장협정상의 이러한 절차적 특징을 "포크 인 더 로드(Fork in the Road)"라 부른다.

226 See *LSF-KEB Holdings SCA and others v. Republic of Korea* (ICSID Case No. ARB/12/37)

대체투자 파헤치기(중)

타이타노마키의 서막

　론스타에게서 스타타워를 취득한 GIC 역시 절세전략을 구사하였지만, 역시 과세당국인 강남구청으로부터 169억 9천만 원에 이르는 취득세를 부과 받았다. GIC는 스타타워를 인수하기 위해 1994년 설립된 법인 리코시아를 활용하여, 레코강남과 레코KDB라는 자회사를 세웠다. 레코강남과 레코KDB가 취득한 스타타워의 지분율은 각각 50.01%와 49.99%이었다. 이들 지분율은 발행 주식의 51% 이상을 소유한 과점주주의 경우에는 이중과세금지라는 원칙이 적용되지 않고, 법인이 부담하는 취득세 외에도 해당 주주 역시 취득세를 내야 한다는 조항 때문에 "디자인" 되었다. 하지만 강남구청은 법인 이외의 해당 "주주"인 모회사 GIC에 대해서도 170억 원에 이르는 취득세를 부과하였다. GIC는 소송을 제기하여 1심에서는 강남구청이 승소하였고, 2심에서는 GIC가 승소하였다. 2012년 11월 최종심인 대법원에서는 레코강남과 레코KDB이라는 자회사가 실질적인 영업활동을 하지 않고 오직 납세의무 회피를 위한 유령회사로 판단되므로, 실질과세원칙에 따라 GIC에게 부과된 취득세는 정당하다고 판시하였다.

　론스타는 스타타워 이외에도 외환은행 인수, 극동건설 인수 등 한국에서 수많은 부실(distressed) 자산을 매입하여 왔다. 투자를 구조화하는 과정에서 론스타는 한국이 체결한 국가와의 조세조약을 최대한 활용하면서 절세전략을 구사하였다.[227] 조세조약의 특성상 가장 유리한 조항은 외국기업이 한국에서 벌어들인 주식양도소득인 경우에는, 고정사업장이 없는 한 한국이 아니라 해당 국가가 과세한다는 조항이다. 이는 일반적인 이중과세방지협정 상의 조항이다. 아울러 이와 같은 절세전략을 구사하기 위해서는 해당국가의 조세체계가 해외에서 취득한 소득에 대해서는 거의 과세하지 않아야 한다. 특히 론스타 입장에서는 론스타가 미국 펀드이므로, 미국과의 조세조약에서도 투자자에게 매우 유리한 조항을 포함하고 있는 국가가 주요 활용 대상이었을 것이다. 필자가 판단하기에 그 대표적인 국가들이 바로 벨기에와 네덜란드 이었을 것으로 추정된다.

　론스타의 이와 같은 절세전략은 CCMP · 어피니티의 만도 인수, 어피니티의 하이마트 인수, KKR과 어피니티 컨소시엄의 오비맥주 인수 등에도 원칙적으로 사용되었다. 한 가지 특기할 것은 이와 같은 절세전략(Tax Planning) 과정에서 국내에 별도로 설립된 도관체의 역할이다. 론스타의 외환은행 인수와 CCMP의 만도 인수 건에는 한국에 별도의 도관체가 사용되지 않았다. 하지만, OB맥주 인수 과정에서는 네덜란드 도관체 아래에 몰트 홀딩스라는 한국의

227　이중과세방지협정이 있다 하더라도 법인세법 98조의 5에 따라 항상 원천징수를 우선 시행하여야 한다. 론스타의 스타타워 매각 시에도 GIC가 세금을 원천징수하여 관할세무서에 먼저 납부하였다.

도관체가 별도로 다시 설립되었다. 이는 한국의 도관체를 지주회사로 활용하여 등록하면 인수대상 회사로부터 수령한 배당금에 대해서는, 법인세법 제18조의 2항인 지주회사 수입배당금액 익금불산입 원칙에 따라 과세대상이 아닐 수 있기 때문이다. 즉 지주회사인 도관체를 설립한 후, 인수한 한국기업으로부터 배당금을 수령하게 되면 한국에서도 과세를 받지 않는다는 것이 KKR의 입장이다.[228]

2014년 1월에 OB 맥주를 58억불에 AB인베브에 매각한 KKR-어피니티의 경우 매각 차익이 무려 40억불에 이른다.[229] 이중과세방지협정이 적용되지 않는다고 가정하면 법인세법 제93조 제9호에 따라, 외국기업이 한국기업의 주식을 처분하여 취득한 매각차익은 국내원천소득으로 간주한다. 나아가 이 소득에 대해서는 지급액의 10% 혹은 양도소득의 20% 중 적은 금액을 과세한다고 규정되어 있다. 매각대금 58억불의 10%인 5.8억불과 양도소득 40억불의 20%인 8억불 중, 적은 금액인 5.8억불이 총 과세대상인 것이다.[230] 납부해야 할 세금이 천문학적인 금액에 이르렀지만, 론스타와의 사례를 참고하였는지 KKR-어피니티는 매각과 관련한 투자자 정보를 국세청에 모두 제공하고 성실히 세금을 납부하겠다는 입장을 밝혔다. 보통 사모투자펀드는 투자자 정보를 상대방 과세당국에 제공하지 않는데, KKR-어피니티는 이 정보를 과세당국에 제공하겠다고 선언한 것이다. 이 선언은 2014년 1월 1일부터 시행되는 해외 PEF의 역외투자기구(Overseas Investment Vehicle)에 대한 과세방식과 관련이 있는 것으로 추정된다. 그 주요 내용은 해외 PEF의 투자자에 대한 상세정보를 과세당국에 제출하면, 해당 국가와의 조세조약 등을 검토하여 개별 과세하겠다는 것이다. 필자가 보기에는 KKR과 어피니티의 주요 투자자가 미국 투자자인 점을 감안하면, 한국에 고정사업장이 없는 이들에게 한국의 법인세를 부과하는 것은 상당히 무리일 것으로 본다. 결국 국세청은 당초 한국의 법인세율을 적용하였을 때 예상되었던 과세액 7,000억 원 내외의 수준보다 낮은 4,000억 원 수준에서 과세하였는데, 과세액이 지나치게 적다는 논란에 휩싸였다. 국세청은 2015년 9월에는 OB맥주에 대한 세무조사에 착수하였는데, 이 세무조사가 KKR의 양도소득에 대한 추가 과세를 위한 조치라는 설이 있다.

---

228 하지만 국세청은 KKR이 국내에 지주회사 명목으로 설립한 몰트홀딩이 탈세 목적으로 설립된 것이므로 면세 대상이 아니라고 판단하고, 배당소득 7,100억 원에 대해 1,557억 원의 세금을 부과하였다. 2016년 말까지도 KKR과 어피니티는 국세청의 세금납부에 불복하여 조세심판원에 과세불복 절차를 진행 중이다.

229 AB 인베브는 2009년 7월에 OB 맥주를 KKR-인피니트에 18억불에 매각하였다가 2014년 1월에 이를 다시 사들였다. 최종 절차까지 완료된 날은 2014년 4월 1일이다.

230 양도세 외에 지방세까지 고려하면 매각액의 10%, 양도차익의 20% 규정은 매각액의 11%, 양도차익의 22%로 올라간다. 따라서 과세표준액이 5.8억불이 아니라 6.38억불이다.

대체투자 파헤치기(중)

타이타노마키의 서막

2) 미국: 세계 최고의 법인세율과 PEF의 고뇌

앞서도 언급하였지만 미국은 트럼프 행정부 이전 선진국 중에서도 법인세율이 가장 높았다. 한 통계에 따르면 2014년 말 기준 전 세계 163개국에서 미국보다 법인세율이 높은 나라는 UAE(50%)와 차드(Chad: 40%) 밖에 없었다고 한다.[231] 이마저도 역사적으로 보면 높은 수치가 아니다. 미국은 1980년대까지만 해도 최고 한계세율이 개인은 70%, 기업은 46%에 이르렀다.[232] 2017년 트럼프 대통령의 세제 개편 직전 C 코퍼레이션의 한계세율은 천만 불 이상의 과세 대상액이 발생할 경우에는 35~38%이었다.[233] 하지만 트럼프 대통령은 Tax Cuts and Jobs Act(TCJA)를 통해 미국 법인세율을 21%로 단일화하는 세제 개혁을 단행했다.

〈 미국 법인세율 현황(2019) 〉

C Corporate Taxable Income (2019 기준)	Marginal Federal Tax Rate (2019 기준)
소득 구간과 무관(Flat)	21%

출처: IRS

---

231 http://taxfoundation.org/article/corporate-income-tax-rates-around-world-2014
232 개인소득세율과 법인세율 사이의 차이가 커서 미국 법인은 배당보다는 현금을 많이 쌓아 놓으려는 유인이 높다. 차라리 현금을 많이 축적하여 지분가치를 높이는 것이 오히려 주주 입장에서는 유리한 것이다. 이에 따라 미국 국세청인 IRS는 법인이 배당하지 않고 사내에 유보하는 현금을 쌓아 놓는데 대해 과다 유보금 과세(accumulated tax)라 하여 일종의 징벌적 세금(penalty tax)을 부과하고 있다.
233 법인에 대한 과세측면에서 미국세법인 Internal Revenue Code(IRC)는 크게 3가지로 구분가능하다. 첫 번째가 C corporation의 세율을 규율한 Sub-chapter C (§§ 301~385), 두 번째가 파트너쉽, LLC, LLP 등의 세율을 규율한 Sub-chapter K (§§ 701~770), 마지막으로 이 두 가지 형태 이외의 모든 법인에 대한 세율을 규율한 Sub-chapter S (§§ 1361~1378)가 그것이다.

사모투자펀드(PEF)

미국의 경우 헤지펀드나 PEF가 가장 선호하는 설립형태는 유한책임 파트너쉽(Limited Liability Partnership: LLP)이나 유한책임회사(Limited Liability Company: LLC)이다. PEF나 헤지펀드 입장에서 조세 효율화의 원칙에 따른 가장 기본적인 전략은 소득이 발생하였을 때, 전략을 운용하는 펀드와 펀드의 수익을 향유하는 투자자가 2중으로 세금을 납부해서는 안 된다는 것이다. 따라서 법인격을 가지면서 별도의 법인세를 납부하는 회사(corporation)는 PEF가 추구하는 일반적인 형태가 아니다. LLP나 LLC를 헤지펀드나 PEF가 주요한 설립체(vehicle)로 사용하는 이유도 이 형태가 미국 세법에서 기본적으로 펀드 차원에서 세금을 납부하지 않아도 되기 때문이다.

미국의 경우는 파트너쉽에서부터 기업에 이르기까지 사업을 영위하기 위한 모든 법적인 형태를 "비즈니스 실체(Business Entity)"라고 부른다. 비즈니스 실체(Business Entity)의 분류는 세법 목적상 아래와 같이 통상 6가지로 분류한다. LLP나 LLC의 이전 단계로 자주 활용되었던 유한 파트너쉽(Limited Partnership: LP)의 경우는 법인격이 없고, 이에 따라 법인세도 없다. 따라서 유한 파트너쉽의 운영자인 GP는 개인적인 차원에서 세금만 납부하면 된다. 하지만, 유한 파트너쉽의 단점은 운영자인 GP가 영업과정에서 발생하는 손실에 대해 개인이 보유한 전 재산을 걸고 무한책임을 져야 한다는 것이다.

〈 미국의 영업 실체(Business Entity) 현황 〉

형태	경영 책임자	이윤배분	과세대상	책임범위
개인사업자 (Sole Proprietorship)	개인	개인	개인 (사업체 과세대상 제외)	개인 무한책임
파트너쉽 (Partnership)	파트너 모두	(달리 정하지 않는 한) 파트너 동일배분	개인 (사업체 과세대상 제외)	파트너 공동책임 (jointly & severally)
유한 파트너쉽 (Limited Partnership)	GP	(달리 정하지 않는 한) 출자액에 비례 배분	개인 (사업체 과세대상 제외)	GP 공동책임 (jointly & severally) LP 출자액만큼 책임
유한책임파트너쉽 (Limited Liability Partnership) 유한책임회사 (Limited Liability Company)	GP	(달리 정하지 않는 한) 출자액에 비례 배분	개인 (사업체 과세대상 제외)	GP, LP 모두 출자액만큼 책임

대체투자 파헤치기(중)

타이타노마키의 서막

형태	경영 책임자	이윤배분	과세대상	책임범위
S 기업 (S Corporation)	이사회	유보 혹은 출자액에 비례 배당	개인사업체의 경우 이윤에 대해서는 비과세이나 손실에 대해서는 주주 출자액만큼 세액공제 인정	주주출자액만큼 책임
C 기업 (C Corporation)	이사회	유보 혹은 출자액에 비례 배당	개인 및 사업체	주주출자액만큼 책임

출처: IRS Code를 참조하여 필자 개인적으로 정리

유한 파트너쉽 형태가 확산되자 GP의 책임범위를 출자 범위 내에 한정하면서, 펀드나 회사 차원에서는 과세를 하지 않는 유한책임 파트너쉽(LLP)이나 유한책임회사(LLC) 제도가 도입되었다. 표에서 정리한 6가지 형태를 보게 되면 사모투자펀드로 자금을 모집하여 투자나 사업 활동을 영위할 경우 가장 최적의 형태는 LLP나 LLC라는 것을 알 수 있다.[234] 개인사업자, 파트너쉽, 유한 파트너쉽의 경우는 GP의 책임범위가 무한대로 늘어나서 적합하지 않고, S 코퍼레이션(S corporation)이나 C 코퍼레이션(C corporation)의 경우는 회사 차원에서 과세가 되고 배당된 후 주주차원에서도 과세되므로 이중 과세의 문제가 있다. 따라서 미국의 경우 PEF가 세법상 가장 최적 형태로 설립할 수 있는 비즈니스 실체(Business Entity)는 LLP나 LLC가 된다.

LLP와 LLC는 기본적으로 펀드 차원에서 과세가 안 된다는 점에서 동일하지만, 절세전략(Tax Planning) 관점에서는 상당한 차이가 있다. 기본적인 차이점은 LLP는 법인격이 없는 파트너쉽이고 LLC는 법인격이 있는 기업이기 때문에 발생한다. 예컨대 LLP는 개인적인 차원에서 기본공제나 의료비, 배우자에 대한 지원 등의 면세 자격이 있으면 이를 활용할 수 있지만, LLC는 회사이므로 개인차원의

---

234 LLC와 LLP의 차이는 LLP는 법인격이 없고 LLC는 법인격이 있다. 나아가서 LLP는 파트너쉽이므로 개인적인 차원에서 기본공제나 면세 자격이 있으면 이를 활용할 수 있지만, LLC는 회사이므로 개인차원의 기본공제나 면세 조항을 활용할 수 없다. 상세 내용은 후술한다.

사모투자펀드(PEF)

기본공제나 면세 조항을 활용할 수 없다. 자선단체에 대한 기부공제 한도도 개인에게 적용되는 50~80% 한도를 LLP는 활용할 수 있지만, LLC는 기업에 적용되는 10%가 한도이다. 반대로 LLC는 자본손실이 발생한 경우 과거 3년까지 소급하여 법인세 대상에서 공제 가능하지만, LLP는 미래로 이연하는 것만 가능하다. 나아가 LLP와 달리 LLC는 도난이나 사고와 같은 비영업 손실의 공제에 한도가 없다. PEF 입장에서는 LLP와 LLC 각각 서로의 장단점이 있는 만큼 설립 취지, 주주 개인의 사정과 펀드의 주요 전략 등을 고려하여 LLP와 LLC 중에서 자신에게 가장 유리한 형태를 선택하면 된다.[235]

LLP나 LLC와 달리 기업(corporation) 형태로 설립하는 것의 장점이 아예 없는 것이 아니다. PEF나 헤지펀드를 제외한 특수한 경우에는 기업이라는 형태의 특수성을 활용한 절세전략(Tax Planning)도 가능하다. 기업의 경우 납세와 관련하여 가장 중요한 혜택은 기업의 주주로서 다른 기업으로부터 수령하는 배당 수익은 지분율이 20% 미만인 주주인 경우에는 70%, 지분율이 20% 이상이면서 기업을 지배하는 주주가 아닌 경우에는 80%, 동일 계열그룹(same affiliated group)인 경우에는 100% 과세 표준에서 제외(tax deduction)된다는 점이다.

LLP나 LLC를 설립하여 펀드 차원의 면세를 받기 위해서는 설립자가 적극적으로(affirmative) 자신의 펀드가 법인격이 없다고 과세당국에 신고만 하면 된다. 이를 "첵-더-박스 규칙(Check-the-Box Rule)"이라고 한다. 아울러 회사명에 "incorporated", "corporation", "body corporate", "body politic"이라는 용어를 사용하면 안 된다. 이렇게 하면 미국의 과세당국은 과세 목적상 해당 실체를 기업으로 간주하고 법인세를 부과한다.

---

235 참고로 LLC와 똑같은 방식의 독일식 기업형태는 GmbH(Gesellschaft mit beschrankter Haftung)이다.

쉬어 가는 페이지: 영화배우 절세전략

　LLP나 LLC의 절세 효과를 보면 기업 형태(corporation)는 절세 관점에서 그렇게 매력이 없는 것처럼 보인다. 하지만 사실은 그렇지 않다. 기업 형태(corporation)를 활용한 절세전략(Tax Planning) 사례를 예시하면 다음과 같다. 예컨대 고액 자산가 중 미국의 영화배우들은 자신이 100% 소유한 기업(corporation)을 설립한 후, 적은 연봉으로 스스로 이 회사에 고용되는 방법을 자주 활용한다. 이 회사는 이 영화배우의 수익 전체를 관리하면서 대부분의 막대한 영화 출연 수입을 영화배우와의 별도 계약을 통해 영화배우에게 지급한다. 나아가 A 영화배우가 사용하는 고급 차량, 고급 의상, 고급 음식 등은 회사 비용으로 취득하여 A 영화배우가 사용하게 한다. 따라서 개인차원에서는 어떤 비용 지출도 없다.

　만약 이를 모두 개인차원에서 취득하였다면 모두 소득세 부과 대상이었을 것이다. 나아가 회사 차원에서도 이를 모두 회사비용으로 처리하면 법인세 과세 표준액이 낮아진다. 이에 따라 A 영화배우는 고소득 개인에게 부과되는 높은 한계소득세율 대신 낮은 법인세율로 세금을 납부한다. 회사 역시 A 영화배우를 위해 지출한 임금, 각종 고급 물품 등을 비용처리하면 수익이 거의 없으므로 법인세를 줄일 수 있다.

　미국에서는 이를 비아냥 거려서 "재능 주식회사(Incorporated Talents)"라 부른다. "재산 주식회사(Incorporated Properties)"도 가능하다. 예컨대 이 영화배우가 보유한 고급 요트, 고급 와인 양조장이나 대저택을 자신이 설립한 회사 명의로 취득한다. 회사는 요트, 와인 양조장이나 대저택을 주주인 영화배우에게 리스로 싸게 빌려 준다. 이 회사는 요트, 와인 양조장, 대저택의 감가상각을 활용하거나 유지비용을 발생시켜, 영화배우에게 받은 리스 수익을 납세 대상으로부터 보호(shelter)한다.[236] 이와 같은 전략을 활용한 영화배우의 비즈니스 구조는 절세인가, 탈세인가?

236　IRS는 이와 같은 재능 주식회사(incorporated talents)의 남용을 방지하기 위해, 일정 요건에 해당하면 "적격 개인서비스 회사(qualified personal service corporation)"라 하여 일률적으로 35%의 세율을 부과한다. 나아가 지나치게 많은 공제를 신청하는 기업에 대해서는 "기업 대체 최소과세(Corporate Alternative Minimum Tax: Corporate AMT)"라 하여, 일률적으로 "대체 최소 과표액(Alternative Minimum Taxable Income: AMTI)"에 대해 20%를 추가로 과세한다. 공제액은 $40,000 － AMTI의 25%이다. 따라서 AMTI가 일정 금액을 초과하면 공제액이 없어 과세액이 더 늘어난다.

사모투자펀드(PEF)

한편 PE "펀드" 입장에서 수익을 올리는 방법은 크게 두 가지이다. 투자한 자산으로부터의 현금흐름에서 발생하는 배당과, 투자자산을 보유하고 있다가 처분함으로써 양도 차익을 누리는 것이 그것이다. 미국의 경우 투자한 자산으로부터의 현금흐름이든 투자자산의 매각 차익이든 투자 자산의 보유 기간만을 따지고, 이에 따라 세율이 다르다. 일반적으로 투자 자산을 1년 미만으로 보유하면서 발생하는 배당과 매각 차익(short term capital gains: 단기자본이득)은 정상적인 영업 활동에서 발생하는 소득(ordinary income)과 동일하게 간주하여 일반 소득세와 과세율이 같다. 소득 기준에 따라 다르지만 최저 10%에서 최고 37%까지 부과된다. 반면 대상 자산이 투자 자산이면서 보유 기간이 1년 이상일 때 발생하는 소득(long term capital gains: 장기자본이득)에 대해서는 일반 소득세율보다 절반 이상 낮은 10~20%의 세율이 부과된다.

〈 미국의 일반 소득세 및 장기 자본이득세 현황 〉

소득 구간 (부부 합산 기준)	Marginal Income Tax Rate, Short Term Capital Gain Rate (2019 기준)	소득 구간 (부부 합산 기준)	Long Term Capital Gain Rate (2019 기준)
$0~$19,400	10%	$0~$78,750	0%
$19,400~$78,950	15%		
$78,951~$168,400	22%	$78,751~$488,850	15%
$168,401~$321,450	24%		
$321,451~$408,200	32%		
$408,201~$612,350	35%		
$612,351~	37%	$488,851~	20%[233]

표 출처: IRS 홈페이지

나아가 PEF의 "GP" 입장에서 수익을 올리는 방법은 두 가지이다. 하나는 관리 보수이고 또 하나는 성공 보수이다. 관리 보수나 서비스 보수는 조세와 관련된

---

237 여기에 부가세(surtax) 3.8%가 추가되어 실제 장기자본이득에 대한 과세율은 23.8%이다. 보유 자산이 와이너리와 같은 특별한 형태일 경우에는 20%보다 높은 25%나 28%가 부과된다.

대체투자 파헤치기(중)
타이타노마키의 서막

이슈에서 보면 일반적인 소득(ordinary income)으로 인식되고, 성공 보수는 일종의 장기 자본이득(long term capital gain)으로 간주한다. 미국의 경우에는 성공 보수에 대한 세율이 일반 소득세율보다 절반 내외로 낮은 상태이므로, 순수히 조세 효율적인 관점에서만 보아도 미국 국적의 GP 입장에서는 장기 자본이득세를 활용하기 위한 유인이 매우 높다고 할 수 있다. 아울러 미국은 연방정부 차원에서 부가가치세가 없다. 다만 각 주마다 다른 세율의 부가가치세를 적용하고 있으나, 대체로 세율이 낮거나 없다.[238] 따라서 PEF의 GP가 정기적으로 수령하는 관리 보수와 관련한 부가가치세 이슈는 미국의 경우는 그렇게 크지 않다.

PEF가 특정 자산을 취득하거나 처분하는 과정에서 미국의 세법과 미국을 당사자로 한 이중과세방지협정(DTT)을 적극적으로 활용하는 경우는 그렇게 많지 않다. 미국의 세율이 매우 높고 미국 과세당국의 과세에 대한 의지가 매우 강하므로 이를 활용하기가 쉽지 않기 때문이다. 특히 해외투자자에 대한 과세 혜택이 특별할 게 없고, 오히려 미국의 국내 투자자나 국내 기업보다 불리한 경우가 더 많다. 예컨대 해외 투자자나 해외 기업의 수익이 미국과의 교역 및 영업활동(trade and business activities)과 긴밀히 연계되어 있을 경우 ECI(Effectively Connected Income)로 정의하고, 이중과세방지협정(DTT) 상 과세대상에서 제외 되어 있지 않거나 미국에서 고정사업장(PE: Permanent Establishment)을 가지고 있지 않는 이상 미국의 과세당국이 과세대상으로 간주한다. 이에 따라 예컨대 해외 PEF가 미국의 부동산을 취득하여 발생한 모든 소득은 거의 자동으로 ECI로 간주된다. ECI가 만약 미국과의 교역 및 영업활동에 남아 있거나 투자되지 않는다면, 이 소득에 대해서는 일률적으로 30%의 세율이 부과된다. 앞서 언급한 배당 소득에 대한 주주 자격으로서의 공제 혜택도, 그 배당이 해외 기업이나 해외 투자자로부터 수령한 것이라면 공제가 허용되지 않는다.

---

238 1969년에 당선된 닉슨(Nixon) 대통령이 연방 정부 차원의 부가가치세 도입을 심각하게 검토한 적이 있다고 하나 실제로 시행된 적은 없다.

마지막으로 미국의 과세제도 중 최근 들어 가장 중요한 이슈는 「해외금융계좌신고법(Foreign Account Tax Compliance Act: FATCA)」이다. 이에 관해서는 별도 장에서 상세히 설명하기로 한다.

대체투자 파헤치기(중)

타이타노마키의 서막

Inversion

앞서도 언급하였지만 미국의 경우 트럼프 대통령의 세제 개편 이전에 법인세가 전 세계에서 가장 높았다. 따라서 이와 같이 높은 법인세를 피하기 위한 고뇌는 PEF 뿐 아니라 일반 기업들도 마찬가지이다. 2014년부터 2018년까지 미국의 기업들이 조세를 회피하기 위한 전략으로 유행처럼 사용하는 전략이 바로 "역합병 전략(Inversion)"이다. 즉, 외국 기업이나 외국에 위치한 지점과의 합병을 통해 미국 본사를 미국 밖으로 이전하는 것이다. 이 과정은 단순한 본사 이전이 아니라 해외, 특히 룩셈부르크, 네덜란드, 아일랜드, 영국 등에 위치한 회사나 지점들을 인수합병 대상 기업으로 선정하여 미국 본사를 분할한 후 해당 해외 회사나 지점에 역으로 흡수 합병되는 복잡한 과정이다.

이 합병 과정에서 조세회피지역에 쌓아둔 현금은 룩셈부르크, 네덜란드, 아일랜드 등으로 유입되고, 미국의 종전 본사는 새로 설립된 신규 본사에 유입된 자금 중 일부를 "차입"하여 투자한다. 미국의 기존 본사는 미국 지점으로 "전략"하여 빌린 돈의 이자를 과세표준을 낮추는 절세전략의 수단으로 활용하고, 이에 따라 미국 내에는 남아 있는 현금이 거의 없게 된다. 나아가 예컨대 아일랜드에 설립된 신규 본사(HQ)는 다시 네덜란드에 지재권 보유 지주회사를 만들고 로열티를 네덜란드에 지급한다. 로열티 지급은 아일랜드에서 세액공제 항목이다. 결국 실질실효 세율이 아일랜드의 법인세 12.5%의 절반 이하로 내려간다. 후술하겠지만 네덜란드에 지주회사를 설립한 후 해외 자회사들로부터 지재권으로부터 발생하는 로열티 수입을 받으면, 참여소득 면제제도에 따라 세금이 면제된다. 이 소득을 다른 곳에 배당형태로 지급해도 세금이 없다. 심지어 네덜란드에서는 지주회사를 설립하기 위한 인지세(stamp duty) 조차도 없다.

네스프레소 기계(Nespresso machine)를 만드는 제조업체인 엔도 인터내셔널(Endo International)은 미국의 펜실베니아에서 4,100여 명을 고용한 미국회사였다. 이 회사는 아일랜드와 아무런 인연이 없었다. 하지만 살인적으로 높은 법인세율을 피하기 위해 2013년 12월에 아일랜드로 아예 본사를 옮겼다. 아일랜드로 본사를 이전함에 따라 엔도(Endo)에게는 매년 7,500만 불의 없던 현금흐름이 새로 생겨났다.[239] 엔도(Endo) 외에 이와 같이 본사를 해외로 이전하는 역합병 전략(Inversion)을 수행한 기업들은 페리고(Perrigo), 호라이즌 파마(Horizon Pharma), 액타비스(Actavis), 알커메즈(Alkermes), 재즈 파마슈티컬즈(Jazz

239 Financial Times, April 29, 2014

Pharmaceuticals), 버거킹(Burger King) 등이다. 파이낸셜 타임즈에 따르면 역합병 전략(Inversion)을 수행하였을 경우 미국 기업의 실질 실효세율은 20% 아래로 떨어진다고 한다.[240]

특히 아일랜드의 독특한 상법 및 조세제도가 미국 기업들에게는 너무나 매력적이다. 예컨대 아일랜드 상법은 자국의 납세자가 아닌 경우에도 아일랜드에서 기업 활동을 하는데 아무런 문제가 없다. 예컨대 버뮤다에 소재한 기업이 아일랜드에 자회사를 설립하여 지재권을 보유하는 회사를 아일랜드에 설립하게 되더라도, 아일랜드는 이 기업을 아일랜드 회사로 간주하지 않고 과세하지 않는다. 시장에서는 이를 "이중 국적 아일랜드인(Double Irish)"이라고 부른다. 거주자(resident)이지만 영구 주소가 없는 이(domicile)를 인정하는 영국의 논-돔(Non-dom) 제도와 유사하다.[241]

엔도(Endo) 말고도 PEF 투자회수 편에서 언급하게 될 미국의 의약품 판매 체인업체인 월그린(Walgreen) 역시 2014년에 영국의 동일한 업체인 얼라이언스 부츠(Alliance Boots)를 인수하여, 회사의 헤드쿼터를 미국 밖으로 이전하겠다고 발표하여 세간의 이목을 끌었다. 이 회사는 장고 끝에 2014년 8월에 이와 같은 역합병 전략(Inversion)을 더 이상 추진하지 않겠다고 선을 긋기는 하였다. 2015년에는 미국의 다국적 종묘 기업인 몬산토(Monsanto)도 스위스의 동종업체인 신젠타(Syngenta)를 인수하고 본부를 스위스로 옮기려는 역합병(Inversion)을 시도하였지만, 여론의 역풍으로 2015년 8월에 계획을 접었다.[242]

거대 기업들 중 계획을 접는 기업만 있는 것은 아니다. 전 세계 비료 업계의 강자인 씨에프 인더스트리즈(CF Industries)는 네덜란드 상장 동종업체인 OCI를 80억불에 인수하고, 동시에 회사의 본부를 영국으로 옮길 계획이다. 전형적인 역합병 전략(Inversion)인데, 파이낸셜 타임즈에 따르면 이와 같은 역합병 전략에 따라 씨에프 인더스트리즈(CF Industries)는 실질적인 법인 세율을 현재의 35%에서 20%까지 낮출 수 있을 것이라고 보도했다.[243]

미국 기업들이 조세 회피지역 등의 역외에 축적한 현금은 무디스(Moody's)의 추정에 따르면 2013년 말 현재 9,470억불, 우리 돈으로 1,000조원에 이른다고 한다. 제이피 모건(JP Morgan)에 따른 추정치는 2013년 6월 기준으로 1.4조 달러이다.[244] 우리나라 GDP에 육

---

240 Financial Times, April 29, 2014
241 영국의 논-돔(Non-dom) 제도에 대해서는 후술한다.
242 Financial Times, Aug 25, 2015
243 Financial Times, Aug 12, 2015
244 Financial Times, Aug 12, 2013

대체투자 파헤치기(중)

타이타노마키의 서막

박하는 규모의 현금이 미국 역외에 쌓여 있는 것이다. 이와 같은 점 역시 미국기업의 역합병 전략(Inversion)을 촉진하는 중요한 원인 중의 하나가 되고 있다. 2014년 말부터 시작하여 2015년 9월에 그 절차가 마무리된 미국 GE의 프랑스 알스톰 에너지 사업부문 인수의 배경에도, GE가 해외에 축적한 현금 다발 57억불을 어떻게든 사용해야 했기 때문이라는 설이 있다. 2015년 10월까지 회사 분할을 검토하고 있던 비아그라 제약업체 파이자(Pfizer) 역시 해외에 "갇혀 있는(trapped)" 현금 다발 400억불을 어떻게든 사용하기 위해, 회사를 두 개로 분할한 후 영국의 종합생활용품 제조업체 레킷 벤킨저(Reckitt Benskise)를 인수하는 방안을 고려하였던 것으로 알려져 있다. 결국 파이자는 2015년 11월 22일, 아일랜드에 본사를 둔 보톡스 제조업체 앨러건(Allergan)과 합병하겠다고 발표하였는데, 이 합병은 현금 다발 400억불 활용과 210억불에 이르는 미래 세금 절약이라는 두 마리 토끼를 잡기 위해 파이저가 고안한 철저한 "Inversion" 전략의 일환이었다.[245]

이와 같은 타이탄 대기업들의 역합병 전략(Inversion) 행렬은 미국 정부의 세수에 상당한 타격을 가할 것이다. 이 때문에 미국의 재무부는 2014년 말까지만 역합병 전략(Inversion)을 조세 목적상 허용한다는 강경조치까지 들고 나왔다. 전술한 씨에프 인더스트리즈(CF Industries)의 역합병 결정에 대해서도 민주당 상원의원 딕 더빈(Dick Durbin)은 "미국 납세자의 세금으로 투자한 경영환경에서 성장해 놓고, 회사가 성장하자 세금을 덜 내려고 미국 밖으로 이전하는 것은 완전히 잘못"이라며 해당 기업을 공개적으로 맹비난하였다.[246] 나아가 2016년 11월 미국 대선에서 트럼프에 석패한 민주당 대선 후보 힐러리 역시 파이자-앨러건 합병과 같은 세금 회피용 역합병 전략을 저지하기 위한 구체적인 대안 마련에 착수했다고 직접 밝히기도 하였다. 하지만 외국 기업과의 역합병을 허용하지 않으면 또 다른 형태의 분사를 통해서도 충분히 목적을 달성할 수 있다. 나아가, 절세 목적 이외에도 해외에 축적된 현금을 어떻게든 활용하기 위한 미국 기업의 동기를 비도적적이라고 마냥 비난할 수만은 없는 노릇이다. 특히 미국 기업의 역합병 전략(inversion) 러쉬의 본질은 해외 기업과의 역합병 그 자체가 아니라 미국의 살인적인 법인세율이다. 이를 간파한 트럼프 대통령의 과감한 법인세율 인하가 역합병 전략의 추세를 반전시킬 수 있을지 귀추가 주목된다.

---

245 Financial Times, Sep 15, 2015
246 "After benefiting from investments by US taxpayers that helped make your business what it is today, CF Industries' plans to invert and move its tax address outside the US are simply wrong." Financial Times, Aug 12, 2015

3) 유럽의 PEF와 Tax

유럽의 경우도 마찬가지로 PEF가 펀드를 설립할 때 펀드차원에서 과세되지 않아야 한다는 원칙은 동일하다. 아울러 펀드 GP의 관리보수나 서비스 보수에 대한 부가가치세와 관련 세금납부를 최소화해야 한다는 원칙 역시 동일하게 적용된다. 유럽은 미국과 달리 국가별로 서로 다른 세법을 가지고 있어 통일된 원칙을 추출하기가 쉽지는 않다. 이하에서는 국가별로 서로 다른 특징을 개략적으로 살펴보기로 한다. 참고로 조세와 관련된 내용은 매우 복잡하고 과세당국의 판단에 최종 결정되는 경우가 대부분이다. 특히 과세 당국의 결정에 납세자가 불복하는 경우에는 소송이라는 단계가 추가되면서, 최종 판결이 나오기 전까지는 과세액이 확실히 이렇다고 단언하기는 쉽지 않다.

미국을 포함한 유럽 국가의 조세와 관련된 후(chapter)에서 설명하는 내용은 개괄적인 이해를 목적으로 작성된 것이다. 구체적인 거래 건에서 발생하는 정확한 세율은 반드시 법률회사나 회계법인의 자문을 구해야 한다. 하지만 이 역시도 실제 과세나 납세 단계에서 100% 정확하게 맞는 것이 아니다. 이는 과세와 관련된 이슈가 결코 단순한 문제가 아니라, 매우 복잡하면서도 불확실성이 높다는 점을 간접적으로 보여주는 것이다.

4) 영국: 특별한 왕국(Unique Kingdom)

영국의 경우 PEF 펀드설립에 획기적인 전기를 마련한 사건은 영국 PEF 및 VC협회(British Private Equity & Venture Capital Association: BVCA)가 1987년 5월 26일에 제정한 BVCA 가이드라인(guideline)이다. 이 가이드라인은 영국의 조세 당국인 "내국세 세무청(Inland Revenue, 現 영국의 국세청인 HMRC의 전신)"과 통상산업부(Department of Trade and Industry: DTI)에 의해 공식적

대체투자 파헤치기(중)
타이타노마키의 서막

으로 승인되었다.

BVCA 가이드라인에 따르면 펀드의 80%는 자본으로 투자자가 납입하고, 나머지 20%는 성공보수를 가져가는 펀드의 설립자와 운영자들이 납입할 것을 권고한다. 이 가이드라인은 펀드자금 배분방식에 대한 가이드라인도 제시하고 있다. 우선 GP가 가장 우선순위로 펀드 투자금액의 2.5%에 해당하는 관리보수를 수령해 간다. 이를 "GP의 몫(GP's Share, GPS)"이라 부른다. 만약 펀드에 이 자금이 부족하면 펀드에서 GP에게 관리보수를 지급하되, 이는 해당 PEF가 이들에게 지급하는 무이자 대출로 간주한다. 만약 관리보수보다 많은 자금이 해당 PEF로 유입되면, 이 자금은 펀드가 관리보수로 지급한 돈을 상환하는데 사용해야 한다. 즉 펀드에 남아서 돈을 빌려준 펀드 투자자에게 가장 먼저 지급되어야 한다. 관리보수 지급이 끝나면 LP와 GP가 투자한 비율(80:20) 대로 수입을 배분한다.

80:20의 출자금 납입 비율이나 관리보수 2.5%는 지금에서 보면 매우 비현실적인 가이드라인이지만, BVCA 가이드라인은 과세 관점에서 다음과 같은 중요한 원칙을 확립하였다. 즉 PEF를 설립하기 위한 파트너쉽이 비즈니스를 수행하는 실체로 간주되면서, 펀드 차원에서 과세가 되지 않는 조세투명성 원칙이 PEF에게 부여된 것이다. 다만 이와 같은 조세투명성 원칙이 적용되기 위해서는, PE 펀드와 PE 펀드를 운영하면서 자문을 제공하는 자문사(PE Advisor)나 최종 결정을 내리는 매니저(PE Manager)가 반드시 영국 내에 위치하여야 한다. BVCA 가이드라인을 제정한 목적이 자문사나 매니저가 영국에 정주하면서, 영국 내에서 더 많이 활동하도록 유도하기 위한 취지로 만들어졌기 때문이다.

BVCA 가이드라인 제정 이전에는 영국에 PE 펀드가 설립되었다 하더라도, 실제로 PE 펀드의 투자에 대한 최종 의사결정은 주로 영국 밖에서 이루어졌다. 하지만 BVCA 가이드라인의 제정으로 PEF 운용사를 영국에 설립하여 펀드를 운영하면, 펀드 차원에서 과세가 되지 않으므로 과세 측면에서 종전보다 유리하게 되었다. BVCA 가이드라인의 제정과 함께 때마침 불어 닥친 세계화 열풍과 EU의 출범으로 1990년대부터 BVCA 가이드라인의 정책 효과가 서서히 나타나기 시작한다. 즉 1997년 TPG의 런던 사무소 설립을 기점으로 KKR, 워버그 핀크스(Warburg Pincus), CD&R, 칼라일(Carlyle), 블랙스톤(Blackstone) 등 수많은 미국 PEF 운용사들이 런던에 사무소를 처음으로 세우기 시작한 것이다.

한편 이처럼 관리보수가 펀드에서 지급되는 "대출"이기 때문에, 영국에서는 LP가 PEF에 출자하여 관리보수로 지급한 금액을 과세 목적상 비용 개념으로 간주하지 않는다. 미국은 PEF에 대한 관리보수를 과세 목적 상 비용으로 취급하는데 영국은 이와 다르다. 따라서 일반적으로 영국의 PEF에 투자한 개인 투자자들은 관리보수를 비용 개념으로 처리하여 세액 공제를 신청할 수 없다. 오직 법인인 투자자들만 관리보수를 대출로 간주하여 세액 공제를 신청할 수 있다.

영국에 설립된 PEF GP의 관리 보수에 대한 부가가치세는 펀드 구조에 따라 다르다. 만약 설립된 PEF와 이 펀드를 운용하는 PEF 매니저인 GP가 모두 영국에 있고(on-shore), GP와 펀드 매니저가 동일한 회사나 비즈니스 실체(business entity) 내에 있으면 부가가치세가 면제된다. 앞서 언급한대로 PEF와 운영사가 모두 영국에서 설립되면 영국의 과세 당국은 해당 PEF에 대해서 그 자체를 과세 대상 주체로 인식하지 않고, 대신 펀드를 운용하는 해당 GP만을 과세 대상 주체로 인식하는 것이다. 따라서 PEF의 GP와 동일한 비즈니스 실체 내에 펀드 운영에 대한 자문을 제공하는 운용인(advisor)이나 매니저(manager)가 있는 경우에는, 이들이 제공하는 자문 서비스는 부가가치세가 면제이다. 하지만 PEF만 영국에서 설립되고 이 펀드를 운용하는 PEF GP나 매니저가 영국 이외의 다른 국가에 설립된 경우에는(off-shore), 이들이 제공하는 자문서비스는 부가가치세 대상이다. 영국의 기본적인 부가가치세율이 20%에 이르는 점을 감안하면, 이와 같은 조세 구조는 해외의 PEF 운용사가 영국에 펀드를 설립할 때 중요하게 고려해야 하는 요소이다.

영국의 경우 다른 국가와 마찬가지로 PEF의 성공 보수에 대해서는 일반적인 소득세율보다 낮은 세율이 적용되는 자본이득세율이 적용된다. 영국의 최고 소득세율 구간은 2019년 기준으로 45%에 이르고, 추가로 국가보험기여금(NIC:

대체투자 파헤치기(중)

타이타노마키의 서막

National Insurance Contribution) 명목으로 연 46,350 파운드 이상의 소득에 대해서 2%를 추가로 납부해야 한다. 이에 반해 자본이득세율은 가장 높은 한계 세율이 28%이다. 참고로 2019년 기준으로 영국의 배당 소득세는 최고 한계 세율이 38.1%이다.

〈 영국의 일반 소득세율 및 장기 자본이득세율 현황 〉

과표 소득 구간 (개인 기준)	Marginal Income Tax Rate, Short Term Capital Gain Rate (2019 기준)	과표 구간 (개인 기준)[234]	Long Term Capital Gain Rate (2019 기준)
£11,851 ~ £46,350	20%	£46,350 이내	10% (주택인 경우 18%)
£46,351 ~ £150,000	40%		
£150,001 ~	45%	£46,350 초과	20% (주택인 경우 28%)

마지막 이슈는 영국이 조세 회피지역인지 아닌지에 대한 논란이다. 경제규모로 미국, 중국, 일본, 독일에 이어 세계에서 5번째로 크고 자본주의가 가장 먼저 발달한 선진국인 영국에 대해 뜬금없이 조세 회피지역에 해당하는지 여부가 이슈라고 하면, 말도 안 되는 문제제기라고 할지도 모르겠다. 하지만 가장 악명 높은 조세회피 지역인 케이만 군도(Cayman Islands)가 영국령이고 버뮤다, 버진 아일랜드, 앵귈라(Anguilla), 지브롤터, 바바도스(Babados), 건지(Guernsey), 저지(Jersey) 등 내로라하는(!) 전 세계 최고의 조세 회피지역은 모두 영국령이다. 이와 같은 현상이 과연 우연의 일치인가?

(상)권에서도 언급하였지만 영국은 미국이 등장하기 전까지 전 세계 해상을 수백 년 동안 장악한 최강의 해상 제국이었다. 섬나라인 동시에 괴짜 왕이긴 하지만 헨리 8세라는 현명한 군주 덕택에 일찍부터 해군력이 발달했었고, 스페인의 무적함대 아르마다(Armada)를 격파하면서 유럽 뿐 아니라 전 세계 해군력까

사모투자펀드(PEF)

지 장악하였다.[247] 1, 2차 세계 대전 때 독일이 세계 최강 영국을 고립무원의 궁지로 몰아넣은 것도, 해저의 잠수함 유보트(U-Boat)를 활용하여 영국의 해상 함대를 철저히 괴롭혔기 때문이다. 군사력뿐만 아니라 해상을 통한 무역활동에서도 영국은 현재까지도 전 세계 어느 나라보다 발전된 고도의 노하우를 보유하고 있다. 하기야 템즈 강변에서 무역상들과 선원들을 상대로 커피를 팔았던 에드워드 로이즈(Edward Lloyds)가 이들로부터 들은 이야기를 정리했다는 로이즈 리스트(Lloyds List)는, 세계 최대 보험사인 런던 로이즈(London Lloyds)의 최초 결성 계기가 되기도 하였다. 유엔 산하에서 회원국 상호간에 해상안전과 항해능률에 영향을 미치는 기술적 규범을 논의하고 국제공통 기준을 정하는 국제해사기구(International Maritime Organization: IMO)의 본부 사무국이 위치한 곳 역시, 미국의 뉴욕도 스위스의 제네바도 아닌, 영국의 런던이다. 이와 같은 최강의 해상 전력과 고도의 해상무역 활동 덕분에 영국은 해가 지지 않는 세계 제국을 건설할 수 있었다.

2차 대전 후 선진 제국들의 지배를 받은 식민지들의 독립이 이어지면서 영국

---

247 영국의 국가적 번영을 위해서는 강성한 해군이 필수적이라는 인식하에, 해군력의 중요성을 일찍부터 깨닫고 정부차원에서 지원을 아끼지 않았던 이는 헨리 8세이다. 그의 적극적인 지원에 힘입어 영국은 16세기부터 군함을 건조하였고, 1546년에는 대제독(Lord Admiral)이란 직위를 만든 후 상비 해군을 창설했다. (일반인에게 가장 잘 알려진 대제독은 넬슨 제독이다.) 부친의 정책을 그대로 계승한 그의 딸인 엘리자베스 1세는 스페인의 무적함대까지 격파하면서 세계 제국의 기틀을 갖추었다. 하지만 헨리 8세 개인적으로는 기벽을 일삼는 괴짜 왕이었다. 그는 6명의 아내를 두었는데 첫째 부인 스페인 공주 캐서린(Catherine of Aragon)과 이혼하고 둘째 부인 앤 불린(Anne Boleyn)과 결혼하기 위해, 자신이 종교 조직의 수장으로 취임하는 황당한 결정으로 영국 성공회를 만들기도 했다. 하기야 캐서린은 형이 사망하면서 어쩔 수 없이 결혼한 여성이었으니, 헨리 8세가 캐서린을 좋아했을 리가 없다. 하지만 종교를 새로 만들면서까지 결혼한 앤 불린이 아들을 낳지 못하자 때마침 불륜설에 휩싸인 앤을 처형했다. 헨리 8세는 앤을 처형하고 한 달도 안 되어 앤 불린의 시종이었던 세 번째 부인 제인 시모어(Jane Seymour)와 결혼한다. 앤 불린이 캐서린의 시종 출신이었으니, 참 아이러니 하기도 하다. 한편 6명이나 되는 부인이 있었지만 헨리 8세의 뒤를 이을 성인이 된 이는 단 3명이었다. 세 번째 부인인 제인 시모어의 자식으로 유일한 아들이었던 에드워드 6세와 그의 뒤를 이은 캐서린의 딸 메리(Blood Mary)는 일찍 요절하였다. 다만 앤 불린의 딸이었던 엘리자베스 1세가 그나마 오랫동안 영국을 통치하였다. 하지만 엘리자베스 1세는 결혼을 하지 않고 후사도 없었다. 결국 엘리자베스 1세를 마지막으로 헨리 8세의 튜더 왕조는 종말을 맞이한다. 튜더 왕조의 마지막 군주였던 엘리자베스 1세는 자신의 6촌 조카이면서 스코틀랜드의 여왕 메리의 반역 음모를 사전에 엘리자베스에게 "제보"했던, 스코틀랜드의 왕 제임스 1세를 후계자로 지명하였다. 이로써 튜더 왕조는 종말을 고하고 스튜어트 왕조가 시작된다. 역설적이게도 제임스 1세는 엘라자베스 1세가 반역 음모를 꾸민 죄로 런던 탑에서 처형했던 스코틀랜드 여왕 메리의 친아들이다. 친아들이 자신의 모친이 혹시 했을지도 모르는 반역 음모를 제보하고 왕이 된 것이다. 예나 지금이나 권력 앞에는 세상에서 가장 가까운 모자관계마저도 무색하게 만드는 것 같아 씁쓸하기만 한다.

대체투자 파헤치기(중)

타이타노마키의 서막

의 해상 제국시대는 이제 끝나는 것처럼 보였다. 하지만 식민지 독립 운동은 영국인이 점령했던 조그만 섬나라에서는 일어나지 않았다. 이들은 여전히 영국령으로 잔류하였다. 영국에서 수천 킬로미터나 떨어진 미국 본토 코앞의 카리브 해 섬나라들이 영국의 지배를 아직도 받고 있다는 것이 신기할 따름이다. 예컨대 케이만 군도의 국방, 경찰, 외교와 관련된 이슈를 총체적으로 관할하면서 케이만의 경찰총장, 검찰총장, 대법관 등을 지명하는 권한을 보유한 거버너(governor)는 영국 여왕이 임명한다. 저지(Jersey) 섬 정부의 금융기관 유치를 위한 모토는 아예 저지 섬이 또 다른 영국 런던 심장부의 해외 영토라는 것이다(Jersey represents an extension of the City of London). 영국이 이들 섬나라들을 현재까지도 배후(?)에서 실질적으로 지배하는 이유는 도대체 무엇인가?

    2차 대전이 끝난 후 세계 제국으로 부상한 미국은 매우 엄격한 국내 법체계를 보유하고 있었다. 대기업의 확장을 엄격히 금지한 반독점법(Antitrust Law)과 은행이 증권업을 영위하지 못하게 한 글라스-스티걸 법(Glass-Steagall Act) 등이 시장을 짓누르고 있었고, 미국의 세무 당국(IRS)은 탈세를 일삼는 마피아들을 잡기 위해 총격전까지 벌이고 있었다. 특히 미국은 자본주의 국가로는 처음으로 소득세에 누진세를 도입한 나라이기도 하다. 하지만 2차 대전 후 미국에서 막대하게 축적된 자금이 주체할 수 없을 정도로 넘쳐 나면서, 이 자금이 어디론가 빠져나가야 할 퇴로가 반드시 필요했다. 이 틈을 파고든 나라가 바로 영국이었다. 특히 영국이 해외 자금 유치를 위해 활용한 곳은 영국이 지배하던 섬나라였다. 1960년대 유럽 시장에서 거의 규제를 받지 않고 달러가 유통되는 유로마켓(Euromarket)은 이와 같은 배경 하에서 탄생한 대영 제국의 현대판 "해외 금융제국 영토"였다. 우연의 일치인지 아닌지 알 수 없으나 1970년대 불어 닥친 오일 쇼크로 인해, 아랍 국가에 천문학적으로 축적된 달러가 향한 곳 역시 영국인이 조성한 유로마켓이었다. 현재도 런던은 전 세계 외환거래의 약 절반이 거래되는 세계 최대의 외환거래 시장이다. 나아가 구리, 아연, 납, 주석 등이 거래되는 세계 최대 규모의 비철금속 광물 시장인 LME(London Metal Exchange) 역시 런던에 위치해 있다.

사모투자펀드(PEF)

오일 쇼크로 인해 걷잡을 수 없을 정도로 커진 유로마켓과 외환시장, 그리고 이들의 자금을 실질적으로 관리하는 전 세계 영국령 조세회피지역의 실질적인 옴파로스(Omphalos)는, 서쪽의 세인트 폴 대성당(St. Paul's Cathedral)부터 동쪽의 런던 타워(Tower of London)에 이르는 런던의 1.1 제곱 마일(square mile) 시내 구역에 위치한 "스퀘어 마일(Square Mile)"이다. 스퀘어 마일의 또 다른 이름은 바로 세계 금융시장의 중심(Omphalos) "씨티 오브 런던(City of London)"이다.

씨티 오브 런던을 관할하고 있는 기구인 씨티 오브 런던 코퍼레이션의 주도하에 영국의 조세 관련제도는 매우 독특한 경로를 따라 발전하기 시작했다. 우선 영국의 법인세율은 주요 선진국 가운데 가장 낮다. 특히 영국 정부는 2008년 금융위기를 기점으로 급속하게 법인세율을 낮추고 있다. 영국은 2008년 금융위기 이전에는 법인세율이 30%였으나, 이후 법인세율을 급속히 인하하여 2019년 기준으로는 19%이다.

둘째, 기업에 대한 과세도 설립 기준이 아니라 통제 기준이다. 즉 영국에서 설립했더라도 실질적인 통제권한(control)이 없고 경영권(management)이 영국 이외의 지역에서 행해졌다면, 영국에서는 과세권이 없다.[248]

셋째, 일시적으로 영국에 정주(resident)하고 있지만 영구 주소(domicile)는 없는, 이른 바 논-돔(Non-dom) 제도를 운영한다. 이 논-돔(Non-dom)에 속한 일부 부유층 개인들에 대해서는 영국에서 벌어들인 소득에 대해서만 과세하고, 영국 이외의 지역에서 벌어들인 소득에 대해서는 과세하지 않는다. 이는 전 세계 소득을 대상으로 과세하는 미국의 엄격한 과세원칙과는 판이하게 다른 원칙이다.

---

248 "캘커타 주트 밀스(Calcutta Jute Mills)"는 영국에 등록한 회사였지만 인도에서 경영권을 직접 행사하고 있었고(See *Calcutta Jute Mills v. Nicholson*, 1876), "체세나 설퍼 마인즈(Cesena Sulphur Mines)"도 영국에서 회사를 등록하였지만 이탈리아에서 경영권을 행사하였다(See *Cesena Sulphur Company v. Nicholson*, 1876). 다이아몬드 회사 드 비어즈(De Beers) 역시 영국에서 회사를 설립하였지만, 실질적으로는 경영권과 기업 통제의 대부분이 남아프리카 공화국에서 이루어졌다(See *De Beers Consolidated Mines Ltd v. Howe, Surveyor of Taxes*, 1906). 영국 법원은 이 케이스에서 모두 영국 조세당국의 과세권을 부인하였다.

대체투자 파헤치기(중)

타이타노마키의 서막

따라서 아랍, 러시아, 그리스 등의 갑부들은 영국의 런던에 살면서도 거의 세금을 내지 않을 수도 있다. 전술한 아일랜드의 이중국적 아일랜드인(Double Irish) 역시 영국의 논-돔 제도와 맥락이 같다.

넷째, 영국은 2013년에 세법을 개정하여 영국에 헤드쿼터(headquarter)를 설립한 다국적 기업에게는 해외 자회사나 지점이 벌어들인 소득에 대해서는 과세하지 않는다. 이 세법 개정을 주도한 사람은 영국의 보수당 출신 정치인 조지 오스본(George Osborne) 재무부 장관(Second Lord of the Treasury)인데, 영국을 "세계에서 가장 비즈니스 친화적인 세율제도를 가진 선진국"으로 만든다는 것이 그의 목표이다.[249] 이 제도의 도입에 따라 2014년 스타벅스는 유럽 본부를 기존의 암스테르담에서 런던으로 이전하였고, 광고회사 WPP는 2008년에 영국에서 아일랜드로 본사를 이전하였다가 2014년에 런던으로 다시 돌아왔다.[250] 특히 2016년 3월에 오스본 재무부 장관은 영국의 법인세율을 2020년까지 17%까지 낮추겠다고 발표한 바도 있다.

다섯째, 해외의 부동산을 회사 지분을 통하여 소유하고 있을 경우에도 세금이 없다. 2008년 이전에는 개인 목적으로 부동산을 회사 형태로 소유하고 있는 경우, 개인이 부동산을 실제로 소유하고 있는 것으로 간주하여 세금을 부과하였다.[251] 하지만 2008년 이후에는 이 제도를 아예 없애 버렸다. 따라서 러시아 갑부가 런던에 살면서 모나코나 지브롤터에 부동산을 회사 형태로 소유해도 영국에서는 세금을 내지 않는다. 특히 런던에는 유럽 전역의 휴양지에 부동산을 소유한 부자들이 많은 것으로 알려져 있는데, 이와 같은 세제 개편으로 이들의 유럽 전역 휴양지에 걸친 부동산 취득 열풍은 당분간 계속될 것으로 보인다.

---

249 Financial Times, Dec 1, 2014; "The most competitive business tax system of any major economy in the world."
250 Financial Times, Apr 16, 2014
251 이와 같은 영국의 과세 원칙을 "사실상 혜택(benefit-in-kind) 제도"라고 부른다.

이와 같은 점들을 모두 고려하였을 때 영국은 과연 탈세의 온상인 조세회피지역인가, 아니면 기업 친화적인 세율제도를 운영하는 기업하기 좋은 국가인가? 이에 대한 판단은 독자의 몫이다. 필자가 보기엔 영국은 둘 중의 그 어느 것도 아닌 그야말로 "독특한 왕국(Unique Kingdom)"이다.

대체투자 파헤치기(중)

타이타노마키의 서막

씨티 오브 런던, Dirige Nos!

만약 자신이 살고 있는 행정구역을 관할하는 시장을 선출하는데, 선거인의 대부분이 사람이 아니라 기업이라면? 선거인에게 부여하는 투표권이 1인 1표가 아니라 고용인이 많은 기업일수록 최대 79표까지 부여한다면? 여의도 면적의 약 1/3에 불과한 2.9km²(약 885,000평) 구역을 관할하는 경찰이 국가 경찰도, 지방 경찰도 아닌, 별도의 조직으로 존재하는 경찰이라면? 자신의 구역을 대표하는 국회위원이 선거를 통해서 선출되는 것이 아니라 시장이 임명한다면? 이 국회위원의 의석이 하원의장 바로 뒤의 고정석이라면? 이 조그만 행정 구역이 가지고 있는 현금이 2조 원이 넘는다면?

이 황당한 행정구역의 이름은 런던 시내 템즈 강변의 가로, 세로 1마일 남짓한 구역, "씨티 오브 런던(City of London)"이다. 이 지역은 A.D. 43년에 쥴리어스 시저 로마 황제가 영국을 침공한 후, 물자와 군대를 수송하기 위해 건설한 "론디니움(Londinium)" 포구 지역과 거의 일치한다. 씨티 오브 런던의 기원이 언제부터인지는 정확히 알려져 있지 않지만, 이처럼 고대 로마인들이 점령한 런던 지역과 거의 일치한다는 점에서 그 역사가 상당히 오래된 것만은 틀림이 없어 보인다.

시저의 런던 정벌, John Deare(1759~1798) 作, 런던 빅토리아 앤 알버트 박물관 소장

사모투자펀드(PEF)

1066년 노르망디의 윌리엄이 영국을 침공하여 런던을 장악했을 때도, 정복왕 윌리엄은 씨티 오브 런던 지역에 거주하는 이들의 자치권을 부인하지 않고 인정해 주었다. 정복왕 윌리엄이 효율적인 조세 부과를 위해 제작한 중세 최초의 종합 토지 및 인구 조사 보고서인 "둠즈데이 북(Domesday Book)"에서도 런던 시내 중앙의 씨티 오브 런던은 빠져 있었다. 결국 씨티 오브 런던은 이 시기에 국왕에게 세금을 내지 않았던 것이다![252]

1215년 판 마그나 카르타(Magna Carta Runnymede, June 15, 1215). 영국 국립 도서관(British Library) 소장. 1215년 판은 현재 4개만 남아 있다. 2개는 영국 국립 도서관 (British Library), 1개는 영국 솔즈베리 대성당(Salisbury Cathedral), 나머지 1개는 영국 링컨 대성당(Lincoln Cathedral)에 보관되어 있다. 영국 국립 도서관에 보관된 2부 중 1부는 불에 타 있어, 현존하는 1215년 판 중 읽는 것이 가능한 것은 총 3부이다.

하지만, 영국의 용맹스런 사자왕 리처드가 확보한 프랑스 영토인 앙주 제국을 잃게 된 그의 동생 존(John) 왕이 이를 회복하기 위해 씨티 오브 런던 지역에 세금을 추가로 부과했다. 씨티 오브 런던을 실질적으로 장악했던 귀족 계층 남작(Baron)들이 영국 존(John) 왕의 과세에 불복한 것은 너무도 당연한 일이었다. 천년 넘게 유지되어 왔던 상인들의 "특권"을 국왕이 감히 빼앗아가다니! 결국 내전 끝에 씨티 오브 런던 장악에 실패한 존(John) 왕은 귀족 계층 남작의 요구에 굴복할 수밖에 없었다. 바로 대헌장, 마그나 카르타 (Magna Carta)의 탄생 배경이다. 이 마그나 카르타에는 씨티 오브 런던이 "고대"부터 향유하던 자율권을 보장한다는 문구가 들어가 있는데, 이 문구는 마그나 카르타가 "본질적으로" 탄생한 배경이 무엇이었는지 보여주는 가장 핵심적인 문구이다.[253] 즉, 의회의 동의 없이 과세를 해서는 안 된다는 원칙이라기보다는, 본질적으로 "씨티 오브 런던"의 동의 없이 왕은 세금을 부과해서는 안 된다!

이렇게 씨티 오브 런던이 왕의 과세권이 미치지 않도록 철저히 보호 장벽을 치면서, 이 지

---

252 하지만 씨티 오브 런던에 거주하는 상공인들과 금융인들은 씨티 오브 런던 코퍼레이션에는 세금을 납부한다.

253 The City of London shall have all its ancient liberties by land as well as by water. 이 문장은 마그나 카르타 13번째 문장이다. 마그나 카르타 원문은 라틴어로 작성되어 있으나 편의상 영어로 표기하였다. 한편 2015년 6월 15일은 마그나 카르타 제정 800년이 되던 해이었는데, 영국 정부는 현존하는 1215년 판 마그나 카르타 4부를 동시에 영국 국립 도서관(British Library) 한 곳에 전시하는 기획전을 열기도 하였다.

대체투자 파헤치기(중)

타이타노마키의 서막

역에는 16~17세기까지 상업자본주의의 부흥의 물결을 타고 상인들의 독점적 협의체인 일종의 길드였던 "동업조합(Livery Company)"과 금융기관들이 집중적으로 모여들기 시작했다. 런던 증권거래소(London Stock of Exchange)의 전신인 왕립증권거래소(Royal Exchange)와 영란은행(Bank of England)이 16~17세기에 씨티 오브 런던에 자리를 잡았고, 세계에서 역사가 가장 오래된 보험사인 런던 로이즈(London Lloyds)의 최초 모태인 "로이즈 커피 하우스(Lloyds Coffee House)" 역시 이 지역에서 처음으로 문을 열었다. 1666년 런던 대화재로 씨티 오브 런던의 거의 모두가 파괴되었지만, 씨티 오브 런던의 번영은 그 뒤에도 멈추지 않고 계속된다. 이에 따라 씨티 오브 런던은 현재 전 세계 상업은행, 투자은행, 헤지펀드, PEF, 법률회사, 회계법인 등이 집중적으로 몰려 있는 세계 금융시장의 명실상부한 메카로 진화했다.

씨티 오브 런던 지역을 관할하는 실체는 "씨티 오브 런던 코퍼레이션(City of London Corporation)"이다. 이 회사의 수장은 "로드 메이어(Lord Mayor)"이다. 씨티 오브 런던은 "고대"부터 25개의 구역(ward)으로 나뉘어져 있는데, 한 개 구역에서 1인의 알더멘(Aldermen)이 6년마다 선출된다. 알더멘은 해당 구역의 치안유지와 민·형사 재판을 담당하는 일종의 치안판사(Justice of Peace)인데, 반드시 씨티 오브 런던의 자유인(Freeman)이어야 한다.[254] 선출된 알더맨들은 "알더멘 코트(Court of Aldermen)"를 구성하는데, 로드 메이어가 이 코트의 의장이다. 나아가 영국 하원에 일종에 파견 형식으로 보내는 의원(Remembrance)을 로드 메이어가 임명하는데, 이를 통해 국정과 의정 활동이 상업과 금융 활동에 미치는 부정적 영향을 최소화 하도록 영향력을 행사한다.[255]

---

[254] 동업조합(Livery Companies)에 가입하면 씨티 오브 런던에서 상업 활동을 할 수 있는 자격인 자유인(Freeman)의 지위를 얻을 수 있다. 동업조합의 고위 경영진들은 라이브리맨(Liverymen)이라고 부른다. 동업조합은 오늘날에도 그 명맥이 유지되고 있는데, 예를 들어 어렵기로 악명이 높은 런던의 택시기사 자격증은 "해크니 마차 운전사들의 동업조합(Hackney Carriage Drivers' Company)"에서만 부여한다. 오늘날 프리맨(Freeman)의 지위를 얻으려면 시험을 통과하여 동업조합에 가입하거나, 씨티 오브 런던이 공로가 큰 개인에게 자발적으로 부여하는 방법 등 두 가지가 있다. 2014년에는 영화배우 모건 프리만(Morgan Freeman)이 자유인의 지위를 부여 받아 세간에 화제가 되기도 했다.

[255] www.cityoflondon.gov.uk

사모투자펀드(PEF)

1782년 11월 8일 길드홀 내부, 알더맨(붉은 색 망토를 걸친 이들) 앞에서 시장 선서를 준비하는 로드 메이어 나다니엘 뉴햄(Nathaniel Newnham, 우측 황금색 무늬에 파란색 망토를 걸친 이), William Miller (1740~1810) 作, Guildhall Art Gallery 소장(가장 좌측 하단에 보이는 알더맨인 존 보이델(John Boydell)이 1792년에 기증한 작품으로, 로드 메이어보다 알더맨들을 더 강조한 기법이 돋보이는 작품)

씨티 오브 런던의 25개 구역에서 4년마다 선출되는 또 다른 직위가 "커먼 카운슬맨(Common Councilmen)"이다. 인구 비례에 따라 2~10명씩 각 구역마다 선출되며 총 100명이다. 이 100명이 구성하는 "코트 오브 카운슬맨(Court of Common Council)"이 씨티 오브 런던 코퍼레이션을 통치하는 실질적인 기구이다. 코트 오브 카운슬맨은 씨티 오브 런던의 경찰권을 행사하며, 영국이나 런던 메트로폴리탄 경찰과는 완전히 다른 별개의 경찰 조직인 "씨티 오브 런던 경찰(City of London Police)"을 운영한다.

씨티 오브 런던 코퍼레이션의 가장 큰 특권은 이 지역에 대한 세금 징수권이다. 징수된 세금은 씨티 오브 런던 코퍼레이션이 전적으로 처분권을 보유한다. 이 지역이 세계 금융시장의 메카임을 고려한다면 그 특권이 어느 정도인지 가늠이 된다. 한 설에 따르면 2013년 씨티 오브 런던 코퍼레이션이 거두 들인 징수액은 약 2,500억 원 정도이었으며, 씨티 오브 런던 코퍼레이션의 2012년 말 기준 현금보유액만 2.2조 원이라고 한다. 경찰권과 조세권을 보유한 기관이면 당연히 관공서이어야 하는데, 명칭에서 알 수 있듯이 관공서가 아닌 민간 기업이다. 마치 영란은행이 민간 기업으로 출발하여 발권력을 부여받은 것과 완전히 동일한 맥락이다. 영국의 여왕도 이 지역에 들어오기 위해서는 로드 메이어의 사전 영접을 받아야 한다. 이는 예의 바르게 표현한 것일 뿐 다르게 말하면 사전 허가 없이 영국 여왕은 씨티 오브 런던에 들어

대체투자 파헤치기(중)

타이타노마키의 서막

올 수 없다!

이와 같이 다양한 씨티 오브 런던의 직위를 선출하는 선거인은 씨티 오브 런던 거주자 (resident)들과, 설립지가 어디이든 씨티 오브 런던에 사무실이나 자산을 보유하고 있는 기업들이다. 하지만 거주자라고 무조건 투표권이 부여되는 것이 아니라, 씨티 오브 런던에 사무실을 보유하고 있는 기업에 최소한 1년 이상 일하였거나 이사회 임원으로서 일한 경력이 있어야 한다. 기업의 투표권은 개인들의 투표권보다 훨씬 많은 24,000표 내외이다. 기업에 대한 투표권은 피고용인이 많을수록 증가하며 1개 기업이 최대 79표까지 가능하다. 등록을 어디에 하였든 씨티 오브 런던에 사무실이나 자산을 보유한 기업이면 투표가 가능하므로, 씨티 오브 런던은 선출직 직위를 선정하는 투표과정에서 전 세계 금융기관들의 영향력이 가장 큰 곳이다. 비유해서 말하면 씨티 오브 런던 코퍼레이션은 전 세계 금융기관들이 사장, 감사위원 및 임원들을 직접 선출하는 "현대판 글로벌 주식회사"이다. 전세계 금융기관 입장에서는 씨티 오브 런던이 "현대판 보물섬"인지도 모르겠다.

씨티 오브 런던의 행정 본부, 「길드홀(Guildhall)」의 위용

한편 씨티 오브 런던 코퍼레이션은 2011년 9월에 중국과 협약을 체결하여, 씨티 오브 런던을 중국 위안화의 최대 역외 시장으로 육성한다는데 합의했다. (상)권에서도 언급하였지만 중국은 위안화 국제화를 위해 각고의 노력을 기울이고 있는데, 씨티 오브 런던의 요청으로 위안화 청산결제은행을 2013년부터 씨티 오브 런던에 집중 설치하기 시작한다. 이에 따라 중국 이외의 역외 시장에서 위안화 거래가 가장 많은 곳은 씨티 오브 런던이다. 1950~60년대 유로마켓 창설에 이어 2010년대 위안화 직거래 마켓의 창설이라는 또 하나의 블루오션이 씨티 오브 런던 코퍼레이션의 주도하에 이제 막 눈앞에서 펼쳐지고 있는 것이다. CDO 상품에 대한

사모투자펀드(PEF)

매수 열풍을 일으킨 헤지펀드와 보험회사 AIGFP의 공격적인 마케팅에 따라 촉발된 2008년 금융위기는, 규제가 거의 없었던 씨티 오브 런던만의 독특한 환경 때문에 비롯되었다는 것은 너무나도 잘 알려진 "비밀 중의 비밀(secret of secret)"이다.[256] 따라서 씨티 오브 런던이 위안화 직거래 마켓 조성에 뛰어든 것은, 중국 입장에서는 위안화의 국제화를 가속화하기 위해 필요한 천 명의 군사와 만 필의 말을 구한 것이나 다름이 없다. 씨티 오브 런던과 중국의 밀월 관계는 2015년 이후도 진행형이다. 2015년 9월 영국의 재무장관 조지 오스본이 중국을 방문한 후, 영국과 중국 정부는 역사상 최초로 위안화 표시 중국 단기국채를 씨티 오브 런던에서 발행하기로 합의하였다.[257] 특히 중국 기업이 영국 기업을 인수합병하는 M&A 활동이 2015년부터 본격화되면서, 2017년에는 중국 기업이 영국기업을 인수합병한다고 발표한 M&A 금액이 사상 최고치인 175억 파운드를 기록하기도 하였다.

마지막으로 케이만 군도, 버진 아일랜드, 버뮤다 등 세계 전역에 걸쳐 있는 조세회피 지역을 실질적으로 통제하는 곳은 다름 아닌 씨티 오브 런던이다. 조세회피 지역으로 흘러간 돈이 궁극적으로 향하는 최종 목적지가 바로 씨티 오브 런던의 유로 마켓이기 때문이다. 2012년 영국계 글로벌 은행인 HSBC가 멕시코 마약 조직의 돈세탁에 관련되었다가 미국 검찰의 조사를 받은 것은, 씨티 오브 런던과 조세회피지역 상호간 밀월 관계의 실상을 단적으로 보여주는 빙산의 일각에 불과하다. 세계에서 가장 큰 조세회피지역은 케이만 군도도, 버뮤다도 아닌, 다름 아닌 "씨티 오브 런던"이라는 비아냥은 사실관계를 떠나서 씨티 오브 런던이 실질적으로 조세회피 지역을 통치하는 막강한 금융 권력을 보유하고 있음을 간접적으로 시사하는 일화일 뿐이다.

이쯤 되면 전 세계 금융시장은 씨티 오브 런던 코퍼레이션이 인도한다고 이야기해도 과장이 아닐 것이다. 씨티 오브 런던의 紋章에 새겨진 "신이여, 우리를 인도하소서(Domine, Dirige Nos)"라는 문구는 "씨티 오브 런던이여, 우리 금융기관을 인도하소서(City of London, Dirige Nos)로 바꾸어야 하지 않을까? 앞으로 씨티 오브 런던의 행보에 귀추가 주목된다.

256　CDO 거래를 주도한 헤지펀드와 AIGFP가 2008년 금융위기를 촉발하는 과정에 대한 상세 내용은 「대체투자 파헤치기(상)」, 세계 경제동향, 2008년 금융위기(2) - 파생금융상품 편 참조

257　Financial Times, Sep 21, 2015. 단기국채 발행 이외에도 양국이 핵 분야에 대한 공동연구에 합의함으로써, 영국과 중국의 거리는 최근 들어 급속히 가까워지는 분위기이다. 2015년 10월 시진핑 주석이 영국을 국빈 방문하였을 때도 서방 국가 중에서 처음으로 영국이 위안화의 SDR 편입 지지를 공표하기도 하였다.

5) 프랑스: 위험자산 투자펀드(FCPR)

프랑스의 경우 PEF나 벤처 캐피탈이 가장 선호하는 설립 형태는 "FCPR(Fonds Commun de Placement á Risques)"이다. 풀어서 쓰면 위험 자산에 투자하는 펀드(Risk Investment Funds)이다. FCPR은 법인격이 있는 회사가 아니다. 단지 파트너들의 집합체일 뿐이다. 따라서 FCPR은 국내 투자자이든 해외 투자자이든 상관없이 펀드 차원의 과세가 없다. 즉, 조세 중립적이다. 특히 해외 투자자가 FCPR에 투자하였다는 자체만으로 고정 사업장(Permanent Establishment: PE)을 가지고 있는 것으로 간주되지는 않는다. 나아가 FCPR의 경우 투자자가 기업이 아닌 경우에는 배당 되지 않으면 과세되지 않는다. 반면 투자자가 기업인 경우에는 매년 시장가격(Mark-to-Market: MtM)으로 평가하여 과세된다.

한편 투자자가 개인인 경우 FCPR의 지분을 5년 이상 보유하고 있으면, 이로부터 발생하는 소득에 대해서는 소득세가 면제된다. 프랑스에서는 해외 투자자에 대한 과세가 소득 원천에 따라 다르다. 예컨대 프랑스에 기원한 소득이 만약 배당 소득인 경우 30%를 원천 징수하나, 프랑스 기원 소득의 원천이 만약 채권에 대한 이자인 경우에는 원천 징수를 하지 않는다. 아울러 해외 투자자가 지분 비율 25%를 넘지 않는 기업에 투자하여 주식을 취득한 후 이를 매각할 경우 역시 원천 징수를 하지 않는다. 하지만 프랑스 부동산에 투자하여 지분을 10% 이상 보유한 이후 이를 매각하는 경우에는, DTT에 별도 조항이 없다면 33.3%의 원천 징수세를 부과한다.

프랑스는 자국의 과세당국과 협조적이지 않은 나라를 비협조 국가(Non-Cooperative Jurisdiction)로 분류하여 징벌적인 과세를 한다는 특징이 있다.[258] 예

---

258 2012년 말 기준 이 리스트에 포함된 나라는 보츠와나, 브루나이, 과테말라, 마샬 제도, 몬트세라, 나우루, 니우, 필리핀 등 8개국이다. 2013년 발표로 2014년 1월부터는 영국령 버진 아일랜드(BVI), 버뮤다, 저지 섬이 추가되어 총 11개국이 이 리스트에 포함되어 있다.

사모투자펀드(PEF)

컨대 배당소득이나 이자소득의 경우 이들 국가에 속한 투자자에게는 75%라는 무지막지한 세율로 부과한 세금을 원천 징수한다.[259] 2013년 8월에는 영국령 버진 아일랜드, 버뮤다, 채널 제도(Channel Islands) 중 저지 섬(Jersey Island) 등 3개를 이 리스트에 포함한다는 프랑스 정부의 발표가 있었다. 이 발표로 프랑스 정부와 영국 정부가 서로 불편한 속내를 드러내기도 하였다. 프랑스 정부는 영국 정부가 겉으로는 엄정한 과세원칙을 내세우면서, 뒤로는 영국령 버진 아일랜드나 채널 섬과 같은 조세 회피지역을 용인하는 것이 "위선적"이라는 표현까지 쓰면서 원색적으로 비난했다.[260] 한편 케이만이나 채널 제도(Channel Island)[261]처럼 법인세가 아예 없거나 프랑스에 위치했다면 냈어야 할 법인세의 50% 이하를 납부한 경우에는, 「유보소득 과세합산제도(CFC: Controlled Foreign Corporation)」라 하여 프랑스 정부 차원에서 별도의 법인세를 부과한다.[262]

프랑스는 PEF가 FCPR 형태로 설립되는 경우 펀드의 GP가 수령하는 관리 보수에 대해 부가가치세를 면제한다. 프랑스에서 일반적인 부가가치세가 20%임을 감안할 때 펀드 GP 입장에서 유리한 조항임에는 틀림없다. 하지만 매출의 90% 이상에 대해 부가가치세를 면제 받은 PEF는 자사 종업원에게 지급하는 임금의 4.25%~20%에 이르는 임금세(wage tax: taxe sur les salaires)를 내야 한다. 이에 따라 어떤 경우에는 임금세 부담 때문에 부가세를 납부하지 않는 것이 오히려 불리한 경우도 있다고 한다. 이때는 PEF가 부가세를 자발적으로 납부하여 임금세를 면제받는 전략을 선택한다.

---

259 투자자가 이들 국적이 아니라 하더라도 은행계좌가 이들 국가에 위치하여도 징벌적 과세가 적용된다.
260 Financial Times, Aug 29, 2013
261 채널 제도는 도버 해협에 위치해 있으며 Bailiwick of Jersey (저지)와 Bailiwick of Guernsey (건지) 2개의 섬으로 구성되어 있다. 영국령으로 알려져 있으나 자체 헌법과 선거제도를 보유한 사실상 독립 국가이다. 역사적으로는 노르망디의 네덜란드인이 13세기부터 지배한 것으로 알려져 있다. 부가가치세와 법인세가 없어 헤지펀드, PEF가 선호하는 조세회피지역으로 알려져 있다.
262 CFC 제도를 운영하는 나라는 프랑스 외에도 영국, 독일, 호주, 미국 등이 있다.

PEF가 받는 관리보수는 다른 나라와 유사하게 프랑스에서도 일반 소득세율로 부과된다. 프랑스의 소득세율은 다른 나라에 비해 다소 높은데, 연소득 151,200 유로 이상의 고소득자의 최고 한계세율이 45%에 이른다. 이와 같은 표준세율 외에도 연소득 250,000유로 이상의 고소득자는 추가로 3%의 세율, 이른바 "추가세율(bubble rate)"이 적용된다. 따라서 프랑스에 위치한 PEF의 경우 관리보수를 많이 받는 고소득 임원진은 다른 나라보다 많은 소득세를 내야 한다.

〈 프랑스의 일반 소득세율 및 장기 자본이득세율 현황 〉

소득 구간 (부부 합산 기준)	Marginal Income Tax Rate, Short Term Capital Gain Rate (2019 기준)	Long Term Capital Gain Rate (2019 기준)
€0~€9,964	0%	28.9% * 단, 보유재산 및 기간에 따라 차등 세율 적용
€9,965~€27,519	14%	
€27,520~€73,779	30%	
€73,780~€156,244	41%	
€156,245~	45%	

장기자본이득에 대한 과세는 일반 소득세율보다 낮은 19%이다. 하지만 모든 자본이득에 대해서 2018년까지는 사회 공헌세(social contribution tax) 17.2%를 일률적으로 납부해야 했다. 2019년부터 장기자본이득에 대한 사회공헌세가 9.9%로 인하되면서, 장기자본이득세율도 28.9%로 하락했다. 여전히 세율이 높기 때문에 성공보수를 수령할 경우 프랑스에 위치한 PEF 입장에서는 다른 유럽국가에 비해 다소 불리한 세율에 직면한다. 다만 보유기간이 길수록 과세율을 낮추고 있다. 예컨대 보유기간이 8년인 경우, 즉 PEF GP가 펀드의 성공보수를 펀드 설립 후 8년이 지나서 수령한 경우는 과세율이 20~24%로 하락한다.

6) 룩셈부르크: PEF의 유토피아(Utopia for PEF)

룩셈부르크는 유럽뿐만 아니라 전 세계 PEF, 헤지펀드, 글로벌 다국적 기업들이 가장 활발하게 회사 설립 활동을 하는 곳이다. 룩셈부르크가 이처럼 선호되는 이유에 대해서는 논란거리도 많고 사실 합의된 이유도 없다. 필자가 보기에는 룩셈부르크가 독일, 프랑스, 영국 등의 국가보다 과세 혜택이 나은 것은 틀림이 없으나, 후술하는 지브롤터나 사이프러스보다 파격적인 조세 혜택을 제공한다고 보기는 어렵다. 그럼에도 불구하고 전 세계 PEF, 헤지펀드, 글로벌 다국적 기업들이 회사를 설립하는 이유는 바로 과세당국의 예측가능성이다.

사전에 거래관련 구조를 적시하고 이에 대한 과세당국의 입장을 확인하는 방법 중에 "사전과세 결정제도(ATR: Advance Tax Rulings)"와 "이전가격 사전결정제도(APA: Advance Pricing Agreement)"가 있다. 이와 같은 제도는 물론 다른 나라에도 존재하지만, 룩셈부르크의 제도는 투자자의 예측가능성을 최대한 보장한다는 점에서 다른 나라와는 확연히 다르다. 우선 관련 구조나 사실이 불변이고 신청 당시의 과세결정이 합리적이라면, 과세당국의 해석이 통보된 이후 과세당국은 어떤 경우에도 이 해석을 변경할 수 없다. 나아가 관련 법령 조항이 변하지 않고 신청 당시의 사실이 불변이라면, ATR/APA의 효력은 원칙적으로 기한에 제한이 없다. 심지어 1989년 과세당국의 가이드라인 제정 이전에는 신청자가 누구인지 밝힐 필요도 없었다. 하지만, 이와 같은 룩셈부르크의 ATR/APA 제도가 사실상 룩셈부르크 정부와 다국적 기업들이 조세 수준을 놓고 구체적인 개별 협상을 가능하게 함으로써, 파격적인 조세혜택을 부여하는 수단으로 변질되고 있다는 비판도 있다.[263]

---

[263] ATR과 APA를 합쳐 ATA (Advance Tax Agreement)라 한다. 2014년 11월, 룩셈부르크에 제출된 ATA 중 28,000 페이지 분량이 유출된 사건이 발생하였는데, 국제탐사보도언론인협회(International Consortium of Investigative Journalists: ICIJ)는 대부분의 글로벌 기업들의 실효세율이 1%에도 미치지 못하는 것이었다고 룩셈부르크 정부를 비난하기도 하였다. Financial Times, Nov 6, 2014

대체투자 파헤치기(중)

타이타노마키의 서막

　한편 이중과세방지협정(DTT)을 체결하여 시행하는 국가도 2015년 5월 기준으로 76개국이며, 협상이 진행 중인 나라들을 모두 합치면 92개국이다. 보통의 다른 나라들보다 2배 이상 많다. 따라서 어느 국가에 있든지 룩셈부르크를 통하면 자신이 속한 국가의 DTT를 활용할 수 있고, 계열사가 여러 나라에 흩어져 있는 경우에도 이를 최대한 활용할 수 있다. 이상과 같은 점 모두가 바로 룩셈부르크가 전 세계 PEF, 헤지펀드, 다국적 기업들이 자신들의 조세 최적화를 위해 선택할 수 있는 가장 최적의 장소가 된 이유라고 본다.

　룩셈부르크에서 PEF나 VC가 가장 선호하는 펀드 형태(vehicle)는 특별투자펀드(Specialized Investment Fund: SIF)이다. 특별투자펀드(SIF)에 투자하는 투자자는 룩셈부르크 주민, 거주자, 고정사업자가 아닌 경우에는 자본이득세, 소득세가 부과되지 않고 원천징수 되지도 않는다. 하지만 펀드 순자산의 0.05%를 일종의 기부금(subscription tax: Tax d'Abonnement) 형태로 내야 한다. 특별투자펀드(SIF)의 투자대상도 전통적인 투자대상인 주식, 채권뿐만 아니라 파생상품, 헤지펀드, 부동산, PEF, 인프라 자산 등 어떤 자산도 가능하다. 다만 특별투자펀드(SIF)는 투자 포트폴리오 하나가 전체 순자산의 30%를 초과하여서 투자되어서는 안 되며, 후술하는 FCP로 설립될 경우 기관투자자나 적격투자자를 제외한 일반인을 대상으로 자금을 모집해서도 안 된다. 특별투자펀드(SIF)는 FCP와 계약 형태로 체결하는 방법이 있고, 후술하는 씨카브(SICAV)나 씨카르(SICAR) 형태로도 설립할 수 있다. 특별투자펀드(SIF)로 설립하면 이 펀드가 보관한 자산은 룩셈부르크에 소재한 수탁기관(custodian)에 반드시 위탁하여야 한다.

　PEF 펀드로서 후술하는 씨카브(SICAV), 씨카프(SICAF)도 설립이 불가능한 것은 아니나, 씨카브(SICAV)나 씨카프(SICAF)는 일반인을 상대로 한 개방형 펀드라는 점에서 일반적으로 PEF의 펀드 형태로 사용하기는 적합하지 않다. 헤지펀드의 경우는 개방형 펀드로 구조화가 가능하고 오히려 씨카브(SICAV) 형태로 설립하는 것이 투명성을 제고한다는 차원에서 투자자 모집이 한층 쉬울 수 있다는 장점이 있다. 따라서 씨카브(SICAV) 형태로 헤지펀드를 설립하는 경우는 적지 않게 관찰할 수 있지만, PEF의 경우는 씨카브(SICAV) 형태가 헤지펀드에 비해 많지 않다.

룩셈부르크에서 가장 많이 활용되는 PEF 설립 형태 중 하나가 FCP(Fonds Commun de Placement)이다. 일반적인 유럽국가와 마찬가지로 투자운영 회사가 FCP에 제공하는 서비스에 대한 대가인 관리보수나 운용보수에 대해서는 부가가치세를 부과하지 않는다. 통상 PEF가 적격 투자자를 대상으로 고객 맞춤형으로 고안(customized)된 운영계약인 정관 등을 통해 일정 기간 투자금의 입출입이 자유롭지 않다는 점을 고려하면, 이 FCP 형태가 가장 일반적으로 활용되는 PEF의 설립 형태라고 할 수 있다.

FCP 이외에도 회사 차원에서 과세되지 않는 형태로는 SCS와 SCSp가 있다. SCS(Société en Commandite Simple)는 미국의 LLC와 유사한 형태로 법인격이 존재한다. SCS와 구분되는 SCSp(Société en Commandite Speciale)는 법인격이 없는 특별한 형태의 SCS이다. 어떻게 보면 미국의 LLP와 거의 유사한 성격의 파트너쉽이라고 보면 된다. SCS와 SCSp 모두 회사 차원에서 과세되지는 않으나, 만약 상업 활동(commercial activity)을 수행하게 되면 지방자치단체에서 영업 활동세를 부과하게 된다. 하지만 PEF나 벤처의 투자활동은 상업 활동으로 분류되지 않는다. 따라서 PEF의 경우 회사차원에서의 과세는 국세든 지방세든 없다고 보면 된다.

전술한 특별투자펀드(SIF) 형태 이외의 대표적인 집합투자형태는 씨카브(SICAV: Société d'Investissement á Capital Variable)이다. 씨카브(SICAV)는 출자금의 표시증서인 지분증권이 펀드 순자산 가치의 시장가치와 일치하여야 한다. 이를 위해 씨카브(SICAV)의 순자산은 주기적으로 현가(Mark-to-Market)를 계산해서 지분가치에 이를 반영시켜야 한다. 예컨대 지분을 거래할 때는 반드시 순자산 가치를 지분에 반영하여 거래하여야 한다. 한편 씨카프(SICAF: Société d'Investissement á Capital Fixe)는 지분증권의 가치를 현가할 필요 없이 가치가 고정된 투자펀드이다. 우리나라의 PEF가 투자자 입장에서 자금의 입출

대체투자 파헤치기(중)

타이타노마키의 서막

입이 자유롭지 않는 폐쇄형 펀드(closed-end fund)인 반면 씨카브(SICAV), 씨카프(SICAF)는 자금의 입출입이 자유로운 개방형 펀드(open-ended fund)이다. 모든 씨카브(SICAV), 씨카프(SICAF)는 개별적인 각각의 펀드에 대한 내규를 자신의 투자설명서(prospectus)를 통해 투자자에게 알려야 한다.[264] 씨카브(SICAV), 씨카프(SICAF)는 법인 형태가 아니면 펀드 차원에서 세금이 없다.[265] 따라서 투자자 개인 차원에서만 세금을 납부하면 된다. 씨카브(SICAV), 씨카프(SICAF) 모두 일반적으로 유씨츠(UCITS) 펀드 형태로 설립되며 투자자에 대한 제한이 없다.[266] 따라서 기관 투자자가 아닌 일반투자자도 투자가 가능하다. 룩셈부르크의 경우 씨카브(SICAV), 씨카프(SICAF)의 최소 납입 자본금은 125만 유로이다. 룩셈부르크 금융시장당국(Luxembourg's Financial Market Authority; CSSF)으로부터 유씨츠(UCITS) 펀드 허가를 받은 이후 125만 유로를 6~12개월 이내에 납입해야 한다.

씨카브(SICAV)나 씨카프(SICAF) 외에 씨카르(SICAR: Société d'Investissement en Capital á Risque)라는 펀드 형태가 있는데, 이 펀드는 위험자산에 대한 투자를 위주로 하는 펀드이다. 따라서 예컨대 씨카브(SICAV)나 씨카프(SICAF)에 적용되는 최소투자 원칙이 없고, 특정 투자자산에 투자를 집중하여도 무관하다. 하지만 기관투자자와 같은 적격 투자자(qualified investor)만 투자할 수 있다. 반면 씨카브(SICAV)나 씨카프(SICAF)와 달리 펀드의 법인격이 존재

---

264 씨카브(SICAV)는 유럽 각국의 개방형 펀드(open ended fund)로 일반적으로 사용되고 있으나, 그 특징은 각국마다 다르다. 예컨대 스페인의 경우에는 일반적인 법인세율 30%가 아닌 1%의 세율을 적용받는다. 하지만 투자자산에 제한이 있고 최소 자본금이 2.4백만 유로 이상이어야 한다.

265 씨카브(SICAV), 씨카르(SICAR)는 주식회사(Public Limited Company, PLC., Corp./SA) 유한책임회사(Limited Liability Company, LLC., Ltd./SARL) 유한파트너쉽(Partnership Limited by Shares, SCA) 등의 어떤 형태로도 설립이 가능하다. 룩셈부르크의 법인세율은 법인세(Corporate Income Tax: CIT) 22.47%와 지방자치세 등을 포함하여 29.22%이며, 법인격을 가진 회사형태로 설립하면 이 세율의 적용을 받는다.

266 유씨츠(UCITS: Undertakings for Collective Investment in Transferable Securities)란 EU 국가들의 개방형 펀드에 공통적으로 적용되는 규제이다. 1985년에 처음 도입되었다. 유씨츠(UCITS) 펀드 지위를 취득하면 추가적인 인허가 없이 EU 지역 전체를 대상으로 자금을 모집하거나 마케팅을 할 수 있다. 두 차례의 개정을 거쳐 현재는 UCITS IV가 가장 최근 버전이다.

사모투자펀드(PEF)

하여 펀드 차원에서 과세가 된다. 특별히 적용되는 법규도 씨카르(SICAR) 법이라 하여 별도로 존재한다. 씨카르(SICAR)의 최소 납입 자본금은 1백만 유로이다.

해외 PEF 입장에서 긴요하게 사용하는 것 중의 하나가 바로 지주회사의 형태로 채택되는 "소파피(SOPARFI: Société de Participations Financières)"이다. 주로 국경 간 인수 합병 시 필요한 금융 지주회사를 설립할 때 사용하는 법인 형태이다. 소파피(SOPARFI)는 국적과 상관없이 개인이든 법인이든 아무나 설립이 가능하다. 소파피(SOPARFI)가 금융활동 이외에 상업 활동이나 생산 활동을 수행하는 경우에는 룩셈부르크 당국(Ministry of Small and Medium-sized Businesses, Tourism and Housing)으로부터 라이센스를 받아야 한다. 하지만 전술한 바와 같이 PEF와 같은 금융투자는 상업 활동이나 생산 활동으로 분류되지 않는다. 만약 소파피(SOPARFI)가 상업 및 생산 활동을 하지 않는 순수한 금융지주회사이고, 지분증권 등을 포함한 금융자산이 전체 자산의 90%를 넘는 경우에는 3,210유로의 고정 세금만 납부하면 된다. 이에 따라 예컨대 아마존(Amazon)이 유럽지역의 지식재산권을 모두 룩셈부르크로 출자하여 소파피(SOPARFI)를 설립한 후, 유럽 각 지역의 자회사를 소파피(SOPARFI)가 거느리는 형태의 지주회사로 운영한다면 룩셈부르크의 소파피(SOPARFI)는 아래 조건을 만족하는 경우 사실상 세금이 없다.[267]

소파피(SOPARFI)가 해외로부터 받은 배당이나 자본이득과 관련한 면세 측면에서 지주회사로 인정받기 위해서는, 소파피(SOPARFI)가 룩셈부르크에 세금을 납부하는 기업 거주자이거나 고정사업자이어야 한다.[268] 나아가서 자회사 지분을 최소한 10% 이상 취득하거나, 자회사 지분의 취득가치가 배당인 경우는 120만

---

267 (상)권에서도 언급하였지만 이렇게 룩셈부르크 소파피(SOPARFI)가 세금을 최소화하면서 현금을 룩셈부르크에 쌓아 놓으면 아마존(Amazon)의 본사인 미국에서는 이 자금을 사용할 수 없는 것 아닐까? 물론 대답은 절대 아니다. 전 세계에 지점이 가장 많은 비즈니스 실체는 제조업 기업이 아니라, 다름 아닌 은행이기 때문이다. 애플(Apple)이 자사주 취득을 위한 자금조달을 위해 해외에서 채권을 발행하는 것도 같은 맥락이다.

268 따라서 소파피(SOPARFI) 이사회 멤버의 절반 이상은 이사회 개최 시에 룩셈부르크로 직접 가야 한다.

대체투자 파헤치기(중)

타이타노마키의 서막

유로, 자본이득인 경우는 600만 유로 이상 이어야 한다. 나아가 배당을 수령할 당시 자회사 투자는 최소한 연속으로 12개월 이상 지속되었어야 한다. 지주회사의 자회사로 세금을 면제받기 위해서는 자회사의 등록사무소가 룩셈부르크에 위치한 납세의무자이거나, 해외 회사인 경우에는 그 회사가 위치한 곳에서 완전한 납세의무자 지위를 가져야 한다. 이 때 해외 회사가 위치한 곳의 법인세율이 10.5%보다 낮으면 과세 된다. 이는 대부분의 유럽 국가들의 법인세가 10.5%를 넘는다는 점에서 큰 의미가 없는 조건이다. 만약 소파피(SOPARFI)가 룩셈부르크 국내에서 발생한 소득을 룩셈부르크 비거주자 주주에게 배당할 때는 15%의 원천세를 징수한다. 하지만 소파피(SOPARFI)의 주주에게 이자소득을 지급하거나 회사를 청산할 때 발생하는 양도 소득을 배당할 때는 과세하지 않는다.

마지막으로 특기할 만한 형태는 룩셈부르크의 증권화(securitization)와 관련된 특수목적 회사(SPV: Specialized Purpose Vehicle)이다. 증권화를 위해 설립된 SPV는 해당 자산을 자신의 구조(vehicle)에 담고, 이를 기초로 다시 증권을 발행하는 구조를 갖는다. 이 SPV는 여러 개의 부문(compartment)으로 분할이 가능하고, 각 부문이 자체의 개별 증권을 발행하는 것 역시 허용된다. 달리 말하면 이 SPV는 지주회사 기능을 가질 수도 있다. 룩셈부르크의 SPV는 일반인을 상대로 증권을 발행하지 않는 한 금융당국의 규제를 받지 않는다. SPV가 담을 수 있는 자산의 형태도 제한이 없다. 주식, 채권 등의 금융자산 뿐만 아니라 부동산, 지재권, 기업 실물자산, 비행기, 심지어 다이아몬드도 SPV에 자산으로 담을 수 있다. 이 SPV에 투자하는 해외 투자자에 대해서는 원천세가 아예 없고, 펀드가 운용수수료를 받아도 부가가치세 대상이 아니다. 따라서 다른 EU 국가에서 제한된 특수 투자자를 대상으로 증권화를 시도하는 경우 SPV를 설립하는 장소는 주로 룩셈부르크이다.

룩셈부르크는 성과보수에 대한 과세를 두 가지로 나누어 구분한다. 첫 번째 형태는 성과보수가 PEF가 발행한 지분과 연계되어 있지 않는 경우인데, 예컨대 PEF 경영진이 펀드에 지분참여를 하지 않고 성과보수를 받는 경우이다. 이 경우에는 최고 한계세율 43.6%로 보통의 소득세율과 동일하게 과세된다. 두 번째 형태는 성과보수가 해당 PEF의 지분율과 연계되어 지급되는 경우인데, 이는 해당 PEF 펀드에 경영진이 자기 자금을 지분의 일부로 출자한 경우이다. 이때는 지분 보유 기간이 6개월을 넘는 경우 과세되지 않는다. 다만, 이 경우에도 성과보수 금액 자체가 세금을 내지 않는 PEF의 지분 10% 이상에 해당되는 금액인 경우에는 면세가 아니라 최고 세율 21.8%로 과세되게 된다.

7) 네덜란드: 독특한 참여소득 면제제도(Exotic Participation Exemption)

네덜란드 역시 룩셈부르크와 유사하게 전 세계 PEF, 헤지펀드, 글로벌 다국적 기업들이 활발하게 설립 활동을 하는 곳이다. 특히 네덜란드는 후술하게 될 참여소득 면제제도 혜택이 다른 나라보다 훨씬 파격적이다. 2007년에는 룩셈부르크와의 조세 혜택 경쟁에서 유리한 위치를 점하기 위해서 VBI라는 회사형태를 도입하기도 하였다.

네덜란드에서 PEF 입장에서 가장 흔하게 사용하는 회사 형태는 유한파트너쉽인 CV(Commandire Vennootschap), 조인트 벤처인 FGR(Fonds voor Gemene Rekening), 일종의 지주회사인 Coop(Co-operative) 등이 있다. CV는 미국의 유한 파트너쉽과 거의 동일한 회사 형태이다. 무한책임을 지게 되는 GP와 출자 범위 내에서만 책임을 지는 LP로 구분된다. CV의 정관도 파트너들이 합의하여 자유롭게 규정할 수 있다. 하지만 조세 관련 측면에서는 약간 다르다. 우선 CV는 스스로 조세를 납부하는 법인격을 가지는 것과 가지지 않는 것을 납세자가 선택(opt-out)할 수 있다. 만약 조세를 납부하는 형태를 선택(Open CV, nontransparent)한다면 회사차원에서 과세가 된다. 만약 조세를 납부하지 않는 형태를 선택(Closed CV, transparent)하려면 CV의 파트너가 가입하거나 교체될 때, CV내의 모든 파트너가 사전에 동의하는 내용을 정관에 규정하면 된다.

FGR은 조인트 벤처(JV) 형태의 펀드로 파트너, 수탁자(custodian), 관리자

대체투자 파헤치기(중)

타이타노마키의 서막

(administrator; admin)[269] 제3자가 합의해서 설립한다. 실질적 소유자는 파트너이나 법률적 소유자는 수탁기관(custodian)이고, 관리자인 어드민(admin)이 모든 행정활동의 주체가 된다. FGR 역시 CV와 마찬가지로 파트너쉽의 가입 이전에 사전 파트너들의 전원 동의가 필요하면 과세되지 않고, 그와 같은 조항이 없으면 회사 차원에서 과세가 된다. 그러나 CV와 달리 파트너의 지분을 파트너쉽이 매입하고 이에 따라 지분을 재발행할 때는, 다른 파트너들의 동의가 필요 없는 유연성을 가지고 있다. 이 점에서 PEF 입장에서는 CV보다는 FGR 형태를 더 선호한다.[270] 해외 투자자가 CV나 FGR 형태로 네덜란드에 회사를 설립할 경우, 네덜란드에 고정사업장이 없는 한 해외 투자자는 자신의 투자와 관해서는 네덜란드에서 과세되지 않는다.

PEF, 헤지펀드, 혹은 다국적 기업이 사용하는 네덜란드의 펀드 형태는 크게 FBI, VBI 두 가지이다. FBI(Fiscale Beleggingsinstelling)는 1969년부터 사용되는 펀드 형태이다. 영어로는 Fiscal Investment Institution으로 우리말로 직역하면 재정투자기관이다. FBI는 일단 법인세율이 0%이다. 물론 개별 협정에 따라 다르겠지만, 일반적으로는 DTT 협정상 이중과세방지의 혜택까지 주장할 수 있다. 재투자 재원(re-investment reserve)에서 배당하는 경우에도 주주배당에 대한 세금이 없다. 하지만 그 외의 재원에서 배당하는 경우에는 15%의 세율로 주주에게 과세되므로 FBI는 이를 원천징수 해야 된다. 하지만 EU국가 투자자 중에서 면세되는 연기금 등은 배당세의 환급을 요청할 수 있다. FBI는 투자 자산에도 제한이 없다. 특히 네덜란드의 부동산에도 투자할 수 있어, 네덜란드 부동산에 투자하는 펀드들이 주로 FBI 설립형태를 이용한다. 파리에 본사를 둔 대표적인 유럽 부동산 재벌인 유니베일-로담코(Unibail-Rodamco)가 네덜란드의 부동산을 취

---

269 어드민(Admin)에 대해서는 「대체투자 파헤치기(상)」 II장, 헤지펀드 Administrator 참조
270 FGR, CV 이외에 사용가능한 회사 형태는 네덜란드의 사모 및 공모 LLC이다. 네덜란드의 공모 LLC를 NV (Naamloze Vennoostchap)라 하고, 사모 LLC를 BV (Belsoten Vennootschap)라 한다.

득할 때 FBI를 사용한 것이 대표적 사례이다.

하지만 FBI는 몇 가지 설립 및 운영과 관련된 제한이 있다. 우선 FBI를 설립하기 위한 회사형태는 네덜란드의 공모 유한 책임회사(NV), 사모 유한 책임회사(BV) 혹은 뮤추얼 펀드의 법인격을 가지고 설립되어야 한다. 몇 가지 조건이 충족되는 경우에는 NV, BV 혹은 뮤추얼 펀드 형태와 유사한 외국 법인 형태도 인정이 된다. 나아가 설립자는 EU 거주자, 네덜란드 안틸레(Antilles)·아루바(Aruba), 혹은 DTT 체결국가의 거주자로 한정된다. 주주 요건도 분산요건을 갖추고 있어야 하며, FBI의 투자 활동은 오직 수동적 투자활동(passive investment)만 허용된다. 하지만 2007년 8월 1일부터 개정된 법에 따라 FBI가 취득한 부동산의 개발 프로젝트 활동은 제한적이나마 허용이 된다. 한편 매 회계연도 최소 8개월 후에는 재투자 재원을 제외하고는 주주들에게 배당을 반드시 지급해야 한다. 한편 FBI의 부채는 소유부동산 장부가치의 60% 이내, 부동산을 제외한 다른 자산의 20%의 이내이어야 한다. 나아가 해외 투자자가 FBI의 지분 중 상당부분을 취득하고 있다면 해외투자자의 투자는 과세 대상이 된다.[271]

FBI와 다른 펀드 형태가 VBI이다. VBI는 2007년 8월 1일에 새로 도입되었다. VBI는 네덜란드 국민 보다는 해외 거주 투자자를 위해 새로이 도입되었다. 앞서 룩셈부르크 관련 장에서 언급한 씨카브(SICAV)와 경쟁하면서 외국인 투자자를 유치하기 위해 도입된 제도이다. 우선 VBI는 법인세, 소득세, 등록세가 면제된다. 특히 소득세가 면제되므로 VBI 입장에서 배당할 때 배당금에 대한 원천징수를 할 필요가 없다. 주주도 2명 이상이란 요건만 충족하면 FBI와 같은 복잡한 주주 분산요건도 필요 없다. 나아가 FBI에 적용되는 금융제한 조건 역시 VBI에는 적용되지 않는다. 상당지분을 보유한 해외투자자에게 과세하는 FBI와 달리, VBI는 해외투자자라 하더라도 지분율에 상관없이 과세되지 않는다. 이에 따라 전 세계 PEF의 재간접 펀드(PE Fund of Funds), 헤지펀드의 피더 펀드(feeder

---

271 네덜란드 과세당국은 상당 지분을 보통 5%로 간주한다.

fund), 엄브렐러 펀드(umbrella fund) 등의 설립 형태로 VBI가 각광을 받고 있다. 만약 자국 법상 지주회사에 대한 과세가 없다면, 네덜란드의 VBI는 조세를 최소화하기 위한 최적의 펀드형태라고 본다.

하지만 단점도 있다. 우선 VBI는 부동산에 투자할 수 없다. 직접 취득은 물론이고 부동산업을 주로 영위하는 기업의 지분을 취득하는 것도 금지된다. 나아가 DTT상 이중 과세 면제 혜택을 주장할 수 없다. 아울러 FBI와 유사하게 설립인도 네덜란드의 NV, BV 혹은 뮤추얼 펀드의 법인격을 가지거나, 이와 유사한 외국 법인 형태를 가져야 한다. 특히 VBI 설립을 위해서는 네덜란드 과세 당국으로부터의 승인도 필요하다.

네덜란드의 일반적인 부가세율은 21%이다. 하지만 펀드와 같은 집합투자기구의 투자운영 및 자문서비스에 대한 부가가치세는 면제이다. 이는 펀드를 운영하는 GP의 법적인 형태가 법인격을 가지고 있든 가지고 있지 않든 무관하게 적용된다. 특히 네덜란드의 경우 펀드만 설립하고 펀드의 운영은 투자계약 등을 통해 네덜란드 이외의 지역에 거주하는 펀드 운영자에게 맡기는 경우가 많다. 이 경우에도 역시 해외 펀드 운영자의 투자 운영이나 자문 서비스에 대해서는 부가가치세가 면제이다.

네덜란드의 개인 소득세는 크게 3가지 범주(category)로 구분된다.[272] 첫째가 Box I이라 하여 일반적인 소득과 개인영업 이득에 대한 과세이다. 최고 한계세율이 52%에 이른다. 두 번째가 Box II인데, 기업에 대한 상당(substantial) 지분으로부터 나오는 자본 이득과 소득은 25%의 일률적인 세율로 과세된다. 마지막으로 Box III로 저축이나 채권이 아닌 형태의 투자로부터 나오는 소득에 대해서는 실효 세율 1.94~5.6%로 과세된다.

네덜란드 과세당국은 PEF의 성과보수에 대해 일반적인 소득이므로 Box I에 따르는 세율을 부과한다는 입장인 반면, PEF 경영자 입장은 성과보수는 장기투

---

272 네덜란드 과세당국은 과세 Category를 Box로 분류하면서 부른다.

자에 대한 대가로 지급되는 장기자본이득이므로 Box III로 취급해야 한다는 입장이다. 하지만 두 진영의 입장 차이가 극명하여, 성과보수에 대해 대체로 합의하여 통용되는 세율은 Box II의 25%이다. 경우에 따라서는 PEF 경영자가 성과보수를 Box III로 강력하게 주장하는 경우도 있는데, 이 경우에는 주관적 기준과 객관적 기준을 혼합하여 사용한 이른 바 "사치성 테스트(Lucrative Test)"를 사용하여 과세당국이 결정한다. 만약 사치성 테스트를 거쳐, 예컨대 성과보수가 지나치게 많아서 사치스럽다고 판단되면 52%의 최고 한계세율로 과세한다.

거래를 최소화하는 절세전략(Tax Planning)의 관점에서 네덜란드는 매우 매력적인 장소이다. 특히 네덜란드의 가장 큰 장점은 앞서 론스타 사례에서 잠깐 언급한 "참여소득 면제제도(Participation Exemption)" 조항을 최대한 활용할 수 있다는 점이다. 참여소득 면제제도는 일반적인 지주회사 형태의 배당에 대해 과세를 면제해 주는 제도인데, 네덜란드의 경우는 이 제도가 해외투자자에게 매우 파격적이다. 우선 적격 자회사로부터의 배당이나 자본 이득에 대해 네덜란드에서는 법인세와 자본이득세가 100% 면제이다.[273] 네덜란드 국내의 일반적인 법인세가 25%임을 감안하면 파격적인 조치이다.[274] 나아가 이 지주회사가 지급하는 이자 소득이나 로열티에 대한 세금도 없다. 따라서 원천징수할 필요도 없다. 나아가 행정 처리에 필요한 인지세(stamp duty) 조차도 부과하지 않는다. 아울러 다른 나라의 경우 참여소득 면제제도가 부과되기 위해서는 지주회사의 자회사 지분 보유기간의 최소한도를 규정하는 것이 일반적인데, 네덜란드는 그와 같은 규정도 없다. 특히 네덜란드는 DTT 국가를 체결한 국가가 2018년 말 기준 94개국으로 거의 전 세계 경제권역을 포괄하고 있어, 어떤 국적의 투자자이든 참여소득 면제제도를 통해 이중 과세문제를 효과적으로 해결할 수 있다. KKR이 OB 맥주를 인수

---

273 앞서 언급한 론스타의 스타홀딩스가 위치한 벨기에는 95%만 면세이다.
274 과표 대상 소득이 200만 불까지는 20%이고 그 초과 금액은 25%로 과세된다.

할 때도 네덜란드의 참여소득 면제제도를 활용했다.

    네덜란드의 참여소득 면제제도를 활용하기 위해서는 몇 가지 요건을 충족해야 한다. 우선 해당 지주회사는 적격 자회사 지분을 최소한 5% 이상 보유해야 한다. 적격 자회사는 다음의 세 가지 요건 중 하나만 충족하면 된다. 첫째, 지주회사의 자회사에 대한 지분취득 목적이 통상적인 자산운용보다는 높은 수익을 목적으로 한 것이어야 한다. 이를 "동기기준 테스트 (Motive test)"라 한다. 동기기준 테스트는 일반적인 대체투자이면 모두 충족하는 요건이다. 둘째, 자회사의 직·간접 자산의 50% 미만이 저세율 수동적 투자(Low taxed free passive investments)로 구성되어야 한다. 이를 "자산기준 테스트(Asset test)"라 한다. 이 테스트는 네덜란드 지주회사가 지배하는 자회사의 절반 이상이 단순히 기초자산으로부터 발생한 도관체로 구성되어서는 안 된다는 것을 의미한다. 이 테스트 역시 충족하는 게 어렵지 않다. 예컨대 통상의 부동산 취득은 취득 목적이나 부동산이 위치한 국가의 과세율과 상관없이 거의 모든 경우 자산 테스트를 충족하는 것으로 간주한다. 셋째, 자회사는 네덜란드 과세기준에 따라 실질과세(realistic levy) 될 수 있는 주체이어야 한다. 이를 "과세기준 테스트(Tax test)"라 한다. 실질과세라 하면 이익에 대한 과세가 최소한 10%를 넘는 것을 의미한다. 네덜란드의 참여소득 면제제도 요건은 과세당국이 면세의 전제로 부과하는 요건 치고는 지나치게 파격적이어서, 사실상 거의 모든 해외투자자의 지주회사가 네덜란드의 참여회사 면제제도를 활용할 수 있다. 개인적으로 평가할 때 조세효율화 측면에서만 보면 네덜란드가 룩셈부르크보다 해외투자자가 지주회사를 설립하는 것이 훨씬 유리하다.

    한편 네덜란드 지주회사로 활용되는 가장 흔한 회사 형태는 NV와 BV이다. 하지만 Coop 형태로 설립되는 지주회사도 적지 않다. 이는 Coop의 경우 NV나 BV와 달리 배당소득에 대해 과세되지 않기 때문이다.

8) 아일랜드: 세액 공제 천국(Tax Credit Paradise)

아일랜드는 1950년대부터 외국인직접투자를 유인하기 위해 공격적인 조세감면 혜택을 제공해 왔다. 1981년에는 고도기술 제조업에 대한 세율을 10% 단일세율로 확정하면서 유럽에서 가장 낮은 법인세율을 운영해 왔다. 이 세율은 나중에 12.5%로 약간 인상되기 하였지만, 유럽에서 가장 낮은 법인세율을 제공하는 지위는 변하지 않았다. 심지어 홍콩보다 법인세율이 낮다. 이에 따라 아일랜드는 룩셈부르크, 네덜란드와 함께 전 세계 PEF, 헤지펀드, 다국적 기업들이 선호하는 회사 설립지로 각광 받고 있다. 파이낸셜 타임즈에 따르면 전 세계 제약회사 10곳 중 9곳이 아일랜드에 본거지(headquarters)를 두고 있다고 한다.[275] 구글, 페이스북, 트위터 등 글로벌 IT 기업들이 역시 아일랜드에 유럽 지역을 총괄하는 지사를 운영하기도 한다.[276]

한편 아일랜드 정부는 법률적 관점, 혹은 조세구조 관점에서 해외 투자자가 지주회사를 가장 유리한 방향으로 설립할 수 있도록 정책 역량을 집중해 왔다. 나아가 2018년 말 기준으로 74개 국가와 이중과세 방지 협정을 체결하고 있을 만큼 글로벌 네트워크 범위가 넓다. 특히 아일랜드 조세 혜택의 가장 큰 특징은 광범위한 세액공제(tax credit) 제도의 운영이다. 단순히 과표에서 제외하는 것이 아니라 대상 금액만큼 조세를 걷지 않는다. 따라서 형식적으로는 수동적인 투자로 인한 배당세액에는 25%의 법인세가 부과되지만, 각종 세액 공제제도를 활용하면 거의 세금을 내지 않아도 된다. PwC와 월드 뱅크(World Bank)에 따르면 외국인투자기업에 부과되는 아일랜드의 기본적인 법인세율은 12.5%가 아니라, 각종 기본공제 때문에 실제세율은 11.9%라고 한다.[277] 더 나아가 각종 추가 공제제도를 활

---

275 Financial Times, April 29, 2014
276 Financial Times, Feb 25, 2015
277 Financial Times, April 29, 2014

용하게 되면 이 세율은 거의 2%대로 내려간다. 실제로 한 연구결과에 따르면 미국기업의 자회사가 아일랜드에 납부한 실질 실효 세율은 2011년에 2.2%에 불과하였다고 한다.[278]

아일랜드의 상법 및 조세제도 중 특기할 만한 것은 자국의 납세자가 아닌 자가 아일랜드에 회사를 설립하여도, 이 회사를 아일랜드 납세자로 간주하지 않고 과세하지 않는다는 것이다. 예컨대 버뮤다에 소재한 기업이 아일랜드에 자회사를 설립하는 경우, 아일랜드는 이 기업을 아일랜드 회사로 간주하지 않고 과세하지 않는다. 이를 "이중 국적 아일랜드인(Double Irish)"이라고 한다. 이와 같은 더블 아이리쉬(Double Irish) 제도는 각국, 특히 미국으로부터 집중적인 비난을 받아 왔다. 사실상 아일랜드가 미국기업 탈세 러쉬의 온상이 되고 있다는 것이다. 이 때문에 아일랜드는 2014년 3월, 아일랜드에 설립한 회사 중 사실상 국적이 없는 기업들은 어떤 나라의 국적이든지 소명하고, 이를 소명하지 않을 경우에는 12.5%의 법인세를 부과하겠다는 입장을 발표했다. 나아가 2014년 10월에는 이중 국적 아일랜드인(Double Irish) 제도 폐지까지도 검토하겠다는 입장을 밝혔다.[279] 향후 아일랜드의 추가 대응이 주목된다.

아일랜드에서 설립하는 펀드형태로 가장 선호하는 형태는 "적격투자자 펀드(Qualifying Investors Funds: QIFs)"와 "110조 적격회사(Section 110 Companies)"이다. QIF는 아일랜드 중앙은행의 허가가 있어야 설립할 수 있지만, Section 110 Companies는 그와 같은 허가가 필요 없다.

110조 적격회사(Section 110 Companies)의 정식 명칭은 "조세통합법 제110조에 따른 적격회사(Qualifying Companies under Section 110 of the Taxes Consolidation Act 1997)"이다. 110조 적격 회사(Section 110 Companies)를 활용하여 지분 거래를 구조화할 경우에는 거의 세금을 내지 않는다. 110조 적격회

---

278 Financial Times, Apr 29, 2014
279 Financial Times, Feb 16, 2015

사(Section 110 Companies)의 경영 및 서비스 활동에 대한 부가가치세도 부과되지 않는다. 이 지주회사가 아래와 같은 요건을 계속 만족한다면 부채 증권의 발행 및 이전에 대한 인지세 납부의무도 없다. 비록 지주회사의 경우 25%라는 법인세 납부 의무가 있지만,[280] 이자지급을 포함한 지주회사 운영 경비는 조세 감면(tax deduction) 대상이므로 사실상 세금을 거의 내지 않는 방식으로 구조화 할 수 있다. 예컨대 투자자에게 부채 증권을 발행하거나 다른 채권자로부터 자금을 차입하는 형식으로 자금을 조달하는 경우, 이 지주회사는 세금을 거의 내지 않게 된다. 110조 적격회사(Section 110 Companies)에 따른 지주회사는 자본금 100만 유로 이상의 사모유한회사(private limited company)나 자본금 38,100 유로 이상의 공모유한회사(public limited company) 형식을 취하면 된다. 대규모 투자가 수반되거나 해외 투자자는 사모유한회사 형태를 더 선호한다.

110조 적격회사(Section 110 Companies)에 따른 지주회사가 적용되기 위한 요건은 아래와 같다.[281] 첫째, 110조(Section 110) 하의 지주회사는 아일랜드 조세법상 거주자이어야 한다. 즉 아일랜드에서 회사의 주요한 경영 및 통제권이 행사되어야 하고, 모든 경영판단은 회사의 이익을 극대화하는 과반수의 아일랜드 납세자를 통해서 이루어져야 한다. 나아가 해당 지주회사의 이사회는 1년에 최소한 4번은 아일랜드에서 개최되어야 한다. 둘째, 해당 지주회사는 아일랜드에서 적격 자산(qualifying asset)을 보유하고 관리하여야 한다. 적격 자산이란 지분·채권 등 금융자산, 옵션·선물 등 각종 파생상품, 선박·항공기·공장 등의 실물자산, 원유·구리·대두 등 유형 상품이 이에 해당한다. 사실상 거의 모든 자산을 의미한다. 셋째, 해당 지주회사의 모든 거래는 자기거래가 아닌 제3자 거래(arm's length) 요건을 충족하여야 한다. 넷째, 지주회사의 최초 보유자산 가치는 1천만 유로 이상이어야 한다. 이 요건은 최초 설립 요건이며 계속 유지해야 하는 요건은 아니다. 마지

---

280 아일랜드는 일반 소득인 경우는 12.5%, 수동적 투자(passive investment)의 경우는 25%의 법인세가 부과된다.
281 「Section 110: entitlement to treatment」, 2018.5, Irish Tax and Customs

막으로 110조 적격회사(Section 110 Companies)를 설립하기 위해 전술한 조건을 만족한다는 내용으로 아일랜드 과세 당국에 통보해야 한다. 단순한 통보일 뿐 과세당국의 허가가 필요한 것은 아니다.

나아가 아일랜드의 경우 EU 국가나 DTT 국가를 체결한 국가에 소재한 자회사 지분이 5% 이상인 경우에는 자본이득에 대한 과세도 없다. 지주회사에 투자한 해외 투자자가 이 지분을 매각하여 발생한 양도 차익에 대해서도, 지주회사 보유자산의 50% 이상이 아일랜드 소재 부동산이거나 광산이 아니면 과세되지 않는다. 나아가 지주회사가 아일랜드 비거주 주주에게 배당이나 이자를 지급할 때 원칙적으로 20%를 원천징수하고 배당하여야 하나, 광범위한 세액 공제 때문에 사실상 세금을 내는 경우는 거의 없다고 보면 된다.

9) 지브롤터[282]: 조세천국의 제왕(King of Tax Haven)?

지브롤터의 가장 기본적인 과세 원칙은 지브롤터에서 발생하거나 지브롤터로부터 나오는 소득에 대해서만 과세한다는 것이다. 영국의 논-돔(Non-dom) 원칙을 확대한 과세원칙이다. 따라서 지브롤터의 기업이 전 세계 어떤 다른 회사로부터 배당을 받아도 세금이 없다. EU 국가이든 非EU 국가이든 상관이 없다. 나아가 지브롤터 기업이 전 세계 어떤 기업에게 배당을 지급해도 세금이 없다. 아울러 지브롤터 기업이 지브롤터 거주자가 아닌 개인에게 배당을 지급해도 세금이 없다.

지브롤터의 법인세는 10%이다. 하지만 그 외의 경우는 세금이 거의 없다. 자

---

282 지브롤터(Gibraltar)는 지중해 입구에 위치한 조그만 도시 국가이다. 별칭은 "Rock"이다. 인구는 3만 명 내외로 유럽에서 인기가 많은 휴양지 중의 하나이다. 영국이 스페인으로부터 1704년 왕위계승전쟁에서 승리한 이후 지금까지 영국령으로 남아 있다. 영국은 지브롤터의 외교 및 군사 정책에 대한 전권을 행사하며, 그 외의 모든 내정에 대해서는 지브롤터가 관할한다. 스페인이 자신의 영토임을 주장하여 1967년과 2002년에 국민투표를 거쳐 영국령 잔류를 결정한 바 있다. 현재까지도 스페인과 지브롤터는 긴장관계에 있다.

사모투자펀드(PEF)

본이득에 대한 과세도 부가가치세도 없다.[283] 이자 수익에 대한 세금도 두 가지 예외를 제외하고는 존재하지 않는다.[284] 로열티나 라이센스 소득에 대해서도 소득세율이 "0"이다. 심지어 은행에 예금을 넣고 이자를 받아도 세금을 내지 않는다. 몇 가지 특별한 경우를 제외하고는 지브롤터는 원천징수를 하지 않는다.

지브롤터는 DTT를 맺은 나라가 없다. 그럼에도 불구하고 유럽 국가나 다른 지역으로부터 지주회사(holding company) 설립이 적지 않게 이루어지는 곳이다. 전술한 대로 다른 회사로부터 배당을 받아도, 배당을 지급해도 세금이 없기 때문이다. 나아가 EU 국가와 非EU 국가를 차별하지 않기 때문에, 非EU 국가의 펀드나 기업이 EU 국가에 진출하기 위한 교두보로 활용도가 높다. 이 정도면 조세천국의 제왕이라고 불러도 되지 않을까? 큰 일 날 말씀이다.

지브롤터 정부는 2013년 11월, 후술하는 미국의 FATCA를 준수하기 위해 미국 정부와 계좌정보를 교환하기 위한 정부간 협정(IGA)을 타결하고, 2014년 5월에 런던에서 미국 정부와 정식으로 협정서에 서명했다. 지브롤터 정부 관계자에 따르면 FATCA 서명은 탈세방지를 위한 지브롤터 정부의 확고한 의지표명이라고 한다. 아이러니 한 사건이지만 2015년 3월에는 지브롤터 정부가 스페인 신문사 ABC를 상대로 명예훼손 소송을 제기하기도 하였다. 소송의 이유는 스페인 신문사 ABC가 지브롤터를 "조세회피지역"으로 불렀다는 것이다. ABC가 지브롤터를 조세회피지역으로 부르며 근거로 제시한 내용들을 여기에 적기는 다소 부담스럽다. ABC가 어떤 내용을 기사화해서 지브롤터 정부가 명예 훼손 소송까지 제기했는지는 독자의 상상에 맡겨야 할 것 같다.[285]

283　다만 출자나 증자 시에 10 파운드만 내면 된다. 그러나 부동산의 경우는 직접 부동산을 취득하든 부동산을 소유한 기업의 지분을 취득하든, 이를 취득하거나 처분할 때 인지세(stamp duty)를 내야 한다.
284　관련 당사자로부터 수령하는 이자 소득의 합계가 연 10만 파운드를 넘거나, 이자를 받는 지브롤터 회사가 일반인을 상대로 대출 활동을 하는 경우는 이자소득에 대해 과세한다.
285　Forbes, Mar 23, 2015. 상세 내용은 다음의 웹사이트 참조
　　http://www.forbes.com/sites/robertwood/2015/03/23/gibraltar-a-tax-haven-sues-abc-for-calling-it-a-tax-haven/

대체투자 파헤치기(중)

타이타노마키의 서막

10) 사이프러스[286]: 러시아 조세 휴양지?(Russian Tax Resort?)

사이프러스 역시 지브롤터와 유사하게 파격적인 세제 혜택을 부여한다. 지주회사가 비거주자에 대한 배당을 지급할 때, 그 비거주자가 EU 회원국에 거주하든 다른 나라에 거주하든 상관없이 과세하지 않는다. 자본이득에 대한 과세 역시 그것이 주식이든, 채권이든, 증권이든 모두 면세이다. 다만 부동산에 대해서는 부동산을 직접 처분하거나, 부동산을 보유한 기업의 지분을 처분하면 자본이득으로 간주하여 과세한다.

사이프러스의 법인세율은 12.5%이다. 사이프러스는 해외로부터 송금되는 배당에 대해 20%의 명목세율을 부과한다. 하지만 투자가 능동적(active)이거나 사이프러스보다 낮은 세율이 적용되는 곳에서 송금된 것이 아니면 면제이다. 사이프러스보다 낮은 세율을 운영하는 국가가 거의 없다는 점에서 사실상 법인세가 없다고 보면 된다. 특히 지식재산권에 대한 파격적인 대우가 특징이다. 지식재산권 등의 무형자산을 취득하거나 개발한 비용은 향후 5년 동안 매년 20%씩 감가상각을 허용한다. 지재권으로부터 발생한 소득의 80%는 과세 대상에서 제외하며, 지재권을 처분함으로써 발생하는 양도 차익의 80%도 과세 대상에서 제외한다. 이 경우 실질실효 세율은 2% 미만이다.

한편 사이프러스는 기업 인수합병, 분사, 자산이전, 주식 교환 등 모든 기업 구조조정 활동에 조세를 부과하지 않는다. 이중과세방지협정(DTT) 체결 국가도 2019년 3월 기준으로 EU 주요 국가, 중국, 러시아, 미국, 스위스 등 총 64개 국

---

286 사이프러스(Cyprus 혹은 키프로스)는 동지중해 연안에 위치한 섬나라이다. 엄연한 독립 국가로 공화정 체제이다. 공식 명칭 역시 싸이프러스 공화국(Republic of Cyprus)으로 현재 EU 회원국이다. 지리적으로 아시아와 유럽 중간에 위치하고 있어, 고대 국가들이 영토 확장을 위해서 전략적으로 반드시 점령해야 하는 매우 중요한 국가였다. 따라서 역사적으로 그리스, 알렉산더 대왕의 마케도니아, 앗시리아, 페르시아, 이집트 등 점령자가 여러 번 바뀌었다. 1800년대 후반에는 영국령으로 편입되었고, 그 후 터키와 영국의 지배하에 있다가 1960년 독립(1961년에는 영연방에 가입)하였다. 터키와는 아직도 군사적 긴장 관계에 있으며, 러시아와는 친밀한 외교관계를 유지하고 있다.

사모투자펀드(PEF)

으로 상당히 많은 편이다. 특히 사이프러스와 러시아와의 관계는 매우 각별한 것으로 알려져 있다. 절세전략(Tax Planning)의 관점에서도 러시아의 부호들이 사이프러스에 지주회사를 설립한 후 이 지주회사의 자회사를 통해 투자활동을 하거나, 막대한 예금을 사이프러스 은행에 예치한 것으로 알려져 있다. 러시아에 직접 투자하는 최대의 해외 투자 국가와 러시아 기업이 해외로 직접 투자하는 최대 규모의 목적지도 모두 사이프러스이다.[287] 포브스에 따르면 러시아 최고 20개 기업 중 14개 기업이 해외에서 등록된 기업인데, 이 중 가장 많은 8개가 사이프러스에서 등록된 기업이다.

 러시아 기업과 사이프러스 기업 사이의 주된 거래 형태는 자금 대출과 수출입 거래로 알려져 있다. 즉, 사이프러스 母기업은 러시아 기업에게 자금을 대출함으로써 러시아 기업의 주요한 자금원 역할을 하고, 다시 러시아 기업은 사이프러스 母기업에게 물품을 싸게 판매한다. 사이프러스 母기업은 러시아로부터 싸게 구입한 물품을 다시 해외로 비싸게 판다. 요컨대 러시아가 해외로 물품을 수출하기 위해 중간에 사이프러스를 통관하는 실체(도관체, conduit)를 하나 더 거치는 것이다. 전형적인 이전가격(transfer pricing) 관행인데, 사이프러스 과세 당국은 이와 같은 관행에 대해 전혀 과세하지 않는다. 러시아 기업들이 사이프러스를 중심으로 축적한 자금 중 일부는 영국의 씨티 오브 런던(City of London)이나 건지(Guernsey) 섬에 위치한 금융기관에 예치되어 재투자 자금으로 다시 활용된다. 결국 사이프러스는 유럽이나 미국의 러시아에 대한 금융 제재조치를 회피하기 위한 가장 효율적인 중간 "거점"이다. 후술하게 될 러시아 갑부 드미트리 리볼로프레프(Dmitry Rybolovlev) 역시 자신의 재산을 신탁한 트러스트를 사이프러스에 설립했다. 2013년 3월 EU가 사이프러스의 국가부도를 막기 위해 130억 유로의 구제 금융을 제공했을 때, 10만 유로 미만의 예금자에게는 6.75%, 그 이상의 예

---

[287] Financial Times, Sep 10, 2015

대체투자 파헤치기(중)

타이타노마키의 서막

금자에게는 9.9%의 금융과세를 부과한 적이 있다. 이 때 러시아 정부가 공개적으로 EU의 조치를 비난하였다. 바로 사이프러스에 투자한 러시아인들의 이해관계 때문이다.

파이낸셜 타임즈 역시 2013년 말 기준으로 러시아의 非은행 기업이 해외로부터 차입한 차입금 규모 2,200억불 중에서 42.2%인 930억불이 사이프러스를 비롯한 룩셈부르크, 아일랜드 및 영국령 버진 아일랜드에서 차입한 것이라고 보도하였다.[288] 특히 2014년 3월 크림반도를 둘러싼 우크라이나와 러시아의 갈등으로 촉발된 우크라이나 사태로, 미국 및 EU의 금융기관들이 러시아 제재에 동참하면서 2015년 말 기준으로 러시아의 해외자금 통로가 거의 고사 직전에 있다고 한다. 하지만 아이러니 하게도 EU 회원국인 사이프러스는 슬로바키아와 함께 러시아 금융제재의 예외를 인정받았다. 사이프러스의 주요한 성장 동력이 바로 러시아 자금이기 때문이다. 하지만 필자가 보기에는 사이프러스가 EU 경제 제재 조치의 예외로 인정되면서, 러시아에 대한 EU의 경제 제재 조치가 얼마나 효과적인 것인지 의문이다. 이에 따라 사이프러스에서 러시아로 송금되는 자금 거래는 EU 경제 제재 조치 이후 오히려 증가하는 추세라고 한다.[289] 아울러 2016년 11월에는 사이프러스 구제금융을 수령했던 사이프러스 은행(Cyprus Bank)이 런던증시(London Stock Exchange) 상장추진을 발표함으로써, 러시아는 사이프러스 은행을 통해 씨티 오브 런던의 자본시장에 직접 접근할 수 있는 교두보를 확보할 것으로 보인다.[290] 이쯤 되면 최근 EU 탈퇴 절차를 진행 중인 영국과 EU의 경제재제를 받는 러시아가 사이프러스를 통해 한 배를 타고 있다고 이야기 하면 지나친 단정인가?[291]

---

288 Financial Times, Oct 7, 2014
289 Financial Times, May 23, 2014. 한편 미국과 EU 중심의 금융제재가 지속되면서, 러시아 기업과 금융기관들이 자신의 자금을 홍콩 달러로 환전하여 중국은행과 거래하는 사례 역시 급증하고 있다고 한다. Financial Times, Aug 1, 2014
290 Financial Times, Nov 15, 2016
291 Financial Times, Mar 2, 2019

유가하락, 나이오비(Niobe)에게 겨눈 화살

우연의 일치인지 알 수 없으나 러시아의 우크라이나 사태 이후 미국과 EU의 경제재제가 사이프러스와 같은 국가 때문에 그렇게 효력이 크지 않은 것으로 판명나자, 2014년 말부터 유가가 폭락하기 시작했다. 유가는 시장의 힘보다 정치적 파워 게임에 의해 좌우되는 측면이 매우 크기 때문에, 우크라이나 사태가 최고조에 이르렀던 2014년 말부터 유가가 폭락하기 시작한 것이 마냥 우연이라고 치부할 수만은 없어 보인다. 왜냐하면 유가 폭락은 러시아 경제에게 거의 재앙이나 다름이 없기 때문이다.

우선 석유와 가스의 수출이 러시아 교역액의 68%를 차지한다. 둘째, 석유 수출로 인한 수입이 러시아 정부의 "공식적인" 재정 수입의 절반이다. 비공식적인 수치까지 합치면 50%를 훨씬 넘는다. 셋째, 2013년 기준으로 석유 및 가스 생산과 관련된 국내 산업이 러시아 GDP의 1/3이다. 2015년 기준으로는 1/4 정도로 그 비중이 축소되었지만, 석유와 가스 산업은 러시아 경제 전체를 근본적으로 지탱하는 기간산업이다.[292] 이 때문에 1980년대 소비에트 연방의 붕괴는 당시 유가가 폭락하면서 촉발되었다. 이 시기의 유가하락은 소비에트 연방을 "열린 사회(Open Society)"로 전환하기 위해 조지 소로스가 자신이 주도하였다고 주장한 적도 있다. 블라디미르 푸틴의 철권 정치 15년이 석유와 가스 가격의 고공행진 기간과 일치하는 것은 결코 우연이 아니다.

결국 석유를 수출하면서 러시아가 벌어들인 수입은 2015년 기준으로 2년 전인 2013년보다 무려 40%나 감소하였다. 2016년 말에는 유가가 당분간 회복되기는커녕 배럴당 50불을 넘을 수 없다는 암울한 전망이 나오면서 러시아 경제의 앞날은 그야말로 바람 앞의 등불 신세다. 실제로 2013년 11월 우크라이나 사태 잉태 이후 2015년 말까지 러시아에서 빠져 나간 자금은 3,000억불로 추산된다. 이에 따라 2008년 금융위기 당시 러시아의 외환보유고는 5,000억 달러 수준이었으나, 2015년 9월 기준 러시아의 외환보유고는 △27%나 감소한 3,640억 달러이다.[293] 유가 하락으로 인한 러시아 루블의 약세로 러시아 경제는 2015년 1분기 전년 동기에 비해 △2.2% 감소하였고, 2015년 2분기에는 추가 악화되어 전년 동기보다 △4.6%나 감소하였다. 러시아의 2분기 성장률 감소는 6년 만에 최대치로 2008년 금융위기 이후 처음으로 경제가 불황으로 치닫고 있음을 보여주고 있다.[294] 2015년 전체로는 실질 GDP가 3.7% 감소하여 러시아 경제 침체를 확실히 보여 주었다. 이와 같은 추세는 2016년

---

292 Financial Times, Aug 9, 2015
293 Financial Times, Sep 8, 2015. 푸틴이 루블화 지지를 위한 외환시장 개입을 자제함으로써, 2019년 3월 말 기준 외환보유고는 4,826억불로 다소 회복되었다.
294 Financial Times, Aug 10, 2015

에도 지속되고 있으며, 유가가 회복되지 않을 경우 러시아 경제가 언제까지 버틸 수 있을지 매우 불투명한 상황이다. 나아가 미국의 금리 인상은 달러로 표시되는 유가를 추가로 하락시키고 달러 자금 차입의 어려움을 가중시키면서 러시아 경제를 완전히 초토화시킬 수도 있다.

나이오비를 벌주는 아폴론과 아르테미스, Abraham Bloemaert(1566~1651) 作, 코펜하겐 국립미술관 소장

물론 유가하락으로 손해를 보는 나라가 러시아에만 국한되는 것은 아니다. 원유의 수출에 국가 경제의 상당 부분을 의존하고 있는 나라는 앙골라, 브라질, 나이지리아, 콜롬비아, 멕시코, 베네주엘라 등인데, 이들 국가 역시 2016년 말까지도 벼랑 끝 위기에 몰려있었다. 2017년과 2018년에 유가가 반짝 회복되어 한 숨 돌리는가 했지만, 2019년에는 유가가 다시 위아래로 요동치면서 이들 국가의 운명은 여전히 안개속이다. 7.3조 달러에 달하는 총 수탁자산의 약 60%가 석유와 가스 수입에 의존하고 있는 국부펀드 역시 마찬가지다. 사우디아라비아의 국부펀드(SAMA)는 2015년 상반기에 전체 투자자산의 1/10에 달하는 500~700억불의 자산을 회수하여 인출했고, 노르웨이의 국부펀드 역시 유가하락으로 인한 재정 부족분을 메우기 위해 2016년부터는 자금 흐름이 순유출상태로 전환된다고 한다.[295] 미국 내에서 셰일 오일(shale oil)을 생산하는 셰일 생산 업체들도 유가하락으로 은행의 자금 대출이 중단되면서 고난의 세월

---

295 Financial Times, Sep 28, 2015

사모투자펀드(PEF)

을 보내고 있다. 유가하락 여파는 2015년 하반기 구리, 알루미늄, 니켈 등 주요 광물의 가격까지 2014년보다 25% 이상 하락시키면서, 세계 최대의 에너지 및 광물 상품거래 업체인 글렌코어(Glencore)는 자사가 발행하여 유통되고 있는 360억불 규모의 회사채가 정크 본드 수준의 가격으로 거래되는 현실을 망연자실하게 지켜볼 수밖에 없는 실정이다.[296] 베네주엘라의 경우 2018년에는 인플레이션율이 137만 퍼센트, 2019년에는 230만 퍼센트로 전망되면서 경제가 이미 회복 불가능한 파탄 지경에 이르렀다.

하지만 러시아만큼 원유 수입에 국가 경제 전체의 운명이 달려 있는 나라는 없다. 유가하락이 지속되거나 추가로 유가가 더 하락할 경우, 러시아 경제는 극단적인 선택을 할 수밖에 없는 상황으로 몰릴 가능성이 높다. 이미 러시아의 시리아에 대한 강경한 군사적, 외교적 조치가 유가하락으로 인한 국내의 불만을 잠재워 푸틴 자신의 권력을 유지하기 위한 "국내 정치용" 대책이라는 분석도 있다.[297] 아들, 딸 모두 7명을 두었다고 자랑(17년 철권통치와 크림 반도 점령)하다가, 아폴론(미국)과 아르테미스(유럽)의 화살(유가하락)로 하루아침에 14 자식을 모두 잃은 테베의 왕녀 나이오비(Niobe)가 러시아의 현재 처지와 비슷하다고 이야기하면 지나친 비약인가? 어쩌면 푸틴은 화려한 과거의 추억에 빠져서 다시금 찬란한 햇살을 기다리는 뮤지컬 캣츠(CATS)[298]의 초라한 여주인공 "그리자벨라"처럼, 지금쯤 유가 상승을 통한 제국의 부활을 꿈꾸면서 조용히 "Memory"를 부르고 있을지도 모르겠다.

---

296 Financial Times, Sep 30, 2015

297 Financial Times, Oct 17, 2016

298 캣츠는 세계 4대 뮤지컬 중의 하나이다. 영국 시인 엘리엇(T.S.Eliot)의 시를 바탕으로 뮤지컬 작곡가 앤드류 로이드 웨버(Andrew Lloyd Weber)가 곡을 붙였다. 1981년 런던 웨스트 엔드 지역의 뉴 런던 씨어터(New London Theater)에서 초연되었으며, 이후 미국 브로드웨이로 진출하여 영국과 미국 모두에서 20년 내외의 기간 동안 약 8,000여 회 롱런이라는 각종 흥행 기록으로 뮤지컬 역사를 완전히 바꾸었다. 오페라, 락, 째즈, 팝, 탭 댄스 등의 풍부한 음악 장르와 동물적 감각의 무용이 절묘하게 결합되면서 관객들의 카타르시스를 절정에 오르게 하는 기막힌 매력이 있다. 2009년 모스크바에서 개최된 유로 지역 가수들의 꿈의 무대(Eurovision Song Contest 2009)에서 실제로 푸틴이 앤드류 로이드 웨버와 만나기도 했다.

한편 캣츠에서 그렇게 비중이 크지 않은 배역인 얼룩 고양이 저마이마(Jemima)로 캐스팅 되었던 무명 뮤지컬 가수 사라 브라이트만(Sarah Brightman)은 오디션 과정에서 앤드류 웨버의 눈에 띄어 나중에 그와 결혼까지 하게 된다. 앤드류 웨버가 제작한 또 하나의 뮤지컬 대작 "오페라의 유령(The Phantom of the Opera)"은 사실상 그녀를 위해 만들어진 뮤지컬이다. 웨버는 오페라의 유령 주연으로 반드시 사라 브라이트만이 캐스팅 되어야 한다는 조건을 내걸 만큼 그녀에 대해 광적인 집착을 보였다. 1980년대 당시 브로드웨이 뮤지컬 주연은 반드시 브로드웨이에서 일정 기간 이상 공연을 한 미국인이어야 한다는 규정이 있었는데, 브로드웨이는 오페라의 유령을 수입하기 위해 결국 웨버의 조건을 수용하면서 규정의 예외를 적용할 수밖에 없었다. 사라 브라이트만은 오페라의 유령이 공전의 빅 히트를 치게 되면서 뮤지컬 가수이자 팝페라 가수로서 현재까지도 전 세계 최고의 인기를 누리게 된다. 혹자는 사라 브라이트만이 오페라의 유령이 만든 신데렐라라고 하지만, 필자가 보기에 그 정도 수사로는 그녀 운명의 변화를 묘사하기는 턱없이 부족한 것 같다. 시쳇말이긴 하지만 그녀가 캣츠에 캐스팅 된 것은 그녀가 로또에 당첨된 것이나 마찬가지라고 이야기하면 지나치게 인간의 운명을 단순화한 것인가?

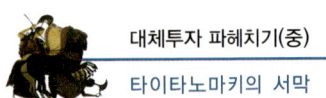

11) 모나코: 조세 회피처인가, 아닌가?(Tax Resort or not?)
(● 쉬어가는 페이지)

모나코의 가장 큰 특징은 개인소득세율이 "0"이라는 점이다. 따라서 PEF 입장에서 앞서 언급한 바와 같이 펀드 차원에서 과세가 되지 않도록 구조화하는 경우, 모나코는 개인투자자로 구성된 PEF의 설립지로서 최적의 장소가 된다. PEF 외에도 유럽의 갑부들이 주로 모나코에 거주하면서 세금을 내지 않는 전략을 구사한다고 알려져 있다. 지리적으로도 프랑스와 이탈리아 중간에 위치하여 이들 국가의 갑부들이 애용하는 국가이다. 프랑스, 이탈리아 외에도 동유럽 국가 및 러시아 갑부들도 모나코를 애용하는 주 고객들이다.

모나코 거주자 중 최고의 러시아 갑부는 드미트리 리볼로프레프(Dmitry Rybolovlev)이다. 2014년에 딸인 예카테리나의 24세 생일 선물로 그리스 스콜피오스 섬을 통째로 매입하여 선물할 만큼 통 큰 갑부이다. 나아가 그는 최근 들어 가장 공격적으로 미술품을 사들이고 있는 이로도 알려져 있다.

사모투자펀드(PEF)

미술품 거래, 무세이온의 몰락(Mouseion's Collapse)

리볼로프레프가 소유한 미술품 중 가장 유명한 그림 중의 하나가 레오나르도 다 빈치의 "살바토르 문디(Salvator Mundi)"이다. 살바토르 문디(Salvator Mundi)는 레오나르도 다 빈치가 프랑스에 있을 때 그린 작품으로 알려져 있다. 찰스 1세 사후 사라졌다가 1900년 영국 미술품 수집가 프란시스 쿡(Francis Cook)이 이를 구입했다는 기록이 있다. 그 후 쿡의 자손들이 이 그림을 경매에 넘겨 팔았는데, 그 때 경매낙찰가는 단돈 45 파운드였다고 한다. 당시에는 다 빈치가 아닌 다 빈치의 제자가 그린 것으로 알려져 있었기 때문이다. 2005년 미국에서 로버트 사이먼(Robert Simon)이라는 미술품 중개상이 이 작품을 다시 발견하였는데, 그는 이 그림을 보자마자 레오나르도 다 빈치의 그림이라 확신했다고 한다. 이후 덧칠된 부분을 복원하여 이 그림이 최초로 일반인에게 공개된 곳은 2011년 11월, 런던의 내셔널 갤러리였다. 이 때 16 파운드 입장료가 한 때 300 파운드로 거래될 만큼 일반인들에게 엄청난 인기를 얻었다. 특히 2017년 11월에 리볼로프레프는 이 그림을 크리스티 경매에 붙여, 무려 4억 5,030만불이라는 어마어마한 금액으로 낙찰받았다. 결국 이 그림은 종전 1위였던 피카소의 '알제의 여인들' 1억 7,936만불을 3배 이상 넘어서며 미술품 경매가 사상 최고 기록을 갈아치웠다.

Equestrian Portrait of Charles I (가로 2.92m, 세로 3.67m), Anthony van Dyck(1599~1641) 作, 런던 국립미술관 소장

이 그림은 17세기 의회가 참수한 영국의 비극적인 왕 찰스 1세가 소유하였다가, 그가 처형된 이후 거의 300여 년 가까이 사라졌었다. 영국 왕 찰스 1세 역시 왕실 재정의 상당 부분을 미술품 구입과 화가 고용에 투자할 만큼 열렬한 미술품 애호가였다. 예컨대 찰스 1세는 오늘날 벨기에 북부 지역인 플랑드르 출신 화가 반 다이크(Anthony van Dyck)를 멀리서부터 스카우트하여, 자신을 포함한 왕실의 초상화를 전담하게 할 만큼 미술에 관심이 많았다. 나아가 바로크 화풍을 완성한 당대 최고의 화가이면서 동시에 밀사이자 외교관이기도 하였던 루벤스(Peter Paul Rubens)로 하여금, 자신이 사는 궁전(Palace of Whitehall)의 연회장(Banqueting House) 천장에 거금 3,000파운드를 지급하면서 그의 부친인 제임스 1세의 신성한 왕위 즉위식을 은유적으로 그리게 하기도 하였다. 하지만 미술품 대량 구입과 전용 궁정화가의 운영 등 사치스런 생활

대체투자 파헤치기(중)
타이타노마키의 서막

이 계속되면서 왕실 재정이 바닥이 났고, 결국 이를 보충하기 위한 과세 때문에 의회와 충돌한 후 1649년에 처형되었다. 그가 처형된 곳은 역설적이게도 그가 거금을 들여 루벤스에게 그림을 그리게 한 그 곳, 화이트 홀의 연회장(Banqueting House) 바로 앞 길거리였다. 하여튼 그의 처형으로 그가 소유한 미술품의 행방이 묘하게 되었는데, 살바토르 문디도 그 중의 하나였다.

뱅쿼팅 하우스(Banqueting House) 천장의 루벤스 그림, Peter Paul Rubens(1577~1640) 作, 런던 뱅쿼팅 하우스 소장

리볼로프레프는 레오나르도 다 빈치의 살바토르 문디를 구입하는데 1억 2,750만 불을 지급한 것으로 알려져 있다. 살바토르 문디 그림을 리볼로프레프에게 중개한 이는 스위스 출신 입스 부비에(Yves Bouvier)로 그 역시 모나코 거주자이다. 하지만 리볼로프레프와 부비에의 10여 년에 걸친 미술품 거래 관계는 2015년 2월에 파국을 맞았다. 즉 리볼로프레프가 레오나르도 다 빈치, 모딜리아니, 피카소 등의 명화들을 자신에게 터무니없이 비싼 값에 매각했다는 이유로 부비에를 모나코 경찰에 고발한 것이다. 리볼로프레프가 부비에로부터 구매한 미술품은 총 39점, 19억 유로, 원화로 2.5조원에 달하는 거액인 것으로 알려졌다.

거래 가격을 철저히 비밀에 부치는 미술품 거래 관행에 비추어 볼 때, 리볼로프레프가 미술품 가격을 근거로 부비에를 고발한 사연은 그야말로 영화에 나오는 한 장면과 같다. 2014년 12월 31일, 리볼로프레프는 샌디 헬러(Sandy Heller)와 함께 에덴 락 호텔(Eden Roc Hotel)에서 오찬을 함께 했다. 헬러는 미국의 거대 헤지펀드 SAC의 회장인 스티브 코헨(Steve Cohen)의 미술품 구매 과정에서 조언을 해 주는, 이른 바 아트 어드바이저(art advisor)였다.

사모투자펀드(PEF)

리볼로프레프는 헬러와 이야기를 나누던 중, 헬러가 최근 코헨이 소장한 모딜리아니의 1916년 작품 「파란 쿠션 여인의 누드(Nu Couché au Coussin Bleu)」를 9,350만 불에 매각했다고 리볼로프레프에게 이야기 해 주었다고 한다. 이 그림을 매수한 이는 헬러 자신도 모르는 "수수께끼 같은 인물"이라고 자랑삼아 이야기 하면서. 하지만 이 이야기를 들은 리볼로프레프는 시쳇말로 그 자리에서 뚜껑이 열렸다. 그 그림을 매수한 이는 바로 리볼로프레프 자신이었고 9,350만 불이 아니라 무려 2,450만 불이나 비싼 1억 1,800만 불을 지급했기 때문이다!

이 정도로 가격을 부풀린 중개상과 미술품을 거래했던 것이라면, 미술품에 대한 아마추어이지만 미술품을 직접 구매하여 수집하였던 영국의 부호 사뮤엘 코톨드(Samuel Courtauld)가 차라리 현명한 부자인지도 모른다.

「고흐의 자화상(1889)」, Vincent van Gogh(1853~1890) 作, Courtauld Gallery 소장. 1888년 12월, 고흐가 고갱과의 말다툼 끝에 고갱의 목에 면도날을 대자 고갱이 소스라치게 놀라 도망쳤고, 고흐는 그 면도날로 자신의 왼쪽 귀를 잘랐다. 이 사건으로 고갱은 아를 떠나 고흐와 완전 결별했고, 고흐는 아를의 정신병원(Espace van Gogh)에 입원했다. 고흐가 병원에서 요양을 하며 회복된 후 처음으로 그린 그림이 바로 이 그림이다.

사뮤엘 코톨드는 인조 모직물, 견직물 제조와 판매를 통해 부를 축적한 영국의 신흥 부르주아였다. 19세기 말~20세기 초 인상파 화풍이 전 유럽을 휩쓸자 인상파 그림에 매료되어 이들의 그림을 개인적으로 구매하여 수집하기 시작했다. 코톨드는 그림을 구입할 때 중개상을 통해 구매하지 않고 자신이 직접 작품을 구매한 것으로 유명하다. 특히 그는 당시까지만 해도 그렇게 비싸지 않았던 마네, 고흐, 로트렉, 쇠라 등의 명화들을 "싸게" 구입하면서, 미술품 투자에 믿을 수 없을 정도의 높은 혜안을 발휘했다. 오늘날 벤처 투자로 치면 위험성이 매우 높은 모험 기업에 투자하여 엄청난 수익률을 낸 것과 다를 바 없다. 코톨드가 구입하여 소장한 그림들은 런던의 코톨드 미술관에 가면 볼 수 있다. 코톨드 미술관은 런던의 다른 미술관과 달리 입장료를 내고 들어가야 한다.[299]

코톨드 미술관에서 일반인에게 잘 알려진 그림들은 마네의 「폴리-베르제르의 술집(1882)」, 고흐가 귀를 자른 직후에 그린 「고흐의 자화상(1889)」, 세잔의 「큐피드가 있는 정물(1894)」 등이 있다.

---

299   입장료는 성인 기준으로 7파운드이며 학생은 무료입장이다.

대체투자 파헤치기(중)
타이타노마키의 서막

「폴리-베르제르의 술집(1882)」, Édouard Manet(1832~1883) 作, Courtauld Gallery 소장. 마네 특유의 검정색 화풍으로 한 밤중에 파리 시내 한복판의 번화한 술집이 쉴 새 없이 내뿜는 소란함과, 작품의 실제 주인공 쉬종(Suzon)의 공허한 표정 사이의 아슬아슬한 대립을 극적으로 묘사한 마네 최후의 걸작이자 그의 마지막 "미술적 유언장." 마네는 이 그림을 그린 다음 해에 사망한다. 자세히 보면 가장 왼편 붉은 색 로제 와인 병 라벨에 "manet 1882"라고 새겨져 있는 것을 볼 수 있다.

하여튼 부비에를 모나코 자택에서 체포한 모나코 당국은 리볼로프레프가 제기한 사기 혐의 외에도 탈세와 돈세탁 혐의를 추가하여 부비에를 조사하기도 하였다.[300] 모나코가 이처럼 미술품 거래와 관련된 이들의 주된 거주지인 것도 소득세가 없기 때문이 아닐지 모르겠다. 나아가 미술품 거래는 그 특성이 매수자와 매도자에 대한 익명성이 철저히 보장되어야 하고, 세금과 관련된 이슈를 최소화하는 것이 참가자들의 공통된 요구이므로 모나코가 최적의 장소일 수도 있다.

더 나아가 미술품 가치 평가에 매우 독특하고 전문적인 기술이 요구되면

---

300 Financial Times, Apr 7, 2015

사모투자펀드(PEF)

서, 미술품 가치를 객관적으로 정확히 파악하는 것은 거의 불가능에 가깝다. 예컨대 전문가가 100억 원이라고 평가하는 그림을 10만 원에 세관에 신고해도, 10억 원 정도가 적절하다고 전문가들이 평가한 그림을 자신이 100억 원에 구입했다고 하여도, 그 거래가 거짓이라고 증명할 방법이 도대체 무엇인가? 자신이 그 그림을 너무나 좋아해서 100억 원에 그림 가격을 지급했다고 말하면, 그 가격이 터무니없다고 객관적으로 입증하는 것이 과연 가능한가? 특히 부동산과 달리 미술품의 경우 작품을 소유하고 있다는 등기문서라는 것이 아예 존재하지 않는다.

이 때문에 미술품 거래는 본질적으로 탈세와 돈세탁의 온상이 될 가능성이 매우 높다. 예컨대 돈세탁과 탈세 혐의로 기소된 브라질 은행가였던 에드마 페레이라(Edemar Cid Ferreira)는 부정하게 모은 자산을 다른 곳이 아닌 바로 미술품을 통해 축적하였다. 그는 시가로 8천만 불에 달하는 미국의 낙서(그래피티, graffiti) 화가 장-미셸 바스키아(Jean-Michel Basquiat, 1960~1988)의 작품 「한니발(Hannibal)」을 미국 세관에 단돈 100불에 신고하였다가 미국 법무부에 의해 적발된 적도 있다. 리볼로프레프에게 고소당한 부비에 역시 자신이 중개한 모딜리아니 그림의 "원가"가 이처럼 영화 같은 스토리를 통해 리볼로프레프에게 알려지리라고는 꿈에서도 상상 못했을 것이다.

「큐피드 석고상이 있는 정물(1894)」, Paul Cézanne (1839~1906) 作, Courtauld Gallery 소장. 이 그림이 왜 그토록 유명한지 상세한 설명없이 그림만 보고 알 수 있을까? 이 그림에 대한 상세 내용은 이 책 어딘가에 별도로 설명하였다.

리볼로프레프 고소의 당사자인 부비에는 이와 같은 미술품 거래 세계의 특성을 간파하고, 당초 고가의 가구나 귀중품을 단순히 보관해 주는 비즈니스를 미술품 거래에 특화된 원스탑 서비스(one-stop service) 체제로 발전시켰다. 즉 가구나 귀중품 보관을 처리하는 회사인 "내츄럴 르 꿀트(Natural Le Coultre)"를 1983년에 인수하여, 1989년부터 고가의 미술품을 보관해 주는 사업으로 발전시킨 것이다. 이후 그의 사업모델은 단순한 미술품 보관에서 벗어나 미술품 전시, 구매자와의 상담, 거래 익명성 보장, 심지어는 미술품 구매에 필요한 자금 대출까지 하나의 장소에서 한꺼번에 처리해 주는 일종의 "보세 박물관(Freeport Museum)"으로 진화했다. 그는 이와 같은 비즈니스 모델을 전 세계로 수출(?) 하였는데, 2019년 말 기준으로 제네바, 싱가폴(2010), 룩

대체투자 파헤치기(중)

타이타노마키의 서막

셈부르크(2014) 등 3개의 보세 박물관을 보유 중이다. 2014년을 전후로 한 시기에 그의 사업이 정점에 달하면서 시장에서는 그를 "보세 박물관 킹(Freeport King)"이라고 부른다. 스위스 시민이면서 모나코 거주자이기도 한 그는 싱가폴에도 거주지가 있다.

우리나라에서도 입스 부비에와 비슷한 인물이 있는데, 바로 서미갤러리의 홍송원 대표이다. 홍송원 대표는 주로 재벌들의 미술품 거래를 중개하면서 연간 1,000억 원 대의 매출을 일으키는 미술품 거래시장의 큰 손이다. 갤러리현대, 국제갤러리 등 내로라하는 화랑은 연 매출이 200억 원 내외, 서울옥션과 같은 경매회사는 연매출이 100억 원 내외에 불과하지만, 서미갤러리의 2010년 매출액은 그 5~6배인 1,200억 원대였다. 서미갤러리는 2006년까지는 별 볼일 없는 평범한 화랑이었지만, 2007년 매출액이 1,400억 원대로 치솟으면서 급격한 성장세를 시현하였다. 이는 홍송원 대표가 삼성가의 이명희, 홍라희, 오리온 그룹의 이화경, 동양그룹의 이혜경 등 재벌가 "안주인"과의 친분을 활용하여 국내 작품보다는 해외의 고가 작품에 대한 비공개 거래주선 방식에 치중하였기 때문에 가능했다.

홍 대표는 2004년에는 출처가 불분명한 자금으로 해외 고가 미술품을 구입하였다가 약식기소를 받은 적도 있다. 2007년 삼성그룹 비자금 사건에서 리히텐슈타인의 「행복한 눈물」을 홍라희 관장을 대행해 구입하였다는 의혹을 받으면서, 서미갤러리가 삼성그룹의 비자금 창구라는 의혹을 받아 본격적으로 유명세를 타기 시작했다. 결국 특검팀은 리히텐슈타인의 행복한 눈물이 홍라희 관장이 아니라 홍송원 대표 것이라 결론지었지만, 감정가 200억 원 내외의 고가 작품을 자본금 3억 원에 불과한 서미갤러리가 소유하고 있었다는 결론이 왠지 석연치 않다. 삼성그룹 측도 이 그림을 홍라희 관장이 개인 돈으로 구매했다고 하다가, 나중에는 소유한 적이 없다고 하는 등 오락가락한 해명을 내놓기도 했다.

홍 대표는 재벌가의 미술품 거래뿐 아니라 한상률 국세청장, 미래저축은행(김찬경)과 솔로몬저축은행(임석)의 교차대출에도 연루된 것으로도 알려져 있다. 한상률 전 국세청장을 사퇴시킨 '그림 로비' 사건의 핵심 증거인 최욱경 화백의 「학동마을」 역시 홍송원 대표가 한상률 전 청장에게 500만 원에 판 것이다. 그림 로비 사건은 이 학동마을을 한상률 전 청장의 부인이 100만 원 짜리인줄 알고 전군표 청장의 부인에게 선물하면서 국세청장 자리를 부탁했다는 것이 그 전모이다. 대법원은 500만 원에 구입한 그림이 100만 원 정도에 불과한 것으로 아내가 잘못 알고 있었다는 한 청장 변호인단의 주장을 받아들여, 그림 로비 사건에 대해 무죄를 선고하였다. 한 청장의 변호인단은 그림에 대한 객관적인 가치산정이 매우 어렵다는 점을 적극 활용하여 그림 로비 사건의 무죄 판결을 이끌어내는 성과를 거두었다. 하지만 삼성특검의 매서운 칼날도 귀신처럼 피해간 홍송원 대표는 동양그룹 부도 과정에서 동양그룹 이혜경 부회장이

빼돌린 그림을 대신 팔아주고, 이 중 몇 개 작품에 대한 판매대금을 횡령한 혐의로 2014년 9월 검찰에 결국 구속되었다.

마지막으로 리볼로프레프가 입스 부비에를 고소한 결정적인 계기가 되었던 모딜리아니(Amedeo Modigliani, 1884~1920)의 작품은 "명화의 역설"이 무엇인지 가장 극명하게 보여주는 사례이다. 모딜리아니는 이탈리아 태생으로 특별한 사조에 참여하지 않고, 자신만의 독특한 화풍을 발전시킨 화가 겸 조각가이다. 주로 기다란 목과 풍만한 여체를 가진 여성을 잘 그렸다. 어렸을 때부터 폐결핵을 앓을 만큼 허약했으며 더구나 찢어질 정도로 가난했다. 그의 생애에서 가장 결정적인 전환점은 그의 나이 32세에 만난 14살 연하의 화가 잔느(Jeanne Hébuterne)였다. 잔느는 부유한 가정에서 자라났지만, 가난했던 화가 모딜리아니를 진심으로 사랑했고 결국 결혼까지 하였다. 하지만 모딜리아니는 겨울에 난로에 사용할 땔감을 살 돈도 없을 만큼 찢어지게 가난했고, 둘째를 임신한 해에 잔느는 뱃속 아기의 건강을 위해 친정으로 돌아갔다. 하지만 잔느의 친정은 이를 기회로 둘 사이의 재회를 원천적으로 차단했고, 모딜리아니는 추위와 외로움에 괴로워하다가 1920년 1월 24일에 지병인 결핵으로 사망했다. 이 소식을 듣고 비통에 잠긴 잔느는 그 다음 날인 1월 25일, 아직 태어나지도 않은 아기와 함께 스스로 목숨을 끊어 그 비극적인 삶을 마감했다.

「여인의 누드」, Amedeo Modigliani(1884~1920) 作, Courtauld Gallery 소장. 모딜리아니가 1916~1917년 사이에 집중적으로 그린 누드화 중 하나로 소더비 편에서 언급한 「Nu Couché」와 리볼로브레프가 부비에를 고소한 계기가 되었던 누드화와 같은 시기에 그려진 작품. 이 누드화 작품들이 처음 전시되었던 파리의 Berthe Weill Gallery는 누드화 모두가 음란물이라 하여 전시 후 몇 시간 만에 경찰이 전시관을 폐쇄하기도 하였다. 코톨드 미술관에는 모딜리아니 작품이 이 그림 단 하나인데, 소더비와 리볼로브레프 사례를 통해서 이 작품의 가치가 얼마나 될지 한번 상상해 보는 것은 어떨까?

그의 요절로 모딜리아니가 남긴 그림은 400여 점에 불과할 만큼 귀하다고 한다. 특히 그가 그린 여성의 누드 작품은 그가 1년 여(1916~1917) 정도 밖에 몰두하지 않은 시기에 그린 작품들이라 작품 수가 더 적다. 나아가 그의 여성 누드는 아프리카와 이집트 조각상의 영향을 받아, 원시적인 색감과 독특한 이미지를 풍기고 있어 보는 이로 하여금 미묘한 카타르시스를 일으키게 한다. 하지만 겨울에 임신한

대체투자 파헤치기(중)

타이타노마키의 서막

자기 부인을 위해 필요한 땔감 마저 구할 수 없어 결국 두 사람 모두 비극적으로 목숨을 잃을 만큼 찢어지게 가난했던 모딜리아니의 작품이, 지금은 무려 1억불이 넘는 천문학적인 고가로 거래되는 것이 참으로 씁쓸하기만 한 "명화의 역설"이다. 소더비 편에서 언급하였지만, 모딜리아니의 「머리를 풀고 누워 있는 여인의 누드(Nu Couché)」가 이전 최고가인 피카소의 알제의 여인들이 가진 최고가 기록을 깰 수 있을지 여부에 관심이 집중되었던 이유도 이와 같은 모딜리아니의 영화 같은 삶 때문인지도 모르겠다. 하지만 이와 같이 고뇌에 찬 인간의 순수감정이 집약된 미술품의 거래 시장이 갈수록 커져가는 것이 알렉산드리아에 기원전 3~4세기부터 존재하였던 미술품 전시와 순수한 문예·과학·철학의 강연장이었던 "무세이온(Mouseion)"의 몰락(collapse)이라고 표현하면, 시대 변화에 둔감한 시골 유생 같다는 소리를 들을지도 모르겠다.[301]

---

[301] 무세이온(Mouseion)이란 뮤즈(Muse)가 사는 궁전이라는 뜻이며, 뮤즈는 그리스 신화에서 학예와 철학을 관장하는 9명의 여신이다. 무세이온은 알렉산더 대왕이 이집트를 정복한 후 건설한 알렉산드리아에 설립되었으며, 50만 권 이상의 도서가 보관된 전 세계 최대의 도서관이기도 하였다. 로마 황제 시저에 의해 일부 파괴되었다가, 이후 이슬람 세력과 기독교 세력에 의해 완전히 파괴되었다. 무세이온은 오늘날 박물관을 뜻하는 뮤지엄(museum)의 어원이다.

사모투자펀드(PEF)

한편 프랑스의 니스와 모나코의 중간에 위치한 프랑스의 조그만 소도시 빌르프랑쉐(Villefranche-sur-Mer)는, 모나코에 거주하면서 아파트 이외의 주택을 구매하지 못하는 갑부들의 빌라들이 집중적으로 모여 있는 곳으로도 유명하다. 특히 모나코는 올림픽, 월드컵에 비견되는 스포츠 행사인 자동차 경주 F1(Formula 1)을 몬테카를로 시내에서 매년 5월에 개최한다. 우승 상금도 천문학적인 금액인데 F1 우승 경력자들이 주로 거주하는 곳이 모나코에서 가장 큰 도시 몬테카를로라고 한다.[302] 또한 몬테카를로는 프랑스의 니스, 빌르프랑쉐 및 깐느와 함께, 매년 5월이면 깐느 영화제와 F1을 관람하기 위해 전 세계의 내로라하는 갑부들이 몰려드는 곳이기도 하다. 한국에서 2003년 SK(주)에 대해 주주행동주의 전략을 구사했던 소버린 펀드 역시 모나코에 펀드를 설립했었다.

모나코의 법인세는 대상 기업 매출의 25% 이상이 모나코 이외에서 발생하는 경우 33.33%라는 높은 세율로 부과된다. 따라서 PEF를 모나코에 설립하려면 펀드가 회사나 법인 성격을 갖지 않도록 구조화하는 것이 절세전략(Tax Planning) 관점에서 최적이다. 하지만 각종 공제 제도와 면세 제도를 활용하면 모나코 법인세의 실질적인 실효 세율은 10% 이하라는 주장도 있다.

2010년 駐英 모나코 대사인 에블린 젠타(Evelyne Genta)가 모나코가 조세 회피지역이라는 인식은 잘못된 것이라는 기고를 한 적이 있다.[303] 에블린(Evelyne)은 모나코의 법인세율이 33.3%로 매우 높고 과세를 위한 국제공조에 어느 나라보다 더 적극적이었으며, 이에 따라 OECD 분류 조세회피 국가 리스트에서 빠졌기 때문이라는 근거를 제시했다. 과연 에블린(Evelyne)의 주장이 맞는 것인지 그 판단은 독자들 몫이다.

302　F1의 전설적인 레이서 미하엘 슈마허가 2000~2004년 기간 동안 5시즌 연속 우승을 하면서 벌어들인 소득은 연봉과 상금을 합쳐 연간 8,000만 불, 약 1,000억 원에 육박했다. 이 금액은 타이거 우즈(골프), 샤킬 오닐(농구), 지네딘 지단(축구), 알렉스 로드리게스(야구) 등을 뛰어 넘는 세계 최고 수준이었다.

303　Telegraph, Feb 16, 2010

대체투자 파헤치기(중)

타이타노마키의 서막

◯ 쉬어 가는 페이지: 모나코, Kelly, 남부프랑스

　모나코의 정식 명칭은 모나코 공국(Principality of Monaco)으로 공작이 다스리는 나라이다. 바티칸에 이어 전 세계에서 2번째로 작은 나라이다. 거의 해안 절벽에 위치한 나라로 중심 도시는 몬테카를로(Monte Carlo)이다. 13세기에는 이태리 식민지, 프랑스 대혁명 이후에는 프랑스 식민지였다가 19세기 중반 독립하였다. 독립 당시 프랑스는 모나코 공국이 후계자가 없으면 프랑스에 귀속된다는 희한한 조건을 붙였다. 한편 독립 당시 유럽의 갑부들을 대상으로 운영한 카지노가 대성공을 거두면서, 독립하고 얼마 지나지 않아 모나코는 아예 소득세를 없애 버렸다. 2차 대전 직후인 1946년부터 2005년까지 모나코를 다스린 이는 레니에 3세(Rainier III)였다.

　한편, 헐리우드 영화배우 그레이스 켈리(Grace Kelly)는 1955년 모나코에서 차로 1시간 정도 떨어진 깐느(Cannes)에서 개최된 영화제에 참석하기 위해 프랑스로 왔다. 당시 켈리는 골든 글로브상 수상과 아카데미 여우주연상 후보 지명 등으로 최고의 전성기를 구가하였던 때였다. 이 때 켈리는 모나코 공작 레니에 3세를 처음 만나게 된다. 그 해 12월 레니에 3세는 미국으로 건너가 켈리를 다시 만났다. 1956년 4월, 레니에 3세와 켈리는 "세기의 결혼식"을 올렸다. 이 때 켈리의 나이 26세였다. 사실인지 아닌지 알 수 없으나 당시 그리스의 선박왕이었던 오나시스가 이 모든 러브 스토리를 기획했다는 설이 있다. 하기야 오나시스는 정주영 회장에게 처음으로 선박을 발주했던 그리스 리바노스社의 딸이나 미국 케네디 대통령의 부인 재클린 케네디 등 걸출한 여인들과 두 번씩이나 결혼할 만큼, 연애에 있어서는 천부적인 감각을 가지고 있는 희대의 카사노바였다. 따라서 오나시스의 기획설이 전형 근거 없는 낭설은 아닐지도 모른다.

　결혼 후 얼마 지나지 않은 1962년 공포영화 감독 거장인 알프레드 히치콕이 도벽증이 있는 여성의 생애를 그린 영화 「마니(Marnie)」의 여주인공으로 켈리를 캐스팅하겠다고 발표했다. 켈리 역시 영화 출연에 열정을 보였으나 레니에 3세와 모나코 국민들은 결사코 반대했다.

모나코 대성당의 레니에 3세와 켈리의 묘

자신들의 공작비가 도벽증이 있는 환자로 연기하다니! 결국 켈리는 영화 출연을 거절해야 했다. 이후 켈리는 여러 번 영화출연을 시도했으나, 레니에 3세의 반대에 부딪혀 번번이 실패했다.

운명의 시간인 1986년 9월, 몬테카를로 뒤편에 위치한 몽아겔(Mont Agel) 산의 별장에서 시내로 차를 몰고 오던 켈리의 차량이 도로를 벗어나 산 아래로 추락했다. 모나코 당국이 발표한 원인은 켈리의 심장마비였다. 하지만 사고 원인에 대해 설이 분분했다. 하지만 진실은 아무도 알 수 없었다. 결국 세기의 결혼식은 "세기의 장례식"으로 막을 내렸다.

장례식 후 레니에 3세의 요청으로 공국의 친족들만 잠들 수 있는 모나코 대성당에 켈리의 묘가 안치되었다. 레니에 3세는 켈리 사후에도 재혼하지 않고 독신으로 살아 생을 마감했다. 그의 뜻대로 그의 묘도 모나코 대성당의 켈리 바로 옆에 위치해 있다.

모나코가 위치한 남부프랑스의 날씨는 그야말로 환상에 가깝다. 필자가 직접 보기에도 그 파란 하늘색과 강렬한 햇빛은 세계 어디를 가도 볼 수 없는 경이로운 광경이다. 그리고 주위의 자연환경과 프랑스식 고전 건물의 절묘한 조화는 모든 이들의 감수성을 자극하기에 결코 부족함이 없다. 남부프랑스의 이 모든 것들은 근대 많은 화가들의 독창적 화풍을 창조하게 했던 원초적 힘이 되기도 하였다. 고흐가 그의 독특한 화

고흐 그림 「아를 병원의 정원」 모델이 된 아를의 정신병원 (Espace van Gogh) 실제 전경

풍을 완성한 아를(Arles)이나, 인상파 화가 세잔의 개인 아틀리에가 위치한 엑상 프로방스(Aix-en-Provence) 역시 남부 프랑스에 위치해 있다. 특히 고흐는 남부 프랑스의 강렬한 햇빛을 자신만의 독특한 노란색 색감으로 재탄생 시켰다. 고흐의 노란색에 대한 병적인 집착은 노란색 물감의 "사용량"을 과도하게 늘렸는데, 이 때문에 물감을 살 돈마저 없었다는 그의 표현은 결코 과장이 아니었다. 모나코 바로 옆의 니스 역시 샤갈과 마티즈가 왕성한 작품 활동을 한 곳이기도 하다. 영국 수상 윈스턴 처칠 역시 아마추어 화가였는데, 그는 자신의 작품 활동에 대한 영감을 얻기 위해 니스와 모나코를 휴가철마다 방문하였다.

니스 옆의 깐느는 프랑스 정부가 베를린 영화제에 대응하여 만든 세계적인 영화제 깐느 영화제가 매년 5월마다 열리는 곳이다. 하기야 깐느에 바로 인접한 도시 니스는 최초로 상업적 영화를 발명하여 상영한 뤼미에르 형제의 고향이기도 하다. 2014년에 개봉한 영화 "그레이스 오브 모나코(Grace of Monaco)"는 니콜 키드만이 비운의 공작비 그레이스 켈리 역을 맡아

대체투자 파헤치기(중)

타이타노마키의 서막

고흐 노란 색의 집약체, 「해바라기」, 런던 국립 미술관 소장

그녀의 일대기를 그린 영화이다. 이 영화가 처음으로 개봉된 곳은 켈리가 레니에 3세를 운명적으로 처음 만나게 된 결정적 계기가 되었던 깐느 영화제였다. 만약 깐느 영화제라는 것이 없었다면 켈리는 레니에 3세와의 운명적인 만남도 없었을 것이고, 그렇게 비극적으로 숨지지 않았을지도 모른다. 이처럼 켈리의 비극이 처음 시작된 결정적 계기가 된 깐느 영화제에서 그녀의 일대기를 그린 영화에 사람들이 환호하는 것이 웬지 모를 씁쓸함을 자아내는 것은 필자 혼자만의 느낌인가?

12) 한국: To be transparent or not to be, that is the question!

한국의 최고 법인세율은 27.5%로 다른 나라에 비해 높은 수준이다. 주요 선진국 중에서 한국보다 법인세율이 높은 나라는 프랑스, 일본, 독일, 캐나다 뿐이다. 2008년 금융위기 이후 법인세율이 전 세계적으로 전반적으로 낮아지는 추세여서, 우리나라처럼 법인세율을 점진적으로 올리는 것이 적정한 것인지에 대한 논의가 반드시 필요하다고 본다. 소득세율도 최고 세율이 42%(지방소득세를 포함할 경우 46.2%)로 높은 편에 속한다. 소득세율 이외에도 배당소득세 15.4%, 이자소득세 15.4%이며, 금융소득이 2,000만 원이 초과될 경우 종합소득에 합산되어 최고 46.2%(42+4.2)까지 과세될 수 있다.

〈 한국의 법인세, 개인 소득세 및 기타 소득세 현황 〉

법인세 과표 소득 구간	한계 세율 (2019 기준)	개인(종합)소득세 및 부동산 양도소득세 과표 소득 구간	한계 세율 (2019 기준)
0~2억 원	11% (10% + surtax 10%)	0~1,200만 원	6.6% (6 + 0.6)
2억 원 초과~ 200억 원	22% (20% + surtax 10%)	1,200 초과~4,600만 원	16.5% (15 + 1.5)
200억 원 초과~300 억 원	24.2% (22% + surtax 10%)	4,600 초과~8,800만 원	26.4% (24 + 2.4)
300억 원 초과	27.5% (25% + surtax 10%)	8,800 초과~1억 5천만 원	38.5% (35 + 3.5)
		1억 5천만 원 초과~3억 원	41.8%(38 + 3.8)
		3억 원 초과~5억 원	44%(40 + 4)
		5억 원 초과	46.2%(42 + 4.2)
배당소득세, 이자소득세 (2,000만 원 이하)	15.4% (14 + 1.4) (국내주식펀드의 배당소득은 면세)	자본이득세 (거주자)	10~22%
		자본이득세 (비거주자)	총액의 11%와 수익의 22% 중 작은 금액

표 출처: 국세청, KPMG 홈페이지

국내 PEF는 국내법상 GP와 LP가 합자회사 형태로 통상 설립한다. 한국의 과세당국은 이를 세법상 동업 기업으로 간주하여 합자회사 구성원에만 과세한다. 즉 펀드 단계에서 과세는 없다. 이는 글로벌 표준이다. 나아가 부가세법 시행령 40조에 의거하여, 자본시장법상 집합투자업 중 사모투자전문회사업의 용역 및 이에 부수한 용역에 대해서는 부가가치세를 면제한다. 이 역시 앞서 설명한 다른 나라와 크게 다르지 않다. 하지만 앞서도 설명하였듯이 이 집합투자업은 국내 자본

대체투자 파헤치기(중)

타이타노마키의 서막

시장법상 등록된 사모투자펀드에만 한정한다는 것이 국세청 입장이다. 만약 국내 GP가 펀드를 역외에 설립하였다면 역외에 설립된 펀드는 국내에 등록할 필요가 없게 되고, 만약 GP가 동 펀드를 국내에 등록하지 않았다면 부가가치세법이 규정한 자본시장법상의 집합투자업이 아니라는 것이 국세청의 입장이다. 따라서 국내 GP가 역외에 펀드를 설립하여 수령한 관리 보수를 국내로 송금한 경우에는 부가가치세를 납부해야 한다.

한편 우리나라의 경우는 LP가 PEF에 투자한 후 발생한 양도 차익을 일괄적으로 배당 수익으로 간주한다는 점에 주의해야 한다. 앞서 다른 나라의 경우는 보유 기간이 1년 이상인 경우에는 보통의 소득세율보다 낮은 장기자본소득세율로 과세하는 것이 일반적이다. 하지만 한국은 GP를 제외하고는 LP에 대한 소득을 그 원천에 따라 구분하지 않고, 이를 일률적으로 배당소득으로 인식하여 일반소득세율로 원천징수한다.[304] 따라서 해외 LP가 한국의 PEF에 투자하여 양도 차익이 발생한 경우, 해외 LP는 국내법에 따라 조세조약 체결국가 거주자이면 조세조약상 제한세율인 5%~16.5%로, 그 외 국가의 거주자이면 22%로 원천 징수된다! 이와 같은 점 때문에 해외 LP가 국내 PEF에 LP로서 투자하고자 할 경우에는 해외에 병행 펀드를 설립해서 투자하는 것이 납부해야 할 조세를 최소화하게 된다는 점에서 해외 LP들에게 유리하다. 하지만 이는 장기로 지분을 보유한 이에게는 낮은 세율로 부과한다는 글로벌 스탠다드 추세에 역행하는 것이어서, 시급한 제도적 개선이 필요하다고 본다. 국세청도 이와 같은 점을 인지하여 2013년에는 조세특례제한법을 개정, 해외 LP가 법률에 의거하여 설립된 연기금이거나 정부투자기관의 투자회사인 경우에는 소득원에 따라 세율을 차등하겠다는 개정안을 도입했다.

한편 우리나라의 경우도 국내 및 해외를 포함하여 PEF 과세에 대해 매우 엄격한 입장을 취하고 있는 것이 최근의 추세이다. 특히 국세청은 자산 매각이나 사업 과정에서 발생하는 수익이 귀속되는 "법률적" 법인과 "실질적으로" 귀속되는 법인

---

304 조세특례제한법 제100조의18, ③항

사모투자펀드(PEF)

이 다를 경우에는, 언제나 "실질적으로" 귀속되는 법인을 기준으로 과세하여 왔다. 나아가 최종 수익자가 한국과 조세조약을 체결한 국가에 거주하는 거주자인 경우에는 그 조세조약에 따라 면제 여부를 검토할 수 있지만, 예컨대 한국과 조세조약이 없는 케이만 군도 거주자라면 당연히 국내법에 따라 과세한다는 입장이다. 나아가 조세조약을 체결한 국가에 거주한다 하더라도 그 거주자가 실질적인 사업장을 가지고 실질적인 영업을 하는 주체인지, 단순히 탈세를 위한 도관체 역할을 하는 회사인지 역시 국세청의 철저한 검증 대상이다. 만약 단순한 탈세 목적의 도관체 회사라면 조세조약 상의 혜택을 부여하지 않는다는 것이 국세청의 일관된 입장이다.

한국 과세당국의 또 하나의 특징은 예측가능성이 다소 떨어진다는 지적이 있다. 론스타가 외환은행 지분을 매각하는 과정에서 론스타의 한국 사무소를 형식적 역할이 아닌 실질거래의 당사자라며 론스타 한국에 과세하였다가, 경영권을 매각하는 과세 건에서는 론스타의 한국 사무소가 형식적 도관회사라고 간주한 것이 대표적 사례이다. 특히 해외 PEF가 한국에 투자하는 건이 지속적으로 증가하는 추세에서, 이와 같은 한국 과세당국의 일관되지 않은 대응은 바람직하지 않다고 본다. 앞서도 언급하였듯이 최근 PEF 거래는 거의 모두가 글로벌 관점에서 진행된다. 룩셈부르크나 네덜란드는 명망 있는 PEF와 경영진들을 유치하겠다고 과세당국 끼리 치열하게 경쟁하고 있다. 우리나라 과세 당국이 이들처럼 PEF를 유치하는 단계까지 가는 것은 아직 요원한 일이라 하더라도, 누가 봐도 일관되지도 않고 예측가능하지도 않은 과세 행정처분을 하게 되면 해외 투자자들이 과거처럼 순순히 순응하는 시대가 더 이상 아니다. 그들은 이미 법률 검토를 사전에 모두 마치고 투자를 결정한다. 더구나 양도 차익이 억불 단위로 넘어가면 과세 처분을 받는 측에서 반드시 소송을 검토할 수밖에 없다. 그들을 탐욕에 넘치는 파렴치한이라고 몰아 부치는 것 자체가 이미 글로벌 마인드가 아니라고 본다. 과세는 엄정하고 공정해야 한다. 하지만 엄정성과 공정성이 원칙과 예측가능성을 수반하지 않으면, 엄정성과 공정성은 나쁘게 말하면 횡포로 비쳐질 수도 있다. 향후에는 한국의 과세당국이 이와 같은 점을 명확히 인식하여 항상 일관되고 예측 가능한 과세 행정을 하길 기대해 본다.

론스타, Project Knight & Project Squire

2002년 초는 IMF로 인한 대기업 구조조정 작업이 막바지에 접어든 때였다. 하이닉스, 대우차, 서울은행 등의 매각 등이 주요 이슈였고, 외환은행은 하이닉스의 주채권 은행으로서 하이닉스 매각의 대표 책임을 지고 마이크론과 줄다리기 중에 있었다.[305] 당시 은행주는 주식 시장에서는 반도체주와 건설주로 분류될 만큼 반도체와 건설에 대한 대출규모가 컸다. 외환은행의 대규모 상각 역시 하이닉스 외에도 현대건설, 동아건설 등에서 비롯된 것이었으며, 이 때문에 2000년에 4,037억 원 적자, BIS 비율 9.19%라는 저조한 성과를 기록하였다. 하지만 2002년 초에는 2001년 성과가 2,500억 원의 흑자로 집계되면서 한껏 기대감을 부풀렸다. 2002년 초부터 외환은행 주가는 액면가를 회복하였고, 2002년 상반기 유상증자 계획까지 발표하였다. 2002년 1월 17일에는 S&P가 외환은행의 신용등급을 B+에서 BB-로 한단계 올렸다. 당시 외환은행의 최대 주주는 지분의 32.5%를 보유한 독일의 코메르츠 방크였다.[306]

2002년 4월 30일, LG투신운용 이강원 사장이 외환은행장 후보에 단독 추천된 후 사장직에 취임했다. 2002년 5월 22일에는 S&P가 외환은행의 신용전망을 긍정적으로 상향하였고, 9월 25일에는 S&P가 외환은행 신용등급을 BB에서 BB+로 상향 조정하였다. 2002년 10월은 엄낙용 산은 총재가 국감 과정에서 약 4,000억 원을 현대상선에 대출해 준 후, 이 자금의 대북 불법송금 가능성을 언급하면서 세상을 떠들썩하게 하던 시기였다. 외환은행이 현대상선의 주채권 은행이었고, 송금과정에서 편의를 봐 주었다는 의혹 때문에 외환은행 역시 구설수에 오르내리고 있었다.

2003년 1월, 외환은행은 이강원 행장이 신년사를 통해 2003년 순익 목표가 최소 3,000억 원이라고 언급했다. 하지만 2003년 2월 10일, 외환은행은 공시를 통해 2002년 당기순이익이 전년보다 무려 109%나 감소한 1,130억 원이라고 발표했다. BIS 비율도 9.31%에 그

---

305 론스타는 서울은행 인수에도 관심이 있었지만 결국 경쟁자였던 하나은행이 서울은행을 인수했다. 이후 론스타는 여전업체인 한빛여신을 4,000억 원에 인수하는데 성공했다.

306 코메르츠방크는 1998년 7월 외환은행에 3,500억 원을 출자한 이래, 2000년 말 3,924억 원의 감자분을 포함하여 모두 9,948억 원(1억 2,048만주)를 투자했다. 주당 매입단가는 가중 평균치를 적용할 때 8,253원이었다. 국민은행, 하나은행 등의 우량은행에 투자한 ING나 알리안츠 은행들과 달리, 코메르츠는 지분투자 후 외환은행의 실적 악화 때문에 단 한 번의 배당도 받지 못했다. 한편 외환은행의 코메르츠 외 주요 주주는 32.5%를 보유한 수출입은행, 10.67%를 보유한 한국은행 등이 있었다. 수은과 한은 지분을 합치면 42.7%로 정부가 최대 주주였다.

사모투자펀드(PEF)

쳐 10%를 하회하였다. 시장의 반응은 무덤덤했다. 외환은행은 평소와 다름없이 외화 위폐감별 행사를 2003년 2월 13~15일간 코엑스에서 실시했다. 2003년 2월 21일, 금감원은 BIS 비율 10%에 미달하는 은행은 조흥은행과 외환은행 두 군데 뿐이라고 언론에 밝혔다.

2003년 3월 12일, SK글로벌 분식회계 사건이 터졌다. 당시 SK글로벌의 총 부채는 8조 5천억 원, 이 중 국내 부채가 약 7조 원이었으며, 산업은행이 1조 5백 74억 원으로 가장 많았고 외환은행은 3,645억 원으로 7번째였다. 이 즈음인 2003년 4월 2일, 외환은행이 외자유치를 위해 론스타와 협상 중이라는 언론보도가 처음 나왔다. 언론보도에 따르면 "금융감독 당국 고위관계자는 1일 최근 론스타가 외환은행 출자에 관심을 보여와, 외환은행 측과 지분참여 협상을 진행 중에 있다고 말했다."[307] 하지만 외환은행과 론스타 측은 즉시 이를 부인했다. 대신 외환은행은 5,000억 원 규모의 하이브리드채권 발행 혹은 유상증자 등을 통해 BIS 비율을 10% 이상 올리기 위한 작업을 진행 중이라고만 밝혔다.

한편 이 당시 외환카드는 외환은행이 지분의 43.9%를 보유한 최대 주주였고, 제일은행이 외환카드 인수에 관심을 표명한 상태였다. 2002년 말 기준으로 외환카드는 524억 원의 순손실을 기록 중이었다. 외환카드는 외환은행 주도의 구조조정에 반기를 들면서, 당시 외환카드 사장이었던 백운철 사장 교체 등을 내세우며 5월 2일부터 파업에 돌입하는 등 매우 어수선한 상태였다.

2002년 5월 6일, 외환은행의 2002년 1분기 영업 실적이 발표되었다. 은행으로서는 유일하게 외환은행이 1,915억 원의 손실을 기록했다고 발표했다. 언론을 통해 협상을 부인하였던 론스타는 외환은행에 대한 실사를 5월 12일부터 시작하였다. 외환은행은 5월 15일, 연 수익률 8.5~8.75%의 수익을 보장하는 만기 30년 하이브리드채권 1,000억 원을 발행했다. 5월 26일에는 스탠챠, 나티시스, 스미토모 등으로부터 1.3억불 규모의 외화차입에 성공하기도 했다. 6월 4일, 연합뉴스는 론스타가 코메르츠 보유 외환은행 지분 32.6%에 대해 10억불 규모로 이를 인수하기 위한 협상을 진행 중이라고 보도했다. 6월 25일, 거래소는 외환은행의 론스타 피인수설에 조회공시를 요구했으나 외환은행은 대주주가 판단할 사안이므로 이를 확인해 줄 수 없다고 답변했다.

7월 22일, 당시 재경부 장관이었던 김진표 부총리가 신속한 외환은행 매각을 위해 수출입은행이 보유한 지분 32.5%의 전부 또는 일부를 매각할 수 있다고 블룸버그와의 인터뷰에서

---

307 한국일보, 2003년 4월 2일

대체투자 파헤치기(중)

타이타노마키의 서막

밝혔다. 7월 28일, 외환은행은 론스타를 외자유치를 위한 우선협상대상자로 선정하였다고 공식적으로 처음 밝혔다. 약 한 달 후인 8월 27일, 마침내 론스타와 외환은행은 협상타결을 공식 선언하였다. 즉, 외환은행이 론스타에 배정할 신주를 액면가 5천원에서 20% 할인한 주당 4천원, 1조 750억 원 규모로 발행하고, 론스타는 코메르츠와 수출입은행이 보유한 전환우선주를 주당 5,400원, 총 3,083억 원에 매입하였다. 이로써 론스타는 외환은행 지분 51%를 보유한 최대 주주로 부상하였고 코메르츠는 14.75%, 수출입은행은 14%, 한국은행은 6.18%로 지분율이 줄었다. "프로젝트 나이트(Project Knight)"가 완성되는 순간이었다. 같은 날 S&P는 외환은행의 신용등급을 BB에서 BB+로 상향 조정한다고 발표했다.

9월 26일, 금융감독위원회는 "론스타의 신규 투자 1조 750억 원으로 외환은행 재무건전성이 강화돼 조속한 경영정상화가 가능하다는 점과, 한국 금융산업 발전에 기여하겠다는 적극적 의지 등을 감안"하여 론스타의 외환은행 주식취득을 승인했다. 하지만 론스타는 당시 일본에 자산 규모 2조 8,000억 원 규모의 골프장 사업체인 PMG 홀딩스를 보유하고 있어, 은행법상 자산 총액에서 비금융자본의 비중이 25%를 넘거나 금액 기준으로 2조 원을 초과한 상태로 금융 주력자가 아닐 가능성이 높았다. 하지만 론스타가 은행 대주주 자격이 있는지에 대한 명확한 근거는 제시되지 않았다. 다만, 당시 은행법 시행령 제8조 2항에 따르면 은행법 시행령 5조의 별표에 제시된 대주주 요건을 충족하지 못한다 하더라도, "부실금융기관의 정리 등 특별한 사유"가 있고 "그리고" 금융 주력자인 경우에는 동일인 보유 지분 10%를 초과하여 은행 지분을 보유할 수 있었다. 금융감독 당국은 외환은행이 부실금융기관의 정리 등 특별한 사유에 해당한다고 보고, 이 조항을 적용하여 론스타의 51% 지분 보유를 허용해 준 것이다.

론스타는 10월 30일, 유상증자 대금 1조 750억 원을 외환은행에 일시에 납입했다. 납입자금이 외화로 들여와 환전한 것인지 국내 외국계은행으로부터 빌린 것인지는 확인되지 않았다. 론스타는 이강원 행장을 교체하고 경영진을 전면 교체한다는 입장을 표명했다. 외환은행 노조가 강력 반발했지만 론스타 입장은 강경했다. 신임 외환은행 대표로 유회원 대표가 임명되었다. 당시 론스타 코리아 대표는 스티븐 리, 한국명 이정환이었다.

이 즈음 외환카드의 실적은 계속 악화일로를 걷고 있었다. 새로 경영진으로 들어온 론스타는 외환카드에 대한 입장을 어떤 식으로든지 정리해야 했다. 후일에 알려진 바이지만, 론스타는 이미 금융위가 외환은행 인수를 승인하기 이전인 9월 중순부터 외환카드를 합병하기 위한 작업을 사전에 진행 중이었던 것으로 드러났다. 이른 바 "프로젝트 스콰이어(Project Squire)." 당시 외환은행의 외환카드 지분은 43.9%로 외환카드 지분의 과반이 되지 못했다. 론스타는 외환카드 합병을 전제로 하고 어떻게든 외환카드의 과반 지분을 확보하면서 주식매

사모투자펀드(PEF)

수청구권의 비용을 낮추는 방안을 찾기 시작했다. 론스타가 내린 결론은 황당무계한 일이지만 외환카드 주가를 인위적으로 떨어뜨리는 것이었다. 외환은행은 외환카드의 1,100억 원 규모의 유상증자 계획 안건을 부결시키고, 외환카드가 해외에서 발행할 1,500억 원 규모의 해외 BW 발행도 무산시켰다. 모기업인 외환은행이 의도적으로 자회사인 외환카드에 대한 유동성 도입을 막아 버린 것이다!

론스타는 외환카드에 대한 처리방안으로 유상증자나 합병 등의 다양한 지원 시나리오를 언론에 밝히면서, 특히 외환카드와 합병 후 무려 20:1(!)로 감자하겠다는 감자설을 시장에 유포하기 시작했다. 나아가 11월 14일, 론스타는 대주주의 경우 완전감자, 소액주주의 경우 20:1의 비율로 감자할 수 있도록 금감원에 승인을 신청했다. 하지만 금감원은 여신업법 상 조정 자기자본비율이 2% 이하일 때만 감자가 가능한데, 외환카드는 2003년 9월말 현재 그 비율이 10.51%이므로 법률상 불가하다고 회신했다. 11월 18일 외환카드는 정상화를 위해 필요한 자금이 7,000억 원이라며, 금감위와 외환은행 측에 유동성 부족의 심각성을 최후 통보했다. 하지만 외환카드의 최대주주인 외환은행과 2대 주주인 올림푸스 캐피탈은 외환카드 구제방안에 대해 합의를 도출하지 못했다. 11월 19일 론스타는 합병 계획만 발표하면 주가가 폭등하게 될 우려가 있으므로 합병과 감자 계획을 동시에 발표하기로 내부 회의를 통해 확정했다.

2003년 11월 20일, 마침내 론스타는 올림푸스 캐피탈의 24.7% 지분을 주당 5,000원 수준에서 인수하는데 합의하고, 외환카드를 외환은행과 합병한다고 발표했다. 동시에 합병 후 감자 계획을 발표하였다. 감자 비율은 미정이라는 단서까지 달면서. 유동성 지원 계획은 포함되지 않았다. 이날 외환카드 주가는 하한가로 직행했다. 외환카드 주가는 11월 14일 이후 하한가 3번을 포함해 9일 동안 62%나 빠졌다. 11월 26일 올림푸스 캐피탈의 24.7% 지분이 이날 장외거래를 통해 외환은행으로 넘어갔다. 11월 26일 외환카드의 최종 주가는 하한가인 2,550원이었다. 하지만 이상하게도 다음 날인 11월 27일 장 마감 40분을 남겨 두고 외환카드 주가는 곧바로 상한가로 직행했다. 증권사 애널리스트들도 그 이유를 알 수 없었다. 11월 28일도 주가는 11.6% 급등했다. 다급해진 론스타는 11월 28일 이사회를 열어 외환카드 1주에 외환은행 0.53주를 지급하는 흡수합병 건을 결의했다. 정식합병일은 2004년 2월이었다. 감자 계획은 당연히 이사회 결의 안건에 처음부터 없었다. 법률상 가능하지 않은 감자를 어떻게 이사회가 결의할 수 있단 말인가? 처음부터 감자설은 주가를 누르기 위한 쇼에 불과했다!!!

외환은행 매각과 외환카드 주가조작 이슈 등은 국회 재경위가 외환은행 헐값매각 의혹이라는 이름으로 2006년 3월 관련자들을 검찰에 고발하면서 사회적 이슈로 크게 대두되었다. 이와 같은 국회의 검찰 고발 배경에는 론스타가 외환은행 매각방침을 발표하자 2005년 11월,

대체투자 파헤치기(중)

타이타노마키의 서막

 당시 1위 시중은행이었던 국민은행을 보유한 KB 금융지주가 외환은행 인수참여를 선언한 것이 결정적인 계기가 되었다. 즉 KB 금융지주가 하나금융지주를 제치고 20% 이상 프리미엄을 얹어 론스타와 계약체결을 시도하면서 국부유출 논란이 확산된 것이다.

 2006년 6월, 국민은행은 론스타와 외환은행 매각을 위한 본계약까지 체결하였다. 하지만 2006년 10월 검찰이 외환카드 주가조작 사건을 이유로 론스타 부회장 등 4명의 구속 영장을 청구하는 등 론스타에 대한 여론이 급속히 악화되었다. 악화된 여론 하에서 정상적인 거래가 불가하다고 판단한 론스타와 국민은행은 2006년 11월 본계약 파기를 선언했다. 그 사이 검찰은 외환카드 주가조작에 대한 수사를 마무리하고 2007년부터 기소 절차를 밟았다. 론스타도 2007년에 자신의 보유 지분 중 13.6%를 CS 증권에 블록딜 형태로 매각하였다. 매각 대금은 1조 1,928억 원이었다. 매수자였던 CS 증권은 국세청의 요청에 따라 1,192억 원의 원천세를 제외하고 론스타에 지급하였다. 국세청의 과세 근거는 한국대표 스티븐 리의 역할이 외환은행 지분 거래 과정에서 가장 컸으며, 이에 따라 론스타 한국 사무소가 형식적인 역할만을 한 것이 아니라 실질적으로 거래를 주도하였으므로 론스타 한국이 과세 의무가 있다는 것이었다.

 한편 2007년 9월 HSBC가 외환카드를 주당 18,045원에 인수하겠다면서 외환은행 인수전에 뛰어 들었다. 이에 따라 2007년 12월 HSBC는 금융감독위원회에 외환은행 인수 승인을 신청했다. 당국은 외환카드 주가조작 수사 및 재판이 진행 중임을 감안하여 승인 결정에 난색을 표명했다. 2008년 2월 외환카드 주가조작에 대해 1심 법원은 유죄를 선고했다. 2008년 4월, HSBC는 론스타와 3개월간 협상기간을 연장한다고 발표했다. 2008년 6월, 2심 법원은 외환카드 주가조작에 대해 무상 감자 검토가 실제로 있었다는 이유로 주가조작에 대해 무죄를 선고했다. 그 와중인 2008년 9월, 글로벌 금융위기가 터지면서 HSBC는 외환은행 인수 포기를 선언했다. 한편 2008년 11월, 외환은행 헐값 매각 사건에 대해 1심 법원이 모두 무죄를 선고했다. 당초 외환은행이 유동성 위기에 처했는지 아닌지 정책적으로 판단한 사안에 대해 유·무죄를 적용해서 수사한다는 것 자체가 무리였다. 2009년 12월, 2심 법원도 외환은행 헐값 매각 사건에 대해 모두 무죄를 선고했다.

 하지만 외환은행 헐값 매각 사건과 별개로 진행된 외환카드 주가조작 사건에 대해서는, 2011년 3월 12일 대법원이 론스타의 의도적인 주가조작이 모두 인정된다며 유회원 대표에게 징역 3년을 선고했다. 동시에 주가 조작으로 100억 원의 이익을 본 론스타 펀드인 LSF-KEB 홀딩스도 벌금 250억 원이 확정되었다. 이 형의 확정으로 론스타는 은행의 대주주가 될 자격을 잃었다. 론스타는 다급했다. 하지만 론스타에게는 하나금융지주가 있었다.

 2012년 2월 17일, 하나금융지주가 총 4조 6,888억 원의 자금으로 외환은행 지분을 론스

사모투자펀드(PEF)

타로부터 인수하였다.[308] 하나금융지주 역시 매각대금 중 원천 징수액 3,915억 원은 제외하고 론스타에 지급하였다. 국세청의 입장은 CS의 블록딜 과세 때와는 또 달랐다. 즉 한국의 사업장이 실질적인 역할이 없는 형식상의 도관회사이므로, 미국과 버뮤다의 론스타 펀드를 수익의 실질 귀속자이자 납세 의무자로 판단한 것이다. 하여튼 하나금융지주는 자산규모 107조 원의 외환은행을 인수하여 총자산 290조를 넘어 이전의 3위였던 KB 금융지주를 4위로 밀어내고 우리금융지주, 신한금융지주에 이어 3위 금융지주 그룹으로 부상하였다.

결국 론스타는 외환은행 투자를 통해 7년 여 만에 4조 원이 넘는 천문학적인 수익을 올리는 데 성공했다. 단순 계산으로 외환은행 및 외환카드 지분 인수에 소요된 자금은 총 2조 1,500억 원 정도로 추정되고, 외환은행 배당액 9,333억 원, CS 블록세일 1조 1,928억 원과 하나금융지주에 매각한 4조 6,888억 원을 합치면 총 회수금은 6조 8,149억 원이다. 단순 계산으로 매각차익은 4조 6,400억 원이다!!! 물론 이 금액에서 5,000억 원이 넘는 금액은 세금으로 이미 원천징수 당한 상태이다.

2012년 11월, 론스타는 한국 정부를 상대로 한-벨기에 투자보장협정을 근거로 투자자 대 국가 간 소송(Investor-State Dispute: ISD)을 제기했다. 주요 논거는 HSBC의 외환은행 인수 승인 요청에 대해 한국정부가 불필요하게 승인을 지연하였으며, 하나은행이 외환은행을 인수하면서 지불한 매각대금의 약 10%를 양도소득세로 부과한 것은 이중과세를 금지한 한-벨 조제조약 위반이라는 것이었다. 소송가액은 약 5조 원 대로 알려졌다. 2015년 5월 15~24일까지 국제투자분쟁해결센터인 ICSID는 워싱턴에서 론스타와 한국 정부를 대상으로 첫 번째 심리를 진행했다. 통상 최종 판결까지 2년 내외가 소요된다는 점을 감안할 때 2017년 이후에는 나올 전망이다. 다만 양측의 공방이 장기화되면서 2019년 4월까지도 최종 결론이 나지 않았다. 한편 론스타는 스타빌딩 매각 건 과세에 대해서는 국내 사법절차를 활용하여 다투었으나, 외환은행 매각 지연 건은 국내 사법절차를 거치지 않고 바로 국제분쟁절차로 한국정부를 끌고 갔다. 한-벨기에 투자보장협정 상 국내절차를 거치게 되면 국제분쟁절차를 밟을 수 있는 권리가 없어지는, 이른 바 "포크-인-더-로드(Fork-in-the-Road)" 조항 때문이다.

국세청이 부과한 각종 세금에 대해서도 론스타는 소송을 제기하여 진행 중에 있다. CS와의 블록딜 과정에서 부과된 1,192억 원에 대한 과세처분 취소소송, 하나금융지주에 지분을 매각하는 과정에서 부과된 3,915억 원에 대한 과세처분 취소소송도 2019년 4월 기준으로 아

---

308 이 금액은 나중에 4조 4,000억 원 정도 수준으로 낮아진다.

타이타노마키의 서막

직 최종 판결이 나오지 않았다. 다만 하나금융지주에 대한 지분 매각과정에서 부과된 과세처분 취소소송에서는, 2015년 9월 23일에 서울고법이 론스타 미국에 귀속되는 양도소득은 한미 조세협정에 따라 면세 대상이라고 판단하여 론스타가 일부 승소했다. 이에 따라 이미 징수된 과세액 중 1,772억 원을 론스타 측에 돌려주라고 판결했다. 하지만 1심과 2심 모두 조세회피 목적의 도관회사에 한-벨기에 조세협정 상 이중과세 부과면제 혜택은 적용되지 않으며, 버뮤다와 같이 한국과 조세조약이 없는 국가의 투자자인 경우에는 한국의 과세부과가 정당하다고 일관되게 판결하였다.[309] 이에 대한 최종 결론을 미리 예단하기는 쉽지 않다.

필자가 보기에 론스타가 주가조작이라는 범죄 행위를 하고 먹튀를 한 것은 사실이다. 특히 자회사의 유동성을 지원해야 하는 의무가 있는 모회사가 자회사를 조금이라도 헐값에 합병하기 위해 법률상 가능하지도 않은 무지막지한 20:1 감자설을 시중에 의도적으로 유포하여 소액 주주들이 피눈물을 흘리도록 한 것은, 범죄행위 여부를 떠나서 기본적인 상거래 원칙조차도 없는 추악한 천민자본주의, 카지노자본주의의 전형이다. 천인이 공노할 대역죄라고 비난해도 크게 무리가 없다고 본다. 하지만 과세당국 입장에서는 납세자가 범죄자이든 아니든 똑 같은 기준으로 과세해야 한다. 납세자가 범죄자라고 해서 일관되지 않은 과세처분을 하면 그 또한 올바른 과세행정이 아니다. 감정적인 대응은 또 다른 역효과만 초래할 뿐이다. 향후 이들이 제기한 ISD와 조세 관련 소송결과를 계속 주목해야 할 이유이기도 하다.

---

309   한-벨기에 이중과세방지협정에 따르면 고정사업장이 없는 벨기에인의 한국주식 양도소득에 대해서는 한국에서 과세할 수 없다.

12 PEF와 해외금융계좌신고법(FATCA)

1) 프로크루스테스의 침대(Procrustean Bed) FATCA(팻카), 왜?

마크 주커버그(Mark Zuckerberg)와 함께 페이스북(Facebook)을 공동으로 창업한 에두와도르 세브린(Eduador Saverin)은 페이스북의 기업공개 직전인 2012년에 미국시민권을 포기하고 싱가폴 국적으로 "갈아탔다." 스위스에서 태어난 미국의 세계적인 재즈, 소울 및 락 가수인 티나 터너(Tina Turner) 역시 2013년에 미국 국적을 포기하고 스위스 국적으로 바꾸었다. 이처럼 그토록 따기 힘든 것으로 알려진 미국 시민권을 포기(expatriation)하고 다른 국적으로 "갈아탄" 사람 수는 2014년 3,415명이었다.[310] 이 수치는 역사상 최고치로 2008년 수치와 비교하여 무려 10배 이상 증가한 수치이다. 이와 같은 "기록적인" 미국 시민권 탈출 러쉬의 원인은 도대체 무엇인가?

2014년에 스위스 소재 은행들이 관리하는 자금은 전년보다 불과 2% 증가한 2조 달러에 그쳤다. 하지만 홍콩과 싱가폴은 전년보다 무려 각각 47%와 32%가 폭증하였다.[311] 싱가폴 최대은행인 DBS는 2014년에 프랑스 은행 소시에테 제네

---

310 Financial Times, Apr 8, 2015
311 Financial Times, Feb 9, 2015

랄로부터 부유층을 대상으로 자산관리 서비스를 제공하는 프라이빗 뱅킹(private banking) 사업 부문을 2억 달러에 인수하였다. 인수자금 전액은 모두 현금이었다. 한편 급격히 부상한 중국의 부유층을 상대로 영업을 하고 있는 홍콩은 부유층 자산관리(wealth management) 사업에서 부동의 1위를 차지하고 있는 스위스를 조만간 넘어설 것이라는 것이 파이낸셜 타임즈의 예측이다.[312]

2010년 이후 미국 시민권을 포기하는 사례의 급증과 프라이빗 뱅킹 서비스 업계의 급격한 지각 변동의 근본적인 원인은 바로 미국의 「해외금융계좌신고법(Foreign Account Compliance Act: FATCA)」 때문이다. FATCA 제정의 출발은 2008년 금융위기였다. 2008년 금융위기 이후 금융권에 대한 전 세계적인 규제 논의는 역사상 최고조에 달하였는데, 대표적인 사례가 다드-프랭크 법(Dodd-Frank Act)과 FATCA이다. 다드-프랭크 법(Dodd-Frank Act)과 그에 포함된 볼커 룰(Volcker Rule)은 파생상품 등 금융시장 전반에 대한 체계적 규제와 은행의 자기자본 투자에 대한 제한이 그 핵심이다.[313] 바젤 III에 대한 논의 역시 은행의 자기자본 규제를 강화함으로써, 2008년 금융위기를 초래한 중요한 원인 중의 하나였던 금융기관의 도덕적 해이를 방지하기 위한 것이다. PEF 등의 해외금융 기관과 관련하여 주목하여야 할 또 하나의 중요한 규제는 바로 2010년 3월부터 시행되고 있는 미국의 「해외금융계좌신고법(Foreign Accounts Tax Compliance Act: FATCA)」이다.

(상)권에서 상술한 바와 같이 2008년 이후 미국 정부의 최대 과제 중의 하나는 제조업의 부흥과 고용 회복이었다. 이에 따라 미국 정부는 미국기업이 2010년 2월부터 2010년 12월 31일까지 새로 고용한 노동자에게 급여를 지급할 경우, 이를 세금에서 공제(tax credit)하는 파격적인 법안을 패키지로 마련하였다. 이 법안

312　Financial Times, Feb 9, 2015
313　다드-프랭크 법(Dodd-Frank Act)과 볼커 룰(Volcker Rule)의 상세 내용은 「대체투자 파헤치기(상)」, 위기의 결과 편 참조.

사모투자펀드(PEF)

이 바로 「고용회복장려법(Hiring Incentives to Restore Employment Act: HIRE Act, Pub. L. No. 111-147)」이다. 하지만 이와 같은 파격적인 세제 혜택을 부여할 경우 미국 정부의 재정 부족은 추가로 더 악화될 것이 명백하였다. 더구나 2009년 미국의 재정적자는 GDP 대비 10%를 넘어선 사상 최악의 수준이었다. 이에 따라 부족한 세원을 조금이라도 보충하기 위해 해외에 소재하는 미국 시민의 세원을 포괄적으로 추적하면서까지, 세금을 부과하겠다는 미국 정부의 의지가 반영된 결과 FATCA가 마련된 것이다. 다만 FATCA는 다드-프랭크 법(Dodd-Frank Act)처럼 새로운 법률로 제정되지 않고, 기존의 세법(IRS Code)에 삽입되는 형식으로 마련되었다.[314]

FATCA의 핵심 내용은 "해외 금융기관(Foreign Financial Institution: FFI)"이 미국인의 해외 소득에 관한 상세정보를 미국의 과세당국인 IRS에 보고해야 한다는 것이다. 이를 위해 해외금융기관은 2016년 6월말까지 자신과 거래하는 모든 고객에 대한 정보를 실시간으로 조사(due diligence)하여 관련 정보를 축적해야 한다. 만약 통지 의무를 위반할 경우 대상 해외 금융기관에 대해서는 미국에 투자하여 벌어들이는 거의 모든 형태의 소득에 대해서 30%의 세율로 무조건 원천징수한다. 2017년부터는 30% 과세 대상도 자본이득에 한정되는 것이 아니라 미국 투자 자산의 매도액 전체로 확대되므로, FATCA를 위반할 경우 사실상 투자 원금까지도 미국 IRS에 의해 징수될 수 있다. 문제는 이와 같은 원천세 징수 대상이 미국 금융기관에만 한정되는 것이 아니라 전 세계 금융기관이라는 사실이다. 따라서 FATCA는 필연적으로 미국 이외의 전 세계에 그 효력이 미치는 초국가적(extra-terrestrial) 실정법이다.

금융기관의 정의도 은행과 같은 전통적 예금기관은 물론이고 보험회사, 사업의 주된 목적이 금융자산을 소유하는 지주회사, 나아가서 증권·파트너쉽·상

---

314 FATCA는 IRS Code §1471~§1474에 새로이 삽입되었다.

대체투자 파헤치기(중)

타이타노마키의 서막

품·파생상품 투자 등을 주된 사업으로 영위하는 어떠한 법적 실체도 FATCA의 적용대상이다.[315] 따라서 PEF 역시 일정 요건 하에서 FATCA의 적용대상이 된다. 만약 PEF 출자자 중에 미국인이 포함되어 있으며 이 PEF투자 포트폴리오 중에 미국에 투자한 포트폴리오가 있다면, FATCA에 따른 통지의무를 위반할 경우 이 PEF가 미국에서 실현한 "수익"의 30%, 2017년 이후에는 미국에서 실현한 "수입"의 30%를 미국 과세당국에 원천징수 당하게 된다. 심지어는 해외 금융기관이 아니라 하더라도(Non-Foreign Financial Institution: NFFI) 투자자산을 능동적이 아니라 수동적으로만 관리한다면, 즉 그 소득이 중개 기관인 非금융 해외기관(NFFI)을 단순히 "통과만 하는(passthru)" 성격을 가지고 있다면, FATCA 규정이 적용되어 해당 非금융 해외기관(FFI)은 IRS에 대한 보고의무가 발생한다. 한마디로 소름끼치는 법이다. 아테네 교외에서 지나가는 여행자를 집으로 초대하여 자기 침대에 눕혀 보고, 침대보다 길면 다리를 자르고 눕혀서 침대보다 짧으면 다리를 길게 늘였다는 그리스 신화의 프로크루스테스 침대가 FATCA하고 비슷하다면 지나친 비아냥인가?

2) FATCA 추진 일정, 시한폭탄?(Timebomb?)

FATCA는 2010년 3월 18일에 발효되었다. 2010년 8월 27일에는 미국 국세청인 IRS가 FATCA에 따른 해외금융기관 FFI의 정의, FATCA 면제조항 등을 포함한 가이드라인(Notice 2010-60)을 처음으로 발표하였다. 2011년에는 새로운 가이드라인 등(Notice 2011-34, 53)을 추가하였고, 2012년 2월 8일에는 법안을 구체화하는 IRS의 규정들이 발표되었다. 특히, 2012년 7월 26일에는 FATCA에 따른 해외정부 과세 당국 간 정보교환을 내용으로 하는 "정부간 협정(Inter-

---

315 IRS Code §1471(d)(5)

사모투자펀드(PEF)

Governmental Agreement: IGA)" 모델 I을 처음으로 발표하였다. 이를 기초로 2012년 9월 12일에 미국 정부는 영국과 최초로 정부간 협정(IGA)을 체결하였다.[316] 2012년 11월 15일에는 정부간 협정(IGA) 모델 I을 준수하기 곤란한 정부의 특성을 반영하여 IRS가 정부간 협정(IGA) 모델 II를 발표하였다. 예컨대 스위스는 금융기관에 대한 비밀보호의 원칙을 국내법으로 엄격하게 시행하고 있어, 스위스의 과세당국이 직접 미국의 과세당국(IRS)에 고객 정보를 통보할 수 없다. 따라서 정부간 협정(IGA) 모델 II는 해외 정부의 과세당국이 아니라 금융기관이 직접 미국의 IRS에 고객정보를 통보해야 한다. 이에 따라 2013년 2월 14일, 미국 정부는 스위스 정부와 정부간 협정(IGA) 모델 II에 기초한 협약을 최초로 체결하게 된다.[317]

한편 2013년 1월 17일에는 법안에 따른 FATCA 세부 시행령이 확정되어 발표·시행되었고,[318] 2013년 7월에는 FATCA의 시행 시기를 대체로 6개월 이후로 연기하는 조치(Notice 2013-43)가 발표되었다. 2013년 8월 19일에는 해외금융기관(FFI)을 위한 FATCA 온라인(online) 등록 포털이 처음으로 개설되었다. 2013년 10월 29일에는 정부기관이 아닌 개별 해외금융기관(FFI)을 위한 협정 초안이 처음으로 발표되었다.

2014년 5월 5일은 2014년 6월 IRS가 발표한 최초의 해외 금융기관(FFI) 리스트에 포함될 등록 마감일이었으며, 2014년 6월 3일은 2014년 7월 IRS 해외 금융기관(FFI) 리스트에 포함될 등록 마감일이었다. 2014년 6월 30일은 FATCA의 실제 시행 직전일로, 미국의 원천징수기관(US Withholding Agent: USWA)과

---

316 영국 이외에 프랑스, 독일, 아일랜드, 멕시코, 노르웨이, 스페인, 덴마크, 벨기에, 룩셈부르크, 네덜란드 등이 모델 I에 따라 협정을 체결하였으며, 심지어 케이만 군도, 건지, 저지, 지브롤터 등도 모델 I에 따라 협정을 체결하였다.
317 이후 일본, 버뮤다 등이 뒤를 이었으며 홍콩도 모델 II에 기초하여 협상을 진행하여 2014년 11월에 최종 타결했다. 우리나라는 2014년 6월에 미국 정부와 IGA를 타결하였다. 당초 2015년 시행을 목표로 하였으나, 국회 비준이 지연되면서 2016년 시행으로 목표가 변경되었다.
318 2013년 1월 17일 시행령은 다시 수정되어 2013년 9월 10일에 최종본이 발표, 시행되고 있다.

대체투자 파헤치기(중)

타이타노마키의 서막

FATCA에 참여하는 해외금융기관(Participating FFI: PFFI)은 이날까지 존재하는 고객의 모든 계좌정보에 대한 실사 및 확인을 완료하여야 한다.[319] 한편 2014년 6월 30일까지 존재하는 모든 계좌와 이 계자로부터의 처분, 담보, 재판매 등에 따른 수익은 FATCA의 원천 징수 대상에서 제외된다. 이를 "사전존재의무(Pre-existing Obligation)"라 하고 이 계좌를 "사전존재계좌(Pre-existing Account)"라 한다. 이른 바 조세 법률의 소급원칙을 배제하는 조부조항(grandfathered clause)이다.[320]

한편 개인이 아닌 기관의 경우에는 이 기간을 연장하여 2014년 7월 1일부터 2014년 12월 31일 사이에 "새로이" 발행·실행·개설한 계좌·증권·계약·지분·부채 등도 사전존재의무가 부과된 "사전존재 법인계좌(Pre-existing Entity Account)"로 인정한다. 법인인 경우에는 개인과 달리 조부조항이 아니라, 일종의 경과 규정을 두어 새로운 규정에 적응할 수 있는 시간을 추가적으로 부여한 것이다. 하지만 이 계좌도 앞서 언급한 대로 원천 징수대상에서만 제외될 뿐, 미국의 원천징수 기관(USWA)과 참여 해외금융기관(PFFI)의 보고대상에는 반드시 포함된다.[321]

2014년 7월 1일부터는 미국의 원천징수 기관(USWA)과 참여 해외금융기관(PFFI)은 새로이 개설되는 계좌에 대해서 정보를 확인하고 실사하는 절차나 시스템(onboarding process or system)을 가동하여야 한다.[322] 아울러 FATCA의 원천징수 대상에서 제외되는 경우를 제외하고는, 미국의 원천징수 기관(USWA)

---

319 원천징수 기관(Withholding Agent: WA)의 정의에 대해서는 후술한다.
320 미국 이외의 지역에 설립된 투명지급체(pass-through payment)의 경우에는, IRS가 이에 대한 명확한 정의규정을 미국 연방 관보(US Federal Register)에 제출한 날부터 6개월 이전까지 조부조항이 적용된다.
321 사전존재 법인계좌 중 일견(prima facie) 금융기관으로 간주되는 지급인이 있는 계좌에 대해서는 미국 원천징수기관(USWA)인 경우에는 2014년 12월 31일까지, 참여 해외금융기관(PFFI)의 경우에는 2014년 12월 31일과 PFFI 협정 발효일 후 6개월 기간 중 늦은 날까지 IRS에 통지해야 한다.
322 Notice 2013-43 발표 전에는 FATCA 시행일이 2014년 1월 1일이었다.

과 참여 해외금융기관(PFFI)은 문서로 확인된 "非참여 해외금융기관(Non-participating Foreign Financial Insttution: NPFFI)"이 새로이 개설한 계좌의 거의 모든 소득(FDAP: Fixed, Determinable, Annually or Periodic)[323]에 대해 원천징수 의무를 수행해야 한다. 참여 해외금융기관(PFFI)은 고객정보 제출을 거부하는 계좌(recalcitrant account)의 거의 모든 소득인 FDAP 소득에 대해서도 원천징수 의무를 수행해야 한다.

2015년 1월 1일부터는 앞서 법인에 특별히 부과된 경과조항이 종료되는 날로, 보고되지 않은 사전존재 법인계좌 중 일견(prima facie)[324] 금융기관이 지급기관으로 되어 있는 계좌에 대해서는, 일률적으로 非참여 해외금융기관(NPFFI)으로 간주하여 30%에 해당하는 원천징수를 하여야 한다.[325] 나아가 이날부터는 최소 한도(de minimis) 규정 내에 있는 법인이나 개인이라 하더라도, 잔고나 가치가 1백만 불을 초과하는지에 대한 모니터링을 실시하여야 한다. 만약 모니터링 결과 최소 한도 규정을 초과하면 당연히 FATCA 규정이 적용된다. 참여 해외금융기관(PFFI)은 2015년 3월 31일까지 2014년 말 기준으로 미국인 계좌번호, 납세번호(Tax Identification Number: TIN), 미국인이 소유한 非참여 금융기관(NFFPI) 이름, 미국인과 非미국인으로 구분한 고객정보거부 계좌수와 계좌 잔고, 수동적 非금융 해외기관(passive NFFI), 휴면계좌 등에 대한 정보의 통지를 시작해야 한다. 6월 30일까지는 후술하는 고액자산(high-value: HV) 개인에 대한 실사를 마쳐야 하며,[326] 고액자산 개인이 정보고지 등을 거부할 경우에는 7월 1일부터 원천징수를 실시하여야 한다. 9월 30일까지 정부간 협정(IGA) I 모델에 따라 협정을 체결한 국가는 2013년 말까지 해외 금융기관(FFI)으로부터 수집한 정보를 미국

---

323 FDAP 소득의 정의에 대해서는 후술한다.
324 Prima facie란 처음 보기에는 이라는 뜻의 라틴어이다. 상세한 조사나 분석 없이 "대충 겉으로만 판단하여"라는 뜻이다.
325 참여 해외금융기관(PFFI)의 경우에는 PFFI 협정 발효일 후 6개월이 경과한 날에 원천징수를 해야 한다.
326 참여 해외금융기관(PFFI)의 경우에는 PFFI 협정 발효일 후 6개월이 경과한 날에 실사를 마쳐야 한다.

대체투자 파헤치기(중)

타이타노마키의 서막

의 국세청인 IRS에 통지해야 한다.[327]

계열그룹(affiliated group)으로 포함된 참여 해외금융기관(PFFI)의 구성원 회사나 지점은 "제한된 PFFI/브랜치(Limited PFFI/Limited Branch)"라 하여 FATCA 규정을 면제하였으나, 2016년 1월 1일부터는 이를 적용하지 않는다. 즉, 이 날부터 계열그룹에 포함된 구성원 금융기관이나 지점 모두 개별적으로 FATCA의 규정을 준수해야 한다.[328] 이들 기관은 2016년 3월 31일까지는 2015년 말 기준으로 미국인 계좌에 지급된 자금 등에 관한 정보를 IRS에 통지하여야 한다. 2016년 6월 30일까지는 이전까지 통지한 사전존재의무 계좌를 제외한 모든 사전존재의무 계좌에 대한 실사를 마치고 이를 내부 정보로 기록해 놓아야 한다. 내부 정보로 기록해 놓지 않고 IRS에 통지되지 않는 계좌와 지급인은 非참여 해외금융기관(NPFFI)으로 분류하여 원천세 징수대상으로 간주한다.

2017년 1월 1일부터는 30%의 원천세 징수대상이 개별 자산의 처분으로 발생한 이득이 아니라 매각 총액(gross proceeds)으로 확대된다. 논란의 대상이 되고 있는 "해외 통과지급체(Foreign Passthru Payment)"는 2017년 1월 1일 이전에는 과세되지 않으나, IRS가 정의 규정을 명확히 한 후에는 과세 대상이 된다. 2018년 3월 15일까지 원천징수 기관과 참여 해외금융기관(PFFI)은 2017년 말 기준으로 미국인 계좌 정보를 통지할 때 총 매각 정보를 반드시 포함해서 통지해야 한다.

---

327 매년 9월 30일이 직전 2년도의 계좌 정보를 미국 정부에 통지해야 하는 마지막 날(deadline)이다. 예컨대 2014년 해외 금융기관(FFI)으로부터 수집한 계좌 정보는 2016년 9월 30일까지 IRS에 통지하여야 한다.
328 후술하지만 정부간 협정(IGA)에 포함된 계열그룹의 경우에는 일정 요건을 만족하는 경우 "제한된 PFFI/브랜치(Limited PFFI/Limited Branch)" 지위를 영원히 보유할 수 있다.

사모투자펀드(PEF)

3) FATCA 적용 대상? PEF? 설마?

FATCA 규정을 준수해야 하는 기관은 크게 세 가지로 구분 가능하다. 첫째가 "원천징수기관(Withholding Agent: WA)," 둘째가 "해외금융기관(Foreign Financial Institution: FFI)," 마지막으로 "非금융 해외기관(Non-Financial Foreign Institution: NFFI)"이다. 원천징수 기관(Withholding Agent: WA)이란 모든 금융 자산을 보관, 통제, 수령, 처분, 지급 등의 활동을 하는 개인, 기업, 파트너쉽, 트러스트, 협회 등의 거의 모든 주체를 의미한다. 일반적으로 PEF나 헤지펀드 입장에서는 자산을 보관한 수탁은행이 주로 이에 해당한다. 예컨대 A PEF가 자신의 자산을 수탁은행인 뱅크 오브 뉴욕 멜론(Bank of New York Mellon: BONY Mellon)에 보관한 경우, BONY Mellon은 A PEF의 원천징수 기관(WA)이 된다. 해외금융기관(FFI)은 전술한 바와 같이 거의 모든 금융기관이 이에 해당한다. 은행, 보험, 증권회사 등의 금융기관은 물론이고 PEF도 대상이 될 수 있다.

해외 금융기관(FFI) 중에는 해외에 지점이나 오피스가 없고 모든 금융지급 활동이 국내에서만 이루어질 경우, "의무이행 간주기관(Deemed Compliant FFI: DCFFI)"으로 인정한다. "등록된 의무이행 간주기관(RDCFFI, Registered DCFFI)"은 매 3년마다 확인을 거쳐야 하며, 특별한 사정 변경이 생겼을 경우에는 이를 즉시 알려야 한다. 한국의 우정사업본부가 한·미간 IGA 협상 결과 이 지위를 부여받았다. 의무이행 간주기관의 또 다른 예는 다른 해외 금융기관(FFI)을 계열 그룹(affiliated group)의 일원으로서 소유하거나 경영하는 해외 금융기관이다. 금융그룹을 소유한 은행 지주회사들이나 해외 본(지)점 등과 소유관계에 있는 은행 지(본)점 등이 이에 해당한다.[329] 이를 "제한된 해외금융기관(Limited

---

329 물론 이 경우 PEF도 포함될 수 있다. 이 경우 PEF는 설립 투자체(Sponsored Investment Entity)로 간주되고 DCFFI의 일종으로 FATCA의 적용 대상이 된다.

대체투자 파헤치기(중)

타이타노마키의 서막

FFI)" 혹은 "브랜치 해외금융기관(Branch FFI)"이라 하여 해외 금융기관(FFI)이나 등록된 의무이행 간주기관(RDCFFI)으로 간주할 수 있으며, 대상 해외 금융기관(FFI)이 일시적인 FATCA 면제를 요청할 수도 있다.[330] FATCA 적용 면제를 허용하는 이유는 지주회사나 은행의 지점이 개별 금융기관의 계좌정보를 제3자에게 통지할 수 없다는 금융정보 보호에 관한 규정 때문이다. 하지만, 이와 같은 면제조건도 앞서 전술한 바와 같이 2015년 12월 31일까지만 유효하다.[331]

해외금융기관인 FFI를 제외한 나머지 기관이 非금융 해외기관(NFFI)이다. 非금융 해외기관(NFFI)은 다시 "능동적 非금융 해외기관(Active NFFI)"과 "수동적 非금융 해외기관(Passive NFFI)"으로 구분된다. 능동적 非금융 해외기관(Active NFFI)은 非금융기관으로서 다른 산업 및 상업 활동 등을 적극적으로 수행하는 기관이며, FATCA 적용대상이 아니다. FATCA에서 유일하게 적용이 제외되는 기관이다. 애플, 구글, 삼성전자, 현대차 등의 일반 제조업 기업 등이 이에 해당한다. 하지만 수동적 非금융 해외기관(Passive NFFI)은 FATCA의 적용대상이 된다. 전형적인 정부간 협정(IGA) 모델에서는 수동적 非금융 해외기관(Passive NFFI)은 미국의 지분이 지배적(controlling) 위치, 보통 25% 이상의 지분을 보유하고 있지 않으면 FATCA 적용이 면제된다. 정부간 협정(IGA)이 아닌 일반적인 경우는 미국의 지분이 실질적인(substantial) 위치, 보통 10% 이상의 지분을 보유하고 있지 않아야 FATCA 적용이 면제된다. 따라서 수동적 非금융 해외기관(Passive NFFI)은 IRS에 미국인 소유권이 실질적이거나 지배적인 위치에 있지 않다는 것을 반드시 통지하여야 한다.[332] 만약 그렇지 않은 경우에는 비순응 계

---

330 이 경우에도 포트폴리오에 속하는 개별 FFI (Member FFI)는 FATCA 규정의 적용을 받으며 개별 통지의무를 부담한다.

331 정부간 협정(IGA) 모델은 Limited FFI를 다음의 네 가지 요건을 만족하면 그 지위를 영원히 인정한다. 첫째, 해당 해외 금융기관(FFI)이 非참여 해외금융기관(NPFFI)으로 스스로 인식할 것, 둘째, 허용된 범위 내에서 미국인의 계좌를 확인할 것, 셋째, Limited FFI가 설립되지 않은 국가의 FFI로부터 미국인의 계좌유치 활동을 하지 말 것, 넷째, 다른 해외 금융기관(FFI)이 의무를 회피하는 수단으로 Limited FFI를 사용하지 말 것.

332 이를 "직접 보고 비참여 해외금융기관(Direct Reporting NFFI)"이라 한다.

좌(recalcitrant account)로 자동 분류되어 원천징수 대상이 된다.

해외 금융기관(FFI) 중에서 FATCA 규정에 참여하겠다는 의사표시를 하게 되면, "참여 해외금융기관(Participating Foreign Financial Institution: PFFI)"이라고 부른다. 참여 해외금융기관(PFFI)이 되면 미국 IRS로부터 일종의 ID 번호인 "진(Global Intermediary Identification Number: GIIN 혹은 진 넘버)"을 부여받는다. GIIN은 2014년부터 발급되고 있다.

FATCA의 적용대상이 되는 소득은 미국을 기원으로(US source) 하는 "원천징수대상 소득(Withholdable Income)"과 "해외 통과소득(Foreign Passthru Income)"으로 구분된다. 원천징수대상 소득을 IRS는 "FDAP(Fixed, Determinable, Annually or Periodic) 소득"이라 정의한다. FDAP 소득은 개인 물품·부동산의 처분에 따른 소득과 면세 지방채·적격 장학금 등과 같이 당초부터 개인소득세 대상이 아닌 소득을 제외한 거의 모든 소득이 이에 해당한다. 고정(Fixed) 소득이란 사전에 미리 금액이 정해진 경우를, 확정가능(Determinable) 소득이란 지급해야 할 금액이 현재의 금액에 기초하여 결정되는 경우를, 주기적(Periodic) 소득이란 시간 차이가 어떻게 나든 상관없이 2번 이상 소득을 받는 경우를 의미한다.

"해외 통관 소득(Foreign Passthru Income)"이란 개념적으로는 원천징수대상 소득의 해외 지급자가 동 소득의 해외 수령자에게 직접 자금을 지급하는 것은 물론, 이를 중간의 중개기관(intermediaries)을 거쳐 지급하는 원천징수대상 소득까지 포함하는 것을 의미한다.[333] IRS의 정의에 따르면 원천징수대상 소득에 최종 귀속되는(attributable) 소득이다. 이와 같이 해외 통관 소득(Foreign Passthru Income)의 개념적 정의가 지나치게 포괄적이어서, 해외금융기관이 아니라 하더라도 해외금융기관으로부터 받은 소득을 단순히 전달하는 역할만 하여도 FATCA

---

333 같은 맥락에서 일반적으로 "통관 증권(pass through security)"이란 특정 자산을 기초로 하여 증권을 발행하고, 이 기초 자산에서 나오는 현금흐름을 증권의 보유자에게 그대로 전달하는 형태의 중개 역할을 하는 지급증권을 의미한다.

대체투자 파헤치기(중)

타이타노마키의 서막

의 규제대상이 된다. 예컨대 영국의 로이즈(Lloyds) 은행(FFI)이 자신의 건물 청소인에 대한 월급을 지급할 때 건물청소 노동자의 개인 계좌가 아니라 건물청소인 협회 계좌를 통해서 지급하였다면, 건물청소인 협회의 계좌는 통관(Passthru) 계자로 간주된다. 달리 말하면 건물청소인 협회가 금융기관이 아닌데도 불구하고 FATCA 규정을 적용받는 것이다. 황당하게 들릴지 모르지만 최소한 이론적으로는 사실이다. 이와 같은 이론적 혼란 때문에 IRS는 아직 해외 통관 소득(Foreign Passthru Income)에 대한 공식적인 정의를 내리지 않고 있다. 전술한 바와 같이 어떤 경우에도 2017년 1월 1일 이전에는 적용되지 않지만, 엄연히 해외 통관 소득은 FATCA의 적용 대상이다.

FATCA 규정이 아예 적용되지 않는(carve-out) 기관은 다음과 같다. 외국정부, 외국정부의 정치관련 기관, 국제기구, 해외 중앙은행, IRS가 적용을 공식적으로 배제한 기관은 FATCA 규정이 적용되지 않는다. PEF 입장에서 중요한 것은 운용사와 자신의 펀드가 FATCA 적용이 되는지 여부인데, 운용사와 PEF 모두 FATCA 적용 대상이다. PEF 뿐만 아니라 헤지펀드도 적용대상이다. 전술한 바대로 FATCA가 정의하고 있는 금융기관이 증권·파트너쉽·상품·파생상품 투자 등을 주된 사업으로 영위하는 모든 법적 실체이기 때문이다. 따라서 PEF는 자신의 운용사 지분이나 펀드의 LP에 미국 투자자가 있는지 여부 등을 상시적으로 점검해야 한다. 국내 PEF의 경우 운용사 지분에 미국 투자자가 있을 가능성은 거의 없으나 국내 PEF가 설립한 펀드, 특히 역외 펀드의 경우는 미국 투자자가 있는지 여부 등을 상시적으로 점검하는 것이 바람직하다. 만약 미국 투자자라는 징후(indicia)가 조금이라도 발견되는 경우에는 해당 수탁기관과 협의하여 과세당국에 통보하는 절차를 협의하는 것이 좋다.[334] 혹시라도 FATCA 위반 사항이 발견되면 최악의 경우 미국에 투자하였든 투자하지 않았든, 해당 PEF의 자산이 보관

---

334 미국인 징후(indicia)의 정의에 대해서는 후술한다.

된 금융기관이 30%의 원천세를 징수하게 되므로 주의해야 한다.

다만, 퇴직연금은 특정 요건 하에서[335] 미국 퇴직연금 제도에 따라 설립된 펀드, 적용이 면제되는 퇴직연금 펀드만을 위해 설립된 투자기구, 공무원 및 국제기구 연금 등은 FATCA 규정이 적용되지 않는다. 한편 계좌 잔고나 계약·지분·부채 등의 가치가 적은 경우에는 실사 의무를 면제하거나 감면한다. 개인인 경우에는 5만 불 미만, 개인이 아닌 경우에는 25만 불 미만이면 실사나 통지 의무가 없다. 보통 이를 규정 자체가 적용되지 않는 최소한도(de minimis) 규정이라 한다. 하지만 이는 개별 정부간 협정(IGA)에 따라 다를 수 있다. 예컨대 미국이 영국과 체결한 정부간 협정(IGA)은 최소한도 규정이 아예 없다. 따라서 모든 계좌에 대한 실사나 통지 의무가 부과된다. 한편 개인의 경우 계좌 잔고나 증권의 가치가 100만 불 이상인 경우에는 고액자산 계좌(high-value accounts)라 하여 특별 보고 대상으로 간주한다.[336]

4) FATCA의 5가지 의무

FATCA 준수 내용은 크게 다섯 가지이다. 첫째가 등록(registration)이다. 원천징수 기관(WA)이나 해외 금융기관(FFI) 및 일정 요건을 충족하는 수동적 非금융 해외기관(Passive NFFI)은 FATCA 규정을 준수하기 위해 먼저 등록을 해야 한다. 미국과 아무런 관련이 없는 신탁기관(Trustee)이나 PEF처럼 전문투자기관

---

[335] FATCA가 적용되지 않는 퇴직 연금의 요건은 다음과 같다. ① 협정에서 인정한 퇴직연금(Treaties Qualified Retirement Fund: TQRF): 미국과 조세협정을 체결한 나라에서 설립한 퇴직 연금. ② 다수 참여 퇴직연금(Broad Participation Retirement Fund: BPRF): 어느 누구도 연금 자산의 5% 이상을 소유하지 않고 매년 과세당국에 상세 내용을 보고하며, 고용인으로부터 받는 기여금이 전체 자산의 50% 이상인 퇴직 연금. ③ 소수 참여 퇴직연금(Narrow Participation Retirement Fund: NPRF): 연금 참여자가 50인 미만이고, 해외 금융기관(FFI)이 아닌 고용인이 기여금을 납입하며, 펀드 자산의 20% 이상을 수령하는 수령인이 해외에 거주하지 않는 연금. 이 세 가지 기본유형과는 별도로 개별적인 IGA 협상을 통해 FATCA 적용이 면제되는 리스트를 추가할 수도 있다.

[336] 23만 불~100만 불 사이의 계좌 잔고나 가치를 보유한 계좌를 소액자산 계좌(low-value accounts)라 부른다.

대체투자 파헤치기(중)

타이타노마키의 서막

이 운영하는 펀드 등이 등록을 해야 하는 지에 대한 논란은 있다. 필자가 보기에는 원칙적으로 이들 기관은 투자자 중에 미국인이 있든 없든, 미국에 투자를 하든 하지 않든 미국의 IRS에 우선 등록을 해야 한다. 말도 안 된다고 반박할 수 있지만 엄연한 현실이다. 등록을 하지 않아도 큰 문제가 없다고 주장할 수도 있다. 맞는 말이다. 하지만 등록을 하지 않아도 아무런 문제가 없으려면 수탁자나 펀드 투자자 중에 미국 시민이 있어서는 안 된다. 문제는 후술 하겠지만 미국 시민의 범위가 단순한 시민권자로만 한정되는 것이 아니라는 점이다. 예컨대 수탁자나 투자자가 미국에 혹시라도 계좌를 하나 개설하여 보유하고 있다면 미국 시민의 "징후(indicia)"로 간주되어 IRS에 보고해야 한다. 하지만 등록하지 않으면 보고를 근본적으로 할 수 없다. 따라서 이는 FATCA 위반이다. 수탁자나 펀드운영자들이 위탁자나 투자자들의 미국 계좌 보유 여부를 일일이 모두 파악하기 어렵다는 점에서, 차라리 등록을 하고 미국 시민의 징후 여부를 스크린 하는 것이 합리적인 판단이다. 문제는 실무적인 곳에서 발생한다. 미국에 투자하지도 않고 수탁자나 투자자도 해외 투자가 아예 없는 신탁펀드가 왜 미국의 IRS에 등록하는가? 혹시 등록을 하면 영원히 IRS에 통지의무가 발생하는 불편함은 없는가? 이에 따라 IRS에 등록을 하지 않되 미국 시민을 아예 고객으로 받지 않는 신탁기관이나 펀드들이 늘어나고 있다고 한다.[337]

등록은 오프라인(offline)과 온라인(online) 모두 가능하나 주로 온라인으로 하게 된다. IRS도 온라인 등록을 권고하고 있다. 등록이 끝나면 IRS는 일종의 ID 번호인 GIIN을 발급한다. 온라인 포털(online portal)은 2013년 8월 19일 개설되었다. 등록은 FATCA 규정을 이행한다는 의사표시로서 가장 초보적이지만 중요한 단계이다. 특히, 개별 협상이 아니라 정부간 협정(IGA)을 통해 IRS에 통지 의

---

337 하지만 필자가 보기엔 이와 같은 선택은 원칙적으로 잘못된 결정이다. 차라리 IRS에 등록하고 미국 시민의 징후가 위탁자나 투자자 중에 있는지 여부 등을 확인하는 체계를 갖추는 것이 위반으로 인한 30%의 원천징수를 고려했을 때 훨씬 경제적이고 합리적인 선택이다.

무를 부과 받는 해외 금융기관(FFI)이라 하더라도 등록 자체가 면제되는 것이 아니며, 이에 따라 자신의 역량으로 직접 등록을 해야 한다는 점에 주의해야 한다. FATCA의 실제 시행이 2015년이므로 2014년 말까지 거의 모든 금융기관 및 수동적 非금융 해외기관(Passive NFFI) 중, 미국인이 실질적이거나 지배적인 소유권을 보유한 경우에는 스스로 등록을 하는 것이 바람직하다.

두 번째가 FATCA 시행 이전에 존재하는 계좌에 대한 실사, 분류 및 확인이다. 일단 등록이 끝나면 FATCA 관련 규정을 이행하기 위한 작업을 진행해야 하는데, 가장 기초적인 작업이 바로 FATCA 시행 이전의 계좌에 대한 확인 작업이다. 확인 작업의 핵심은 미국 개인과 미국의 영업 실체(business entity)가 보유한 계좌의 확인이다. 미국 개인에 대한 작업은 미국인이라는 징후(US indicia)만 있으면 이를 통지 대상 계좌로 분류해야 한다. 미국인이라는 징후는 미국 시민권, 영주권은 물론이고 미국 태생, 미국 전화번호 및 미국 주소, 미국 거주인에 대한 위임장, 미국에 위치한 금융기관 계좌 사용 등이 발견되면 모두 미국인 징후로 간주하여 통보 대상으로 분류한다. 계좌 확인 절차는 앞서 언급한 고액자산 계좌(high-value account)에는 더 세심한 주의를 기울여서 수행하여야 한다. 예컨대 전자적 확인 절차를 거쳐 미국인 징후가 없다고 판단되더라도, 고액자산 계좌(high-value account)는 수작업에 의한 확인절차를 추가로 진행하여야 한다. 하지만 최소한도(de minimis) 이하의 계좌에 대해서는 확인 작업을 수행할 필요가 없다.

미국의 영업 실체는 개별 해외 금융기관(FFI)인 경우에는 10%, 정부간 협정(IGA)을 통한 경우에는 25% 이상의 지분을 미국인이 소유한 경우를 의미한다. 만약 확인 과정에서 계좌의 소유주가 다른 해외 금융기관(FFI)으로 추정되는(prima facie) 경우에는 추가적인 확인 작업을 진행해야 한다. 만약 해당 해외 금융기관(FFI)에 대한 확인 작업을 거쳐 참여 해외 금융기관(FFI)이거나 이행간주 해외 금융기관(FFI)으로 판명되면 더 이상 추가적인 작업이 필요 없다. 확인 결과 참여하지 않는 해외 금융기관(NPFFI)으로 판명되면, 개별 해외 금융기관 협정

대체투자 파헤치기(중)
타이타노마키의 서막

(FFI Agreement)에 따라 원천징수 대상으로 분류한다. 정부간 협정(IGA)을 통한 해외 금융기관(FFI)은 원천징수 대상으로 바로 분류하지 않고 해당국 과세당국에 통보하면 된다.

세 번째가 FATCA 시행 이후에 새로이 개설되게 될 계좌에 대해 FATCA 목적에 부합하는 확인 절차 및 시스템(onboarding procedures)을 구축해야 한다. 이 확인 절차 및 시스템은 앞서 두 번째 절차와 마찬가지로 합리적인 수준에서 진행되어야 한다. 어느 수준이 합리적인 수준인지는 개별적인 사안마다 판단해야 한다. 다만 해외 금융기관(FFI) 입장에서는 일반적으로 "자금세탁 방지(Anti-money Laundering: AML)" 규칙이나 "고객 파악(Know Your Customer: KYC)" 규정 정도의 수준을 준수하면 합리적이라고 본다.

네 번째가 FATCA에 참여하기 위해서는 정부간 협정(IGA)이든 개별 해외 금융기관 협정(FFI Agreement)이든, 미국의 IRS와 협정을 맺어야 한다. 정부간 협정(IGA)과 관련하여 주의해야 할 것은 대부분의 정부간 협정(IGA)이 모델 I을 통해서 이루어지는 바, 이 모델에 따르면 해외 금융기관(FFI)은 IRS가 아니라 해당국 과세당국에 통지 의무를 갖는다. 나아가 FATCA 위반 사항이 발견되더라도 "해당국" 과세당국의 통제 아래 18개월 동안의 기간을 부여 받아 위반사항을 시정한다. 물론 필요한 경우 예외적으로 IRS가 직접 개입할 권원은 여전히 보유하고 있다. 하지만 정부간 협정 체결국가의 경우 해당국 과세당국이 자국 금융기관(FFI)의 FATCA 이행 사항을 점검하고 통제하는 것이 원칙이다.

FATCA 준수 내용의 마지막 내용은 바로 관련 정보를 IRS 혹은 자국 과세당국에 주기적으로 통지하고, 필요한 경우 원천 징수 조치를 취해야 하는 것이다. IRS나 자국 과세당국에 통지하여야 할 내용은 미국인 징후 개인이나 기업 계좌가 발견되었을 때 해당 계좌주의 이름, 주소, 납세번호(TIN: Taxpayer Identification Number), 계좌번호, 계좌잔고, 지급총액(gross proceeds/redemption) 등이다. 이와 같은 정보들은 "FATCA 보고서(FATCA Report)"라고 불리는 양식(Form 8966)에 기재하여야 한다. 2018년 버젼이 가장 최신이다. IRS는 수시로 Form

8966 작성에 대한 설명(instruction)을 하고 있는데, 2018년 8월이 가장 최근의 설명이다. 나아가 필요할 경우 IRS는 양식을 수정할 수도 있다. 마지막으로 고객 정보 제출을 거부하는 계좌(recalcitrant account)와 非참여 금융기관(NPFFI)의 원천징수대상 소득에 대해서는 참여 해외금융기관이 원칙적으로 30%의 세금을 원천징수해야 한다. 다만, 정부간 협정(IGA)에 따라 FATCA 의무가 발생하는 경우는 협정 내용에 따라 조금씩 다를 수 있다.

13 PEF 투자 전략

1) 전통적 바이아웃(Traditional Buy-out): 최근의 추세

바이아웃(Buy-Out) PEF는 PEF의 전통적 전략이다. 앞서 언급한 대로 근대 PEF 전략의 역사적 기원이 바로 기업을 인수 한 후에 가치를 제고하여 매각하는 바이아웃(Buy-out) 전략이었다. 이에 따라 전 세계 PEF 전략 중 가장 비중이 높은 30~40% 내외가 동 전략 하에서 운용되고 있다. 금융위기 직전 가장 호황기였던 2006년에는 바이아웃(Buy-out) 전략이 전체 PEF 전략의 42.1%를 차지할 정도로 바이아웃(Buy-out) 전략은 2008년 금융위기 이전 PEF의 대표전략이었다. 금융위기 이후에는 리스크에 대한 민감도가 올라가면서, 바이아웃(Buy-out) 전략 비중이 다소 하락하여 2012년 말 기준으로는 24.6%의 비중을 차지하였다. 하지만 금융위기가 진정된 2015년 이후에는 바이아웃(Buy-out) 전략 비중이 41.0%를 차지했고, 2016년 44.9%, 2017년 51.2%, 2018년에는 54.4%로 증가하여 금융위기 이전보다 오히려 활발한 모습을 보여주고 있다.

〈 Buy-out 자금 모집액 및 비중 〉

연도	2006	2007	2008	2009	2010	2011	2012	2013	2014	2015	2016	2017	2018
전체 PEF 모집액	537	645	647	281	295	342.3	395.8	533.2	418.4	401.7	487.3	565.8	431.7
Buy-out 펀드 모집액	226.2	246.5	229.8	109.7	78.9	80.9	97.2	191.0	185.1	164.5	218.5	289.4	234.8
Buy-out 전략 비중	42.1%	38.2%	35.5%	39.0%	26.7%	23.6%	24.6%	35.8%	44.2%	41.0%	44.9%	51.2%	54.4%

단위: 십억 불, 출처: Preqin, 2014년 이후는 기업지분형 PEF

사모투자펀드(PEF)

바이아웃(Buy-out) 전략을 구사하는 PEF는 2008년 금융위기 직전인 2007년에 2,465억불 규모의 자금을 모집하여 역사상 최고의 전성기를 구가하였다. 특히 45억불 이상의 초대형(Mega) 펀드가 바이아웃(Buy-out) 펀드의 절반 가까이를 차지할 정도로 대형 바이아웃(Buy-out) 펀드가 전체 바이아웃(Buy-out) 전략을 주도했다. 이는 금융위기 이전 활발히 전개되었던 막대한 레버리지 활동에 기인한 것이다. 금융위기 이전 전 세계적으로 진행된 레버리지 활동의 원인과 결과는 (상)권에서 상술한 대로이다. 하지만 금융위기 이후 증가세가 확연히 둔화되면서, 2009년에는 바이아웃(Buy-out) 펀드가 전년보다 50% 이상 감소한 1,000억 원 내외의 자금을 모집하는 데 그쳤다. 다만 금융위기가 진정되는 2013년에는 1,910억불의 자금이 바이아웃(Buy-out) 펀드로 유입되는 등 다소 회복되는 추세를 보여주더니, 2017년에는 바이아웃(Buy-out) 전략에 유입된 자금이 2,894억불로 사상 최고치를 갈아 치웠다. 이는 2016년말부터 세계 경제가 회복세를 보이면서, 2017년에는 금융위기 이후 최고의 활황세를 보인 것이 그 이유이다.

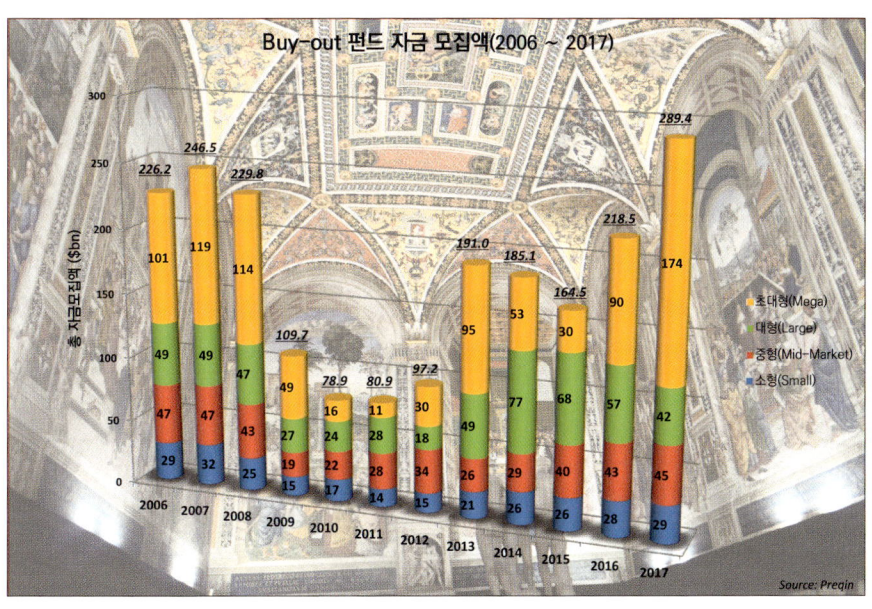

바이아웃(Buy-out) 전략은 전통적으로 딜의 절반 이상이 북미에 집중되어 있

대체투자 파헤치기(중)

타이타노마키의 서막

는 것이 특징이다. 2008년 금융위기 이전인 2006년에는 북미 지역에서만 무려 4,096억불이라는 엄청난 규모의 바이아웃(Buy-out) 거래가 이루어졌다. 하지만 금융위기 이후 금융기관의 레버리지 활동이 급격히 위축되면서 거래 활동이 급전 직하했다. 2008년의 경우는 전년보다 무려 △351.6%나 감소하였고, 그 이후에 도 정점이었던 2006년보다 △60% 내외가 감소한 1,500억불 내외 수준이다. 다만, 2013년부터는 다소 회복세를 보이면서 2017년에는 1,748억불을 기록하기도 했다. 향후에도 이 추세가 지속될 수 있을지는 지켜봐야 할 것 같다. 유럽의 경우도 2007년에 2,349억불에 달하는 바이아웃(Buy-out) 거래가 성사되어 최정점을 이루었으나, 2008년 금융위기 이후 딜 규모가 급격히 감소하면서 2015년 이후는 1,000억불에 미치지 못한다. 2011년에는 PEF가 주도하는 바이아웃(Buy-out) 딜이 다소 증가하기도 하였는데, 이는 2011년 유럽 재정위기라는 거시경제 환경 변수 때문이었을 것이다. 재정위기로 인해 타인자본조달(debt financing)이 감소하고 자기자본조달(equity financing)이 증가하면서, PEF 주도의 바이아웃(Buy-out) 딜이 증가한 것도 하나의 원인이었을 것으로 추정된다.

〈 지역별 바이아웃(Buy-out) 거래 규모 〉

	북미	유럽	아시아	잔여 지역
2006	409.6	189.2	19.7	23.9
2007	406.7	234.9	30.0	24.0
2008	90.1	84.9	19.8	11.9
2009	52.6	33.6	25.2	4.9
2010	123.1	78.2	22.8	14.9
2011	134.0	98.9	28.2	18.7
2012	158.8	75.5	28.4	16.1
2013	184.9	86.7	30.0	11.2
2014	189.2	104.7	48.9	20.7
2015	257.9	98.8	49.8	20.2
2016	188.2	98.3	35.3	18.6
2017	174.8	98.1	62.5	11.8

표 출처: Preqin, 단위 bio USD

사모투자펀드(PEF)

아시아 지역의 가장 큰 특징은 다른 지역과 달리 2008년 금융위기 이전보다 그 이후에 바이아웃(Buy-out) 활동이 활발하다는 것이다. 예컨대 2017년에는 아시아 지역에서 바이아웃(Buy-out) 딜이 규모면에서 역사상 가장 활발히 이루어졌는데, 전술한 북미나 유럽 지역의 추세와 확연히 다른 점이다. 이는 아시아 지역의 성장세가 두드러지면서 바이아웃(Buy-out) 기회가 과거보다 증가하고 있고, 아시아 지역 내에서도 바이아웃(Buy-out) 전략을 구사하는 PEF가 증가하면서 나타나는 현상이다. 향후에도 이와 같은 증가 추세가 지속될 수 있을지 주목된다.

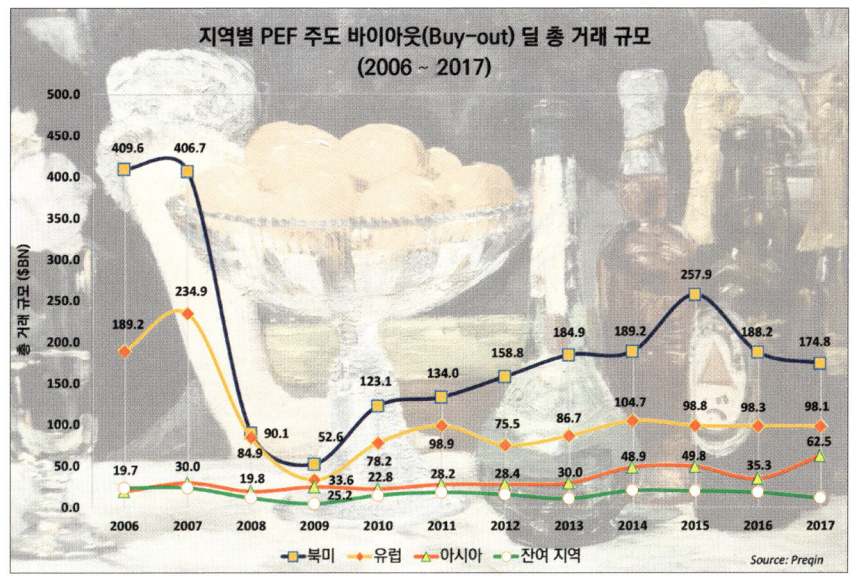

PEF가 주도하는 바이아웃(Buy-out) 딜의 건수는 금융위기 이전에는 2007년에 가장 많았다. 하지만 2008년 금융위기를 전후하여 바이아웃(Buy-out) 딜은 급격히 감소하였는데, 이는 금융권 전체의 레버리지 수준이 급격히 내려갔기 때문이다. 하지만 글로벌 경제가 안정화되고 전 세계적인 초저금리가 고착화되면서, 2012년에는 2007년 수준보다 많은 수의 바이아웃(Buy-out) 딜이 PEF 주도하에 이루어지기도 하였다. 이는 PEF 주도의 바이아웃(Buy-out) 투자가 금리나 레버리지 수준과 같은 글로벌 거시 경제 환경에 직접적인 영향을 받는다는 뜻이

다. 달리 말하면 바이아웃(Buy-out) 전략을 구사하는 PEF는 경기 싸이클에 직접적인 영향을 받는다. 이는 PEF가 글로벌 거시경제 환경, 특히 이자율과 레버리지 동향에 대한 면밀한 모니터링이 필요함을 시사한다. PEF가 지분 투자에 집중하므로 이자율과 레버리지 거시동향에 대해 주의를 기울일 필요가 없다는 주장이 있는데, 필자가 보기에는 바람직하지 않은 시각이다. 2016년 12월 이후 미국의 기준금리 인상 시점과 인상 폭 역시 바이아웃(Buy-out) 전략을 구사하는 PEF에게는 중요한 전환기가 될 수도 있으므로, 면밀한 거시경제 모니터링이 필요하다.

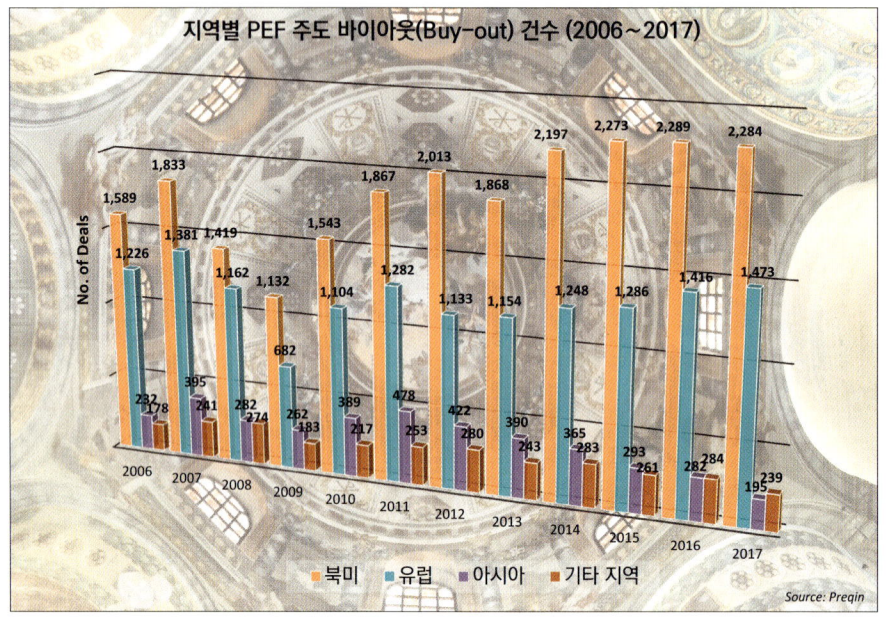

PEF 역사부문에서도 잠깐 언급하였지만, PEF가 주도하는 바이아웃(Buy-out) 딜의 규모는 2007년을 정점으로 지속적으로 감소 추세이다. 이 역시 2008년 금융위기로 인해 금융산업(financial sector) 전반에서 리스크에 대한 민감도가 올라가면서 금융기관의 레버리지 활동이 과거처럼 활발할 수 없기 때문이다. 이에 따라 PEF 입장에서도 과거처럼 대형 딜보다는 중간 정도의 위험과 중간 정도의 수익률을 타겟으로 하는 전략을 채택하는 것이 좀 더 유리해졌다.

사모투자펀드(PEF)

하지만 이 추세는 2016년을 기점으로 극적으로 반전된다. 2016년에는 초대형 바이아웃(Buy-out) 딜이 전체 거래 중에서 41.3%를 차지하여 이미 2008년 최고점을 넘었다. 2017년에는 45억불 이상의 초대형 딜이 전체 바이아웃(Buy-out) 거래의 60.0%를 차지했는데, 이는 금융위기 이전인 2008년의 38.0%를 크게 넘어선 수준이다. 2017년에는 금리 수준이 낮지 않음에도 불구하고, 바이아웃(Buy-out) 딜이 활발했던 이유는 PEF로의 자금모집이 역대 최고 수준을 기록했던 것과 무관하지 않다. 향후에도 이와 같은 추세가 지속될지 귀추가 주목된다.

바이아웃(Buy-out) 전략은 인수 대상 기업의 인수 가치에 따라 초대형/대형(mega/large) 딜과 중형/소형(mid/small) 딜로 분류된다. 기업가치(enterprise value; EV)로 환산하면 산업별로 멀티플(multiple) 차이는 있으나, 딜의 절대 규모로만 비교하면 초대형/대형(mega/large) 딜의 경우는 USD 5십억 불 내외이고 중형/소형(mid/small) 딜은 USD 5억불 내외에 해당한다. 좀 더 자세히 상술하면 거래규모가 건당 45억불 이상은 초대형(mega) 딜, 15~45억불 규모이면 대형(large) 딜, 5~15억불 규모이면 중대형 딜(big), 1~5억불이면 중형(middle) 딜, 1억불 미만이면 소형(small) 딜로 분류 가능하다. 초대형 딜은 금리가 낮고 산업이 호황이었던 2005~2007년에 절정을 이루었다. 하지만 2008년 금융위기 이후에는 그 이전 추세와 비교해 볼 때 초대형 딜을 찾기는 쉽지 않다. 오히려 10~50억불 사이의 중대형 규모의 바이아웃(Buy-out)은 꾸준한 증가세를 보이고 있다. 다만 전술한대로 2015~2016년부터는 초대형 딜이 크게 증가했다. 예컨대 2015년에는 3G 캐피탈(3G Capital)의 크래프트(Kraft)와 하인즈(Heinz) 합병이 있었고, 2016년에도 아폴로가 ADT 보안 서비스를 인수하였다. 2017년에는 베인 캐피탈 컨소시엄이 도시바 메모리 사업을 인수하는 등 갈수록 거대 PEF의 초대형 바이아웃(Buy-out) 활동이 활발해지고 있다. PEF 업계가 2008년 금융위기 이전 수준을 확실히 뛰어 넘었다고 평가해도 되는지는 조금 더 지켜 봐야 할 것 같다.

역사상 가장 유명한 초대형 딜(Mega Deal)은 1988년에 이루어진 KKR의 알제이알 내비스코(RJR Nabisco) 인수이다. 거래규모는 1988년 당시 화폐로

대체투자 파헤치기(중)

타이타노마키의 서막

311억불이었으며 이후 19년 동안 깨지지 않는 기록이었다. 담배(RJR)와 식품(Nabisco)을 판매하는 회사 가치가 30조 내외라는 것은 이해하기 어려우나, 이 인수가는 KKR의 차입인수(LBO) 시도와 당시 알제이알 내비스코(RJR Nabisco)의 CEO였던 로스 존슨(Ross Johnson)의 MBO 시도가 경합하면서 인수가가 천문학적으로 치솟은 결과였다. 2019년 3월 기준으로 가장 규모가 큰 PEF 주도의 바이아웃(Buy-out) 딜은 KKR, TPG 그리고 골드만 삭스 캐피탈 파트너즈(Goldman Sachs Capital Partners)가 합작하여 2007년에 인수한 티엑스유(TXU Corporation)로 총 거래 규모가 438억불이었다. 이 중 인수금융은 400억불이었지만 당시 TXU의 지분가치는 8억불에 불과하였다고 한다.[338]

프레퀸(Preqin)이 펀드의 크기를 기준으로 바이아웃(Buy-out) 펀드를 분류하여 발표한 자료가 있다. 이 자료에 따르면 2008년 금융위기를 정점으로 초대형(mega) 펀드가 급격히 줄어들다가, 2013년부터 다소 회복되는 모습을 보여주고 있다.

〈 규모별 바이아웃 PEF 자금 모집액 〉

단위: bio USD	Mega fund	Large fund	Mid fund	Small fund
2006	101.2	49.3	46.6	29.2
2007	119.0	48.7	47.1	31.7
2008	114.3	48.8	40.4	27.5
2009	48.9	31.3	19.9	14.8
2010	15.1	23.6	22.2	18.2
2011	11.1	28.6	30.0	16.6
2012	30.6	17.7	34.6	17.9
2013	106.5	40.0	25.4	24.3
2014	53.2	77.2	29.1	25.6
2015	30.4	68.5	39.8	25.8
2016	90.1	57.1	43.1	28.1
2017	173.7	41.9	44.7	29.1

표 출처: Preqin (Mega: 45억불 이상, Large: 15~45, Mid: 5~15, Small: 5억불 이하)

---

[338] Financial Times, April 16, 2013

특히 2017년에는 초대형 펀드로 유입된 자금이 1,737억불로 사상 최고치를 기록했다. 15억불~45억불 사이의 대형(large) 펀드의 경우 2014년에는 772억불로 최고치를 기록했다가, 2015년부터는 다시 감소세이다. 이는 바이아웃(Buy-out) 펀드가 최근에 와서는 리스크가 다소 큰 초대형 펀드로 무게 중심이 이동하고 있음을 보여주는 것이다.

5~15억불 사이의 중간 수준 크기의 펀드는 2008년 금융위기 이후 다소 주춤하다가 2017년까지도 증가세를 유지하고 있다. 크기가 5억불 이하로 작은 펀드 역시 2008년 금융위기 이후 감소하다가 2013년 이후부터는 다소나마 증가세를 유지하고 있다. 이는 2016년을 전후한 시기부터 대체로 PEF의 바이아웃(Buy-out) 활동이 크기와 무관하게 다시 활발하게 전개되고 있음을 보여주는 것이다.

2) 전통적 바이아웃: 투자건 발굴(Deal Sourcing)과 진입가격(Entry Value)

바이아웃(Buy-out) 전략에서 가장 중요하고 어려운 것이 바로 투자 건을 발굴하는 딜 소싱(deal sourcing)이다. 바이아웃(Buy-out) 펀드 전략을 구사하는 이들 성과의 절반 이상은 투자건 발굴에서 결정된다고 할 만큼, 딜 소싱의 중요성은 아무리 강조해도 지나치지 않다. 프레퀸(Preqin)이 바이아웃(Buy-out) 펀드 매니저들을 대상으로 2014년에 설문조사를 한 결과를 보아도, 무려 57%의 펀드 매니저들이 자기 자신만의 배타적인 딜을 발굴(proprietary deal sourcing)하는 것이 가장 어렵다고 대답했다. 2018년 설문 조사에서도 PEF 매니저의 가장 큰 이슈로 전체 응답자의 73%인 절대 다수가 딜 소싱을 꼽았다. 투자건 발굴이 그만큼 어렵다는 것은 딜 소싱이 그만큼 중요하다는 반증이기도 하다.

특히 최근에는 PEF의 미투자 약정액(dry powder 혹은 overhang)이 증가하면서 PEF 상호간에도 경쟁이 심해졌다. PEF 상호간의 경쟁심화는 그만큼 배타적인 딜 발굴이 갈수록 쉽지 않다는 것을 의미하는 것이기도 하다. 나아가 펀드 규모가 큰 PEF들도 사이즈가 크지 않은 잠재적 투자 건에 주목하기 시작했다. 이

대체투자 파헤치기(중)

타이타노마키의 서막

는 2008년 금융위기 이전 대형 PEF들이 일정 규모 이상의 투자 건에만 관심을 보였던 것과 달리, 지금은 중소형 투자 건이라 하더라도 현금흐름이 안정적이고 수익성이 확실하다면 이들 대형 PEF 역시 해당 중소형 딜에 언제든지 자금을 투자한다는 적극적인 자세로 추세가 바뀌었음을 보여주는 것이다. 어떻게 보면 PEF 상호간의 출혈 경쟁이기도 하지만, 최근의 추세는 잠재 투자건의 크기(size)가 아니라 잠재 투자건의 성질(quality)에 따라 거의 모든 PEF들이 관심 정도가 결정된다.

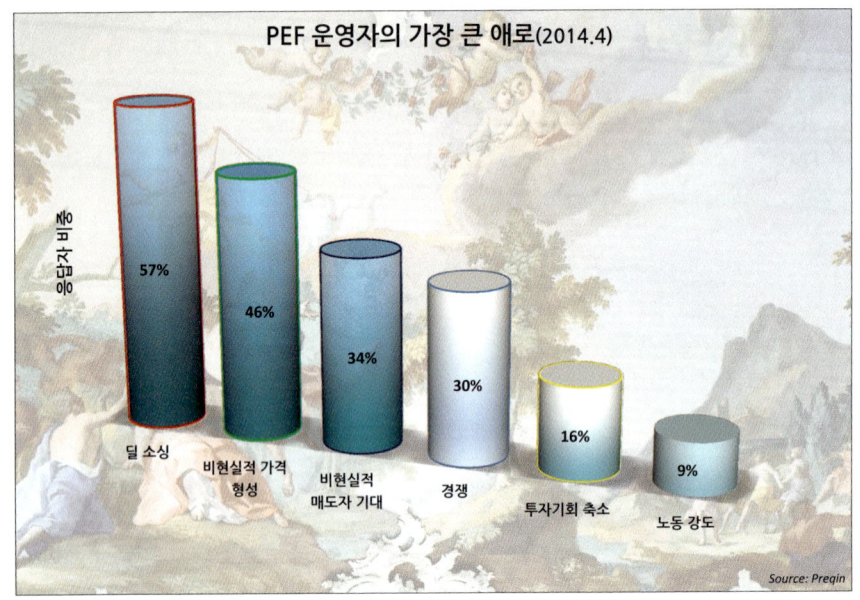

투자 건을 발굴하는 방법은 크게 두 가지로 나뉜다. 첫 번째 방식은 PEF 내부의 역량을 활용하는 것이다. PEF 내부역량 활용은 해당 포트폴리오 매니저(PM)별로 구성된 개인적 네트워크를 활용하는 방식도 있고, 체계적으로 투자건 발굴 팀을 별도로 두는 방법도 있다. 투자건 발굴 팀을 별도로 두게 되면 효율적인 투자건 발굴이 가능하다는 장점이 있지만 비용이 올라간다는 단점도 있다. 필자 경험에 따르면 미국의 R PEF는 별도의 투자건 발굴 팀을 운영하면서, 이 팀이 매월 일정 수의 바이아웃(Buy-out) 가능 리스트를 투자 거래 팀에 전달한다. 투자건 발굴팀과 투자 거래팀은 별개의 독립된 조직으로 운영되며, 이에 따라 투자건

사모투자펀드(PEF)

발굴과 관련된 이행상충을 방지하여 완벽한 객관성을 확보한다. 예컨대 특정 투자 건에 대해 투자건 발굴 팀이 아무리 강력히 추천해도 거래를 주관하는 투자 거래 팀에서 이를 부인하면 내부 투자심의위원회까지 올라가지 못한다. 다만 한 가지 단점이 있었는데 이 PEF는 관리 보수가 다른 PEF보다 상대적으로 높았다. 최근에는 관리 보수가 2% 미만인 경우가 많지만 이 PEF는 관리보수 2%를 고수하고 있다. 이를 조금이라도 낮추기 위해 협상을 몇 번 시도하였지만, 이 PEF의 관리 보수에 대한 입장을 바꾸지는 못하였다. 필자가 보기에 이처럼 관리보수에 대해 강경한 입장을 고수하는 이유는 투자건 발굴 팀을 별도로 운영하기 때문에 발생하는 추가적인 비용을 보전하기 위한 불가피한 선택이 아닌가 생각해 본다.

두 번째 방식은 바로 투자건 발굴의 역할과 책임을 외부에 아웃소싱(outsourcing) 하는 방법이다. 투자건 발굴을 외부에 아웃소싱(outsourcing) 하는 것은 해당 PEF의 역량이 상대적으로 떨어진다는 것을 의미하므로 최선의 투자건 발굴 방법은 아니다. 하지만 내부에 명확한 투자건 발굴 팀도 없고 PM이나 PEF 대표의 개인적 네트워크에 딜 소싱을 의존하는 방식보다는 좀 더 선진화된 방식이다. 어차피 외부에 투자건 발굴을 아웃소싱(outsourcing) 하는 방식도 딜이 마지막까지 완료되지 못하면 보수가 지급되지 않는 성공보수 방식이므로, 차라리 투자건 발굴을 체계적으로 외부에 위탁하는 것도 나쁘다고 보기는 어렵다.[339]

투자건 발굴 대상을 형태별로 세분하면 다음과 같다. 가장 많은 것이 성장형(growth equity) 기업이다. 즉, 기업의 생애 주기 상 성장가도 선상에 위치한 기업을 인수하여 가치를 제고하고 투자를 회수(exit) 하는 방안이다. 전 세계 국가를 대상으로 투자건 발굴을 수행하는 대규모 PEF 운용사의 경우는 성장형 기업을 주로 성장형 국가인 이머징 마켓(emerging market)에서 탐색한다. 예컨대, 인도와 같이 경제가 성장가도에 있는 국가에 속한 기업들은 성장형 기업이 많을 것

---

339 거짓말처럼 들릴지 모르지만 몇몇 대학생을 고용해서 전화번호부 책을 주고, 해당 기업의 소유주나 매니저에게 전화를 걸어 기업 매각의사를 물어 보게 해서 딜을 소싱하는 방법도 있다고 한다. 티에이 어쏘시에이츠(TA Associates)가 대표적 사례이다. Mark Bishop, 앞의 책

이고, 영국과 같이 경제가 이미 성장가도를 지난 국가에 속한 기업들은 성장형 기업이 많지 않을 것이라고 전제하는 것이다. 두 번째가 경영진이 기업을 인수하여 새로운 주인으로 탈바꿈하는 투자(MBO, MBI or BIMBO)에 참여하는 것이다.[340] 1980년대처럼 MBO를 할 경우 필요한 레버리지를 상업은행이나 투자은행이 조달해 주던 때가 있었으나, 현재는 금융기관의 위험회피가 일반화되면서 은행 등과 같은 금융기관보다는 바이아웃(Buy-out) PEF가 MBO에 참여하는 사례도 있다.

마지막이 기업고아(corporate orphan)라고 부르는 非핵심 계열사 혹은 非핵심 계열 사업부문이다. 이는 대기업 그룹이 자신들의 구조조정 과정에서 계열사를 매각하거나 非핵심 사업 부문을 분리하여 매각하는 경우, 바이아웃(Buy-out) PEF가 이에 참여하여 경영권이나 자산을 인수하는 방식이다. 부동산 투자의 기회주의적(opportunistic, 어퍼튜니스틱) 전략이나 헤지펀드의 스페셜 싯츠(special sits) 전략과 동일한 맥락이다. 기업고아의 대표적 인수사례가 바로 CD&R과 칼라일(Carlyle), 메릴린치(Merrill Lynch Global PE)가 2005년 9월에 인수한 자동차 렌트 회사 허츠(Hertz)이다.[341] 당시 허츠(Hertz)는 포드(Ford)가 1994년부터 회사를 인수하여 운영하고 있었지만, 자동차 완성차 회사인 포드(Ford)의 핵심 사업부가 아니었기 때문에 포드(Ford) 경영진으로부터 큰 관심을 받고 있지 못했다. CD&R은 이 점을 간파하고 2000년에 동 기업을 기업고아로서 인수 타겟으로 삼고 2002년부터 포드(Ford) 경영진을 접촉하기 시작했다. CD&R 관계자에 따르면 이 때 포드(Ford) 경영진은 CD&R이 과연 인수자금이 있는지, 그리고 자동차 렌트 사업을 영위할 역량이 있는지 매우 의심스러워 했

---

340 현재의 경영진이 해당 기업의 주식을 인수하여 바이아웃(Buy-out) 하는 것이 MBO(Management Buy-out)이고, 회사 외부의 경영진이 해당 기업의 주식을 인수하여 바이아웃(Buy-out) 하는 것을 MBI(Management Buy-in)라고 한다. 현재의 경영진과 외부 경영진이 협업하여 회사를 바이아웃(Buy-out) 하는 것을 BIMBO(Buy-In Management Buy-out)라고 한다.

341 CD&R은 미국의 바이아웃(Buy-out) 전문 PEF인 클레이튼, 듀블리에 앤 라이스(Clayton, Dublier & Rice)의 약자이다.

사모투자펀드(PEF)

다고 한다.[342] 하지만 2005년부터 자동차 제조분야의 영업이익률이 하락하기 시작한 포드(Ford)가 회사를 매각하거나 IPO 하는 두 가지 방안을 저울질 할 때, CD&R은 회사매각이 IPO보다 훨씬 유리한 대안이라고 포드(Ford)를 설득하였다. 결국 포드(Ford)가 허츠(Hertz) 매각방침을 정하고 옥션 절차에 들어가면서 CD&R이 최종 인수자로 낙찰되어 허츠(Hertz)를 인수하였다.[343]

2019년 기준으로 진행 중인 기업고아 매각의 대표적 사례는 GE의 각 종 사업부문 매각이다. 특히 GE는 가전, 의료기기, 제트엔진, 에너지 등 주로 제조업 부문에 그룹의 핵심 역량을 집중하였으나, 미국 기업의 복합기업화 전략에 따라 GE 캐피탈(General Electric Capital Corporation)을 1932년에 설립하여 금융부문에도 진출하였다. 하지만 잭 웰치 후임으로 GE의 CEO에 부임한 제프 이멜트(Jeff Immelt)는 2014년부터 자사가 전통적으로 강점을 보유한 제조업 부문에 그룹의 역량을 집중시키기로 하고, 부동산과 금융부문을 과감히 정리하기 시작했다. 이에 따라 부동산 부문은 2015년 4월, 265억 달러에 블랙스톤(Blackstone)과 웰스 파고(Wells Fargo)에 우선 매각하였고, 2015년 5월부터는 GE 캐피탈(GE Capital)의 사업부문에 대한 본격적인 매각 작업에 돌입했다. GE 캐피탈(GE Capital) 사업부문 중 가장 먼저 매각 대상에 오른 곳이 바로 사모펀드 대출사업부문 안타레스 캐피탈(Antares Capital)로 기업고아 형태 매각의 대표적 사례이다. 이 입찰에 참여했던 이들은 블랙스톤(Blackstone), KKR, 애리스(Ares), 아폴로(Apollo) 등 4개 PEF와 금융기관인 썬트러스트 뱅크(SunTrust Banks) 등 총 5곳으로 알려졌다.[344] 하지만 GE 캐피탈(GE Capital)의 안타레스 캐피탈(Antares

---

342 Spencer J. Fritz, 앞의 책

343 CD&R은 허츠(Hertz)의 인수규모가 149억불로 너무 커서, 1개 포트폴리오의 노출 정도(exposure)를 일정 비율로 제한했던 펀드 정관 규정 때문에 단독으로 인수가 불가능했다. 결국 CD&R은 칼라일(Carlyle)과 메릴(Merrill)을 파트너로 한 클럽 딜(Club Deal)을 추진하였다. 149억불 중 CD&R과 칼라일(Carlyle) 등이 투자한 지분(equity) 투자금액은 23억불이었고, 나머지는 모두 차입금이었다.

344 Financial Times, May 6, 2015

Capital) 최종 인수자는 모든 이의 예상을 깨고 120억불을 인수금액으로 제시한 CPPIB였다.[345] GE는 PE 대출사업 부문 매각에서 더 나아가 2015년 8월, 의료기관에 대한 대출사업 부문 역시 미국 은행인 캐피탈 원(Capital One)에게 85억불에 매각하는 것으로 이미 합의하였다고 알려졌다.[346] GE는 가전사업 부문(GE appliance division)도 2016년 1월에 중국의 하이얼에 54억불에 매각하기로 합의했고, 소프트웨어 부문도 분사한 후 매각을 검토할 예정이다.[347] GE가 2015년 이후에 매각하게 될 자산의 총 가치는 총 2,000억불로 우리나라 돈으로 200조가 넘는다.[348]

투자건 발굴과 직접 관련된 이슈 중 가장 중요한 요소가 바로 진입가격(entry value)이다.[349] 왜냐하면 본질적으로 진입가격은 투자건 발굴 방식에 따라 결정될 수밖에 없기 때문이다. 예컨대 경매와 같은 옥션(auction)을 통해서 바이아웃(Buy-out) 딜을 발굴하면, 옥션이 진행되는 과정에서 필연적으로 예상보다 진입가격이 올라간다. 딜을 차지하기 위한 경쟁이 치열해 지면서 불가피하게 매입가격이 높아질 수밖에 없기 때문이다. 2014년 2월 ADT 캡스 인수전이 그 사례이다. ADT 캡스는 KKR, 칼라일, 어피니티, MBK, 베인, 스탠다드챠더드 PE, IMM PE 등 6곳의 사모투자펀드들을 대상으로 옥션절차를 진행했다. 필자도 이 과정에 어떤 식으로든지 관련되어 있었는데, 필자가 그 당시 판단하기에는 인수가액이 2조 원을 넘지 않는 선에서 치열한 눈치경쟁을 펼칠 것이라고 예상했었다. 물론 나중에 알려진 사실이지만 가장 인수 가능성이 높았던 KKR 역시 인수가액이 1차 비딩 결과 1.9조 원 근방이었으며, 블랙스톤(Blackstone)은 ADT 인수가액이 너무 높다고 판단하여 아예 처음부터 빠져 있었다. 필자가 보기에도 실무적

---

345 Financial Times, June 10, 2015
346 Financial Times, Aug 11, 2015
347 Financial Times, Dec 13, 2018
348 Financial Times, June 9, 2015
349 회사의 본질적인 "가치"와 이를 인수하기 위해 지급해야 하는 "가격"은 완전히 다른 차원의 이야기이다. 이에 대해서는 기업가치 산정 부문에서 상술한다.

사모투자펀드(PEF)

으로는 그 기업가치가 1.6조 원대이고, 만약 인수 가능성을 높이기 위해서는 필요한 경우 1.8조 원대까지 인수 가액을 높일 수는 있을 것이라고 예상했었다. 하지만 결과는 대반전이었다.

1차 비딩 결과는 KKR 1.9조 원, 어피니티 1.8조 원, 칼라일 1.7조 원이었다. ADT 측은 3개사를 대상으로 다시 비딩을 붙였고(progressive auction), 결국 칼라일이 2조 원을 약간 넘는 금액으로 최종 낙찰을 받았다. 옥션을 통한 절차 때문에 결국 ADT 코리아의 최종 인수가액이 2조 원을 넘어간 것이다. 매각 주간사와 미국의 ADT가 옥션 절차를 적절히 활용하여, 매각 가격을 최대한 올린 것은 매각자 입장에서는 최선의 전략이었다. 하지만 매수자 입장에서 과연 ADT 코리아가 2조 원이 넘는 기업 가치를 가지고 있다고 확신을 가지고 이야기 하기는 쉽지 않았다.[350]

이처럼 옥션을 통해 투자 건을 확보하는 경우에는, 투자 건을 차지하기 위해 불가피하게 발생할 가능성이 높은 과도한 진입가격 때문에 투자회수(exit)에 대한 엄청난 부담 요소로 작용한다. 이른 바 승자의 저주가 덮쳐 올 가능성이 많다.[351] 진입가격이 올라가면서 승자의 저주가 덮친 대표적 사례는 2006년 대우건설 인수전이다. 당시 자산관리공사나 시장이 예측한 대우건설의 매각가격은 3조 원 내외였다. 하지만 인수 후보자가 급격히 늘어나면서 4조 원대로 예상가격이 올라갔고, 마지막 금호아시아나 그룹이 인수하였을 때 인수가격은 6조 원을 넘었다.[352] 금호 아시아나는 인수자금 마련을 위해 계열사 자금을 총동원하였고, 이도 부족하여 재무적 투자자까지 끌어 들였다. 결국 금호아시아나 그룹은 대우건설 인수

---

350 물론 2018년에 3조원 가까운 가격으로 매각하였으므로, 매수자인 칼라일의 판단은 대단히 과감했다고 긍정적으로 평가해도 무방하다고 본다.

351 승자의 저주라는 굴레를 둘러쓴 한국의 대기업은 금호아시아나 그룹(대우건설 인수), STX 그룹(대동조선(STX조선) 및 범양상선(STX팬오션) 인수)이 대표적이다.

352 대우건설 인수를 위해 금호아시아나 그룹과 막판까지 경합을 벌였던 두산 그룹은 가격 면에서는 최종 입찰에 참가한 5개 업체 중 가장 높은 가격을 써 내어 최고점을 받았다. 하지만 캠코가 대우건설 매각 때 작성한 기본방향에 "분식회계, 주가조작, 조세포탈 등 위법행위로 사회·경제적인 문제를 초래한 기업은 이에 상응하는 부담을 지도록 함"이라고 명시되면서, 형제의 난으로 사회문제를 일으켰던 두산이 탈락하였다. 두산그룹은 지금도 아시아나 항공기를 타지 않는다고 한다.

대체투자 파헤치기(중)

타이타노마키의 서막

에 참여한 재무적 투자자가 행사한 풋백 옵션 때문에 그룹 전체가 채권단 관리로 들어가는 불운을 겪었다. 대우건설 인수 후유증은 대우건설 인수를 주도한 형인 박삼구 회장과 당초 이를 반대했던 것으로 알려진 박찬구 회장이 금호아시아나 그룹과 금호석유화학 그룹으로 서로 결별하는 중요한 계기 중의 하나가 되기도 하였다. 글자 그대로 승자의 저주가 덮친 대표적 사례이다.

2019년 초까지 기준 매각이 진행 중인 케이블사업자 C&M(2016년말 기준 社名 딜라이브) 역시 진입가격이 올라간 대표적 사례이다. C&M은 진입가격(entry value)이 2조 750억 원대이다. 이 가격에 진입한 MBK는 2014년 11월 중순부터 매각 작업을 시작하고 있는데, 2019년 초까지 확실한 매수자를 찾지 못하고 있는 실정이다. 다급해진 MBK는 수익성이 가장 높은 서울지역 종합유선방송사업자(SO) 5곳을 패키지로 묶어 우선 매각한다는 방침까지 세웠다고 한다. 하지만 케이블 TV보다는 인터넷을 통한 영화와 TV 관람이 급속히 확산되면서, 이 산업의 미래 성장에 대한 전망이 그리 밝지 않다. 원활한 투자회수가 가능할지 지켜봐야 할 것 같다.

반면 해당 바이아웃(Buy-out) PEF의 자체 네트워크를 활용하여 배타적으로 발굴한 거래건(proprietary deal)을 통해서 딜을 발굴(sourcing)하는 것은 매입가를 적절히 낮출 수 있는 최적의 방안이다. 예컨대 구조조정 과정에 있는 기업이 특정 사업부문을 분사하는 중에 바이아웃(Buy-out) PEF가 당해 부문을 인수하는 딜을 사적 네트워크를 통해서 확보한 경우, PEF 입장에서는 진입가격(entry value)을 낮추기 위해 좀 더 유리한 위치에서 협상할 수 있게 된다. 실제로 2014년에 H사가 특정부문을 분사하는 과정에서, 미국 바이아웃(Buy-out) 전문 PEF인 CD&R이 자체 네트워크를 활용하여 이를 매수하였다. CD&R은 분사된 회사의 지분을 취득하는 대신, 모기업인 H사로부터 CD&R이 투자한 규모의 일정부분에 도달할 때까지 매년 12%의 배당을 받는 협약을 체결함으로써 진입가격을 낮추는 기법을 구사하였다. 이처럼 바이아웃(Buy-out) PEF의 성과를 결정하는 가장 중요한 것 중의 하나가 바로 진입가격이기 때문에, 좋은 성과를 내는 바이아웃(Buy-out) PEF를 선정하기 위해서는 진입가격을 결정하는 투자건 발굴 방법

사모투자펀드(PEF)

에 대한 철저한 검증이 반드시 필요하다.

진입가격(entry value)과 관련된 기업 가치의 측정 방법은 별도의 장에서 설명하겠지만 간단히 정리하면 다음과 같다. 일반적으로 글로벌 바이아웃(Buy-out) PEF는 진입가치를 상각 전 영업이익(EBITDA: earnings before income, taxes, depreciation, and amortization)의 배수(multiple)로 결정한다.[353] 상각 전 영업이익이란 해당 기업의 유형, 무형의 자산을 총동원하여 현금을 창출할 수 있는 능력을 대표하는 지표라고 볼 수 있다. 왜냐하면 동 지표는 해당 기업이 위치한 국가의 세금제도에 따라 납부하는 세금을 제외하고, 유형 자산의 상각액(depreciation) 및 무형자산의 상각액(amortization)까지 영업이익에 추가한 것이기 때문이다. EBITDA에 멀티플(multiple, 배수)을 더하는 이유는 계속기업의 가치를 전제한 것이다. 멀티플(multiple)은 산업별로도 차이가 있고 경기 싸이클에 따라서도 차이가 크다. 예컨대 글로벌 경기가 최고조에 달했던 2007년의 경우, 미국과 유럽 모두 EV 멀티플(multiple) 평균이 거의 10에 육박하는 수준이었다.

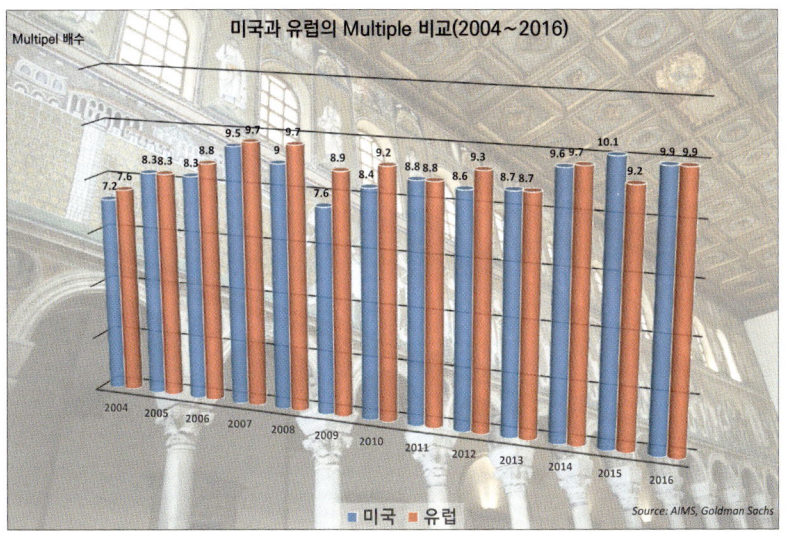

---

353 기업의 현금흐름이나 자산의 청산가치 등을 기초로 기업 가치를 산출하기도 하고, 유사한 업종의 유사한 기업이 있다면 상대가치평가를 활용하기도 한다. 그러나 필자의 경험에 따르면 글로벌 바이아웃(Buy-out) PEF는 거의 모두가 EV/EBITDA를 사용하고 있었다.

대체투자 파헤치기(중)

타이타노마키의 서막

2007년까지 EV 멀티플(multiple)이 상승하던 추세는 2008년 금융위기가 터지면서 급격히 하락한다. 특히 미국 지역의 EV 멀티플(multiple)이 급격히 하락하였는데, S&P에 따르면 2009년 미국의 평균 EV 멀티플(multiple)은 7.6에 불과하였다고 한다. 하지만 2010년 이후 글로벌 초저금리 추세가 지속적으로 유지되면서, 특히 2014~2015년부터는 EV 멀티플(multiple)이 급격히 상승하는 추세에 있다. 톰슨 로이터(Thompson Reuters) 자료를 인용한 파이낸셜 타임즈는 2015년 6월 기준 미국 M&A 시장의 평균 EV 멀티플(multiple)이 2007년 최고점인 14.3배를 넘어선 16배를 기록했다고 우려했다. 나아가 미국에서 2015년 상반기에 거래된 M&A 규모가 9,877억불에 달하여, 톰슨 로이터가 M&A 통계를 작성한 1980년 이후 상반기 기준으로 최고치를 기록했다고 한다. 이와 같은 시장 상황을 두고 파이낸셜 타임즈는 미국의 M&A 시장이 "폭발 직전의 베수비오 화산을 앞에 둔 폼페이 市의 마지막 날"과 같다고 묘사하였다.[354] 이와 같은 추세 는 현재까지도 지속되어 멀티플이 5배가 넘는 PE 딜의 비중이 2017년 64.4%에서 2018년에는 76.9%로 상승하였다.[355] 이처럼 경기가 활황이거나 금리가 낮은 국면일 때는 멀티플(multiple)이 상승하여 매입가치가 상대적으로 올라가게 되므로, 바이아웃(Buy-out) 전략을 구사하는 PEF는 거시 경제 환경에 대해서도 면밀히 모니터링 함으로써 적절한 진입시점과 진입가격의 적절성에 대해 진지하게 고민해야 한다.

마지막으로 특기할 만한 것 중의 하나가 바로 공동투자(co-investment)이다. 통상 대규모 바이아웃(Buy-out)을 수행하는 펀드는 특정 투자 건에 대해 LP가 희망하면, LP에게 공동 투자기회를 우선 검토할 수 있는 권한을 부여하게 된다. 물론 구체적인 조건은 LP가 펀드에 가입할 때 협상 결과에 따라 다를 것이다. GP

---

354 Financial Times, June 29, 2015
355 Financial Times, Mar 19, 2019

로서는 대규모 자금조달에 대한 비용을 줄일 수 있는 장점이 있고 LP로서는 좋은 투자기회에 대해 독점적으로 접근할 수 있으며, 특히 GP의 도덕적 해이 이슈를 직접 견제할 수 있다는 장점이 있다.

프레퀸(Preqin)이 2019년 3월에 설문조사한 것을 보면 공동투자에 가장 적극적인 곳은 국부펀드로, 응답자의 83%가 현재 공동투자를 하고 있다고 응답했다. 그 다음이 재간접 PEF(PE Fund of Funds)로 전체의 75%가 공동투자를 하고 있다고 한다. 재간접 PEF(PE Fund of Funds)가 PEF에 자금을 투자하면서 거의 항상 공동 투자권한을 요구하는 것에 비추어 볼 때, 재간접 PEF(PE Fund of Funds)가 공동투자에 가장 관심이 많은 것은 매우 자연스러운 일이다.

특히 20~30년 이상 PEF 투자 경험을 쌓은 공적 연기금은 GP를 통한 투자 외에도 스스로 투자를 직접 수행할 만큼 역량이 충분한 경우가 많다. 어떤 경우에는 공적 연기금 내에 직접투자 팀을 별도로 두고 직접 투자만을 전담하는 경우도 있다. 자체 조직 내에 직접투자 전담팀을 별도로 설치하여 직접 투자에 가장 적극적인 공적 연기금은 캐나다연금투자위원회 CPPIB이다. CPPIB의 PEF GP 선정 역시 그 자체가 목적이라기보다는 공동투자 및 직접투자가 최종 목적이다. 단지 GP를 통한 수동적인 수익률 제고보다는 GP를 통해 스스로 직접 투자 역량을 쌓기 위한 정책 방향에 더 집중하는 것이다. CPPIB의 공격적인 공동 투자 및 직접 투자 정책은 향후 우리나라 공적 연기금의 PEF에 대한 대체투자 운용 방향에 매우 중대한 시사점을 던져 준다고 본다. 국민연금도 안정성과 수익성이 동시에 확보되면 직접 투자에 매우 적극적인데, 매우 바람직한 정책방향이라고 본다.

대체투자 파헤치기(중)

타이타노마키의 서막

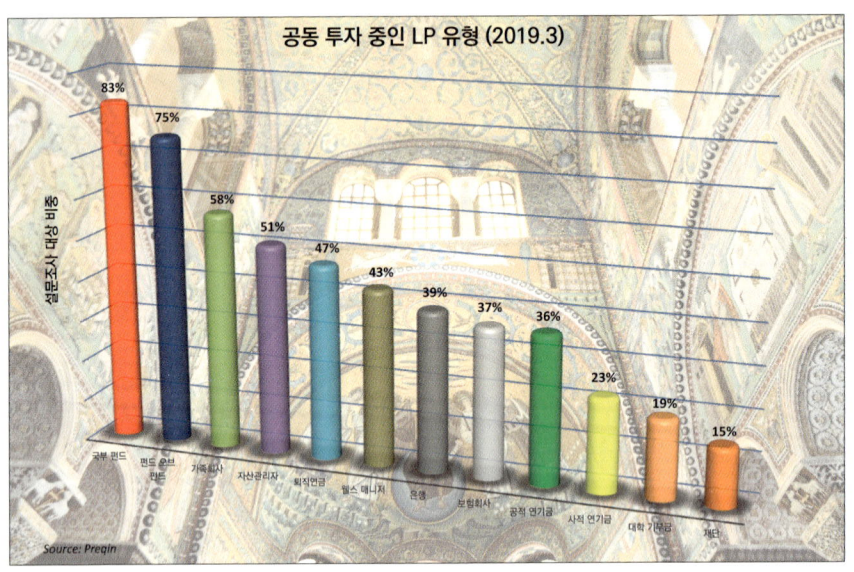

참고로 공동 투자는 PEF 뿐만 아니라 최근 헤지펀드에게로도 확산되는 추세이다. 즉, 헤지펀드가 LP들에게 필요하다고 판단하면 투자기회를 제공하고 필요하면 투자할 수 있는 병행펀드를 만든다. 헤지펀드가 설립하는 공동투자 병행펀드는 헤지펀드 보수(fee) 구조가 아니라 일반적인 PEF 보수 구조를 취한다. 즉 초과 수익률을 달성하는 매월 성과보수를 가져가는 하이 워터 마크(High Water Mark) 규정이 아니라, 일정 비율의 관리 보수와 보통 8%의 기준 수익률(hurdle rate)을 초과하는 수익에 대해 일정 비율의 수익을 헤지펀드가 가져가는 PEF 수익 배분 방식을 취한다.[356]

공동투자 기회를 제공할 경우에 LP는 특정 딜에 대해 투자참여를 거부할 수 있는 거부권(refusal rights)을 가지는 게 일반적이다. 공동 투자의 경우 관리보수(fee)와 성공보수(carry)에 대해서는 "노 피/노 캐리(No fee/No carry)"가 있고, "해프 피/해프 캐리(Half fee/Half carry)" 원칙이 있다. 노 피/노 캐리(No fee/No carry)

---

356 하이 워터 마크(High Water Mark rule)에 대한 설명은 「대체투자 파헤치기(상)」 헤지펀드의 보수 및 환매 참조

는 투자금액이 일정금액 이상인 경우에 LP 들에게 특별히 제공되는 혜택이고, 해프 피/해프 캐리(Half fee/Half carry)가 보통의 일반적인 원칙인 것 같다. 그러나 필자 경험에 비추어 볼 때 부동산 펀드인 경우에는 업계 관행상 해프 피/해프 캐리(Half fee/Half carry)가 일반적인 원칙으로 투자금액과 상관없이 적용된다.

3) 전통적 바이아웃: 가치 제고!(Add Value! Add Value!! Add Value!!!)

일단 기업에 투자를 결정한 이후 바이아웃(Buy-out) 전략의 핵심은 다음과 같다. 가치 제고! 가치 제고!! 가치 제고!!!(Add Value! Add Value!! Add Value!!!) 그만큼 바이아웃(Buy-out) 전략에서 기업가치 제고(Add Value)는 생명과도 같은 명제이다. 특히 오늘날과 같이 기업을 둘러싼 외부환경에 끊임없이 대응하고 도전해야 하는 상황에서는, 바이아웃(Buy-out) 전략이야말로 외부 환경변화에 적극적으로 대응하여 기업 가치를 제고하는 진정한 기업가 정신(entrepreneurship)에 입각한 투자전략이라고 할 수 있다.

바이아웃(Buy-out) 전략의 핵심 가치인 가치 제고를 실현하기 위한 수단과 관련한 최적의 원칙 또한 매우 중요하다. 바로 "기업의 경영권을 장악하지 않으면 기업의 리스크를 통제할 수 없다"는 원칙이 그것이다.[357] 따라서 경영권을 장악해서 기업을 확실히 통제하는 것이 바이아웃(Buy-out) 전략의 가장 중요한 수단이다. 바이아웃(Buy-out) 전략을 구사하는 PEF가 만약 경영권을 장악하지 못한 투자를 했다면, 근본적으로 바이아웃(Buy-out) 전략이라는 명칭을 사용해서는

---

[357] 바이아웃(Buy-out) 전략이 대상 기업지분을 100%를 매입할 필요는 없다. 경영권을 장악하기 위해서는 50~60%의 지분율을 매입할 수도 있다. 하지만 이 경우에는 2대 주주나 나머지 주주가 최대 주주를 견제하는 드래그 어롱(drag along)이나 태그 어롱(tag along) 조항 등을 요구하는 경우가 많다. 따라서 안정적인 기업 경영을 위해서는 50~60% 지분도 충분하지 않을 때가 있다. 하지만 70% 이상의 지분을 매입하게 되면 매입비용이 올라갈 뿐만 아니라 소액주주들의 주식매수청구권(appraisal rights) 등 추가 부담 가능성도 고려해야 한다. 결국 몇 % 지분이 바이아웃(Buy-out) 전략을 위해 최적의 비율인지는 투자건별로 판단해야 한다.

대체투자 파헤치기(중)

타이타노마키의 서막

안 된다. 나아가 해당 PEF가 단순히 지분을 최대한 확보하였다고 하더라도, 핵심적인 경영 사안에 대해 PEF가 결정권을 보유하고 있지 않으면 진정한 바이아웃(Buy-out) 전략을 구사한다고 할 수 없다. 그만큼 바이아웃(Buy-out) 전략에서 경영권 장악은 거의 생명과도 같은 핵심 요소이다.

알제이알 내비스코(RJR Nabisco) 사례에서도 KKR은 우호적인 차입인수(LBO) 시도를 위해 알제이알 내비스코(RJR Nabisco)의 당시 CEO였던 로스 존슨(Ross Johnson)과 협력관계를 시도하다가, 경영권 장악을 위해 마지막에 존슨(Johnson)과 결별하면서 KKR 역사상 최초의 "적대적" 차입인수라는 기록을 남겼다. 그만큼 KKR이 경영권 인수를 중시했다는 뜻이다. 2014년 한국에서 PEF 인수금융 최초의 부도라는 기록을 남긴 LG 실트론 투자 역시 근본적인 원인은 해당 PEF가 투자 기업의 경영권을 장악하지 못하였기 때문에 발생한 것이다.

나아가 우리나라에서 PEF의 경영권 장악 전략은 또 다른 중요한 의미를 갖는다. 왜냐하면 우리나라 기업의 경우 기업 문화가 일반적으로 오너(owner) 중심으로 구축되어 있어 오너 리스크(owner risk)가 매우 크기 때문이다. 오너 리스크(owner risk)는 우리나라 기업 경영의 문화를 지배하는 핵심적인 요소로 경영실적과 기업 성과에 매우 큰 영향을 미친다. 어떤 면에서 보면 한국경제 전반이 직면한 중대한 결점 중의 하나가 바로 오너 리스크(owner risk)라고 해도 과언이 아니라고 본다.

하지만 PEF가 기업의 경영권을 장악할 경우에는, 이와 같은 오너 리스크(owner risk)에 따른 부정적인 기업문화를 효과적으로 제거하는 것이 가능하지 않을까 생각해 본다. 기업의 경영권을 장악한 주체가 오너 개인이 아니라 기업의 가치제고와 주주이익을 가장 중요한 명제로 삼는 PEF이기 때문이다. 따라서 우리나라 PEF가 경영권을 장악한 바이아웃(Buy-out) 전략을 활발하게 구사하게 되면, 우리나라 기업경영 문화를 선진화하고 나아가 한국 경제 전체를 건전하게 발전시키는데 상당 부분 기여할 수 있을 것이라고 본다. 이와 같은 점에서 우리나라에서 바이아웃(Buy-out) 전략을 구사하는 PEF는 일종의 사회적 책임을 가지고 있다. 향후 우리나라에서 바이아웃(Buy-out) 전략을 활발하게 구사하면서, 동시

사모투자펀드(PEF)

에 사회적 책임을 다하는 명망 있는 PEF의 출현을 기대해 본다.

한편 바이아웃(Buy-out) 전략의 핵심이 기업에 대한 경영권을 인수해서 기업가치를 제고하는 것이므로, 해당 산업(sector)에 대한 전문적 지식은 선택이 아니라 필수이다. 따라서 바이아웃(Buy-out) 펀드는 특정 산업에 집중하여 많은 경험을 축적한 펀드를 선정하는 것이 좋다. 그렇다고 지나치게 편중된 산업에 소수의 기업 포트폴리오만을 보유한 바이아웃(Buy-out) 펀드가 바람직하다는 뜻이 아니다. 펀드 포트폴리오에 너무 많은 산업이 분포하고 있으면 경영권 인수를 통한 기업가치 제고에 한계가 있다는 뜻이다. 적절히 분산된 산업에서 투자한 포트폴리오 기업이 적절히 분산된 바이아웃(Buy-out) 펀드는 경기 싸이클에 대한 방어력이 높을 수 있다는 장점도 있다. 따라서 바이아웃(Buy-out) GP의 역량에 맞추어 적절하게 분산된 산업 내에서 적절한 수의 포트폴리오 기업을 구성하는 것이 중요하다.

통상 바이아웃(Buy-out) 전략을 구사하는 글로벌 펀드는 경기 싸이클에 매우 민감하고 끊임없이 혁신해야 하는 기술위주 기업과 대규모 장치산업을 필수적으로 요구하는 기업은 인수대상에서 제외하는 경우가 많다. 인수 후 기업경영에 많은 시간과 노력을 투입해야 하기 때문이다. 반면에 식품, 호텔, 유통, 헬스 케어 등 경기변화에 덜 민감하고 과도한 혁신요구가 없는 산업은 바이아웃(Buy-out) 전략을 구사하는 PEF에게 매우 매력적인 인수 대상이다. 해당 산업이 정해지면 통상적으로 업계의 선두기업을 선정하거나, 혹은 지속가능한 경쟁우위를 가진 기업을 선정하여 투자하게 된다. 어떤 경우든 해당산업의 전문적 지식은 필수적이다. 워렌 버핏의 투자 철학인 "모르면 투자하지 마라(You should not invest in things you do not understand.)"는 격언과도 일맥상통한다.

많은 글로벌 바이아웃(Buy-out) PEF 들의 실패사례를 직접 들어보면 해당 산업에 대한 충분한 이해 없이 진입하였다가 환경변화에 적절히 대응하지 못해 실패한 사례가 대부분이었다. W社를 인수한 S 바이아웃(Buy-out) PEF의 경험 역시 진입한 산업에 대한 정확한 이해가 없어 실패한 사례였다. W社는 미국 자동차 부품회사로 소비자가 직접 자동차를 꾸밀 수 있도록 카탈로그를 통해서 자

동차 부품을 판매해 온 회사이다. 자동차를 꾸미는 부품의 미국 시장 규모는 딜을 검토하던 2000년대 초반에 2,570억불, 원화로 300조 원에 이르는 거대한 시장이었다. W社는 100년 가까이 이 시장을 주도한 시장의 리더였다. 바이아웃(Buy-out) 조건으로는 손색이 없었다. 하지만 S PEF는 과거와 현재의 재무적 지표가 견실한 것만 확인하고, 해당 산업인 자동차 장식 부품시장의 구조나 미래의 전망에 대해서는 거의 이해하지 못했다. 필자 역시 자동차 애호가가 아니라서 단순한 장식용 차량 부품시장이 300조 원이라는 거대 시장이라는 것조차 이해하기 힘들었다.

이처럼 산업에 대한 전문적 이해가 없다 보니, 2002년에 5,910만 불에 W社를 인수한 S PEF는 자동차 장식 부품 판매시장의 구조적 변화를 정확히 간파할 수 없었다. 즉 카탈로그가 아닌 온라인 판매가 지배적인 판매망으로 전환되고 있었고, 이로 인해 진입장벽이 낮아져 경쟁이 치열해지면서 영업이익률이 지속적으로 낮아지고 있었던 것이다. 이처럼 투자 이후 해당 산업의 구조적 변화가 신속하게 진행될 때에는, 조기에 투자를 회수(exit)하거나 대규모 투자로 환경변화에 적극 대응하면서 업계 선두를 유지해야 했다. 하지만 S PEF는 그렇게 하지 못했다. 무엇보다도 그러한 변화가 일어나고 있다는 사실 자체를 인식하는데 오랜 시간이 걸렸다. 변화를 감지하는 시점이 때를 놓치면 대규모 투자가 사실 아무런 의미가 없다. 오히려 더 큰 실패만 불러올 뿐이다. 아울러 투자회사의 성장성이 지속적으로 감소하는 시점에서는 매각 가격이 높지 않다 하더라도 서둘러서 매각했어야 했다. 그러나 이마저도 시기를 놓쳤다. 결국 2010년 다른 A社에 2,750만 불에 W社를 매각함으로써, S PEF는 절반 이상의 투자원금 손실을 기록하고 동 포트폴리오를 청산하였다. 재무적 지표만 확인하고 산업에 대한 전문적 이해도가 낮은 상태에서 기업을 인수하는 것이 경영권을 장악한 바이아웃(Buy-out) PEF에게 얼마나 위험한 일인지 단적으로 보여주는 실제 사례이다.

바이아웃(Buy-out) 전략을 구사할 때 기존의 경영진을 교체하는지 여부는 편

사모투자펀드(PEF)

드별로, 그리고 대상 기업별로, 그리고 펀드 규모별로도 차이가 있다.[358] 대형 바이아웃 딜을 전문으로 하는 PEF는 기본적으로 경영진을 교체한다. 이는 바이아웃(Buy-out) 전략의 기본원칙으로, 기업을 통제할 수 없으면 기업이 직면하는 위험도 통제할 수 없다는 철학에서 출발한다. 앞서 언급한 CD&R과 칼라일(Carlyle)의 허츠(Hertz) 인수도 마찬가지이다. CD&R과 칼라일(Carlyle)은 회사 인수 후 곧바로 기존의 경영진을 교체하고, 대신 테네코(Tenneco)라는 자동차 부품회사의 CEO를 역임하고 GE에서 경영전반의 성과를 책임지고 있었던 COO를 허츠(Hertz)의 CEO에 새로이 임명했다. 신임 CEO는 지속적인 영업적자를 기록하였지만 기존 경영진들이 사세확장을 위해 무리하게 설치한 지점들 중, 공항 이외의 지역에 설치한 지점들을 과감하게 정리했다. 아울러 가격에 민감한 고객들에 대한 시장 점유율을 높이기 위해 사전에 온라인이나 셀프 지점(self kiosk)을 통해 예약한 이들에게는 과감한 할인도 제공하였다. 특히 회사의 이익과 경영진들 및 종업원들의 이해관계를 일치시키기 위해 회사 주식을 300명 이상의 종업원들에게 보유하게 하였다. 결국 2005년부터 2007년 사이 허츠(Hertz)의 상각전 영업이익(EBITDA)은 28억불에서 35억불로 약 25% 성장했다.[359]

2013년 6월에 워렌 버핏과 공동으로 케첩 회사 하인즈(Heinz)를 인수한 브라질계 PEF인 3G 캐피탈(3G Capital) 역시, 하인즈를 인수한 후에 2000년부터 10년이 넘는 기간 동안 하인즈를 이끌어 왔던 윌리엄 존슨(William R. Johnson) 사장을 해고했다. 대신 버거킹(Burger King) 사장을 역임하며 3G 캐피탈(3G Capital)과 함께 일해 왔던 버나도 히즈(Bernardo Hees)를 하인즈의 신규 CEO로 임명했다. 버나도 히즈(Bernardo Hees)는 하인즈 CEO로 임명된 2014년부터 북

---

[358] Icahnyle European Fund의 경우는 경영진을 교체하는 전략을 70%, 경영진을 교체하지 않고 협업하는 전략을 30% 정도로 구사한다고 한다. Icahnyle에 따르면 바이아웃(Buy-out)을 할 때 해당기업의 가치제고가 기존 경영진과의 단절(discontinuity)을 요구하는 경우가 많으며, 이에 따라 대부분 기존의 경영진을 교체한다고 한다.

[359] Spencer J. Fritz, 앞의 책

미 지역 전체 사무실 직원의 9%에 이르는 약 600명을 해고하고, 고위직 임원 중에서 성과가 좋지 않은 11명을 성과가 좋은 임원으로 모두 교체했다. 이와 같은 파격적인 신임 CEO의 행보는 하인즈를 인수한 PEF의 경영 철학과 밀접하게 관련되어 있다. 3G 캐피탈(3G Capital)의 창업자는 브라질 출신 호르헤 파울로 레만(Jorge Paulo Lemann), 까를로스 알베르토 시큐피라(Carlos Alberto Sicupira)와 마르셀 텔레스(Marcel Telles) 등 세 사람이다. 이들 창업자의 경영 철학 중 가장 유명한 것은 "비용은 손톱과 같다. 자라기 전에 잘라야 한다."라는 말로 요약된다. 이와 같은 PEF 운용사의 경영철학을 구현하기 위해서는 기존의 CEO를 유임시키는 것이 거의 불가능에 가까웠을 것이다. 따라서 PEF가 개입된 대형 바이아웃 거래에서 대상 기업의 경영진 교체는 피할 수 없는 숙명이다.

이처럼 기업인수 후 경영진을 교체하기 위해서는 사전에 목표한 산업에 전문성을 보유한, 이른 바 "씨-레벨(C-Level)" 경영인 풀을 보유하는 것이 좋다. 씨-레벨(C-Level) 전문가란 최고경영자(CEO), 최고재무책임자(CFO), 최고미케팅책임자(CMO: Chief Marketing Officer), 최고운영책임자(COO) 등의 고위직 전문 경영인을 의미한다. 어떤 경우에는 해당 산업에 대한 전문적 지식을 PEF 조직 내 혹은 자회사로 보유하는 경우도 있다. 예컨대 CD&R과 같은 바이아웃(Buy-out) PEF는 인수 후 전문적인 기업경영을 위해 GE 회장이었던 잭 웰치(Jack Welch), 테스코(TESCO) 전회장인 테리 리히(Terry Leahy) 등을 포함한 외부 기업전문가를 산업별로 구분하여 자문그룹으로 두고, 기업경영을 위한 조언을 구하거나 직접 경영에 참여시키는 방식으로 전문성을 강화하는 체제를 구축하고 있다. 하지만 기업경영진을 교체하지 않고 해당 산업의 전문가를 PEF 내에 구성하거나 자회사로 두면서, 이들 간의 의사소통을 통해 기업 가치를 제고하는 PEF도 있다. 예컨대 KKR은 CEO, CFO 등 씨-레벨(C-Level) 이상의 전문 경영인들로 이루어진 별도의 컨설팅 회사인 캡스톤(Capstone)을 운영하면서, 기존 경영진에 대한 구조조정 없이 이들이 주도하는 경영진단과 협업을 통한 기업가치 제고를 추구한다.

하지만 이와 같은 자문그룹의 운영에는 적지 않은 비용이 소요된다. 특히 KKR의 캡스톤(Capstone)에 대해서는 비판의 목소리가 높다. 즉 캡스톤(Capstone)이 주요 인수기업을 대상으로 지나치게 높은 비용을 청구함으로써, KKR이 회사가치 제고보다는 자신의 수수료 수익 증대에만 관심이 있다는 비판이 그것이다. KKR이 2007년에 인수한 퍼스트 데이터(First Data)의 경우는 2013년 말 기준으로 회사가치가 인수가 대비 20% 하락하였다. 하지만 퍼스트 데이터(First Data)는 매년 2천만 불에 이르는 수수료를 2019년까지 캡스톤(Capstone)에게 지급해야 한다.[360] 이처럼 대형 PEF가 아닌 경우에는 이와 같은 전문가 그룹을 상시적으로 운영하는 것이 비용 대비 효율적인 것인지 고민해 볼 필요가 있다. 하지만 바이아웃(Buy-out) 전략을 전문으로 하는 PEF에게 씨-레벨(C-Level) 급의 전문 경영인에 대한 자신만의 관리 체계는 어떤 식으로든지 보유하고 있는 것이 바람직하다고 본다. 그와 같은 전략을 얼마나 비용 효율적으로 유지·운영하느냐가 핵심이며, 비용이 너무 많이 든다고 해서 이를 외면하는 것은 바람직한 전략은 아니다. 기업을 인수하였는데 기업을 인수할 적절한 경영인이 없다면 어떻게 효율적인 가치 제고 활동을 할 수 있겠는가?

한국의 경우는 아직 이와 같은 조직을 운영하는 사례를 본적이 없다. 다만 필요한 경우 아름아름으로, 혹은 헤드헌터 등을 통해 그 때 그 때 수혈하는 것이 통상적인 것 같다. 예컨대 칼라일이 2014년 한국에서 인수한 ADT캡스의 경우 회사대표를 현대카드의 혁신 사업을 주도한 후 현대라이프 사장으로 옮긴 최진환 씨를 영입하였고, KKR이 인수하여 매각했던 OB맥주의 CEO 역시 영업의 달인으로 평가 받던 장인수 부회장을 영입하였다. 아직 완전한 바이아웃(Buy-out) 딜을 전문적으로 추구하는 PEF가 없기 때문이기도 한데, 향후에는 이와 같은 씨-레벨 풀(C-Level pool)을 어떤 형태로든 체계적으로 관리하고 운영하는 PEF가

---

[360] Financial Times, July 13, 2014

조만간 나오기를 기대해 본다.

반면, 중소규모 바이아웃(Buy-out) 딜을 수행하는 PEF는 기본적으로 경영진을 완전히 교체하지 않는다. 대상 기업이 성장가도에 있기 때문에 섣불리 경영진을 교체하는 것이 오히려 기업가치 제고에 역행할 수 있기 때문이다. 이 경우 PEF는 기본적으로 기존 경영진이 부족했던 부분을 보완하는 방식의 경영체제를 도입한다. 필자 경험에 따르더라도 중소규모 바이아웃(Buy-out) 딜을 위주로 하는 PEF들은, 대상기업의 경영진과 우호적인 형태로 협업을 하는 것이 가장 보편적인 기업가치 제고 방식이었다. 흔하게 발견할 수 있는 방안 중의 하나가 바로 PEF 측에서 별도의 CFO를 파견하는 것이다. 자본투입이 증가되면서 좀 더 치밀한 재무관리를 위해 별도의 CFO를 PEF에서 파견하고, 기존의 경영진과 협업체계를 구축하면서 최종 결정은 당해 PEF가 수행하는 방식이 그것이다.

바이아웃(Buy-out)에 따른 기업가치 제고는 크게 3가지로 분해할 수 있다. 첫 번째가 기업의 매출증대나 마진증대를 통한 상각 전 영업이익(EBITDA) 성장에 따른 기업가치 성장이다. 사업전략 수립, 공급체계 개선, 설비 투자, R&D, 생산과정 개선, 사무 혁신 등 전반적 경영 혁신을 통한 기업가치 제고 결과로 발생하며 바이아웃(Buy-out) 전략의 핵심이다. 기업가치 성장도 당기순이익을 상승(bottom line growth) 시키거나 혹은 매출액 성장(top line growth)을 통한 기업가치 제고 등 크게 두 가지로 분해해 볼 수 있다.[361] 1980년대 유행했던 극단적인 차입인수(LBO) 전략과 달리 최근에는 기업가치 제고의 80% 이상이 동 전략에서 비롯된다.

하지만 이와 같은 기업가치 전략 제고는 전술한 바와 같이 해당 산업의 전문성을 필수적으로 요구한다. 해당 산업의 전문성은 해당 산업의 기술변화, 해당 산업의 가치사슬 구조, 해당 산업의 경쟁자 현황 등 광범위한 분야에서 단순한 지식뿐

---

361 탑 라인(Top line)이란 기업 손익계산서의 가장 위에 위치한 총매출액을 의미한다. 바텀 라인(Bottom line)이란 기업 손익계산서의 가장 아래쪽에 위치하는 당기순이익을 의미한다.

사모투자펀드(PEF)

만 아니라 축적된 경험과 노하우(know-how)를 포함하는 포괄적인 개념이다. 따라서 바이아웃(Buy-out) 전략은 단순히 대주주 지분의 하위 지분으로 경영에 참여하지 않고 쉽게 투자회수가 가능한 그로쓰 캐피탈(Growth Capital) 전략이나, 모험적인 아이디어에 지분출자를 하면서도 경영에는 적극 참여하지 않는 벤처 캐피탈 전략과는 차원이 완전히 다르다. 부실자산 투자전략(distressed) 역시 바이아웃(Buy-out) 전략과 달리 해당 기업의 "적극적인 가치제고" 보다는 해당 기업의 "소극적인 정상화"를 통해 투자회수를 추구한다. 따라서 해당기업이 속한 산업의 전문성보다는 기업에 관한 일반적인 경영 지식과 경험만 있으면 투자를 회수하는데 큰 어려움이 없다.[362] 이 점에서 바이아웃(Buy-out) 전략은 PEF 전략 중에서 가장 힘들고 어려운 전략이다. 전술한 바와 같은 산업의 전문성이 없으면 PEF의 기업가치 제고는 재무적 구조조정에 치중할 수밖에 없다. PEF가 가진 유일한 전문성이 바로 재무적 구조조정을 통한 금융공학이라면, 엄청난 사회적 논란을 야기하였던 1980년대의 차입인수(LBO)와 같은 기형적 형태의 바이아웃(Buy-out) 전략으로 회귀하게 될 것이다. 결론적으로 말해 PEF가 기업 가치를 중장기적 관점에서 실질적으로 제고하기 위해서는, 경영전략을 수립하고 시행하기 위한 해당 산업 전문성은 필수불가결한 핵심 요소(sine qua non)이다!

한편, 기업가치 제고는 해당 PEF가 목표로 한 펀드의 수명주기와 일치하게 하는 것이 좋다. 보통 펀드의 청산기간이 10년 내외이므로 어느 경우든지 펀드 청산기간 안에 해당 기업의 가지체고를 끝내야 한다. 필자가 경험한 바에 따르면 바이아웃(Buy-out) 전략을 구사하는 글로벌 PEF들은 보통 5년 내외의 기간 안에 회사가치를 제고하고 투자를 회수하는 것을 목표로 한다. 따라서 처음 해당기업에

---

[362] 따라서 부실자산 투자(distressed) 전략의 핵심은 싸게 매입하여 정상화된 이후에는 신속하게 매각하여 투자를 회수하는 것이다. 어떻게 보면 부실자산 투자(distressed) 전략은 먹튀 자본이라는 사회적 논란을 야기할 가능성이 매우 크다. 대표적인 사례가 론스타(Lone Star)이다. 필자 개인적인 생각은 외환은행을 바이아웃(Buy-out) 전략을 구사하는 PEF가 아니라 부실자산 투자(distressed) 전략을 구사하는 PEF에게 매각한 것은 한국 금융 산업의 발전이라는 관점에서는 아예 출발부터 단추를 잘못 끼운 것이다.

대체투자 파헤치기(중)

타이타노마키의 서막

투자할 때부터 기업가치 제고활동 계획과 투자회수를 위한 스케줄을 미리 만들고 진입하여야 한다. 5년 내외이므로 장기적 관점보다는 중기적 관점에서의 가치제고 활동이다. 전술한 바대로 기업가치 제고를 위해 산업별로 자문단을 구성하기도 하는데, 자문단은 주로 해당 산업의 퇴역 CEO나 컨설팅 회사의 산업전문가들로 구성한다. 어떤 글로벌 PEF는 아예 바이아웃(Buy-out) 전체 팀을 5~6개의 산업별 전문가(sector-specific team)팀으로 나누어서 산업별로 특화된 바이아웃(Buy-out) 전략을 구사하기도 한다.[363]

둘째, 기업 인수 후 부채 감소 등 재무적 구조조정에 따른 기업성장이다. 1970~80년대 미국을 중심으로 유행하던 과도한 차입인수 기법을 구사하는 PEF와 기업사냥꾼(corporate raider)이 해당 기업을 인수한 후 가혹한 재무적 구조조정을 통해 기업 가치를 단기간에 상승시켜서 투자를 회수했던 방법들이 바로 이 전략이다. 이 전략이 사용하는 기법은 배당을 위한 배당목적의 자본구조 재조정(Dividend Recap), 회사분할(OpCo/PropCo Model), 직원해고(Downsizing), 세금차익거래(Tax Arbitrage), 채권재매입(Buying Back Debt), 부채교환(Debt Exchange), 파산매입(Bankruptcy for Profit) 등 그 수를 헤아릴 수 없을 정도이다.[364] 1980년대 당시 유행하던 고수익(high-yield) 채권을 통해 대규모로 자금을 조달하여 회사를 인수한 후 막대한 부채를 상환하기 위해서는, 이와 같이 가혹하거나 때로는 황당해 보이는 재무 구조조정은 선택이 아니라 필수였을 것이다. 올리버 스톤이 감독한 영화 월스트리트(Wall Street) 역시 차입인수 기업에 대한 무지막지한 해고 등으로 단기간에 인수한 기업 가치를 제고하는 기업사냥꾼들의 이

---

363 퍼미라(Permira)와 에이팩스(APAX)가 대표적이다.
364 ① 배당목적의 자본구조 재조정(Dividend Recap): 주주인 PEF에게 배당하기 위해 고수익(high yield) 채권을 발행 ② 옵코/프랍코 모델(OpCo/PropCo Model): 부동산이 많은 피인수기업을 운영 회사(Operation Corporation)와 부동산 회사(Property Corporation)로 분할하여, 부동산을 프랍코(PorpCo)에 집중시킨 후 두 회사가 세일즈 & 리스 백(sales & lease back) 계약 체결 ③ 채권 재매입(Buying Back Debt): 시중에 유통되는 피인수 기업의 부채를 싼 값에 매입하여 부채 비용 감소 ④ 부채교환(Debt Exchange): 채권자에게 원금 삭감 요청 ⑤ 파산매입(Bankruptcy for Profit): 파산 직전에 기업을 매입하여 파산 절차 돌입 후에 부채를 탕감 받고 재매입

야기를 그린 영화이다.

영화가 아니라 실제로 일어난 사례 중의 대표적인 것이 바로 알제이알 내비스코(RJR Nabisco)였는데, 이 회사는 KKR이 1988년에 인수한 이후 무려 45,000명의 직원이 해고되었다. CD&R과 칼라일(Carlyle)이 2005년에 인수한 허츠(Hertz) 역시 2005년 9월 인수 당시 32,100명이던 직원을 2년도 안된 기간에 2,750명을 해고하여 2007년 말에는 29,350명으로 줄였다. CD&R과 칼라일(Carlyle)이 여론의 집중적인 비난은 받은 결정적 계기는 2006년 6월, 10억불에 달하는 채권을 허츠(Hertz) 이름으로 발행하여 자신들에게 배당을 지급한 사건이다. 전형적인 배당목적의 자본구조 재조정(Dividend Recap)이었다.

앞서 탑-라인(top-line)이나 바텀-라인(bottom-line)의 성장을 통한 기업가치 제고가 80% 정도를 차지하는 것이 정상이라고 하였는데, 기업사냥꾼이나 과도한 차입인수 전략을 구사하는 PEF의 경우에는 재무구조조정을 통한 기업가치 제고가 80% 이상을 차지한다. 하지만 이와 같은 사례는 1980년대 유행한 차입인수(LBO) 과정에서 파생된 지나치게 극단적인 과거 사례이고, 현대적 의미에서 PEF가 기업을 인수한 이후 기업을 좀 더 효율적으로 운영하기 위한 합리적인 재무 구조조정은 당연히 거쳐야 하는 과정이다. 특히 회사의 CEO들이 도덕적 해이에 빠져 자칫 회사를 방만하게 경영함으로써 고착화된 각종 비효율적 재무구조에 대한 철저한 분석과 개선은 기업 가치제고를 최종 목표로 한 PEF 입장에서는 너무나 당연한 절차이자 과업이다.

Houdaille vs. KKR

후데일(Houdaille)은 자동차 부품을 생산하는 업체로 약 7,700명을 고용한 Fortune 500대 기업 중의 하나였다. 1960년대부터는 자동차 부품 이외의 다른 업종으로 진출하면서 사세를 조금씩 확장하였다. 하지만 1970년대부터 매출액과 영업이익이 조금씩 하락하면서 주가도 내리막길을 걸었다. 1978년 후데일(Houdaille)의 세전 영업이익은 5,080만 불, 부채는 2,200만 불, 회사 현금 보유액은 부채의 약 2배 규모인 4,000만 불이었으며 세금만 2,230만 불을 납부했다. 막대한 영업이익과 현금흐름, 소규모 부채, 비정상적인 사세 확장, 그리고 주가하락으로 인해 KKR의 차입인수(LBO) 타겟이 되는 것은 시간 문제였다.

우여곡절 끝에 1979년 차입인수(LBO)로 이 회사를 인수한 KKR은 후데일(Houdaille)이 보유한 막대한 현금의 대부분을 인수하는 과정에서 차입한 자금을 상환하는데 사용했다. 인수자금 상환에 소요되는 이자 비용은 과세대상이 아니므로, 줄어든 납세액은 그대로 인수금융 채권자에게 이자 형태로 지급되었다. 역설적이게도 후데일(Houdaille)의 기업 가치는 KKR 인수 후 차입한 금액만큼 부채가 증가하면서 자동적으로 올라갔다. 피인수기업이 보유하고 있는 현금과 이자지급으로 줄어든 세금을 활용하여 인수자금 원리금 상환에 사용하고 인수된 부채는 자동으로 기업 가치를 올리는, 숨겨진 기업가치의 빗장을 열어젖힌 차입인수(LBO) 기법의 연금술이었다.

한편 KKR이 인수한 지 얼마 지나지 않은 1980년대 초부터, 일본의 자동차 산업이 미국 시장을 그야말로 맹폭격하기 시작했다. 이에 따라 후데일(Houdaille) 전체 매출액의 약 30%를 차지하던 자동차 부품 부문의 수익성이 급격히 악화되었다. 현금흐름이 줄면서 KKR이 인수 시 사용한 부채 원리금 지급여력이 불투명해졌다. 결국 KKR은 재무적 구조조정을 택했다. 이에 따라 핵심 분야를 제외한 7개 분야를 매각, 정리하고 전체 직원의 약 1/3인 2,200명을 해고했다. KKR의 재무적 구조조정은 여기에 그치지 않았다. 1986년에는 자신을 포함한 주주 배당에 필요한 자금 조달을 위해, CCC 등급의 정크 본드(junk bond)를 13.9%(!)라는 높은 이자율로 발행했다. 전형적인 배당목적의 자본구조 재조정(Dividend Recap)이었다. 회사는 부도직전이었는데 주주는 자신의 배당을 위해 회사 이름으로 빚을 낸 것이다! 1987년, 마침내 후데일(Houdaille)은 영국 회사인 튜브 인베스트먼트 그룹(Tube Investments Group PLC: TI Group)에 매각되었다. 매각 가격은 3.8억불이었다. 인수 후 영국 TI Group은 후데일(Houdaille)의 자동차 부품 분야를 거의 모두 구조조정 하였고, 결국 미국의 주요한 자동차 부품 회사는 역사의 뒤안길로 영원히 사라졌다.

워싱턴 포스트의 맥스 홀랜드(Max Holland)는 후데일(Houdaille)의 비극을 「기계소리가 멈출 때(When the Machine Stopped)」라는 책으로 출간했다. 그는 이 책에서 KKR 인수 후 후데일(Houdaille)에 설치된 기계의 가동 목적은 오직 인수 과정에서 떠안은 빚더미를 상환하는 것이었으며, 신규설비 투자나 기존 설비의 재투자에는 한 푼도 사용되지 않았다고 개탄했다. 나아가 부채의 덫에 걸려 자동차 관련 기업으로서 오랜 기간 축적한 명성조차도 얼마 지나지 않아 흔적도 없이 사라졌다고 탄식했다. 기업으로서의 마지막 장면도 외국 기업에 의해 "갈기갈기" 찢겨지는 후데일(Houdaille)의 비극은 결국 미국의 자동차 관련 산업이 일본 기업의 손에 의해 장악되는 순간을 압축적으로 보여주는 상징적 장면이었다.

하지만 KKR은 막대한 차입금을 사용하여 기업을 인수하고 정크 본드를 발행하면서까지 배당을 추진한 덕택에, 배당과 투자회수액을 포함하여 보유기간 8.45년 만에 연평균 33.9%라는 경이적인 수익률을 기록하며 투자를 회수했다. KKR이 후데일(Houdaille)의 차입인수(LBO)로 올린 이와 같은 기록적인 수익률은 도대체 누구를 위한 수익률인가? 재무적 구조조정을 통한 이 차입인수(LBO) 게임의 최종 승자는 과연 누구인가?

대체투자 파헤치기(중)

타이타노마키의 서막

    한편 기업가치 제고와 관련한 PEF의 재무구조조정 작업은 PEF가 기업을 인수하는 바이아웃(Buy-out) 전략 자체에 대한 사회적 논란을 끊임없이 야기해 왔다. 우선 PEF와 같은 재무적 투자자들의 기업인수를 반대하는 입장은 PEF가 재무적 가치로 환산할 수 없는 경영 전략적 판단을 완전히 무시한다고 비난한다. 예컨대, 기업들의 비즈니스는 비용효율적인 측면에서만 평가할 수 없는 무형의 자산들을 포함한다. 신뢰와 협업에 기초하여 시장가격보다 높은 비용을 지급하면서 장기간 유지된 하청업체와의 협력 관계, 당장은 손해를 보지만 미래의 경쟁력 강화를 위한 파일럿 프로젝트나 기술개발 등이 이에 해당한다. 단기적 이익 극대화를 위한 PEF 입장에서 이와 같은 활동들은 모두 비용 효율적인 관점에서 정리 대상이 될 가능성이 높다. 이와 같이 PEF 주도 경영권 인수의 부정적인 효과를 최소화하기 위해 전술한 바와 같이 유럽의 AIFMD는 PEF가 유럽의 비상장기업 지분 10% 이상을 취득한 경우에는, 취득 후 24개 동안에는 재무적 구조조정을 아예 금지하고 있다.

    특히 기업의 장기적 발전을 위해 당장은 손실이 발생하는 대규모 투자건 역시 PEF와 같은 재무적 투자자가 결단하여 수행하기가 쉽지 않다. PEF는 투자 후 5년 이내의 기간 안에 투자를 회수해야 하므로, 그 기간 안에 대규모 투자를 감행하는 것은 사실상 논리적으로 쉽지 않은 결정이다. 배당 정책도 마찬가지이다. PEF나 주주행동주의자들이 극단적으로 배당을 선호하는 반면, 장기적 지평을 가진 전문경영인들은 배당보다는 발생한 이익을 내부에 축적하여 신규 프로젝트, 대규모 설비투자, 기술개발, 다른 기업 인수 등 향후 미래 기업성장의 새로운 모멘텀을 탐색하는데 적극 사용한다. 만약 구글을 PEF가 경영하는 경우, 프로젝트 룬(Project Loon)과 같은 황당한 프로젝트에 자금을 투입하는 것이 과연 가능할 것인가?[365] PEF와 같은 재무적 투자자들이 전략적 관점에서 행해지는 기업 경

---

365 구글의 프로젝트 룬(Project Loon)에 대해서는 「대체투자 파헤치기(하): PEF(2) 주주행동주의, 주요 대기업 그룹 해부편: 타이타노마키의 2막」에서 설명한다.

사모투자펀드(PEF)

영진의 혁신활동을 어떻게 이해하고 실천할 수 있단 말인가? 심하게 이야기하면 PEF는 기업이 가진 사회적 역할에는 아예 관심이 없고, 자신들의 수익률 제고에만 급급하여 해당 기업의 핵심자산을 모두 PEF가 차입한 차입금을 상환하는 데에만 전적으로 사용하는 파렴치한이다. 비유하자면 PEF가 기업을 인수한 이후에는 대상 기업에게 남는 자산이 하나도 없어진다는 점에서 PEF는 기업사냥 메뚜기 떼(corporate raider locusts)에 불과하다. 독일 사민당 당수였던 프란츠 뮌터페링(Franz Munterfering)이 PEF의 폐해를 "앵글로-어메리칸의 메뚜기들이 퍼뜨리는 역병(plague of Anglo-American locusts)"이라고 표현한 것은 결코 과장이 아니다.

반면, 이와 같은 경영진 친화적인 성장모델(Managerial Business Model) 역시 완벽한 것이 아니라는 주장도 만만치 않다. 우리나라는 시장이 좁았기 때문에 재벌들이 출범부터 문어발식 확장전략을 구사하였고, 미국도 1960~1970년대 이후 하나의 대기업이 여러 산업으로 문어발식으로 진출하는 경영 복합화(Conglomerization)가 급속히 진행되었다.[366] 앞서 말한 대로 기업경영진의 혁신활동이 전략적 관점에서 행해진다면, 기존에 전문성을 보유한 산업 이외로 진출하는 경영진들의 이와 같은 방만한 경영 결정은 어떻게 설명할 수 있을 것인가? 해당 산업의 전문성도 없으면서 경영진의 방만한 기업 확장 전략이 경영진의 경영 판단(Business Judgement)이라는 명분하에 아무런 제약 없이 이루어지는 것이 주주 입장에서 과연 바람직한 것인가? 왜 전자기업 전문그룹인 소니(Sony)가 왜 소니 픽쳐스(Sony Pictures)와 같은 헐리우드 영화사를 소유하고 있는가? 도대체 항공서비스 회사인 대한항공이 무슨 이유로 1조 원이 넘는 자금을 투입하여 LA에 있는 호텔 재개발 사업에 뛰어들고 있는가? 자산가치가 30조에 육박하는 삼성물산을 8.5조 원에 제일모직이 합병하겠다는 삼성 그룹의 결정에 대해서 삼성물

---

[366] 미국의 경영복합화는 동일 시장과 동일 산업에서 수평적·수직적 합병을 금지한 미국의 강력한 경쟁법 때문에 촉발된 것이다.

대체투자 파헤치기(중)

타이타노마키의 서막

산의 소액 주주는 그냥 앉아서 당하고 있을 수밖에 없는가?

나아가 현재의 경영진 만능 자본주의 시대에서 대기업 경영진은 필연적으로 주주이익을 극대화하지 못하는 주인-대리인 문제에 직면할 수밖에 없다. 회사는 영업이익이 감소하고 주가도 하락하는데, 경영진들은 천문학적인 연봉과 회사비용으로 사치스런 사회생활을 영위하는 것을 주주입장에서 수수방관하고만 있을 것인가? 기업경영진의 안이하고 방만한 경영형태를 효과적으로 제어할 수 있는 방안 중의 하나는 기업경영진을 교체할 수 있다는 시장의 실질적이고 강력한 위협 메시지이다. 바로 기업 경영 전반의 혁신에 초점을 맞추는 바이아웃(Buy-out) PEF의 상시적이고 적대적 M&A 위협이나 주주이익을 강조하는 주주행동주의의 지분취득을 통한 위임장 대결이야말로, 현대 자본주의가 직면한 거대 기업 경영진의 방만한 경영행태를 제어할 수 있는 효과적인 사회적 장치이다. 나아가 1980년대의 차입인수(LBO)와 달리 최근의 PEF는 앞서 설명한 바대로 전략적 투자자만큼이나 전문성을 갖추기 위해 해당 산업의 전문적 경영인과 긴밀한 네트워크를 형성하여 기업가치 제고에 매진한다. 재무적 구조조정에만 매진하는 과거의 차입인수(LBO)와는 완전히 다르다.

결론적으로 말해 양측 주장 모두 탄탄한 논리로 무장하고 있어 어느 한쪽의 말이 옳다고 일방적으로 편들기는 쉽지가 않다. PEF가 대규모 설비투자 결정이나 당장에 현금흐름이 발생하지 않는 모험적인 프로젝트에 투자하기 쉽지 않은 것은 어느 정도 사실이다.[367] 나아가 경영의 전문성을 강조하면서 PEF의 주주이익 극대화 논리를 비난하는 대기업이 전문 영역과 무관한 산업으로 문어발식 확장을 하는 것도 앞뒤가 맞지 않는 이야기이다. 상식적인 대답 수준에 그칠지 모르지만, 필자 판단에는 바이아웃(Buy-out) 전략을 구사하는 PEF의 경우

---

367 PEF가 해당 기업을 인수한 이후 대규모 투자를 감행한 사례가 없지는 않다. 대표적인 사례가 칼라일(Carlyle)이 2005년 10월에 인수한 자동차 부품기업 액슬 테크(Axle Tech)이다. 칼라일(Carlyle)은 액슬(Axle)을 인수한 이후 설비투자 규모를 2배로 늘렸고, 3개의 부가투자(add-on)를 감행한 후 종업원을 2배 가까이 증원했다. Eileen Appelbaum, 앞의 책.

사모투자펀드(PEF)

전술한 바와 같은 순기능은 강화하고 역기능은 억제해 나가는 지혜가 필요하지 않을까 생각한다.

PEF의 최대 순기능은 주주이익 강화이므로, PEF가 인수한 기업가치 상승을 위해 모든 점에서 최선의 노력을 다해야 하는 것은 당연한 과업이다. PEF의 역기능은 지나친 재무구조조정인데 이를 억제하기 위한 가장 기초적이고 근본적인 첫걸음은 지나치게 많은 자금을 차입하여 기업을 인수하지 말아야 한다는 것이다.[368] 왜냐하면 PEF가 지나치게 많은 자금을 차입하게 되면 필연적으로 재무적 압박을 받아 장기적 관점에서 기업을 경영할 수 없는 것은 물론이고, 지나친 배당정책, 대량 해고 등 사회적 비난이 될 만한 가혹한 재무적 구조조정이 불가피한 상황이 될 수도 있기 때문이다. 특히 PEF를 포함한 금융 산업 전반의 레버리지를 억제하는 것은 2008년 금융위기 이후 도입된 다드-프랭크 법(Dodd-Frank Act), 바젤 III(Basel III) 등 규제의 근본 철학으로 현재까지는 거스를 수 없는 금융규제 철학의 대세이다.

나아가서 PEF는 주주로서의 권리를 정당하게 행사하는 과정에서 기업이 가진 사회적 가치를 결코 무시해서는 안 된다. 기업의 사회적 가치란 해당 기업이 기업활동을 영위하면서 자연스럽게 생성되는 사회적 네트워크, 즉 사회적 연결성의 가치이다. 기업에 자금을 빌려준 은행, 기업에 중간재나 원료를 납품하는 협력업체, 기업이 생산하는 물건을 사용하는 소비자, 기업에 고용되어 있는 근로자, 기업이 기업 활동을 하는 특정 국가와 그 정부, 이 모든 것들이 기업의 사회적 연결성에 포함되는 사례들이다. 이와 같은 기업의 사회적 연결성을 간과하거나 그 가치를 무시하고 오직 주주이익 극대화만을 위해 해당기업의 재무적 구조조정에만 필사적으로 매달리게 되면, PEF가 먹튀 자본이라는 사회적 비난에서 결코 자유

---

368 어느 수준이 가장 적절한 차입금 비중이 될 수 있을지는 또 다른 연구 과제이다. 하지만 어떤 경우에도 차입금이 상각 전 영업이익(Debt/EBITDA 비율)의 6배를 넘는 것은 바람직하지 않다고 본다. 차입인수(Leveraged Buy-out) 전략의 레버리지 비율에 대해서는 후술한다.

대체투자 파헤치기(중)

타이타노마키의 서막

로울 수 없다. 론스타가 수익률 관점에서는 한국에서 성공적인 투자신화를 만들었을지 몰라도, 인수한 기업들이 가진 한국사회의 연결성과 그 사회적 맥락을 철저히 무시하면서 외국계 PEF에 대한 먹튀 논란은 지금도 해결되지 않는 중대 이슈 중의 하나이다. 필자가 판단하기에 기업의 사회적 가치 중 가장 중요한 것 중의 하나가 바로 고용이다. PEF가 단기적인 기업가치 제고를 위해 기업 인수 후 곧바로 직원을 해고하는 구조조정 절차에 돌입하는 것은, PEF가 재무적 가치로 평가할 수 없는 기업의 사회적 연결성의 가치를 무시하는 것처럼 비쳐짐으로써 PEF에 대한 부정적 인식을 확산시키는 예기치 않은 결과를 초래하게 될 가능성이 높다. 재무적 구조조정은 필요 최소한에 그쳐야 한다. 재무적 구조조정을 통한 기업가치 제고 과정에서 PEF의 지혜로운 대응이 절실한 이유이다.[369]

셋째, 해당 산업의 미래 성장가능성이 증대됨에 따라, 시장전체의 성장 배수인 멀티플(multiple)이 상승하면서 기업이 성장하는 것이다. 산업의 성장가능성이 높으면 해당 기업이 조금만 노력해도 급성장할 수 있는 반면, 해당 산업의 이익률이 낮고 성장가능성이 어두우면 업계 선두회사라 하더라도 성장이 쉽지 않다. 하지만 앞서 언급한 바대로 PEF는 부침이 심한 산업에는 좀처럼 진입하지 않는다. 이는 해당 기업의 가치제고 활동에 너무 많은 비용이 들어가기 때문이다. 예컨대 반도체 산업의 경우에는 매년 엄청난 규모의 자본적 지출을 필수적으로 수행해야 한다. 이와 같은 자본지출의 시점에 대한 판단도 매우 부담스러운 결정이며, 설사 결정하였다 하더라도 대규모 자본지출로 인한 투자성공 여부 역시 불확실성이 매우 높다. 특히 PEF는 5년 내외의 기간 안에 투자를 회수해야 한다. 성공가능성이 불확실한 대규모 투자를 PEF가 자신의 경영기간 동안 감행한다는 것은 논리적으로도 쉽지 않다. 따라서 PEF는 경기에 민감하고 싸이클의 변화가 심하거나 대규모 투자가 요구되는 산업보다는, 경기에 덜 민감하고 지속적인 현금흐름을 꾸준

---

[369] 2015년 9월에 7조 원이 넘는 대규모 금액으로 홈플러스를 인수한 MBK가 홈플러스 직원 고용 승계에 대한 논란에 휩싸이고 있는데, 향후 대응이 주목된다.

히 창출하는 산업을 선호한다.

예컨대 식음료 산업(Food & Beverage: F&B)과 헬스 케어 관련 산업은 경기에 덜 민감하여 PEF가 선호하는 업종 중의 하나이다. 2007년 327억불에 베인(Bain)과 KKR 등이 차입 인수한 하스피탈 코퍼레이션(Hospital Corporation of America: HCA) 역시 미국 영리 병원의 전국적 체인 업체였다. 이에 따라서 식음료 산업과 헬스 케어 관련 산업의 EV 멀티플이나 주가수익비율(PER)은 다른 산업에 비해 그 수치가 높은 편이다. 또 하나의 선호 업종이 바로 진입장벽이 높은 업종이다. 예컨대 특정 시장에 진입하기 위해서 정부의 인허가가 필요한 경우이거나, 이미 기존 사업자들이 대규모 인적, 물적 투자를 통해 안정적인 사업을 영위하는 분야(sector)가 그것이다. 케이블 사업자, 은행, 경비사업 등이 그 사례이다.

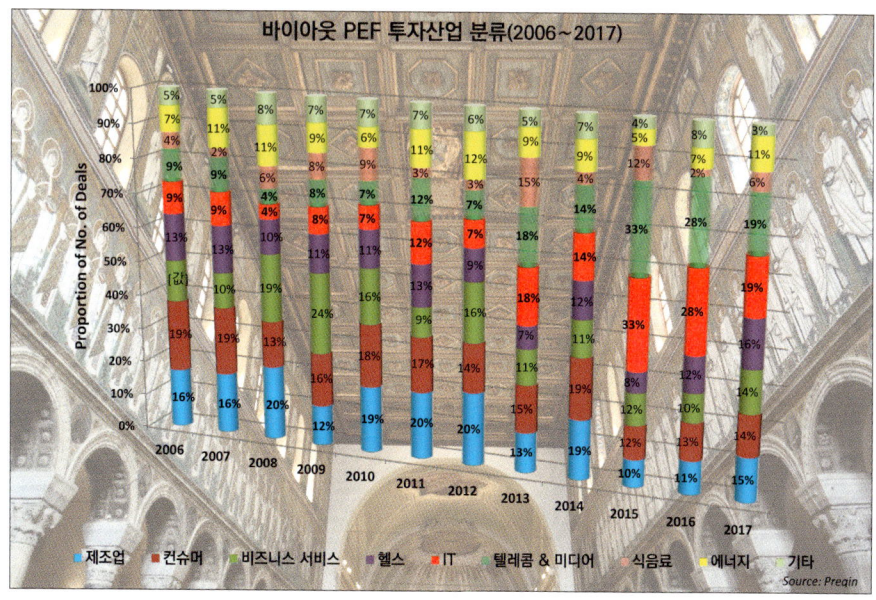

프레퀸(Preqin)의 설문 조사에 따르면 전통적인 제조업 분야에서 PEF 투자는 2006년부터 2012년까지 전체 산업분야(sector)에서 20% 내외를 차지할 정도로 많았으나, 2017년에는 이 비율이 15%로 감소하였다. 2011년부터는 기술변화가

대체투자 파헤치기(중)

타이타노마키의 서막

심한 IT 업종에 대한 투자가 급격히 증가하고 있는 것으로 나타나 주목된다. 특히 2015년부터는 IT 비중이 처음으로 30%를 넘었고, 2017년까지도 20% 내외의 가장 높은 비중을 차지하고 있다. 예컨대 2017년 도시바의 메모리 사업부를 인수한 곳은 삼성이나 마이크론이 아니라, PEF인 베인 캐피털이 주도한 컨소시엄이었다. 반도체 메모리 사업은 대규모 투자를 신속하게 수행하지 않으면 치킨 게임에서 도태되기 때문에, PEF가 투자하기에 적합하지 않다는 것이 전통적인 시각이었다. 만약 도시바 메모리 사업부가 성공적으로 운영되어 회수될 경우, PEF는 경쟁이 매우 치열한 역동적인 산업에서도 기존의 대기업 경영진을 완전히 대체할 수 있는 또 다른 가능성을 보여준다는 점에서 새로운 지평이 열릴 것이다. 이와 같은 추세가 어떤 함의를 갖게 될지는 조금 더 지켜봐야 할 것 같다. 텔레콤과 미디어 부문 또한 IT와 함께 최대 투자분야로 부상하였다. 이는 SNS와 빅 데이터를 활용한 인터넷 기술의 발달로 미디어 환경이 급변하면서, 통신과 미디어 부문의 인수합병이 종전보다 활발해지기 때문에 생긴 현상이다.

마지막으로 바이아웃(Buy-out) 펀드의 가장 중요한 특징 중의 하나는 인수 대상 기업간 시너지(synergy) 효과를 배가할 수 있다는 점이다. 이와 같은 전략을 「부가(Add-on) 투자」 전략 혹은 「강화(Bolt-on) 투자」 전략이라 부른다. 예컨대, 전국에 매장을 가진 유통업체 A를 우선 인수한다. A의 기업가치 제고를 위해 전국 유통망을 활용하여 매출을 증대시킬 수 있는 신발업체 B와 와인업체 C를 인수한다. B와 C는 A의 전국 유통망을 통해 매출을 증대시키고, 이에 따라 A의 기업가치도 같이 올라간다. 일종의 시너지 효과이다. 더 나아가서는 완전히 다른 산업간 폭발적인 시너지 창출효과인 메디치 효과까지 기대할 수도 있다. 첫 번째 투자인 A 기업 투자를 「기반(Platform) 투자」라 부르고, 후속된 B, C 투자를 「부가(Add-on) 투자」라 부른다.

바이아웃(Buy-out) 투자 경험을 축적한 글로벌 PEF들은 이와 같은 부가(Add-on) 투자에 매우 적극적이다. 어떤 경우에는 여러 딜을 동시에 검토하면서, 처음부터 이와 같은 「기반 - 부가 (Platform-Add on) 투자」 관념을 가지고

사모투자펀드(PEF)

포트폴리오를 구성하는 경우를 필자는 적지 않게 보아 왔다. 이는 기업 가치 제고를 위해 바이아웃(Buy-out) PEF가 독특하게 보유한 또 하나의 중대한 장점 중의 하나이기 때문이다. 블랙스톤(Blackstone)과 KKR 역시 투자 건수 면에서 바이아웃(Buy-out) 투자보다 부가(Add-on) 투자가 더 많다. 그만큼 바이아웃(Buy-out) 전략이 보유한 시너지 효과를 매우 중시한다는 뜻이다. 나아가 부가/강화(Add-on/Bolt-on) 투자 전략을 구사하기 위한 필수적인 전제는 반드시 해당 기업의 경영권을 장악해야 한다는 것이다. 이 점에서 경영권을 장악하지 못한 PEF는 진정한 바이아웃(Buy-out) 전략을 구사할 수 없을 뿐만 아니라, 추가적으로 기업 가치를 제고할 수 있는 중대한 수단인 부가/강화(Add-on/Bolt-on) 투자 전략마저도 구사할 수 없다는 점을 잊어서는 안 된다. 앞서 언급한 대로 바이아웃(Buy-out) 전략을 구사하는 PEF에게 경영권 장악이 얼마나 중요한지 보여주는 또 하나의 사례이다. 향후 기반-부가(Platform-Add on) 투자 컨셉이 한국에서도 조속히 정착할 수 있기를 기대해 본다.

마지막으로 첨언한다면 이와 같은 기반-부가(Platform-Add on) 투자 컨셉은 우리나라 재벌의 문어발식 확장 정책과 어떻게 보면 닮은 점이 있다. 이에 따라 자칫 잘못하면 PEF가 전통적인 재벌과는 다른 제3의 재벌 형태로 변질되면서, 과거 우리 재벌의 문어발식 확장으로 인한 부작용이 재현될 수도 있다. 달리 말해서 기반-부가(Platform-Add on) 투자 컨셉의 남용은 오히려 경제력의 집중도를 높이고 활력을 저하시키면서 한국 경제의 건전한 발전을 저해할 수도 있는 것이다. 아직은 우리나라에서 PEF가 대형화되지 않아 당장은 일어나지 않겠지만, PEF가 대형화되기 시작하는 미래의 어떤 시점부터는 충분히 가능한 시나리오이다. 이와 같은 일이 발생하지 않도록 기반-부가(Platform-Add on) 투자전략을 구사하는 과정에서, PEF가 가진 사회적 책임을 잊지 않도록 항상 세심한 주의를 기울이는 것이 반드시 필요하지 않을까 생각해 본다.

4) 전통적 바이아웃: 투자회수(Exit)

투자회수(Exit or Divestment/Dis-investment)는 PEF 투자의 정해진 숙명이다.[370] 투자회수 계획이 없는 PEF 투자는 살아 있지만 생존의 의미를 전혀 모르는 좀비와도 같다. 펀드 내에 투자 포트폴리오가 회수가 되지 않고 계속 수수료만 지급되는 펀드를 "좀비 펀드(Zombie Fund)"나 "걸어 다니는 시체(Walking Dead)"라고 하는 것도 이와 같은 이유에서이다.

투자회수는 PEF에게 있어 또 하나의 중요한 의미를 갖는다. 바로 투자회수는 PEF의 지속 가능성과 직결되어 있다는 점이다. 전술한 바와 같이 PEF 투자자의 60%가 공·사 연기금 및 국부펀드로부터 나온다. 이들은 PEF 투자 후 적절한 방식으로 투자회수가 되지 않으면 PEF 투자를 지속할 수 없다. 이들이 PEF 투자를 중단하면 PEF로의 자금 유입이 끊기면서 PEF가 지속적으로 성장하는 것이 불가능하다. 비록 PEF가 공적 연기금과 국부펀드의 후원에 힘입어 타이탄 대기업들과 맞설 만큼 대형화되었지만, 타이탄 대기업들과 비교해서 가장 결정적인 약점은 투자회수가 되지 않으면 또 다른 펀드를 모집(fund raising)하여 투자를 지속하는 것 자체가 불가능하다는 점이다. 그만큼 투자회수는 PEF의 생존과 직결될 만큼 바이아웃(Buy-out) 전략을 포함한 PEF 투자의 가장 핵심적인 요인 중의 하나이다.

따라서 기업을 인수한 후 기업가치 제고작업을 수행하는 중에도 PEF는 끊임없이 Exit, 즉 투자회수 방식에 대한 고민을 해야 한다. 투자회수 정도도 완전 회수(full exit) 방식과 부분 회수(partial exit) 방식 중 어느 방안을 채택해야 하는지 검토해야 하고, 매크로 환경을 고려하여 투자회수 시점에 대한 면밀한 검토도 필

---

370 투자회수는 투자를 최초 집행하여 자금을 투입하는 인베스트먼트(investment)와는 반대로, 투자자산을 유동화하여 자금을 회수하는 개념으로 다이베스트먼트(divestment)라고도 부른다.

사모투자펀드(PEF)

수적이다. 이론적으로 가장 바람직한 것은 투자시점부터 구체적으로 투자회수 방식, 투자회수 정도, 투자회수 시점 등 투자회수의 3대 요소를 포함한 투자회수 계획을 확정짓는 것이지만, 이는 사실상 거의 불가능한 시나리오이다. 따라서 처음 진입단계에서는 투자회수 시점을 미리 예상하여 투자회수 방식과 정도를 대략적으로 구상하는 정도로 스케줄을 작성하고, 그 시점이 도래하면 좀 더 본격적인 회수활동에 들어가는 것이 일반적인 절차이다.[371]

일반적으로 바이아웃(Buy-out) PEF의 회수시점은 투자 후 3~5년이고, 벤처투자는 이보다 길어서 투자 후 7~10년이다.[372] 나아가 투자회수 기간은 시기별로 약간씩 차이가 있다. 예컨대, 바이아웃(Buy-out) PEF의 경우 2009년 이전에는 5년 이내에 회수하는 비율이 전체의 절반을 넘었으나, 2010년부터는 회수에 5년 이상이 걸리는 투자 건이 전체의 50%를 넘는 추세로 바뀌었다. 이는 2008년 금융위기 이후 투자회수 환경이 과거보다 더욱 어려워졌다는 것을 의미한다. 나아가서 바이아웃(Buy-out) PEF들이 재무적 구조조정 보다는 기업의 경영권 장악을 통한 실질적인 기업 가치제고에 매진하면서 투자회수 기간이 늘어난 이유도 있다. 실제로 프레퀸(Preqin)과 베인 앤 컴퍼니(Bain & Company)가 발표한 보고서에 따르면, 2017년 말 기준으로 5년 이상 걸린 투자회수 건이 전체의 절반을 넘었다. 다만 2018년에는 이 비중이 50% 밑으로 하락하였고, 회수 기간이 3년 미만(Quick Flips)인 투자 건 비중이 24%로 올랐다. 2018년 추세가 일시적인 것인지, 아니면 지속될 것인지 여부는 조금 더 지켜봐야 할 것 같다.[373]

우리나라와 달리 해외의 경우는 투자회수(exit) 경로가 매우 다양한데, 크게

---

371 대형 투자 건인 경우에는 투자은행(investment bank), 회계법인, 법률회사 등과의 협업을 통해 투자회수 절차를 진행하는 것이 일반적인 관행이다.
372 Stefan Povaly, 앞의 책.
373 Bain & Company, Inc., *Global Private Equity Report 2019*. 한편 3년 이내에 투자를 회수하는 경우를 "퀵 플립스(Quick Flips, 신속 회수)"라고 부르기도 한다.

대체투자 파헤치기(중)

타이타노마키의 서막

네 가지로 대별된다.[374] 첫 번째가 "트레이드 세일(Trade Sale)"로 전략적 투자자(Strategic Investor: SI)에게 기업을 매각하는 것이다. 미국이나 유럽에서 가장 많은 비중을 차지하는 투자회수(exit) 전략이다. 펀드별로 차이가 있으나 보통 전체의 절반 이상이 트레이드 세일(Trade Sale)을 통한 투자회수(exit)이다. 이와 같은 투자회수(exit) 전략은 해당 산업에 대한 전문성과도 맥을 같이 한다. 보통 PEF가 특정 산업의 해당 기업을 인수하게 되면, 이들 PEF는 해당 산업의 기업들(players)에 대한 정보를 축적한다. 특정 산업이 특정한 협회를 만들고 있다면 당연히 이 협회에 가입하고, 이들과 지속적인 네트워킹과 정보교류를 한다.

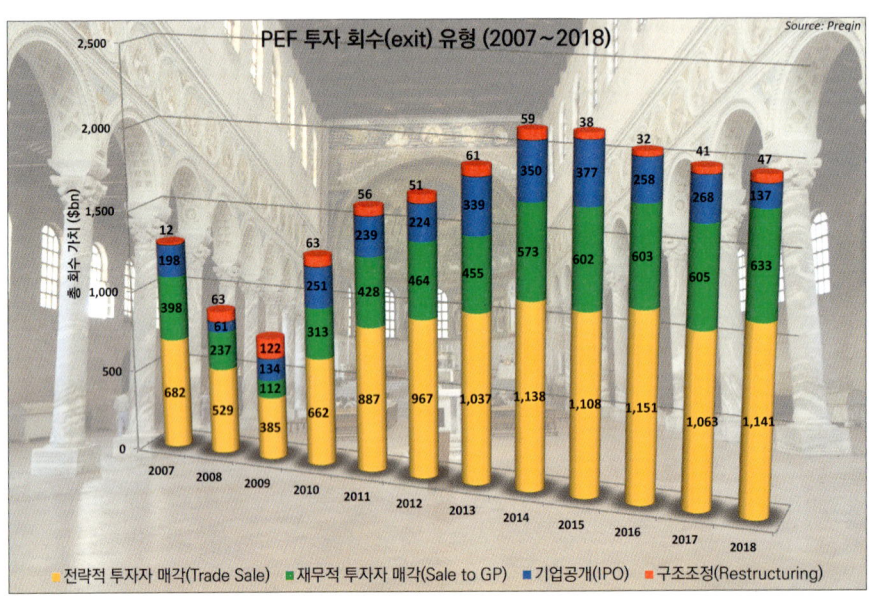

이와 같이 동종 업종에서의 주요 플레이어(player)들과 전문적 네트워킹을 지속적으로 수행하다 보면, 투자회수(exit) 시점에 이들과 자연스럽게 기업 매각

---

374 우리나라의 경우는 투자회수(exit) 전략이 IPO 이외에는 거의 활성화되어 있지 않다. 이에 따라 PEF 전략도 바이아웃(Buy-out) 전략보다는 소수 지분(significant minority) 형태의 투자구조가 대부분이다. 바이아웃(Buy-out) PEF를 활성화하기 위해서는 투자회수(exit) 전략을 다양화하기 위한 M&A 관련 법제도에 대한 과감한 혁신이 시급하다고 본다.

이야기가 오고 가게 된다. 필자가 실사한 경험에 따르면 해당 기업을 인수한 이후 이와 같은 네트워킹을 하는 과정에서 PEF가 미리 이야기 하지 않더라도, 당해 산업의 주요 전략적 투자자들이 "먼저" PEF에게 기업 매각을 자연스럽게 타진(preemptive bid)하다고 한다. 만약 기업 매각 타진이 여러 군데에서 오게 되면 PEF 입장에서는 그야말로 두 손 들고 환영할 일이다. 중대형 딜은 거의 어김없이 트레이드 세일(Trade Sale)을 통한 투자회수가 가장 일반적인 형태이다.

두 번째 투자회수(exit) 방법이 재무적 투자자(Financial Investor: FI)에게 기업을 매각하는 것이다. 기업에 대한 재무적 투자자가 대부분이 PEF란 점을 감안하면, 이 회수방법은 PEF 운용사 입장에서 기업의 지분이 거래되는 유통 시장에서 투자를 회수하는 것이다. 이 점에서 이 회수 전략을 달리 부르면 세컨더리 바이아웃(Secondary Buy-out) 전략이 된다. 세컨더리 바이아웃(Secondary Buy-out) 전략은 엄밀한 의미의 세컨더리 PEF(Secondary PEF) 전략만을 의미하는 것은 아니다. 따라서 후술하게 될 세컨더리 디렉트(Secondary Direct) 형태로 기업의 지분을 인수하는 것뿐만 아니라, 프라이머리 바이아웃 PEF(Primary Buy-out PEF)가 다른 PEF로부터 해당 기업을 인수하는 PEF 상호간의 거래(PEF to PEF deal)도 당연히 포함한다. 이와 같은 세컨더리 바이아웃(Secondary Buy-out) 전략은 전 세계적으로 PEF가 갈수록 투자 지평과 건수를 늘려 가면서 향후에는 지속적으로 증가할 가능성이 높다. 재무적 투자자(FI)에게 기업을 매각하고 투자를 회수(exit)하는 전략의 비중은 통상 20~30% 내외이다.

전략적 투자자(SI)에게 매각하는 첫 번째 방식이든, 재무적 투자자(FI)에게 매각하는 두 번째 방식이든 투자회수는 일반적인 기업매각 절차와 동일한 과정을 거치게 된다. 즉 투자은행, 법률회사, 회계법인, 자문사 등의 도움을 받아 기업매각 절차를 진행하는 것이 일반적인 관행이다. 기업매각 형식은 전술한 바대로 경매절차를 거치거나 사적 거래 형식을 띄게 된다. 매도하는 입장에서는 잠재적 매수가 많을수록 매각 가격이 올라간다는 점에서는 유리할 수 있으나, 보안유지가 어렵다는 점에서 매수자를 너무 많이 상대하는 것은 바람직하지 않다. 따라

대체투자 파헤치기(중)
타이타노마키의 서막

서 매도자는 매수자를 5인 내외로 한정하는 "타게팅 권유(Targeted Solicitation)" 방식을 사용하거나, 매수자가 10인 내외인 "통제된 경매(Managed Auction/Controlled Auction)" 방식을 주로 사용하게 된다. 간혹 매도자가 매도절차를 개시하기 전에 매수자가 접근하는 경우(preemptive bid)도 있으나, 이런 경우에도 최종적으로는 다수의 매수자를 상대로 경매를 붙이는 방식으로 전환하게 된다.[375] 전략적 투자자인 SI나 재무적 투자자인 FI에게 매각하는 방식은 PEF 입장에서는 즉각적인 현금 회수가 가능하다는 점, 높은 기업가치 평가(valuation)를 받을 수 있다는 점, IPO보다 절차가 덜 복잡하고 비용이 덜 소요된다는 점, IPO처럼 전체 시장을 상대하지 않고 소수의 잠재적 매수자만 상대한다는 편리성이 있다는 점 등이 장점이다. 단점으로는 매수자를 찾기가 쉽지 않고 설사 찾았다 하더라도 매수자가 소수에 그칠 가능성이 많으며, IPO보다는 대중의 관심을 덜 끌게 된다는 것이 단점이다.

세 번째 투자회수(exit) 전략이 대상 기업의 기업공개, 즉 주식시장 상장(IPO)이다. 우리나라는 IPO가 가장 중요한 투자회수(exit) 전략인데 비해, 미국의 경우는 사실 가장 인기가 없는 투자회수(exit) 전략이다. 바로 IPO에 많은 시간과 비용이 소요되기 때문이다. 앞서 PEF 역사 부문에서도 잠깐 언급한 바 있는 사베인-옥슬리(SOX) 법 등으로 기업 공개에 필요한 규제나 절차가 지나치게 까다로워서 PEF 입장에서는 결코 선호하는 방법이 아니다. 오히려 SI나 FI들과 사적으로 거래하는 것이 거래 비용도 적게 들고 신속하게 거래를 마무리할 수 있다. IPO를 통한 투자회수(exit) 전략은 펀드별로 차이가 있으나 통상 15% 내외이다.

---

[375] 경매를 통한 가격 입찰 방식은 크게 4가지로 대별된다. ① 오름 경매 방식(Ascending Bid: English Auction): 최종 승자가 남을 때 가격을 올려서 입찰 진행 ② 내림 경매 방식(Descending Bid: Dutch Auction): 가장 높은 가격에서 시작하여 최초 입찰자가 나올 때까지 가격을 내려서 입찰 진행 (①과 ②의 방식은 참가자 모두가 가격을 알고 있는 공개 경매(open bidding) 방식임) ③ 밀봉 최고가격 입찰 방식(First Price Sealed-Bid: FPSB): 입찰자들이 상대방의 가격 정보를 전혀 알지 못하고 자신들의 가격만을 써 내어 최고 가격을 써낸 이가 낙찰되는 방식 ④ 밀봉 차순위 가격 입찰 방식(Second Price Sealed-Bid: SPSB): 밀봉 최고가격 입찰 방식과 동일하나 최고 가격을 써낸 승자는 2위 가격을 지급 (③과 ④는 참가자가 상대방의 입찰 정보를 전혀 모르는 밀봉 경매(sealed bidding) 방식). Stefan Povaly, 앞의 책

사모투자펀드(PEF)

IPO의 가장 첫 단계는 투자은행이나 자문사와의 인수(underwriting) 의향서(letter of intent) 체결이다. 인수 의향서에는 인수 방식을 "모집주선방식(Best Efforts)"으로 할지 "전액 인수방식(Firm Commitment)"으로 할지, 투자은행의 인수가격을 얼마로 할지 등을 포함한다. 투자은행의 인수가격과 상장가격 차이를 발행주식수와 곱한 금액을 총 스프레드(Gross Spread)라고 하는데, 경험적으로 IPO 총액의 7% 내외가 평균 수치라고 한다.[376] 인수의향서가 끝나면 사전 투자설명서(Preliminary Prospectus)를 작성하여 마케팅 활동을 펼치기 위한 준비를 끝내야 한다. 투자설명서는 공개되는 주식과 관련된 중요 정보를 모두, 거짓 없이, 그리고 평이하게 기록해야 한다.[377] 이 과정까지 마치는 데 보통 수개월이 소요된다.

투자설명서 작성이 끝나면 증권을 등록(registration)해야 하는데, 특히 PEF 입장에서는 통상의 IPO에서 곧바로 증권을 매각할 수 없는 락-업(Lock-up) 조항에 해당하는 경우가 많으므로 이를 설명서에 모두 담아야 한다.[378] 증권의 등록이 끝나면 로드쇼(Road Show)라 불리우는 마케팅을 실시한다. 로드쇼는 한 개 국가에 한정되는 것이 아니라 여러 개 국가를 포함한다. 로드쇼를 통해 투자은행은 공개대상 기업의 가치(valuation)에 대한 투자자들의 평가 정보를 획득하고, 투자 수요에 대한 기초정보를 수집하게 된다. 로드쇼가 끝난 후에는 가격과 수요 예측을 실시하는데 가격을 정하고 수량만 신청 받는 방법(Fixed Price Offering), 가격과 수량을 혼합하여 신청 받되 투자은행이 자신의 재량으로 수량을 배정하는 방법(Book-building), 마지막으로 가격과 수량을 혼합하여 신청 받아 재량의 여지

---

376 Stefan Povaly, 앞의 책. 총 스프레드(Gross Spread)의 30%는 주간사(Lead Underwriter)가 가져가고 나머지 50%는 주간사 이외의 2, 3 순위 투자은행들이 가져간다. 최후 20%는 IPO 과정에서 발생하는 실사비용, 마케팅 비용 등에 충당한다.
377 A prospectus must provide what is called 'full, true and plain disclosure' of all material facts relating to the securities proposed to be offered in public.
378 전 세계적으로 PEF의 락-업(Lock-up) 기간은 6개월~1년이다.

대체투자 파헤치기(중)

타이타노마키의 서막

없이 수량을 배정하는 방법(Formal Auction) 등이 있다.[379] 수량과 가격이 정해지면 최종 가격을 다시 증권당국에 통보하여 최종 등록을 마치고 주식을 상장하게 된다.

앞서 세 가지 투자회수(exit) 전략 이외에도 배당이나 유상감자, 혹은 차입 후 배당 등의 재무적 구조조정(ReCap: 리캡), 기업의 특정 사업부문을 매각하거나 전체 사업부문을 축소하는 등의 사업적 구조조정(ReOrg: 리오그) 전략으로 투자회수 전략을 구사할 수도 있다. 리캡(RcCap)과 리오그(ReOrg)를 통칭하여 구조조정(Restructuring) 전략이라 통칭한다. 이 회수전략은 1980년대 차입인수(LBO) 전략을 구사하는 기업들이 즐겨 사용하던 기법이었다. 1980년대 유행했던 이 기법은 PEF가 피인수기업을 지속적으로 경제활동 영역에 머물게 하는 계속 기업(Ongoing Business)으로서 간주하는 것이 아니라, 보유현금이나 자산을 빼먹거나 약탈하는 대상으로 간주한다는 점에서 PEF 투자의 사회적 논란이 된 가장 첫 출발점이기도 하였다.

하지만 거시경제 환경이 극도로 좋지 않거나 기업의 부도 급증 등으로 불가피하게 이 전략을 사용하는 경우도 있을 수 있다. 예컨대 2008년과 2009년과 같은 극도의 거시 경제 스트레스 상황에서 이 전략을 통해 PEF가 투자를 회수(exit)한 경우가 많았다. 프레퀸(Preqin)에 따르면 2009년 상반기에는 이와 같은 리스트럭쳐링(Restructuring) 전략이 기업공개(IPO)나 재무적 투자자에게 매각하는 투자회수(exit) 보다도 많은 전체의 22%를 차지한 적도 있다. 2008년 이전에는 1% 내외의 비중을 차지하였으나, 2008~2009년 급증한 이후 2014년 현재에는 3% 내외의 비중을 차지하고 있다. 가장 대표적인 사례는 총 인수규모 327억불을 기록하여, 2012년까지 PEF 주도 차입인수 규모면에서 3위에 오른 미국 영리법원 체인업체 하스피탈 코포레이션(Hospital Corporation America: HCA)의 배당 정

---

379 가장 많이 사용하는 방식은 북-빌딩(Book-building) 방식인데, 최근에는 공식 경매(Formal Auction) 방식도 증가하는 추세이다. 공식 경매(Formal Auction) 방식을 사용한 대표적인 기업이 2004년에 기업을 공개한 Google이다.

사모투자펀드(PEF)

책이다. 당초 HCA를 인수했던 베인(Bain)과 KKR 등은 2010년에 HCA를 IPO 하려고 하였으나, 2010년은 2008년 금융위기의 여파로 주식시장이 아직 회복세를 시현하지 못하던 때였다. 결국 베인(Bain)과 KKR은 2010년에 HCA의 IPO를 포기하고 정크 본드(junk bond)를 포함한 회사채를 발행, 총 42.5억불을 배당금으로 지급하였다. 이는 베인(Bain)과 KKR 등이 최초로 투자한 금액과 거의 맞먹는 대규모 배당금이었다.

투자회수와 관련된 또 하나의 중요한 이슈는 세금인데, 이에 대해서는 PEF와 Tax 편에서 전술한 바와 같다. 마지막으로 전 세계 투자회수 추세와 관련하여 가장 주목할 만한 특징은 2014년부터 PEF 주도의 투자회수가 전 세계적으로 사상 최고치를 계속 갱신하고 있다는 점이다. 즉 2014년 PEF 주도의 투자회수 건은 2,136건에 5,160억불이었는데, 금액 기준으로는 2013년보다 11.9% 증가한 규모이다. 종전 최고치는 금융위기 직전인 2007년에 1,553건, 3,730억불이었다. 이는 초저금리 현상이 지속되어 지분을 포함한 자산가치가 급격히 상승하자 PEF들이 서둘러 투자를 회수하면서 나타나는 현상이다. 2015년에는 급증하는 투자회수 추세와는 달리 PEF 주도의 대형 신규투자 건은 오히려 감소하였다. 파이낸셜 타임즈에 따르면 PEF 주도의 인수합병 건은 발표 기준으로 2015년 1~3월 동안 전년 동기의 절반 수준인 290억불에 그쳤는데, 이는 2009년 이후 가장 낮은 수치이다.[380] 특히 2015년 1사분기 중 거래 규모로 대형 10대 PEF 인수합병 건 중 7개가 20억불 미만이었다고 한다. 다만 2016년부터는 회수건이 줄고, 오히려 신규투자건은 증가하는 모습을 보여 주고 있어 대조적이다. 이는 2015년 대규모 투자회수와 2016년 이후 PEF 자금유입 급증으로 신규투자 여력이 추가로 생기면서 발생하는 현상으로 추정된다.

2014~2019년 중 한국에서 가장 많이 회자되는 투자회수 건 중의 하나는 KKR의 OB맥주 투자회수 건이다. 당초 OB맥주를 소유하고 있던 두산그룹은

---

380 Financial Times, Mar 30, 2015

대체투자 파헤치기(중)
타이타노마키의 서막

IMF 위기 직후인 2001년에 OB맥주를 벨기에의 맥주회사인 인베브(InBev)에 매각했다. 인베브(InBev)는 2001년부터 OB맥주를 보유하고 있었고, 활발한 글로벌 M&A 활동을 통해 사세를 키웠다. 특히 인베브는 리먼 사태가 터진 2008년 9월 직전에 미국 맥주회사 안호이저-부시(Anheuser-Busch)를 인수하여, 세계 1위 맥주회사로 등극하면서 사명을 안호이저-부시 인베브(Anheuser-Busch InBev: AB InBev, 이하 AB인베브)로 바꾸었다. 그러나 글로벌 금융위기가 심화되어 인수 금융에 따른 원리금 부담이 눈덩이처럼 불어나자, AB인베브는 유동성 확보를 위해 2009년 7월에 KKR과 어피니티(Affinity)에 OB맥주를 18억불에 매각했다. 금융위기가 진정된 후인 2013년부터 다시 M&A 활동에 집중하면서 아시아 시장 공략을 강화하기 위해 OB맥주 인수에 다시 관심을 보이던 AB인베브는 2014년 1월에 KKR 등으로부터 OB맥주를 58억 달러에 再매수 하였다. 우리나라 돈으로 6조가 넘는 거액이었다. KKR은 이 투자회수 건으로 4년 반 만에 4조 원이 넘는 어마어마한 수익을 올렸다. 칼라일의 ADT 캡스 투자 회수건도 특기할 만하다. 당초 2조원을 약간 상회하는 진입가격이 너무 비싸다는 논란에도 불구하고, 칼라일은 2018년 5월 ADT 캡스를 SK켈레콤, 맥쿼리 자산운용 컨소시엄에 2조 9,700억원에 매각했다. 딜이 완료된 2018년 10월을 기준으로 칼라일은 약 4년만에 8,700억원이 넘는 수익을 올렸다. 칼라일이 받은 배당금액이 2015년 1,440억원, 2016년 3,145억원임을 감안하면 실제 수익은 1조원을 훌쩍 넘는다.

2013년부터 2016년 말까지 글로벌 전체로 가장 큰 PEF 투자회수 건은 자동차, 소비재 제품 등에 들어가는 반도체 칩을 제조하는 회사인 프리스케일(Freescale)에 대한 투자회수 건이다. 프리스케일은 모토롤라(Motorola) 자회사로 2006년에 블랙스톤(Blackstone), TPG, 칼라일, 퍼미라(Permira) 등이 176억불에 바이아웃(Buy-out)하였다. 블랙스톤(Blackstone) 컨소시엄이 매수한 프리스케일(Freescale)은 2015년 3월에 크레딧 카드와 데빗(debit) 카드에 심는 반도체 칩을 제조하는 NXP가 인수했다. 총 인수금액은 부채를 포함하여 167억불이었다. NXP는 네덜란드 기업인 필립스의 자회사로 2019년 3월 기준 나스닥에 상장되어 시총이 대략 270억불인 기업이다. NXP는 애플의 아이폰 6에 삽입된 결재시스템을 처리하는 칩을 제조하는 회사로 알려져 있다. NXP 자신도 필립스로부터 분사된 2006년에 KKR, 베인(Bain), 실버 레이크(Silver Lake), 에이팩스(Apax) 등의 PEF 컨소시엄에 94억불에 바이아웃 된 전력이 있다.

2014년의 경우는 2014년 12월에 KKR이 투자회수를 선언한 얼라이언스 부츠(Alliance Boots)가 2014년 최고가의 투자회수 건으로 기록되었다.[381] 얼라이언스 부츠는 영국의 약국 체인점으로 KKR이 2007년에 매입하였는데, 당시 거래가는 120억 파운드로 2007년 당시까지 유럽 지역의 PEF 주도 인수 합병 건으로는 최고 규모의 거래이었다. 매수자는 유사 업종을 영위하는 미국의 월그린(Walgreen)이었다. 2012년에 지분의 45%를 매각하여 부분 회수하였으며, 2014년 12월에 나머지 지분 55%를 미국의 약국 체인업체인 월그린(Walgreen)에 매각하기로 결정하고 2015년 상반기에 투자를 회수하였다. 회수금액은 총 251억불로 투자금액의 약 2배에 가깝다.

이처럼 2014년에는 헬스와 제약업체들의 투자회수 건이 매우 유행하였는데, 2014년 거래규모 134억불을 기록하여 2위를 차지한 바이오멧(Biomet) 회수 사례 또한 헬스 관련 업종이다. 투자자는 블랙스톤(Blackstone), 골드만 삭스 등이었으며, 매수자는 동종 업종의 짐머 홀딩스(Zimmer Holdings)였다. 또 다른 사례는 워너 칠콧(Warner Chilcott)을 액터비스 그룹(Actavis Group)이 2013년 5월에 85억불을 지급하고 인수하여, 베인 캐피탈(Bain Capital) 등이 투자를 회수한 건이다. 이 회수 건으로 베인 캐피탈(Bain Capital) 등은 2005년 1월에 31억불을 워너 칠콧에 투자하여 85억불의 수입을 올렸으니, 이 금액만 가지고 계산해도 IRR이 12% 내외로 추정된다. 하지만 당연히 투자 시 레버리지를 사용하였을 것이므로 레버리지 비율을 고려하였을 때 PEF 입장에서 IRR은 기하급수적으로 올라간다. 에쿼티 금액을 투자금액의 10%인 3억불로 하고, 단순히 57억불(85 –

---

381 실제 투자회수는 2015년 2~8월 동안 진행되었다.

28)을 벌었다고 간주하면 총 IRR(gross IRR)은 44.5%이다! 최근 제약업계의 활발한 M&A 활동 때문에 베인 캐피탈(Bain Capital)과 같은 바이아웃(Buy-out) 전문 PEF들에게는 투자회수에 매우 좋은 기회가 도래하고 있다.

한편 이 거래에서 투자를 회수한 PEF의 반대편에 서 있던 액터비스(Actvais)의 공격적인 M&A 활동은 회장인 폴 비사로(Paul Bisaro)가 주도하고 있다. 비사로(Bisaro)는 아더 앤더슨 출신의 컨설턴트이며, 이 회사를 다니면서 야간에 로펌을 다녀 변호사가 된 전설적인 인물이다. 2007년 액터비스(Actvais)의 전신인 왓슨 제약(Watson Pharmaceuticals)에 입사하여 공격적인 M&A 활동을 그 때부터 주도하였다. 액터비스(Actvais) 그룹이라는 이름도 평범한 제네릭 알약을 제조하던 왓슨 제약(Watson Pharmaceuticals)이 42.5억 유로라는 거금으로 유럽의 제약회사 액터비스(Actvais)를 인수하면서 새로이 지은 회사명이다. 다시 6개월 후인 2013년 5월, 비사로(Bisaro)가 이번에는 이 회수건의 주인공인 아일랜드의 제약회사이던 워너 칠콧(Warner Chilcott)을 인수했다. 얼마 지나지 않은 2014년 2월에는 알츠하이머 치료약인 나멘더(Namenda) 등을 제조하는 포리스트 래브러토리즈(Forest Laboratories)까지 28억불에 인수하였다. 이와 같은 공격적인 M&A 활동에 따라 액터비스(Actvais)의 부채는 EBITDA의 3.5배까지 확대되었지만, 비사로(Bisaro)의 공격적인 행보는 멈추지 않고 있다.

2014년 11월, 비사로(Bisaro)가 이번에는 보톡스를 제조하는 거대 제약회사인 앨러건(Allergan)을 660억불에 인수하겠다고 발표하면서 세상을 다시 한 번 깜짝 놀라게 했다. 액터비스(Actvais)의 발표는 앨러건(Allergan)을 인수하기 위해 밸린트(Valeant)라는 제약회사가 먼저 인수제안을 한 상태였기 때문에 더욱 놀라운 것이었다. 여기에 더하여 (하)권에서 설명하게 될 주주행동주의자들인 퍼싱 스퀘어(Pershing Sqaure)와 벨류 액트(Value Act)까지 밸린트(Valeant)와 연합하여, 2014년 4월에 앨러건(Allergan)을 568억불에 공개매수 하겠다고 이미 선언한 상태였다. 비사로(Bisaro)가 뒤늦게 인수전에 뛰어 들면서, 앨러건(Allergan) 인수전은 말 그대로 이전투구 양상으로 전개되었다. 하지만 놀랍게도 최종 결과는 마지막 순간 인수전에 뛰어든 비사로(Bisaro)의 승리였다. 2015년 5월 17일, 660

사모투자펀드(PEF)

억불이라는 천문학적인 금액으로 액터비스(Actvais)가 앨러건(Allergan)을 인수한 것이다. 특히 앨러건(Allergan)은 2015년 11월 22일에 미국의 거대 제약사 파이자(Pfizer)와 1,600억불 규모의 합병에 합의하여 세상을 다시 깜짝 놀라게 하기도 하였다. 이 합병 시도는 전술한 tax inversion에 대한 미국 정부의 부정적인 입장 대문에 2016년 4월에 끝내 무산되기는 하였지만, 비사로(Bisaro)의 인수합병 야욕의 끝은 과연 어디까지 될 것인가?

〈 Buy-out 펀드의 대표적인 투자회수 사례 (2013~2018) 〉

	BMC Software	Dell Inc.	SunGard Data Systems	Freescale	Alliance Boots	Biomet	Grupo Corporativo Ono	US Foodservice Inc.*	Neiman Marcus Inc.	Bausch & Lomb	Warner Chilcott
투자일	2013.9	2013.11	2005.3	2006.9	2007.4	2007.7	2005.7	2006.11	2005.5	2007.5	2005.1
투자형태	Buy-out	Buy-out	Public to Private	Buy-out	Buy-out	Buy-out	Buy-out	Buy-out	Public to Private	Public to Private	Buy-out
Entry Value	$6.9 bio	$24.9 bio	$11.4 bio	$17.6 bio	$12.1 bio	$10.9 bio	N.A.	$7.1 bio	$5.1 bio	$4.58 bio	$3.1 bio
투자자	Bain Capital, Golden Gate Capital, GIC, Elliott	MSD Capital, Silver Lake	Bain Capital, Blackstone, Goldman Sachs Merchant Banking Division, KKR, Providence Equity Partners, Silver Lake, TPG	Blackstone, Carlyle Group, TPG, Permira	KKR	Blackstone, Goldman Sachs, KKR, TPG	Arle Capital Partners, JPMorgan Partners, Providence Equity Partners, Quadrangle Group, Thomas H Lee Partners	Clayton Dubilier & Rice, Kohlberg Kravis Roberts	TPG, Warburg Pincus	Warburg Pincus, Welsh, Carson, Anderson & Stowe	Bain Capital, CCMP Capital Advisors, GCM Customized Fund Investment Group, JPMorgan Partners, Thomas H Lee Partners
회수일	2018.5	2016.3	2015.8	2015.3	2014.12	2014.4	2014.3	2013.12	2013.9	2013.5	2013.5
회수형태	Trade Sale	Trade Sale	Trade Sale	Trade Sale	Trade Sale	Trade Sale	Trade Sale	Trade Sale	Sale to GP	Trade Sale	Trade Sale
회수가치	$8.5 bio	$3.1 bio	$9.1 bio	$16.7 bio	$25.1 bio	$13.4 bio	$10.0 bio	$8.2 bio	$6.375 bio	$8.7 bio	$8.5 bio
회수자	KKR	NTT Data Corporation	FIS Global	NXP	Walgreen Company	Zimmer Holdings	Vodafone UK	Sysco Corporation	Ares Management, CPP Investment Board	Valeant Pharmaceuticals	Actavis Group
산업	소프트웨어	컴퓨터	소프트웨어	반도체	소매	헬스	통신	음식	소매	헬스	제약
국가	미국	미국	미국	미국	영국	미국	스페인	미국	미국	미국	미국

표 출처: *Bain, Preqin*

AB InBev와 3G Capital의 Sonho Grande

전 세계 맥주 1위 회사 안호이저-부시 인베브(Anheuser-Busch InBev: AB InBev, 이하 AB인베브)는 M&A를 통해 기업 규모를 키워나간 대표적인 회사이다. 2008년 AB인베브가 안호이저-부시(Anheuser-Busch)를 인수하기 전 회사명인 인베브는 벨기에의 맥주 회사 인터브류(Interbrew)와 브라질의 맥주 회사 암베브(AmBev)가 1987년에 합병하여 탄생한 회사이다. 역설적이게도 벨기에의 인터브류도 인수합병을 통해 탄생한 기업이고, 브라질의 암베브(AmBev) 역시 브라질 맥주 회사 앤타크티카(Antarctica)와 브라마(Brahma)가 1999년에 합병하여 새로 만들어진 회사이다. AB인베브의 주요한 맥주 브랜드는 미국의 버드와이저(Budweiser), 벨기에의 호가든(Hoegaarden), 멕시코의 코로나(Corona), 브라질의 브라마(Brahma) 등 200여 개다. AB인베브가 사브밀러와 합병하기 전 2015년 매출액은 4,360억불, 순이익은 1,351억불로 막강 화력을 자랑한다. AB인베브의 2015년 예상 매출액은 삼성전자 매출액의 2배가 넘는 엄청난 금액이다.

AB인베브의 시장점유율이 가장 높은 지역은 2014년 기준으로 북미(45.2%)와 남미(48.4%)로 시장점유율이 전체 맥주시장의 절반에 육박한다. 하지만 서유럽 지역(9.6%)과 아시아-태평양 지역(12.0%)은 북남미 시장에 비해 시장지배력이 상대적으로 약하다. 전술한 AB인베브의 OB맥주 인수는 금융위기 이후 아시아-태평양 지역에서 시장점유율을 강화해 나가기 위한 경영전략 상 불가피한 선택이었다. 반면 AB인베브는 동유럽 지역(7.9%)과 아프리카(0.6%) 지역에서 시장 점유율이 상대적으로 저조한데, 이들 시장에서 맥주시장의 강자는 바로 세계 시장 2위의 점유율을 기록하고 있는 사브밀러(SABMiller)이다. 사브밀러의 동유럽 지역 시장점유율은 15.1%로 AB인베브의 2배에 육박하고, 아프리카 지역에서 사브밀러의 시장점유율은 40.3%로 AB인베브와 비교가 불가하다.

이에 따라 AB인베브 CEO 카를로스 브리토(Carlos Brito)는 사브밀러를 인수하기 위해, 이 회사 경영진과 비공식적인 접촉을 시도하고 있다고 파이낸셜 타임즈가 보도했다.[382] 파이낸셜 타임즈에 따르면 AB인베브와 사브밀러의 합병은 전 세계 맥주시장 점유율 30.5%의 초대형 맥주회사(mega brewer)의 탄생을 의미하는 것으로, 후발 주자들인 하이네켄(Heineken)과 칼스버그(Carlsberg)를 벌써부터 긴장시키고 있다고 한다.

---

382 Financial Times, Sep 17, 2015

AB인베브의 최대 주주는 2015년 9월 기준으로 12.5%의 지분을 보유한 브라질 갑부 호르헤 파울로 레만(Jorge Paulo Lemann)이다.[383] 레만은 까를로스 알베르토 시큐피라(Carlos Alberto Sicupira)와 마르셀 텔레스(Marcel Telles)와 함께 1989년 전술한 브라마(Brahma) 맥주 회사를 5,000만 불에 인수하는 등, 기업 인수 합병을 통해 브라질에서 막대한 돈을 벌었다. 레만은 브라질에서 모은 자금으로 미국 기업을 바이아웃(Buy-out)하기 위해, 시큐피라와 텔레스 등 3사람을 지칭하는 말인 "3G 캐피탈(3G Capital)"이라는 PEF를 2004년 뉴욕에서 설립했다. 레만은 3G 캐피탈(3G Capital)을 통해 미국인들이 가장 애호하는 맥주인 버드와이저(Budweiser)를 생산하는 안호이저-부쉬(Anheuser-Busch), 하인즈 토마토 케첩을 생산하는 하인즈(Heinz), 그리고 설명이 필요 없는 버거킹(Burger King)을 모두 인수하여 미국 소비문화의 3대 아이콘을 장악했다. 2008년에는 자신이 인수한 안호이저-부쉬를 벨기에의 인베브와 합병시키면서, 2014년 기준 20.4%의 세계시장 점유율을 기록하여 맥주시장을 장악한 세계 최대 맥주회사 AB인베브의 최대 주주로 부상하였다.

AB인베브가 사브밀러를 인수하도록 독려했던 주요 인물이 바로 이 회사의 최대 주주인 레만이다. 레만은 AB인베브의 추가적인 확장을 위해서는 글로벌 시장에서 상호간에 중복되는 영역이 없는 사브밀러에 대한 인수가 반드시 필요하다는 입장이다. 특히 사브밀러의 매출액 중 개도국이 차지하는 비중이 70%로 양사의 합병은 AB인베브의 주주에게 확실한 시너지를 가져올 것이라는 게 레만의 판단이다. 나아가 네덜란드의 하이네켄(Heineken)은 2014년에 이미 사브밀러의 인수합병 제안을 단번에 거절한 적이 있고, 덴마크의 칼스버그(Carlsberg)는 러시아 매출 비중이 너무 크다는 단점이 있다. 따라서 AB인베브 입장에서 유일한 합병 대상은 사브밀러 말고는 적절한 대안이 없다. 실제로 파이낸셜 타임즈 보도가 나간 약 3주 후인 2015년 10월 13일에 사브밀러는 AB인베브의 인수제안을 수용했다. 인수합병가액은 1,070억불이었다. 합병 이후 주가가 상승하던 AB인베브는 브라질 시장의 성과 저조로 2017년부터 주가가 하락하여, 2019년 초에는 사브밀러 인수 당시 주가인 122.5유로의 절반 수준인 60불 대로 하락하였다. 사브밀러 합병 이후 30%에 이르는 세계 시장 점유율과 영업이익률 30%대의 괴물 같은 현금창출력을 무기로 합병 당시 끌어다 쓴 막대한 부채를 상환할 수 있을지도

---

383   하지만 특수관계인 등을 합치면 AB인베브의 최대 주주는 벨기에 측 패밀리이다. 2015년 9월 기준 AB인베브의 주주 구성: 벨기에 패밀리(28.6%), 3G 캐피탈 창업자(22.7%), 기타(48.7%). 한편 사브밀러(SABMiller)의 주요 주주는 미국 담배회사 알트리아(Altria) 26.6%, 콜럼비아(Columbia)의 백만장자 가문 산토 도밍고(Santo Domingo)家 13.9%로 2대 주주를 합치면 40.5%이다. Financial Times, Sep 19, 2015

눈여겨 볼 대목이다.

레만은 브라질 테니스 선수를 지낸 특이한 경력이 있다. 아마추어 수준이 아니라 브라질 전국 대회에서 수상한 경력이 있는 베테랑 테니스 선수이다. 2018년 기준 테니스 세계 랭킹 5위의 미국 로저 페더러(Roger Federer)와 친분이 많다고 한다. 레만은 2014년 브라질 최고의 갑부로 등극하였고, 2019년 3월 기준 230억불 내외의 재산을 보유하여 헤지펀드 매니저 조지 소로스(George Soros), 주주행동주의자 칼 아이칸(Carl Icahn)보다 재산이 더 많은 것으로 알려져 있다. 2019년 3월 기준으로 그의 재산 순위는 전세계 35위이다.[384] 2015년 브라질에서 출간된 "Sonho Grande"는 3G 캐피탈(3G Capital) 창업자 3인의 저서인데, 책 제목의 뜻은 "거대한 꿈(Grand Dream)"이라고 한다. 이들의 자서전 제목처럼 거대한 야망을 가지고 있는 레만의 야심찬 꿈은 최종 목적지가 어디인가?

---

384 www.forbes.com. The World's Billionaires

5) 차입인수(Leveraged Buy-out, LBO): 정의

전통적인 바이아웃(Buy-out) 전략이라 하더라도 자기자금을 100%를 사용하여 바이아웃(Buy-out)하는 경우는 거의 없다. 투자규모가 크면 당연히 자금을 다른 곳에서 빌려서 조달해야 하기도 하고, 레버리지를 사용하면 투자수익률을 높일 수도 있기 때문이다. 나아가 자금을 빌려서 투자금을 마련하는 경우 지출되는 이자 비용에 대해서는 세금이 면제되므로, PEF 입장에서는 자금을 차입하려는 유인이 매우 높다. 특히 1980년대 정크 본드의 등장은 PEF로 하여금 막대한 레버리지를 사용하도록 촉발시킨 중요한 원인이 되기도 하였다. 이와 같이 「LBO(Leveraged Buy-out)」라고 하면 PEF가 바이아웃(Buy-out)을 할 때 자기자금 이외에 자금을 차입하여 바이아웃(Buy-out)하는 것, 즉 「차입인수」를 의미한다.[385]

우리나라 대법원의 LBO에 대한 정의는 매우 포괄적이다. 즉 동양메이저가 한일합섬을 인수한 LBO 사건 판결에서 대법원은 "이른 바 차입매수 또는 LBO란 일의적인 법적 개념이 아니라, 일반적으로 기업 인수를 위한 자금의 상당 부분에 대하여 피인수회사의 자산을 담보로 제공하거나, 그 상당 부분을 피인수기업의 자산으로 변제하기로 하여, 차입한 자금으로 충당하는 방식의 기업인수 기법을 일괄하여 부르는 경영학상의 용어"로 정의한다.[386] 여기서 핵심적인 개념은 피인수기업의 자산이 어떤 식으로든지 인수자금 조성에 관여한다는 점이다. 이에 대해서는 후술한다.

---

[385] 인수하는 대상 자산이 기업이 아니라 주택이 될 수도 있다. 대상 자산이 주택인 경우가 일반적인 주택담보대출이다. 주택담보대출과 차입인수(LBO)의 차이점은 주택담보대출의 경우는 원리금을 대출을 일으킨 사람이 상환하는 반면, 차입인수(LBO)는 대출을 실질적으로 일으킨 PEF가 원리금을 상환하지는 않는다는 것이다.

[386] 대법원 2010.4.15. 선고 2009도6634

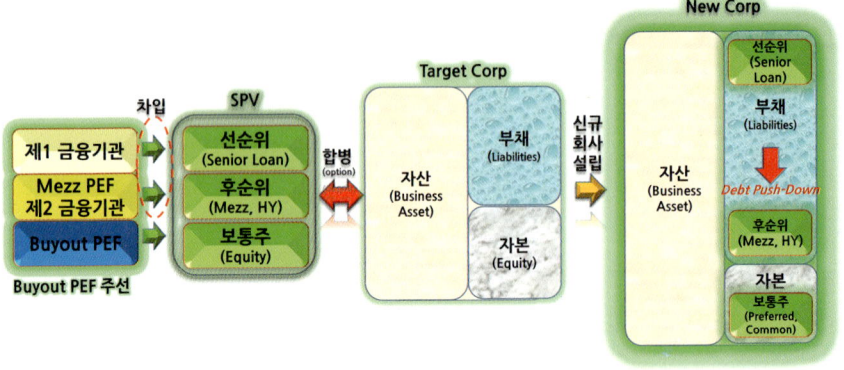

하지만 미국의 정의는 약간 다르다. 미국은 차입금을 사용한다고 해서 모두 LBO로 분류하지 않고, 차입금의 규모가 일정 규모 이상일 때를 LBO라고 정의한다. 즉 연방예금보험공사(FDIC: Federal Deposit Insurance Corporation), FRB, 통화감독청(Office of the Comptroller of the Currency)이 2013년 3월에 공동으로 작성하여 발표한 가이드라인에 따르면, 대상기업의 총부채가 상각 전 영업이익(EBITDA)의 4배 이상, 혹은 선순위 부채(senior debt)가 상각 전 영업이익(EBITDA)의 3배 이상이면 LBO로 정의한다.[387] 여기서는 특별한 언급이 없는 한 LBO를 연방예금공사(FDIC)가 사용하는 협의의 정의가 아니라, 인수자금을 어떤 식으로든지 차입하는 포괄적인 의미로 사용하겠다.

차입인수(LBO)는 원래 1900년대 초 미국의 제이피 모건(JP Morgan)이나 니콜라스 비들(Nicholas Biddle) 같은 금융계의 거물들이 부실화(distressed) 된 기업들이나 철도들을 매입하기 위해 막대한 부채를 일으킨 것이 그 시초이다.[388] 하지만 이 전략은 1929년 미국 대공황 이후 한동안 사용되지 않다가, 1960년대부터

---

387 www.fdic.gov/news/new/press/2013. 이 가이드라인에 따라 FRB 등은 은행의 레버리지 론 대출한도를 상각 전 영업이익(EBITDA)의 4배 이내로 한정할 것을 권고하고 있다. 필자 경험에 따르더라도 우리나라 기업을 인수할 때 외국계 금융기관으로부터 인수 금융을 일으킬 경우, 인수 부채 對 상각 전 영업이익 비율(Debt to EBITDA)은 400%가 최대이다.

388 Stefan Povaly, 앞의 책

사모투자펀드(PEF)

M&A 업계에서 조금씩 사용하기 시작하였다. 차입인수(LBO)가 본격적으로 발전하게 된 결정적 계기는 1970년대 중반 KKR과 마이클 밀큰(Michael Milken)의 등장이었다. 상세 내용은 PEF 역사 편에서 전술하였다. 이들의 등장으로 1980년대부터 차입인수(LBO) 전략은 바이아웃(Buy-out) 전략의 대표적인 전략으로 확고하게 자리 잡게 된다. 1980년대부터 2000년대를 통틀어 차입인수 거래의 최고 정점은 KKR과 투자은행 드렉셀 번햄 램버트가 인수한 알제이알 내비스코(RJR Nabisco)였다. 알제이알 내비스코(RJR Nabisco)의 차입인수 사례는 영화로도 만들어질 만큼 극적인 차입인수 사례의 살아있는 전설이다.

2010년대 들어서도 차입인수(LBO)는 바이아웃(Buy-out) 전략이 구사하는 전략 중 건수나 비중 면에서 가장 높은 전략으로 바이아웃(Buy-out) 전략의 대표적 전략이다. 예컨대, 2012년에는 금액 비중으로 전체 바이아웃(Buy-out) 전략에서 차입인수(LBO) 전략이 전체의 절반 이상인 58%를 차지하였다. 2013년에는 이 비율이 43%로 하락하였다가 2014년에는 57%, 2016년 52%, 2017년에는 46%로 점증하는 추세이다. 대체로 차입인수(LBO) 전략은 금액 면에서 PEF가 구사하는 바이아웃(Buy-out) 전략의 절반 내외를 차지하는 대표 전략이라고 보면 틀리지 않는다.

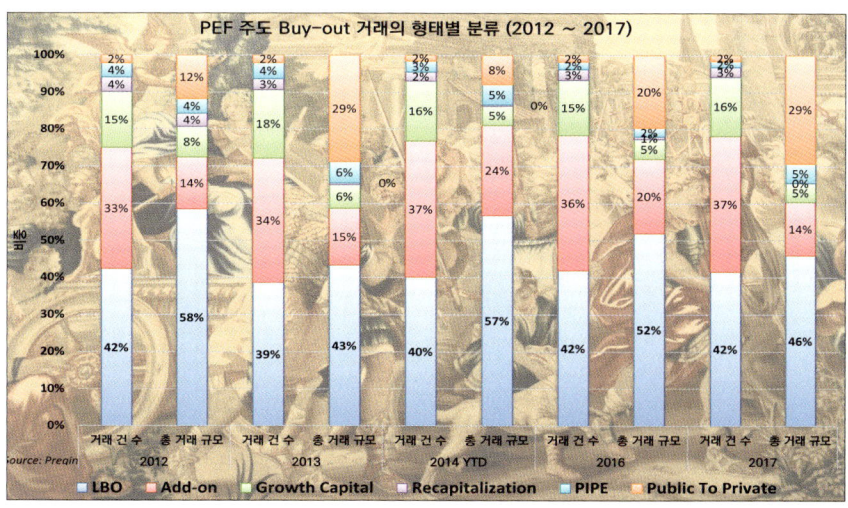

대체투자 파헤치기(중)

타이타노마키의 서막

　바이아웃(Buy-out) 전략으로서 대표 전략인 차입인수(LBO)는 대상기업을 인수할 때 차입금을 사용하므로, 인수 합병 후에 존속기업의 절대적인 부채금액이 필연적으로 올라간다.[389] 이른 바 "차입금 이전(Debt Push-Down; 뎃 푸쉬 다운)"이다. 차입금 이전 방식은 크게 대상회사와의 합병, 인수 후 유상감자, 배당 등 세 가지이다. 첫 번째가 가장 흔한 방식인 합병이다. 합병 방식의 장점은 SPV의 설립 및 합병과 관련된 절차가 매우 간단하고 신속하다는 것이다. 따라서 합병 방식이 가장 많이 사용된다. 단점으로는 우리나라의 경우 SPV의 레버리지 한도 300% 규정 때문에 차입금을 자기자금 보다 3배 이상 일으켜야 하는 경우에는 사용할 수 없다. 아울러 합병에 반대하는 주주들의 주식매수청구권에 추가 비용이 소요될 수도 있다. 나아가 합병 과정에서 피인수기업의 자산이나 현금흐름을 담보로 자금을 차입할 경우, 우리나라에서는 배임 이슈가 언제든지 제기될 가능성이 있다.

　하지만 최근 우리나라 판례를 보면 인수 기업이 아니라 피인수 기업이 자금 차입을 주도하는 매도자 융자(vendor financing) 방식일 경우에는, 합병을 통한 차입금 이전이라 하더라도 배임이슈를 효과적으로 피해갈 수도 있을 것으로 본다.[390] 대표적 사례로는 홍콩계 PEF인 어피니티(Affinity Equity Partners)가 하이마트를 인수하는 과정에서 사용한 합병이다. 어피니티는 2005년 2월에 하이마트 지분 100%를 5,100억 원에 인수하였는데, 인수 자금 중 어피니티가 동원한 자금은 3,200억 원이었고 하이마트가 보유 부동산을 담보로 차입한 금액은 1,900억 원이었다.[391] 어피니티는 하이마트 인수를 위해 우선 네덜란드에 코리아 CE 홀딩

---

[389]　SPV가 보유한 피인수기업의 주식은 합병 후 자본조정 항목으로 산입된다. 이에 따라 인수 후 존속법인의 부채비율은 더 올라간다.

[390]　후술하겠지만 이 역시도 확실한 단정은 할 수 없다. 차입인수(LBO)의 배임 이슈는 상세히 후술한다.

[391]　어피니티는 2007년 12월에 하이마트를 유진그룹에게 1조 9,500억 원에 매각하였다. 그 간 어피니티가 받아간 배당은 1,182억 원으로 알려져 있다. 어피니티는 실제 투자금액 3,200억 원으로 3년도 안 되는 기간에 매각차익만 1조 4천억 원을 기록하는 성과를 올렸다.

스(Korea CE Holdings)라는 회사를 설립하였으며, 이와는 별도로 한국에 하이마트와의 합병을 위해 하이마트 홀딩스도 세웠다. 최종 합병은 하이마트가 하이마트 홀딩스를 합병하면서 완성되었다. 2005년 하이마트 인수합병 건의 특징은 부채를 일으킨 주체가 인수기업인 하이마트 홀딩스가 아니라, 피인수 기업인 하이마트였다는 점이다. 즉 매수자가 아니라 매도자가 부채를 일으킨 것이다. 이른 바 매도자가 자금을 마련한 매도자 융자(vendor financing; 벤더 파이낸싱) 방식이다. 2015년 1월 서울지방법원과 2016년 6월 서울고등법원은 하이마트 선종구 회장 배임 사건에서 이 매도자 융자 방식이 배임에 해당하지 않는다고 판시하였다. 즉, 하이마트가 보유한 부동산을 담보로 인수자금을 일으켰다면 소유자는 하이마트이며 하이마트 홀딩스가 아니므로, 하이마트 홀딩스에 부동산 담보이익이 귀속된다고 볼 수 없다는 것이다. 다만, 매도자 융자 방식은 반드시 피인수 기업과의 우호적 교감이 필수적이다. 다시 말해 이 방식은 오직 우호적 인수합병 과정에서만 사용 가능하며, 적대적 인수합병 과정에서는 사용할 수 없다.

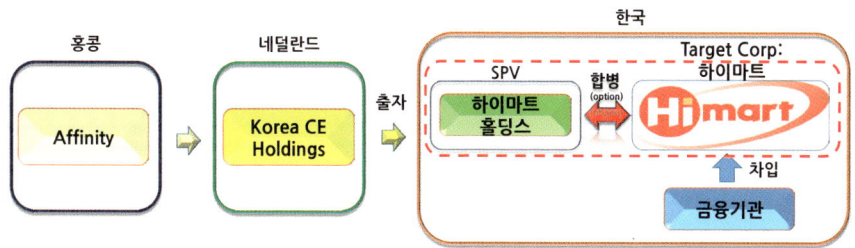

유상감자 방식도 적지 않게 사용하는데, 대표적인 사례가 2010년 대선주조 차입인수(LBO)였다. 이는 차입금으로 기업을 인수 합병한 후 자본을 유상으로 감자하고, 이 때 발생한 감자 환급금을 주주가 가져가면서 차입금에 대한 원리금을 상환하는 방식이다. 감자 환급금은 피인수기업의 유보 이익을 통해서도 마련할 수도 있지만 주로 차입을 통해 마련한다. 유상감자 방식의 장점은 후술할 방식인 배당과 같은 과세 문제가 없으며, 주주로서의 정당한 권리로서 배임 이슈를 상당한 정도로 피해 갈 수 있다는 점이다. 단점으로는 합병 이후 유상감자까지 거쳐야 하는 절차가 단순하지 않아 다소 많은 시간이 걸릴 수도 있다는 점이다. 예컨대 유상감자는 이사회 결의만으로는 불가능하고 반드시 주주총회를 거쳐야 한다. 나아가 우리나라에서는 유상감자 방식 역시 배임 이슈에서 완전히 자유로울 수 없다. 예컨대 법원은 대선주조 차입인수(LBO) 판례에서 유상감자는 주주의 당연한 권리로 배임 이슈는 없다고 판시하였지만, 그 정도가 심할 경우에는 배임의 가능성도 있다는 취지로 판결한 바 있다.

마지막으로 SPV를 2개 설립하여 1개 SPV는 피인수기업과 합병하고, 나머지 1개 SPV는 합병 후 존속기업으로 배당을 받아 원리금을 상환하는 방식이 있다. 이 구조는 합병하지 않는 SPV를 배당금에 대해 면세 혜택을 받는 지주회사로 만들기 위한 거래 구조이다. 하지만 현재 이 방식은 국세청이 과세 대상으로 간주하고 있기 때문에 현실적인 대안은 아니라고 본다. 대표적인 사례가 OB맥주를 인수한 KKR의 배당금에 대해 국세청이 과세한 것이다. KKR은 OB맥주를 인수하면서 OB맥주를 인수하는 주체인 몰트 어퀴지션(Malt Acquisition)과 인수 후 합병된 회사로부터 배당을 수령하는 몰트 홀딩(Malt Holding) 등 2개의 SPV를 설립했다. 이 구조는 추가로 설립되어 합병되지 않는 몰트 홀딩이 지주회사 지위를 갖도록 함으로써, 합병회사로부터 수령하는 배당금에 대한 조세를 최소화하기 위한 목적으로 만들어졌다. 국세청은 이와 같은 거래 구조가 조세 회피를 목적으로 한 것이므로 당연히 과세 대상이라는 입장이다.[392]

---

392 국세청은 몰트 홀딩이 경북 청원공장에 주소를 두고 있다고는 하지만, 사무실도 종업원도 없는 페이퍼 컴퍼니에 불과하므로 당연히 납세의무가 있다는 입장이다. KKR은 국세청의 이와 같은 과세처분에 불복하여 소송을 제기하였으며, 2016년 말까지도 관련 절차가 진행 중이다.

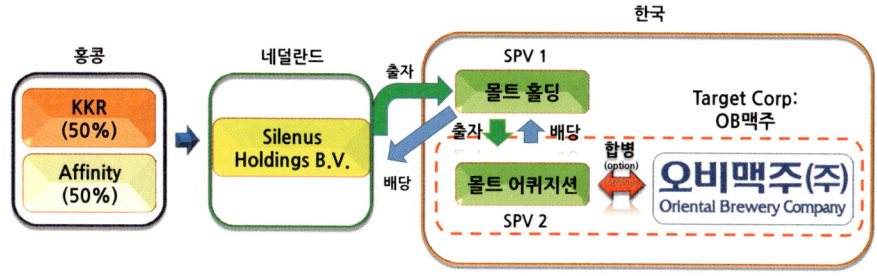

한편 기업을 인수한 이후 부채비율이 늘어나는 것은 재무적 관점에서 바람직하지 않으므로 차입금을 어느 수준으로 할지는 인수 후 현금흐름, 부채비율 등을 종합적으로 감안해서 정해야 한다. 차입인수(LBO)는 이처럼 인수 후 부채비율이 필연적으로 올라가기 때문에, 피인수기업이 차입인수(LBO) 과정에서 반드시 손실을 본다고 간주할 수도 있다. 이는 우리나라에서 사법당국이 차입인수(LBO)를 배임이라는 잣대로 평가하는 가장 중요한 원인이기도 하다. 우리나라 차입인수(LBO)의 배임 이슈는 후술한다.

전술한 바와 같이 PEF가 대상 기업을 인수할 때는 대상 기업을 인수하기 위한 특수목적회사(SPV: Special Purpose Vehicle)를 설립하는 것이 보통이다. SPV를 설립하면 여러 가지 장점이 있다. 우선, SPV를 설립하면 PEF가 인수 자금을 조달할 때 여러 개의 층(Tranche)으로 나누어 자금을 조달하는 것이 가능하다. 이는 SPV내에서 자금조달과 관련된 다양한 요구를 자유롭게 반영할 수 있게 하고, 레버리지 비율을 사전에 계산할 수 있는 편의성을 제공한다. 예컨대 은행이나 투신사와 같은 금융기관들이 인수 금융에 참여하기 위해서는 차입인수의 가장 선순위에 위치하길 희망하는데, SPV를 활용하면 PEF와 협의를 통해 인수금융 전체를 대상으로 원리금 수령위치에서 최선순위에 위치할 수 있는 구조를 만들기가 쉽다. 나아가 차입인수 과정에서 발생한 차입금을 피인수기업의 부채로 이전하는 뎃-푸쉬-다운(Debt Push-Down) 방안 중 하나가 SPV와 피인수기업의 합병인

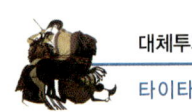

데, SPV를 설립할 경우에는 이 과정이 매우 간단하고 쉽다.[393] 특히 인수합병이 국경을 넘나드는 경우에는 해외의 또 다른 SPV가 국내에 설립된 SPV의 주주가 되거나 대주단이 되어 자금을 제공하기도 한다. 이 경우에는 여러 개의 SPV가 중층적인 자금조달 구조를 형성하는데 사용된다.

둘째, SPV를 설립하면 대상기업을 인수하기 위한 투자 프로젝트를 PEF나 GP 자신과 법률적으로 완전히 별개의 절연된 회사로서 수행하는 것이 가능하다. 예컨대 인수한 대상 기업이 인수 후 대규모 환경 분쟁에 휘말려 소송까지 가서 패소하더라도, PEF나 GP가 SPV에 투자한 자금의 범위 내에서만 책임을 지면 된다. 미국의 경우는 기업의 유한책임성을 이용하여 SPV를 남용할 경우에는 이 절연관계를 뚫는, 즉 유한회사라는 커튼을 뚫는(Pierce the Veil) 경우도 있지만 기업인수를 목적으로 한 일반적인 SPV의 경우는 커튼을 뚫지 않는다.

---

393 물론 단점이 없는 것은 아니다. 우리나라의 경우 SPV를 통한 차입인수 합병은 언제나 배임 이슈를 수반한다.

Peter Cooper Village와 Stuyvesant Town

피터 쿠퍼 빌리지(Peter Cooper Village)와 스튜이브산트 타운(Stuyvesant Town)은 뉴욕 맨해튼에 위치한 아파트 단지이다. 맨해튼 동쪽 해안가에 위치하여 조망이 매우 좋은 아파트 밀집 지역이다. 2006년 부동산 개발업자인 티쉬만 스파이어(Tishman Speyer)와 종합자산 운용사인 블랙락(BlackRock)은 이 아파트 밀집 지역을 보험회사인 메트-라이프(Met-Life)로부터 매입했다. 매입 목적은 아파트 밀집 지역을 고급 빌라로 재개발 한다는 것이었다. 남부 프랑스의 조그만 소도시 빌르프랑쉐(Villefranche-sur-Mer)가 전 세계 갑부들의 빌라가 밀집되면서 전 세계에서 가장 비싼 마을 중의 하나로 부상하였듯이, 티쉬만 스파이어(Tishman Speyer)와 블랙락(BlackRock) 역시 고급 빌라를 건설하여 전 세계 갑부들을 대상으로 매각함으로써 대규모 갑부촌을 건설한다는 원대한 계획을 가지고 있었다.[394] 매입가격은 54억불, 우리 돈으로 6조에 이르는 대규모 프로젝트였다. 54억불 중 지분(equity) 투자는 20%, 나머지 80%가 차입이었다. 지분 투자에 참여한 주요 투자자는 영국의 처치 오브 잉글랜드(Church of England), 싱가폴 GIC, 캘리포니아 및 플로리다 공무원연금 등이었다. 이들의 투자액은 8.5억불이었다. 티쉬만 스파이어(Tishman Speyer)와 블랙락(BlackRock)은 자신의 자금 1억 1,250만 달러를 투자했다. 물론 재개발 프로젝트를 위한 SPV의 지분(equity) 투자였다.

문제는 아파트에 입주한 세입자들이 퇴거를 거부하면서 발생했다. 미국은 부동산법 상 세입자들이 퇴거를 거부하더라도, 강제집행을 할 수 있는 수단이 거의 없다. 시간은 하염없이 흘렀

---

394 2013년 말 기준으로 빌르프랑세에서 방 5개의 해안가 조망 빌라 가격은 5백만 파운드, 우리 돈으로 85억 원이라고 한다. Financial Times, Oct 18. 2013. 한편 필자가 2014년에 부동산 펀드 실사를 위해 맨해튼을 방문했을 때, 맨해튼의 센트럴 파크 옆에 위치한 최고급 거주지의 3.3㎡(평)당 가격은 3억 5천만 원(!!!) 정도였다. 나아가 맨해튼에서 가장 비싼 파크 애비뉴(Park Avenue)의 사무실 임대료는 1년 계약 시 3.3㎡(평)당 360만원 정도였고, 첼시 지역의 임대료는 3.3㎡(평)당 280만 원 정도에서 시세가 형성되고 있었다. 확인된 사실은 아니지만 맨해튼을 처음 개척하여 이름을 뉴 암스테르담이라고 붙였던 네덜란드인들은 1624년 60길드(24달러) 어치의 도끼, 냄비 등을 상자에 담아 인디언에게 건네고 맨해튼을 매수하였다고 하는데, 오늘날 맨해튼의 부동산 가격을 보면 아연실색할지도 모르겠다. 한편 1643년에는 네덜란드인 한 명이 인디언에게 살해되는 사건이 발생하면서, 네덜란드인이 주변의 인디언들을 무자비하게 학살하였다. 이를 계기로 1653년, 네덜란드인이 정착한 맨해튼 항구의 북쪽이면서 맨해튼 섬의 남쪽 지역에 인디언들의 공격으로부터 네덜란드 이주자들을 보호하기 위해 목책(wall)이 세워졌다. 이것이 오늘날 월스트리트(Wall Street)의 기원이다. 뉴 암스테르담은 1664년 영국이 맨해튼을 포함한 이 지역을 무장 탈환하면서 1669년에는 이름이 마침내 뉴욕으로 바뀌었다.

대체투자 파헤치기(중)

타이타노마키의 서막

고 별다른 진전이 없었다. 손실이 증가해 가자 티쉬만(Tishman)과 블랙락(BlackRock)은 세입자들의 월세를 급격히 올렸다. 2006년부터 부도가 난 2010년까지 세입자들로부터 추가로 징수한 월세는 총 2억불이었다. 이 와중에 2008년 금융위기가 프로젝트를 강타했다. 2010년 차입한 자금의 원리금을 상환할 수 없게 되자, 티쉬만 스파이어(Tishman Speyer)와 블랙락(BlackRock)은 프로젝트 부도를 선언했다. 주주가 투입한 자금 약 10억불은 흔적도 없이 사라졌다. 하지만 티쉬만 스파이어(Tishman Speyer)와 블랙락(BlackRock)이 매년 1,800만 달러의 수수료를 챙겼다는 점을 감안하면, 이 운용사들의 실질적인 손실은 절반도 되지 않았다. 부도선언 이후 선순위 투자자의 대리인인 씨더블유 캐피탈 자산관리 회사(CWCapital Asset Management)는 채권자를 대신하여 부지에 대한 법률적 소유권을 행사했다.

문제는 세입자들로부터 추가로 징수한 월세 누적액 2억불이 모두 불법으로 판시되면서 일어났다. 부도 당시인 2010년 티쉬만 스파이어(Tishman Speyer)가 보유한 부동산 자산은 335억불이었고, 20억불이라는 엄청난 규모의 현금까지 보유하고 있었다. 하지만 이들이 설립한 절연체인 SPV 때문에 티쉬만 스파이어(Tishman Speyer)는 SPV 출자의 범위를 넘어서 세입자들에게 추가로 징수한 돈을 돌려줄 법적인 의무가 없었다. 티쉬만(Tishman)이 SPV 구조를 남용했다는 주장도 법원에서 받아들여지지 않았다.

2012년 11월 법원의 최종 조정 결과, 해당 프로젝트의 채권자들과 티쉬만(Tishman)/블랙락(BlackRock) 이전의 소유주였던 메트-라이프(Met-Life)가 21,500명에 이르는 세입자에게 1억 4,700만 불을 배상하라는 조정이 이루어졌다. 하기야 인상된 월세는 SPV로 유입되어 채권자의 원리금을 상환하였으므로, 채권자인 메트-라이프가 부당하게 인상된 월세금을 챙긴 것이 명백하기는 했다. 하지만 세입자에 대한 불법적인 월세 인상을 주도하고 결정한 이들은 SPV의 주인이었던 티쉬만 스파이어(Tishman Speyer)와 블랙락(BlackRock)이었다. 이들이 중간에 설립한 SPV 덕택에 티쉬만 스파이어(Tishman Speyer)가 보유한 20억불이 넘는 현금은 완벽하게 보존되었다. SPV가 가진 절연의 힘을 단적으로 보여주는 사례이다.

사모투자펀드(PEF)

마지막으로, 조세목적상 필요할 경우에는 국내 이외의 다른 지역에 SPV를 설립하여 조세 효율적인 구조를 설립하는데 매우 유용하다. 특히 최근에는 바이아웃(Buy-out) PEF의 거래가 지속적으로 국제화되는 추세여서, SPV를 통한 조세 효율적 구조 수립은 선택이 아니라 필수적으로 거쳐야 하는 과정이다. 이 경우에는 SPV의 앞단과 뒷단에 또 다른 SPV가 설립되는 등 복잡한 구조가 첨가되고 구조화되는 경우가 매우 많다.

대표적인 사례가 론스타가 외환은행을 인수한 사례이다. 즉, 론스타의 외환은행 인수를 위해 설립된 SPV는 인수대금 1조 3,833억 원 조달을 위해 무려 일곱 단계를 거쳤다. 이 과정에서 론스타는 2003년 9월부터 10월말까지 제이미 모건 체이스(JPMC), 호주국립은행(NAB), 홍콩상하이은행(HSBC), 도이치방크(DB) 등 4개 은행을 이용해서 23 차례에 걸쳐 인수대금을 외환은행에 송금했다. 이 거래는 너무나 복잡하여 실제 투자자 주체가 누구인지도 명확해 보이지 않는다. 필자가 보기에는 조세와 차입 이슈 때문에 이와 같은 복잡한 구조가 만들어졌을 것으로 추정한다. 혹자는 이 과정에서 알려지지 않은 투자자가 개입되었을지도 모른다는 의혹을 제기했다. 필자가 보기에도 이처럼 복잡한 자금조달 구조 하에서는 자금세탁 가능성을 완전히 배제하기는 어렵다고 본다. 특히, 주금 납입일인 2003년 1월 30일 하루 전인 2003년 10월 29일에는 기존 론스타와의 특수 관계사 4개 회사 외, 버뮤다에 설립된 5개 펀드가 투자자자로 추가되었다. 이 5개 펀드의 자산총액은 6,349.4억 원이었는데, 이 돈이 어떤 은행을 통해 송금되었는지도 명확하게 밝혀진 바가 없다.

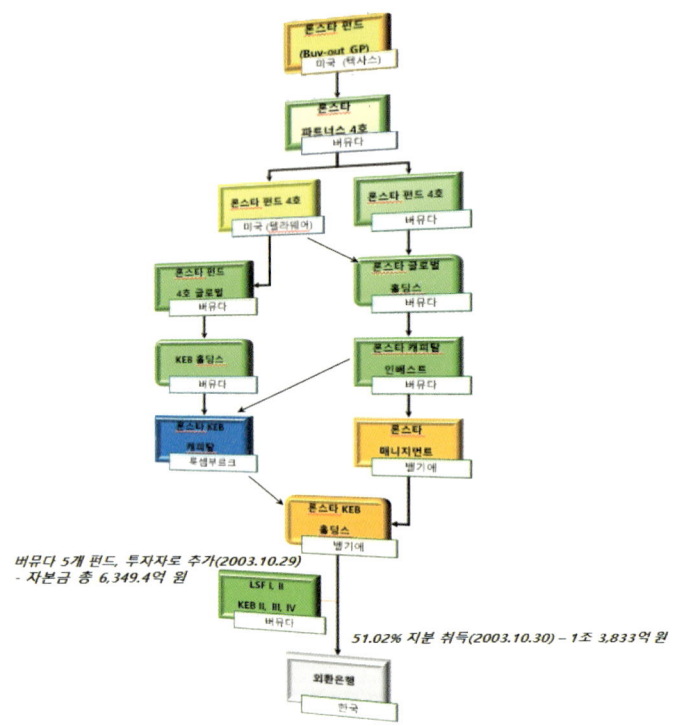

하여튼 SPV를 설립한 후에는 전술한 바대로 보통 대상기업과 합병하는 절차를 거치게 되는데, 이로 인해 바이아웃(Buy-out) 절차가 완료된다. SPV가 대상기업을 합병할 수도 있으나 일반적으로는 대상 피인수 기업이 SPV를 합병한다. 합병을 통해 바이아웃(Buy-out) PEF가 대상기업의 경영권을 장악하고 최대 주주 위치에 올라서게 된다. SPV 내에서 선순위와 후순위에 위치한 이들 역시 대상 기업의 채권자로 전환된다. 대상기업의 현금흐름은 바이아웃(Buy-out) PEF의 의도대로 온전히 바이아웃(Buy-out) PEF의 마리오네트(marionette)인 SPV가 장악한다.

하지만 자금이 투입되어 중층화된 구조를 가진 SPV를 대상기업과 반드시 합병할 필요는 없다. 우리나라의 경우 SPV와 합병을 하게 되면 후술하게 될 배임 이슈가 있고, 100% 주식교환에 의한 합병이 아닌 경우에는 합병에 반대하는 소액주주들의 주식매수청구권과 같은 복잡한 이슈가 있기 때문에 아예 합병을 하지 않는 사례도 있다. 단지 피인수 기업의 최대 주주로서 SPV를 별도의 독립 법인으로 유지하면서 경영권을 장악하고, 피인수 기업을 통해 경영권을 행사하여 인수 금융에 소요된 원리금을 변제할 수도 있다. 론스타가 외환은행을 인수할 때 이 구조를 사용했다. 즉, 벨기에에 설립된 론스타 KEB 홀딩스가 국내에 별도의 SPV를 설립하여 피인수기업인 외환은행과 합병하지 않고 해외 존속법인으로 잔류하면서 직접 외환은행을 인수한 것이다. 특기할 만한 것은 론스타가 외환은행을 인수할 때는 국내에서 차입금을 사용하지는 않았다는 점이다. 하지만 1조가 넘는 투자금액 전체를 론스타 펀드가 자기 자금만으로 조달했다는 것은 합리적인 추정이 아니다. 당연히 최종 인수자인 KEB 홀딩스 위의 어느 단계에서 차입을 한 것이 확실하다. KEB 홀딩스 윗단의 지분 구조가 앞선 그림처럼 매우 복잡한 것도 이와 같은 차입구조와 밀접한 관련이 있을 것으로 본다. 필자가 보기에는 차입금을 일으킨 곳은 벨기에나 룩셈부르크가 아니라 차입이 상대적으로 매우 쉬운 버뮤다였을 것으로 추정한다.

론스타의 또 다른 투자인 스타홀딩스 SCA[395]의 스타타워 빌딩 건에서는 국내에 SPV를 아예 세우지 않고 장기간 활동이 없었던 휴면 법인을 활용하였다. 나아가 인수 금융을 해외의 스타홀딩스나 국내의 SPV가 아니라 해당 법인인 씨앤제이 트레이딩(후일에 ㈜스타타워)이 국내에서 직접 일으켰다. 이는 인수 대상이 기업이 아니라 오피스 빌딩과 같은 부동산이었으므로, 차입을 직접 수행하는 것이 훨씬 용이했기 때문이다. 앞서 2005년 하이마트 인수건도 하이마트가 부동산을 많이 보유하고 있었기 때문에 하이마트가 직접 차입을 일으키는 것이 훨씬 유리했었다. 나아가 SPV를 설립하면 자본금의 3배 이내로만 차입이 가능한데, 스타홀딩스는 매수대금 약 6,600억 원 중 자기자금이 1,000억 원에 불과하여 SPV를 설

---

395 SCA는 PEF와 Tax 부분에서 설명하였듯이 룩셈부르크와 벨기에의 유한 파트너십 형태의 기업이다. 전술한 바와 같이 룩셈부르크, 네덜란드는 지주회사에 대해 특별한 면세 혜택을 부여하고 있는데, 벨기에도 이와 유사하다. 즉, 론스타가 벨기에에 설립한 홀딩스가 조세면제 혜택을 누리기 위해 지주회사 역할을 하고 있는 것이다. 따라서 론스타 KEB 홀딩스와 스타홀딩스 SCA가 SPV 인지 여부는 논란의 여지가 있다. 우리나라 국세청은 이들 홀딩스가 실제 영업활동을 하지 않는 도관체에 불과하다는 입장인 반면, 론스타는 실제로 영업활동을 하는 실체적 기업이라고 주장한다.

립할 경우 차입금은 최대가 3,000억 원에 불과하게 된다. 이와 같은 이유 때문에 SPV 보다는 국내 법인을 활용하여 1,000억 원을 투자하고, 향후 취득할 부동산을 담보로 국내 법인인 씨앤제이트레이딩(후일에 ㈜스타타워)이 자기자금의 5배가 넘는 자금을 차입한 것이다. 특히 SPV가 차입 주체가 될 경우에는 금융기관이 SPV의 담보능력을 거의 인정하지 않으므로 차입비용이 올라간다. 하지만 SPV가 아니고 부동산을 보유한 국내의 실체가 있는 법인이라면, 담보능력이 SPV보다 훨씬 높이 평가되어 차입금액도 높일 수 있고 차입비용을 상당한 정도로 낮출 수는 일석이조의 효과가 있다. 이와 같은 점들을 고려하면 부동산과 관련된 LBO 건은 SPV를 활용하는 것보다 휴면법인이나 매도 기업이 직접 자금을 차입하는 주체가 되도록 구조화 하는 것이 좀 더 유리한 방법이다.

마지막으로 이와 같이 인수 대상 후보가 부동산을 다수 보유한 경우에는, 세일즈 앤 리스백(sales & lease back) 형태를 활용한 차입인수를 사용할 수도 있다. 미국은 부동산을 많이 보유한 레스토랑 체인, 병원 체인, 유통 체인 기업들을 인수할 때, 대상 부동산을 담보로 하거나 세일즈 앤 리스백(sales & lease back) 형태로 자금을 조달하는 경우가 많다. 예컨대 유통 소매점을 보유한 유통 기업을 인수하여, 지주회사격인 "옵코(OpCo)"와 최종 단계에서 부동산을 보유할 회사인 "프랍코(PropCo)" 2개를 설립한다. 옵코(OpCo)는 유통 체인 부동산 자산을 프랍코(PropCo)에게 매각하고, 동시에 이 유통 체인을 프랍코(PropCo)로부터 리스 한다(sales & lease back). 리스료는 보통의 시장가격보다 높다. 옵코(OpCo) 입장에서는 면세 대상이고 프랍코(PropCo) 입장에서는 리스 수익이기 때문이다. 옵코(OpCo)는 리스한 유통 체인을 운영하면서 현금흐름을 창출한다. 프랍코(PropCo)는 유통 체인의 모든 부동산을 보유하고 옵코(OpCo)로부터 리스수익을 받아 운영한다. 보통 이중 과세를 피하기 위해 프랍코(PropCo)는 부동산투자신탁인 리츠(Real Estate Investment Trust: REITs) 구조를 사용한다. 이렇게 하면 보유부동산을 종전과 같이 사용하면서 인수 후 바로 유동화 할 수 있다. 유동화된 자금은 옵코(OpCo)에 남는데 PEF는 부동산을 유동화한 옵코(OpCo) 자금을 차입금 상환에 사용한다. 프랍코(PropCo)는 일반 소득세보다 낮은 장기자본이득 세율로 과세받기 위해, 보유 부동산을 1년 이상 보유한 후 필요할 경우 매각한다. 이와 같은 거래 구조를 옵코(OpCo)/프랍코(PropCo) 모델이라고 한다.

부동산을 활용한 옵코(OpCo)/프랍코(PropCo) 모델은 장기 차입금을 일으킬 필요가 없으므로 PEF 입장에서 채권자들의 각종 대출약정서(covenant)가 없어 자유로운 경영이 가능하며, 인수 과정에서 사용한 차입금을 신속하게 정리할 수 있다는 장점이 있다. 부동산을 담보로 차입하므로 차입 비용이 일반적인 인수금융 조건보다 낮아지는 것도 장점이다. 특히 옵코(OpCo)가 프랍코(PropCo)에게 지급하는 리스 비용은 과세대상에서 제외되므로, 옵코(OpCo)의 현금흐름이 개선된다는 것도 장점이다. 반면 부동산 가격이 하락하는 국면이나 이자율의 스프레드(spread)가 축소(tighten)되는 경우에는 효용성이 저하된다. 특히 보유 부동산을 1년 후 프랍코(PropCo)가 진성 매각할 경우에는 PEF가 핵심자산만 빼먹는다는 사회적 비난에서 자유롭지 않다는 것도 단점이다.

대체투자 파헤치기(중)

타이타노마키의 서막

RJR Nabisco vs. KKR, 타이타노마키의 서막

로스 존슨(Ross Johnson)은 1931년 캐나다에서 태어났다. 그의 첫 직장은 캐나다 제너럴 일렉트릭(General Electric)이었다. 회계사로서 재능은 있었지만 크게 흥미를 느끼지 못한 그는 세일즈맨으로 변신하여, 그 이후 백화점 체인업체인 T. 이튼(T. Eaton)과 가계용품 등을 만드는 제너럴 스틸 웍스(General Steel Works) 등을 전전하였다. 왜냐하면 천성적으로 파티와 골프를 즐기며 사람들과 어울리기를 좋아하는 그로서는 고객들과의 화려한 접촉을 통해 부가적으로 엔터테인먼트를 즐기는 사회생활이 훨씬 더 적성에 맞았기 때문이다. 하지만 그의 나이 40인 1970년대 초반까지만 해도, 존슨은 크게 두각을 나타내지 못하였다. 그가 시장에 알려지기 시작한 계기는 미국의 식품회사인 스탠다드 브랜즈(Standards Brands: SB)의 캐나다 몬트리올 자회사에 취직하면서 부터이다. 이때부터 사교적인 그의 천성 덕분인지 1973년 그는 SB의 국제영업 부문장으로 승진하면서 뉴욕으로 본거지를 옮겼다. 1974년 SB의 화학부문을 2,400만 불에 매각하는 거래를 주도하면서 회사의 인정을 받아 1976년 회사의 이사회 멤버인 최고운영책임자(Chief Operating Officer: COO)로 승진한다.[396] COO 승진 이후 그를 견제하려던 당시 최고경영자였던 헨리 바이글(Henry Weigl)을 운 좋게도 이 사회에서 몰아내는데 성공하고, SB의 경영권을 실질적으로 장악해 나가기 시작하였다.

National Biscuit Co. 혹은 Nabisco(이하 내비스코)로 알려진 회사는 18세기 말과 19세기에 미국에서 설립되었던 과자 및 스낵 회사들의 합병회사로 1898년 출범하였다. 즉, 설립자인 아돌퓌스 그린(Adolphus Green)이 미국 전역에 흩어져 있던 비스켓 회사 40여 개를 모아서 합병한 것이다. 거의 미국의 전역에 있는 과자와 스낵 회사를 합병하여 출범하였으니, "전국 비스켓 회사"라고 이름을 붙인 것이 결코 과장이 아니다. 내비스코는 그 당시 미국에서 유행하던 산업의 독점화 추세에 따라 탄생한 기업으로, 제이피 모건의 오일 트러스트를 빗대어 "비스켓 트러스트(Biscuit Trust)"라는 별명도 가지고 있었다. 내비스코의 대표 과자는 오레오(Oreo)와 리츠(Ritz)였다. 오레오(Oreo)와 특히 리츠(Ritz)의 폭발적인 매출 증가에 힘입어 1930년대의 전 세계적인 대공황을 버티면서 1960년대에는 사업영역을 국제적으로도 확장하였다. 하지만 1970년대부터는 성장이 정체되기 시작했다. 내비스코는 회사 성장의 정체를 해결할 묘안으로 다른 식품회사와의 합병을 추진했다. 결국 1981년 내비스코는 SB

---

396 SB 매각을 위해 Johnson은 후술하는 포츠만(Fortsmann)과 개인적으로 접촉하게 된다.

사모투자펀드(PEF)

를 19억불 규모의 주식 스왑으로 흡수 합병하였고, 회사 이름을 내비스코 브랜즈(Nabisco Brands)라고 고쳤다. 합병 회사의 CEO는 밥 샤벌레(Bob Schaeberle)이었고 로스 존슨(Ross Johnson)은 여전히 COO였다.

로스 존슨(Ross Johnson)에게 결정적 기회가 온 것은 1980년대 초반 프리토-레이(Frito-Lay)와 프락터 앤 갬블(Procter & Gamble, P&G)과의 연성 쿠키(soft cookies) 혈투였다. 당시 내비스코 브랜즈는 연성 쿠키(soft cookies) 제품이 하나도 없었는데, 프리토(Frito)와 P&G사의 연성 쿠키(soft cookies) 약점을 찾아내고 이를 보완하는 제품을 개발하여 1983년에 출시하면서 프리토(Frito)와 P&G와의 시장 점유율 싸움에서 완승을 거두었다. 이 싸움을 주도하였던 로스 존슨(Ross Johnson)은 이를 계기로 1984년 내비스코 브랜즈의 CEO로 승진한다. 뉴욕에 진출한지 불과 11년만의 대 성과였다. 하지만 내비스코 브랜즈는 로스 존슨(Ross Johnson)의 개인적 성향에 크게 영향을 받으면서, 회사의 견실한 성장이라는 내실보다는 골프대회 개최나 개인 자가용 비행기 구매 등으로 불필요한 지출이 더 늘기 시작했다.

알제이알(RJR)은 미국 동부 연안에 위치한 노스캐롤라이나(North Carolina: NC)州의 중소 도시인 윈스턴-살렘(Winston-Salem)에서 설립된 담배회사이다. 윈스턴-살렘(Winston-Salem)은 2013년 기준으로 인구가 23만여 명의 조그만 도시이지만 NC에서는 4번째로 큰 도시이다. RJR의 효시는 1875년 버지니아(Virginia) 담배농장주의 아들이었던 리차드 조슈아 레이놀드(Richard Joshua Reynolds: RJR)가 윈스턴-살렘(Winston-Salem)으로 이주하면서 공장을 세운 것이 그 출발이다. 이후 주변의 담배공장들을 차례로 인수하고 씹는 담배에 단맛을 낼 수 있는 기술을 개발하면서, 1900년에는 미국 씹는 담배(chewing tobacco) 시장의 20%를 장악하였다.

RJR은 윈스턴-살렘(Winston-Salem)을 사실상 대표하는 상징적인 기업이었다. RJR 기업의 전통은 쉬지 않고 노동한다는 것이었는데 그럼에도 불구하고, RJR의 공장과 사무실 건물은 윈스턴-살렘(Winston-Salem)에서 가장 컸다. 1913년 당시에는 윈스턴-살렘(Winston-Salem) 주민의 25%가 RJR 공장에서 근무하였다고 한다. 윈스턴-살렘(Winston-Salem)에서 체코인이 설립하여 출범하였던 와코비아(Wachovia) 은행 역시 RJR이 없었다면, 2008년 웰스 파고(Wells Fargo)에 인수되기 전에 미국 4위 은행이라는 거대 금융기관으로 성장할 수 없었을 것이다. 알제이 레이놀즈(RJ Reynolds)가 1918년에 췌장암으로 사망하고 그의 동생인 윌리엄 닐 레이놀즈(William Neal Reynolds)가 후계자가 되었다. 이 무렵, 윈스턴-살렘(Winston-Salem) 市정부 소득의 40%가 RJR에서 나왔다.

대체투자 파헤치기(중)
타이타노마키의 서막

RJR의 대표적 상품인 캐멀(Camel)은 1차 대전 때 미군에 독점적으로 공급된 유일한 담배로 미국 역사상 가장 많이 팔린 담배이다.

윌리엄(William) 사후 그의 조카인 존 위태커(John Whitaker)가 회사 경영권을 인수하고, 보우만 그레이(Sr. Bowman Gray)를 거쳐 주니어 보우만 그레이(Jr. Bowman Gray)가 회사의 CEO로 1959년에 취임하게 된다. 이 즈음인 1960년대 중반 미국 역사상 가장 중요한 보고서 중의 하나가 발표되는데, 바로 1964년에 외과의사인 루터 테리(Luther Terry)가 발표한 흡연이 암을 유발한다는 보고서가 바로 그것이다. 때마침 뉴욕의 필립 모리스(Philip Morris)가 말보로(Marlboro)를 세상에 발표하면서 해외시장을 석권하자, 해외시장 진출을 위한 기회까지 놓치게 된 RJR은 담배 소송과 더불어 중대한 위기에 봉착하게 되었다. 그레이(Gray)와 그의 뒤를 이은 아들 알렉스 갤러웨이(Alex Galloway)의 해결책은 담배 사업 이외의 다른 사업 분야로의 확장, 즉 다양화였다. 이에 따라 해운 회사인 시랜드(Sea-Land)와 원유 회사인 아미노오일(Aminoil)을 수십억 불의 인수 자금으로 인수하였다. 하지만 RJR의 마지막 혈통이었던 그레이(Gray) 이후, 회사 경영권을 승계하였던 폴 스타이트(Paul Sticht)와 그의 후계자인 타일리 윌슨(Tylee Wilson)은 전문경영인이었기 때문에 담배산업과 시너지가 없다고 판단한 시랜드(Sea-Land)와 아미노오일(Aminoil)은 과감히 정리되었다.

특히 1983년에 CEO로 취임한 타일리 윌슨(Tylee Wilson)은 RJR을 P&G와 같은 종합 소비재 회사로 키우기 위한 새로운 비전을 수립하였다. 이를 위해 RJR과 오랜 동안 같이 일해 왔던 딜런 리드 앤 코(Dillon Read & Co)라는 투자은행에게 인수대상 기업을 물색하기 위한 TF 팀을 만들어 인수대상을 탐색하게 하였다. TF팀이 추천한 기업은 3개였는데, 1순위가 켈로그(Kellogg), 2순위가 펩시(PepsiCo), 마지막 순위가 바로 내비스코였다. 1순위였던 켈로그(Kellogg)의 CEO는 윌슨(Wilson)이 개인적으로 알고 있지 못했고, 2순위였던 펩시(PepsiCo)는 CEO를 개인적으로 알고는 있었지만 펩시(PepsiCo)가 RJR과 합병할 이유는 어디에도 없었다. 당시 펩시(PepsiCo)의 CEO였던 웨인 캘러웨이(Wayne Calloway)는 윌슨(Wilson)의 제안에 대해 "만약 자네가 적대적 인수합병을 시도할 경우 나는 끝까지 자네와 싸울 거네."[397]라고 이야기했다고 한다.

하지만 내비스코 브랜즈의 로스 존슨(Ross Johnson)은 1985년, RJR이 담배에 대한 의존도를 낮추기 위해 식품회사 인수가 절실하다는 윌슨(Wilson)의 제안을 우여곡절 끝에 수용

---

397 Bryan Burrough & John Helyar, *Barbarians at the Gate*, Collins Business, 2008

하였다. 보통주는 주식 스왑으로 교환하고 내비스코 브랜즈의 우선주는 주당 85불, 총 490억 불을 RJR이 지급하는 조건이었다. 1985년 당시 원유 산업을 제외하고는 가장 큰 인수합병 건이었다. 합병회사인 RJR 내비스코(RJR Nabisco)의 대표는 타일리 윌슨(Tylee Wilson)이 맡고, 이사회 인원은 총 20명으로 내비스코 브랜즈에서 5명을 파견한다는 조건도 승인하였다. 윌슨(Wilson)은 합병 직후 두 회사 마케팅 능력 극대화, 유통체인 합병, 회사 간 IT 시스템 통합 등 시너지 효과 극대화를 위한 별도의 TF를 설립하였다.

하지만 연기 없는 담배를 개발하는 비밀 프로젝트(Project Spa)를 개발하던 윌슨(Wilson)이 이를 이사회에 보고하지 않고 위임한도를 넘어 지출하였다는 사실이 알려지면서, 윌슨(Wilson)이 알제이알 내비스코(RJR Nabisco)의 CEO에서 물러났다. 이에 따라 로스 존슨(Ross Johnson)이 1986년에 CEO에 취임하였다. 로스 존슨(Ross Johnson)은 정말로 억세게 운 좋은 사람이었다.

로스 존슨(Ross Johnson)은 CEO에 취임한 직후부터 회사를 그의 취향대로 구조조정하기 시작하였다. 우선 회사 본거지를 애틀랜타로 옮겼다. 그리고 실패하긴 하였지만 상장회사였던 알제이알 내비스코(RJR Nabisco)를 유한 파트너쉽(limited partnership)으로 전환하기 위한 시도를 하게 된다. 담배 제품에 대한 부정적인 인식 때문에 주가가 저평가 되었다는 것이 이와 같은 시도의 근본적인 원인이었다. 나아가서 상장회사의 보통주에 대한 배당에는 법인세가 부과되어 근본적으로 많은 배당을 할 수 없는 반면, 유한 파트너쉽(limited partnership)으로 전환되면 배당에 대한 세금이 없으므로 많은 현금배당이 가능하다는 이유도 있었다. 현금배당에 초점을 둘 수밖에 없었던 이유는 알제이알 내비스코(RJR Nabisco)의 상각 전 영업이익(EBITDA)이 연간 10억불 내외로, 당시로서는 어마어마한 현금흐름을 보여 주고 있었기 때문이다. 한편 그의 낭비벽 역시 자연스럽게 알제이알 내비스코(RJR Nabisco) 경영 스타일에 그대로 묻어났는데, 대표적인 것이 바로 회사의 자가용 비행기를 보관하는 미국 최대의 격납고 건설이었다. 이 또한 알제이알 내비스코(RJR Nabisco)의 엄청난 현금흐름 때문에 가능했다.

한편 로스 존슨(Ross Johnson)이 알제이알 내비스코(RJR Nabisco)의 CEO로 취임한 1986년은 하필 M&A 열풍이 차입인수(LBO) 형태로 全 미국을 유행처럼 휩쓸고 있었던 시기였다. 따라서 엄청난 규모의 현금흐름을 보여 주고 있던 상장회사 알제이알 내비스코(RJR Nabisco)에 대한 월가 투자은행의 관심은 상상을 초월하는 것이었다. 때마침 1976년 창업한 KKR이 꾸준한 수익률을 기록하면서 차입인수(LBO) 전략으로 PEF 업계에 돌풍을 일으

타이타노마키의 서막

키고 있었다.[398] 특히 1987년에는 KKR이 유리제품 생산 회사인 오웬즈-일리노이(Owens-Illinois)를 21억불, 식품유통 회사인 세이프웨이 스토어즈(Safeway Stores)를 44억불, 시카고에 위치한 식품 회사인 비아트리스(Beatrice)를 62억불에 인수하는 등 차입인수(LBO) 규모가 계속 증가해 나가는 추세였다.[399] 따라서 대상 기업의 규모가 오히려 크면 클수록 월가의 관심이 증폭되는 아이러니한 분위기가 시장을 지배하고 있었다. 어떻게 보면 알제이알 내비스코(RJR Nabisco)에 KKR의 관심이 쏠리는 것은 너무나도 당연한 수순이었다. 하기야 KKR의 사무소는 알제이알 내비스코(RJR Nabisco)의 뉴욕 사무실과 같은 건물에 있었고 바로 6층 아래에 위치해 있었다. 두 기업의 접촉은 그야말로 숙명이었다.

특히 KKR이 주도하여 인수한 비아트리스(Beatrice)의 CEO인 돈 켈리(Don Kelly)와 로스 존슨(Ross Johnson)은 개인적으로 이미 친분이 있었다. 1987년 9월, 켈리(Kelly)의 주선으로 KKR 대표인 헨리 크레비스(Henry Kravis: Kravis)와 알제이알 내비스코(RJR Nabisco)의 존슨(Johnson)은 운명적인 첫 만남을 가졌다. 이 만남에서 크래비스(Kravis)는 존슨(Johnson)에게 차입인수(LBO)에 대해 장황하게 설명했다. 만남이 끝날 무렵 존슨(Johnson)은 만약 알제이알 내비스코(RJR Nabisco)가 KKR이 주도하는 차입인수(LBO)의 대상이 되면, 자신이 그토록 소중하게 생각하는 자가용 비행기나 골프 클럽 회원권을 포기해야 한다는 것을 알게 되었다. 존슨(Johnson)은 속으로 다시는 크래비스(Kravis)를 만나지 않겠다고 결심하고 헤어졌다.[400]

알제이알 내비스코(RJR Nabisco) 인수전의 결정적 전환점은 1987년 10월 19일 주식시장의 대붕괴였다. 이 사건으로 알제이알 내비스코(RJR Nabisco)의 주가는 60불대 중반에서 40불대 중반으로 수직 하락했다. 그 해 12월에 RJR의 순이익이 25% 증가했다는 발표가 있었지만 주가는 지지부진했다. 알제이알 내비스코(RJR Nabisco) 매출의 60%는 식품 부문에서 발생했지만, 주식 시장에서는 알제이알 내비스코(RJR Nabisco)를 식품회사가 아닌 담배회사로 간주하고 있었다. 알제이알 내비스코(RJR Nabisco)의 대주주 중 한 사람인 클레미

---

398 1983년까지 KKR은 자신이 설립한 펀드들의 연평균 수익률(IRR)이 62.7%라고 주장하였다.

399 비아트리스(Beatrice) 인수 건은 알제이알 내비스코(RJR Nabisco) 인수 이전에 가장 큰 차입인수(LBO) 거래 사례였다.

400 1987년은 KKR에게는 역사적인 한해였다. 1987년 6월에 클로징 된 KKR 펀드는 56억불 규모로 모집이 완료되었다. 이 펀드 규모는 경쟁자였던 포츠만 리틀 앤 코(Forstmann Little & Co.)가 모집한 27억불의 2배였고, 당시 전 세계 차입인수(LBO)에 소요될 것으로 추정된 지분투자 금액 200억불의 약 25%였다.

사모투자펀드(PEF)

딕슨 스팽글러(Clemmie Dixon Spangler)는 주가 하락 추세에 대한 특단의 대책으로 로스 존슨(Ross Johnson)에게 주당 70불의 MBO를 제안했다. 존슨(Johnson)은 당연히 이를 거절했고, 존슨(Johnson)은 스팽클러(Spangler)와의 만남을 주선했던 이사회 멤버 중 한사람인 스타이트(Sticht)를 해고했다. 존슨(Johnson)은 1988년 초부터 주가 부진을 타개하기 위해 11억불 규모에 이르는 자사주 매입을 시도했지만, 주가는 40불대에서 최저가를 갱신하는 역설적인 상황이 계속되었다.

이에 따라 존슨(Johnson)은 다른 회사 인수를 통해 알제이알 내비스코(RJR Nabisco) 주가하락 추세의 반전을 시도했다. 이 과정에서 존슨(Johnson)은 월가의 신생 투자은행이었던 쉬어슨 리먼 휴튼(Shearson Lehman Hutton: Shearson)과의 협력 하에 인수 대상 후보를 물색하고 있었다. 쉬어슨(Shearson)의 대표 이사는 피터 코헨(Peter Cohen)이었지만, 존슨(Johnson)과 인수 대상 후보를 물색하는 자문 역할을 실질적으로 맡은 이는 타밀슨 힐(J. Tomilson Hills: Tom Hills)이었다. 탐 힐스(Tom Hills)는 2019년 현재 블랙스톤(Blackstone)의 부회장(Vice Chairman) 겸 블랙스톤(Blackstone) 헤지펀드 운용(BAAM) 부문 사장으로 월가의 전설적인 인물이다. 하지만, 1980년대 말만 하여도 차입인수(LBO)를 포함한 MBO에 그렇게 많은 경험을 가지고 있는 인물은 아니었다. 하여튼 존슨(Johnson)은 탐 힐스(Tom Hills)가 추천하는 인수 후보가 너무 비싸다는 이유로 적절한 후보를 찾지 못하고 있었다.

이 가운데서도 주가 지지부진은 계속되었고, 결국 존슨(Johnson)은 알제이알 내비스코(RJR Nabisco)에 대한 적대적 인수합병을 적극적으로 방어하기 위해 적대적 M&A 방어 기제를 마련하는 비밀 작업을 쉬어슨(Shearson)과 시작하였다. 우선 황금 낙하산 조항이 추가되었고, 황금 낙하산에 소요되는 비용을 보관하는 신탁을 "랍비 신탁(Rabbi Trusts)"이라 명명하고 이를 신설하였다. 만약 알제이알 내비스코(RJR Nabisco)의 주인이 바뀌게 되더라도 랍비 신탁은 절대 폐지할 수 없다는 조항까지 신설되었다. 하지만 이와 같은 조치에도 불구하고 주가는 여전히 제자리였다.

존슨(Johnson)은 마침내 지쳐가기 시작했다. 그가 시도한 자사주 매입은 주가 부양에 어떤 도움도 되지 못했고 인수 작업 역시 지지부진했다. 그의 주변은 온통 차입인수(LBO) 방식의 MBO를 통한 주가 부양 이야기들뿐이었다. 마침내 존슨(Johnson)은 1988년 10월, 쉬어슨(Shearson)의 CEO인 피터 코헨(Peter Cohen)과 탐 힐스(Tom Hills)를 만나 알제이알 내비스코(RJR Nabisco)의 MBO를 위한 계획을 승인했다. 탐 힐스(Tom Hills)는 이른 바 "머리에 총 겨누기(Gun-to-the-Head)" 전략을 위해 알제이알 내비스코(RJR Nabisco)를

대체투자 파헤치기(중)
타이타노마키의 서막

10주, 즉 2.5 개월 내에 인수한다는 구체적인 행동 계획까지 비밀리에 이미 끝내 놓은 상태였다.[401] 인수 금액은 주당 75불, 알제이알 내비스코(RJR Nabisco) 전체의 발행 주식 수가 2억 3천만 주이므로 전체 인수 금액은 176억불이었고, 이는 KKR의 비아트리스(Beatrice) 딜보다 거의 3배에 가까운 금액이었다. 탐 힐스(Tom Hills)는 어떤 경우에도 주당 80불은 넘지 않는다는 자신만의 내부 지침까지 가지고 있었다. 알제이알 내비스코(RJR Nabisco)에 대한 MBO는 신생 투자은행이었던 쉬어슨(Shearson)에게는 이 거래 한건으로 월가의 대형 투자은행 대열에 합류할 수 있는 절호의 기회이기도 하였다. 물론 알제이알 내비스코(RJR Nabisco)의 로스 존슨(Ross Johnson)과 쉬어슨(Shearson)의 탐 힐스(Tom Hills)가 준비하고 있던 MBO 역시 전체 자금의 80% 이상을 정크 본드 등의 부채를 동원한 차입인수(LBO) 방식, 달리 말해 자기투자는 10% 내외에 그치는 "씬 에쿼티(Thin Equity)" 방식이었다.[402]

한편 탐 힐스(Tom Hills)는 동물적 감각이 있었다. 자신들이 수립한 알제이알 내비스코(RJR Nabisco)의 MBO에 대한 유일한 경쟁자가 KKR이 될 것이라는 사실을 탐 힐스(Tom Hills)는 직감했다. 탐 힐스(Tom Hills)는 직접 크래비스(Kravis)를 접촉했다. 크래비스(Kravis)는 자신들이 알제이알 내비스코(RJR Nabisco) 딜을 강 건너 불구경 하듯이 바라보지는 않을 것이라고 짧게 이야기했다. 더구나 차입인수(LBO)는 크래비스(Kravis)가 1년 전에 존슨(Johnson)을 직접 만나 크래비스(Kravis) 자신이 친절히 설명했던 아이디어가 아닌가? 탐 힐스(Tom Hills)는 크래비스(Kravis)가 알제이알 내비스코(RJR Nabisco)에 강한 집착을 보이고 있다는 것을 동물적 감각으로 느낄 수 있었다. 이제 양측의 충돌은 불가피했다.

탐 힐스(Tom Hills)의 예상대로 크래비스(Kravis)는 이미 알제이알 내비스코(RJR Nabisco)를 인수하기 위한 계획에 따라 메자닌 자금 조달을 위해 드렉셀 번햄(Drexel Burnham)을, 인수 자문을 위해 모건 스탠리(Morgan Stanley)와 메릴린치(Merrill Lynch)를, 인수 전략을 위해 최고의 전략가인 와서스타인 페렐라 앤 코(Wasserstein Perella &

---

401 "머리에 총 겨누기(Gun-to-the-Head)" 전략이란 해당 기업의 경영진이 해당 기업을 인수하기 위해 월가의 투자은행과 자금조달에 관한 비밀 약정을 사전에 체결한 후, 이를 이사회에 최후 통첩 방식(take-it-or-leave-it)으로 기업 인수의사를 전달하는 전략을 의미한다.

402 1980년대 당시 미국의 경우 전체 인수 자금의 60%는 최우선순위 부채로 상업은행이, 30%는 메자닌 형태로 주로 보험회사가, 나머지 10%만이 오직 인수자 자신의 자금이었다. 전설적인 DBL의 마이클 밀큰의 역할은 메자닌 형태로 자금을 조달하는 보험회사의 역할을 거의 완벽하게 정크 본드로 대체한 것이었다.

Co.)들을 고용하고 있었다.[403] 하지만 가장 큰 문제는 차입인수(LBO)의 최선순위 투자자였다. KKR과 오랜 협력 관계에 있던 뱅커스 트러스트(Bankers Trust)가 이미 쉬어슨(Shearson)과 최선순위 자금조달을 위한 배타적 계약을 체결한 상태라 KKR의 접근이 사실상 차단된 것이다. 이에 따라 선순위 자금조달에 문제가 생기면서 크래비스(Kravis)는 심각한 고민에 빠졌다. 나아가 크래비스(Kravis)는 쉬어슨(Shearson)의 코헨(Cohen)이나 힐스(Hills)가 비록 경험은 없지만 만만한 상대가 아니라는 사실도 깨달았다.

이 때 와서스타인(Wasserstein)은 크래비스(Kravis)에게 존슨(Johnson)이 크래비스(Kravis)의 아이디어를 훔치면서 차입인수(LBO)를 시도하는 극악무도한 범죄를 저질렀다면, 이에 대한 가장 효과적인 대응수단은 알제이알 내비스코(RJR Nabisco)에 대한 공개 매수(tender offer)라고 제안했다. 크래비스(Kravis)는 이 아이디어를 수용했다. 하지만 경영진과 사전 협의 없는 "적대적" 기업 인수 전략은 KKR로서는 처음이었다. 부담이 클 수밖에 없었다. 파트너인 조지 로버츠(George Roberts) 역시 망설였다. 하지만 로버츠(Roberts)는 크래비스(Kravis)의 동물적 본능을 믿기로 했다. KKR이 당시까지 자본주의 역사상 가장 큰, PEF가 주도하는 차입인수(LBO) 딜에 발을 내딛는 순간이었다.

하지만 알제이알 내비스코(RJR Nabisco) 딜은 KKR과 존슨(Johnson) 및 쉬어슨(Shearson) 만의 이야기가 되기에는 크기가 너무 컸다. 크래비스(Kravis)가 알제이알 내비스코(RJR Nabisco) 인수 전략을 승인하는 것과 거의 비슷한 시기에, 월가의 또 다른 투자은행인 살로몬 브라더스(Salomon Brothers)의 CEO인 존 굿프로인트(John Gutfreund)는 알

---

403 와서스타인(Bruce Wasserstein)과 페렐라(Joseph Perella)는 1980년대 인수합병 시장에서 가장 활발한 활동을 한 투자은행 중 하나인 퍼스트 보스톤(First Boston)에서 게티(Getty), 듀폰(DuPont), 걸프(Gulf) 등의 대형 인수합병 건을 처리하면서 명성을 날렸다. 1988년 2월 퍼스트 보스톤(First Boston)을 떠나 새로 차린 M&A 부띠끄가 바로 "와서스타인 페렐라 앤 코(Wasserstein Perella & Co.)"이다. 새로 회사를 설립하였음에도 불구하고 월가에서 그들의 명성은 그대로 유지되었고, 이와 같은 명성이 알제이알 내비스코(RJR Nabisco)와 같은 대형 딜에서 KKR의 자문사로 선정되게 하는 원동력이었다. 하지만 신생 투자은행인 "와서스타인 페렐라 앤 코"가 알제이알 내비스코(RJR Nabisco) 인수 자문사로 선정되면서, 퍼스트 보스톤(First Boston)의 자존심은 심각한 손상을 입었다. 결국 나중에는 퍼스트 보스톤(First Boston)까지 알제이알 내비스코(RJR Nabisco) 인수전에 가담한 필립 모리스(Philip Morris) 자문사로 선정되면서, 알제이알 내비스코(RJR Nabisco) 인수전은 그야말로 월가 별들의 전쟁으로 비화되었다. 한편 와서스타인은 와서스타인 페렐라 앤 코를 2000년에 독일의 드레스드너 은행(Dresdner Bank)에 14억 불에 매각하였고, 2002년에는 유서 깊은 투자은행 라자드(Lazard)로 이직하여 라자드의 기업공개를 주도하였다. 와서스타인은 하버드 법대와 MBA 학위를 동시에 가졌고, 1,000여 건의 M&A 딜에 자문을 제공한 당대 최고의 투자은행 전략가였다. M&A 분야에서 4권의 책을 저술할 만큼 활발한 작가이기도 했다.

대체투자 파헤치기(중)

타이타노마키의 서막

제이알 내비스코(RJR Nabisco) 딜이 자신의 회사를 비약적으로 키우기 위한 결정적 계기가 될 수 있음을 직감하였다.

굿프로인트(Gutfreund)는 자신의 부하 직원들에게 알제이알 내비스코(RJR Nabisco) 인수를 위한 전략 수립을 지시했다. 다양한 전략들이 논의되었고 성공 가능성이 높은 디딤돌 지분(toehold) 전략, 즉 비밀리에 5%에 육박하는 알제이알 내비스코(RJR Nabisco)의 주식을 매집한다는 전략이 최후 결론으로 제시되었다. 하지만 굿프로인트(Gutfreund)는 쉽사리 이를 승인하지 못했다. 우선 살로몬 브라더스(Salomon Brothers)는 인수합병 시장에는 완전 초짜였다. 살로몬 브라더스(Salomon Brothers)는 주로 증권 거래 중개를 통해서 성장한 거래전문 하우스(trading house)이지, 인수합병 거래는 해 본 경험이 거의 없었다. 특히 알제이알 내비스코(RJR Nabisco)는 200억불이 넘는 초대형 인수합병 건이 될 가능성이 매우 높았다. 아무리 배짱이 좋은 굿프로인트(Gutfreund)라 하더라도 고민에 빠질 수밖에 없었다. 굿프로인트(Gutfreund)는 살로몬 브라더스(Salomon Brothers)의 대주주 중 한 사람인 워렌 버핏(Warren Buffet)을 접촉했다. 버핏(Buffet)의 조언은 간단했다. 밀고 나가라는 것이었다. 담배산업은 생산단가가 매우 낮고 수익성이 좋으면서, 브랜드에 대한 충성도가 높다는 것이 그 이유였다. 하지만 버핏(Buffet)이 직접 알제이알 내비스코(RJR Nabisco) 딜에 관련되지는 않을 것이라는 단서를 달았다. 굿프로인트(Gutfreund)는 마침내 알제이알 내비스코(RJR Nabisco) 딜을 승인했다. 살로몬 브라더스(Salomon Brothers)는 쉬어슨(Shearson)과 같은 편이 되기로 하였다. 살로몬(Salomon)이 가장 싫어하는 드렉셀(Drexel)이 KKR 진영에 있었기 때문이었다. 이제 남은 것은 마지막 살아남는 자가 승자가 되는 치킨게임 뿐이었다.

1988년 10월 25일 아침, 월 스트리트 저널(Wall Street Journal: WSJ)과 뉴욕 타임즈(New York Times: NYT)는 KKR의 크래비스(Kravis)가 알제이알 내비스코(RJR Nabisco)의 주식 1주를 90불에 공개 매수한다는 내용을 기사화했다. 존슨(Johnson), 쉬어슨(Shearson) 진영과 살로몬 브라더스(Salomon Brothers) 진영은 물론, KKR 진영도 발칵 뒤집혔다. KKR이 공식적인 공개 매수 제안을 하기도 전에 기사화되었기 때문에 KKR 입장에서는 당연히 적절한 작전 타이밍을 놓쳤다. 존슨(Johnson) 진영의 쉬어슨(Shearson)과 살로몬(Salomon)은 기사화 되었다는 사실 자체보다, 주당 90불이라는 천문학적인 금액에 혀를 내둘러야 했다. 이들은 이 기사가 사실일 리가 없다고 생각했다. 하지만 그 제안은 사실이었다.

나아가 WSJ와 NYT의 기사는 예기치 않은 인물을 치킨게임에 초대하는 결과까지 초래했

사모투자펀드(PEF)

다. 바로 포츠만 리틀 앤 코(Fortsmann Little & Co.)의 사장인 테오도르 포츠만(Theodore Fortsmann)이었다. 포츠만(Fortsmann)은 KKR과 똑같은 PEF 운용사였다. 하지만 큰 차이점이 있었는데 바로 기업을 인수할 때 부채를 거의 사용하지 않는다는 것이었다. 따라서 차입인수(LBO)에 대한 본능적인 거부감을 가지고 있었다. 아울러 차입인수(LBO) 전략을 구사하는 PEF가 늘어나면서 기업 인수가액이 천문학적인 금액으로 치솟아, 실제로 포츠만(Fortsmann)은 여러 기업인수 합병 건에서 거래를 성사시키지 못하는 일이 갈수록 늘어나고 있는 상태였다.

특히, 전술한 레블론(Revlon)을 인수 합병하는 과정에서 정크 본드로 무장한 차입인수(LBO) 팀을 보유한 팬트리 프라이드(Pantry Pride)에게 대패함으로써, 차입인수(LBO) 전략을 구사하는 PEF에 대해 혐오감에 가까운 적개심을 가지고 있었다. 자연스럽게 차입인수(LBO) 딜을 시장에서 주도하고 있던 드렉셀(Drexel)의 밀큰(Milken)과 KKR의 크래비스(Kravis)에 대해 좋은 감정을 가지고 있을 수가 없었다. 포츠만(Fortsmann)은 WSJ와 NYT 기사를 접한 순간 어떤 경우에도 KKR이 알제이알 내비스코(RJR Nabsico)를 인수하지 못하도록 자신이 나설 것이라고 다짐했다. 하기야 포츠만(Fortsmann)은 알제이알 내비스코(RJR Nabisco)의 CEO인 로스 존슨(Ross Johnson)과 개인적인 친분관계도 있었다. 포츠만(Fortsmann)의 자문사는 골드만삭스(Goldman Sachs)였다. 이제 존슨(Johnson)은 포츠만(Fortsmann)과 함께 공동전선을 형성하였고 쉬어슨(Shearson) 외에도 골드만삭스라는 천군만마까지 얻었다.

하지만 존슨(Johnson)과 쉬어슨(Shearson) 진영은 결정적 약점이 있었다. 즉, 참여자가 너무 많았다. 물론 KKR과 달리 대상 기업의 CEO인 존슨(Johnson)과 우호적인 관계를 유지하면서, 대상기업의 가치를 정확히 측정하기 위한 정보를 파악하는 것이 훨씬 용이했다는 것은 장점이었다. 문제는 신생 투자은행이었던 쉬어슨(Shearson)과 살로몬 브라더스(Salomon Brothers)가 PEF 업계에서 가장 잘 나가는 운용사 중의 하나인 포츠만(Fortsmann)을 끌고 가면서 이와 같은 초대형 딜을 주도할 수 있는 역량이 있는지 여부였다. 특히 KKR의 선제적인 공개 매수 제안으로 이미 딜 규모는 200억불을 넘어갈 태세였다. 이와 같은 어마어마한 자금을 신생 투자은행인 쉬어슨(Shearson)과 살로몬(Salomon)이 모집하는 것이 과연 가능할 것인가?

예상했던 대로 출발부터 쉬어슨(Shearson) 진영은 삐걱거렸다. 우선 쉬어슨(Shearson)이 처음에 딜을 주도하다가 향후 살로몬(Salomon)과 포츠만(Fortsmann)이 합류하면서, 후에 참가한 이들은 쉬어슨(Shearson)의 주도권을 암묵적으로나마 인정해야 하는 형국이었

대체투자 파헤치기(중)

타이타노마키의 서막

다. 하지만 신생 투자은행이었던 살로몬(Salomon)은 별론으로 하더라도, PEF 업계의 선두 주자였던 포츠만(Fortsmann)은 쉬어슨(Shearson)이 거래를 주도하는 형국이 마땅치 않았다. 나아가 포츠만(Fortsmann)의 거래 자문사는 월가의 명망 있는 골드만삭스였다. 포츠만(Fortsmann)과 쉬어슨(Shearson) 진영의 결별은 예정된 수순이었다. 포츠만(Fortsmann)은 결국 거래 초반에 쉬어슨(Shearson) 진영과 결별하였다.

포츠만(Fortsmann)이 탈퇴하면서 쉬어슨(Shearson) 진영이 KKR보다 불리해진 것처럼 보였다. 그러나 KKR도 결정적인 약점이 있었다. 바로 대상 기업의 CEO와 우호적인 관계를 갖고 있지 못하고 있어서, 정확한 대상기업의 정보를 파악하기가 쉽지 않았다는 것이었다. 특히 KKR로서는 대상 기업의 경영진과 우호적이지 않은 차입인수(LBO)는 이건이 처음이었다. 따라서 KKR 진영과 쉬어슨(Shearson) 진영은 어떻게든 충돌을 피하면서 상생하는 방법을 모색해야 했었다. 결국 양 진영은 1988년 11월 존슨(Johnson)의 중재 아래 한자리에 모여 상호 충돌을 극적으로 피하기 위한 대안을 모색하면서 알제이알 내비스코(RJR Nabisco)를 인수하기 위한 합의점을 찾기 시작했다.

하지만 KKR과 쉬어슨(Shearson) 진영이 거의 성공적인 합의점이 도출되었다고 판단한 마지막 순간에 예상치 못한 돌발변수가 생겼다. 바로 살로몬(Salomon)과 드렉셀(Drexel)의 충돌이었다. KKR 입장에서는 비아트리스(Beatrice) 딜을 포함하여, 언제나 어려운 시기에 자금 조달을 도와준 드렉셀(Drexel)을 포기할 수 없었다. 따라서 KKR은 드렉셀(Drexel)이 반드시 메자닌 펀딩을 주도하는 대표 주간사(leading bank)가 되어야 한다는 입장을 굽히지 않았다. 하지만 살로몬(Salomon)은 드렉셀(Drexel)과 소송戰까지 치를 만큼 척을 진 상태였다. 이슈는 더 있었다. 바로 차입인수(LBO) 이후 경영권을 존슨(Johnson)이 보유한다는 입장을 고수하면서, 대상 기업의 차입인수(LBO) 이후 경영권을 항상 장악해 온 KKR의 전략과 정면으로 배치된 것이다.

그럼에도 불구하고 양진영은 서로 합의를 위해 더 노력할 수 있었다. 만약 이번에 합의하지 못하면 알제이알 내비스코(RJR Nabisco)는 서로 양보할 수 없는 양 진영 간 자존심 싸움의 대상으로 비화될 것이 자명하였고, 그렇게 되면 인수 가격이 급등하면서 어느 누구에게도 이로울 것이 없다는 것을 이 거래에 관련된 사람 모두가 알고 있었기 때문이다. 그러나 이 결정적인 순간에 합리적인 이성이 작동하지 않았다! 먼저 쉬어슨(Shearson) 측에서 존슨(Johnson)과의 어떤 사전 협의도 없이 KKR의 주당 90불보다 2불(!) 높은 92불에 알제이알 내비스코(RJR Nabisco)를 인수한다는 새로운 제안을 언론에 흘렸다. 하기야 주당 2불이면 총액으로는 4억불에 가까운 금액이니 작은 금액은 아니었다. 하지만 92불에 인수한다고 선언

사모투자펀드(PEF)

하면 KKR이 물러설 것이라고 생각할 만큼 순진한 쉬어슨(Shearson)이었단 말인가?

어떻게 보면 양진영의 결별은 예정된 수순이라고 볼 수밖에 없었다. 월가의 탐욕은 대상 기업을 누가 인수하느냐는 대결구도에서 처음부터 원만하고 합리적인 이성이 작동할 수 없게 만들었다. 글자 그대로 야만인들의 생존을 위한 사투만이 유일한 규칙이었던 것이다. 쉬어슨(Shearson)의 92불 제안으로 이제 양측은 서로 돌아올 수 없는 루비콘 강을 건넜다. 더 나아가 이 발표 직후 아무도 예상치 못한 일이 벌어졌다. 바로 초반 쉬어슨(Shearson)과의 합작 실패 후 아무런 반응이 없었던 포츠만(Fortsmann)이 골드만삭스를 자문사로 하여 알제이알 내비스코(RJR Nabisco) 인수전에 뛰어든다고 공식 발표한 것이다.

특히 쉬어슨(Shearson)의 92불 제안은 알제이알 내비스코(RJR Nabisco) 이사회로 하여금 앞서 설명한 레블론 의무(*Revlon Duty*)를 발동시켰다. 즉, 가장 높은 인수가격을 제안하는 이에게 회사를 매각하기 위한 "공정 절차(fair process)"를 진행할 의무가 발생한 것이다. 이에 따라서 알제이알 내비스코(RJR Nabisco) 이사회는 회사 매각을 위한 특별위원회를 구성하고 공식적인 회사 매각 입찰전에 돌입했다. 이에 따라 알제이알 내비스코(RJR Nabisco)와 비슷한 담배 회사인 필립 모리스(Philip Morris)까지 퍼스트 보스톤(First Boston)을 자문사로 선정하고 알제이알 내비스코(RJR Nabisco) 인수전에 뛰어 들었다. 하지만 금액이 커서 입찰파트너가 필요했는데, 필립 모리스(Philip Morris)의 입찰 파트너는 하이얏트 호텔을 소유한 시카고의 대형 투자자 제이 프리츠커(Jay Pritzker)였다. 공식 입찰 마감일 불과 10여 일 전이었다. 알제이알 내비스코(RJR Nabisco)의 특별 위원회를 이끌고 있던 피터 앳킨스(Peter Atkins)는 시간이 부족하여 실사 기회를 제공할 수 없다는 입장까지 밝혔다. 하지만 퍼스트 보스톤(First Boston)은 포기하지 않았다. 인수 자금을 할부 채권(installment note)으로 마련하여 회사를 인수한 후, 회사 전체 이익의 80%를 담배 부문인 RJR에 남기고 식품 부문인 내비스코(Nabisco)를 매각하게 되면 주주가 최대 40억불까지 세금을 절약할 수 있다는 자신들만의 복안을 믿었기 때문이다.

결국 알제이알 내비스코(RJR Nabisco) 인수전은 말 그대로 월가 "별들의 전쟁(Star Wars)"으로 비화되었다. 결과는 모두가 예측한대로 흘러갔다. 인수가격이 높아질 수밖에 없었다. 서로가 서로를 파괴하면서 마지막까지 살아남는 자가 승리하는 치킨 게임이 된 것이다. 1988년 11월 19일 마감된 입찰가격 검토 결과 이사회가 선정한 유효한 입찰은 3개 회사이었다. KKR, 존슨(Johnson)·쉬어슨(Shearson) 연합, 퍼스트 보스톤(First Boston). KKR이 주당 94불, 쉬어슨(Shearson) 연합은 주당 100불, 퍼스트 보스톤(First Boston)은 주당 105~118불이었다. 이사회는 쉬어슨(Shearson) 연합의 낙찰로 입장을 정리하려고 하였다.

대체투자 파헤치기(중)

타이타노마키의 서막

하지만 문제는 퍼스트 보스톤(First Boston)의 제안이었다. 매각위원회를 이끌고 있던 앳킨스(Atkins)에게 주당 가격보다 더 흥미로운 것은 그들이 제안한 절세방안이었다. 만약 이 제안이 사실이면 알제이알 내비스코(RJR Nabisco) 주주는 다른 제안보다 무려 40억불에 가까운 세금을 추가로 절약하게 된다.

앳킨스(Atkins)는 고민에 빠졌다. 하지만 퍼스트 보스톤(First Boston)의 제안을 무시했다가는 주주의 이익을 최우선해야 하는 레블론 의무(Revlon Duty)를 위반하게 된다. 퍼스트 보스톤(First Boston)의 제안이 실현 가능한지 여부를 파악하기 위해서는 대안이 하나 밖에 없었다. 바로 2차 입찰(progressive bidding)이었다. 알제이알 내비스코(RJR Nabisco)의 특별위원회는 KKR, 쉬어슨(Shearson) 연합, 퍼스트 보스톤(First Boston)을 대상으로 제2차 입찰을 붙였다. 가장 황당한 진영은 쉬어슨(Shearson) 연합 진영이었다. 당연히 쉬어슨(Shearson) 연합 진영은 자신들의 낙찰을 거의 확신하고 있었다. KKR은 알제이알 내비스코(RJR Nabisco) 회사의 사정을 잘 알지 못하기 때문에 주당 100 달러 이상을 썼을 리가 없다. 하지만 공식 입찰일 10여 일 이전에 참가한 퍼스트 보스톤(First Boston) 때문에 이런 황당한 일이 벌어지다니!!! 2차 입찰까지 몰고 간 퍼스트 보스톤(First Boston)은 더 문제였다. 제안서에서 제시한 절세 방안은 1988년 12월까지만 유효한 조항이었다. 시간이 없었다. 더 나아가 가장 핵심은 인수자금에 사용될 할부 채권을 어느 은행이든 인수하는 약정서가 반드시 필요하였다는 점이다. 이 약정서가 없거나 목표 금액에 미치지 못하면, 자신들이 제안한 주당 가격은 아무도 믿어 주지 않을 것이다. 퍼스트 보스톤(First Boston)은 어떻게든 자신들의 제안이 실현가능하다는 것을 보여야 했다. 그것도 단 10여 일 만에.

결국 퍼스트 보스톤(First Boston)은 은행으로부터 할부 채권 구입을 위한 약정서 확보에 실패했다. 쉬어슨(Shearson) 연합 진영은 2차 입찰에서 주당 102불을 제안했다. KKR은 주당 106불을 제안했다. 앳킨스(Atkins)는 이제 KKR의 손을 들어 주어야 할 처지가 되었다. 하지만 이대로 물러설 쉬어슨(Shearson)이 아니었다. 쉬어슨(Shearson) 연합은 102불보다 높은 추가 입찰안을 앳킨스(Atkins)에게 제안했다. 주주 이익을 위해서는 당연히 추가 입찰안이 필요하다는 법률 논리로 앳킨스(Atkins)를 압박했다. 앳킨스(Atkins)는 방법이 없었다. 쉬어슨(Shearson) 연합과 KKR에게 추가 입찰을 다시 붙였다. 쉬어슨(Shearson) 연합은 주당 112불을 제안했고 KKR은 주당 109불을 제안했다. 겉으로 보아서는 쉬어슨(Shearson) 연합 진영이 승리한 것처럼 보였다. 하지만 쉬어슨(Shearson) 연합 진영의 제안은 향후에 이자율을 조정할 수 있는 조항(reset mechanism)의 삽입을 거부하고 있어서, 사실상 109불과 제안 금액이 거의 같았다. 앳킨스(Atkins)는 알제이알 내비스코(RJR Nabsico)의 이사회에 의

견을 구했다. 알제이알 내비스코(RJR Nabisco) 이사회는 만장일치로 KKR의 손을 들어 주었다. 실제로 109불에 불과한 제안을 교묘히 112불에 제안한 쉬어슨(Shearson) 연합을 낙점할 수는 없는 노릇이었다.

결국 최종 인수가격은 주당 109달러, 기업가치만 251억불, 부대비용까지 합한 총 인수가액은 311억불이었다. 이 인수금액은 2007년 TXU 딜까지 19년 간 가장 높은 규모의 차입인수(LBO) 거래 기록이었다. 만약 처음부터 쉬어슨(Shearson) 연합과 KKR 양진영이 서로 욕심내지 않고 원만하게 합의만 했었더라면 200억불 내외의 딜이 되었을 것이다. 하지만 이성보다는 야만인들의 본능이 지배한 월가 탐욕의 치킨게임의 결과는 양측 모두에게 깊은 상처만 남겼다. 바로 탐욕의 치킨 게임이 초래한 너무나 당연한 결과였다.

결론적으로 미국의 타이탄 대기업인 알제이알 내비스코(RJR Nabisco)는 PEF의 차입인수기법 앞에서 힘없이 무너지면서 KKR의 손에 넘어갔다. 이 이야기는 타이탄 대기업의 바로 문 앞에서 경영진들을 교체하겠다며 PEF가 선전포고하는 장면과, 우여곡절 끝에 PEF가 타이탄 대기업을 마침내 정복하는 장면 등이 담긴 역사적인 「타이타노마키의 서막」이었다. KKR은 사실상 입찰 초반에 탈락하는 수모를 겪었으나, KKR의 자문사였던 와서스타인(Wasserstein)을 탈락시키기 위해 입찰 마지막 과정에 서둘러 참여한 퍼스트 보스톤(First Boston) 때문에 최종 낙찰자로 선정되는 희한한 경험을 하게 되었다. 하지만 KKR은 이 건 이후 차입인수(LBO) 시장의 최강자로 자리 잡았다. 나아가 이 인수건 이후 타이탄 대기업들과 어깨를 나란히 견주는 또 다른 형태의 타이탄 PEF로 변모하였다. 1980년대 말 KKR이 차입인수(LBO)를 통해 인수한 기업은 모두 35개, 자산 규모는 590억불로 GM, 포드(Ford), 엑슨(Exxon), IBM에 이어 자산규모에서 미국 내 5위를 기록했다.[404]

쉬어슨(Shearson) 연합 진영의 작전을 주도한 탐 힐스(Tom Hills)를 몇 번 만난 적이 있다. 알제이알 내비스코(RJR Nabisco) 딜을 주도할 당시 인수합병에는 경험이 많지 않았지만, KKR의 크래비스(Kravis)에 당당히 맞설 정도의 두둑한 배짱을 지금도 느낄 수 있었다. 2019년 현재 나이가 71세로 이미 노년이지만, 1980년대 월가의 패션을 주름 잡을 정도의 멋쟁이 품격은 필자가 그를 만나서 이야기를 나눌 때에도 확실히 느낄 수 있었다. 실제로 탐 힐스(Tom Hills)는 영화 월스트리트(Wall Street)에서 마이클 더글라스가 연기한 주인공 고든 게코(Gordon Gekko)의 헤어 스타일(oiled-back hair style)에 영감을 준 모델이기도 하였다.

---

404 Eileen Appelbaum, 앞의 책

대체투자 파헤치기(중)
타이타노마키의 서막

2019년 현재를 기준으로 타이타노마키의 서막이 시작된 지 20년이 넘는 세월이 흘렀다. 이 새로운 형태의 혈전인 타이타노마키 최후의 승자는 과연 누가 될 것인가? 타이타노마키의 2막은 주주행동주의라는 또 다른 형태로 시작되었고, 타이타노마키의 3막은 어떤 형태를 띠게 될 것인가? 2019년 이후 월가의 또 다른 알제이알 내비스코(RJR Nabisco)는 언제 어디서 또 탄생할 것인가? KKR 이외의 다른 PEF가 또 다시 역사에 등장하면서 새로운 타이타노마키의 신화를 다시 써 나갈 것인가?

「큐피드 석고상이 있는 정물(1894)」, Paul Cézanne (1839~1906) 作, Courtauld Gallery 소장. 큐피드 석고상과 사과가 놓여 있는 탁자가 뒤틀려 있는데 이는 그림을 그리고 있는 관찰자의 시점이 도중에 여러 번 바뀌었음을 뜻한다고 한다. 특히 큐피드 상은 위에서 내려다 본 그림인데, 탁자는 밑에서 올려다보면서 그렸다. 저 멀리 액자 밑에 있는 녹색 사과의 크기와 가까이에 있는 사과들의 크기가 같은데, 이 또한 여러 시점에서 관찰한 것을 하나의 화폭에 옮기면서 생기는 현상이다. 왼쪽의 테이블보에 쌓인 사과 역시 세잔의 다른 정물화의 일부로 작품 사이의 경계가 사실상 무너졌다. 필자가 보기에는 그림의 전체 구도가 완전히 뒤틀려서 계속 보고있으면 약간 어지럽다. 그림을 왜 이렇게 복잡하게 그렸는지 개인적으로는 이해가 잘 안 된다. 하지만 멀리서 보면 기묘하게 균형이 잡혀있어서 신비로운 느낌을 자아내기도 한다. 가장 유명한 세잔의 정물화로 피카소 등의 입체파의 직접 영향을 끼친, 사실상 현대 미술의 전주곡으로 불리는 작품이다.

6) 차입인수(Leveraged Buy-out, LBO): 레버리지

차입인수(LBO)를 수행하기 위해서는 우선 인수대상인 타겟 기업의 기업가치를 정확히 산정해야 한다. 대규모 기업일 경우에는 자금이 많이 소요되고, 또 옥션 과정에서 금액이 다소 변동될 수 있으므로 보통 범위를 정해서 기업 가치를 산정한다. 정해진 기업 가치에 따라 인수금액의 범위가 정해지면 우선 PEF가 얼마만큼의 자기자금을 투입하고 얼마만큼의 자금을 차입할지 결정한다. 즉 레버리지(leverage or gearing)를 얼마나 사용할지 결정해야 한다.

차입인수(LBO) 과정에서 레버리지 비율을 계산하는 방법은 크게 두 가지이다. 첫째가 인수 대상 기업의 현금흐름을 기준으로 레버리지를 계산하는 것이다. 주로 사용하는 현금흐름의 지표는 상각 전 영업이익(EBITDA)이다. 인수할 때 사용하는 부채와 해당 기업의 부채를 합한 후에 이를 EBITDA로 나눈 "부채/EBITDA"가 바로 레버리지 비율이다. 부채를 일으켰을 때 이자를 갚을 수 있을 정도의 현금흐름이 있는지를 보여주는 지표이다. 이 방법의 장점은 인수 후 기업의 부채비율을 계산할 수 있어 인수 후 부채 상환능력을 객관적으로 평가할 수 있다는 점이다. 이 비율을 계산하면 금융권이 제공할 수 있는 금리 수준을 예측할 수 있게 된다. 필자 경험에 따르면 미국과 유럽의 거의 모든 바이아웃(Buy-out) PEF 운용사들은 이 지표를 활용하여 레버리지를 측정하여 관리하고 있었다.

실제로 2014년 1월 현재 싱가폴 소재 은행들이 동아시아에서 M&A 인수 금융 시 제공하는 금리를 표로 제시하면 아래와 같다. 변동금리보다는 고정금리가 25bps 정도 높고 기준금리는 보통 3개월 Libor를 사용한다. 만약 중간에 원금을 분할해서 상환하는 계획(amortization, 아모타이제이션)이 없는 만기상환 조건이면 50bps가 추가되고, 선취(upfront) 수수료는 금액에 따라 다르기는 하지만 평

균적으로 5년 만기일 경우 400bps, 즉 연평균 80bps라고 한다.[405] 인수금융 규모가 커질수록 가산금리가 커지는 것도 특징이다. 즉, 상각 전 영업이익(EBITDA)의 4배를 차입할 경우에는 가산금리가 400bps 내외이나 그 5배를 차입할 경우에는 500bps 내외로 상승한다. 2014년 당시 경제상황을 고려해도 가산금리가 다소 높은 편인데, 이는 인수금융이 은행 입장에서는 다소 위험도가 높은 대출이기 때문이다. 앞서 PEF와 Tax 및 투자회수 편에서도 설명하였지만, 피인수기업이 담보가치가 있는 부동산을 소유하고 있다면 이를 활용하여 가산 금리를 낮추는 것도 가능하다.

〈 싱가폴 소재 은행의 인수금융 대출 조건 사례(2014년 초 기준) 〉

Debt/EBITDA	4x	4.5x	5x	5.5x
변동금리	3m Libor+400	3m Libor+425	3m Libor+450	3m Libor+500
고정금리	3m Libor+425	3m Libor+450	3m Libor+475	3m Libor+525

표 단위: *bps (0.01%)*

두 번째 방법이 해당 기업을 인수할 때 사용하는 인수금액 중 자기금액과 부채를 단순 비율로 계산하는 것이다. 즉 SPV 내에서 자본과 부채 비율을 계산하는 것이다. 인수 주체가 사용하는 인수금액의 레버리지 정도를 이해하기 쉽고 계산하기 쉬운 장점이 있으나, 인수 후 인수대상 기업의 레버리지의 정도를 정확히 측정하지 못한다는 단점이 있다. 우리나라의 경우 PEF가 기업을 인수하기 위해 설립한 SPV의 레버리지 비율은 300% 이내로 한정된다. 즉 PEF가 투자한 자기자금의 3배를 초과하여 자금을 차입할 수 없다. 다만 2018년 11월에 국회 정무위에 제출된 자본시장법 개정안에 따르면 PEF의 차입은 순자산의 400%까지로 확대된다. 향후 국회 논의가 주목된다. 반면 네덜란드나 룩셈부르크는 이와 같은 규제가 없다. 특히 룩셈부르크의 SPV 규제 자유도는 거의 전 세계 최고이다. 상세 내

---

405 통상적인 분할상환(amortization) 조건은 최초 인수금융 금액의 50%를 연도별로 상환하도록 요구한다.

용은 전술하였다.

어떤 수준의 레버리지가 적절한지에 대한 정답은 없다. 레버리지를 많이 쓰는 것이 완전히 나쁜 것도 아니고, 레버리지를 적게 쓰는 것이 반드시 바람직한 결과를 가져 오는 것도 아니다. 예컨대 대상 기업의 현금흐름이 좋고 안전성이 높은 기업이라면 레버리지를 낮게 쓰는 것은 바람직하지 않다. 나아가 차입금을 늘려 레버리지를 높이는 경우에는 이자비용에 대한 조세감면 혜택 등 추가적인 절세 효과가 있으므로 현금흐름이 개선된다는 점도 감안해야 한다. 이 경우에는 당연히 레버리지를 높이는 것이 유리하다. 그렇다고 레버리지 비율을 지나치게 높이면 기업의 현금흐름이 예상치 못한 요인으로 감소하였을 때 선순위, 중순위 채권자에게 원리금을 지급하지 못할 가능성이 높아지게 된다. 이는 대상 기업의 부도라는 최악의 상황으로 직결될 수도 있다.

결론적으로 레버리지 비율에 대한 확실한 답안은 없다. 하지만 레버리지 비율은 바이아웃(Buy-out) 투자 프로젝트의 수익률에 상당한 영향을 끼친다. 1980년대에는 레버리지가 바이아웃(Buy-out) PEF 성과에 절대적인 영향을 미치기도 했다. 바이아웃(Buy-out) 전략을 구사하는 PEF 운용사들이 레버리지에 대한 상당한 전문성을 반드시 구비해야 하는 이유이다. 따라서 바이아웃(Buy-out) PEF 전략을 구사하는 운용사들은 해당기업의 현금창출 능력, 해당기업의 미래 현금흐름 예측, 금리와 관련된 미래 전망, 레버리지에 따른 절세효과 등 전체적인 내용을 종합적으로 감안한 전문적 판단에 따라 레버리지 비율의 적정성을 계산해야 한다. 아울러 대출기관과의 긴밀한 협력관계도 필수적이다. 필자 경험에 따르면 바이아웃(Buy-out) 전략을 구사하는 글로벌 거대 PEF 들은 예외 없이 인수금융을 책임지는 별도의 부서를 운영하고 있었다.

대체투자 파헤치기(중)

타이타노마키의 서막

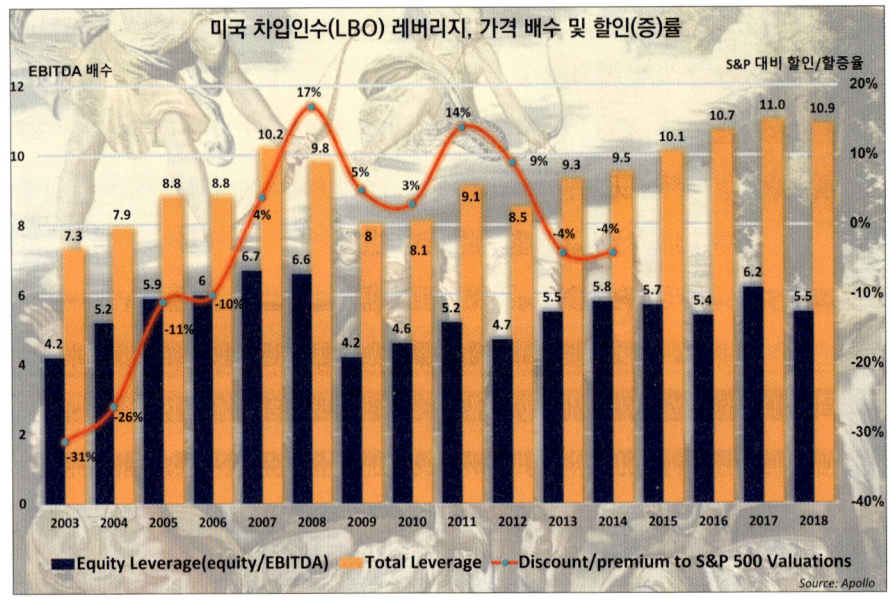

　레버리지 비율의 적정성에 대한 원칙을 추론하기 위해서는 실증자료를 분석하면 참고가 될 수 있다. 미국의 경우 인수 대상기업의 EBITDA를 기준으로 계산한 레버리지 비율은 2007년의 경우 사상 최고인 평균 6.7배이었다. 지금의 금융환경에서 보면 인수 후 타겟 기업의 현금흐름보다 6.7배나 많은 레버리지를 사용하였다는 것이 믿기지 않겠지만, 당시에는 거시경제 환경에 대한 긍정적인 전망과 은행의 공격적인 대출활동이 결합되면서 자연스럽게 레버리지 비율이 올라갔다. PEF 입장에서도 인수금융 조건이 파격적이고 자금이 풍부하다면 이를 거절할 유인이 사실 별로 없다. 위험하긴 하지만 자기자금도 적게 들고, 레버리지 비율이 높을수록 수익률에는 긍정적인 영향을 미치기 때문이다. 하지만 2007년의 막대한 레버리지 비율은 2008년 금융위기 이후 잠시 주춤하는 추세로 바뀌었다. 바젤 III, 다드-프랭크 법(Dodd Frank Act), 볼커룰(Volker rule) 등 규제환경이 강화되면서, 금융기관이 스스로 대출 활동 자체를 억제하였기 때문이다. 다만 2011년 이후부터 전 세계적인 저금리 기조가 지속적으로 유지되면서, 레버리지 비율이 다시 증가하는 추세여서 귀추가 주목된다. 특히 미국의 경우는 기준금

사모투자펀드(PEF)

리 0~0.25%, 거의 zero 금리가 2008년 12월 16일 이후 2015년 말까지 무려 7년 동안 지속되어, PEF가 자금을 차입하여 레버리지 비율을 올리기 위한 유인이 구조적으로 매우 높았다. 이런 추세는 이후에도 멈추지 않았다. 연준의 금리 인상으로 2016년에는 레버리지 비율이 일시적으로 하락하였지만, 2017년에는 6.2배로 다시 상승했다. 더 나아가 2017년은 지분과 부채를 모두 합한 기업의 인수 가치가 금융위기 이전보다 높은 EBITDA의 11배에 육박했다. 6배 이상의 레버리지를 사용한 LBO 건은 2018년에 60%를 넘기도 했다.[406]

미국의 경험을 바탕으로 추론해 보건데 인수 후 레버리지가 해당기업 EBITDA의 6배를 넘는 것은 바람직하지 않다고 본다. 2007년의 레버리지는 금융기관의 공격적인 대출활동과 극도로 긍정적인 거시경제 전망이 결합된 비정상적인 수치이기 때문이다. 결국 어떤 방식으로 차입 인수합병을 하더라도 EBITDA의 6배가 넘는 차입을 하는 것은 일단 위험성이 높다고 보는 것이 필자 개인적인 생각이다. 전술한 FRB 등의 가이드라인 역시 EBITDA의 6배가 넘는 차입인수를 "다소 위험(Cause for Concern)"한 수준이라고 분류한다. 실제로 2013년에 차입인수(LBO)로 PEF가 바이아웃(Buy-out)한 회사의 인수금융(loan) 구조의 사례를 구체적으로 살펴보아도, 대상기업의 크기나 산업과 무관하게 레버리지가 4배 내외에서 사용되고 있음을 알 수 있다. 이는 2008년 금융위기 이후에는 경험적으로 레버리지 비율이 차입 후 EBITDA의 4배 내외에서 유지하는 것이 일반적인 관행임을 보여주는 것이다. 차입인수 만기는 5년이 보통이며 시장상황에 따라 다르겠지만 2013년에는 라이보(Libor)에서 500bp 내외의 스프레드로 자금을 차입하였다.

---

[406] Bain & Company, Inc., *Global Private Equity Report 2019*

대체투자 파헤치기(중)

타이타노마키의 서막

⟨ PEF 차입인수 주요 사례(2013년) ⟩

대상기업 (산업) \ 조건	Focus Media (광고)	AsiaInfo Linkage (IT S/W)	Asia Outsourcing Gamma (비즈니스 컨설팅)	Inghams Enterprises (농업)
PEF명	Carlyle/ FountainVest	CITIC Capital, Temasek, Qatar Fund	CVC Capital	TPG Capital
딜 사이즈	$1,525 mio	$330 mio	$195 mio	$740 mio
제공신용 형태	1,075 mio Term Loan/ 450 mio Bridge Loan	250 mio Term Loan/ 80 mio Bridge Loan	175 mio Term Loan/ 20 mio Revolving Credit	1,075 mio Term Loan/ 450 mio Bridge Loan
금리	L + 5.25%	L + 4.75%	L + 4.5%	L + 5.25%
만기	5년	5년	5년	5년
Loan 참여자	CS, UBS, DB, Citi, DBS	Nomura, ICBC, Bank of Taiwan	BAML, HSBC, UBS	CS, UBS, DB, Citi, DBS
레버리지 (EBITDA 대비)	4.0x	4.2x	3.5x	4.0x

한편 레버리지 비율과 기업인수 가치 역시 상관관계가 매우 높다. 이는 기업인수 가치가 높을수록 더 많은 자금이 필요하므로 차입금을 늘려야 하고, 이번에는 역으로 차입금 인수조건이 좋으면 PEF가 더 많은 자금을 지급할 여력이 있으므로 기업인수 가치가 올라간다. 실제로 미국의 경우 인수기업의 가치가 레버리지 비율이 가장 높았던 2007년에 가장 높았는데, 이 당시에는 평균 기업가치(Enterprise Value: EV)가 EBITDA의 10배를 넘어섰다. 2008년에는 기업인수 가치가 S&P 시장의 평균적인 기업가치보다 17%나 높은 프리미엄이 형성되기도 하였다.[407] 특히 2014년과 2015년의 경우는 S&P 시장의 급격한 폭등세로, 지분의 평가 가치(equity pricing) 자체가 올라가면서 기업인수 가치도 덩달아 올라가는 추세였다. 이는 기업인수시장이 S&P 시장 추세, 즉 시장 전체 지분의 평가 가치(equity pricing)와 밀접히 관련되어 있음을 보여주는 것이다. 이에 따라 2014

---

407 S&P는 2008년 한 해 동안 거의 시총의 50%가 감소하였다. 따라서 S&P 지수 수준 자체가 낮았다는 점을 고려하면 실제로 아주 높은 프리미엄은 아니었을 것이다.

사모투자펀드(PEF)

년을 전후하여 2015년까지 글로벌 PEF들은 투자 발굴을 통한 신규투자 활동보다 투자회수에 더 몰두하였다. 기업인수 가치의 상승 문제는 2018년까지도 PEF 업계에서 가장 중요한 이슈로 부각했다. 프레킨(Preqin)이 2018년에 설문 조사한 것만 보아도 투자자들의 88%, 운용사들의 62%가 PEF의 가장 중요한 도전 과제가 높은 밸류에이션이라고 답변했다.

아울러 미국의 단기금리 인상이 S&P 등의 주식시장에 적지 않은 충격을 주게 되면, 이 역시 기업 인수합병 시장에 어떤 식으로든 영향을 줄 것으로 예상된다. 특히 무리하게 차입을 일으켜 기업을 인수한 경우에는, 미국 단기금리 인상으로 대출 기준금리인 3개월 라이보 금리(3m Libor)가 동반 상승함으로써 지출하는 이자비용이 동시에 가중되면서 또 다른 충격이 예상된다. 실제로 2018년 10월 블랙스톤이 7억불로 인수한 원유시추 장비 회사 울테라(Ulterra Drilling Technologies)의 차입인수에 참여한 웰스 파고와 바클레이즈는, 이자율이 상승하면서 4.15억불에 달하는 레버리지드 론(leveraged loan)을 2019년 1월까지도 매각(sell down)하지 못했다. 무리하게 차입을 일으켜 바이아웃(Buy-out) 전략을 구사하면 안 되는 또 다른 이유이다.

7) 차입인수(Leveraged Buy-out, LBO): 선순위 투자자와 Cov Lite

전술한 바와 같이 SPV를 통해 부채로 조달된 자금도 현금배분 순위에 따라 선순위나 후순위 등의 여러 조각(tranche)으로 구분된다. 선순위의 경우는 기업이 수취한 현금을 가장 먼저 가져갈 수 있는 권리를 보유한다. 대신 금리수준은 후순위보다 낮게 지급된다. 통상 은행권이 대상 PEF로부터 담보를 제공받고 가장 선순위로 들어가게 된다. 이를 보통 "선순위 담보대출(senior secured loan)"이라고 부른다.[408] 이자가 낮은 대신 엄격한 경영유지조건이 일종의 대출약정서인 커버넌트

---

408 동 업무는 일반적으로 투자은행 업무가 아니라 상업은행 업무 영역에 속한다. 하지만 2008년 금융위기 이후 상업은행에 대한 규제가 강화되면서 사모투자펀드인 PEF 등이 이 사업영역에 진출을 강화하였다. 바로 PDF의 등장이다.

대체투자 파헤치기(중)

타이타노마키의 서막

(covenant) 형태로 부과된다. 이자율은 통상 변동이자율로 지급된다. 일반적으로 선순위 담보대출은 5~7년 사이의 "기간대출(Term Loan Facility: TLF)"과 단기에 자금이 필요할 경우 사용하고 상환할 여력이 생기면 수시로 갚는, 일종의 마이너스 통장 대출인 "수시갱신대출(Revolving Credit Facility: RCF)"로 구성된다.[409]

바이아웃(Buy-out) PEF의 GP 입장에서는 지급해야 할 이자율이 해당 기업의 현금흐름을 감소시키게 되므로, 이자율을 변동으로 하는 것이 좋을지 고정으로 하는 것이 좋을지에 대해 명확한 내부지침을 가지고 있는 것이 좋다. 보통 전체 포트폴리오 관점에서 보면 고정을 30%, 변동을 70% 정도로 가져가되, 변동금리의 경우에는 대출약정서(covenant) 내에 최대 상승폭을 제한(cap)하는 조항을 사용하게 된다. 필자가 바이아웃(Buy-out) PEF를 실사한 경험에 비추어 볼 때 3:7 원칙은 거의 공통적으로 사용되는 원칙인 것 같다. 하지만 이마저도 개별 바이아웃(Buy-out) 케이스별로 당시 이자율 수준, 대출약정서(covenant) 조건 등을 종합적으로 고려하여 판단하여야 한다. 특히 PEF 입장에서 미래의 현금흐름을 예측하고 예상 수익률 등을 계산할 때 단순한 금리만을 기준으로 판단해서는 안 된다. 이자 이외의 각종 수수료를 포함하여 연율화한 "총비용(All-in-cost)"을 기준으로 판단해야 한다. 즉 주선수수료, 선취비용, 금융추진 시 발생하는 법률비용, 회계비용, 기술적 비용 등은 자금을 차입하는 PEF가 부담하는 경우가 일반적이다. 따라서 이러한 비용이 현금흐름을 당연히 감소시킨다는 점을 고려하여, 이들 비용을 모두 고려한 지표인 "올-인-코스트(All-in-cost)"를 토대로 자금조달방안과 투자회수 방안을 마련하는 것이 좀 더 정확한 방안이다.

한편 기업규모가 크고 신용도가 좋은 펀드는 낮은 금리로 자금을 조달할 수

---

409 TLF와 RCF의 가장 큰 차이점은 RCF가 수시로 상환이 가능하다는 점이다. 따라서 RCF는 기업의 경상적 활동 과정에서 필요한 현금을 조달할 때 주로 사용한다. 인수 금융 과정에서 사용되면 TLF:RCF는 9:1 정도 비율이 일반적이다.

있고, 통상적인 대출약정서(covenant)보다도 부과 요건이 강하지 않다.[410] 따라서, 대상 기업의 현금 흐름이 좋고 펀드의 명성이 높을수록 차입인수(LBO) 관련 비용도 동시에 낮아지게 된다. 예컨대 2014년 5월에 CD&R은 플라스틱 드럼 전 세계 1위, 정밀화학 포장용기인 IBC(Intermediate Bulk Container) 전 세계 2위 생산업체인 독일의 마우저 그룹(Mauser Group)을 인수한 바 있다.[411] 이 기업의 EBITDA 마진은 2011년부터 2014년 3월까지 10.8% → 11.3% → 12.3% → 13.3%로 계속 증가하고 있는 기업이었다. 총 거래 금액은 12억 유로이었고, 이중 세금과 거래비용을 제외한 기업 가치는 11.4억 유로로 2014년 3월말 기준으로 연율화된 상각 전 영업이익(EBITDA) 1.56억 유로의 7.3배였다. 이 당시 조달한 인수금융은 9.7억 유로로 EBITDA의 6.2배였다.[412] 상각 전 영업잉익(EBITDA)의 6.2배를 인수 금융에 사용하는 것은 앞서 언급하였지만 필자가 보기에는 상당히 높은 수준의 레버리지 비율이다. CD&R은 해당 기업의 현금흐름이 좋고 기업을 인수한 PEF의 명성에 문제가 없다고 판단하여 이와 같은 규모의 인수 금융을 일으킨 것으로 보인다. 당시 인수 금융에 참가했던 은행은 CS, 제이피 모건(JP Morgan), 씨티그룹(Citigroup), 보아 메릴(BoA Merrill), 모건 스탠리(Morgan Stanley), 노무라(Nomura) 등이었다.

후순위 혹은 메자닌의 경우에는 자기자본과 채권의 특징을 모두 보유한

---

410 2013년 6월 기준 대출 조건(pricing)을 예로 들면 다음과 같다. 부동산 혹은 SOC의 최선순위 대출(senior secured loan)의 경우는 Libor + 2~4.5%, 기업의 최선순위 대출(senior secured loan)은 이 보다 높은 Libor + 6~8%이다. Sanjay Mistry, *Private Debt Investor*, June 2013

411 매도자는 두바이 인터내셔널 캐피탈(Dubai International Capital: DIC)이었고, 경쟁 입찰을 통해 이 기업을 매각했다. 이 당시 초청된 입찰 후보자는 블랙스톤(Blackstone), 아디안(Ardian), CD & R, 팜플로나(Pamplona), 아폴로(Apollo), 플라티늄(Platinum)이었고 최종 낙찰자는 CD & R이었다. DIC는 이 기업을 제이피 모건(JP Morgan)으로부터 2007년 8.5억 유로에 매수한 바 있다. 마우저(Mauser)는 2013년 말 기준 4,400여 명의 종업원, 유럽, 북미, 중남미, 아시아 등 18개 국가에 50개의 생산시설을 갖춘 대형 제조업체이다. 2008~2013 사이 연평균 매출 성장률 4%, 연평균 EBITDA 성장률 9%의 우수기업이었다.

412 인수금융 9.7억 유로 중 6.8억 유로는 텀 론(Term Loan)으로 나머지 2.9억 유로는 후순위 부채로 조달되었다. 조달 비용은 텀 론(Term Loan)이 L+400(고정)이었고, 후순위가 L+725(변동)에 1% floor를 두고 있었다.

대체투자 파헤치기(중)

타이타노마키의 서막

RCPS, CPS, BW, EB, CB, PIK[413], 풋/콜 옵션(put/call option) 등 매우 다양한 구조가 가능하다. 선순위로 인수금융의 전체를 조달하지 못할 경우 사용한다. PEF 입장에서는 자금조달 비용이 상승하므로 조속한 투자회수(exit)가 가능한 투자 건에만 선별적으로 사용하는 것이 좋다. 특히, 메자닌이 대출약정서(covenant) 없이 사용되는 경우에는 대출자의 리스크를 보호하기 위해 일정 비율은 최선순위 대출자보다 최우선 배당하고, 나머지 비율은 만기 시에 상환하게 하거나 주식으로 전환하는 권한(PIK: Payment in Kind)을 부여하는 경우가 있다. 선순위와 메자닌 혹은 후순위 채권간의 스프레드는 대상 기업 및 경기 싸이클과 지역에 따라 다르다. 통상 이자율이 상승하는 국면에는 스프레드가 확대되고(widened), 이자율이 하락하는 국면에서는 스프레드가 축소된다(tightened).[414] 이자율이 선순위보다 높은 대신 가장 선순위의 채권보다 대출약정서(covenant) 조건이 완화되어, PEF 입장에서는 기업운영의 신축성을 확보할 수 있다. 통상의 대출약정서(covenant)보다 약하고 매일매일 준수해야 하는 경영유지 조건이 없는 경우가 많은데, 통상 이를 "간이 대출약정서(covenant lite 혹은 Cov-lite)"라고 부른다.[415]

일반적인 대출약정서(covenant) 혹은 정식 대출약정서(covenant heavy: 이하 Cov-heavy)는 부채/상각 전 영업이익(EBITDA) 비율, 부채/자본 비율, 영업이익률, 이자보상비율 등 경영과 관련된 주요 재무지표에 사전 조건을 부여하고, 동 경영유지조건을 준수하지 않는 사건이 발생(trigger)할 경우에는 원리금을 회수하거나 기한이익 상실을 선언하는 계약조건을 부여한다. 이를 "유지 조건

---

413 페이먼트 인 카인드(Payment in Kind: PIK)란 이자나 배당을 현금으로 주는 채권·주식이 아니라, 현금 대신에 동일 종류의 채권·주식으로 이자나 배당을 지급할 수 있는 옵션이 부여된 채권이나 주식을 의미한다. 통상적으로 기업이 유동성 경색이 있을 때 사용되며 보통 발행자(issuer)가 옵션 권한을 보유한다. 일반적으로 행사기간인 만기에 일시로 지급하는 형태이며, 만기에 배당이나 이자를 일시에 지급하거나 만기에 보통주로 전환할 수 있는 권리가 부여되는 경우가 많다.
414 따라서 이자율이 하락하는 국면에서 메자닌 투자는 추천할만한 포트폴리오가 아니다.
415 인수하는 PEF 입장에서는 이자율이 낮고 대출 약정 조건이 완화된 레버리지가 가장 선호될 것이다.

(maintenance tests)"이라고 부른다. 기업입장에서는 평상시에도 지켜야 할 재무 요건 등을 부여받는 것이므로, 후술할 발생 조건(incurrence test)보다 PEF를 포함한 경영진에게 대체로 불리하다고 보면 된다.

이에 반해 "간이 대출약정서(covenant lite: 이하 Cov-lite)"는 일반적인 경영 유지조건이 없고 예컨대 회사채 발행, 배당금 지급, 자사주 취득, M&A 혹은 분사 등과 같은 특별한 이벤트가 발생할 경우에만 영업활동의 각종 조건을 준수하도록 하거나, 심지어는 채권자에게 원리금 지급일에 원리금을 지급하기만 하면 되는 계약을 의미한다. 이와 같은 조건을 "발생 조건(incurrence test)"이라고 부른다. 다만 Cov-lite가 최선순위 대출약정서(Covenant)보다 유연하긴 하지만, 2008년 금융위기 이전과 비교했을 때는 지금의 Cov-lite가 2008년 이전보다는 좀 더 엄격하다. 예컨대 금융위기 이전의 Cov-lite는 이자보상비율이나 최저 레버리지 비율과 같은 재무조건이 없었으나, 금융위기 이후의 Cov-lite는 이와 같은 재무조건을 삽입하는 것이 보통이다. Cov-lite의 경우에는 기업이나 레버리지를 일으키는 바이아웃(Buy-out) PEF 입장에서는 경영에 좀 더 유연성과 재량성을 확보할 수 있는 장점이 있다. 바이아웃(Buy-out) PEF 입장에서도 기업을 경영하는 과정에서는 매일매일의 경영과정에 사실상 제약조건으로 작용하는 유지조건(maintenance test) 위주의 대출약정서(covenant)보다, 기업경영의 자율성을 최대한 확보할 수 있는 발생 조건(incurrence test) 위주의 대출약정서(covenant)를 좀 더 선호하게 된다.

한편 2009년 이후 미국이 초저금리 정책을 지속적으로 시행하면서, 은행권과 같은 제1금융권에서도 정식 대출약정서(Cov-heavy)가 아닌 간이 대출약정서(Cov-lite)를 사용하는 경우가 늘어나는 추세이다. 이 때문에 레버리지드 론 자체의 규모가 급속 팽창중이다. 예컨대 2018년에는 원금이 상환되지 않은 (outstanding) 레버리지 론 규모가 사상 처음으로 1조 달러를 넘어섰다.[416] 아

---

416 Financial Times, Jan 21, 2019

대체투자 파헤치기(중)

타이타노마키의 서막

래의 표는 PEF나 타이탄 대기업들이 바이아웃(Buy-out) 할 때 사용하는 레버리지 론 및 대출약정서의 금액과 비중이다. 표에서와 같이 2007년에는 레버리지 론 중 차입인수 비중이 35%로 사상 최고를 기록했다. 전술한 바와 같이 CLO 상품의 급속한 확산이 기업인수 시장의 차입인수 규모를 확대시킨 로켓 추진체 역할을 했기 때문이다. 하지만 2008년 금융위기 이후에는 CLO 상품의 위축으로, 레버리지 론 중에서 차입인수에 활용되는 금액 비중은 17~18% 내외로 감소하였다. 문제는 간이 대출약정서(Cov-lite)를 사용하는 대출규모가 2008년 금융위기 이후에 오히려 확대되고 있다는 점이다. 특히 간이 대출약정서(Cov-lite) 규모는 2013년에 사상 최고치인 2,829억 불을 기록하여 금융위기 이전 최고 규모를 2배 이상 넘어섰다. 나아가 2013년 이후부터는 간이 대출약정서(Cov-lite)가 오히려 정식 대출약정서(Cov-heavy) 발행 규모보다 많은 기이한 현상이 계속되고 있다.

〈 간이 대출약정서 및 정식 대출약정서 금액 추이(2006~2016.9) 〉

연도	Cov Lite (bn USD)	Cov Heavy (bn USD)	총부채금액 (bn USD)	레버리지 론 중 LBO 비율(%)
2006	27.5	295.8	323.3	26.6
2007	112.5	272.4	384.9	40.8
2008	2.5	68.6	71.1	36.1
2009	3.4	35.3	38.7	9.7
2010	8.0	149.8	157.8	18.3
2011	60.1	171.2	231.3	17.7
2012	108.8	186.3	295.1	14.0
2013	282.9	172.7	455.6	14.9
2014	265.5	111.2	376.7	20.1
2015	185.0	71.9	256.9	23.3
2016.Q3	173.0	74.1	247.1	13.9

표 출처: LCD/S&P Capital Q1

아울러, 2011년 여름 유럽 재정위기 이후 유럽통화 당국이 극단적으로 낮은 저금리 정책을 유지하면서, 좀 더 높은 수익을 추구하는 금융기관들의 과열 경쟁으로 인수자금의 대부분을 유럽지역에서 달러 자금으로 조달하고 있어 주목된다.

특히 초저금리를 계속 유지하고 있는 유럽 신용시장을 미국의 바이아웃(Buy-out) 매수자들이 적극적으로 활용하면서, 유럽지역에서 달러로 표시되어 미국기업과 유럽으로 팔려나간 Cov-lite 형태의 대출이 2013년에 2,600억 달러 수준을 기록하기도 하였다.

2014년에는 2013년보다 대출 활동이 더 증가하여 Cov-lite 형태의 대출이 2007년 최고치를 넘어서기도 하였다. 파이낸셜 타임즈에 따르면 2008년 금융위기 이전 간이 대출약정서 발행이 가장 활발했던 해는 2007년으로, Cov-lite 형태의 대출 규모가 77.3억 유로였다. 하지만, 2014년에는 Cov-lite 형태의 대출 규모가 총 200억불로 사상 최고치를 갱신하였다고 한다.[417] 아울러 2014년 3월 24일 기준으로는 2013년보다 20% 이상, 2007년보다는 7% 이상 상승한 수준의 Cov-lite 형태의 대출이 유럽 전역에서 이루어졌다.[418] 2014년 7월 기준으로도 전체 기관투자자의 대출액 중 40%인 146억 유로의 Cov-lite 대출이 이루어졌으며,[419] 2015년 1사분기에는 원리금 지급을 보장하기 위해 필수적인 잉여 현금흐름(excess cash flow)의 수준을 낮춘 Cov-lite 형태 대출 비중이 전체 대출의 42%를 기록하면서 매분기 사상 최고치를 기록하고 있다.[420] 이는 최근의 저금리 추세와 2015년 1월부터 시작된 EU의 양적 완화정책으로 유로화가 약세로 유지되면서, 미국보다 오히려 유럽에서 Cov-lite 형태의 대출이 활성화되는 기현상이 급속히 진행되고 있음을 보여주는 것이다.[421] 이와 같은 추세는 2018년에도 멈추지 않고 있다. 파이낸셜 타임즈는 2018년 Cov-lite 대출이 전체 대출의 무려 80%이며, 무리한 자금대출이 PEF 주도의 기업인수 시장에서 그치지 않는다고 우려했다.[422]

417　Financial Times, Mar 31, 2015
418　Financial Times, Mar 24, 2014
419　S&P Capital IQ, press release, August 7, 2014
420　S&P Capital IQ, April 14, 2015
421　Financial Times, March 31, 2015
422　 Financial Times, Apr 2, 2019

대체투자 파헤치기(중)

타이타노마키의 서막

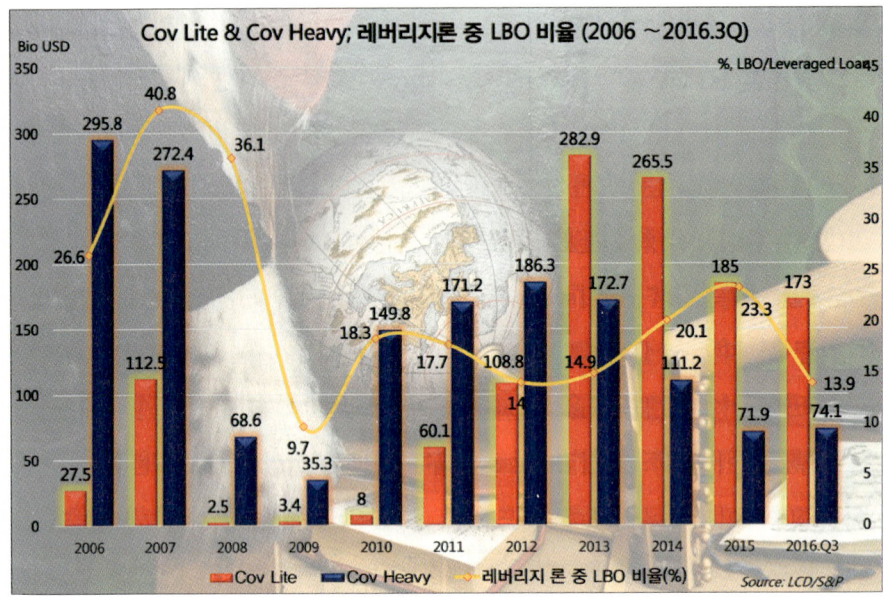

미국의 경우는 전술한 Fed의 가이드라인에 따라 유럽보다는 그 정도가 덜하다. 하지만, 2008년 금융위기 이후 거의 6년간 유지된 초저금리 때문에 이와 같은 현상이 일반화 되고 있는 추세는 마찬가지이다. 파이낸셜 타임즈에 따르면 종전의 엄격한 대출약정서(Cov-heavy)가 2015년 6월 현재까지는 예외적인 현상이 되고 오히려 Cov-lite가 더 일반화된 상황이라고 한다.[423] S&P Capital IQ가 제시한 통계를 보더라도 2013년 이후는 Cov-lite가 이미 Cov-heavy 수준을 넘어선 것은 물론이고, 2014년에는 Cove-lite가 Cov-heavy보다 두 배 이상 증가한 규모로 발행되었다. 다만 2015년에는 미국의 금리인상이 시작되면서, 글로벌 전체의 Cov-lite 발행규모는 2014년보다 줄었다. 하지만 여전히 Cov-lite 발행규모가 Cov-heavy 발행규모보다 2배 이상 많은 추세는 2018년까지도 계속 유지되고 있다. 특히 2017년에는 Cov-lite 발행 규모가 사상 최대치를 기록하였고, 2018

---

423 Financial Times, March 24, 2014

년 상반기에는 Cov-lite가 전체 레버리지드 론의 81%를 차지하는 기상천외한 일이 벌어지고 있다. 그야말로 화산 폭발 직전 폼페이 시의 베수비오 산을 보는 듯하다.

이와 같은 양상은 금융기관 입장에서는 다소 위험한 베팅이다. 하지만 자금을 조달하여 기업을 인수하려는 개별 PEF 입장에서 나쁜 일은 아니다. 왜냐하면 지급해야 할 이자도 낮을 뿐만 아니라 준수해야 할 조건도 덜 엄격하여 바이아웃(Buy-out) PEF로서는 최상의 차입조건이기 때문이다. 문제는 미국의 단기금리 인상이 시작된 바로 현재의 금융시장 상황이다. 단기금리 인상의 폭에 따라 좌우되긴 하겠지만, 단기금리 인상은 대출약정서 상 기준금리 베이스(base)를 끌어올리고 이에 따라 차입을 일으켜 기업을 인수한 PEF 입장에서 부담해야 할 이자부담을 늘릴 것이다. 만약 바이아웃을 한 기업의 현금(EBITDA) 흐름이 충분하지 않으면 대상기업이 원리금을 갚지 못하면서 부도가 날 가능성을 배제할 수 없다. 특히 일상적인 유지조건이 아니라 특별한 발생조건만 부여한 Cove-lite 속성 상, 대출을 일으킨 금융기관이 이들 기업의 현금흐름을 긴밀히 모니터링 하는 것은 거의 불가능하다. 이는 Cov-lite를 일으킨 대출 기업에 대한 갑작스런 현금흐름 악화에 금융기관이 적절하게 대응할 시간을 갖지 못한다는 뜻이다. 최악의 경우에는 일시적이고 급작스런 대출시장의 연쇄적인 부도 도미노가 도래하면서, 급격한 시스템 리스크로 전이될 가능성도 없다고 할 수 없다. 다행히도 연준은 2019년에는 더 이상 금리를 인상하지 않는다는 시그널을 시장에 주고 있다. 하지만 여전히 미국의 금리 인상 시점과 폭은 차입인수 시장에서 엄청난 폭발력을 가지고 있으므로, 면밀히 모니터링하여야 할 것이다.

한편 미국에서는 2014년 말부터 유가가 급격히 하락하자 셰일 오일(shale oil) 등 에너지 부문에 대한 은행들의 대출이 감소하면서, 에너지 기업의 Cov-lite에 대한 인기가 치솟고 있다고 한다. 석유와 가스 등의 에너지 기업은 이미 투자된 설비의 유지와 신규 투자를 위한 자금이 계속 필요하기 때문에 지속적인 자금 투입이 이루어져야 한다. 하지만 2014년 말부터 유가가 40불대로 급락하자, 기존

대체투자 파헤치기(중)

타이타노마키의 서막

에 자금 대출의 대부분을 책임지고 있던 은행들이 기존 대출을 회수하거나 신규 대출을 제한하기 시작했다.[424] 결국 에너지 관련 기업들은 2015년 이후 은행 대출보다 하이 일드 채권 발행이나 사모부채펀드(PDF)를 통해 자금을 조달하고 있는데, 이 채권 발행의 조건들이 아이러니하게도 대다수가 Cov-lite 형태인 것이다.[425] 해당 기업의 자금 조달이 어려우면 대출조건이 더 까다로워야 하는데도, 초저금리 현상이 지속되면서 오히려 대출 조건이 완화된 Cov-lite 형태의 대출이 더 유행하는 역설적인 상황이 전개되고 있는 것이다.

마지막으로 선순위와 후순위의 특징을 모두 합한 자금이 있는데 이를 "통합순위(unit tranch)" 혹은 "확장된 선순위 담보대출(stretched senior secured loan)"이라고 부른다. 담보를 가진 선순위라는 점에서 선순위 담보대출(senior secured loan)과 유사하지만, 금리가 높고 대출약정서(covenant)가 좀 더 유연하여 메자닌(mezzanine)의 성격도 동시에 보유한다. 중간 영역이 없고 대출(loan) 바로 아래 지분(equity)이 위치하기 때문에 자금을 빌려주는 대출자(lender) 입장에서는 위험성이 좀 더 높다. 이에 따라 이자율이 일반적인 선순위 담보부 대출보다 높다. 차입인수(LBO)시 통합순위(unit tranch)를 사용한다는 것은 펀드나 GP의 신용도(credit)에 문제가 있을 수 있다는 신호일 수 있으므로 유의해야 한다. 차입인수(LBO) 이외에도 기업이 엄격한 대출약정서(Cov-heavy)를 탈피하여, 기업 경영활동의 유연성을 종전보다 강화하기 위한 측면에서도 사용된다. 이 경우에는 보통 구조화 자금조달(structured financing)의 일종으로 간주된다. 당해 기업이 유동성이 부족한 기업이어서 은행의 차환이 어려운 경우에도 사용이 가능한데, 이 경우에는 구제 융자(rescue financing) 전략의 범주에 속한다.

---

424 셰일 오일(shale oil)과 관련된 기업들에 대한 대출은 주로 증명된 매장량을 기준으로 이루어지는데, 보통 이를 "매장량 기초 대출(reserve-based loan: RBL)"이라 한다. 하지만 유가가 하락하면 매장량의 평가가치가 하락하여 은행들은 RBL 규모를 줄일 수밖에 없게 된다.

425 Financial Times, Jan 19, 2015

사모투자펀드(PEF)

8) 차입인수(Leveraged Buy-out, LBO): 합법과 불법 사이?

미국에서는 차입인수(LBO) 거래 자체가 합법이냐 불법이냐를 논의한 판례는 없다. 미국의 경우 M&A와 관련된 판례는 증권거래법 등 일반적으로 증권과 관련된 법적 절차를 준수했는지, 일반적인 증권법규상 사기는 없었는지, 그리고 유노컬 의무(*Unocal Duty*)나 레블론 의무(*Revlon Duty*)와 같이 경영진들이 주주의 이익을 위해 합리적인 범위 내에서 선량한 관리자의 의무를 다하였는지 등을 판단한다. 하지만 우리나라는 IMF 이후 기업형 범죄에 대한 부정적 인식이 확산되면서 기업인의 경영 형태에 "배임"이라는 잣대를 적극적으로 적용한 이후, 차입인수(LBO) 자체가 배임의 기준에 비추어 합법적인지 불법적인지 대한 논란이 확산되어 왔다.

필자 개인적으로 보기에도 차입인수(LBO)는 차입을 일으킨 실질적인 주체가 PEF임에도 불구하고, PEF가 원리금 상환을 책임지는 것이 아니라 인수대상 기업이 원리금 상환의 주요 책임을 진다는 점에서 배임의 가능성이 충분히 존재한다고 본다. 달리 말해 자금차입은 PEF가 주도하여 놓고 빌린 돈으로 인수한 기업이 원리금을 상환하지 못하면, 자금차입을 주도한 PEF가 아니라 피인수기업이 부도를 맞게 되는 것이다. 마치 헤지펀드가 자신의 주식이 아닌 지분을 빌려서 공매도를 수행하는 것과 기본적인 개념이 비슷하다. 나아가 차입인수 후에 해당 기업이 보유한 유형, 무형의 자산을 지나치게 차입금 원리금 상환에만 사용하는 약탈적 차입인수는 주주이익의 침해를 넘어서 계속기업(Ongoing Business)이 가진 사회적 순기능까지 마비시킬 수도 있다.[426] 결국 차입인수(LBO)가 지나치게 남용될 경우 해당 자금을 차입한 PEF가 심각한 도덕적 해이에 빠지거나, 불합리한 금

---

[426] 계속기업의 가치를 채권자들의 불합리한 요구로부터 보호하는 가장 대표적인 제도가 미국의 파산법 제11장(Bankruptcy Code Chapter 11)이다. 파산법 제11장의 가장 중요한 원칙이 바로 DIP(Debtor-in-Possession)인데, 이는 기업이 부도가 나더라도 법원의 통제 하에 해당 기업의 "경영진"이 파산절차를 주관해야 하며, 채권자들이 파산절차를 주도하지 못하게 하는 것이다.

융 권력에 의해 실물기업이 허망하게 해체될 수도 있다는 점에서 배임이라는 잣대로 이를 견제하는 장치가 필수적이라는 견해에 전적으로 공감한다.

문제는 우리나라의 경우 차입인수(LBO)의 합법성에 대한 명확한 판단 기준이 현재로서는 없다는 점이다. 오직 판례를 통해서 대법원을 중심으로 한 사법당국의 "의중"을 파악할 수 있을 뿐이다. 동양메이저가 한일합섬을 인수·합병한 사건 판결에서도 대법원은 "차입인수(LBO)를 따로 규율하는 법률이 없는 이상, 배임죄의 성립 여부는 차입매수가 이루어지는 과정에서의 행위가 배임죄의 구성 요소에 해당하는지 여부에 따라 개별적으로 판단해야 한다."[427]고 판시한 바 있다.

우선 우리나라 대법원의 차입인수(LBO)에 대한 판례 중 가장 먼저 등장하면서 중요한 판결이 2008년 2월 28일에 대법원이 판단한 ㈜신한 사건이다. ㈜신한은 2001년 당시 도급순위 51위의 중견건설회사로 1999년 9월 최종 부도 처리되어 문제가 될 당시인 2001년 5월에 회사정리절차가 진행 중에 있었다. 2001년 5월 2일, 재미사업가 김춘환 씨가 신한의 정리채권 213억 원을 변제하고 잔여채권 620억 원을 떠안는다는 조건으로 신한을 인수하기 위해, 신한의 신주발행을 인수한다는 양해각서를 체결하여 우선협상 대상자 지위를 획득하였다. 인수에 필요한 자금을 조달하기 위해 동양현대종금으로부터 350억 원의 차입금을 일으켰는데, 문제는 이 과정에서 김춘환 씨가 설립한 S&K가 신한이 발행하여 인수하게 될 신주를 동향현대종금에 담보로 제공한 것이다. 나아가 신한을 인수한 이후에는 신한이 보유한 부동산을 동양현대종금에 담보로 제공한 후에, 신주발행에 대한 근질권을 해제한다는 약정서를 체결하였다. 6월 5일에는 한미은행으로부터 320억 원을 대출받았는데, 이때도 신한이 보유한 정리채권과 정리담보부 채권 620억 원 상당을 한미은행에 담보로 제공했다. 나아가 신한의 정리절차가 종결되면 신한이 보유한 예금 333여억 원 중 320억 원을 한미은행에 예치한다는 조건으로 담보로

---

427 대법원 2010.4.15. 선고 2009도6634

제공한 정리채권을 돌려받는다는 계약도 체결하였다. S&K는 이렇게 일으킨 차입금 670억 원으로 신한의 신주 520만주를 인수한 뒤 지분 66.2%의 대주주가 되었다.

대법원은 이 사건에서 신한이 발행한 신주나 부동산 등이 인수회사인 특수목적회사 S&K가 일으킨 차입금을 상환하는 데에만 사용되었고, 신한 입장에서 이에 상응하는 반대급부가 없었다는 점을 지적했다. 결과적으로 인수기업인 S&K가 피인수회사인 신한에 아무런 반대급부도 제공하지 않고 오직 자신의 이익만을 위해 신한의 담보물을 사용한 것이므로 피인수회사인 신한에 손해를 가한 것이라고 대법원은 판단했다. 대법원의 핵심 논리는 신한이 담보를 제공했음에도 불구하고 신한에 그 직접적인 이득이 귀속되지 않았다는 것이다. 하지만 대법원은 신한의 인수자금으로 신한의 기존 채무 중 213억 원이 소멸되었는데도 이를 신한의 직접 이득으로 간주하지 않았다. 즉 이 자금이 결과적으로 어떤 효과를 초래하였는지는 경제적으로 자세히 분석하지 않고, 단지 S&K의 인수자금에 1차적으로 사용된 것에만 주목하여 신한이 아니라 S&K가 담보제공의 100% 직접 이득을 본 것이라고 대법원은 판단했다. 결국 대법원은 2008년 2월, S&K 김춘환 대표에게 징역 3년, 집유 4년, 벌금 20억 원을 최종 선고했다.

하지만 신한의 차입인수(LBO)에 대한 대법원의 최종 판결이 나오기 전에도 대형 차입인수(LBO) 거래는 계속해서 이루어졌다. 2005년에는 크라운제과가 해태제과를 인수할 때 하나은행을 중심으로 한 대주단으로부터 자금을 차입하여 인수에 활용하였고, 휠라코리아 역시 윤윤수 회장이 경영자로서 기업을 인수하여 오너로 변신한 MBO를 2005년에 단행하였는데 이때도 차입인수 기법이 활용되었다. 이랜드가 2006년 한국 까르푸를 1조 7,500억 원에 인수하였을 때도, 우리은행과 국민은행을 대주단으로 한 차입인수 기법이 사용되었다. 결국 대법원의 차입인수(LBO)에 대한 최종 판단이 나오기도 전에 대형 차입인수(LBO) 거래는 계속 진행되고 있었던 것이다.

대법원의 차입인수(LBO)에 대한 배임 기준은 동양메이저의 한일합섬 차입인

대체투자 파헤치기(중)

타이타노마키의 서막

수(LBO) 사건을 계기로 새로운 전환점을 맞이하게 된다. 건설, 레져, 패션, 산업설비 등을 생산하는 한일합섬 역시 신한과 마찬가지로 2006년 8월에 법정관리 하에 있었다.[428] 동양그룹과의 시너지에 주목한 현재현 회장은 한일합섬을 인수하기 위해 동양메이저라는 회사를 설립, 창원지법의 공개매각에 응찰하여 2006년 12월에 우선협상대상자 지위를 획득하였다. 인수 조건은 신주 3,000억 원 및 회사채 2,000억 원 인수 등 총 5,000여 억 원에 한일합섬을 인수하는 것이었다. 2007년 1월 30일, 한일합섬 합병을 위해 설립된 SPV인 동양메이저 산업은 3개 은행으로부터 총 4,725억 원을 대출 받았다. 동시에 동양메이저 산업이 인수할 신주를 대상으로 근질권을 설정하였고, 추가로 동양메이저가 필요할 경우 자금을 공여할 의무를 부담한다는 연대보증 계약도 체결하였다. 동양그룹은 이에 더하여 동양메이저가 회사채 500억 원을 발행하여 자금을 추가로 마련하고, 동양계열사로부터 자금을 추가로 수혈 받아 총 1,300억 원의 자금을 마련하였다. 대출자금 4,700여 억 원과 자기자금으로 마련한 1,300여 억 원의 자금으로 동양메이저 산업은 창원 지법의 허가 하에 진행된 제3자 배정 유상증자 절차에서, 이를 유상증자대금으로 납입하고 한일합섬 주식 56.62%를 소유하게 되면서 최대주주로 등극하였다. 2008년 2월에는 동양 메이저가 동양 산업을 흡수 합병하였고, 2008년 5월에는 다시 한일합섬을 합병하여 동양 메이저가 최종 존속회사로 남았다. 최종 존속회사였던 동양 메이저는 한일합섬이 보유하고 있던 현금성 자산 1,800여 억 원을 차입인수 금액을 상환하는데 전액 사용하였다. 결국 마지막 단계에서 한일합섬이 보유했던 현금성 자산 전액을 인수대금을 상환하는데 사용한 것이 배임이라 하여 검찰에 의해 고발, 기소되었다. 이 사건의 핵심 이슈 중의 하나는 동양그룹이 과연 한일합섬이 보유한 현금성 자산 1,800여 억 원을 "사냥"할 목적으로 한일합섬을 인수하였는지 여부였다.

---

428 한일합섬은 1998년 7월부터 법정관리 하에 있었고 무려 9년 만에 동양그룹으로 인수되어 정상 기업화되었다.

대법원은 이 사건 판결에서 한일합섬의 담보 제공으로 인해 실질적으로 한일합섬이 경제적 이득을 보았으므로 배임이 아니라고 판단했다. 특히 합병의 의도가 현금성 자산 탈취를 목적으로 하였다 하더라도 합병으로 인해 인수기업과 피인수기업이 하나가 된 만큼, 한일합섬의 현금성 자산을 상환금 변제에 사용하는 것은 전적으로 존속회사의 자율적 경영 판단의 영역에 속한다고 판단했다. 특히 이 합병 건은 동양 그룹 계열사들의 실질적인 자금지원이 있었고, 동양메이저와의 합병으로 인해 한일합섬은 오히려 경제적 능력이 뛰어난 합병회사의 주식을 취득한 것이므로 한일합섬과 그 주주에게는 실질적인 경제적 이득이 있었다고 판시했다. 이 판결은 1심, 2심, 3심 모두 일관되게 배임이슈가 없다는 취지로 평결된 사건이었다. 특히 1심 판결에서 주목할 만한 판단 중 하나는 합병의 동기가 불순하다거나 부도덕하다는 규범적 평가만으로 피합병 기업에게 손해가 있었다고 추정하는 것은 불합리하다고 판단한 것이다.

이 사건 이후 코너스톤 에쿼티 파트너스가 인수한 대선주조 차입인수(LBO) 사건에서도 인수자금을 차입하여 이를 합병 후 유상 감자를 통해서 상환하는 것은 회사의 자율적 경영판단에 따른 것이며, 이 사건에서 특별히 회사에 손해를 끼칠만한 점이 없다는 점을 들어 배임행위를 부인하였다. 하지만 유상감자의 정도에 대해서는 그 정도가 지나칠 경우에는 배임의 가능성이 없을 수 없다고 판시하여 여운을 남겼다.

요약하면 대법원의 차입인수(LBO)에 대한 배임 판단의 기준은 피인수 기업이 차입 인수로 인해 경제적 이득을 본 것이 있는지 여부가 핵심이다. 만약 차입인수로 인해 피인수 기업에게 어떠한 형태의 경제적 이득이 있었고, 피인수기업에게 손해를 끼치지 않았다면 배임이 아니라는 것이 판례의 요지이다. 반면 차입 인수로 인해 피인수 기업이 어떠한 경제적 이득도 없었고 (혹은 없었거나), 피인수 기업의 주주에게 손해를 끼쳤다면 이는 배임으로 판단할 가능성이 높아 보인다. 예컨대 2015년에 1심 판결이 나온 "하이마트" 차입인수(LBO) 건은 매수자가 아니라 매도자가 자사 보유 부동산을 담보로 자금을 차입한 건이었다. 이 경우도 법원

대체투자 파헤치기(중)
타이타노마키의 서막

은 실질적인 경제적 이득이 매도자인 하이마트에 있다고 보고 배임이 아니라고 판시한 바 있다.

문제는 경제적 이득을 판단하는 기준이다. 앞서 언급한 "㈜신한" 사례에서도 비록 인수자금의 대부분을 차입하여 인수하였지만, 결과적으로 차입인수 결과 피인수기업인 ㈜신한이 안고 있던 부채 213억 원은 변제되었다. 이것을 피인수 기업의 경제적 이득이 아니라고 판시한 것은 필자가 보기에는 합리적인 결정이 아니다. 이처럼 피인수 기업이 향유하게 될 경제적 이득의 범위가 지나치게 광범위하고 어떤 경우에는 모호하기까지 하여, 우리나라에서 차입인수(LBO)의 배임 여부를 사전에 예측하기는 쉽지가 않다. 특히 피인수기업의 손해까지 감안한 "대선주조" 차입인수(LBO)건은 경제적 이득과 피인수기업(주주)의 손해까지 비교·형량해야 한다는 취지인데, 이는 차입인수(LBO) 거래와 관련된 거래비용을 추가로 높이는 결과를 초래하지 않을까 우려된다.

나아가 판례는 해당 사건에만 기속력이 미치는 제한된 효과만 가지고 있다. 다른 사례에도 일반적으로 적용된다는 보장이 없다. 따라서 하이마트 차입인수(LBO)건의 매도자 융자(vendor financing) 방식이 법원에서 배임이 아니라고 판단하였다고 해서, 차입인수 과정에서 모든 매도자 융자 방식이 차입인수(LBO)의 배임이슈에서 완전히 자유로운 방식이라고 확실히 단언할 수 없다. 이 역시 우리나라 차입인수(LBO)의 배임 이슈에 대한 예측가능성을 현저히 저하시키는 또 하나의 요인이다.

결론적으로 말해서 우리나라의 경우 차입인수(LBO)에 대한 법률적 불확실성은 다른 어느 나라보다 높다. 차입인수(LBO)에 대한 배임죄 적용은 피인수기업의 자산을 활용하여 거의 무자본으로 기업을 인수한 후, 헐값 매각 등으로 주주들에게 피해를 주는 기업형 범죄를 차단한다는 순기능도 분명히 있다. 하지만 차입인수(LBO)라는 고도의 경영적 판단을 형법상 범죄인가 아닌가라는 기준으로 판단하는 것이 이론적으로 가능한지부터, 배임죄의 기준 중 하나인 유무형의 경제적 이득과 회사에 끼치는 손실을 어느 범위까지 인정해야 하는지, 그리고 이 범위를 과연 법원이 판단할 수 있는지 여부, 마지막으로 고도의 인수합병 활동에 배임죄를 적용하는 것이 과연 경제금융 활동의 자율성을 보장하여 최대한의 사회적 효율성을 유도하는 자본주의 기본원칙에 부합하느냐는 비판론도 만만치 않다.

향후 우리나라에서 PEF의 차입인수(LBO) 활동은 국내와 해외 PEF 모두를 중심으로 급격히 증가할 가능성이 매우 높다. 이에 따라 법원이든 행정부든 차입인수(LBO)의 어떤 요소가 불법인지 합법인지에 대한 최소한의 기준을 하루 빨리 마련하는 것이 매우 시급한 과제라고 본다. 현재와 같이 몇 가지 판례를 통해서 형법상 범죄인지 아닌지를 예측해야 하는 상황은 금융투자 활동을 제대로 수행하기 위한 적절한 제도적 환경이라고 보기 어렵다. 하루 빨리 법원이든 행정부든 차입인수(LBO)와 관련된 불확실성을 제거하는 노력이 시급하다고 보는 이유이다.

9) 바이아웃(Buy-out) PEF의 3대 메이저(1): 칼라일(Carlyle)

2018년 12월 기준 바이아웃(Buy-out) 펀드로서 가장 큰 글로벌 운용사(global GP)는 칼라일(Carlyle)이다. 2012년 말까지는 데이비드 본더만(David Bonderman), 제임스 쿨터(James Coulter), 그리고 윌리엄 프라이스(William Price III)가 1992년에 창립한 텍사스 퍼시픽 그룹(Texas Pacific Group: TPG)이 1위이었으나, 순위가 역전되었다. 칼라일(Carlyle)은 데이비드 루빈스타인(David Rubenstein)이 1987년에 워싱턴(Washington DC)에서 엠씨아이 커뮤니케이션(MCI Communication)의 CFO 출신인 윌리엄 콘웨이(William Conway)와 함께 창업하였다.

대체투자 파헤치기(중)

타이타노마키의 서막

⟨ 약정액 기준 전 세계 PEF 운용사 Top 30 ⟩

순위	운용사명	10년간 약정액 ($bn)	GP 위치
1	Carlyle Group	97.7	미국
2	SB Investment Advisers	93	영국
3	Blackstone Group(GSO 제외)	71	미국
4	Apollo Global Management	61.8	미국
5	KKR	61.5	미국
6	CVC Capital Partners	55.8	미국
7	TPG	54.3	미국
8	Ardian	46.3	프랑스
9	Bain Capital	44.8	미국
10	Warburg Pincus	43.9	미국
11	Advent International	39.6	미국
12	Apax Partners	35.9	영국
13	Goldman Sachs	31.4	미국
14	Silver Lake	27.1	미국
15	Vista Equity Partners	26.8	미국
16	HarbourVest Partners	26.7	미국
17	Neuberger Berman	25.9	미국
18	Lexington Partners	23.5	미국
19	Clayton Dubilier & Rice	21	미국
20	Partners Group	20.7	스위스
21	Hellman & Friedman	20.3	미국
22	China Reform Fund Management	20.2	중국
23	Onex Corporation	20.2	미국
24	General Atlantic	19.7	미국
25	CCT Fund Management	19.6	중국
26	Bridgepoint	19	영국
27	EQT	18.5	스웨덴
28	Adams Street Partners	18	미국
29	China Aerospace Investment Holdings	17.4	중국
30	BC Partners	17.1	영국

표 출처: *Preqin, 2018년 12월 기준*

사모투자펀드(PEF)

KKR이 1976년에 설립되었고 블랙스톤(Blackstone)이 1985년에 설립되었으니, 칼라일은 KKR이나 블랙스톤(Blackstone) 보다 출발이 늦었다. 유태인인 루빈스타인(Rubenstein)은 변호사 출신으로 카터 행정부 시절 대통령의 국내정책 보좌관을 지냈다. 금융관련 경력은 칼라일(Carlyle) 창업 전에는 거의 없었다.[429] 뉴욕이 아닌 워싱턴에 회사를 설립한 이유는 PEF가 워싱턴에서 창업해도 성공할 수 있다는 것을 보여주기 위한 것이었다고 한다.

칼라일은 2011년 1월 네덜란드 PEF인 알프인베스트(AlpInvest)를 인수하여, 유럽의 PEF 사업부문을 좀 더 강화하면서 회사 규모를 더욱 키웠다. 2014년 11월에는 금융서비스 회사인 딜로직(Dealogic)을 7억불에 바이아웃(Buy-out)하기도 하였다. 딜로직의 경쟁사는 머저마켓(Mergermarket)으로, 워버그 핀크스(Warburg Pincus)가 2013년에 경매를 붙여 영국 PEF인 비씨 파트너스(BC Partners)가 차입인수(LBO)한 바 있다. 딜로직의 2013년 말 기준 상각 전 영업이익(EBITDA)은 6,670만 불로, 칼라일이 이 회사를 바이아웃(Buy-out) 할 때 3억 3,500만 불의 부채를 사용하였다.[430] 인수기업의 EBITDA와 비교했을 때 부채를 EBITDA의 5배를 사용한 것이므로 전형적인 차입인수(LBO)이다. 인수 후 EBITDA가 6배를 넘지 않았으므로 부채 수준이 과도하게 사용된 것은 아니라고 본다. 2015년 8월에는 싱가폴의 GIC와 공동으로 시만텍(Symantec)의 데이터 저장 사업 부문인 베리타스(Veritas)를 80억불에 바이아웃(Buy-out)하였다.[431] 시만텍은 노튼(Norton) PC 백신 프로그램으로 일반인에게 잘 알려져 있는데, 자사 고유의 영역인 백신 프로그램 개발에 매진하기 위해 2014년 10월부터 데이터

---

429   2008년 금융위기에서 미국을 구제한 주역 중의 한 사람인 티모시 가이트너(Timothy Geithner) 역시 전공이 경제학이나 금융이 아니었다. 그의 대학 전공은 아시아학, 즉 역사학이었다. 하지만 가이트너는 미국 재무부에서 가장 빨리 승진한 기록을 가진 대표적인 재무 관료이다. 금융위기 당시 뉴욕 연방준비은행장이었으며 제이피 모건의 베어스턴즈 인수를 중재하기도 했다. 오바마 행정부가 들어서면서 재무장관으로 발탁될 만큼 재무 관료로서는 최고의 경력을 보유하고 있다. 퇴임 후 2013년에는 사모투자펀드 운용사인 워버그 핀크스(Warburg Pincus)의 임원이 되면서 새로운 경력을 쌓아가고 있다.

430   Financial Times, Nov 5, 2014

431   Financial Times, Aug 11, 2015

대체투자 파헤치기(중)

타이타노마키의 서막

저장 사업부문 매각을 추진해 왔다. 전형적인 기업 고아 형태의 바이아웃(Buy-out)이다. 칼라일이 인수자금에 얼마의 부채를 사용하였는지는 알려지지 않았다. 2015년 9월에는 영국의 컨설팅 회사 PA를 10억 달러에 인수한다고 발표하였다.[432] 칼라일의 대형 컨설팅 회사 인수는 2008년 5월 부즈 알렌(Booz Allen)의 정부 부문 대상 컨설팅 사업을 25.4억불에 인수한 것에 이어 이번이 두 번째이다.

2014년 3월에는 금속광물 트레이더(trader) 회사인 트랙시스(Traxys)를 인수하였는데, 헤지펀드 매니저인 루이 베이컨(Louis Bacon)과 공동으로 인수하였다. 트랙시스(Traxys)는 미국에 주된 사무실을 두고 룩셈부르크에 회사를 설립한 금송광물 전문 트레이더(trader) 회사이다. 이는 최근 PEF 업체들이 에너지, 광물 업체에 진출을 강화하고 있는 추세의 일환이다. 칼라일의 에너지, 광물 등 상품업체에 대한 애정은 2012년 10월, 광물 전문 트레이딩(trading) 헤지펀드인 버밀리온(Vermillion)의 인수에서도 드러난다.

칼라일은 버밀리온(Vermillion) 이외에도 2010년에 55%의 지분을 인수한 또 다른 헤지펀드인 클라렌 로드(Claren Road), 2011년에 인수한 이머징 소버린 그룹(Emerging Sovereign Group) 등 2개 헤지펀드를 추가로 소유하고 있다. 칼라일이 헤지펀드를 인수한 이유는 PEF 사업이 시장의 싸이클에 크게 영향을 받는 단점이 있기 때문에, 이를 보완하기 위한 전략의 일환이다. 이와 같은 전략은 후술하는 블랙스톤(Blackstone)도 마찬가지로 구사하고 있다. 한편 클라렌 로드의 경우 2015년 7월에 펀드 성과가 악화되면서 투자자들의 환매(redemption) 요구가 이어져, 무려 펀드 자산의 48%인 19.7억불의 환매자금이 몰려들었다. 이에 따라 칼라일은 2015년 9월에 클라렌 로드의 지분가치 1.75억불을 상각해야 했다. 파이낸셜 타임즈는 칼라일이 클라렌 로드의 크레딧 관련 펀드를 폐쇄하는 방

432　Financial Times, Sep 28, 2015

사모투자펀드(PEF)

안을 검토하고 있다고 보도했는데 향후 칼라일의 행보가 주목된다.[433]

2019년 3월에는 영국의 소형 택시업체인 애디슨 리(Addison Lee)를 매각하거나 기업을 공개하기 위한 작업 등을 진행 중에 있다. 칼라일은 이 회사를 2013년 4월에 바이아웃(Buy-out) 하였다. 필자가 런던에 있는 동안에도 스마트폰 앱을 사용한 편리성과 합리적인 가격 때문에 자주 애디슨 리(Addison Lee) 택시를 이용하고 있다. 하지만 미국의 실리콘 벨리에서 개발한 우버(Uber) 앱을 둘러싼 불법 논란으로 인한 미래 수익성 저하 우려 때문에 매각에는 난항을 겪고 있는 것으로 알려졌다. 2014년 11월에는 남아프리카 요하네스버그의 자동차 타이어 판매회사인 타이오토(TiAuto)에 투자하였고, 나이지리아의 다이아몬드 뱅크(Diamond Bank) 지분 18% 지분을 1.5억불에 사들이는 등 최근에는 아프리카 진출을 강화하고 있는 것도 특징이다. 2019년 1월에는 미국과 유럽의 기술기업을 바이아웃 하기 위한 펀드 13.5억 유로 모집을 완료했다. 목표 EBIDTA는 500만~2,500만 유로이다. 칼라일은 전통적으로 신산업에는 잘 투자하지 않는데, 이 펀드가 구체적으로 어떤 기술에 투자할지 귀추가 주목된다.[434]

루빈스타인(Rubenstein)을 개인적으로 면담할 기회가 두 번 있었는데, 그가 보여준 달변 실력은 거의 천재적이라고 할 만큼 대단하였다. 그의 유창한 달변실력 때문에 시장에서는 그를 "펀딩 비스트(funding beast)"라고 부르기도 한다. 그는 자신의 이야기를 먼저 하는 것보다 질문을 먼저 하는 특징을 가지고 있는데, 동양인의 관점에서 보면 약간 거만해 보이는 인상을 준다. 칼라일(Carlyle) 실사 때 필자의 질의에 한 치의 망설임도 없이 거의 모든 이슈에 대해 유창하게 이야기하는 것을 보고 깜짝 놀랐던 기억이 있다. 특히 그의 답변은 1987년 PEF 전성기 때부터 2014년까지 PEF 역사에 대한 살아 있는 경험을 바탕으로 한 것이어서 답

---

433 Financial Times, Aug 17, 2015
434 Financial Times, Jan 31, 2019

대체투자 파헤치기(중)

타이타노마키의 서막

변에 대단한 내공이 실려 있었다. 그 당시 필자는 루빈스타인이 MBA 수업에 들어온 학생을 가르치는 교수 같다는 느낌을 받았다. 한편 루빈스타인(Rubenstein)은 1년 중 거의 절반 이상을 비행기에 탑승하고 전 세계를 대상으로 자금모집 활동을 하는 것으로 유명하다. 그의 일에 대한 과도한 집착이 오늘의 칼라일을 이룩한 주요한 동력이었다고 본다.

아울러 그는 워싱턴 정가와 인맥관계가 매우 돈독한 것으로 알려져 있는데, 이에 따라 FRB나 정부 금융정책과 관련된 최신 정보에 대한 접근성에서 확실한 경쟁력을 보유하고 있었다. 대표적으로 2013년 11월에 그를 만났을 때 당시 가장 현안이었던 양적 완화 규모를 줄이는(tapering) 시기에 대해 질문한 적이 있었다. 당시 거의 모든 글로벌 금융기관들이 테이퍼링(tapering)은 2014년 하반기 쯤이라고 예상했었으나, 루빈스타인(Rubenstein)은 의외로 2013년 12월에 FED가 양적 완화 축소(tapering)를 선언할 것이라고 조금의 망설임도 없이 단언하였다. 그리고 모든 사람의 예상을 깨고 FED는 2013년 12월 FOMC에서 2014년 1월부터 양적 완화 축소를 실시한다고 발표하였다. 우연의 일치라고 보기에 그의 대답이 너무 확고하였던 기억이 난다. 루빈스타인의 유로존에 대한 전망도 다른 미국 투자자들과는 다른 면이 있었다. 유로존의 미래에 대해 조지 소로스는 유로존 체제는 필연적으로 해체될 것이라는 입장인 반면, 루빈스타인의 입장은 유로존 붕괴는 없다는 것이다. 이는 2011년 말부터 그리스 부도에 베팅한 많은 미국의 헤지펀드들과도 확연히 다른 시각이었다. 그가 가진 막강한 정보력과 이를 바탕으로 한 투자결정이 칼라일의 주요 경쟁력 중의 하나가 아닐까 생각해 본다.

칼라일은 2019년 3월말 기준, 전 세계 31개 오피스와 130여 개인 펀드를 운영 중에 있다. 2019년 3월말 기준으로는 1,600여 명의 직원이 일하고 있으며 투자 관련 인력은 600여 명이다. 브로커-딜러로 등록된 인력도 7명을 보유하고 있다. 2018년 3월 SEC에 신고한 규제대상 총자산(RAUM)은 2,160억불이다. 칼라일 그룹의 주요 전략은 크게 4가지이다. 기업 PE 투자(PEF), 부동산, 그리고 부실자산(distressed)이나 메자닌(mezzanine) 등의 부채투자 전략(credit), 마지막으로 헤지펀드 등을 포함한 대체투자 솔루션이 그것이다. PEF 전략의 경우에는 2014년 말 기준으로 바이아웃(Buy-out) 전략이 전체의 43.5%를 차지하고, 바이아웃(Buy-out) 투자 후 시너지를 위한 추가투자인 부가(Add-on) 투자 역시 30.1%를 차지하고 있다. 요컨대 바이아웃(Buy-out) 전략을 사용하는 투자 건수가 전체의 73.6%를 차지할 만큼 바이아웃(Buy-out) 투자에 매우 적극적이다.

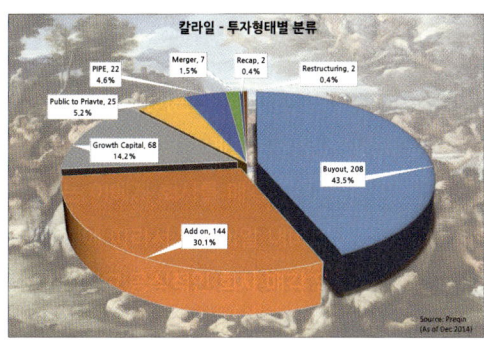

칼라일의 바이아웃(Buy-out) 투자 원칙 중 가장 중요한 것은 자신들이 가장 잘 아는 산업에 투자한다는 것이다. 투자할 산업에 대해 알지 못하면 투자하지 않는다는 것이 칼라일 바이아웃(Buy-out) 투자의 가장 기본적인 원칙이다. 이에 따라 칼라일은 신산업에 대한 투자가 거의 없다. 신산업은 새로운 투자 트렌드로서 정확한 이해가 사실상 매우 어렵고, 향후 변화가능성이 높아서 위험성이 상대적으로 높기 때문이다. 칼라일이 주로 투자하는 산업도 항공, 방위산업, 금융, 소비재, 통신, 에너지, 헬스케어 등 전통적인 산업에 치우쳐 있다.

칼라일이 수행하는 딜 사이즈는 글로벌 PEF답지 않게 크지 않은 것이 특징이다. 가장 비중이 큰 딜이 1억불 미만의 중소형 딜로서 전체 딜의 32%가 이 딜에 속한다. 그 다음이 2.5억불 미만인 딜로 전체 딜의 20.4%이다. 딜 사이즈가 10~49억불 사이에 속한 대규모 딜이 중규모 딜에 이어 세 번째로 큰 비중을 차지하며 전체 투자의 18.2%를 차지한다.

대체투자 파헤치기(중)

타이타노마키의 서막

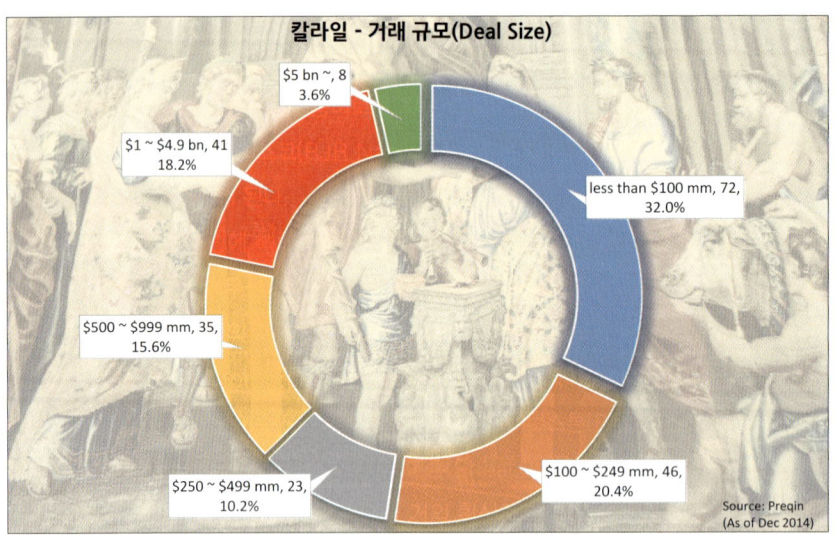

10) 바이아웃(Buy-out) PEF의 3대 메이저(2): KKR

KKR(KKR & Co. L.P.)은 1976년에 출범하였다. KKR은 설립자 3명의 이름인 제롬 콜버그(Jerome Kohlberg), 헨리 크레비스(Henry Kravis), 조지 로버츠(George Roberts)의 성을 따서 만든 이름의 약자이다. 크래비스(Kravis)와 로버츠(Roberts) 모두 조부가 러시아계 유태인이고 사촌지간이다. 사진을 보면 서로 닮았다는 것을 금방 알아차릴 수 있다. 콜버그(Kohlberg)는 크래비스(Kravis)가 베어스턴즈(Bear Sterns)에 입사했을 때 회사재무팀의 팀장이었다. 당시 콜버그(Kohlberg)는 1960년대 차입인수(LBO)와 유사한 방식으로 개인기업의 유동화와 M&A를 전문으로 취급하고 있었다. 1960년대는 미국의 제조업이 2차 대전 후 부흥기를 맞은 시기였다. 이 때 수많은 가족기업들이 성공적으로 사업을 영위하고 있었는데, 이들은 어떻게든 회사 지분을 매각해서 이를 유동화하려는 욕구가 강하였다. 당시 가능한 방법은 IPO나 다른 기업에게 지분을 매각(Trade Sale)하는 것 말고는 없었는데, IPO는 준수해야 할 규정이 너무 많았고 전략적 투자자에게 기업을 매각하는 트레이드 세일(Trade Sale)은 회사의 경영권을 통째로 넘겨

사모투자펀드(PEF)

 콜버그(Kohlberg)는 이들의 요구를 정확히 파악해서 차입인수(LBO) 방식으로 회사를 인수하되, 회사의 경영권은 이들에게 그대로 맡기는 방식을 채택했다. 이렇게 하면 가족기업의 유동화도 가능하고 가족기업으로서 회사의 통제권도 여전히 행사할 수 있어서 콜버그(Kohlberg)의 차입인수(LBO)는 그야말로 누이 좋고 매부 좋은 일거양득의 효과를 가지고 있었다.[435] 콜버그(Kohlberg)의 이와 같은 차입인수(LBO) 아이디어는 그가 회사를 나가고 나서, 경영진을 교체하는 것만 제외하고는 KKR이 주도한 대형 기업에 대한 차입인수(LBO)의 기본 구조와 완전히 동일하였다. 이 투자 구조는 일단 자금을 차입하여 회사를 인수한 이후에는 해당 기업의 지속적인 현금흐름 발생으로 차입금의 원리금이 자생적으로(self-sustaining) 상환된다는 점에서 "부트스트랩 투자(Bootstrap Investment)"라고도 불리웠다.

 문제는 차입인수(LBO)를 사용하면 너무 많은 부채를 끌어오게 되므로 해당 기업의 현금흐름과 미래 사업전망에 대한 철저하고 면밀한 분석이 필요하다는 점이었다. 하지만, 이와 같은 분석이 성공만 한다면 엄청난 비즈니스가 될 것이 분명해 보였다. 이와 같이 소규모 가족기업에 대한 차입인수(LBO)가 가진 잠재적 성장가능성을 인식한 콜버그(Kohlberg)는 헨리 크레비스(Henry Kravis), 조지 로버츠(George Roberts)와 함께 베어스턴즈 내에서 차입인수(LBO)를 전문으로 취급하는 부서 설립을 회사에 제안했다. 그러나 베어스턴즈는 일거에 이를 거절하였다! 헨리 크레비스(Henry Kravis)와 조지 로버츠(George Roberts)는 맨해튼의 3번가(3rd Avenue) 747 번지에 위치한 조 앤 로즈 레스토랑(Joe and Rose Restaurant)에서 회사 설립을 위한 아이디어를 논의한 후, 의기투합하여 베어스턴즈 회사를 그만 두고 1976년에 상관이었던 콜버그(Kohlberg)와 함께 회사를

---

435 Bryan Burrough & John Helyar, 앞의 책

만들었다. 바로 KKR의 출발이었다.

출범 당시 최초 투자금은 5만 불이었다. 주로 자신들의 친척으로부터 모집된 자금이었다. 관리 보수는 1%였고 성공보수를 받기 위한 기준 수익률은 8%였다. 이들의 최초 전략은 당초 베어스턴즈에 제안했던 것과 같이 소규모 기업에 대한 철저한 차입인수(LBO) 전략이었다. 하지만 당시에는 차입인수(LBO)에 대한 개념 자체가 낯설어서 초창기에는 어려움이 많았다. 설립 다음해인 1977년에는 3건의 딜을, 1978년에는 아예 한 건의 딜도 거래하지 못했다. 하지만 각고의 노력으로 결국 1981년에는 6건의 거래를 성사시키면서 시장에 서서히 두각을 나타내기 시작했다. 특히 크래비스(Kravis)는 막대한 현금흐름을 가지고 있는 대규모 기업이 오히려 가족 기업보다 차입인수(LBO)에 더 적합하다는 "진실"을 발굴해 냈다. 왜냐하면 차입인수(LBO)에 필요한 부채는 인수 후 대상 기업의 풍부한 현금흐름만 있다면 막대한 규모로도 얼마든지 모집이 가능하였기 때문이다. 하지만 설립을 주도했던 콜버그(Kohlberg)는 여전히 가족 기업처럼 "작은" 기업에 대한 "우호적인" 차입인수(LBO)를 선호했다. 그러나 대세를 바꿀 수는 없었다. 결국 콜버그(Kohlberg)는 경영일선에서 1994년에 물러나고, 크래비스(Kravis)와 로버츠(Roberts)가 본격적으로 대형 기업을 대상으로 한 차입인수(LBO) 사업에 몰두하기 시작했다.[436] 1982년에는 공적연금인 오리건(Oregon)州, 워싱턴(Washington)州, 미시건(Michigan)州 연기금 등이 처음으로 KKR의 PEF에 투자를 시작했다. 1983년에는 KKR의 연수익률이 62.7%에 이르렀고, 1984년에는 십 억불의 자금을 기관으로부터 모집함으로써 대형화의 발판을 마련하였다.

KKR이 사용한 초기 차입인수(LBO) 방식의 자금모집에서 최선순위는 상업은행으로부터의 차입이었는데 인수 자금의 보통 50~60%를 차지했다. 1980년대 초 마이클 밀큰의 DBL이 PEF 시장에 등장하기 이전에는, KKR을 비롯한 PEF

---

[436] 앞서 알제이알 내비스코(RJR Nabisco) 인수전에서도 잠깐 설명하였지만, KKR을 실질적으로 경영하는 이는 크래비스(Kravis)이다. 콜버그(Kohlberg)는 2015년 7월 30일에 지병인 암으로 고인이 되었다.

사모투자펀드(PEF)

의 자기자금은 인수자금의 보통 10~20% 내외를 차지했다. 중간의 메자닌 영역은 주로 보험회사가 차지하여 인수자금의 필요한 차액(gap)을 메웠다. 1980년대 중반, 이와 같은 자금모집 관행을 완전히 뒤엎은 혁명적인 사건이 바로 마이클 밀큰의 정크 본드(junk bond)의 등장이었다. 정크 본드는 인수 금융에서 중간 영역인 메자닌 금융에서 보험회사를 완벽하게 축출하였다. 이제는 선순위 자금도 사실상 그렇게 많이 필요 없었다. 정크 본드는 차입인수(LBO)를 밀어 붙이는데 필요한 엔진을 폭스바겐의 비틀(Beetle) 엔진에서 포뮬러 1(F1) 대회의 경주용 차량의 괴물 같은 엔진으로 바꾸는 역할을 하였다.[437] 바로 본격적인 차입인수(LBO) 시대가 열린 것이다. 차입인수(LBO) 시대의 개막은 바로 KKR의 시대가 열린 것임을 의미하는 것이다. 1980년대 내내 KKR은 마이클 밀큰의 드렉셀 번햄 램버트(DBL)와 밀접한 비즈니스 관계를 유지하고 있었다. 전설적인 알제이알 내비스코(RJR Nabisco)의 차입인수(LBO)도 KKR과 DBL의 합작품이었다.

KKR의 사세확장은 멈추지 않았다. 1998년에는 유럽에 사무실을 열고 본격적인 글로벌 PEF로 도약하기 시작했다. 회사 설립 후 불과 20년만이었다. 2000년에는 벤처투자 운용사인 액셀 파트너즈(Accel Partners)와 공동으로 Accel-KKR을 설립하여, 중소규모 하이테크 기업의 지분 투자를 시작했다. 2002년에는 KKR이 인수한 회사의 경영 컨설팅을 전문적으로 담당하는 캡스톤(Capstone)이 공식 출범했다. KKR이 2006년에 모집을 시작한 KKR Fund 2006은 최종 약정액이 176억 4,200만 불로, 2014년 아폴로(Apollo)가 184억불을 모집하기 전까지 단일 펀드로서 최대 규모라는 기록을 세웠다. 2007년부터는 아시아 진출을 시작하였고 2009년에는 중동과 인도에도 사무실을 열었다. 2011년에는 부동산 사업에 진출하였고 2012년에는 헤지펀드 사업도 시작하였다. 2013년 브라질 상파울로에 사무실을 열어 남미 진출을 시작했으며, 2014년 4월에는 KKR 파이낸셜

---

437 Bryan Burrough & John Helyar, 앞의 책

대체투자 파헤치기(중)

타이타노마키의 서막

홀딩스(Financial Holdings LLC: KFN)를 인수하여 사업영역을 확장하였다. 같은 해 블랙골드 캐피탈 매니지먼트(BlackGold Capital Management)를 인수하여 크레딧 관련 사업에도 진출하였다.

2015년 6월에는 바이아웃(Buy-out) 투자 과정에서 실패한 딜(broken deal)에서 발생한 수수료를 공동투자자(co-investors)와 자신의 펀드 사이에 불합리하게 배분하고도, 이를 공시하기 않아 미국의 SEC로부터 3천만 불의 벌금형 제재를 받기도 했다.[438] 2015년 3/4분기부터는 북미 지역을 타겟으로 120억불 규모의 자금모집을 목표로 하는 바이아웃(Buy-out) 펀드를 출시할 계획이라고 밝힌 후, 2017년 3월까지 139억불 규모의 자금모집을 완료하였다. 나아가 2015년 9월에는 영국의 에쿼티 롱/숏 헤지펀드인 마샬 웨이스(Marshall Wace) 지분 24.9%를 취득하여 헤지펀드 진출 사업을 한층 강화해 나가고 있다.[439] 2016년 11월에는 런던 지하철을 운영하는 엑스테리온 미디어(Exterion Media)社에 PDF 형태로 자금을 대출해 주면서, PDF 영역으로까지 사업 확장을 시도 중이다.[440]

KKR은 2019년 3월말 기준으로 1,200여 명의 직원으로 전 세계 20여 개 오피스를 운영 중이다. 사업부문은 PEF, 부동산, 에너지, 인프라, 크레딧, 헤지펀드 등 6개 사업이며, 캐피탈 마켓(Capital Markets)과 캡스톤(Capstone)으로 하여금 포트폴리오 기업의 파이낸싱과 컨설팅 등을 전담하게 하고 있다. 한편 KKR 내부에 설치된 KKR 글로벌 인스티튜트(Global Institute: KGI)는 전 세계에 확보되어 있는 KKR의 기투자 포트폴리오 등에서 나오는 인적, 물적, 정보 자원을 통합하여, 신규투자 포트폴리오 선정부터 관리까지 모든 절차에 간여하는 KKR만의 독특한 조직이다. KGI를 통해 KKR은 투자 이전, 신규 사업의 리스크와 리턴에

---

438 Financial Times, June 29, 2015
439 Financial Times, Sep 9, 2015
440 Financial Times, Nov 27, 2016

사모투자펀드(PEF)

대한 종합적이고 광범위한 평가를 수행한다.

KKR의 AUM은 2018년 9월말 기준으로 1,950억불이다. 이중 PEF 사업 분야가 전체의 절반 이상으로 가장 큰 비중을 차지하고 있다. KKR 역시 칼라일과 마찬가지로 바이아웃(Buy-out) 전략의 비중이 전체 PEF 딜의 70%를 차지한다. KKR의 특이점은 바이아웃(Buy-out) 투자건보다 부가(Add-on) 투자건이 더 많다는 것이다. 부가(Add-on) 투자는 2014년 말 기준으로 전체 투자의 42%를 차지할 만큼 중요한데, KKR 바이아웃(Buy-out) 전략의 주요한 성공요인이 바로 부가(Add-on) 투자이다. 이는 KKR이 캡스톤(Capstone)이나 KGI와 같은 보조 조직을 운영하면서, 바이아웃(Buy-out) 전략의 시너지 효과를 극대화하는 전략을 구사하기 때문에 가능하다.

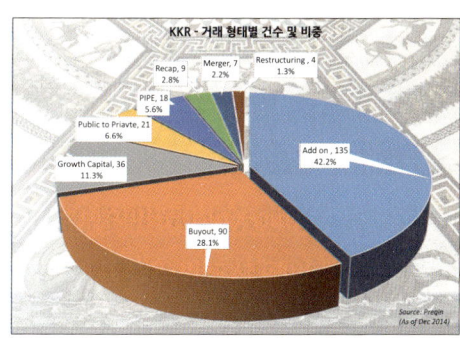

KKR이 투자한 산업분야는 IT가 가장 많다. KKR이 IT 분야에 투자가 집중된 것은 캡스톤(Capstone)이나 KGI 조직과 무관하지 않다. 특히 캡스톤(Capstone)은 IT 분야와 같이 기술변화가 심한 업종이라 하더라도 최대한 많은 전문가 풀을 활용하여 극심한 기술변화라는 단점을 극복한다. 2019년 3월말 기준으로 캡스톤(Capstone)은 60여 명의 산업별 전문가를 상시 보유하고 있는데, 이들이 KKR의 M&A 거래 전부터 M&A 이후에 걸친 거래 과정 전체 단계를 보좌한다. KKR의 투자팀과 긴밀한 협력 관계를 유지하며 투자 이전 실사 단계부터 투자 이후 가치를 제고(add value)하는 단계까지 그들의 임무는 광범위하다. PEF의 M&A 활동

을 보조하는 기구로서 캡스톤(Capstone)의 규모는 PEF 업계에서는 최대 규모로 알려져 있다. IT 다음으로 많은 투자가 이루어진 분야는 전통적인 제조업 분야이다. 전통적 제조업은 IT 분야 만큼이나 투자 건수가 많은 KKR의 또 다른 핵심 투자 분야이다. 다음으로 비즈니스 서비스, 통신, 소비재, 헬스 케어 등으로 투자분야가 분산되어 있다.

KKR 바이아웃(Buy-out) 전략 중 가장 큰 특징은 바로 딜 사이즈가 다른 PEF에 비해서 크다는 것이다. 2012년 말까지 PEF가 주도한 바이아웃(Buy-out) 전략 중에서 가장 큰 규모 Top 10을 기준으로 보았을 때도 KKR이 주도한 거래 건이 모두 4건으로 가장 많다. KKR의 당초 설립 취지는 콜버그(Kohlberg)가 소규모 가족기업을 대상으로 한 차입인수(LBO)를 전문으로 집중하기 위한 것이었지만, 회사 설립 이후 크래비스(Kravis)와 로버츠(Roberts)가 차입인수(LBO)를 대형 기업 위주로 초점을 맞추면서 대형 딜에 집중하는 것이 KKR의 전통이 되어 버렸다. 딜 사이즈에 대한 콜버그(Kohlberg)와 크래비스(Kravis) 간 의견 대립은 결국 콜버그(Kohlberg)의 경영일선 퇴진이라는 극단적인 결과를 부르기도 했다. 이처럼 KKR과 후술하는 블랙스톤(Blackstone)이 다른 PEF와 차별되는 가장 큰 특징은 평균적인 딜 사이즈가 매우 크다는 것이다. 프레퀸(Preqin)에 따르면 KKR의 바이아웃(Buy-out) 딜은 10~50억불 규모의 대형 딜이 전체의 27%를 차지하면서 가장 큰 비중을 차지하고 있다. 50억불을 넘는 초대형 바이아웃(Buy-out) 딜도 전체의 9%를 차지하고 있는데, 이는 KKR을 다른 글로벌 PEF와 가장 확실하게 구분 짓는 중요한 특징 중의 하나이다.

사모투자펀드(PEF)

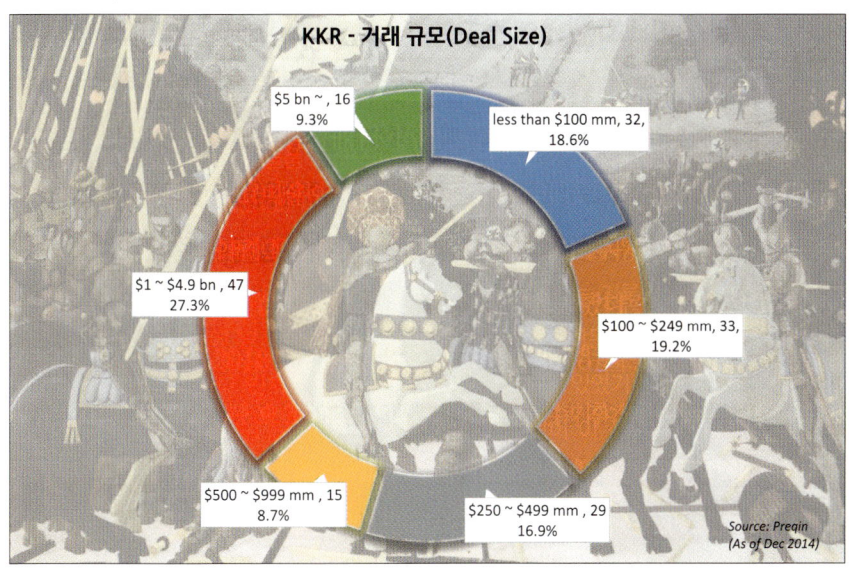

11) 바이아웃(Buy-out) PEF의 3대 메이저(3): 블랙스톤(Blackstone)

2018년 12월말 기준으로 4,720억불의 수탁자산(AUM)을 운용하고 있는 블랙스톤(Blackstone: Blackstone Group L.P.)은 전 세계 최대 규모의 독립계 자산운용사이다. 블랙스톤(Blackstone)의 AUM은 삼성 그룹 제조업 전체 기업의 자산을 모두 합친 규모보다 큰 엄청난 규모이다. 하지만 이와 같이 거대한 블랙스톤(Blackstone)도 출발은 그렇게 화려하지 않았다. 블랙스톤(Blackstone)은 1985년에 출범하였다. 설립자는 스티븐 숄츠만(Stephen A. Schwarzman)과 피터 페터슨(Peter G. Peterson)이었다. 두 사람 모두 유태인이다. 슈왈츠(Schwarz)가 독일어로 검다는 뜻의 black이고, 페트라스(Petras)가 그리스어로 돌·바위라는 뜻의 stone이어서, 공동 설립자들 성의 뜻을 본 따서 블랙스톤(Blackstone)이라 이름 지었다. 최초 출발 자금은 4십만 불이었다. 숄츠만(Schwarzman)과 피터슨(Peterson) 모두 리먼 브라더스에서 M&A 자문 업무를 담당했었기 때문에 최초

414

비즈니스는 M&A 자문을 제공하는 기업 인수 합병 부띠끄(boutique)였다. 이와 같은 M&A 자문업을 바탕으로 PEF 사업을 별도 부문으로 설립하여 PEF 사업을 본격적으로 시작하게 된다. 설립 초창기에는 무명 PEF로서 많은 서러움을 겪었다. 일례로 MIT 대학 기부재단으로부터 회사 설명요청을 듣고 방문하였으나, 어찌된 일인지 약속이 잡혀 있지도 않았고 금요일 저녁이라 모두 퇴근했다는 말을 들었다. 허탈한 마음으로 숙소로 가려는데 하필 폭우가 쏟아지고 있었다. 설상가상으로 택시는 잡히지 않았고, 비를 흠뻑 맞으면서 신호대기로 서 있는 택시 창문을 두들겨 20달러를 내고 숙소로 돌아갔다. 블랙스톤(Blackstone)의 초창기 사업은 일본의 기관투자가로부터 도움이 많았다. 특히 니꼬(Nikko)의 투자는 블랙스톤(Blackstone)의 초기 사업 성장에 매우 큰 도움을 준 것으로 알려져 있다.

1987년 블랙스톤(Blackstone)이 처음으로 만든 PEF는 바이아웃(Buy-out) 전략을 구사하는 "블랙스톤 캐피탈 파트너스 I(Blackstone Capital Partners I: BCP I)"이다. 이 펀드는 IRR 19%로 당시 펀드 성과 중 상위 2분위에 속하는 나쁘지 않은 성적을 거두었다. 이후 블랙스톤(Blackstone)의 이름이 서서히 시장에 알려지기 시작하면서 본격적인 성장 궤도에 진입하게 된다.

블랙스톤(Blackstone)은 일찍부터 PEF 이외 다른 사업 분야 진출에 특히 관심이 많았다. 이는 앞서 언급한 바대로 PEF 산업이 경기 싸이클에 크게 영향을 받는 사업이라 안정적인 사업운영을 위해서는 다양화가 필수적이었기 때문이다. 칼라일이나 KKR은 이와 같은 다양화 작업을 회사 설립 후 상당 기간이 흐른 후부터 시작하였으나, 블랙스톤(Blackstone)은 출범 초기부터 PEF가 가진 한계를 정확히 인식하고 일찍부터 다양화 작업을 시작했다. 다양화 전략은 블랙스톤(Blackstone)이 칼라일이나 KKR보다 확실한 경쟁우위를 가지게 된 가장 핵심적인 사업전략이다. 예컨대 1990년, 회사 출범 후 5년 만에 고객 맞춤형으로 헤지펀드 포트폴리오를 구성하고 관리보수와 성과보수를 받는 블랙스톤 대체투자 자산 관리(Blackstone Alternative Asset Management: BAAM) 부문을 출범시켰다. BAAM은 고객의 요구와는 무관하게 헤지펀드 포트폴리오를 구성하는 재간접 헤지펀드(FoHF)가 아니라, 고객이 원하는 유동성 조건과 시장 상황에 맞추어 최적의 헤지펀드 매니저들의 포트폴리오를 하향식(top-down) 방식으로 구성하여 고객에게 제공하는 서비스로 당시로서는 가장 첨단의 사업 분야였다.

블랙스톤(Blackstone)의 다양화 작업은 여기서 그치지 않았다. 1991년에는 구조조정 자문 사업부(Restructuring Advisory)를 회사 내에 설립하여 1조 달러 이상의 부채를 지고 있는 대규모 구조조정 사업의 자문 사업을 시작한다. 이는 크레딧 전략 진출을 위한 발판 사업이었다. 나아가 1992년에는 블랙스톤 부동산 그룹(Blackstone's Real Estate Group)을 만들면서 부동산 투자에도 진출한다. 설립 후 불과 7년만의 일이었다. 블랙스톤(Blackstone)의 부동산 자산운용 부문은 칼라일이나 KKR이 따라 올 수 없는 가장 확실한 경쟁우위 사업부문이다. 칼라일은 부동산 운용을 회사 설립 후 10년만인 1997년부터 시작하였고, KKR은 이보다도 늦은 2011년에 시작하였다. 2018년 말 기준으로도 블랙스톤(Blackstone)의 부동산 자산운용 부문의 수탁자산(Asset Under Management: AUM)은 1,362억불로, AUM 기준으로 2위를 차지하는 PEF 부문의 1,307억불보다 크다. 전술한 바와 같이 성과보수 수입도 부동산 사업부문이 전체 블랙스톤 그룹(Blackstone Group)의 59%를 차지할 만큼, 블랙스톤(Blackstone)에게 부동산 사업부문의 중요도는 사실상 PEF 부문을 능가한다.

1999년에는 부채관련 자산운용, 특히 메자닌(mezzanine) 전략에 특화하기 위해 기업 부채 그룹(Corporate Debt Group)을 만들었고, 11억불 규모의 최초의 메자닌 펀드도 이 때 출범했다. 2000년에는 해외 오피스 중 런던에 처음으로 오피스를 열었고 이후 프랑스, 브라질, 인도 등지에 오피스를 열면서 글로벌 PEF로 성장하게 된다. 2007년에는 중국의 CIC로부터 받은 투자액 30억불을 포함하여 총 76억불 규모로 기업을 공개하였다. 이 해에 토쿄에 처음으로 사무실을 열어 아시아 지역 진출을 강화하기 시작했다.

2008년에는 크레딧 전문 자산운용사인 GSO 캐피탈 파트너스(GSO Capital Partners)를 인수하여 부채(Debt) 투자와 관련된 역량을 강화하였다. GSO는 마

대체투자 파헤치기(중)

타이타노마키의 서막

이클 밀큰의 수제자였던 베넷 굿맨(Bennett Goodman)과 그의 절친인 트립 스미스(Tripp Smith), 더그 오스트로버(Doug Ostrover)의 이름을 따서 만든 회사이다. 굿맨(Goodman)은 마이클 밀큰의 DBL 출신으로 DBL 출신을 대거 고용했던 DLJ에도 잠시 일했었다. DLJ는 마이클 밀큰의 DBL이 몰락하면서 그들이 영위했던 고수익(high yield) 채권 인수와 정크 본드 사업을 이어 받아 이 분야에서 새로운 강자로 부상한 회사였다.[441] DLJ에서 일하던 세 사람이 회사를 나와서 만든 새로운 회사가 바로 GSO이다. 블랙스톤(Blackstone)에 인수된 후인 2011년, GSO는 영국의 크레딧 전문 자산운용사인 하버마스터 캐피탈(Harbourmaster Capital)을 추가로 인수하여 부채(Debt) 투자 전략을 더욱 강화하였다.

2012년에는 에너지 분야에만 특화된 펀드인 블랙스톤 에너지 파트너스(Blackstone Energy Partners: BEP)를 출범시키며 25억불의 자금을 모집하였다. 2013년에는 세컨더리 PEF(Secondary PEF)인 스트래트직 파트너스(Strategic Partners)를 인수하여 세컨더리 PEF(Secondary PEF) 시장에도 진출하는 등, PEF 사업의 다각화를 위해 끊임없는 변신 활동을 계속 중이다. 2015년 5월에는 단 7개월 만에 글로벌 바이아웃(Buy-out) 펀드에 170억불의 자금을 모집하면서, 1차 펀드 자금모집 규모로는 세계 최고 기록을 세우는 괴물 같은 저력을 발휘하였다. 2016년 11월에는 독일의 거대 부동산 그룹인 IVG로부터 33억 유로에 이르는 오피스 빌딩을 매입하여, 2016년 유럽에서 가장 큰 부동산 거래건으로 기록되기도 하였다.[442] 2018년 10월에는 톰슨 로이터(Thompson Reuters)의 금융정보 사업부문(Financial & Risk)을 2008년 이후 최대 규모인 173억불에 인수하여, 세상을 다시 깜짝 놀라게 했다.[443] 이제 블룸버그는 기존의 톰슨 로이터가 아니라 블랙스톤과 경쟁해야 하는 처지에 놓였다.

441　DLJ는 2002년에 CSFB(Credit Suisse First Boston)가 115억불을 지급하고 인수한다.
442　Financial Times, Nov 9, 2016
443　Financial Times, Aug 1, 2018

사모투자펀드(PEF)

　종합해 보면 블랙스톤은 전략의 균형이라는 관점에서 다른 PEF 그룹과 확연히 다르다. 예컨대 AUM 기준으로 아폴로 그룹은 크레딧 전략이 72%로 부채 전략의 집중도가 매우 높고, PE 전략의 집중도도 TPG 71%, 칼라일 그룹 56%, 베인 캐피탈 53% 등 대부분의 종합 자산 운용사가 PE 전략이 절반을 넘는다. 반면 블랙스톤은 PE 전략이 전체의 30% 내외이고 부동산, 크레딧, 헤지펀드 전략이 이와 유사하거나 약간 적은 대략 20~30% 내외로 균형되게 분포되어 있다. 전략적 포트폴리오라는 관점에서 블랙스톤 그룹은 가장 이상적인 종합자산 운용사라고 평가해도 무방하다고 본다.

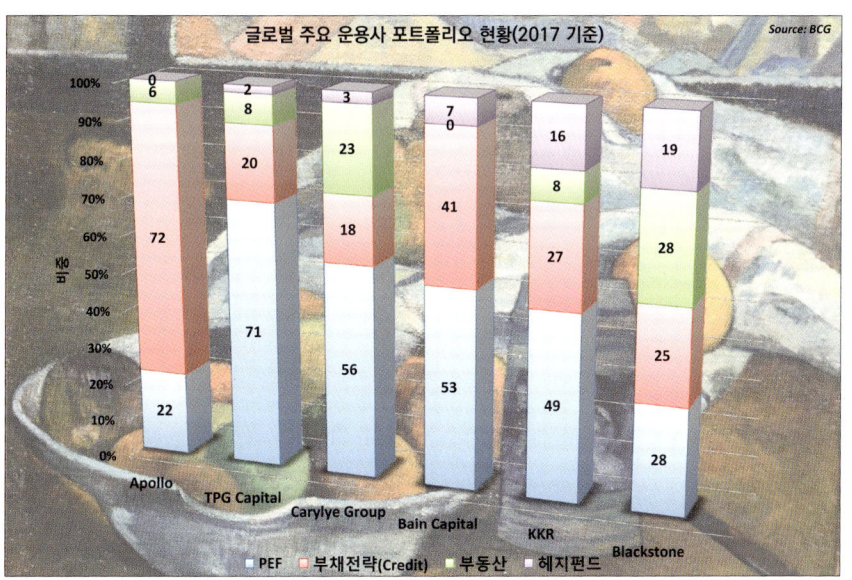

　공동 창업자 중 한사람인 피터 피터슨(Peter G. Peterson)은 현재 경영에 거의 참여하지 않는다. 현재 블랙스톤(Blackstone)의 최고 경영자는 스티븐 슐츠만(Stephen A. Schwarzman) 회장이다. 슐츠만(Schwarzman) 회장을 개인적으로 두 번 면담할 기회가 있었다. 슐츠만(Schwarzman) 회장은 키가 그렇게 크지 않다. 항상 온화한 표정에 느리지만 또박또박한 말투가 인상적이었다. 블랙스톤(Blackstone)의 최대 강점으로 그가 이야기하는 것은 앞서도 언급한 바 있

는 다양화 전략이었다. 슐츠만(Schwarzman) 회장이 일찍부터 구축한 다양화 전략에 따라 블랙스톤(Blackstone)은 자체 회사 내에서 다른 회사가 따라 올 수 없는 시너지를 창출하고 있었는데, 이와 같은 시너지를 구현하는 핵심적인 수단이 바로 "내부 전략회의(Internal Committee Meeting: IC Meeting)"이다. 블랙스톤(Blackstone)의 내부 전략회의는 PEF, 헤지펀드(BAAM), 부동산(BREP; Blackstone Real Estate Partners), 크레딧(GSO), 금융 자문서비스(Financial Advisory) 팀 5개 부문 모두의 글로벌 담당자들이 화상 회의를 통해 매주 월요일에 모여서 각 분야별 글로벌 최신 동향에 대해 정보를 교환하고, 5개 부문 상호간의 토론을 통해서 각 부문의 자산운용의 방향을 결정하는 중요한 회의이다.

일례로 슐츠만(Schwarzman) 회장은 2008년 금융위기에 자신의 회사가 어떻게 대응했는지 이야기 해 주었다. 슐츠만(Schwarzman) 회장의 말에 따르면 2007년 초 내부 전략회의를 통해서 유럽, 특히 스페인 지역의 부동산 가격 폭락에 주목하였다고 한다. 물론 부동산 분야의 담당자가 제시한 동향이었지만, 그는 당시 부동산 가격 폭락이 심상치 않다고 판단하고 각 부문별로 블랙스톤이 가진 부동산에 대한 노출(exposure)을 최소화하라고 지시했다. 그의 예측은 그대로 적중했고 블랙스톤(Blackstone)은 2008년 금융위기의 여파를 최소화 할 수 있었다. 이와 같은 경험을 바탕으로 지금도 매주 5개 부문의 담당자들이 한자리에 모여서 동향을 종합하는 토론을 주재하면서, 자산 운용의 방향을 결정하는 것이 그의 가장 중요한 일상 중의 하나라고 한다. 슐츠만(Schwarzman) 회장은 필자에게 이 회의에 참석하여 토론하는 시간이 그의 가장 행복한 시간이라고 이야기한 적도 있다. 필자 개인적으로는 PEF, 부동산, 크레딧, 헤지펀드 등 모든 대체투자 영역의 동향을 종합적으로 파악하고 통합하여 분석하는 능력과 시스템이야말로 블랙스톤의 최대 경쟁력이라고 본다. 우리나라도 금융 분야의 과감한 규제개혁을 통해 대체투자의 거의 모든 부문에 사업을 영위하는 종합자산 운용사가 조속히 등장하여, 블랙스톤과 같은 세계적인 자산운용사가 빠른 시일 안에 탄생했으면 하는 것이 개인적인 바램이다.

사모투자펀드(PEF)

블랙스톤(Blackstone) 역시 바이아웃(Buy-out) 전략에 따른 투자의 경우 KKR과 마찬가지로 바이아웃(Buy-out) 딜 자체보다 부가(Add-on) 투자 전략에 따른 투자가 건수 측면에서 더 많다. 이 역시 바이아웃(Buy-out) 전략의 시너지에 주목한 블랙스톤(Blackstone)의 정책 방향에 따른 것이다. 프레퀸(Preqin)에 따르면 블랙스톤(Blackstone)의 부가(Add-on) 투자 전략은 전체 투자 건수의 43.4%를 차지한 최대 투자전략이다. 이는 KKR보다도 집중도가 더 큰데 이는 그만큼 바이아웃(Buy-out) 투자의 시너지 효과를 중시한다는 뜻이다.

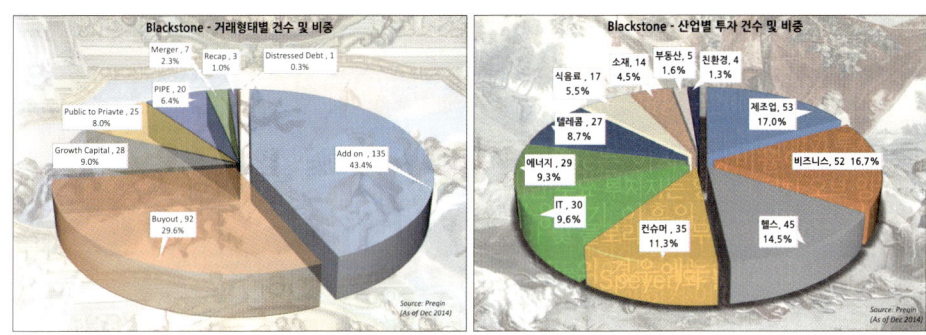

그 다음이 바이아웃(Buy-out) 투자로 전체의 29.6%를 차지한다. 부가(Add-on) 투자와 바이아웃(Buy-out) 투자를 합치면 전체의 70%를 넘는다. 그만큼 블랙스톤(Blackstone)의 PEF 사업부문은 바이아웃 전략의 비중이 높다. 블랙스톤(Blackstone)의 또 다른 특징 중 하나는 PIPE 투자에 대한 선호도가 높다는 것이다.[444] PIPE 투자는 공개 시장에 대한 투자인 만큼 증권관련 규제에 더 많은 영향을 받기 때문에 PEF 입장에서는 전문성을 갖추지 않으면 투자하기 어렵다. 하지만 조속한 유동화나 신속한 이익실현이 가능하다는 점에서 PEF가 가진 비유동성을 보완할 수 있는 장점이 있다. 블랙스톤(Blackstone)이 PIPE에 주목하는 이유 중의 하나도 PIPE 투자가 PEF 단점을 어느 정도 보완하기 때문이라고 본다.

---

444 PIPE에 대한 상세 내용은 「대체투자 파헤치기(하) – PEF(2) 주주행동주의, 주요 대기업 그룹 해부 편: 타이타노마키의 2막」의 PIPE 참조

블랙스톤(Blackstone)의 PEF 투자의 산업별 분포를 보면 다른 PEF와 달리 서비스업 투자 비중이 높다는 것이 특징이다. 가장 비중이 높은 산업은 전통적인 제조업으로 17%를 차지한다. 하지만 두 번째로 비중이 높은 산업은 비즈니스 서비스로 전체의 16.7%, 역시 서비스 업종인 헬스케어 업종에 대한 투자가 전체의 14.5%, 통신 산업이 전체의 8.7%로 전체 투자 건수의 39.9%가 비즈니스 서비스, 통신, 헬스케어 업종에 대한 투자이다. 동일 3개 업종에 대한 집중도가 칼라일은 33.2%, KKR은 37.5%인데 반해 블랙스톤(Blackstone)의 경우 이들보다 높다. 주요 서비스 업종에 대한 블랙스톤(Blackstone)의 전문성과 자신감을 간접적으로 엿볼 수 있는 대목이다.

블랙스톤(Blackstone)의 평균 거래 규모(deal size)는 중대형 딜인 10억불에서 50억불 미만이 전체의 22.2%로 가장 많다. KKR보다 그 비중은 낮다. 하지만 50억불 이상의 초대형 투자 건에서는 그 비중이 13.9%로 KKR보다도 높다. 이는 블랙스톤(Blackstone)이 초대형 투자 건에 참여할 수 있는 능력이 다른 어떤 글로벌 PEF보다 높다는 뜻이다. 초대형 투자 건에 대한 참여 능력은 KKR이나 칼라일이 갖지 못하는 블랙스톤(Blackstone)만의 또 다른 강점이다.

사모투자펀드(PEF)

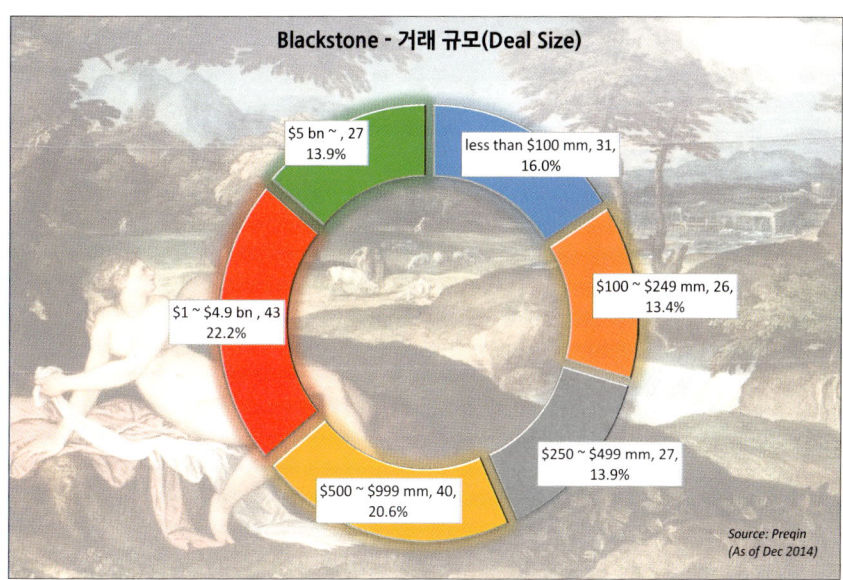

12) 그로쓰 캐피탈(Growth Capital/Later Stage VC): 개요 및 최근 동향

그로쓰 캐피탈(Growth Capital) 전략은 바이아웃(Buy-out) 전략과 달리 일반적으로 경영권을 인수하거나 통제하려고 하지 않는다. 그로쓰 캐피탈(Growth Capital) 전략은 기업을 통제(control)하려고 하기보다는 기업경영에 실질적인 영향(influence)을 줄 수 있는 지분비율을 보유하려는 경향이 크다.[445] 따라서, 바이아웃(Buy-out) 전략과 같이 적극적인 경영진 교체 등으로 기업을 직접 경영하면서 기업가치를 제고하는 것이 아니라 이사회 참여, 주요 경영사항에 대한 사전 동의, CFO 파견 등을 통해 다소 소극적인 모니터링(monitoring) 활동을 수행하게 된다. 투자 형태도 단순한 보통주 지분보다는 전환우선주(CPS), 상환전환우선주(RCPS), 신주인수권부사채(BW), 전환사채(CB), 교환사채(EB), 메자

---

445 이 때의 지분을 통상 "주요 소수(significant minority: sig minor) 지분"이라고 부른다.

대체투자 파헤치기(중)

타이타노마키의 서막

닌(mezzanine) 등 부채와 자본의 성격을 동시에 지닌 형태를 선호한다. CPS나 RCPS 등을 선호한다는 점에서 (하)권에서 설명하게 될 파이프(PIPE) 투자와 유사하나, PIPE 투자는 상장기업을 대상으로 한 투자라는 점에서 비상장 기업을 오히려 선호하는 그로쓰 캐피탈(Growth Capital) 전략과는 다르다.

그로쓰 캐피탈(Growth Capital) 전략으로서 기업의 중장기 사업전략이나 핵심역량 강화를 위해 적극적 경영 활동을 하는 PEF도 가끔 있지만 흔한 경우는 아니다. 다만 특별한 사건이 발생하였을 경우, 투자지분 상향 혹은 전환비율 조정(refixing) 등을 통하여 기업의 경영권을 장악하는 장치를 투자 시 마련하는 사례도 있다. 예컨대 영업이익이 사전에 지정한 금액 이하로 발생하였다면 전환비율 조정 등을 통해 대주주 지위로 변경될 수 있는데, 이럴 경우 동 PEF는 기업의 경영권을 장악하여 기업가치 제고를 위한 활동에 돌입하게 된다. 즉, 그로쓰 캐피탈(Growth Capital) 전략이 바이아웃(Buy-out) 전략으로 전환되는 것이다. 그러나 이런 조항은 기본적으로 대부분 기존 경영진의 성과 제고를 유도하고 방만한 경영을 견제하기 위한 장치로 사용되며, 실제로 처음부터 기업의 경영권을 장악하기 위한 의도로 사용되는 것은 아니다. 이 경우는 기본적으로 부채 전략으로서 기업의 확실한 현금흐름에 초점을 둔 전략을 구사하되, 필요할 경우 보통주로 전환하여 대주주로서의 지위를 확보한 후 기업의 경영권을 장악하는 부실투자 전략과도 유사하다.

그로쓰 캐피탈(Growth Capital) 전략과 바이아웃(Buy-out) 전략의 또 다른 차이점은 레버리지의 사용여부이다. 바이아웃(Buy-out) 전략은 해당기업의 경영권을 매입하는 전략이므로 그로쓰 캐피탈(Growth Capital) 전략보다 소요되는 자금이 많게 된다. 따라서 바이아웃(Buy-out) 전략은 자금차입이 필수적인 요소가 되는데 반해, 그로쓰 캐피탈(Growth Capital) 전략은 자금소요가 아주 크지 않기 때문에 통상 레버리지를 사용하지 않는다. 이에 따라 바이아웃(Buy-out) 전략이 이자율이나 은행대출 규제와 같은 레버리지 매크로 요소에 의해 영향을 받을 수 있는 반면, 그로쓰 캐피탈(Growth Capital) 전략은 이자율과 같은 매크로 요소

사모투자펀드(PEF)

의 영향을 덜 받게 된다는 장점이 있다.

하지만 그로쓰 캐피탈(Growth Capital) 전략은 PEF의 전통적 전략인 바이아웃(Buy-out)이나 벤처캐피탈만큼 흔하게 사용되는 전략은 아니다. 심지어 PEF를 유통시장에서 거래하는 세컨더리(Secondary) PEF 시장보다도 규모가 더 작고, 부채전략의 일종이 메자닌 전략보다도 수탁자산(AUM)이 적다. 이는 그로쓰 캐피탈(Growth Capital) 전략이 기업의 경영권을 확실히 통제하여 기업 가치를 제고함으로써 수익을 추구하는 것도 아니고, 확실한 현금흐름을 처음부터 확보하는 부채 전략도 아니기 때문이다. 이처럼 전략의 성격이 다소 불분명하기 때문에 글로벌 PEF 시장에서는 그로쓰 캐피탈(Growth Capital) 전략에 대한 선호도는 그렇게 높지가 않다.

프레퀸(Preqin)이 2001년부터 2011년 사이에 투자를 개시(vintage)한 PEF 전략별로 총 수탁자산(AUM)과 순수익률(Net IRR) 및 이의 표준편차를 조사한 적이 있다. 이 조사에 따르면 그로쓰 캐피탈(Growth Capital) 전략은 초기 기업에 투자하는 엔젤투자와 함께 PEF 전략의 AUM 순위에서 최하위에 위치하고 있다.

〈 PEF 주요 전략별 리스크-리턴 현황 〉

펀드 전략	AUM (mio USD)	Net IRR 중간값 (%)	Net IRR 표준편차 (%)
바이아웃 (Buy-out)	1,047,635.1	11.3%	17.4%
부동산 (Real Estate)	39,6276.5	6.9%	17.7%
부실자산 (Distressed Private Equity)	196,773.5	13.0%	15.6%
재간접 펀드 (Fund of Funds)	185,617.6	7.0%	8.0%
벤처 (Venture Capital, Excluding Early Stage)	98,836.74	5.5%	15.4%
인프라 (Infrastructure)	90,716.0	8.7%	14.5%
세컨더리 (Secondaries)	88,717.83	14.6%	15.4%

대체투자 파헤치기(중)

타이타노마키의 서막

펀드 전략	AUM (mio USD)	Net IRR 중간값 (%)	Net IRR 표준편차 (%)
자원 (Natural Resources)	88,189.2	11.0%	17.5%
메자닌 (Mezzanine)	85,210.6	8.8%	6.5%
그로쓰 캐피탈 (Growth Capital)	*66,826.7*	*8.3%*	*18.9%*
초기기업 투자 (Early Stage)	53,324.2	3.9%	19.8%
혼합 (Balanced)	47,055.6	8.9%	10.2%

표 출처: Preqin, 2001~2011

나아가 그로쓰 캐피탈(Growth Capital) 전략의 경우 순수익률(net IRR)이 8.3%로 바이아웃(Buy-out) 전략의 11.3%에 비해 높지도 않았고, 표준편차 역시 18.9%로 엔젤 투자에 이어 두 번째로 표준편차가 높았다. 이는 그로쓰 캐피탈(Growth Capital) 전략이 리스크에 비해 리턴이 높지 않다는 뜻으로, 글로벌 PEF의 GP 입장에서 왜 그로쓰 캐피탈(Growth Capital) 전략의 선호도가 낮은지 그 이유를 명백히 보여 준다.

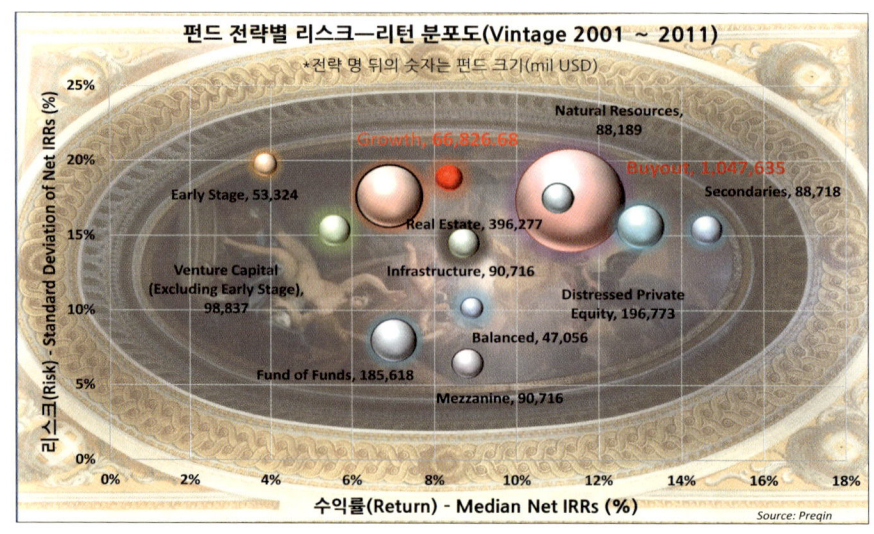

흥미로운 점은 그로쓰 캐피탈(Growth Capital) 전략이 우리나라를 포함하여 아시아 지역에서는 매우 인기가 많은 전략이라는 점이다. 프레퀸(Preqin)이 2013년 8월 기준으로 아시아 지역 LP를 대상으로 가장 선호하는 전략에 대한 설문조사를 한 적이 있다. 이 때 응답자의 44%가 소규모 바이아웃(small cap Buy-out) 전략을 가장 유망한 전략으로 선택하였고, 두 번째로 많은 응답자의 30%가 그로쓰 캐피탈(Growth Capital) 전략이라고 답변하였다. 이는 아시아 지역의 그로쓰 캐피탈(Growth Capital) 전략에 대한 선호도가 얼마나 높은지 보여주는 사례이다.

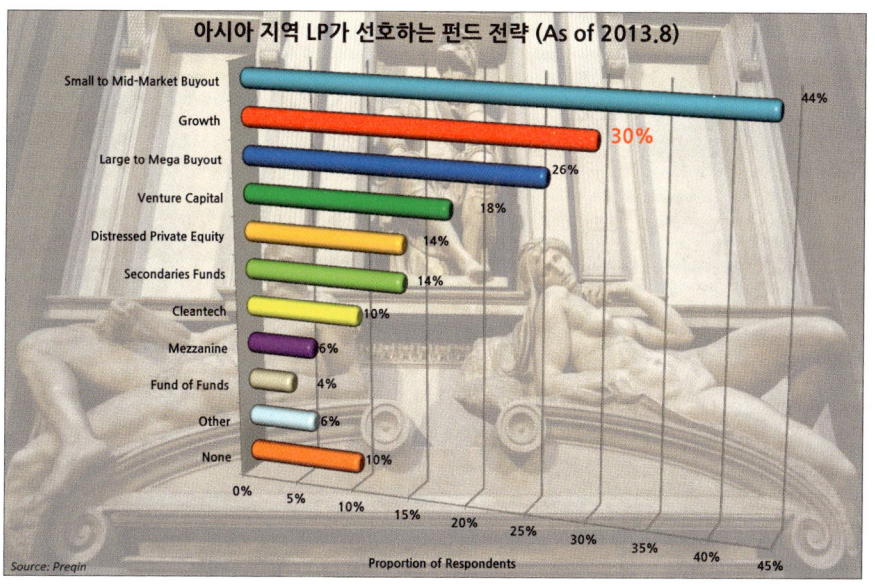

특히 우리나라의 경우 거의 대부분의 PEF가 구사하는 전략이 그로쓰 캐피탈(Growth Capital) 전략이다. 심지어는 이 전략으로 쏠림 현상이 지나치다고 판단한 금감원이 옵션부 투자 가이드라인이라는 것까지 만들어서, 그로쓰 캐피탈(Growth Capital) 전략의 쏠림 현상을 "저지"하기 위해 시장에 개입하기도 하였다. 이는 전 세계 PEF 전략 동향과는 매우 동떨어진 것인데, 우리나라를 비롯한 아시아 지역의 특이한 추세로 매우 흥미로운 결과이다. 이와 같이 우리나라를 비롯한 아시아 지역의 PEF가 왜 전 세계의 일반적인 동향과 동떨어진 추세를 보이고 있을까?

대체투자 파헤치기(중)
타이타노마키의 서막

　필자가 생각하는 이유는 다음과 같다. 첫째, 차입인수(LBO)를 비롯한 바이아 웃(Buy-out)을 위해서는 적지 않은 자금이 필요한데, 아시아 지역에서는 이와 같은 자금조달을 위한 자본시장(capital market)이 잘 발달되어 있지 않다. 설사 인수 금융에 필요한 자금을 조달한다 하더라도 조달 비용이 높기 때문에 바이아웃(Buy-out) 전략을 통한 수익을 내기가 쉽지 않다. 특히 바이아웃(Buy-out) 전략 중에서 최근 가장 비중이 큰 차입인수(LBO) 전략은 사실상 레버리지로 인한 이익 창출의 비중이 상당한데도, 레버리지를 일으킬 수 있는 금융 인프라가 아시아 지역에서는 발달되어 있지 않아 바이아웃(Buy-out)으로 인한 이익창출의 기회가 매우 제한되어 있다. 이에 따라 한국을 포함한 아시아 지역의 경우 바이아웃(Buy-out) 전략보다 자금 소요가 적은 그로쓰 캐피탈(Growth Capital) 전략에 대한 선호도가 매우 높다고 본다.

　두 번째로 기업을 바이아웃(Buy-out)하기 위해서는 인수 후 기업을 실제로 경영할 수 있는 역량을 보유하고 있어야 한다. 인수 후 기업의 경영권 장악을 통한 기업가치 제고는 해당 산업에 대한 전문성을 보유하여야만 가능하다. 해당 산업에 대한 전문성을 보유하고 있지 않은 상태에서 기업을 인수하면, 기업 가치를 제고할 수 있는 가장 기초적인 수단이 없는 것과 마찬가지다. 기업 가치 제고 역량이 안 되면 바이아웃(Buy-out) 전략으로서 수익 창출 기회는 거의 없다고 본다. 1980년대 미국에서 유행하던 차입인수(LBO)처럼 기업가치 제고보다는 대상 기업의 현금흐름에만 주목하여, 차입 인수 후 타겟 기업의 현금을 모두 빼먹은 후 수익을 올리는 기업사냥꾼 전략도 아시아 지역 문화에서는 쉽지 않다. 특히 전통적인 바이아웃(Buy-out) 전략은 기업의 경영진을 완전히 교체해야 한다. 기업의 경영진을 교체하기 위해서는 해당 산업의 CEO, CFO, CMO, COO 등의 경영자 층, 이른 바 고위경영진(C-Level) 인력에 대한 풀을 충분히 확보하고 있어야 한다. 하지만 아시아 지역에서는 이와 같은 인력 풀이 두텁지 않고, 설사 있다하더라도 인력의 이동이 자유롭지 않다. 따라서 바이아웃(Buy-out) 전략보다는 그로쓰 캐피탈(Growth Capital) 전략을 구사하기가 아시아 지역에서는 훨씬 쉽다.

셋째, 우리나라의 경우 투자회수 시장의 발전 단계가 너무 낮다. 전술한 바와 같이 바이아웃(Buy-out) 투자의 경우 가장 중요한 투자회수 수단은 전략적 투자자에게 매각(Trade Sale)하는 것이다. 미국의 경우는 트레이드 세일(Trade Sale)과 관련된 규제가 거의 없고, 오히려 기업을 IPO하는 경우가 전략적 투자자에게 매각하는 것보다 규제 강도가 훨씬 강하다. 나아가 동종 업종에서 해당 기업들의 산업집중도가 낮아서 트레이드 세일(Trade Sale)에 따른 독과점 이슈도 심각하지 않다. 특히 인수 합병과 관련하여서는 특별한 조세 혜택도 다양하게 제공되고 있어서, 기업을 매수하는 측과 매도하는 측의 이해관계만 맞으면 트레이드 세일(Trade Sale)을 매우 활발하게 전개할 수 있는 환경이 잘 구비되어 있다. 따라서 전략적 투자자에게 기업을 매각하는 것이 PEF에게 가장 효과적인 투자회수 수단을 제공한다.

하지만 한국은 매우 다르다. 결론부터 말하면 투자회수 수단이 IPO 말고는 거의 없다. 이는 트레이드 세일(Trade Sale)이 가장 활발하게 이루지면서 가장 많은 투자회수 비중을 차지하는 미국과 유럽 시장과 극명하게 대비되는 현상이다. 최근에는 IPO 외에 국내 PEF 상호간 매수, 매도(PEF to PEF)를 통해 투자회수 건수가 다소 증가하고 있지만, 이는 PEF 투자자산의 출구가 너무 좁다는 또 하나의 반증일 뿐이다. 그 이유 중의 하나는 한국의 경우 주요 산업이 거의 독과점 구조로 구축되어 있어서 트레이드 세일(Trade Sale)이 원천적으로 불가능한 경우가 많기 때문이다. 다시 말해 자금 동원 능력이 뛰어난 시장 점유율 1~2위 기업들은 독과점 이슈와 경제민주화 논의 때문에 트레이드 세일(Trade Sale)의 참가자가 되기가 쉽지 않다. 시장 점유율 4위 이하의 기업들은 자금 동원 능력이 상대적으로 떨어져서, 인수자금을 마련하여 시장점유율을 높이기 위한 인수합병 전략을 구사하는 것이 말처럼 쉽지 않다. 예컨대 2013년의 경우 우리나라 인수합병 거래에서 전략적 투자자가 차지하는 비중은 30% 내외에 불과하였다. 한국에서 대규모 바이아웃 전략을 구사하는 PEF의 투자회수 형태로 트레이드 세일(Trade Sale)이 이루어지기 위해서는, 새로운 산업으로 진출하려는 대기업 그룹의 확장 전략

대체투자 파헤치기(중)

타이타노마키의 서막

에 따른 트레이드 세일(Trade Sale)이 있을 경우에나 가능하다. 2006년 대우건설을 인수한 금호그룹, 하이마트를 인수한 유진그룹(2007년)과 롯데그룹(2012년), 2009년 ㈜쌍용을 인수한 GS그룹, 2015년 KT 렌탈을 인수한 롯데그룹, 2018년 ADT 캡스를 인수한 SK그룹 등 대표적인 사례이다.

나아가 전략적 투자자가 M&A를 추진하기 위한 형태도 다양하지 않고 이에 따른 세제 혜택도 특별한 것이 없다.[446] 미국의 경우는 모기업이 주주총회를 거치지 않고 자회사를 만들어 다른 기업이 이를 합병할 수 있는 역삼각 합병(reverse triangular merger), 모회사가 90% 이상의 지분을 가진 자회사가 이사회 결의만으로 영업을 양수도 하거나 합병을 할 수 있는 간이 영업양수도(de-facto short-form merger) 등 매우 다양한 M&A 형태 거래가 많다. 특히 거의 모든 인수합병 형태는 인수합병 당시 세금이 미래로 연기된다. 즉 인수합병 당시에는 세금과 관련된 비용이 거의 없다.

요컨대 한국의 PEF가 바이아웃(Buy-out) 전략으로 투자시장에 진입하게 되면, 출구가 매우 제한적인 상황에 직면할 수밖에 없다. 따라서 원활한 투자회수를 위해서는 출구가 제한된 바이아웃(Buy-out) 전략보다는 자연스럽게 투자집행 단계부터 투자회수를 구조화하는 메자닌(mezzanine) 투자, 그로쓰 캐피탈(Growth Capital) 전략에 치중할 수밖에 없다. 전술한 바대로 우리나라에서 최근 PEF의 투자회수 형태에 PEF 상호간의 거래(PEF to PEF deal)가 증가하는 이유는 바로 트레이드 세일(Trade Sale)을 통한 효과적인 출구 수단이 없기 때문이다. 이 점에서 우리나라에서 트레이드 세일(Trade Sale)을 통한 투자회수의 활성화는 PEF가 원래의 취지인 바이아웃(Buy-out) 투자에 집중하도록 유도하기 위해 가장 핵심

---

446 정부는 2014년 8월 6일 상법 개정안 입법예고를 통해 역삼각합병 제도와 간이 영업 양수도 제도를 처음으로 허용하고, 합병 시 신주를 발행하는 대신 자기주식을 교부하는 것을 허용하였다. 이와 같은 제도 개편은 매우 바람직한 방향이라고 본다. 다만 M&A 제도 개편에 필수적인 요소는 관련 세금제도이다. M&A제도 개편에 관련 세제개편이 동반되지 않으면, M&A의 획기적인 활성화를 기대하기는 사실상 어렵다고 본다.

적으로 필요한 요인이다. 금융당국과 관련 기관은 옵션부 투자가이드라인과 같은 황당한 규제를 신설하는 것보다는, 전략적 투자자의 M&A 활성화를 위한 제도 개편에 더 초점을 맞추어야 한다.

마지막으로 PEF에 투자하는 투자자들인 LP들의 기본적인 입장도 문제라고 본다. PEF란 지분 투자 전략으로 기업 입장에서 최선순위 대출, 메자닌, 우선주에 이어 현금흐름의 순서(waterfall)상 가장 마지막에 위치하는 보통주에 투자하는 전략이다. 따라서 현금 흐름을 사전에 확정할 수 없는 위험도가 높은 전략이다. 결국 PEF 투자는 어느 정도 위험을 감수하고 투자하지 않으면 안 된다. 예컨대 투자 중간에 투자 포트폴리오가 부도가 나더라도 보통주 전략상 당연히 가능한 시나리오라고 생각해야 한다. 하지만 우리나라 LP는 그렇게 생각하지 않는다. 해당 GP에 대한 비공개적인 압박과 비정상적인 자료 요구가 이어진다. GP 입장에서는 부담스러울 수밖에 없다.

PEF 투자자인 LP는 과거 성과에 대한 철저한 검증과 GP나 펀드의 안전성에 대한 검증이 완료되어 투자가 결정되면, 해당 GP를 끝까지 신뢰하고 가야 한다. 만약 그렇게 할 수 없다면 처음부터 GP를 선정하면 안 된다. 예컨대 LP가 GP에 대해 이른 바 나눠 주기식 출자를 할 경우, LP가 GP의 자금운용 과정에 어떤 방식으로든지 개입할 여지를 남기게 될 가능성이 높다. 왜냐하면 나눠 주기식 출자는 결국 어떤 이유이든 100% 신뢰할 수 없는 GP가 선정되었다는 뜻이기 때문이다. 결국 선정 후에 해당 GP에 대해 투자자인 LP가 어떤 형태로든 간섭을 하게 되고, GP는 투자 실패에 대한 무언의 압박을 받게 된다. 따라서 GP는 모험자본으로서의 투자 전략인 바이아웃(Buy-out) 전략을 구사하기보다는, 부채 전략과 경영권 취득 전략 중 어느 전략도 아닌 어정쩡한 전략을 구사할 수밖에 없다. 바로 그로쓰 캐피탈(Growth Capital) 전략이 한국에서 흥행하는 이유 중의 하나가 이와 같은 LP의 태도 때문일 수도 있다.

LP의 이와 같은 모순적인 태도에 대해서 LP들도 나름대로 이유가 있다고 항변한다. 바로 국회, 감사원, 언론 등 금융투자 실패에 대한 무조건적인 비난과 가

혹한 견제장치이다. 필자도 우정사업본부의 대체투자팀장으로서 주요 LP 역할을 3년 넘게 하였다. 따라서 이와 같은 견제장치의 상시적인 대상이 되어 왔고, 그 항변이 정확히 무슨 뜻인지 누구보다도 잘 알고 있다. 하지만 PEF는 기본적으로 지분(equity)에 투자하는 모험자본이라는 점을 LP가 우선 인식하지 않으면, 펀드 선정부터 펀드 관리까지 일관된 LP 입장을 유지할 수 없다.

예컨대 필자가 우정사업본부 대체투자팀장으로 있을 때, 국내 PEF의 가장 중요한 정책 방향의 중의 하나가 최소한 1개 PEF를 매년 선정하는 「이븐 빈티지(Even Vintage)」 전략이었다. 이는 PEF 포트폴리오의 전체 성과가 경기 싸이클에 영향을 가장 적게 받기 위해서는 매년 PEF를 선정하는 것이 중요하다고 생각했기 때문이다. 만약 특정 PEF의 특정 포트폴리오가 2014년에 부도났다고 해서 그 해에 PEF 선정을 하지 않는다면 어떻게 될까? 이는 PEF 투자가 모험투자로서 부도가 날 가능성에 대해서는 언제든지 대비해야 한다는 인식이 없기 때문이 아닐까? 예컨대 2014년에 국민연금은 PEF 선정절차를 진행하지 않았다. 이유는 시장이 다 알고 있듯이 특정 PEF의 특정 포트폴리오 부도 사건이었다. 이와 같은 LP들의 행태에 대해 우리나라 PEF 운용사들이 어떻게 반응하게 될까? 포트폴리오의 부도로 인해 LP로부터 자금 모집이 끊길 수 있다는 두려움에 전전긍긍하면서, 모험자본으로서의 바이아웃(Buy-out) 전략보다는 투자회수 장치를 처음부터 구조화하는 보수적인 그로쓰 캐피탈(Growth Capital) 전략, 옵션부 투자에 치중하게 되는 것이 오히려 자연스러운 현상은 아닐까? 이처럼 LP가 PEF에 대한 확고하면서도 합리적인 입장을 견지하지 않으면 한국의 PEF 시장은 진정한 바이아웃(Buy-out) 전략보다 그로쓰 캐피탈(Growth Capital) 전략이 계속 지배할 가능성이 매우 높다. 이는 전 세계적인 추세에도 맞지 않고, 모험자본으로서 기업을 경영하는 PEF의 본래 취지에도 맞지 않다. 향후 관련 업계의 합리적인 진전을 기대해 본다.

13) 그로쓰 캐피탈(Growth Capital/Later Stage VC): 전략

그로쓰 캐피탈(Growth Capital) 투자 대상 기업은 초기 엔젤투자, 벤처투자 단계를 넘어 본격적으로 매출이 증가하고 기업이 성장하는 단계에 있는 기업이다.[447] 보통 대규모 기업의 경우는 그로쓰 캐피탈(Growth Capital) 전략을 사용하는 것이 드문데, 이는 대규모 기업인 경우 가속화된 성장단계를 이미 지났기 때문이다. 대규모 기업이 그로쓰 캐피탈(Growth Capital) 펀드 전략의 대상이 되는 경우는, 해당 기업의 재무구조 개선이나 대체 자금조달 수단으로서 자기자본 조달(equity financing)이 필요한 경우가 대부분이다. 즉 해당 기업이 부채/자본 비율 제약 등으로 인해 대출과 같은 타인자본을 통한 자금조달(debt financing)이 어려울 경우, 유상증자를 통해 재무적 투자자(Financial Investor: FI)를 새로운 주주로 받아들이게 되면 재무구조를 개선하는 동시에 경영의 자율성을 최대한 확보할 수 있게 된다. 특히 해당 기업이 특정 기업을 인수하기 위해 대규모 자금이 필요한 경우 자금차입이 여의치 않으면, PEF를 상대로 유상증자를 단행할 수도 있다.[448] 이 경우 대규모 기업에게 그로쓰 캐피탈(Growth Capital) PEF는 지분투자를 통한 자금조달(equity financing)의 수단으로서 활용된 것이다.

---

447 그러나 이와 같은 구분이 언제나 명확하지는 않다. 어떤 이는 그로쓰 캐피탈(Growth Capital) 전략을 단순히 벤처투자의 후기 단계 투자로 보기도 한다. PEF의 벤치마크 지수를 제공하는 대표적인 기관인 톰슨 로이터스(Thomson Reuters)와 캠브리지 어쏘시에이츠(Cambridge Associates) 역시 초기 벤처(Early/Seed VC), 후기 벤처(Later Stage VC), 소규모 바이아웃(Small Buyouts), 중규모 바이아웃(Medium Buyouts), 대규모 바이아웃(All Buyouts)으로 구분하여, 그로쓰 캐피탈(Growth Capital)을 별도의 범주로 분류하지 않고 후기 벤처(Later Stage VC)에 포함하여 분류한다.

448 2015년 5월에 라파즈 한라시멘트가 매물로 나온 동양시멘트를 인수하기 위해 PEF를 상대로 유상증자를 검토하는 것이 대표적 사례이다.

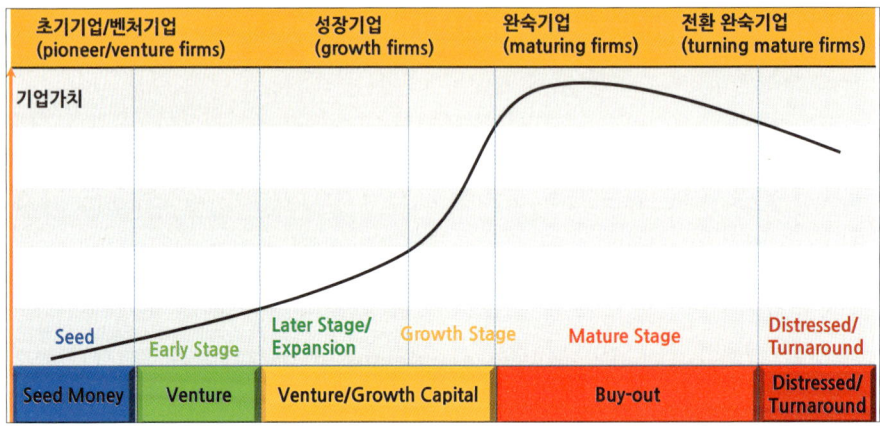

그러나 그로쓰 캐피탈(Growth Capital) 전략의 타겟 기업은 통상적으로 대규모 기업이 아니라 평균보다 빠른 규모의 성장단계에 있는 중소, 중견기업인 경우가 대부분이다. 통상 연평균 10~20% 이상의 매출액 성장이 가능하면 그로쓰 캐피탈(Growth Capital) 단계로 분류가능하다. 대상 기업은 벤처기업과 달리 생산 제품이 뚜렷해야 하고 경영전략이 확립되어 있어야 한다. 가장 중요한 특징은 바로 기업의 이윤이 창출되고 있거나 창출 초기 단계에 있어야 한다는 점이다. 이윤이 발생하고 있다면 기업 가치(valuation)에 대한 객관적인 평가가 가능한데, 이점이 바로 벤처캐피탈(VC)과 그로쓰 캐피탈(Growth Capital) 전략을 구분하는 가장 중요한 차이점이기도 하다. 어떤 이는 벤처캐피탈이 기업의 경영모델이 확립되기 전에 투자단계의 아이디어를 매출이 발생하는 제품과 서비스로 연결되는 고리를 탐색하도록(find-out) 도와주는 "탐색(Find-out) 자본"이고, 그로쓰 캐피탈(Growth Capital)은 이미 확정된 제품과 서비스의 생산과 유통을 확장하도록(roll-out) 도와주는 "확장(Roll-out) 자본"이라고 구분한다. 따라서 그로쓰 캐피탈(Growth Capital) 전략을 어떤 이는 후기 벤처투자 전략(Later Stage Venture Capital)이라고 부르기도 한다. 수익률 중 수익 배수(return multiple)를 기준으로 판단하면 벤처캐피탈은 2.5~3.5배, 그로쓰 캐피탈(Growth Capital) 전략을 구사하는 PEF는 2~3배, 바이아웃(Buy-out) 전략을 구사하는 PEF 수익 배수는

1.5~2.5배로 구분이 가능하다.[449]

앞서 언급한 바와 같이 그로쓰 캐피탈(Growth Capital) 전략을 사용하는 또 다른 이유 중의 하나는 기존의 경영진이 회사 재무구조를 좀 더 건전하게 바꾸기 위한 목적도 있다. 예컨대, 은행으로부터 차입이 너무 많아 부채/자본 비율이 높고 지급이자가 과다하여 현금흐름에 곤란을 겪게 되는 경우, PEF로부터 자금을 유치하여 증자한다면 부채/자본 비율도 개선되고 기업의 현금흐름도 개선할 수 있을 것이다. 이 때 그로쓰 캐피탈(Growth Capital) 전략을 구사하는 PEF가 증자단계에 참여한다면 상호 윈/윈(win/win)하는 구도가 만들어지게 된다. 이 경우 그로쓰 캐피탈(Growth Capital) 전략을 구사하는 운용사는 기업의 현금흐름, 회계 및 수익-비용 분석에 상당한 정도의 전문성을 보유하고 있어야 한다.

특히 위험이 발생하였을 경우 그로쓰 캐피탈(Growth Capital) 전략을 구사하는 펀드는 안전성을 최대한 확보하기 위한 다양한 안전장치가 필수적이다. 이와 같은 안전장치는 앞서 언급한 대로 바이아웃(Buy-out) PEF가 경영권 장악을 통해 투자의 리스크를 통제하는 반면, 그로쓰 캐피탈(Growth Capital) PEF는 효율적이고 안정적인 자금참여 구조의 설계를 통해 투자 리스크를 통제하기 때문이다. 이 점에서 그로쓰 캐피탈(Growth Capital) PEF는 메자닌 PEF(mezzanine PEF) 전략과 부분적으로 겹칠 수도 있다. 그로쓰 캐피탈(Growth Capital) PEF가 자금을 투자하는 과정에서 주로 사용하는 수단은 RCPS, CPS, RPS, BW, CB, EB 등의 메자닌(mezzanine) 형태가 많다.

RCPS(Redeemable Convertible Preferred Stock)는 상환전환우선주로 IFRS상 우선주가 아닌 부채로 분류된다. 그러나 보통주로 전환할 수 있는(convertible) 권리가 있고, 동시에 일정 기간 후에는 전체 자금에 일정 이익을 덧붙여 상환을 요구할(redeemable) 수도 있다. 상환해야 하므로 만기가 존재하고 발행회사는 만

---

449 SVP Capital, *Growth Capital*, 2008.10

기 때 되사서 반드시 소각하여야 한다. 상환을 위해 매년 이익의 일부를 감채기금(sinking fund)으로 적립하도록 정할 수 있다. 다만 이익잉여금이 부족할 경우에는 상환하지 않아도 된다. 상환전환우선주는 배당과 이자를 통한 동시 수익 창출이 가능하고, 비상장기업이 상장하거나 주식가치가 상승할 경우에는 전환권을 행사하여 보통주로 전환하면 초과수익도 향유할 수 있다. 최악의 경우에는 상환권을 행사하여 이익잉여금의 범위 내에서 상환금액을 보장받는 게 가능하다.[450] 그러나 이익잉여금이 없으면 상환이 불가능하고, 회사가 파산한 경우 회계 상으로는 부채로 분류되지만 채권으로 보전 받을 수도 없다는 것이 단점이다. 나아가 우선주란 명칭도 있지만 잔여재산에 대한 우선분배권도 없다. 따라서 투자자는 영업이익, 당기순이익이 일정 비율이나 금액 이하로 떨어져 이익잉여금 적립 가능성이 현저히 낮아질 경우 혹은 IPO가 실패할 경우에 대비해서, 상환이 불가능하게 될 가능성을 보상하기 위해 보통주로의 전환가격(conversion price)이나 전환비율(conversion ratio)을 조절(refixing)할 수 있는 조항을 삽입하는 것이 보통이다. 어떤 경우에는 영업이익의 지나친 하락으로 전환가격[451]이 지나치게 낮아져서, PEF 투자자가 전환권을 행사함으로써 PEF가 최대주주로 전환되는 상황도 실제로 볼 수 있었다.

전환우선주(CPS: Convertible Preferred Stock)는 일정기간 경과 혹은 일정 조건 충족 후에 보통주로 전환할 수 있는 전환권이 부여된 우선주이다. 전환가격보다 보통주가격이 상승하면 초과수익이 발생하게 된다. 상환우선주(RPS: Redeemable Preferred Stock)는 일정기간, 보통 발행 후 2~3년 후 발행회사가 이자를 붙여 이익잉여금의 범위 내에서 상환해야 하는 상환권이 부여된 우선주를 의미한다.

---

450 따라서 무조건 이자와 원금을 지급해야 하는 사채와 다르다.
451 전환 가격 = 주식 1주와 교환되는 사채의 액면가, 전환 비율 = 사채의 액면가/전환 가격

전환사채(CB: Convertible Bonds)는 정해진 조건에 의해 지분증권으로 전환권이 부여된 사채이다. 전환비율은 사전에 정해지는 것이 보통이나, 일정 조건 하에서 전환비율을 조정하는 리픽싱(Refixing) 조항을 삽입할 수도 있다. 전환권을 행사하면 기존에 존재하는 사채로서의 성격은 사라진다. 이는 신주인수권을 행사하더라도 사채의 성격을 계속 보유하는 신주 인수권부 사채(BW)와 다른 점이다.[452] 아울러 사채의 성격을 보유하므로 정해진 일정에 따라 원리금을 상환하여야 하며, 발행회사가 RCPS와 달리 이익잉여금의 존재여부와 무관하게 상환하여야 하는 의무가 있다. 전환사채는 비상장기업인 경우 공모가 아닌 3자 배정방식의 사모로도 발행이 가능하다. 해당기업의 자금조달 필요성에 따라 발행되는 것이 통상적이지만, 경우에 따라서는 지분승계나 M&A 수단으로도 활용될 수 있다.[453]

신주인수권부 사채(BW: Bond with Warrant)는 특정가격인 행사가격에 신주를 행사가격(exercise price)에 인수할 수 있는 권한인 신주인수권(Warrant)이 부

---

452 후술하겠지만 BW는 사채"와" 신주인수권이 결합된 증권이다. 따라서 신주인수권 행사 여부에 상관없이 사채의 성격을 갖게 된다.

453 삼성에버랜드는 이사회 정원 17명 중 8명의 회의 참석 및 의결로 1996년 10월 30일, 주당 7,700원에 에버랜드 주식으로 전환할 수 있는 99.6억 원 규모의 CB를 주주를 대상으로 우선 발행하였다. 전환권은 사채발행 다음 날부터 행사 가능했다. 만약 실권주가 발생할 경우에는 이사회 결의에 의해 3자 배정이 가능하다는 조건이었다. 당시 주주는 법인 주주 8개사, 1개의 재단법인과 삼성그룹 계열사 전·현직 임원들 17명의 개인으로 구성되었다. 1996년 12월 3일까지 신청 결과 유일하게 제일제당이 지분비율대로 2.94%를 신청하였고, 나머지 97.06%는 실권주 처리 되었다. 에버랜드 이사회는 12월 3일, 이사회를 다시 개최하여 실권주를 이재용 삼성전자 사장 등 삼성그룹의 직계 가족 4인에게 배정하였다. 이재용 부회장은 1995년에 에스원 주식 12만여 주를 23억 원, 삼성엔지니어링 주식 47만주를 19억 원에 매입한 이후 두 회사가 상장되면서 거둔 시세차익 563억 원을 활용하여, 에버랜드 전환사채를 인수하였다. 에버랜드 주주를 대상으로 발행하였는데 실권주 처리되면서, 이재용 삼성전자 사장 등이 이를 전액 인수하는 것이 주주배정인지 3자 배정인지에 대한 치열한 법리논쟁이 있었다. 대법원 다수의견은 이재용 등에게 실권주를 배정한 것은 이재용 등이 주주의 지위를 가지고 있으므로 3자 배정이라고 볼 수 없다고 판시하였다. 대법원의 반대의견은 표면이율 1%, 만기보장수익률 5%는 거의 투자 유인이 없는 CB로 발행당시부터 실권을 유도한 것으로 보이고, 이재용 씨 등이 인수즉시 전환권을 행사한 것은 실질적으로는 "전환사채의 형식을 빌어 제3자에 대한 신주를 발행"한 것이라는 의견을 피력하였다. 한편 당시 발행가액이 저가인지에 대해서는 치열한 법리논쟁이 있었으며, 검찰은 적정가격이 85,000원이라고 주장하였다. 대법원은 "주주배정 방식"의 CB 전환가격은 신주발행절차를 준용해야 한다는 상법 제516조에 따라, 원칙적으로 액면가를 하회하지 말아야 한다는 제약 외에는 경영자가 자율적으로 판단해야 할 문제라고 최종 판시하였다. 이에 앞서 1심에서는 적정가격을 판단할 수 없다고 하였고, 2심에서는 CB 적정가가 최소 14,825원인 바 7,700원 발행은 저가발행이라고 판시한 바 있다. 대법원 2009.5.29., 선고 2007도 4949. 2015년 4월 기준 삼성에버랜드(제일모직)의 주가는 154,500원이었다. 이마저도 액면가가 100원인 상태의 주가이므로 액면가 500원이면 주가는 그 5배인 772,500원이다. 2015년 6월에는 지주회사 전환기대감으로 제일모직 주가가 17만원을 넘은 적도 있었다. 상장 이전에 적정 가격을 다툰 법관들의 치열한 논쟁들을 허탈하게 만드는 가격이다.

대체투자 파헤치기(중)

타이타노마키의 서막

여된 사채이다. 통상 신주인수권 행사가격은 상장기업인 경우에는 기준주가 이하, 혹은 비상장기업인 경우에는 적정 공정가치보다 낮추어 투자자의 투자를 유도하게 된다.[454] 상장기업이 BW를 발행할 때 통상 3개월 단위의 조정(refixing) 조항을 삽입하면 행사가격이 발행 당시 시장가격과 비율로서 연계되기 때문에, 주가가 하락하면 행사가격도 같이 하락하여 BW 투자자의 권리를 보호하게 된다.[455] 신주인수권은 사채와 별도로 존재하는 권리인 바, 신주인수권을 행사하더라도 BW의 사채로서의 성격은 그대로 유지된다. 다만 통합형(non-detachable) BW이면서 주금납입을 사채상환에 갈음하는 대용납입형인 경우에는, 신주인수권을 행사하게 되면 투자자는 사채를 대용으로 주금 납입하게 되므로 신주인수권을 행사하는 경우 사채가 소멸되어 겉으로는 CB 행사와 유사하게 된다. 만약 신주인수권을 사채와 분리하여 발행하는 분리형(detachable) BW인 경우에는 신주인수권을 행사하더라도 사채의 성격은 그대로 유지되며, 이에 따라 분리형 BW의 신주인수권은 별도로 거래된다.[456]

실제로 2008년 금융위기 때 기아차가 분리형 BW를 발행하여 낮은 금리로 자금을 조달하였는데, 금융위기 이후 기아차 주가가 급등하자 신주인수권의 프리미엄이 치솟아 투자자가 많은 이득을 본 사례도 있다. 특히 제1금융권으로부터 자금조달이 매우 어려운 중소기업의 경우에는 낮은 이자율로 자금을 조달할 수 있는 BW를 자주 이용하게 된다. 아울러 앞서 예로 든 기아차, STX 그룹 계열사, 동부그룹 계열사, 금호타이어 등 대기업이라 하더라도 자금조달에 어려움이 있을 경우에는 BW를 발행하기도 한다. 그런데 삼성SDS와 같은 대기업들이 자금조달에 특별한 어려움이 없음에도 불구하고 분리형 BW를 발행하는 사례가 종종 있었

---

454 반대로 주주 희석화 효과와 저가 발행으로 기존 주주에게는 손해를 입히게 된다.
455 BW의 조정주가는 조정일 전일을 기준으로 발행회사 보통주의 (i) 1개월 가중산술평균주가 (ii) 1주일 가중산술평균주가 (iii) 최근일 가중산술평균주가가 신주인수권 가격보다 낮으면 그 낮은 가격으로 조정하되, 최저 한도는 최초 발행시 신주인수권가격의 70%로 한다.
456 분리형 BW가 발행금지 되기 전까지 발행금액 비중은 전체 발행 BW의 80% 내외로 비분리형 BW보다 압도적으로 많았다.

다.[457] 이는 분리형 BW의 신주인수권이 별도로 거래되는 점을 활용, 비상장기업에 대한 신주인수권 행사가격을 대폭 할인하여 발행한 후 대주주나 혹은 그의 상속인이 신주인수권을 매점하게 되면, 주가 상승 시 많은 초과이득을 얻거나 혹은 지분을 상속하는 수단으로 사용할 수 있기 때문이다.[458] 이에 따라 국회는 자본시장법을 개정하여 2013년 8월 29일부터 분리형 BW 발행을 전면 금지하기도 하였다. 그러나 분리형 BW는 중소기업의 중요한 자금조달 수단이면서, 동시에 중소기업 스스로의 지배구조 강화를 위한 수단으로 자주 사용되었다는 선기능을 해왔다는 점도 간과해서는 안 된다. 결국 국회는 2014년 자본시장법을 다시 개정, 분리형 BW 발행을 다시 허용하기로 방침을 정했다. 개정 자본시장법이 2015년 6월 정무위를 통과하여 7월 본회의 의결을 거침에 따라, 2015년 7월 이후부터는 분리형 BW 발행은 다시 허용되어 있는 상태이다.

2013년 8월 기준으로 발행되고 있는 BW의 연율화(YTM)된 이자율은 쿠폰지급 없이 1%대로 형성되어 시중은행 여신 금리보다 매우 낮다. 아울러, 일정 기간 이후에는 30~50%의 신주인수권을 5~6%의 프리미엄을 주고 대주주가 되사는 형태로 중소기업의 대주주지분을 강화하는 역할을 많이 수행하여 왔다.[459] 이와

---

457 삼성SDS는 1999년 2월 25일, 이사회를 열어 액면가 230억 원의 무보증 분리형 BW를 사모로 발행한다고 결의하였다. 이자율은 연 8%, 신주인수권 행사시점은 사채 발행 1년 후, 행사가격은 7,150원에 SK증권이 총액 인수하는 조건이었다. 다음날인 2월 26일, SK증권은 230억 원으로 BW를 총액 인수하였고 사채권을 218.2억 원으로 분할하여 삼성증권에 매각하였다. 전환권 11.8억 원은 SK 증권이 10% 할증된 가격으로 이재용, 이부진, 이서현 등 3인에게 전량 매각하였다. 삼성 SDS의 경우 BW 발행 당시 비상장이었기 때문에 주당 공정 가치에 대해서는 치열한 법리논쟁이 있었다. 당시 참여연대는 1999년 BW 발행당시 장외시장 기준으로 SDS 주가는 5만원 내외라고 주장하였고 삼성특검은 그 공정가치가 55,000원이라고 주장하였다. 대법원은 3자 배정의 경우는 회사가 입은 소극적 손실까지도 배임의 기준으로 판단할 수 있다는 유죄 취지의 판결을 하였다. 파기 환송심에서는 삼성 SDS의 적정가치가 14,230원이므로 7,150원과의 차액인 227억 원 만큼이 회사가 입은 손실이라고 판시하였다. 이 판결로 이건희 회장의 배임죄가 최종 확정되었다.

458 상장기업의 경우는 BW의 행사가에 대한 규정이 있어서 BW 행사가를 자의적으로 지정할 수 없다. 그러나 비상장기업은 대폭 할인을 할 경우 신주인수권(Warrant) 1매당 100~500원, 즉 액면가 이하로 발행하기도 하면서, 지분구조 강화나 지분상속의 수단으로 사용되는 경우가 적지 않다. 이와 같은 문제점을 논의하는 과정에서 국회는 자본시장법을 개정하여 2013년 8월 29일부터 분리형 BW 발행을 전면 금지하기도 하였다. 하지만 분리형 BW의 선기능이 다시 주목받으면서 분리형 BW는 2015년 7월부터 다시 발행이 허용되었다.

459 이 점이 바로 중소기업이 CB보다 BW를 좀 더 선호하는 중요한 이유이기도 하다. 왜냐하면 CB의 경우는 사채권자와 주주전환권자가 동일하기 때문에 주주전환권을 별도로 되사는 거래 등을 통한 지배구조 강화가 불가능하기 때문이다.

같이 자금조달 기능을 수행하면서 중소기업 지배구조를 강화하는 두 가지 이점을 가지고 있었기 때문에, 분리형 BW의 발행 금지 규정은 시행 약 2년 만에 폐지되었다. 마지막으로 BW는 CB와 마찬가지로 사채이므로 정해진 기일에 맞춰 원리금을 상환하여야 하는 의무가 있다.

교환사채(EB: Exchangeable Bond)는 발행회사가 보유하고 있는 자사주 혹은 제3의 회사 주식으로 교환할 수 있는 권리가 붙어 있는 사채를 의미한다. 발행회사가 보유하고 있는 상장주식의 가치가 높을 경우, 이를 담보로 발행하는 일종의 주식 담보부 사채이다. 2013년 상법개정 이전에는 교환사채와 같이 상법에 규정되지 않은 신종사채가 허용되는지 여부에 대한 학계 논란이 있었으며, 자본시장법에서 상장법인만이 EB를 발행한다고 규정하면서 EB가 제한적으로 발행되어 유통되고 있었다. 그러나 2013년 상법개정으로 EB 발행 가능성을 명문화함으로써 상법상의 입법 미비를 보완하였다. 자본시장법과의 충돌을 논거로 여전히 상장법인만이 EB를 발행할 수 있다고 주장하는 이도 있으나, 2013년 상법개정으로 비상장법인도 EB 발행이 가능하여졌다고 보는 게 타당하다고 본다. 교환의 대상이 되는 주권은 투자자 보호를 위해 반드시 예탁결제원에 예탁하여야 한다.

교환의 대상이 되는 주권이 상장법인의 주권만 가능한지에 대해서도 자본시장법과 개정 상법의 충돌이 있으나, 개정 상법이 EB의 대상으로 "주식이나 그 밖의 다른 증권"으로 규정하고 있는 바, 상장주식이 아니라도 가능하다고 보는 것이 이론적으로 합리적이다. 그러나 반드시 교환대상의 증권을 예탁결제원에 예탁하여야 하므로, 상장기업이 아닌 비상장기업의 주식이나 해외기업의 주식을 예탁결제원이 예탁을 해 줄 수 있는지 여부는 별개의 문제이다. 현재는 예탁결제원이 비상장기업 주식의 예탁을 거부하고 있어 EB의 교환대상은 사실상 상장기업의 주식으로만 한정된다. 한편 EB의 경우는 사모발행 후 1개월 후면 담보부 주식으로 교환을 요청하는 것이 가능하다. 이와 같은 점 때문에 EB 발행이 자금조달 목적 이외에 담보로 잡힌 주식에 대한 교환권을 행사함으로써 신속하게 M&A를 수행하

사모투자펀드(PEF)

는 수단으로도 활용가능하다.[460]

그로쓰 캐피탈(Growth Capital)의 투자회수(exit) 전략은 전략적 투자자(SI)에게 매각, 혹은 다른 PEF 등 FI에게 매각하거나 IPO 하는 방법 등 크게 3가지이며, 바이아웃(Buy-out) 전략과 기본적으로 크게 다르지 않다. 그러나 바이아웃(Buy-out) 전략과 달리 그로쓰 캐피탈(Growth Capital) 전략은 기본적인 3가지 투자회수(exit) 전략 이외에도 다양한 투자회수(exit) 장치들(vehicles)을 구사한다. 이는 바이아웃(Buy-out)이 기업의 경영권을 보유하여 기업 매각의 주도권을 장악할 수 있는 반면, 그로쓰 캐피탈(Growth Capital) 전략은 기업매각의 권한이 없기 때문에 투자회수(exit) 기회를 다양하게 마련해 놓지 않으면 투자를 회수하는 수단이 사실상 없기 때문이다.

그로쓰 캐피탈(Growth Capital) 전략이 구사하는 기타 투자회수 전략 중 대표적인 것으로는 PEF가 특정 시점에 일정가격으로 최대주주에게 지분을 매각할 수 있는 권리인 풋옵션(Put-option), PEF가 일정 수준 이상의 초과수익을 냈을 때 매도자와 초과수익의 일부를 나누는 언-아웃(Earn-Out), 특정 시점에 최대주주의 지분을 자기지분과 동시에 적극적으로 매각할 수 있는 권리인 동반매각청구권(Drag-Along), 특정 시점에 최대주주가 자기지분을 매각할 경우 PEF 지분도 동시에 매각할 수 있는 권리인 동반매도참여권(Tag-Along) 등이 있다. 최대 주주가 특정시점에 일정가격으로 해당 지분을 매입할 수 있는 콜옵션(call option)을 의무로서 부과하는 경우도 있는데,[461] 이 경우도 기타 투자회수 전략의 일종으로 볼 수 있다. 이와 같은 그로쓰 캐피탈(Growth Capital)의 투자회수 전략은 정해진

---

460 실제로 EB를 활용하여 상장주식에 대한 M&A가 2013년 4월에 처음으로 이루어졌다. 즉, 코스닥의 하이쎌 내주주인 진양곤 회장이 하이쎌의 자회사인 에이치엘비 주식을 담보로 발행한 EB를 전량 인수한 후, 3개월 만에 교환권을 행사함으로써 에이치엘비의 최대주주로 전환하였다. 한국경제신문 마켓인사이트, 2013년 4월 29일

461 콜옵션(call option)은 권리이므로 이를 행사하지 않는다 하더라도 콜옵션(call option) 그 자체에는 문제가 없다. 다만, 콜옵션(call option)을 행사하지 않을 경우 drag-along을 한다는 조건을 동시에 부과하면 콜옵션(call option)이 사실상 의무조항으로서 효력을 지니게 된다.

대체투자 파헤치기(중)
타이타노마키의 서막

것이라기보다, 앞서 언급한 메자닌(mezzanine) 형태의 투자지분과 Drag, Tag, Put, Call 등을 결합하여 다양한 전략을 구사하게 된다.

그로쓰 캐피탈(Growth Capital) 전략을 구사하는 글로벌 최대 PEF 운용사는 2013년 말 기준으로 서밋 파트너즈(Summit Partners)이고 CDH, Citi, TCV 등이 그 뒤를 이었다. 서밋 파트너즈(Summit Partners)는 1984년에 보스톤에서 설립되었다. 창업자는 스티븐 우드섬(Stephen Woodsum)과 로우 스탬프스(E. Roe Stamps)이다. 두 사람 모두 티에이 어쏘시에이츠(TA Associates)에서 일하였고 2001년에 브루스 에반스(Bruce Evans) 등으로 승계 작업을 끝냈다. 전 세계 50대 대형 PEF에 이름을 계속 올리고 있으며 2013년 말에는 그로쓰 캐피탈(Growth Capital) 전략으로는 가장 큰 AUM을 기록하였다. 그로쓰 캐피탈(Growth Capital) 전략 이외에도 바이아웃(Buy-out), 벤처 투자 등의 전략을 구사하고 있다. 그로쓰 캐피탈(Growth Capital) 전략을 구사하면서도 투자 기업 상호간의 시너지에 주목하는 부가(Add-on) 투자에도 매우 적극적이다. 2014년 말 현재 투자 지역은 미국을 중심으로 한 북미에 84%가 집중되어 있어 한국에는 잘 알려져 있지 않다. 딜 사이즈는 1억불 미만의 소규모 딜에 역량을 집중하고 있으며, 1억불~2.5억불 미만의 중규모 딜에도 적극적이다. 주요 투자업종은 2014년 말 기준으로 비즈니스 서비스에 전체 투자건수의 31.9%가 투자되어 가장 많은 투자가 이루어졌으며, 그 다음이 IT 업종으로 전체 투자건수의 30.6%가 투자되어 있다.

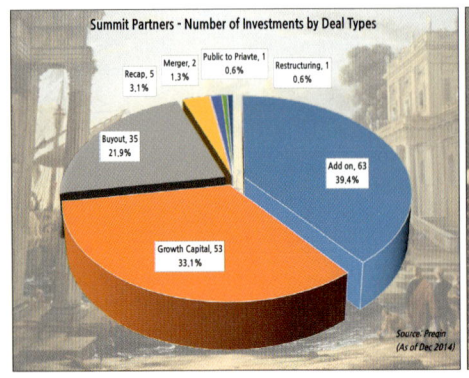
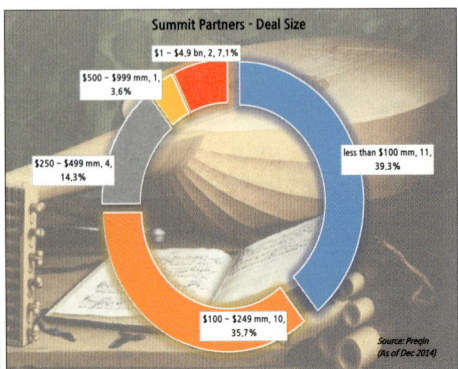

사모투자펀드(PEF)

　두 번째로 수탁자산(AUM)이 큰 운용사가 씨디에이치 인베스트먼츠(CDH Investments)이다. CDH Investments는 중국 회사이다. 본사도 북경에 위치한다. 2002년에 설립되었으며 그로쓰 캐피탈(Growth Capital) 전략 이외에도 벤처 캐피탈 전략을 구사한다. 중국을 중심으로 투자하되 아시아 지역도 투자 대상이다. 초기 성장 기업에 대한 바이아웃(Buy-out) 전략도 적극적으로 구사하는 것으로 알려져 있다. 투자규모는 1억불 미만의 소규모 투자를 위주로 하지만, 필요할 경우 2.5억불~5억불 미만의 중규모 투자도 수행한다. 주요 투자회수(exit) 전략은 대부분 기업 공개이며 제조업, 식음료, 소비재 산업 등 특별히 선호하는 업종이 없이 골고루 투자하고 있다. 2013년 말 기준으로 모집된 자금규모가 61억불 규모에서 2015년 8월 기준으로는 약 39% 증가한 85.2억불이 모집되었다. CDH는 아시아에서 펀드규모가 가장 큰 PEF 운용사이기도 하다. 중국 기업의 무서운 성장세에 따라 향후에도 자금모집 규모가 급속히 증가할지 주목된다.

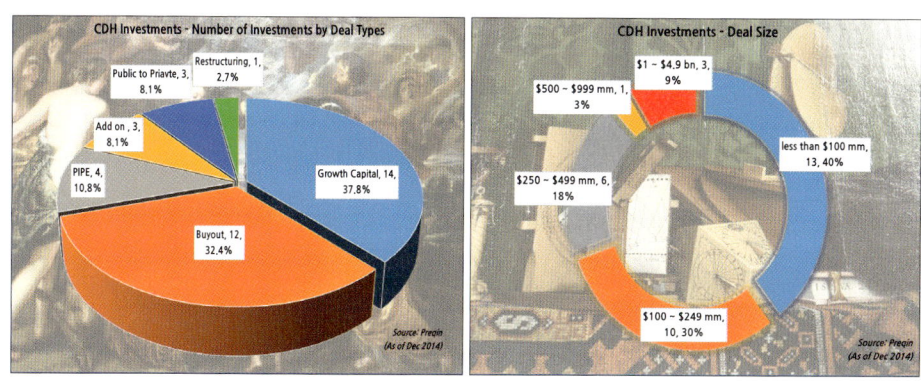

　2018년 말 기준으로 1위 운용사는 미국의 제너럴 아틀란틱(General Atlantic)이다. 1980년에 설립되었으며, 창업자는 찰스 피니(Charels F. Feeney)이다. 피니는 DFS(Duty Free Shoppers Group)의 공동창업자로 워렌 버핏이나 빌 게이츠에 견줄만한 엄청난 부자이다. 주요 투자 분야는 금융서비스, 헬스케어, 기술 기업이며, 빠른 회수 전략이 아니라 장기로 투자하는 것이 특징이다. 특히 잠재력

대체투자 파헤치기(중)

타이타노마키의 서막

있는 성장단계의 기업을 발굴하여, 경영진과의 우호적 관계를 바탕으로 글로벌 시장으로 확장하는 성장전략을 구사한다. 2위를 차지한 운용사는 CCT 펀드 운용사로 중국 운용사이다. 추정컨대 중국 정부 소유의 운용사로 보인다. 3위를 기록한 중국항공투자홀딩스(China Aerospace Investment Holdings)도 중국 국유기업인 항공과기공사(China Aerospace Science and Technology Corporation)의 투자전문 자회사이다. 로켓 발사, 위성 운용 및 부품 회사 등에 집중 투자한다. 2위와 3위로 갑자기 등장한 이 운용사들은 최근 중국 정부 주도로 이루어지고 있는 과학기술 분야 금융투자 활동의 대표적 사례이다. 최근 진행되고 있는 미중 무역분쟁의 원인 중 하나가 바로 이처럼 중국 정부가 주도적으로 첨단산업에 투자하고 있다는 미국 측의 인식 때문인데, 앞으로도 이런 추세가 계속될지 귀추가 주목된다.

그로쓰 캐피탈 전략을 구사하는 기업의 특징적 추세는 2018년 기준 상위 10개 기업 중 절반 가량인 4개 운용사가 중국을 기반으로 한 운용사라는 점이다. 나아가 중국 기반의 운용사들이 모집하는 자금 규모도 계속 커 나가는 추세이다. 베어링 PE는 2013년보다 80.1%나 모집 자금이 증가하였고, 인벤티스(Inventis)와 씨틱(Citi) 역시 같은 기간 각각 56.5%, 44.2%나 수탁자산 규모가 커졌다. 2018년에 등장한 CCT와 CAIH 또한 신규 운용사임에도 불구하고 규모가 세계 2, 3위일 정도이다. 이는 전술한 바대로 그로쓰 캐피탈 전략이 아시아 지역의 주요한 전략이고 중국의 경제 규모가 커지면서, 중국을 중심으로 한 그로쓰 캐피탈 전략 운용사들의 약진이 두드러지고 있기 때문인 것으로 풀이된다. 특히 2015년부터 우리나라 코스닥 시장에 경영참가를 목적으로 지분을 투자하는 중국 기업의 진출이 활발한데, 중국 기업의 한국진출은 이와 같은 중국 중심의 그로쓰 캐피탈 전략 구사 펀드의 확대와 무관하지 않은 것으로 보인다.[462] 필자가 보기에는 당분간 이와

---

[462] 중국 자본은 코스닥 시장에서 2014년까지는 경영참여 목적으로 1개 기업에만 투자하였으나, 2015년 9월말까지는 코스닥 시장에 10여 개 기업에 투자하고 있는 것으로 나타났다. 머니투데이, 2015.9.15. 한편 2016년부터는 중국 기업이 직접 국내 증시 상장을 추진하는 사례가 늘면서, 중국 자본의 진출 형태가 점진적으로 진화하는 양상이다. 머니투데이, 2016.9.26

사모투자펀드(PEF)

같은 추세는 지속될 것으로 보는데 향후 추이가 주목된다.

〈 그로쓰 캐피탈(Growth Capital) 전략 상위 10대 운용사 〉

순위			운용사명	Total Funds Raised in last 10 years ($bn)			GP 위치
2018	2015	2013		2018	2015	2013	
1	–	–	General Atlantic	19.7	9.4	5.2	미국
2	–	–	CCT Fund Management	19.6	9.4	5.2	중국
3	–	–	China Aerospace Investment Holdings	17.4	7.7	6.1	중국
4	4	6	Inventis Investment Holdings (China)	12.2	7.3	7.3	중국
5	6	9	TPG	11.6	7.2	4.6	미국
6	–	–	Insight Venture Partners	11.2	6.7	5.3	미국
7	1	5	Baring Private Equity	8.7	6.6	3.3	홍콩
8	–	–	Neuberger Berman	8.7	6.2	4.3	미국
9	3	1	Summit Partners	8.4	7.7	6.1	미국
10	2	2	CDH Investments	6.6	7.3	7.3	중국

표 출처: Preqin, 2018년 12월말 기준

14) 세컨더리 PEF(Secondary PEF): 주요 동기 및 최근 추세

세컨더리 PEF(Secondary PEF) 전략이란 이미 결성되어 투자가 진행되는 PEF의 LP가 PEF 지분을 매각할 때 이를 매입하거나, 혹은 PEF 운용사가 이미 투자한 기업의 지분을 유통시장에서 직접 매입하는 전략을 의미한다. 세컨더리 PEF(Secondary PEF, 유통시장 PEF)란 이와 같은 전략을 구사하는 PEF이다. 이에 대비해서 PEF가 최초로 결성될 때 지분을 출자하는 일반적인 PEF 전략을 프라이머리 PEF(Primary PEF, 결성시장 PEF) 전략이라 부르기도 한다.

LP가 PEF의 지분을 매각하는 동기는 크게 4가지로 구분된다. 가장 중요한 동기는 LP가 유동성이 부족할 때 PEF 지분을 매각하여 유동성을 마련하기 위한 것이다. 2008~2009년 기간 동안 "PEF 지분이 유통되는 시장(세컨더리 마켓, secondary market)"의 주요 거래 동기는 유동성 확보차원이었고, 2019년 현재도 가장 중요한 동기 중의 하나이다. 예컨대 GP가 펀드 만기에 추가로 만기를 연장하고자 할 때, 유동성이 부족한 LP는 펀드 만기 연장에 동의하기 어려울 것이다. 이 경우에는 보유 지분을 다른 PEF에 매각하는 것이 필요하다. 둘째, 포트폴리오 관리 및 조정 차원에서 보유하고 있던 PEF 지분을 매각할 수도 있다. 예컨대 PEF 포트폴리오를 정리하고 헤지펀드로 자산을 배분하고자 하는 LP가 있다면 이 LP는 보유 PEF 지분을 매각할 수 있다. 최근에는 GP가 스스로 구조조정을 하면서 PEF 지분을 매각하는 사례도 보았다. 예를 들어 헤지펀드가 헤지펀드 투자에 집중하기 위해, 별도 회계(side pocket)로 투자한 PEF 지분을 세컨더리 PEF에게 매각하는 사례가 바로 그것이다. 셋째, PEF의 성과가 저조하여 지속적으로 펀드의 순자산가치(Net Asset Value: NAV)가 떨어지게 될 때, 손절매(loss cut) 차원에서 보유 PEF 지분을 정리할 수도 있다. 넷째, 금융기관에 대한 규제강화로 인해 非핵심자산인 PEF 지분을 매각하는 것도 가능하다. 예컨대, 볼커룰의 시행으로 금융기관이 자기자본의 범위 내에서 투자한 PEF 지분의 정리 혹은 만기조정을 위해, 일반적으로 만기가 긴 PEF 지분을 어쩔 수 없이 매각해야 하는 사례가 그것이다.

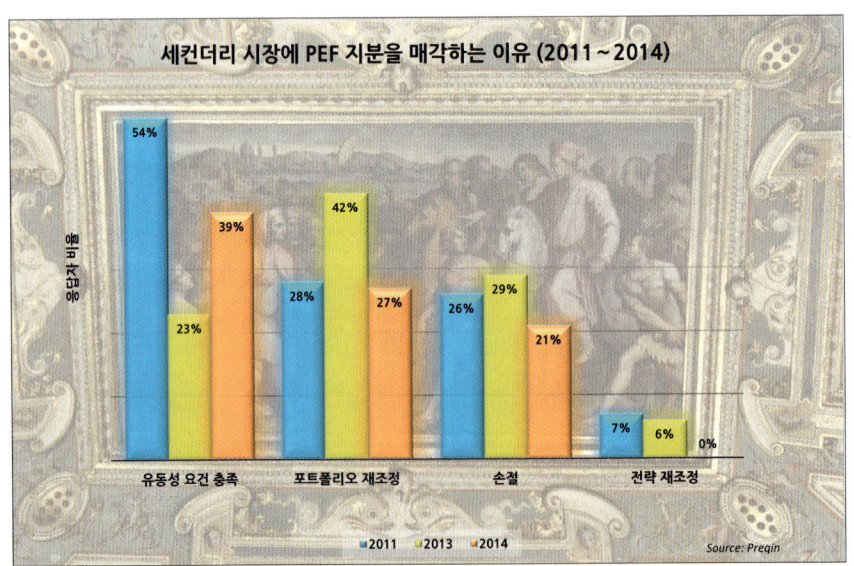

프레퀸(Preqin)의 설문 조사에 따르면 2011년에는 유동성 확보 차원에서 PEF 세컨더리 마켓(secondary market)의 거래를 활용했다는 기관의 비중이 54%를 넘어섰다. 2011년은 미국의 신용등급 강등과 유럽재정위기로 인해 금융기관의 유동성 확보가 가장 시급한 과제였으므로, PEF 매각을 통한 유동성 확보가 매우 활발하게 이루어졌던 것으로 추측할 수 있다. 2013년에는 포트폴리오 조정 차원에서 세컨더리 마켓(secondary market)을 이용했다는 비중이 가장 높았는데, 이는 어떤 이유에서이든 보유하고 있는 PEF 포트폴리오를 줄여서 다른 자산 투자를 늘렸다는 뜻이다. 2013년에 두 번째로 높은 동기가 성과가 좋지 않은 PEF를 정리하기 위해 세컨더리 마켓(secondary market)을 이용한 것이었는데, 이는 포트폴리오 조정 과정과 관련되어 있는 것으로 추정된다. 2014년의 경우는 유동성 확보를 위한 PEF 지분 정리가 가장 많았지만 2011년처럼 비정상적으로 높은 비중은 아니었다.

세컨더리 PEF(Secondary PEF)의 자금 모집은 2009년에 220억불로 절정을 이루었다. 2006~2008년 동안은 주식시장의 호황기로 할인율이 높지 않아 세컨더리 마켓(secondary market)이 활성화될 수 없었다. 심지어 주식시장의 활황으로 지분가치가 상승하면서, 유통시장에서 PEF 지분을 매입하기 위해서는 할인이 아니라 프리미엄을 지급해야 했다. 하지만 2008년 금융위기로 지분 가치가 급격히 하락하면서 할인율이 급격히 증가하고, PEF를 보유한 금융기관들이 유동성 확보 차원에서 보유한 PEF를 시장에 대량으로 매각하면서 2009년에는 세컨더리 PEF 자금 모집이 200억불을 처음으로 넘어섰다. 특이할 만한 것은 2006년부터 3년 단위로 자금모집금액을 합하여 그 추세를 보면 340억불, 420억불, 690억불, 840억불로 세컨더리 PEF 모집액이 지속적으로 증가하고 있다는 점이다. 특히 2014년에는 29개의 펀드가 266억불을 모집하여, 2008년 금융위기 이후 세컨더리 PEF 활동이 최고조에 이르렀다. PEF 투자자로서 LP의 세컨더리 PEF에 대한 투자선호도 역시 2014년까지 20% 내외에서 변하지 않다가 2015년

에는 23%로 올라갔다.[463] 이와 같은 증가 추세는 2017년에도 유지되어, 2017년까지 자금모집을 완료한 세컨더리 PEF는 30개, 자금모집액은 374억불로 사상 최고치를 계속 갱신하고 있는 중이다. 이는 LP가 PEF 지분을 내다파는 유통시장이 확대되고 있고, 이에 따라 세컨더리 PEF 투자에 대한 매력도가 조금씩 올라가고 있다는 점에서 주목할 만한 추세이다. 향후 이 추세가 지속될 수 있을지 주목된다.

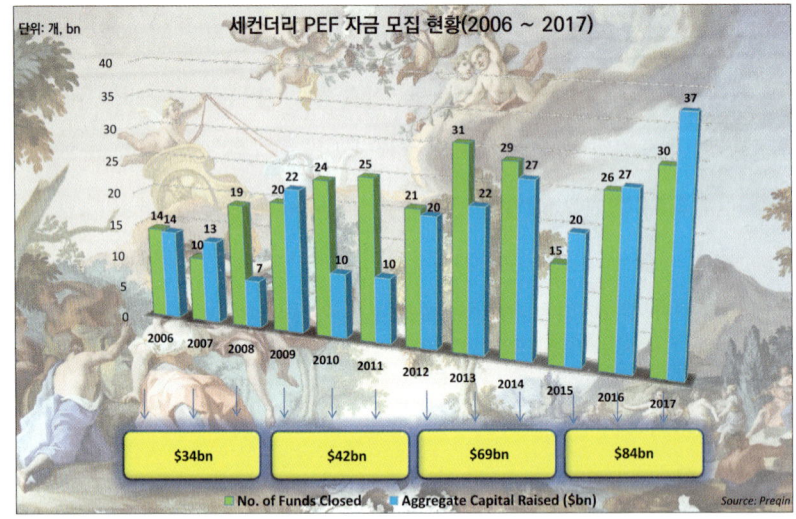

15) 세컨더리 PEF 3대 전략(1): 전통적(traditional secondary) 방식

세컨더리 PEF(Secondary PEF) 전략은 크게 3가지로 구분할 수 있다. 첫째 유형이 전통적 방식(traditional secondary)에 의한 세컨더리 전략이다. 이는 PEF 결성 당시(Primary PEF)에 투자한 LP의 지분을 PEF 투자가 어느 정도 진행된 이후에 통째로 매입하는 전략(LP to LP Secondary)이다. 최초 투자한 LP 입장에서 A PEF에 투자하였다가 갑자기 유동성이 필요한 경우 A PEF의 지분을 다

---

463 https://www.preqin.com/blog/101/11418/private-equity-secondaries

사모투자펀드(PEF)

른 LP나 자산운용사에 매각함으로써 유동성을 확보할 수 있고, 다른 LP 입장에서는 LP의 지분을 시장가보다 할인해서 매입할 수 있게 된다. 따라서, LP가 매각 압박을 받는 시장 환경이 조성될 경우 세컨더리 PEF(Secondary PEF) GP 입장에서는 대폭 할인을 받을 수 있어, 일반적인 PEF 투자가 보여주는 제이-커브(J-curve) 효과가 감소되게 된다. 전통적 방식에 의한 세컨더리 PEF(Secondary PEF) 딜의 주요 공급자는 은행, 보험 등의 금융기관인데, 2007년의 경우에는 세컨더리 PEF(Secondary PEF) 시장에서 거래된 딜 당사자의 50%가 이와 같은 금융기관이었다. 이는 2007~2008년의 불확실한 금융환경 하에서 유동성 확보를 위해 은행, 보험 등의 금융기관이 선제적으로 자기자본으로 투자한 PEF 지분을 매각한 데 따른 것이다. 2012년 말까지도 은행과 연기금이 세컨더리 PEF 지분을 매각하는 이들 전체의 절반 가까운 비중(46%)을 차지하면서 그 추세가 지속 유지되는 모습이었다.

〈 세컨더리 PEF(Secondary PEF) 지분 매각 주체 및 비중 〉

	은행	연기금	자산 운용사	보험사	상장 재간접 펀드	PEF	헤지펀드	국부펀드	기타
비중(%)	24	22	14	13	10	8	4	3	2

표 출처: *Credit Suisse, 2012년 말 기준*

하지만 이와 같은 추세는 2013년부터 커다란 변화를 겪었다. 즉, 2013년부터 2016년까지 세컨더리 PEF(Secondary PEF) 시장의 가장 큰 특징으로 재간접 PEF(PE Fund of Funds)가 가장 큰 매도자로 부상했다는 점이다. 프레퀸(Preqin)에 따르면 2013년 말 기준으로 세컨더리 PEF(Secondary PEF) 시장에서 재간접 PEF(PE Fund of Funds)가 차지하는 비중은 21%로 가장 높은 것으로 나타났다. 공적 연기금은 18%의 비중으로 2위를 차지하였고, 사적 연기금이 그 뒤를 이은 11%의 비중을 차지하였다. 은행은 4%, 보험기관은 7%의 비중에 그쳤다. 2018

년의 경우에도 2013년 말 보다는 다소 감소하기는 하였으나, 재간접 PEF가 가장 큰 매도자로 기록되어 그 추세는 계속 유지되고 있다. 이는 볼커룰의 시행에 따라 은행이 보유한 PEF 매도가 2012년에는 거의 마무리되었음을 의미하는 것이다.

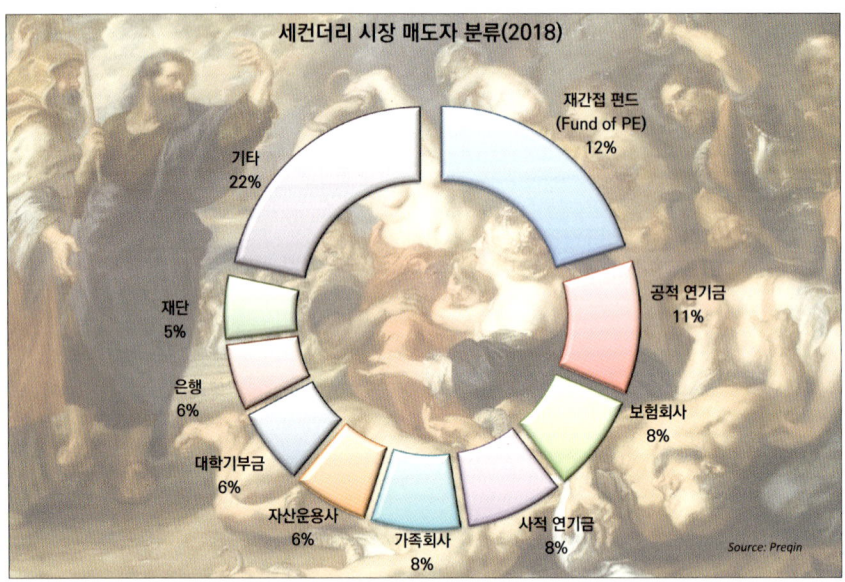

전통적 방식에 의한 세컨더리 PEF(Secondary PEF) 거래의 절반 이상은 바이아웃(Buy-out) 전략의 PEF이다. 이는 PEF 결성시장(Primary PEF)의 절반 이상이 바이아웃(Buy-out)이기 때문이기도 하고, 바이아웃(Buy-out) 전략이 기업의 가치산정 방식을 사용하였을 때 할인율, 할증률을 계산하기 쉽다는 점도 그 이유이다. 프레퀸(Preqin)이 2014년 6월에 조사한 바에 따르면 복수응답을 허용하였을 때, 바이아웃(Buy-out) 펀드를 매도하겠다는 응답자가 가장 많았다. 바이아웃(Buy-out) 전략 다음으로 많은 전략이 벤처투자(VC) 전략인데, 이는 PEF 전체 전략 중 벤처투자가 두 번째로 많은 전략이기 때문이다. 하지만 벤처투자 전략의 경우에는 매수자가 그렇게 많지가 않다. 우선 현금흐름이 마이너스인 경우가 많아 매수자 입장에서는 정확한 기업가치 산정이 어렵다. 아울러 벤처기업 내 회계 시스템이나 외부 감사가 없는 경우가 많아서 실사 자체도 의미가 없는 경우

사모투자펀드(PEF)

가 많다. 마지막으로 양질의 벤처 펀드는 유통시장에 잘 나오지 않는다. 설사 나오더라도 할인은 커녕 매우 높은 프리미엄을 지급해야 한다.

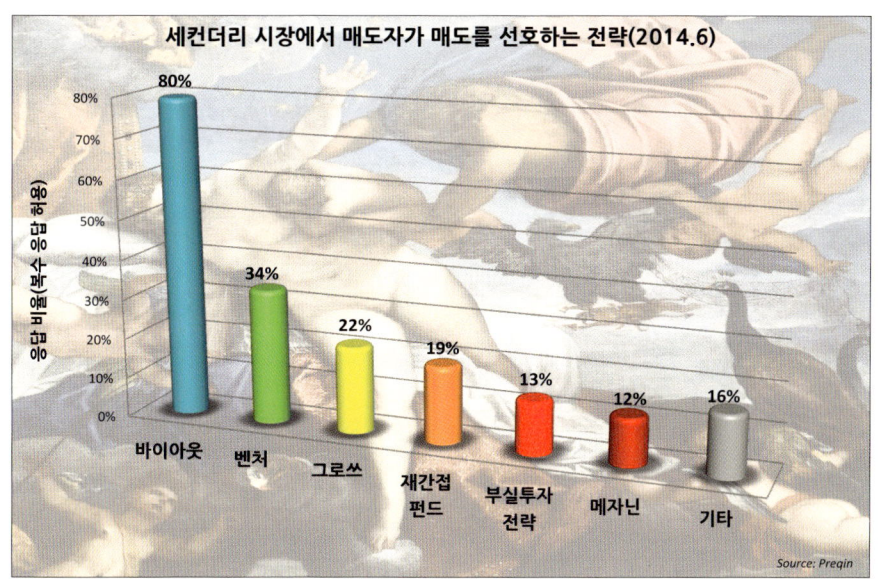

 보통 전통적 방식에 의한 세컨더리 PEF(Secondary PEF)의 진입시점은 최초 결성된 PEF의 투자기간을 4~5년이라고 가정하였을 때 2~3년의 중간 시점이다. 펀드 납입비율(drawdown level)이 20~30%의 초기 단계에서는 할인율이 높지만, 투자 포트폴리오의 성과를 확인하기에는 너무 초기이므로 세컨더리 PEF(Secondary PEF) 투자시기로는 적합하지 않다. 반면 70% 이상 펀드가 납입된 경우에는 할인율이 상대적으로 떨어지므로 투자매력도가 높지 않다. 따라서 펀드 납입률이 30~60% 수준에서 진입하는 것이 세컨더리 PEF(Secondary PEF)의 수익률 극대화를 위한 최적의 시점이라고 본다.
 투자기간이 2~3년이 경과되고 펀드 납입이 50% 정도 진행이 되면 일반적으로 투자대상기업은 기업가치가 상승하는 단계에 진입하게 된다. 따라서 일반적인 프라이머리 PEF(Primary PEF)가 초기에 겪게 되는 펀드가치 하락 국면, 이

른 바 제이-커브(J-curve) 효과를[464] 세컨더리 PEF(Secondary PEF)는 이론상 거치지 않게 된다. 따라서 프라이머리 PEF(Primary PEF)보다 자금 회수기간이 빨라서 만약 적절한 할인율이 확보만 되면 일반적인 PEF보다 수익률이 높다. 주로 프라이머리 PEF(Primary PEF)에 투자하는 재간접 PEF(PE Fund of Funds)의 경우도 일반적인 제이-커브(J-curve) 완화 효과를 가지게 되는데, 세컨더리 PEF(Secondary PEF)는 이와 같은 재간접 펀드보다도 자금 회수기간이 빨라서 재간접 PEF보다 제이-커브(J-curve) 완화효과가 더 크다.

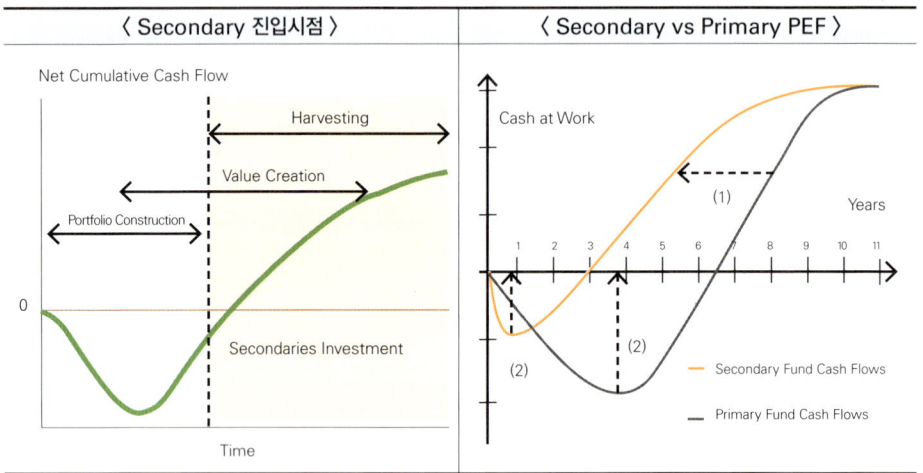

전통적 방식에 의한 세컨더리 거래의 주요 동기는 크게 네 가지이다. 첫째가 바로 매력적인 할인율이다. 어떤 이유이든 PEF 지분의 할인율이 높아지게 되면 이 PEF 지분을 매입할 유인은 높아진다. 세컨더리 마켓(secondary market) PEF를 활용하게 되는 가장 기본적인 동인이 이와 같은 할인율이다. 따라서 어떤 이유에서이든 할인율이 낮아지는 환경에 직면하게 된다면, 주요 LP들은 세컨더리 마

---

464 PEF 투자 초기에는 수익성이 악화되다가 3~4년 이후 분배금 지급이 가시화되기 시작하면서 수익률이 뚜렷이 개선되는 현상을 통상 제이-커브(J-curve) 효과라고 부른다. 이에 대해서는 전술하였다.

사모투자펀드(PEF)

켓(secondary market)에서 PEF 지분을 매입하는 것이 매력적인 투자 기회가 될 것이다. 할인율과 관련하여 시장에서 관찰되는 현상 중 하나는 GP의 명성에 따라 할인율이 다르다는 점이다. 만약 PEF의 GP가 블랙스톤(Blackstone)이나 아폴로(Apollo) 같은 명성 있는 PEF 운용사라면 할인율이 그렇게 크지 않다. 할인율이 낮거나 오히려 프리미엄이 지급될 수 있는데, 이는 PEF 지분이 거래되는 유통시장(secondary market)에서 이 지분을 매입하려는 수요자가 많아지기 때문이다. 프레퀸(Preqin)에 따르면 2010~2013년 기간 동안 성과가 좋은 PEF나 벤처캐피탈의 경우에는 할인된 가격이 아니라, 오히려 평균 5% 내외의 프리미엄이 붙은 할증된 가격으로 거래가 형성되었다고 한다.

⟨ 전략별 세컨더리 펀드 할인율 ⟩

펀드 \ Vintage	2002~2005 범위	평균	2006~2009 범위	평균	2010~2013 범위	평균
최선호 펀드						
Top 25 VC Funds	75~100	85	85~110	93	85~120	97
Top 50 US LBO Funds	80~110	92	87~113	98	95~115	107
Top 40 Euro LBO	85~100	90	90~110	100	90~115	105
모든 펀드						
All VC Funds	50~100	77	55~110	81	40~120	72
All US LBO Funds	65~110	86	70~113	92	70~115	93
All Euro LBO Funds	70~100	85	77~110	91	65~115	95

출처: *Preqin*

예를 들면 2010~2013년 기간 동안 미국의 Top50 차입인수(LBO) PEF의 경우는 최고 가격이 115였고, 평균적으로는 7% 할증된 107에 거래가 이루어졌다고 한다. 이는 미국의 모든 차입인수(LBO) PEF에 대한 유통시장에서의 할인율 평균인 △7%보다 14% 포인트 높은 수치로, 펀드의 성과나 명성이 높을수록 유통시장에서는 실제로 할증되어 거래된다는 것을 의미한다.

두 번째 매입 동기는 전술한 바와 같은 제이-커브(J-curve) 효과의 완화이다. 제이-커브(J-curve) 효과의 완화는 할인율이 매력적이지 않은 시기에는 가장 큰 매입 동기가 된다. 왜냐하면 할인율이 높지 않은 시장 상황에서도 세컨더리 PEF(Secondary PEF)의 매입은 자연스럽게 제이-커브(J-curve) 효과를 낮추어 초기 수익률 손실이라는 PEF 고유의 단점을 보완할 수 있기 때문이다. 세 번째로 PEF GP가 매우 뛰어난데 이에 대해 LP 입장에서 접근성이 쉽지 않을 때, 세컨더리 마켓(secondary market)에서 PEF 지분을 매입하는 경우도 있다. 프레퀸(Preqin)의 조사에 따르면 2014년의 경우 이와 같은 동기가 의외로 많았는데, 전체 응답자의 31%가 명망이 있는 GP에 대한 접근을 위해 세컨더리 마켓(secondary market)을 이용한다고 답변하였다. 마지막으로 투자개시년도(vintage, 빈티지)의 다양화를 위해 세컨더리 마켓(secondary market)을 활용할 수도 있다. 전술한 바와 같이 PEF는 경기 싸이클의 영향을 많이 받게 되므로, 가급적이면 투자개시년도를 균형되고 일관되게 가져가는 것이 바람직하다. 어떤 이유에서이건 LP가 특정 연도에 투자한 PEF가 없다면 이는 PEF의 투자개시년도(vintage) 관리에 실패한 것인데, 이와 같은 빈티지 관리 차원에서도 세컨더리 마켓(secondary market)을 이용할 수도 있을 것이다.

사모투자펀드(PEF)

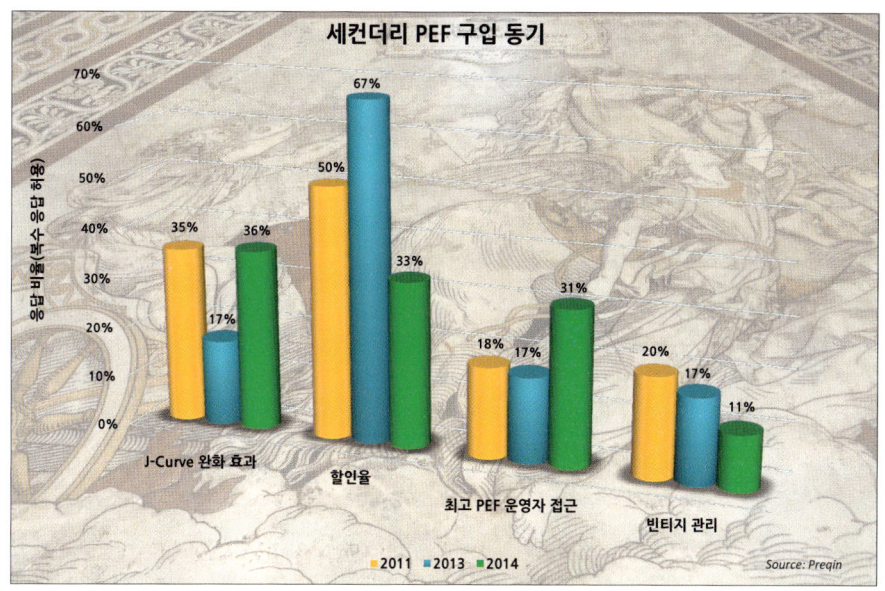

한편 세컨더리 PEF(Secondary PEF)도 일반적인 프라이머리 PEF(Primary PEF)와 마찬가지로 GP에 대한 철저한 검증이 무엇보다 중요하다. LP 지분을 매입하는 것이지만 LP가 권리를 보유한 포트폴리오는 GP가 온전히 자신의 재량으로 선정한 것이기 때문이다. 따라서 세컨더리 PEF(Secondary PEF) 역시 일반적인 프라이머리 PEF(Primary PEF)와 마찬가지로 GP에 대한 면밀한 검증이 우선되어야 한다. 아무리 할인폭이 크다 해도 GP의 능력과 하위 포트폴리오의 성과가 근본적으로 좋지 않으면 올바른 성과를 산출할 수 없다. 이와 같은 점 때문에 대부분의 글로벌 세컨더리 PEF(Secondary PEF) 운용사들은 프라이머리(Primary PEF) 운용사에 대한 정보를 축적해 놓은 재간접 PEF(PE Fund of Funds) 부문을 같은 회사 안에 별도의 조직으로 모두 가지고 있다.[465] 역사적으로도 동일 회사

---

[465] 세컨더리 PEF(Secondary PEF)만 전문적으로 운용하는 PEF의 경우에는 최초에 결성하는 프라이머리 PEF(Primary PEF)에 투자하는 조직이 보통 없었다. 하지만 최근에는 포트폴리오 다양화를 위해 프라이머리 PEF에도 투자하는 경우를 어렵지 않게 볼 수 있다. 칼라 캐피탈(Coller Capital)이 대표적이다.

대체투자 파헤치기(중)

타이타노마키의 서막

내에 재간접 PEF(PE Fund of Funds)와 세컨더리 PEF(Secondary PEF) 2가지 부문을 모두 가지고 있다면, 일반적으로 재간접 PEF(PE Fund of Funds) 조직이 우선 만들어지고 그 다음에 유통시장에서 LP 지분을 매입하기 위한 세컨더리 PEF(Secondary PEF) 조직이 나중에 만들어진 것이다. 아울러 전통적 방식의 세컨더리 거래를 위해서는 GP와의 우호적 관계 또한 필수적인 바, GP와 광범위하게 우호적인 네트워크를 보유한 운용사가 좀 더 원활하게 딜을 발굴(sourcing)할 수도 있을 것이다.

앞서 언급한 바대로 전통적 세컨더리(secondary) 방식의 핵심전략 중 하나는 진입시점과 할인율이다.[466] 특히 할인율이 세컨더리(secondary) 전략의 수익창출에 매우 중요한 요소인데, 역사적으로 가장 할인율이 높았던 시점은 2009년 1사분기였다. 이 때 할인율은 평균 60%이었고, 글로벌 경기가 최악의 상황이었던 2009년 3월에는 재간접 펀드의 경우 할인율이 70%를 넘었다. 이 정도 할인율이면 거의 폭탄 세일(fire sale) 수준이다. 2008년 금융위기가 악화되자 지분가치가 하락하고 이에 더하여 LP의 현금 확보 경쟁이 치열하게 전개되면서, LP 지분이 헐값에 시장에 나온 결과이다. 반대로 2005~2006년 시기에는 오히려 프리미엄을 주고 LP 지분을 매입하였는데, 당시 최고 호황기였던 시장상황 때문에 LP 지분가치가 매우 높았기에 가능했던 일이다. 실제로 2005년 9월에는 바이아웃(Buy-out) PEF의 지분을 유통시장에서 매입하기 위해서는 13.8%의 프리미엄을 지급해야 했다.

---

[466] 정리하자면 세컨더리(Secondary) 전략의 3가지 핵심요소는 할인율, 뛰어난 GP 선정 능력, 성과가 출중한 하위 포트폴리오 선별 능력이다.

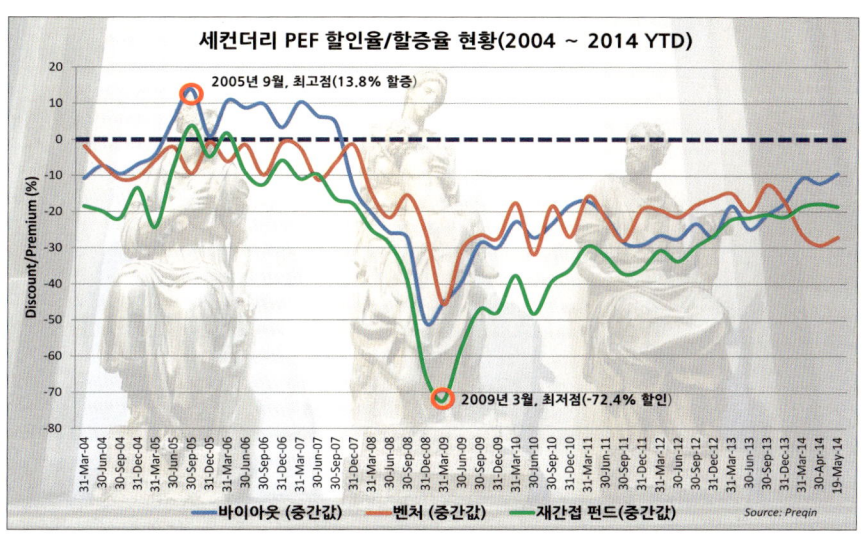

2011년과 2012년에도 전통적 방식의 세컨더리 PEF(Secondary PEF) 투자에 매우 우호적인 환경이 형성되었다. 특히 볼커룰(Volcker rule), 바젤 III(Basel III), 솔븐시 II(Solvency II) 등의 규제가 신설되면서, 은행 및 보험회사를 중심으로 한 금융기관들이 자기자본으로 투자한 PEF 투자 비중을 일정 수준 이하로 낮추어야 했다. 이에 따라 은행 및 보험은 자신이 보유한 PEF 지분을 싫든 좋든 시장에 매각해야 했는데, 이를 세컨더리 PEF(Secondary PEF)가 매입하는 경우 우호적인 할인율에 LP 지분을 매입할 수 있게 된다. 프레퀸(Preqin)에 따르면 바이아웃(Buy-out) PEF의 경우 이 당시 평균 할인율은 30%에서 많게는 50%까지 형성되었고, 재간접 PEF(PE Fund of Funds)의 경우는 할인율이 70%를 넘었다. 2013년 들어 거시 경제 환경이 점차 안정되고 대부분의 LP 들이 보유 지분을 정리하여 할인율이 다시 하락하면서, 2014년 12월 기준으로는 평균 10% 내외의 할인율로 세컨더리 마켓(secondary market)의 가격이 형성되고 있었다.[467] 다만

---

[467] 이와 같은 점을 감안하며 세컨더리 PEF(Secondary PEF)를 선정할 경우에는 수익모델을 지나치게 할인율에 의존하는 운용사를 선정하는 것은 바람직하지 않다고 본다. 할인율보다는 엄격한 GP 선정 능력, 투자기업 지분의 직접 인수(secondary direct) 및 구조화 능력 등을 종합적으로 감안하는 것이 좋다.

대체투자 파헤치기(중)

타이타노마키의 서막

2015년부터는 주식시장의 활황에 따른 지분가치의 상승으로 세컨더리 마켓의 할인율이 하락하면서 오히려 프리미엄을 지급하는 사례가 늘고 있다. 파이낸셜 타임즈에 따르면 2015년 들어 줄어드는 할인율 때문에 세컨더리 PEF(Secondary PEF)의 운용 수익률은 10% 정도 하락할 것으로 추산된다.[468] 다만, 세컨더리(Secondary) 거래 빈도는 2015년 이후 지속 증가세이다. 특히 2017년에는 576건의 거래가 이루어져, 2008년 금융위기 이전 최고 기록이었던 2007년 394건의 1.5배를 기록했다.[469]

우리나라의 경우에는 미국이나 유럽과 달리 LP가 지분을 중간에 매각하는 경우가 거의 없다. 설사 LP 보유지분의 공정가치가 하락하여도 예외적으로 아주 필요한 경우가 아니면, 투자기간 및 펀드 종료 기간까지 이를 보유하려고 하는 성향이 강하며 중간에 이를 매각하는 LP는 거의 없다. 따라서 한국의 경우 전통적 방식의 세컨더리 PEF(Secondary PEF) 시장이 형성되기까지는 많은 시간이 소요될 것으로 예상한다. 프레퀸(Preqin)의 2018년 조사에 따르더라도 세컨더리 PEF(Secondary PEF)의 거의 94%가 미국과 유럽에 위치해 있고, 3%만이 아시아 지역에 위치해 있다. 나아가 프레퀸(Preqin)이 조사한 바에 따르면 2015년 기준으로 세컨더리 PEF(Secondary PEF) 시장에 투자의향이 있는 투자자들의 63%가 북미에, 22%가 유럽에 위치하고 있어 전체 투자자의 85%가 미국과 유럽에 위치하고 있는 것으로 나타났다. 이는 한국을 포함한 아시아 지역의 경우는 PEF 지분이 유통되는 세컨더리 시장이 아직은 걸음마 단계에 있음을 의미하는 것이다.

---

468 Financial Times, Sep 7, 2015
469 Financial Times, Sep 25, 2018

〈 세컨더리 펀드 및 운용사 소재지 지역별 비중 〉

Secondary PEF 소재지	Proportion of Firms		
	2013년 말 기준	2014년 9월 말 기준	2017년 말 기준
North America	48%	51%	55%
Europe	48%	45%	39%
Asia	4%	4%	3%

표 출처: Preqin

16) 세컨더리 PEF 3대 전략(2): 직접 인수(secondary direct) 방식

두 번째 유형이 직접인수 방식(secondary direct)이다. 동 전략은 대상 펀드의 LP가 보유한 하위 자산인 포트폴리오를 직접 매입하거나 해당 펀드의 GP를 교체(GP to LP Secondary)하는 전략이다. 투자대상 기업은 바이아웃(Buy-out), 벤처, 그로쓰 캐피탈(Growth Capital) 등 거의 모든 투자전략의 단계에 있는 기업이 가능하다. 전통적 방식이 대상 펀드의 LP 지분을 대폭 할인해서 매입하는 전략이라면, 동 전략은 하위 포트폴리오의 개별자산 가치를 정확히 평가한 후 할인 매입하여 투자회수(exit)하는 전략을 구사한다. 한 개의 프라이머리 PEF(Primary PEF)가 보유한 하위 포트폴리오 기업 전체를 인수하기도 하고(GP to LP Secondary), 한 펀드 내에서 우수 기업을 선별해서 투자하는 것도 가능하다. 하위 포트폴리오 기업 전체를 인수하는 경우에는 해당 펀드의 GP를 전격적으로 교체하기도 한다.

예컨대 A 펀드의 포트폴리오 중 B기업에 대한 지분 투자가 펀드의 정관이 정한 한도를 넘거나 혹은 정관이 규정한 지분의 해소사유가 있을 때, A 펀드의 GP는 B 기업에 대한 旣투자 지분을 다른 투자가에게 매각할 수 있다. 혹은 A 펀드의 GP가 B 기업에 대한 투자회수 전략의 일환으로 해당 지분을 매각할 수도 있다. A 펀드의 GP가 이미 투자한 포트폴리오를 유통시장에서 매각하는 것이므로 세컨더리(secondary) 전략의 일종이고, A 펀드의 LP 지분을 매각하는 것이 아니라 A 펀드의 포트폴리오를 직접 매각하는 것이므로 디렉트(direct) 전략이다.

대체투자 파헤치기(중)

타이타노마키의 서막

해당 펀드의 GP를 교체하는 방식으로는 세컨더리 PEF(Secondary PEF)와 해당 펀드 GP 이외의 GP가 공동으로 별도의 조인트 벤처(joint venture)를 설립하여 해당 펀드의 기업 지분을 인수하는 방식이 대표적이다. 세컨더리 PEF(Secondary PEF)의 공동 파트너가 펀드의 GP가 아니라 예컨대 은행이 보유한 PE 팀 전체인 경우도 있다. 이는 은행에 대한 규제강화로 은행 내 PE팀의 해산이 불가피할 때 세컨더리 PEF(Secondary PEF)와 공동으로 분사(spin-out) 해서 별도의 GP를 만드는 경우에 해당한다. 은행의 PEF 팀에 대한 분사는 볼커룰의 시행으로 2010년 이후 급격히 증가하는 추세에 있어, 이와 같은 형태의 딜은 앞으로도 지속적으로 증가할 전망이다.

하여튼 이와 같은 방식의 경우 은행 입장에서는 볼커룰에 따라 자기자본 투자가 제한된 상태에서 조속히 PEF 팀을 분사시켜야 하고, 세컨더리 PEF(Secondary PEF) 입장에서는 이들의 분사를 도와주는 대신 대폭 할인된 가격으로 해당 펀드나 포트폴리오를 인수할 수 있다. 예컨대 2013년 12월에, 바클레이즈 아프리카(Barclays Africa) 그룹의 PEF 부문이었던 앱사 캐피탈 PE(Absa Capital Private Equity)를 하버베스트(HarbourVest Partners)와 칼러 캐피탈(Coller Capital)이 공동으로 인수한 적이 있다. 하버베스트(HarbourVest) 컨소시엄은 바클레이즈 아프리카(Barclays Africa)가 보유한 2006년 투자 개시 PEF인 앱사 캐피탈 PEF I(Absa Capital Private Equity Fund I)의 지분 73.7%를 인수하되 새로이 PEF GP를 만들었다. 이 때 새롭게 만들어진 PEF GP가 락우드 PE(Rockwood Private Equity)이다.

이와 같은 유형의 직접인수 방식(secondary direct)을 "분사형태(spin-out type)" 직접인수 방식이라 하며, 바클레이즈(Barclays) 말고도 현재 여러 건의 유사 사례가 진행 중이다. 예컨대 2014년부터 그리스 최대의 상업은행인 국립그리스은행(National Bank of Greece)이 소유한 런던의 NBGI PE(NBGI Private Equity)가 코젼트 파트너스(Cogent Partners)를 통해 매수자를 물색하여, 2014년 8월에 매각을 완료하였다. HSBC 역시 캠벨 루티엔스(Campbell Lutyens)를 고용하여 자사의 자기자본 투자부문 매각을 시도하기도 하였다. 2016년까지 가장 큰 규모의 분사형태(spin-out type) 직접인수 방식(secondary direct)은 제피 모건 체이스(J.P. Morgan Chase & Co.)의 PEF 사업부인 원 에쿼티 파트너스(One Equity Partners) 매각 건으로 포트폴리오 가치만 최대 50억불에 이르렀다. 이 직접인수 방식(secondary direct) 거래건의 최종 승자는 2014년 8월에 선정된 렉싱턴 파트너스(Lexington Partners)와 알프인베스트 파트너스(AlpInvest Partners) 컨소시엄이었다. 거래 규모가 너무 커서 두 개 세컨더리 PEF(Secondary PEF) 운용사의 합작 형태로 거래가 이루어진 것이다.

한편 전통적 방식(traditional secondary)의 전략이 LP 사정에 따른 조기 투자회수(exit) 요구에 따라 대폭 할인이 가능한 반면, 이와 같은 직접인수 방식(secondary direct) 전략은 할인율이 낮기 때문에 기업가치가 명백하게 좋을 때 사용하는 전략이다. 보통 목표 배수를 2배 이상 설정할 만큼 좋은 기업인 경우에 구사하게 된다. 이 경우 할인율은 대상 섹터에서 비슷한 유형의 M&A 거래 시 적용되는 배수(유사거래비교법: transaction comps)와, 주식시장에 상장된 유사기업의 M&A 시 적용되는 배수(유사기업비교법: trading comps)를 비교하여 투자여부를 결정한다.[470] 보통 상각 전 영업이익(EBITDA)의 배수로 계산하여 예컨대 대상기업의 유사기업배수(trading comps)가 EBITDA의 9배, 유사거래배수(transaction comps)가 EBITDA의 11배라고 가정했을 때, 기업가치가 당해 연도 EBITDA의 5배 이하로 어느 GP가 매각한다면 세컨더리 펀드가 인수하는

---

[470] 유사기업비교법의 경우는 해당 기업의 PER, PBR, EV/EBITDA 등을 기준으로 계산하기 편하다는 장점이 있지만, 완벽하게 비교가 가능한 유사기업을 찾기 어렵다는 단점도 있다. 아울러 경영권을 인수하는 거래의 경우에는 동 방법이 경영권 프리미엄을 계산하지 못하게 되는 단점도 있다. 유사거래비교법은 과거 성사된 M&A 거래 중 유사 기업을 선정하여 적절한 배수를 구하므로, 유사거래만 찾을 수 있으면 매우 편리하다. 아울러, 경영권 프리미엄까지 포함되어 있으므로 별도의 계산이 필요 없는 장점이 있다. 그러나 M&A 특성상 유사거래에 대한 정보가 제한적이므로 사용에 한계가 있다는 단점도 있다.

식이다.[471]

할인율이 낮고 정확한 기업가치 산정을 위해 많은 노력이 소요되므로, 통상의 세컨더리 PEF(Secondary PEF)는 동 전략의 비중을 그렇게 높게 가져가지 않았다. 그러나 전통적인 세컨더리 거래만 구사하던 펀드들이 2000년대부터는 시장 환경과 무관한 수익창출을 위하여, 직접인수 방식(secondary direct) 전략의 비중을 점진적으로 높이는 추세에 있다. 특히 해당 펀드의 GP를 아예 교체하는 경우에는 높은 할인율을 확보할 수 있는 기회가 많기 때문에, 직접인수 방식(secondary direct) 전략은 최근에는 증가하는 추세에 있다. 따라서 세컨더리 PEF(Secondary PEF)를 선정하기 위해서는 직접인수 방식(secondary direct) 전략의 구사여부 및 성과에 대한 확인이 반드시 필요하다. 직접인수 방식만 전문적으로 취급하는 PEF도 있는데 씨피오 파트너즈(Cipio Partners), 더블유 캐피탈 파트너즈(W Capital Partners), 비젼 캐피탈(Vision Capital), 소베라 캐피탈(Sobera Capital) 등이 대표적이다. 실제 거래된 사례 중에서 2013년 11월에 유니제스쳔(Unigestion)과 소베라 캐피탈(Sobera Capital)이 독일의 벤처 펀드인 베이텍 벤처캐피탈(BayTech Venture Capital)로부터 이들이 운영 중인 Fund I의 포트폴리오 기업 전체를 모두 매수한 적이 있다.

17) 세컨더리 PEF 3대 전략(3): 구조화(secondary structured) 방식

세 번째 유형이 구조화 방식(secondary structured)이다. 동 전략은 직접인수 방식(secondary direct) 전략보다 진전된 형태의 전략이다. 단순히 프라이머리 PEF(Primary PEF)의 운용사가 투자한 투자 포트폴리오 기업의 지분 일부 혹

---

[471] 한편 세컨더리 디렉트(secondary direct) 전략을 바이아웃 PEF(Buy-out PEF)가 사용하는 경우도 있다(secondary PEF to primary PEF deal). 이 경우에도 마찬가지로 할인율이 높지 않기 때문에, 투자건 발굴을 세컨더리 디렉트(secondary direct)에 비중을 많이 두는 프라이머리 PEF(Primary PEF) 펀드는 투자에 신중을 요한다.

은 전체를 인수하는 것이 아니라, 이에 더하여 매도자의 PEF나 헤지펀드 등을 포함한 포트폴리오 전체를 구조화하여 매입하는 방법을 구사한다. 필요할 경우 매도자의 유동성 요구를 만족시키거나, 해당 기업의 재무구조를 적극적으로 변경시키기 위한 세컨더리 PEF(Secondary PEF) 운용사(GP)의 재무구조조정 작업이 추가될 수도 있다. 예를 들면 세컨더리 PEF(Secondary PEF) α가 프라이머리 PEF(priamary PEF) β로부터 A 기업의 지분을 인수하면서, 동시에 A 기업의 최우선 순위 담보부 대출(senior secured loan)을 구제융자 방식의 대출(rescue financing loan)로 전환시키는 것이다. 혹은 직접인수 방식(secondary direct) 거래로 기업의 지분을 취득한 후 해당 기업을 상장 폐지시키고 재무구조를 완전히 바꾸는 것도 대표적인 사례이다.

실제로 거래된 사례 중에 하나를 예로 들면 다음과 같다. 우선 SEC에 등록된 투자기구 "인다우먼트 마스터 펀드(The Endowment Master Fund: TEF)"는 자신의 포트폴리오 중에서 주식과 채권 부분을 남기고, PE와 헤지펀드 등을 포함한 대체투자 분야의 펀드를 유동화하고자 한다. 동 대체투자펀드의 투자자수는 13,000명 이상의 투자자들이다. 세컨더리 펀드 운용자는 TEF 투자자들에게 다음의 세 가지 옵션을 부여 한다. 첫째, 과거의 TEF에 그대로 잔류하기, 둘째, 신규투자가 금지된 새로운 형태의 폐쇄형 펀드(Passively Managed Fund: PFM)로 갈아타기, 셋째, 동 지분을 매입하기 위해 새로이 설립된 SPV에게 지분을 매각하기. 투자자들은 자신의 사정에 맞는 각 옵션을 행사하고, 세컨더리 운용사는 이들 지분을 각각 매입하여 최종 거래를 완성한다.

동 전략을 구사하기 위해서는 기업과 산업에 대한 이해와 함께 적극적인 재무구조 조정을 수행할 수 있는 전문적 능력을 모두 구비하고 있어야 한다. 아울러 증여 및 양도소득세 등의 조세 문제가 필수적으로 발생하는 바, 최소한의 세금을 납부할 수 있는 투자구조를 구축할 수 있는 역량도 보유하고 있어야 한다. 한편 구조화 방식(secondary structured) 거래는 필수 불가결하게 레버리지를 사용하는 경우가 많다. 따라서 수익이 나지 않을 경우 지분형태(equity tranch)로 들어가

대체투자 파헤치기(중)

타이타노마키의 서막

는 세컨더리 PEF(Secondary PEF)는 상대적으로 높은 리스크에 노출되게 된다. 이와 같은 점을 감안하여 지나치게 구조화 방식(secondary structured) 전략에 치중하는 PEF는 주의를 요한다.

세컨더리 PEF(Secondary PEF)는 위 세 가지 전략을 보통 동시에 수행한다. 통상 가장 높은 비중을 차지하는 것이 전통적 방식이며, 2000년대까지는 보통 70~80% 딜이 이 방식에 의해 수행되어 왔다.[472] 직접인수 방식이 20~25% 비중으로 두 번째 비중을 차지하며 구조화 방식은 예외적인 경우에 사용되어 왔다. 그러나 앞서 설명한 바대로 시장 환경이 급변하면서 전통적 방식 외의 직접인수 방식과 구조화 방식의 비중이 점차로 증가하는 추세에 있다. 아울러 2014~2015년의 경우처럼 할인율이 낮아지는 환경에서는 전통적 방식보다는 직접인수 방식이나 구조화 방식의 비중을 오히려 높여서 주요 전략으로 채택하기도 한다. 따라서 세컨더리 PEF(Secondary PEF)를 선정할 경우에는 할인율이 낮아지는 시장 환경에 대응해서, 전통적 방식 외에 직접인수 방식이나 구조화 방식의 거래까지 효율적으로 구사할 수 있는 능력을 갖춘 PEF 운용사를 선정하는 것이 중요하다.

18) 세컨더리 PEF(Secondary PEF): 주요 운용사(Players)

세컨더리 PEF(Secondary PEF)의 전략을 구사하는 펀드는 인수 대상 PEF의 크기에 따라 구분할 수 있다. 대형 투자건(메가 캡; Mega-Cap)은 주로 2억불~10억불 수준의 딜을 다루게 되며 주로 경매를 통해 매매된다. 중형 투자건(미드 캡; Mid-Cap)은 1억불~2억불의 딜 사이즈로 LP 지분 혹은 개별자산으로 경매 혹은 사적 네트워크를 통해 매매된다. 소형 투자건(스몰 캡: Small-Cap)은 1억불 미만 규모의 거래로 보통 사적 네트워크에 따라 거래된다.

---

472 일반적으로 수익률은 구조화 방식이 가장 높다.

대형 투자건(Mega-Cap) 전략을 구사하는 전문 운용사는 종합자산운용사의 경우 아디안(Ardian), 골드만삭스, 글로벌 PEF 운용사의 경우에는 하버베스트(Harbour Vest), 알프인베스트(Alpinvest), 파트너스 그룹(Partners Group), 판테온(Pantheon) 등이며, 세컨더리(Secondary) 전문 운용사로는 칼러(Coller), 렉싱턴(Lexington) 등이다. 중형 투자건(Mid-cap)을 전문으로 하는 종합자산 운용사는 뉴버거 버만(Neuberger Berman), 크레디 스위스(Credit Suisse) 등이며 글로벌 PEF 운용사는 LGT, 아담스 스트리트(Adams Street) 등이다. 세컨더리 PEF(Secondary PEF) 거래만을 전문으로 하는 글로벌 단독 운용사는 칼러(Coller), 렉싱턴(Lexington), 랜드마크(Landmark), 포모나(Pomona), 폴(Paul) 등의 운용사가 있다. 이 중에서 펀드 규모가 큰 것으로는 렉싱턴(Lexington), 골드만삭스, AXA, 파트너스 그룹(Partners Group), 알프인베스트(AlpInvest), 하버베스트(HarbourVest), 판테온(Pantheon), 뉴버거 버만(Neuberger Berman), 크레디 스위스(Credit Suisse) 등이며 윌로우브리지(Williowbridge), PPM, VCFA, 몬탁(Montauk) 등은 소규모 펀드에 해당한다. 앞서 언급한 바대로 세컨더리 PEF(Secondary PEF) 시장에서 2014년 최대의 대어인 제이피 모건(JP Morgan)의 원 에쿼티 파트너스(One Equity Partners)는 렉싱턴(Lexington)과 알프인베스트(AlpInvest) 컨소시엄이 인수하였다.

거래규모 운용사	Small Cap (1~5 mio USD)	Middle Cap (100~200 mio USD)	Mega Cap (200 mio ~ 1 bio USD)
종합자산 운용사		Neuberger Berman, Credit Suisse	Goldman Sachs
글로벌 PEF 운용사		LGT, Adams Street	Ardian, AXA, Partners Group, AlpInvest, HarbourVest, Pantheon
글로벌 Secondary 단독 운용사		Landmark, Pomona, Paul	Coller, Lexington
Secondary 단독 운용사	Williowbridge, PPM, VCFA, Montauk	Greenpark, Newbury	

출처: Preqin, Neuberger Berman, 2018년 기준

 필자 경험에 따르면 파트너스 그룹(Partners Group)의 경우 투자건 발굴 능력은 뛰어나, LP와의 커뮤니케이션 스킬이 다소 부족하다는 느낌을 받았다. 아마도 상장기업으로서 정보 제공에 제한이 많기 때문인 것으로 추정된다. 뉴버거 버만(Neuberger Berman)은 중소형 세컨더리(secondary deal) 거래의 강자이다. 뉴버거 버만(Neuberger Berman) 내의 다른 팀과의 협업이나 시너지가 다른 회사에 비해 뛰어나다는 것 역시 강점이다. 한국에 사무소도 있어서 LP와의 커뮤니케이션에 매우 적극적이다. 다만 중소형 규모에 치중하다보니 자금 소진이 약간 지연된다는 느낌을 받았다. 뉴버거 버만의 회장(Chairman)은 조지 H. 워커 IV세(George H. Walker IV)이다. 2008년 금융위기 당시 리먼 브라더스(Lehman Brothers)의 자회사였던 뉴버거 버만을 CEO로서 운영하고 있었다. 모회사가 부도나는 절체절명의 상황에서 종업원들을 규합하여 뉴버거를 인수하였다. 조지의 증조부는 조지 허버트 워커(George Herbert Walker)로 증권회사인 GH 워커(G. H. Walker)의 창립자이다. 조지의 조부는 조지 허버트 워커 쥬니어(George Herbert Walker, Jr.)로 전설적인 야구단 뉴욕 메츠(New York Mets)의 창립자이

기도 하다. 그의 외가가 텍사스 주의 부시 가문과 혼인관계에 있어 前 미국 대통령인 조지 W. 부시가 그의 먼 외사촌뻘이 된다. 필자가 실사 과정에서 면담한 적이 있는데, 푸근한 인상에 상대방을 편하게 대하는 자세가 아직도 인상에 남는다.

하버베스트(HarbourVest) 역시 투자건 발굴 측면에서 매우 뛰어나다. 미국의 대형 세컨더리 거래에서 빠짐없이 등장할 만큼 세컨더리 거래의 강자이다. LP와의 커뮤니케이션에도 매우 적극적이어서 LP의 요구에 매우 친절하게 대응했던 기억이 있다. 다만, 한국에 사무실이 없어 활발한 커뮤니케이션에 제한이 없지는 않았던 것으로 기억한다.

최근에는 세컨더리 PEF(Secondary PEF) 시장에서 캐나다연금투자위원회(Canada Pension Plan Investment Board: CPPIB)처럼, 기존의 LP가 적극적으로 직접투자를 수행하면서 세컨더리 시장에서 주요 GP로 등장하기도 한다. 전술한 바대로 2013년~2014년에 진행되었던 제이피 모건(JP Morgan)의 PEF 사업부문 매각 딜은 그 규모가 20~50억불이었는데, 규모가 너무 커서 많은 세컨더리 PEF(Secondary PEF) GP들이 연합하여 입찰에 참여하는 방안을 고민하였다. 반면 CPPIB는 막강한 자금력을 바탕으로 단독으로 입찰에 참여하면서 주요 GP들과 경쟁구도를 형성하기도 하였다. 대형 LP가 이제는 직접 세컨더리 PEF(Secondary PEF) 지분을 인수하기 위한 주요 GP로 등장하고 있는 것이다.

2018년 말 기준으로 세컨더리 PEF(Secondary PEF) 중 가장 수탁자산이 큰 운용사는 프랑스의 아디안(Ardian)이다. 아디안(Ardian)은 프랑스 보험회사인 악사(AXA)의 한 부문으로, 악사 프라이빗 에쿼티(AXA Private Equity)로 운영되다가 독립한 회사이다. 재간접 PEF(PE Fund of Funds)에서 가장 많은 자금을 투자하고 있는데, 세컨더리 PEF(Secondary PEF) 부문에서도 가장 많은 수탁자산을 보유하고 있다.

대체투자 파헤치기(중)

타이타노마키의 서막

〈 세컨더리 PEF 운용사 Top 10 〉

순위	운용사명	추정 미투자 금액($mn)	소재지
1	Ardian	28.6	프랑스
2	Lexington Partners	21.7	미국
3	Goldman Sachs AIMS Private Equity	18.6	미국
4	Strategic Partners Fund Solutions	17.8	미국
5	Coller Capital	12.7	영국
6	HarbourVest Partners	11.3	미국
7	Partners Group	9.4	스위스
8	AlpInvest Partners	9.3	네덜란드
9	Neuberger Berman	6.2	미국
10	LGT Capital Partners	5.7	스위스

표 출처: Preqin, 2018년 기준

그 다음이 렉싱턴 파트너스(Lexington Partners)이다. 1990년 벤처기업의 포트폴리오를 매입한 데서 출발하여 1993년에는 바이아웃(Buy-out) PEF를 매입하였고, 1994년에는 메자닌 펀드의 포트폴리오 기업을 매수하면서 세컨더리 경험을 쌓아 나갔다. 뉴욕, 보스톤, 홍콩, 런던 등의 글로벌 오피스를 운영 중이며 240여 개의 공적 연기금, 국부펀드 등으로부터 투자를 유치하고 있다.

칼라 캐피탈(Coller Capital)은 영국에 소재한 세컨더리(Secondary) 전문 PEF이다. 세컨더리 PEF(Secondary PEF)에 대한 거래실적이 가장 오래된 운용사 중의 하나로 자신들의 세컨더리 PEF(Secondary PEF) 비즈니스에 대한 자부심이 대단하다. 1990년 이전부터 십여 개의 세컨더리 포지션(Secondary position)에 대한 거래기록을 가지고 있는데, 이는 업계에서 가장 오래된 실적이라고 한다.[473] 세컨더리 PEF(Secondary PEF) 투자전략에 대한 개념이 유럽에서 일반화되어 있지 않았던 터라, 초기 5,000만 불의 자금을 모집하는데 무려 4년이나 걸렸다고 한다. CEO인 제레미 칼러(Jeremy Coller)는 MBA 출신이 아니다. 그는 서섹스(Sussex) 대학의 철학과 석사 출신이라는 특이한 경력을 가지고 있다.

---

473 Mark Bishop, 앞의 책

14 기업가치 산정(Valuation)

1) 프롤로그: 모멘텀(Momentum)

　PEF가 대상 기업의 지분을 매입하기 위해서는 대상 기업의 지분 가치를 계산해야 한다. 대상 기업의 지분 가치는 대상 기업에 지급하는 가격과는 구분된다. 일반적으로 대상 기업에 지급해야 하는 가격(price)은 대상 기업의 가치(value) 이외에 모멘텀(Momentum)이라는 요소가 추가되어 결정된다.[474] 모멘텀이란 가격의 급변을 가져오는 새로운 사건(catalyst), 시장과 시장에 참가한 투자자의 심리적 분위기(sentiment), 대기매도(overhang)와 같은 유동성 조건, 옥션에 참가한 경쟁자와의 자존심 대결, 대다수 사람의 행동을 비판 없이 그대로 따라하는 비이성적 광풍(irrational exuberance) 등 비정량적 요인들을 총체적으로 의미한다.

　따라서 PEF가 기업을 인수하기 위해 지급하는 가격은 아래에서 설명하게 될 기업가치 산정 결과에 따른 금액만으로 결정되는 것이 아니다. 즉, 모멘텀(Momentum) 요소를 반드시 고려해야 한다. 하지만 모멘텀(Momentum)을 결정하는 요소는 근본적으로 복잡한 수식이나 명쾌한 법칙을 통해 객관적으로 설명이 아예 불가능한 영역이다. 따라서 예컨대 특정 기업을 인수하기 위한 제한 경쟁 입

---

[474] Price = Value + Momentum

대체투자 파헤치기(중)

타이타노마키의 서막

찰에서 최종 인수가격이 얼마로 결정되는지 사전에 예측한다는 것은 사실상 불가능에 가깝다. 기업 인수 과정에서 최종 인수가격을 둘러싼 이와 같은 불확실성은 입찰 가격에 대한 참가자들의 치열한 눈치 보기와 상상을 초월하는 정보전쟁을 초래한다.[475]

이 과정에서 객관적 수식과 합리적인 논리로 무장한 이성적 판단과 함께 이성적 판단으로는 쉽게 설명이 되지 않는, 인간들이 본질적으로 보유한 야수적 본능과 심리 게임의 법칙이 개입되게 마련이다. M&A 업계에서 승자가 이득을 보는 경우가 거의 없다는 경험칙인 "승자의 저주" 역시 기업 인수과정에서는 거의 언제나 심리적, 야수적 본능이 입찰과정에 개입하기 때문이다. 특히 최종 단계에서 제출하는 입찰 가격은 언제나, 입찰에 참여한 PEF나 기업들의 최고경영책임자가 전적으로 결정한다. 이는 기업인수가 해당 기업의 명운을 결정할 만큼 중요한 사안이기도 하고, 입찰가격 정보에 대한 철저한 보안을 유지하기 위해서이기도 하다. 이와 같은 이유 때문에 입찰 가격은 해당 기업 CEO의 심리적 상태, 평소 잘 드러나지 않는 야수적 본능 등의 개인적 성향이 그대로 드러나는 정보의 결정체이다. 예컨대 한전 부지를 10조가 넘는 금액으로 입찰에 참여한 현대차는 2014년 말 당시 정몽구 회장의 개인적 성향과 심리적 상태가 실제로 어떠하였는지를 사실상 시장에 명확히 인식시켜 준 대표적 사례이다. 급기야 현대차의 이와 같은 행보는 주요 투자자인 네덜란드 연기금(AGP)이 현대차의 오너리스크를 견제하기 위한 주주 중심의 거버넌스 위원회 설치를 제안하게 만든 직접적인 계기가 되기도 하였다.

---

475 필자도 대체투자 팀장으로 있을 때 기업가치가 조 단위인 기업 인수전에 실제로 뛰어든 적이 있었다. 경험이 많은 것은 아니지만, 개인적으로 입찰 과정에서 전략적으로 가장 중요하다고 느낀 것은 상대방이 대상 기업을 어떻게 평가하는 것인가이었다. 어차피 해당 기업에 대한 기업 가치산정 기법이나 그 결과는 참가자별로 크게 다를 수가 없었고, 결국 최종 입찰 승리는 2위와의 가격 격차를 가장 최소화하면서 최고가를 써내야 인수에 성공하는 것이기 때문이다.

2) 기업가치 산정(Valuation) 일반론

구체적인 기업가치 산정(Valuation) 방법론에 대한 설명에 앞서 기업가치를 산정하는 방식인 벨류에이션(Valuation) 전반에 대한 일반적인 이론은 다음과 같다.[476] 첫째, 기업가치 산정방식(Valuation)이 정량 모델을 사용하기 때문에 기업가치 산정 결과 역시 객관적이라고 믿는 것은 잘못된 것이다. 모델은 정량적이지만 모델에 투입될 요소들이 주관적인 요소가 많기 때문에 산정된 기업 가치는 필연적으로 주관적 요소가 개입되어 있다. 따라서 기업가치 산정방식(Valuation)이 객관적이라는 전제하에 의사결정 하는 것은 바람직하지 않다. 둘째, 기업 가치는 고정된 것이 아니라 변화하는 것이다. 따라서 새로운 정보가 추가되면 기업 가치는 당연히 바뀌어야 한다. 새로운 정보는 개별 회사와 관련된 것일 수도 있고, 시장 전체 혹은 특정 산업 전체와 관련된 것일 수도 있다.

셋째, 최종 기업가치 산정 결과가 정확할 것이라는 것 역시 환상이다. 기업가치 산정에 필수적으로 요청되는 미래의 현금흐름과 할인율이 확실한 것이 아니기 때문에 산정된 기업가치 역시 정확하지 않다. 아무리 복잡하고 정교한 기업가치 산정방식(Valuation) 과정을 거치더라도 산출된 결과물에 대한 무조건적인 신봉은 바람직하지 않다. 넷째, 모델이 정량적일수록 산출 결과가 정확할 것이라는 믿음도 잘못된 것이다. 특히 모델이 복잡할수록 투입요소가 늘어나고 이에 따라 결과가 왜곡될 가능성이 많다. 오히려 절대적으로 필요한 요소를 최소한으로 투입하는 것이 모델의 정확성을 높이는 경우가 많다.

다섯째, 모델이 예측하는 기간은 합리적인 기간 내에 있어야 한다. 지나치게 기간을 길게 잡으면 모델에 따른 결과의 정확성이 기하급수적으로 떨어진다. 기업가치 산정에서 사용하는 가장 일반적인 기간은 5년이다. 여섯째, 기업

---

476 Aswath Damodaran, *Investment Valuation*, Wiley Finance, 2012

대체투자 파헤치기(중)

타이타노마키의 서막

가치 산정의 결과물만을 보아서는 절대 안 된다. 어떤 방법의 기업가치 산정방식(Valuation)을 사용하였으며, 가치 산정의 주요한 가정들이 무엇인지 등 결과물을 산출하는 과정을 반드시 파악해야 한다. 마지막으로 전술한 바와 같이 기업가치 최종 결정은 모델이 하는 것이 아니라 사람, 특히 CEO가 하는 것이라는 점을 잊어서는 안 된다. 나아가 회사를 인수할 경우 인수 후의 시너지에 대한 고려도 반드시 해야 한다. 하지만 이는 정량적인 모델로 포착하기가 쉽지 않다.

3) 2가지 기본 방식(Two Basic Approaches)

기업가치란 기업을 소유하고 있는 주주의 몫인 자기자본의 가치를 의미한다. 대차대조표상으로는 자본항목으로 표시되며 주식시장에서는 시가총액으로 표현된다. 손익계산서상으로는 당기순이익이 주주의 소유분이다.[477] 기업의 인수합병 혹은 사업부문 인수 시 반드시 필요한 과정이 바로 기업가치 산정이다. 전술한 바와 같이 기업가치 산정은 객관적이고 정확한 방식이라는 것이 없다. 모든 기업가치 산정은 편차(bias)가 있기 마련이고, 핵심 이슈는 그 편차를 얼마나 어떻게 줄이느냐이다. 그리고 복잡한 방법보다는 단순한 방법이 좀 더 직관적이고 효율적인 기업가치 산정방식인 경우가 많다.

기업가치 산정은 크게 상대가치(relative value, multiple method) 방식과 내재가치(intrinsic value) 방식의 2가지로 구분된다. 상대가치방식은 주가배수방식(PER, PBR, PCR, PSR: Price/Sales Ratio), 기업가치 배수방식(EV/EBIT, EV/EBITDA),[478] 특정산업 배수방식(인터넷 관련기업인 경우 웹페이지 조회

---

477 손익계산서상 매출원가는 원재료비(거래처 귀속), 인건비(노동자 귀속), 기타로 구성된다. 매출에서 매출원가를 차감한 것이 매출총이익이다. 일반관리비는 사무직 노동자의 몫과 전기, 가스, 수도 등의 비용을 포함하며, 판매비는 판매와 관련된 모든 비용이다. 매출총이익에서 일반관리비, 판매비, 감가상각비를 빼면 영업이익이다. 영업이익에서 채권자 몫인 이자가 지급된다. 이 단계가 바로 세전이익 단계이며, 세전이익에서 법인세를 내면 주주 몫인 당기순이익이 나온다.

478 재무재표 상 상각 전 영업이익(EBITDA)은 영업이익(EBIT)과 감가상각비의 합이다.

사모투자펀드(PEF)

수/가입자수의 배수, 케이블방송인 경우는 가입자당 매출액의 배수 등) 등 3가지 방식으로 대별된다. 내재가치 방식은 자산가치 방식(장부가치: book value, 청산가치: liquidated value, 시가평가가치: market value 등), 수익가치 방식(DCF model, Economic Value Added: EVA, 배당할인모형 등), 특수방식(내재적 PBR, RIM 등) 등 3가지 방식으로 구분된다. 상대가치 방식과 내재가치 방식을 혼합한 방식을 혼합 방식이라고 부른다. 이상을 표로 정리하면 다음과 같다.

〈 기업가치 산정 방식 분류 〉

대구분	중구분	소구분	개요
상대가치 방식	주가배수 방식	PER	주가/주당순이익 비율에 따른 평가
		PBR	주가/주당순자산 비율에 따른 평가
		PCR	주가/주당현금흐름 비율에 따른 평가
		PSR (P/S ratio)	주가/주당매출액 비율에 따른 평가
	기업가치 배수방식	EV/EBIT	기업가치/영업이익 비율에 따른 평가
		EV/EBITDA	기업가치/영업이익 및 감가상가 비율에 따른 평가
	특정산업 배수방식		예: 인터넷 관련기업, 케이블 방송 기업 평가
내재가치 방식	자산가치 방식	장부가치방식	자산의 장부가액 평가
		청산가치방식	자산의 청산가액 평가
		시가평가가치방식	자산의 시가총액 평가
	수익가치 방식 (절대가치 방식)	DCF	미래 잉여현금흐름(FCF) 할인 평가
		배당할인모형	미래 배당현금흐름 할인평가
		EVA	미래 경제적 부가가치(Economic Value Added) 할인 평가
	특수방식	내재적 PBR	자기자본이익률/자기자본비용 비율에 따른 평가
		RIM (잔여이익평가모형)	기초 자기자본 + 일정 기간 동안 잔여이익의 현가화
혼합 방식	SOTP (Sum of the Parts)		상대가치 방식과 내재가치 방식의 혼합

4) 상대가치 방식

상대가치 방식은 내재가치 방식보다 기업가치가 올라가기 때문에 매도자 측에서 선호하는 방식이다. PER, PSR, EV/EBITDA 방식 등이 사용하는 배수인 멀티플(multiple)이 자의적인 경우가 많고 업종에 따라서는 변동성이 크기 때문이다. 반대로 내재가치 방식은 기업가치를 보수적으로 산출하기 때문에 매수자 측에서 선호하는 경우가 많다. 내재 PER, PBR, DCF, RIM(Residual Income Model: 잔여이익평가모형) 등은 기업자체의 미래 기업현금흐름과 이익창출능력을 현가화하므로, 상대가치방식보다는 보수적인 기업가치 산출이 가능하다.

상대가치 방식 중 PER 방식은 기업의 주당 당기순이익(EPS)에 배수를 곱하여 기업가치를 구한다. 주당 당기순이익 산출시 자사주는 제외하고 유통주식수만 계산한다. 예컨대 당기순이익이 100억 원이고 유통주식수가 200만 주이면 EPS는 5,000원이 되고, 업종의 평균 PER가 10이면 해당 기업의 주식가치는 1주당 50,000원이 되는 식이다.

PBR 방식은 해당 기업의 순자산(자본금, 자본잉여금 및 이익잉여금)에 배수를 곱하여 기업가치를 산정한다. 앞선 예에서 기업의 순자산이 1,000억 원이면 주당순자산가치(BPS: Book-value Per Share)가 50,000원이 되고, 해당 업종의 평균 PBR이 1.1이면 적정 주가는 55,000원이 되는 식이다. 주로 은행이나 부실투자자산(Non-Performing Loan: NPL) 형태의 금융자산을 보유한 자산운용사의 M&A에 사용하는 방법이다. 보통 PBR을 1을 기준으로 필요한 프리미엄을 추가하거나 감액하여 기업가치를 산정한다.[479]

상대가치 평가 방법 중 PSR(Price Sales Ratio)이란 앞선 PER, PBR과 유사하

---

[479] 2013년 말에 시장에 매각절차를 진행 중이던 우리F&I의 순장부가는 약 3,000억 원이었고, PBR이 1인 경우 이 회사의 가치는 3,000억 원이 된다. 최종 낙찰자였던 대신증권은 4,100억 원의 가격을 써 내어 최종 낙찰을 받았다. 즉 인수가격이 PBR 1.37배에 이르렀다.

사모투자펀드(PEF)

나, 기준이 해당 기업의 당기순이익이나 순자산이 아니라 매출액을 기준으로 평가한다는 점에서 차이가 있다. 예컨대 해당기업의 매출액이 2,000억 원이고 유통주식수가 200만 주이면, PSR은 주당 100,000원이 된다. 영업이익률과 무관하게 산출되고 매출액이 큰 기업이 유리한 가치평가 방법이다. 주로 할인점, 대형 마트 등 유통업체에 대한 가치산정(valuation)에 사용하는 방법이다. 유통업계에서는 점포 출점이 상대적으로 쉬운 기업형 슈퍼마켓(SSM)의 회사가치를 매출의 보통 100% 이하로 산정한다. 반면 출점할 부동산을 찾기 어려운 대형 유통점의 경우에는 매출의 100% 이상으로 가치를 산정한다. 이랜드는 킴스클럽을 해태유통의 슈퍼마켓 사업부로부터 636.5억 원을 지급하고 2005년에 인수한 이후 2011년에 신세계에 매각하였다. 신세계는 2010년 매출이 2,859억 원이었던 킴스클럽마트를 매출의 80% 수준인 2,315억 원에 매입하였다. 롯데가 매입한 GS 리테일의 대형 유통점은 인수 당시 매출이 8,900억 원이었는데, 매입가는 1조 3,400억 원으로 매출의 150%에 이른다. 2013년 10월에는 홈플러스가 전국 4개 매장을 세일즈 앤 리스백(sales & lease back) 형태로 시장에 매각하였는데, 이 때 매매 예상가가 6,600억 원으로 매출의 138% 수준이었다. 이처럼 PSR은 주로 유통업계에서 통용되는 가치산정(valuation) 기법이다. 하지만 영업이익률과 무관하게 산출되므로 기업의 미래가치가 적절히 반영되지 못한다는 단점이 있다.

해당 기업이 속한 산업이 특수한 경우에는 특별한 방식을 사용하기도 한다. 예컨대 인터넷 관련 기업인 경우에는 가입자 수와 인터넷 조회 수의 비율을 계산한 후 배수(multiple)를 곱하고, 케이블 방송인 경우에는 가입자당 매출액 비율을 계산하여 배수(multiple)를 곱한다. 2014년 6월, CJ 헬로비전이 강원방송 지분 88.7%를 654억 원에 매수하였을 때, 당시 강원방송 가입자 수 14만 명을 기준으로 계산하면 강원방송의 기업가치는 배수를 1로 했을 때 1인당 52만원이었다.[480]

---

[480] 지분율 88.7%가 654억 원이므로 지분율 100% 기준으로는 737.3억 원이다. 이를 가입자 수 14만 명으로 나누면 1인당 가치는 526,429원이다.

대체투자 파헤치기(중)
타이타노마키의 서막

2015년 10월 현재 케이블 유선 방송 가입자 기준 업계 5위의 시장점유율을 차지하는 C&M의 경우, 93.8%의 지분을 보유한 MBK가 매각 작업을 진행 중이다.[481] 만약 C&M 가입자 수 238만 명을 기준으로 가입자당 50만원의 기업가치가 있다고 계산하면 C&M의 기업가치는 1조 1,200억 원 수준이다. 물론 MBK는 C&M의 매입을 위해 2조 원이 넘는 가격을 지급했는데, 이는 가입자당 가치를 100만 원 가까이 평가한 것이다. MBK가 C&M 인수를 위해 사용한 차입금의 이자비용은 4,000억 원이 넘는 것으로 알려져 있는데, 이를 사실로 가정하면 매각가격이 2.6조 원 이상이어야 손해를 보지 않게 된다. 이는 가입자당 가치를 109만 원 이상으로 평가해야 한다는 것이다. 최종 매각결과가 어떻게 될지 자못 궁금하다.

상대가치 방법 중 가장 흔하게 사용하는 방식이 이비/에빗타(EV/EBITDA) 방식이다. 이 방식은 기업의 순수한 현금창출능력을 기준으로 기업가치를 산정하는 방식이다. 상각 전 영업이익(EBITDA)은 영업이익에 감가상각비를 더한 금액으로 산출하고, EV(Enterprise Value)는 시가총액에서 이자 지급성 부채를 더하고 현금성 자산을 빼서 구한다.[482] 이렇게 산출한 EV를 EBITDA로 나누면 EV 배수(EV multiple)가 계산된다. 역으로 EV를 구하기 어려운 비상장 기업인 경우에는 일반적으로 산업평균의 EV 멀티플(multiple)을 EBITDA에 곱하여 구한다. 비상장기업에 대한 EV/EBITDA 방식은 기업가치 산출이 다소 과장되게 나온다는 측면에서 매도자 입장에서 유리하다. 매수자 입장에서는 EV 멀티플(multiple)이 업종과 시황에 따라서 급격히 변하는 특징이 있고, 다소 기업가치가 과대평가되는 경향이 있으므로 주의가 필요하다.

EV/EBITDA 사용 시 주의해야 할 점은 EV/EBITDA가 상대가치 중에서

---

481 유선방송 가입자 수(2014년 말 기준): KT – 790만 명, CJ헬로비전 – 422만 명, 티브로드 – 330만 명, SK 브로드밴드 – 300만 명, C&M – 238만 명

482 즉, EV = 시가총액 – 현금성 자산 + 차입부채 (단기차입금 + 유동성장기부채 + 장기차입금 + 사채)이다. EV에서 현금성 자산을 빼고 이자 지급성 차입부채를 더하는 이유는, 매수자 입장에서 기업을 인수한 이후 현금성자산은 바로 회수가 가능하고 이자 지급성 부채는 추가로 드는 비용이기 때문이다.

가장 자의적이라고 할 만큼 객관적 기준이 부족한 지표라는 점이다. 따라서 프로젝트 펀드로 대상 기업이나 자산을 매수할 때, EV/EBITDA만 가지고 가치산정(valuation)한 금액을 그대로 믿는 것은 적절하지 않다. 따라서 절대가치나 내재가치 비교를 반드시 동시에 산출하여 해당 프로젝트의 가치를 객관적으로 비교, 평가하는 것이 바람직하다.

5) EV/EBITDA 실증 자료

기업가치 산정 방식 중 가장 많이 사용하는 방식이 EV/EBITDA이다. 이에 대한 실증자료는 의도적으로 과거 통계를 사용했다. 최신 통계를 사용할 경우 불필요한 오해를 초래할 수 있고, 무책임한 투자 가이드라인이 될 수도 있을 것 같아서 매우 조심스러웠다. 나아가 실증 자료를 인용하는 목적이 상대가치방식의 이론을 실제로 적용한 결과를 대략적으로 가늠하기 위해서이므로 굳이 최신 통계를 사용할 필요가 없었다. 산업별 EV/EBITDA 현황을 요약하면 아래 표와 같다.

〈 업종별 EV/EBITDA (EV multiple) 현황 〉

	2006	2007	2008	2009	2010	2011	2012
건설	9.46	13.4	9.45	10.51	12.81	19.09	21.38
운수창고	9.52	10.58	9.16	28.73	9.34	17.13	16.95
서비스	5.54	5.25	4.61	5.48	6.57	7.15	8.76
의약품	11.23	12.88	10.45	10.32	10.72	10.62	16.59
전기가스	5.43	5.83	13.08	7.77	8.10	12.46	13.62
유통	10.76	11.93	8.04	10.93	11.71	10.89	12.09
섬유, 의복	11.39	11.27	6.68	6.33	6.05	8.94	11.76
기계	9.94	12.70	11.08	15.56	10.10	10.42	11.30
화학	6.18	9.32	6.26	7.10	7.88	8.02	11.15
음식료품	8.28	9.28	9.77	6.59	7.65	10.80	11.13
비금속광물	17.87	15.18	15.98	2.71	15.22	13.27	9.96
철강, 금속	5.24	7.60	4.2	9.42	7.36	7.54	9.07
종이, 목재	12.46	14.56	8.53	6.49	8.69	10.84	7.70

대체투자 파헤치기(중)

타이타노마키의 서막

	2006	2007	2008	2009	2010	2011	2012
운수장비	9.02	10	7.40	7.07	6.85	6.77	7.24
전기, 전자	6.67	5.47	4.37	5.37	5.68	6.10	5.43
통신	4.11	4.66	4.56	4.24	3.97	4.07	4.52
제조	7.13	7.92	6.01	6.84	6.91	7.19	7.33
KOSPI	6.84	7.49	6.14	6.86	7.50	7.75	8.22

표 출처: SK 증권

SK 증권에 따르면 2012년 기준으로 우리나라 KOSPI 기업의 EV/EBITDA 평균은 8.2배라고 한다. 업종의 특성상 경기변동에 따라 설비투자 규모가 커지면 EV/EBITDA의 변동성도 따라서 커진다. 반대로 음식료 등 설비투자 규모와 무관하게 일정한 현금흐름이 창출되는 업종과, 통신업과 같이 설비투자규모가 매년 일정하고 수익도 일정한 업종은 EV/EBITDA가 매우 안정적이다. SK 증권에 따르면 2012년 기준으로 EV 멀티플(multiple)이 10 이하인 업종은 전기전자, 운수장비 등이었고 5 이하인 업종은 통신서비스였다. EV 멀티플(multiple)이 10을 넘는 업종은 건설, 운수창고, 의약품 등이었다.[483]

하지만 EV/EBITDA 수치는 측정기준과 주체에 따라 변동성이 크다는 단점이 있다. 대신증권 자료는 2013년 기준 EV/EBITDA가 10을 넘어 추세적으로 상승하는 업종은 건강관리, 소프트웨어, 호텔레저 등이라고 분석하였다.

---

[483] SK 증권에 따르면 건설업은 EV/EBITDA가 20을 넘는 업종이나, 대신증권에 따르면 건설업종의 경우 건설경기가 최고점이던 2007년에 20이었고 2012년 기준으로는 8 수준이다.

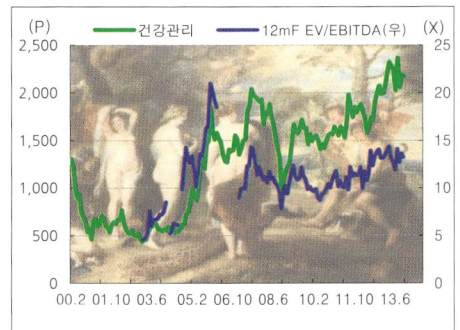
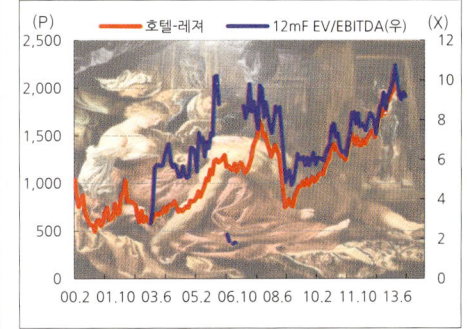

 10 이하에서 추세적으로 하락하는 업종은 소매(유통), IT 하드웨어 및 가전 등이었다. 특히 IT 하드웨어는 2000년대 중반까지만 해도 EV/EBITDA가 20에 육박하는 유망한 산업이었다. 하지만 2014년 중반을 기준으로 평가하면 그 수치가 5 이하로 하락한다.

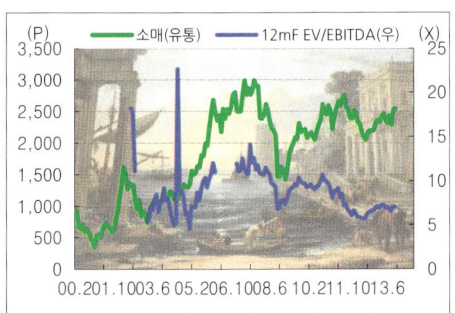
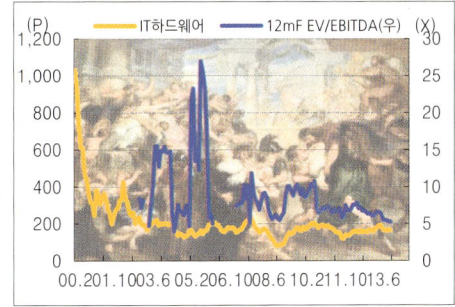

 5~10 사이에서 일정 수준을 유지하는 업종은 비철금속, 기계, 미디어, 통신, 화장품 및 의류 등이다. 이 업종들은 비철금속과 기계를 제외하고는 경기 변동에 상대적으로 덜 민감한 업종이라는 특징이 있다. 한편 화장품 및 의류 업종의 경우에는 EV/EBITDA가 점진적으로 상승하는 추세여서 주목된다.

대체투자 파헤치기(중)
타이타노마키의 서막

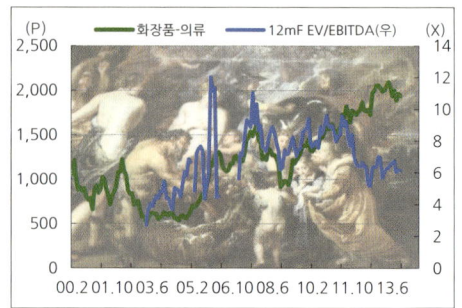

　EV/EBITDA 외에 EBITDA를 매출액으로 나눈 비율인 EBITDA 마진율의 업종별 특징을 살펴보면 다음과 같다. 우선, 식음료 산업(Food & Beverage: F&B)은 경기변동에 가장 둔감한 업종으로 EBITDA 마진율의 변동이 가장 작은 업종이다. 반대로 기계업종의 경우에는 경기에 가장 민감한 업종으로 경기변동에 따른 등락이 심한 것으로 나타났다.

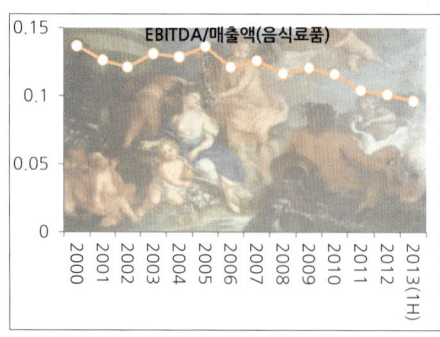
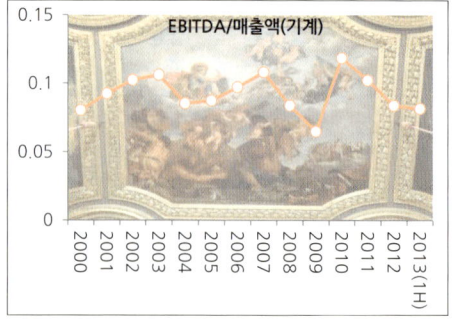

　2013년 말 기준으로 업종의 EBITDA 마진율이 하락하는 업종으로는 건설업, 증권업이었다. 건설업은 2013년 말까지 부동산 경기 하락으로 수익성이 악화되었으며, 증권업의 경우에는 EBITDA 마진율이 아직 높은 상태이지만 2013년까지는 주식거래량의 감소 등으로 수익성 악화를 겪으면서 EBITDA 마진율이 추세적으로 하락하고 있었다. 하지만 이는 2013년 말 기준 수치이며 2015년 기준으로 계산하면 추세가 전환되거나 다른 모습을 보일 것이다.

사모투자펀드(PEF)

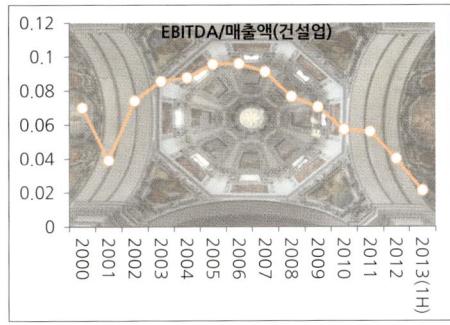
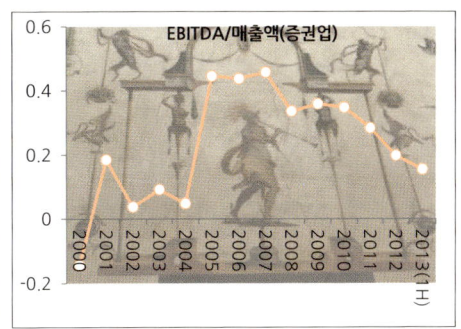

　　EBITDA 마진율에 대한 시계열 자료를 보면 과거에는 통신서비스, 유틸리티 업종의 마진율이 30%를 넘는 기록적인 성장세를 보였었다. 2013년 반기 기준으로는 소프트웨어, 반도체 및 장비 업종의 EBITDA 마진율이 높은 섹터 중의 하나이다.

〈 상장기업 EBITDA 마진율 현황(2007~2013) 〉

	2007	2008	2009	2010	2011	2012	2013
소프트웨어	35%	29%	35%	39%	36%	29%	32%
반도체 및 장비	25%	13%	21%	21%	20%	23%	25%
통신서비스	31%	26%	25%	27%	24%	21%	22%
내구재 및 의류	25%	23%	23%	23%	20%	17%	16%
호텔 및 레저	29%	26%	26%	24%	22%	19%	16%
유틸리티	13%	0%*	9%	8%	12%	9%	14%
제약	20%	20%	22%	17%	13%	12%	15%

표 출처: 교보 증권, * 2008년 유틸리티 업종의 영업이익은 마이너스를 기록.

대체투자 파헤치기(중)

타이타노마키의 서막

상장기업 중에서 EBITDA 마진율이 가장 높은 기업은 어디일까? 2013년 반기 기준으로 EBITDA/매출액 비율의 상위 10개 기업 리스트는 아래와 같다. 주로 제조업 분야에서는 바이오, IT, 자동차 등이며 서비스업 분야에서는 레저, 소비재, 유통, 통신 등이 상위 10개 기업을 차지하고 있다.

⟨ EBITDA 마진율 상위 10개 기업(2013.6 기준) ⟩

순위	업종	기업	EBITDA/매출액
1	바이오	셀트리온	70.66
2	자동차	한국타이어월드와이드	68.3
3	반도체	SK하이닉스	44.1
4	레저	강원랜드	38.16
5	IT	엔씨소프트	35.73
6	유통	현대백화점	35.18
7	레저	GKL	33.99
8	소비재	KT&G	32.49
9	IT	NAVER	30.1
10	통신	SK 텔레콤	28.46

셀트리온의 경우는 기업회계 기준 처리 논란이 있어 논외로 하고, 한국타이어에서 2012년에 분사한 한국타이어 월드와이드의 경우는 EBITDA 마진율이 68%에 달했던 기업이다. SK 하이닉스 역시 반도체 치킨게임에서 승자로 남으면서 최근 수익성이 개선되어 EBITDA 마진율이 높았다. 하지만 반도체 분야는 경기민감 업종으로 수익성의 급격한 악화도 언제든 가능하다는 점은 고려해야 한다. 한편 상장기업 중 시총이 큰 기업들을 기준으로 보면 2013년 2분기 기준으로 삼성전자의 EBITDA 마진율은 23.9% 이었으며, 같은 기간 기준으로 KT는 21.1%, 한국타이어 21%, 신세계 19.9%, LG 디스플레이 19.4%, 오리온 16%, 고려아연 15.6%, 삼성전기 14.2%, 영풍 13.2%, 한전 12.7%, 현대차는 12.5% 등이었다.[484]

---

484   EBITDA 마진율을 사용하는 경우, 감가상각비가 영업이익에 추가로 계상되므로 대규모 장치산업을 가지고 있어 감가상각비를 많이 쌓아 놓은 기업에게는 유리한 측면이 있다. 따라서 유동성 비율, 부채비율, 순부채 현황 등을 종합적으로 검토하여야 정확한 기업가치 산정이 가능하다. 한편 한중일 상장기업을 대상으로 2015년 8월 말 기준으로 CEO스코어가 조사한 바에 따르면, 영업이익률이 높은 기업 20개 내에 메디톡스(4위), 셀트리온(9위), 다음카카오(11위), 강원랜드(12위), 엔씨소프트(14위), SK하이닉스(18위), KT&G(20위) 등 7개 한국기업이 포함되어 있다고 한다. The CEO Score Daily, 2015.9.30.

6) 내재가치방식

내재가치 방식 혹은 절대가치 방식 중 대표적인 방식이 기업의 미래 현금흐름을 현가화 하는 현금흐름할인모형(DCF: Discounted Cash Flow) 방식이다. 미래 현금흐름은 세후 영업이익에 감가상각비를 더한 현금흐름에서 자본지출(Capex) 및 운전자본 지출(Opex)을 빼는 것이다. 즉, **미래현금흐름 = $EBIT$(1-세율) + 감가상각비 - $Capex$ - $Opex$**. 각 기간의 현금흐름을 가중평균 자본비용(Weighted Average Cost of Capital: WACC)을 할인율로 하여 현가화하여 더하고, 최종적으로는 이 값을 WACC로 할인, 즉 나누면 기업가치가 산출된다.[485] 발전사업의 경우에는 비교 가능한 EV 멀티플(multiple)을 구할 수 없어 EV/EBITDA를 사용하지 않고 DCF 방식을 사용한다. 한편 미래의 가능한 현금배당을 할인해서 현가화 하는 배당할인모형(Dividend Discount Model)도 있다. DCF와 유사하며 할인 대상이 미래의 잉여현금흐름이 아니라 미래의 배당현금흐름을 할인한다는 점에서 차이가 있다.

절대적 평가방법의 또 다른 방식이 내재적 PBR 방식이다. 내재적 PBR이란 자기자본이익률(Return on Equity: ROE)을 자기자본비용(Cost on Equity: COE)으로 나눈 값이다. 자기자본이익률이란 당기순이익을 자기자본총계로 나눈 값이다. 자기자본비용은 CAPM 모형에 따라 자기자본 투자에 따른 기회비용을 의미한다. 직관적으로는 자기자본 투자를 하지 않고 채권이나 주식에 분산투자할 경우, 무위험수익률과 증권시장의 리스크 프리미엄에 β를 곱한 수익률이 바로 자

---

485 WACC는 간단히 풀어쓰면 타인자본비용과 자기자본비용을 합하되, 구성 비중을 가중치로 하여 합산한 총자본비용이다. 달리 말해 "조달자본 기회비용의 합"이다. WACC 공식은 다음과 같다. WACC = $Kb(1-t)*B/V + Ks*S/V$ 이다. (Kb: 채권자의 요구수익률, t: 한계세율 (2015년 현재 24.2%), B: 차입금의 시장가치, S: 자기자본의 시장가치, V: 기업의 시장가치, 즉 부채 + 자본, (B+S)). Kb는 현재 시점에서 자금을 차입할 때 지불하는 이자비용이다. 자기자본 비용 Ks는 CAPM 공식에 따라 구하며, 무위험자산 수익률에 증권시장의 리스크 프리미엄(E(Rm) − Rf)에 β를 곱하여 산출한다. 즉, $Ks = Rf + \beta(E(Rm) - Rf)$. 상기용어를 사용한 투자의 기본 원칙은 다음과 같다. 즉, 기업의 경쟁력은 조달자본 기회비용(WACC)을 상회하는 투하자본 수익률(ROIC)의 창출에 달려 있다.

대체투자 파헤치기(중)

타이타노마키의 서막

기자본 비용이다.[486] 2015년 기준 5년 국채수익률이 2% 내외이고 KOSPI 투자의 리스크 프리미엄이 6% 내외라고 보면, 각 기업별 β만 구할 수 있으면 ROE를 COE로 나누어 내재적 PBR을 구할 수 있다.[487] 통상 비상장된 기업의 β를 1로 가정하면 COE는 8~9% 내외가 된다.[488] 따라서 재무제표 상에서 구한 ROE를 8~9% 내외로 나누면 내재적 PBR이 산출되며, 산출된 PBR을 순자산총계에 곱하면 기업가치가 산출된다. 예컨대 자기자본 이익률이 10%이고 인수대상 기업의 β를 1로 가정하면 COE가 9%일 때 내재적 PBR은 10/9=1.1이다. 이 인수대상 기업의 純자본 총액이 2,000억 원이면 이 기업의 내재적 PBR은 2,200억 원이 된다. 이 기업을 인수하기 위한 정확한 기업가치를 구하기 위해서는 통상 5년간 미래의 당기순이익 전망을 기초로 가중 평균한 현가를 사용한다. 이 때 산출된 기업가치는 보수적인 결과를 초래하므로 가치의 기준점으로 사용하는 것이 좋다. 즉, 해당 기업의 최소가치가 된다. 내재적 PBR을 기준으로 경영권을 인수하는 경우에는 경영권 프리미엄을 더해야 하고 라이센스(license), 지재권 등 특별한 자산에는 프리미엄을 부여한다. 아울러 우발부채나 소송, 보증과 같은 항목은 기업가치에서 빼거나 디스카운트해야 한다.

두 번째 절대가치평가법이 잔여이익평가모형으로 불리우는 "림(Residual Income Model: RIM)" 방식이 있다. RIM이란 인수시점 이후부터 발생하는 잔

---

[486] $Rf + \beta(E(Rm) - Rf)$

[487] PBR, PER, ROE, COE 사이의 관계식은 다음과 같다.

$\frac{ROE}{COE} = PBR, \frac{1}{COE} = \frac{PBR}{ROE} = \frac{시가총액/Equity}{당기순이익/Equity} = \frac{시가총액}{당기순이익} = PER$. 부동산의 ROE는 ROA(Return on Asset)에 레버리지 효과를 더하여 구하는 방식으로도 구할 수 있다.

수식으로는 다음과 같다. $ROE = ROA + [ROA - i] * D/E$ 예컨대, 부동산을 구입할 때 매입 캡 레잇(cap rate: 총수익/매매가)이 5%이고, 자금조달비용 4.5%에 LTV 비율을 50%로 가져가면, ROE = 5 + [5 − 4.5]*(150%) = 5.75%이다. 재무제표 상 ROE는 당기순이익을 순 자기자본으로 나눈 값이다. 증권회사의 사례를 보면 2013년 일간 주식거래량이 2012년 이전 8조 원 내외에서 3~4조 원 내외로 급감함에 따라, 거의 모든 증권회사의 ROE가 1% 밑으로 하락하였다. COE를 9%로 가정하면 2013년의 경우 최소한 이론적으로는 증권회사의 기업가치가 순자본가치의 10% 내외에 불과할 정도로 급격히 하락하였다.

[488] β=1인 경우는 해당기업의 주가가 주식시장 전체의 움직임과 동일하게 움직인다는 뜻이다. β가 크면 주가지수보다 더 크게 주가가 움직이는 기업이라는 뜻이다.

여이익을 현가화하여 기초 자기자본에 더하는 방식이다. 여기서 잔여이익이란 당기순이익에서 자기자본에 자기자본 비용을 곱한 값을 차감하여 산출된다. 예컨대 Y1의 자기자본이 2,000억 원, 자기자본비용이 10%, 당기순이익이 100억 원이면 Y1의 잔여이익은 (100억 원 − 2,000억 원 X 0.1) = △100억 원이다. 이를 보통 5년도까지 예측하여 구한 뒤 자기자본비용을 할인율로 하여 현가화한 후, 그 합을 자기자본에 더한 값이 잔여이익평가모형에 의한 기업가치이다.

마지막으로 절대가치 평가방법 중 경제적 부가가치(Economic Value Added: EVA) 방식이 있다. EVA 방식은 영업활동으로부터 창출된 세후이익에서, 영업활동에 투자된 타인 및 자기 자본비용을 차감하는 것이다. 이는 회계 상 당기순이익이 타인자본에 대한 비용인 이자만 감안하고, 자기자본에 대한 기회비용은 반영하지 않는 단점을 보완하기 위한 것이다. 예컨대 A 기업의 자기자본이 100억 원이고 당기순이익이 3억 원이면 자기자본이익률이 3%로 이익을 본 것처럼 보인다. 그러나 CAPM 모형에 따른 자기자본 사용 비용이 5%이면 이 기업은 자기자본에 대한 기회비용을 회수한 기업이 아니다. 차라리 자기자본을 무위험채권과 주식에 투자하였으면 5% 수익률을 올릴 수 있었는데, A 기업에 투자하여 3% 밖에 수익을 올리지 못한 것이다. 구체적인 수식은 다음과 같다. EVA = 세후 순영업이익 (NOPLAT: Net Operating Profit Less Adjusted Taxes) − 가중평균자본비용 (투하자본 × WACC)이다. 이를 풀어쓰면 영업이익 − 법인세 − 투하자본 × [이자비용*(1−세율) + 자기자본*COE[489]]이다. EVA는 자기자본비용이 감안되므로 회계 상의 당기순이익보다 당연히 적게 된다. 기업 가치를 계산할 때는 미래 5년간의 EVA를 WACC로 현가화하여 모두 더하고, 이를 기초 영업 투하자본에 더하면 기업가치가 산출된다. EVA가 실제 발생한 비용이 아니라 기회비용의 성격을 가지므로 기업가치가 과소평가되는 측면이 있다. 주로 경영자의 성과를 평

---

489   COE는 β를 1로 가정했을 때 보통 9% 내외로 계산하면 된다.

가하는 지표로서 많이 활용되며 기업가치 평가 기준으로는 활용빈도가 낮다.

절대평가와 상대평가가 아닌 제3의 방식으로 기타 방식이 있는데, 대표적인 방식이 가치합산방식(SOTP: Sum of the Parts)이다. 주요 "사업부"에 대해서는 PER나 EV/EBITDA를 사용하고 주요 "투자자산"에 대해서는 자산 가치를 시가로 환산한 후, 순차입금을 차감하여 기업가치를 계산한다. 부동산, 토지, 건물 등의 장부가가 낮을 경우 매도자가 기업가치를 올리기 위한 방식으로 사용가능하다. 그러나 기업가치 산출방식을 혼합하여 적용하면서 가치의 객관성을 보장하기 어렵다는 점에서 매수자 측에서는 주의가 필요하다.

15 공매도

1) 정의

2013년 4월 16일, 셀트리온의 서정진 회장은 주식 공매도로 인하여 정상적인 경영이 불가능하다면서 회사를 매각하겠다고 발표하였다. 서정진 회장의 한 맺힌 매각 발표는 그간 셀트리온이 공매도 세력에게 얼마나 시달려 왔는지를 간접적으로 보여 준 사건이다. 하기야 셀트리온의 대차잔고 비중은 2011년 이전에는 5%에도 미치지 못하였으나, 2011년 4월 25일부터 급증하기 시작하여 2012년 12월 6일에는 전체 거래금액의 34.28%를 대차거래가 차지하였다.

대체투자 파헤치기(중)

타이타노마키의 서막

역설적이게도 서정진 회장의 발표 직전인 4월 12일부터 공매도 비중이 급증하여 4월 12일에는 22%, 4월 15일에는 당일 거래량의 24%가 공매도 거래에 달할 정도로 공매도가 기승을 부렸다.[490] 셀트리온 주가는 회사 매각 발표일인 4월 16일 49,800원으로 장을 마쳤으나, 이후 4 연속일 하락하여 4월 22일에는 주가가 26,650원으로 거의 반토막이 났다. 이와 같은 주가 하락으로 공매도 세력에게는 적지 않은 이득을 가져다 준 것으로 보인다.[491]

셀트리온 사례 외에도 공매도 사례는 어렵지 않게 찾을 수 있다. 대우건설의 경우 2016년 11월 14일에 외감기관인 안진회계법인이 분기 보고서에 대한 감사의견을 거절하였다. 하지만 감사의견 거절 이틀 전인 11월 11일에는 공매도 거래가 대우증권 상장이래 최대치인 120만주까지 치솟았다. 공매도가 기승을 부린 11일 대우건설 주가는 6,610원이었으나, 18일에는 20% 이상 하락한 5,250원을 기록하여 공매도 세력은 일주일 만에 20% 이상의 수익을 올렸다. 최근에는 2018년에 50:1로 액면이 분할된 삼성전자에 대해서도 공매도 활동이 매우 활발해 향후 추이가 주목된다.

일반적으로 공매도(short selling)란 타인 명의의 주식을 자기 것처럼 팔거나(naked short selling), 타인명의의 주식을 빌린 후 팔아서(borrowing short selling; covered short selling) 현금을 마련한 후 주가가 하락하면 이를 다시 매입(short covering)하여 이득을 얻는 전략을 일컫는다.[492] 우리나라에서는 무차입공매도가 허용되지 않고, 타인 보유의 주식을 빌려서 파는 차입공매도와 이틀 후 결제 일까지 해당 매도 수량을 확보한 경우만 허용이 된다. 따라서 당일 매수도가 아닌 경

---

490 셀트리온의 공매도가 특별히 심각한 정도였다고 말하기는 한계가 있는 것 같다. 2013년 4월 당시 공매도 비중이 높았던 현대상선의 경우 2010년 6월 12일, 전체 거래량의 65%가 공매도 거래량이었다.

491 하지만, 2015년 들어 셀트리온의 주가가 급등하면서 공매도 세력은 적지 않은 손실을 입은 것으로 추정된다. 셀트리온은 2019년 현재도 여전히 대차비용이 높은 핫 바로우(hot borrow) 종목이다.

492 주식을 단순히 파는 행위는 숏(short) 포지션이 아니라 롱(long) 포지션의 일종으로 셀링 롱(selling long)으로 부른다. 숏(short) 포지션이란 주식 가치가 하락할 때 이득을 보는 포지션으로, 주식을 빌려서 팔거나 주식을 빌리지 않고 파는 행위가 모두 주식의 숏(short) 포지션에 해당한다. 한편 "커버(cover)"란 어떤 전략이든 대상 지분증권이나 주식을 보유하고 있다는 뜻이다. 예컨대 "커버드 숏 셀링(covered short selling)"이면 공매도를 수행할 때 해당 주식을 보유하고 있다는 뜻이고, "커버드 콜(covered call)"이란 현물 기초자산을 보유한 상태에서 콜(call) 옵션을 매도하는 것을 의미한다.

우 우리나라에서 공매도를 하기 위해서는 반드시 주식을 먼저 빌려야 한다. 주식을 빌리는 증권 대차 구조는 다음과 같다. 동 구조 및 세부 절차는 상세히 후술한다.

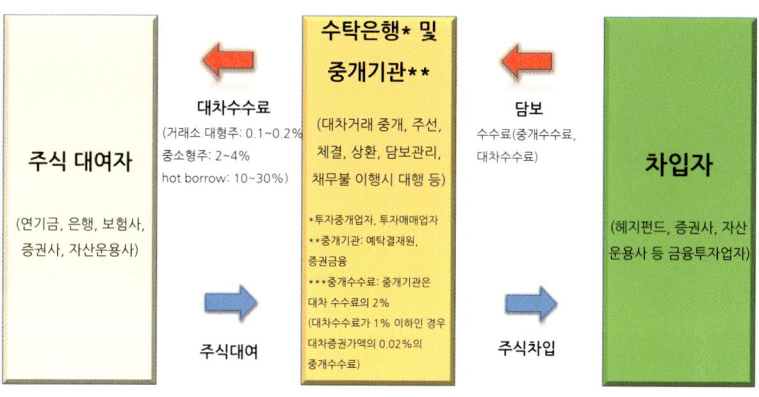

2013년말 기준

증권을 빌리는 이유는 선물·옵션·CB 차익거래(CB Arb)·워런트(Warrant) 등과 연계된 헤지거래를 수행하거나, 혹은 리포(Repo) 거래 등에 필요한 증권을 단기에 조달하거나, 혹은 공매도를 하기 위함이다.[493] 증권 대차거래는 공개된 거래소 시장이 아닌 장외거래시장을 통해서 금융투자 상품을 매매하는 경우로, 자본시장법 166조 및 시행령 182조에 의거하여 투자매매업자 및 투자중개업자만이 수행이 가능하다. 투자매매업 및 투자중개업의 인가가 없는 개인은 증권 대차거래가 사실상 어렵다. 다만 개인의 경우 증권금융의 주식을 증권사를 통해 빌려서 매도하는 대주거래는 가능하다. 하지만, 수수료가 비싸고 가능한 증권사와 가능하지 않은 증권사가 있다는 점이 단점이다.[494]

---

493 증권대차 거래가 전 세계적으로 폭증한 1990년대는 증권대차가 국제파생상품의 헤지 목적으로 수행되었다. 즉, 증권대차의 주요 목적이 파생상품의 헤지였다. 예컨대, 특정 종목의 주식가치가 자신이 예상하는 것보다 높다고 가정하면, 해당 증권의 콜옵션을 매도하여 프리미엄을 수취할 수 있다. 혹은 콜옵션을 매도하지 않고, 풋옵션 매도와 해당 주식에 대한 공매도를 같이 수행하는 커버드 풋(Covered Put)을 행하면 콜옵션 매도와 동일한 효과를 누릴 수 있다. 공매도를 풋 옵션(put option) 매도의 헤지 목적으로 사용하는 예이다. 주식 공매도를 활용하는 가장 대표적인 헤지거래는 CB 차익거래(CB Arb) 전략에서 전환사채를 매수하고 델타만큼 주식을 공매도하는 헤징 전략이다.

494 한편 자기융자매도상환은 신용으로 매수했던 종목을 매도로 상환하는 것을 의미하며, 일반대출매도상환은 기존에 보유한 현금 주식을 담보로 대출을 받은 후 담보대상 주식 매도로 상환하는 것을 의미한다. 자기융자매도상환 및 일반대출매도상환은 사전적으로 증권사와 개별 약정을 맺은 경우에만 가능하다.

대체투자 파헤치기(중)

타이타노마키의 서막

⟨ 기관별 증권의 대여 및 차입 가능 여부 ⟩

구분	근거 규정	대여 및 차입가능 여부	대여	차입
투자매매업자, 투자중개업자	자본시장법 166조, 동법 시행령 제182조	대차거래 가능	○	○
은행 (고유계정)	은행업무중부수업무의 범위에 관한 지침	대여 및 차입가능 (차입:헤지/결제/차익거래로 한정)	○	○
보험회사	보험업감독규정 제1-3조관련 별표	대여가능	○	×
국민연금	국민연금법 제102조제2항 제3호	대여가능	○	×
공무원연금	공무원연금법시행령 제74조제1항	대여가능	○	×
기 타	교원공제회 유가증권 운용규칙	대여가능	○	×
	새마을금고연합회 자금운용지침	대여가능	○	×
	사학연금재단 사립학교 직원연금법	대여가능	○	×

2) 공매도 세부절차

주식 대여자는 주식을 장기로 보유하고 있는 연기금, 보험사, 자산 운용사 등이다. 주식 대여자는 장기 주식 보유에 따른 기회비용의 손실을 주식을 빌려주는 대차거래 수수료로 보전할 수 있다.[495] 외국의 경우에는 대량의 주식을 보유하고 있는 뮤추얼펀드와 상장지수펀드가 적극적인 주식 대여로 수수료 수입을 상당 부분 올리고 있는 것으로 알려져 있다. 주식을 대여한다고 하더라도 주식과 관련된 경제적 이득인 배당, 유·무상 증자로 인한 주식 수 증가 등 모든 혜택은 주식을 빌려준 대여자에게 귀속된다. 그러나 주의해야 할 점은 주식을 대여하는 경우에는 주식을 빌려준 이가 의결권을 행사할 수는 없다. 즉 의결권 행사의 경우에는 주식을 빌려간 주식 차입자가 사실상 수익적 소유자(beneficial owner)로 전환된

---

495 주식대여로 인한 수수료 수익은 상대방의 결제 불이행 위험만 없다면 사실상 무위험 거래이다. 우리나라의 경우 한국예탁결재원이 담보를 통해 결제이행을 보증하므로 사실상 무위험 거래이다.

사모투자펀드(PEF)

다. 따라서 보통 주총 시즌인 12월 중에는 의결권 행사를 위해 주식 대여자가 빌려준 주식의 상환(recall)을 대량으로 요청하는 경우가 많다. 대차잔고 통계를 보면 12월에 대차잔고가 감소하는데 이는 의결권 행사를 위한 대여자의 리콜에 따른 것이다.[496] 대여자가 리콜을 하는 경우 차입자는 보통 3영업일 이내에 빌려간 주식을 상환하여야 한다.

대차 수수료는 결제 및 경쟁거래가 아닌 경우에는 상호 협의하여 수수료율이 결정되는데, 거래소의 대형주인 경우 보통 0.1~0.22%로 책정된다.[497] 2013년 4월 기준 한국예탁결제원에 등록된 대차 가능종목의 대차 수수료율은 아래와 같다. 대차 목적이 공매도이고 동 종목의 하락세가 지속되는 경우에는 차입하려는 사람은 많아지게 되므로 대차 수수료는 상승하게 된다. 특히, 기관보유 수량이 적고 개인 보유수량이 많은 경우에는 대차 수수료가 급격히 상승할 수도 있다. 셀트리온이 대표적인 예인데 셀트리온은 개인보유 수량이 많고 공매도 수요도 많아서, 2013년 4월의 경우 대차수수료가 최고 30%까지 치솟았다.[498]

〈 종목별 대차 수수료 예시 (2013년 4월 기준) 〉

종목명	종목코드	대차가능수량	대차수수료
한화	880	391,080	0.5%
TCC 동양	2710	46,800	3.5%
KISCO 홀딩스	1940	28,610	2.0%
한국철강	104700	96,120	0.5%

---

496 리콜은 대여자 뿐 아니라 차입자도 행사할 수 있다. 증권 대차의 목적이 소멸되면 대여자에게 주식을 반환하는 것이 그것이다. 리콜은 정기리콜과 조기리콜로 구분된다. 정기리콜은 계약상 합의한 기한에 행사하는 것이고, 조기리콜은 계약기간 이내에 대여자가 수시로 행사하는 상황이다.

497 대차거래는 4가지 방식으로 거래된다. 결제거래와 경쟁거래는 대차수수료율의 호가경쟁에 의해 이루어지는 거래로 일반적인 주식거래와 똑같다. 지정거래는 대여자와 차입자가 거래조건을 상호 협의한 후 차입자의 차입신청을 대여자가 승인하거나, 대여자의 대여신청을 차입자가 승인하면 거래가 이루어지는 거래다. 지정거래의 담보권자는 한국예탁결제원으로 지정된다. 지정거래는 내국인거래의 90% 비중을 차지한다. 맞춤거래란 지정거래와 동일하나 오직 차입자의 차입신청만 이루어지는 거래이고, 담보권자가 대여자란 차이점이 있다. 따라서 한국예탁결제원은 결제이행책임을 지지 않는다. 주로 외국인이 맞춤거래를 수행한다.

498 이처럼 대차거래에서 차입비용이 매우 높은 종목을 핫 바로우(hot borrow)라고 하며 OCI, 셀트리온 등이 이에 해당한다.

대체투자 파헤치기(중)

타이타노마키의 서막

거래가 합의되면 중개기관은 차입자를 대상으로 담보를 요구하게 된다.[499] 담보는 주식, 채권, CD, 현금, 외환, 외화증권 모두 가능하다. 한국예탁결재원의 경우 KOSPI200 종목에 대해서는 전일종가의 80%, 그 외 상장종목에 대해서는 전일 종가의 70%에 대해 담보비율을 인정해 준다. 채권의 경우는 등급에 따라 차등을 두는데, 예컨대 AAA 금융채의 경우는 시가의 95%에 대한 담보비율을 인정한다. 대차거래의 안전한 이행을 위해서는 담보의 일일정산이 반드시 필요하게 된다. 특히 담보로 제공된 증권의 시가가 매일 변동하기 때문에 담보관리는 비용이 많이 들고 규모의 경제가 필요한 업무이다.

해외의 경우는 주로 대형 수탁은행이나 투자은행이 시스템을 갖추고 담보관리를 수행하고 있는데, 우리나라의 경우는 증권사가 담보관리를 하고 있지 않고 한국예탁결재원이 수행하고 있다. 예컨대 담보 일일정산, 담보해지, 불이행시 담보처리 대행 등은 한국예탁결재원이 수행하고, 이에 따라 거래 상대방의 결제불이행 위험은 증권사가 아니라 한국예탁결재원이 부담하게 된다. 담보이전이 완료되면 중개기관이 해당 증권을 대여자로부터 차입자에게 실물로 인도하고, 중개기관이 이전된 증권의 관리, 즉 대여증권에 대한 주식배당, 유·무상 증자, 현금배당에 따른 조치를 하게 된다.

우리나라의 경우는 대여증권이 중개기관인 증권사로부터 차입자에게 직접 이전되는 것이 아니라 한국예탁결재원으로 먼저 이동한 이후, 담보를 한국예탁결재원에서 수신하고 다시 차입자에게 이전되는 구조를 가지고 있다. 따라서 우리나라에서 공매도를 하기 위해서는 중개기관인 증권사에 증권 차입에 따른 담보를 제공하고, 한국예탁결재원에도 다시 추가로 담보를 제공해야 하는 이중 담보 구조를 가지고 있다. 따라서 중개기관에 제공해야 하는 중개 수수료까지 감안한다

---

499 미국의 경우는 95%가 현금인 미국 달러 담보이고, 영국의 경우는 70% 정도가 다른 증권으로 담보가 제공된다.

면 증권 대차 비용이 상당히 높은 수준이다.[500] 특히 에쿼티 롱/숏(Equity Long/Short: ELS) 전략을 위해서는 공매도(short)를 위한 주식 풀이 충분해야 하고 그 비용이 낮아야 한다. 하지만 한국의 경우는 숏 풀(short pool)이 상대적으로 적고 유동성이 적은 데다, 이처럼 중개 수수료까지 높아서 한국 주식시장에서 ELS 전략은 현재로서는 성장에 한계가 있다는 의견도 있다.[501] 2014년 11월말 기준 한국형 헤지펀드 설정액은 2조 7,000억 원인데, 이 중 에쿼티 롱/숏(Equity Long/Short) 전략이 차지하는 비중은 34%로 가장 높다.[502] 한국형 헤지펀드로의 자금 유입이 계속되면서 2015년 9월 10일 기준으로는 한국형 헤지펀드 설정액은 3조 1,732억 원이다. 2016년 11월 3일 기준으로는 6조 6,483억 원 수준으로, 불과 1년여 만에 두 배 이상 성장했다. 2017년 5월에는 10조원을 넘었고 2018년 6월에는 20조원도 돌파하여, 3년도 안되어 6배 이상 성장하는 무서운 증가세를 보여주고 있다. 에쿼티 롱/숏 전략이 보통 1/3의 비중을 차지하는 점을 감안하면 이미 에쿼티 롱/숏 전략을 구사하는 한국형 헤지펀드 규모는 6조원을 넘은 것으로 추정된다. 이처럼 한국형 헤지펀드가 에쿼티 롱/숏(Equity Long/Short) 전략으로 쏠리게 되는 경우, 주식 대차 비용이 추가로 상승하게 되고 이는 헤지펀드의 수익률에 역으로 부정적인 영향을 끼치기 되지 않을까 우려된다. 향후 에쿼티 롱/숏(Equity Long/Short) 중심의 헤지펀드가 한국에서 활성화되기 위해서는, 증권대차에 따른 비용을 획기적으로 낮추기 위한 제도개선이 시급하다고 본다.

---

500 우리나라의 에쿼티 롱/숏(Equity Long/Short: ELS) 전략이 수익성을 내기 위해서는 한국 대차거래 전반에 대한 제도적 개선, 특히 높은 수수료 구조 개선이 선행되어야 한다고 본다.
501 숏 풀(short pool)이 적기 때문에 지수차익거래의 형태도 우리나라에서는 대량의 공매도가 필요한 매도차익거래보다 매수차익거래가 더 많다.
502 한국 주식시장에서 ELS 전략의 헤지펀드 규모가 1조를 넘어가면 수익을 내기가 쉽지 않다는 의견이 있다.

대체투자 파헤치기(중)

타이타노마키의 서막

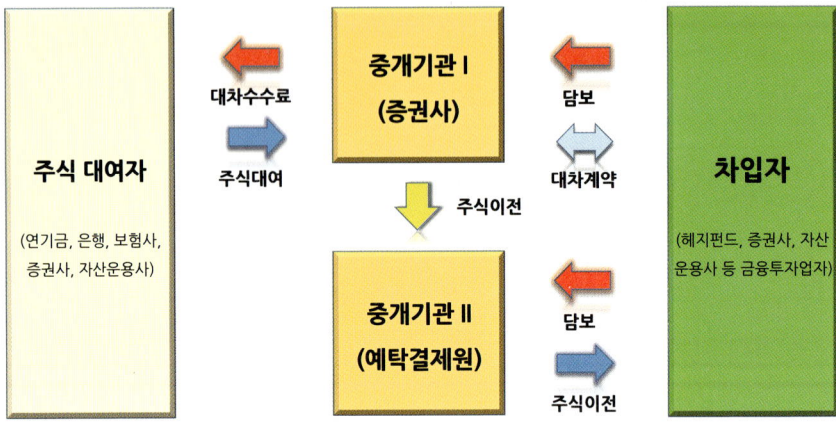

2013년말 기준

우리나라의 경우 증권 대차 거래는 전통적으로 외국인이 주도하여 왔다. 차입 기준으로 외국인 비중이 2009년 91.7%, 2011년 84.6%, 2013년 70.4%, 2015년 68.9%로 2017년까지는 외국인의 비중이 절대적이다.[503] 하지만 한국형 헤지펀드가 급성장한 2018년에는 외국인 비중이 60.1%로 하락하였고, 2019년 3월까지 기준으로는 외국인과 내국인의 대차 거래 비중이 거의 비슷할 정도로 바뀌었다.

〈 외국인 및 내국인 증권 대차거래 비중 현황 〉

구분	2010년	2011년	2012년	2013년	2014년	2015년	2016년	2017년	2018년	2019년 1~3월
외국인 (비중)	1,927.4 (88.1)	2,097.6 (84.6)	2,547.1 (79.1)	3,060.9 (70.4)	3,436.8 (64.0)	3,354.6 (72.5)	3,538.7 (73.5)	4,060.2 (71.5)	4,451.4 (60.1)	992.7 (51.1)
내국인 (비중)	261.0 (11.9)	381.2 (15.4)	673.4 (20.9)	1,284.2 (29.6)	1,932.0 (36.0)	1,272.7 (27.5)	1,314.9 (26.5)	1,620.5 (28.5)	2,954.5 (39.9)	947.6 (48.9)
합계	2,188.4	2,478.8	3,220.5	4,345.1	5,368.8	4,627.3	4,953.6	5,680.7	7,396.9	1,940.3

단위: 백만주, %, 출처: 금융투자협회

503　이와 같이 공매도 활동이 외국인이 주도하면서 주가하락의 원인으로 외국인의 공매도가 비난의 대상이 되는 경우가 많다. 중국양자원의 경우는 개인투자자들이 대차 거부 운동을 펼친 적도 있다. 중국양자원은 2009년 5월에 증시에 입성한 원양어업을 영위하는 중국기업이다. 2011년부터 주가가 하락하면서 공매도의 집중 대상이 되면서, 총 발행주식수 8,300만 주 중 대차잔고가 2011년 초 100여 만 주에서 2014년에는 1,400여 만 주까지 급증하였다. 이에 개인투자자들이 공매도 저지에 나서 대차서비스를 거부하는 운동이 확산되었다. 이에 따라 2014년 10월까지 1,200원 내외의 주가는 2014년 12월 16일 14,150원까지 급등하기도 하였다.

사모투자펀드(PEF)

외국인이 증권 대차 거래를 주도할 수 있는 가장 큰 이유는 외국투자자들이 국내 투자자들보다 자금조달 비용이 매우 낮기 때문이다. 2008년 글로벌 금융위기부터 2015년 단기금리 인상 이전까지는 거의 0%에 가까운 초저금리가 유지되었으므로, 외국인이 주식을 매수하기 위한 레버리지 자금의 조달 비용이 국내 투자자와는 비교할 수 없을 정도로 낮았을 것이다. 나아가 한국처럼 이중 담보구조가 아니므로 주식을 차입하는 비용이 한국보다 낮다. 외국인의 주식 차입은 구체적으로는 아시아 지역 주식시장에 에쿼티 롱/숏(Equity Long/Short) 전략을 구사하는 헤지펀드의 공매도 목적으로 추정된다. 현재 외국인투자자가 주식대차 거래를 하기 위해서는 외국인 ID를 등록해야 하고, ID당 500억 원의 거래한도 적용을 받는다.[504]

하지만 한국형 헤지펀드 도입이 허용된 2011년 12월 이후인 2012년부터는 내국인의 대차거래 비중이 점진적으로 증가하는 추세이다. 즉 내국인의 주식 차입 비중이 2009년에는 8.3%에 불과했으나, 2013년 말에는 그 비중이 3배 이상 증가한 29.6%로 상승했다. 특히 한국형 헤지펀드가 도입된 2011년 이후 내국인의 대차거래 비중 증가세가 매우 뚜렷하다. 아울러 2015년 6월부터 종목의 가격 제한폭이 종전의 상하 15%에서 상하 30%로 확대되면서, 한국형 헤지펀드의 대차거래가 종전보다 활발해질 것으로 전망된다. 이에 따라 대차거래에서 내국인들의 비중 역시 점차로 확대될 가능성이 높다. 실제로 2018년에는 한국형 헤지펀드 설정액이 처음으로 20조원을 넘으면서, 내국인의 대차거래 비중이 40%에 육박했다. 향후 한국형 헤지펀드 설정액이 증가할수록 내국인의 대차거래 비중도 자연스럽게 올라갈 것이다.

해외의 경우 증권 대차거래를 수행하는 헤지펀드는 거래 프라임브로커(PB)를 통해서 공매도를 위한 주식을 확보하는 경우가 대부분이다. 헤지펀드의 경우 자체 신용도가 낮고 리스크가 높다는 인식이 있기 때문에, 장기 주식 보유자인 연기금 등이 직접 헤지펀드에게 주식을 대여하여 주는 경우는 거의 없다. 주로 대형

---

504 2008년 1월 1일 이전 한도는 100억 원이었고, 500억 원을 초과할 경우에는 한국은행에 신고하고 사전에 승인을 받아야 한다.

대체투자 파헤치기(중)

타이타노마키의 서막

투자은행(프라임 브로커, Prime Broker: PB)이 중간에서 헤지펀드로부터 담보를 제공받은 후, 자기이름으로 연기금에 결제 이행 등의 신용을 제공하고 주식을 차입하여 헤지펀드에게 이를 대여하는 주식대차 거래 구조가 형성되어 있다. 한국에서 거래되는 전체 외국인 공매도 물량 중 약 80%가 이 경우에 해당되는 것으로 추정된다.[505] 자체 거래 PB로부터 증권을 대차할 수 없는 경우에는 한국의 기관투자가로부터 주식을 차입하여 공매도를 수행하게 된다.

아래 그래프는 2013년 4월 23일 기준 우리 주식시장의 주식대차 잔고 현황이다.[506] 전체 거래량의 절반이상이 대차잔고 물량인 KODEX 보험이 1위를 차지하였다. 동 종목은 보험회사 주식을 추종하는 ETF로 사실상 개별종목이라고 보기는 어렵다. 2013년 4월 당시 개별종목으로 가장 대차잔고가 많았던 종목은 OCI로 전체 상장주식의 33%가 대차잔고 물량이었다.[507]

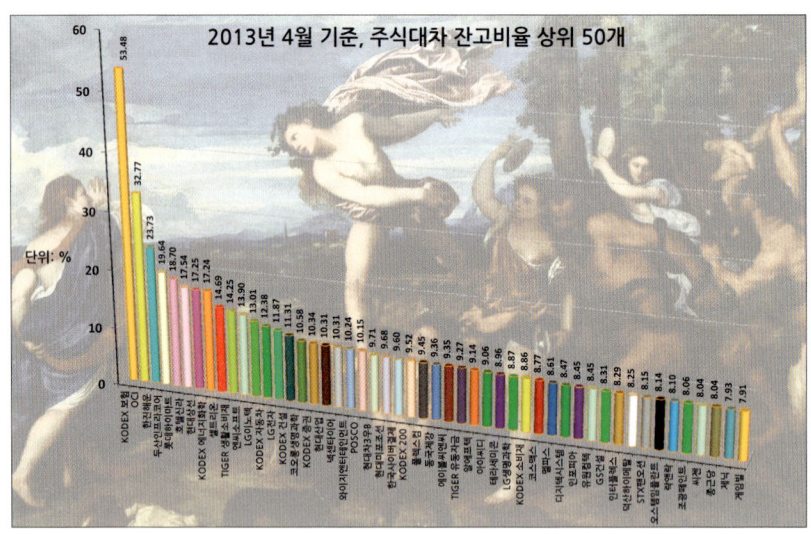

---

505 이 경우에는 우리나라 대차잔고나 공매도 통계에 잡히지 않는다.

506 대차잔고 현황에 대한 자료는 의도적으로 현행화하지 않았다. 잘못된 투자 방향이 될 수도 있기 때문이다. 한편, 우리나라의 경우 금융주에 대해서는 2008년 리먼 사태 이후 공매도 제한이 도입되었고, 2013년 11월 14일 해제되기 전까지 5년 넘게 유지되었다.

507 그러나 앞서 언급한대로 주식 대차 물량은 증권사와 예탁결제원의 거래량이 합쳐진 것으로, 실제 대차 물량은 이 중의 절반 정도라고 보는 것이 합리적이다.

사모투자펀드(PEF)

개별종목에 대한 공매도 수량은 매일 증권사 HTS를 통해 확인이 가능하나, 공매도 전체 잔고는 비공개 정보로 규제당국만이 알고 있다. 하지만 공매도에 대한 비난 여론이 급증하자 국회는 개별 종목에 대한 공매도 잔고 공표를 골자로 하는 자본시장법 개정안을 2014년 2월에 제출하기도 하였다. 공매도 잔고 보고제도라는 이름하에 추진되고 있는 제도의 핵심 중의 하나는 총 발행 주식의 0.5%를 초과하여 공매도 잔고를 보유한 투자자의 정보와 공매도 잔고 내역을 공개하는 것이다.[508] 특히, 2015년 11월에는 국민연금공단의 기관 투자자에 대한 주식대여를 금지하는 법안이 보건복지위원회에 상정되기도 하였다. 이 법은 소위를 통과하지는 못했지만, 만약 통과되었다면 숏 비용이 무시할 수 없을 정도로 상승하면서 공매도 전략에 상당한 차질을 초래하였을 것이다. 향후 국회 입법 과정에서 동 제도들의 도입 여부에 귀추가 주목된다.

한편 개별 종목이 아닌 전체 금액 현황을 살펴보면, 2013년 말 우리나라 주식시장에서 한국 예탁결재원을 통해 체결된 주식대차거래 총액은 142조 9,013억 원이었다.[509] 이는 2012년보다 12.6% 증가한 수치이고, 2009년의 65조 6,129억 원보다 2배 이상 증가한 수치이다. 체결수량 역시 2013년에는 29억 7,400만주로 2012년보다 27.1% 증가했다. 금액기준 잔고규모 역시 매년 상승하는 추세인데 2013년 말에는 24조 4936억 원, 2014년에는 42조 6,172억 원, 2015년에 2월에는 잔액 기준으로 50조 원을 사상 처음으로 넘었고, 2015년 4월 13일에는 57조 원을 넘어섰다. 2015년 8월에는 코스피와 코스닥 시장의 하루 평균 공매도 금액이 4,890억 원으로 거래소가 공매도 현황을 집계하기 시작한 2008년 6월 이후 최고치를 기록하기도 했다. 전체 거래대금 중 공매도 금액이 차지하는 비중 역시 2015년 8월 5.4%로 역대 최고치였고, 코스닥(2.26%)보다 코스피(7.18%)에서 공매도 활동이 3배 이

---

508 동 법안은 2016년 2월에 국회 정무위를 통과하여, 2016년 6월 30일부터 시행 중이다.
509 한국예탁결재원, 2014. 1.24

대체투자 파헤치기(중)

타이타노마키의 서막

상 활발한 것으로 나타났다.⁵¹⁰ 특히 2018년에는 대차거래가 2017년보다 31.2%나 증가한 102억 3,700만 주를 기록하여, 사상 처음으로 100억 주를 돌파했다.

〈 주식 대차거래 총액 추이 (2009~2018) 〉

구분	체결수량		잔고규모	
	주식수(백만주)	증감율	주식수(백만주)	증감율
2009년	1,853	–	284	–
2010년	2,168	17.0%	358	26.1%
2011년	2,555	17.9%	402	12.3%
2012년	3,308	29.5%	724	80.1%
2013년	4,481	35.5%	1,061	46.5%
2014년	5,577	24.5%	1,612	51.9%
2015년	6,693	20.0%	1,850	14.8%
2016년	6,917	3.3%	1,900	2.7%
2017년	7,800	12.8%	2,037	7.2%
2018년	10,237	31.2%	2,724	33.7%

표 출처: 한국예탁결제원

앞서 설명한대로 공매도 물량이 대차잔고에 포함은 되어 있지만, 대차는 공매도 외에도 다양한 목적으로 사용되기 때문에 대차잔고만으로 공매도 잔고를 정확히 계산하기는 어렵다.⁵¹¹ 증권을 빌린 후 즉시 공매도를 수행하는 것이 아니라 주가 추이를 관찰하면서 적정 매도 시점을 기다리기 때문이다. 나아가 공매도를 목적으로 빌리는 것이 아니라 기존의 대차거래를 상환하기 위해 주식을 빌리는 경우도 있다. 따라서 대차잔고와 공매도 수량은 정확히 일치하지 않는다. 반면 대차잔고가 많다는 것은 대체로 공매도 활동이 활발하다는 뜻으로 해석하는 것은 크게 무리가 없다고 본다. 특히 대차잔고가 특정 시점에 급격히 증가하되 상환물량이 많지 않다는 것은 공매도 활동이 급격히 증가할 가능성이 매우 높다는 뜻이라고 본다.⁵¹² 2018년에는 특이하게 코스피 시장에서 삼성전자가 대차거래가 가장

---

510 한국거래소, 2015.9.3
511 금융감독원 보도자료(2008.7.10)에 따르면 주식공매도가 주식대차거래에서 차지하는 비중은 약 20~30% 수준이라고 한다.
512 대차잔고란 주식을 빌린 뒤 상환하지 않은 물량이다. 대차잔고는 한국예탁결제원, 한국증권금융, 증권사의 합계 정보로 매매 시간 종료 후에 금융투자협회에서 제공한다. 대차잔고 현황은 신규수량과 상환수량을 동시에 제공하므로 공매도 활동에 대한 추정이 가능하다.

사모투자펀드(PEF)

활발했다. 아마도 반도체 고점 논란에 휩싸이면서, 주가 하락에 베팅하는 세력이 많았기 때문이 아닌가 추정한다.

마지막으로 공매도와 주가 하락 사이의 인과관계에 대한 이슈이다. 결론적으로 말해 공매도 물량이 많다고 해서 주가가 하락한다는 인과관계는 아직까지 증명된 바가 없다. 주가 상승이나 하락 모두 헤아릴 수 없이 많은 변수가 개입된 예측의 영역으로 인과 관계를 명확히 증명하기가 쉽지 않다. 즉, 공매도 물량이 많다고 해서 반드시 주가가 하락하는 것은 아니다. 오히려 폭스바겐 사건처럼 공매도 세력이 주가상승으로 엄청난 손실을 보는 경우도 있다. 다만, 이론적으로 생각할 때 공매도 물량은 주가하락의 충분조건은 될 수 있다. 즉, 주가가 계속 하락하는 국면에서는 공매도가 주가 하락을 "가속화"시키는 역할을 한다는 주장은 어느 정도 일리가 있다. 실제로도 2008년 금융위기 때 금융주에 대한 공매도가 주가하락을 가속화시키면서 글로벌 전체의 금융시스템이 크게 휘청거리기도 하였다. 이 때문에 심지어 영국에서조차도 금융주에 대한 공매도를 한 때 금지한 적이 있다. 2015년 8월부터 불거진 중국 주식시장의 폭락에는 외국인들의 공매도가 이를 가속화하고 있다는 주장이 있는데, 어느 정도 일리 있는 분석이라고 본다.

2012년 12월말 현재 헤지펀드 설정액은 대우증권이 가장 많으나, 증권사별로 대차잔고가 가장 많은 곳은 우리투자증권이고 다음으로 삼성증권이다. 대차잔고가 많다는 뜻은 주식을 대차하는 풀(pool)이 그만큼 크다는 뜻으로 최소한 2012년 기준으로는 우리투자증권의 주식 대차 풀(pool)이 가장 많았다.

⟨ 증권사별 헤지펀드 설정액 및 대차잔고 현황 ⟩

증권사	헤지펀드설정액	대차잔고
대우증권	3,956억	4,700억
삼성증권	3,122억	8,600억
현대증권	1,795억	4,500억
우리투자증권	1,159억	8,900억
한국투자증권	143억	2,950억
미래에셋증권	해당사항 없음	2,400억

표 2012년 말 기준, 출처: 미래에셋증권

대체투자 파헤치기(중)

타이타노마키의 서막

2008년 폭스바겐 공매도 사건

2009년 1월 5일, 독일 5위의 갑부 기업인 아돌프 메클레(Adolf Merckle)가 열차에 뛰어들어 자살했다. 그의 나이 75세였다. 자살 이유는 복합적으로 알려져 있지만, 중요한 이유 중의 하나는 폭스바겐 주식에 대한 공매도 투자 실패였다. 하지만 폭스바겐 공매도 투자 실패 사건은 비단 메클레에만 한정된 독일 국내 사건은 결코 아니었다.

2008년 9월 전 세계 금융위기는 자동차 업계에도 직격탄을 날렸다. 이유는 대부분 차량판매가 할부 금융을 통해서 이루어졌고, 금융경색이 찾아오자 할부 이자율이 치솟으면서 자동차 판매가 급격히 하락하였기 때문이다. 이에 따라 독일 주식시장에 상장된 폭스바겐은 2008년 10월 헤지펀드의 집중적인 공매도로 인해, 주가가 일주일 만에 400유로에서 209.3 유로로 거의 반토막이 났다. 공매도를 주도한 헤지펀드는 글렌힐(Glenhill), 글렌뷰(Glenview), 엘리엇(Elliott International LP), 페리(Perry Capital), 에일리어스(Alias), 바이킹(Viking) 등으로 알려졌다. 당시 공매도 물량은 유통주식수의 12%로 알려져 있으며, 동 공매도 거래에 소요된 금액은 105억 유로, 한화로 18조에 달하는 엄청난 금액이었다.

포르쉐 카레라 GT(Porsche Carrera GT, 2003년 형) – "분노의 질주(The Fast and Furious)" 영화의 주인공이었던 미국 영화배우 폴 워커(Paul Walker)가 사망할 당시에 승차했던 차량(2005년 형)의 최초 양산 모델. 최고 시속 330km로 현존하는 포르쉐 차량 중 가장 강력한 차량, 슈투트가르트 포르쉐 박물관 소장

하지만 동 폭스바겐의 공매도 거래는 결과적으로 대실패로 막을 내렸다. 이유는 2008년 금융위기 이전부터 진행되다가 그 이후에 더욱 드라마틱하게 전개되었던 포르쉐의 폭스바겐에 대한 적대적 M&A 시도 때문이었다. 2008년 금융위기 당시 포르쉐 회장은 벤델린 비더킹(Wendelin Wiedeking)으로 지속적으로 적자에 허덕이면서 파산 직전에 있던 포르쉐를 세계 최고의 스포츠 브랜드 카로 성장시킨 독일 자동차 업계의 전설적인 CEO였다. 그는 당시 포르쉐 감독 이사회 회장인 볼프강 포르쉐(Wolfgang Porsche)를 설득, 독일 국민차 브랜드였고 판매량에서 포르쉐보다 60배나 많았던 폭스바겐을 적대적으로 인수할 계획을 수립하였다. 이에 따라 언제부터인지 알려져 있지 않았으나, 포르쉐는 폭스바겐 주식을 비밀리

사모투자펀드(PEF)

에 매집하기 시작했다.[513] 이와 같은 매집은 2005년 포르쉐가 폭스바겐 주식의 20% 이상을 취득하여 최대주주가 되겠다고 발표하면서 결국 세간에 알려졌다.

2007년 3월 폭스바겐 주식의 30%를 취득할 때조차도 포르쉐는 폭스바겐의 100% 인수가 목표가 아니라, 폭스바겐을 기업사냥꾼(corporate raiding locusts)의 적대적 M&A 시도부터 보호하기 위한 조치라고 공언하였다. 하지만 공교롭게도 공매도가 한창 진행 중이던 2008년 10월 26일, 포르쉐는 폭스바겐 주식의 42.6%와 함께 추가로 31.5%의 주식을 매수할 옵션도 보유 중이며 2009년 중에 폭스바겐 주식의 75%까지 추가로 인수하겠다는 폭탄선언을 하였다. 당시 폭스바겐의 가장 큰 공장은 하노버가 州都인 독일의 니더작센州에 위치하였는데, 니더작센州는 폭스바겐의 지분 20.1%를 장기 보유한 2대 주주로 보유주식을 시장에 매각할 위치에 있지 아니하였다.

이에 따라 폭스바겐의 주식 중 62.7%(42.6+20.1)는 유통불가 주식이 되었고, 추가 31.5%는 포르쉐의 옵션에 따라 시장에서 언제든지 매수될 가능성이 있는 주식이 되었다. 결국 시장에서 자유롭게 유통될 수 있는 주식은 폭스바겐 주식 중 나머지 5.8%에 불과하게 된 것이다! 이처럼 유통주식수가 하루아침에 급감하면서 공매도 세력에게는 절대로 믿고 싶지 않은 악몽 같은 상황이 눈앞에서 실제로 벌어졌다.

---

513 포르쉐는 1931년에 페르디난트 포르쉐(Ferdinand Porsche)가 설립한 회사이다. 페르디난트는 1906년부터 다임러(Austro-Daimler) 그룹의 개발부에 채용되어 1923년부터는 기술개발 책임자로 일했다. 하지만 그가 기획한 자동차 프로젝트(컴팩트 카)를 다임러가 경비절감을 이유로 거부하자, 회사를 나와 새로 만든 회사가 바로 포르쉐이다. 페르디난트의 컴팩트 카에 대한 열정은 당시 집권한 히틀러의 국민차(폭스바겐, Volkswagen) 보급정책과 절묘하게 맞아 떨어지면서, 페르디난트에게 도약의 기회를 제공했다. 1934년, 페르디난트는 독일 국민을 위한 보급형 컴팩트 카를 디자인하고 제조하기 위한 계약을 "독일자동차산업 국가연합(Reichsverband der Deutschen Automobilindustrie)"으로부터 확보하였다. 이렇게 하여 폭스바겐의 가장 유명한 모델인 폭스바겐 비틀(Volkswagen Beetle)은 포르쉐 창업자 페르디난트 포르쉐가 디자인을 맡아, 아돌프 히틀러의 국민차 프로젝트의 일환으로 탄생하게 되었다. 이후 포르쉐는 히틀러와 긴밀한 관계를 유지하면서, 2차 대전 중에는 독일의 탱크 잡는 탱크(Elefant) 제조를 주도하였다. 2차 대전 후에는 친나찌 전력 때문에 20여 개월간 옥고를 치르기도 했다. 한편 페르디난트는 장녀 루이체 피에히(Louise Piech)와 아들 페리 포르쉐(Ferry Porsche) 등 2자녀를 두었는데, 장녀 루이체의 3남이 후일 페르디난트 피에히 폭스바겐 회장이다. 페리 포르쉐의 아들들이 스포츠 카의 대명사 Porsche 911을 디자인한 페르디난트 알렉산더 포르쉐(Ferdinand Alexander Porsche)와 본문에 등장하는 볼프강 포르쉐이다. 따라서 포르쉐와 폭스바겐의 싸움은 친손자인 포르쉐와 외손자인 피에히 간의 집안 싸움이었다. 볼프강 포르쉐는 2019년 현재도 포르쉐 감독이사회 회장이다. 2015년 4월에는 마르틴 빈터콘 폭스바겐 CEO의 재신임 문제를 놓고, 포르쉐와 피에히 간 의견이 갈리면서 갈등이 다시 고조되기도 하였다. 하지만 폭스바겐 이사회가 마르틴을 지지하는 성명을 내자, 피에히는 폭스바겐 회장직을 사임하고 포르쉐 이사직만 유지하겠다고 발표하였다. 아무도 예상치 못한 결과로 이번엔 포르쉐의 승리, 피에히의 패배였다. 언론에서는 피에히의 패배를 22년간 절대 권력을 누려온 「자동차 황제(Kaiser Auto)의 몰락」이라고 평가했다.

대체투자 파헤치기(중)

타이타노마키의 서막

 포르쉐의 폭탄선언 다음 날인 2008년 10월 27일 월요일, 개장과 동시에 폭스바겐 주식은 금요일 종가인 209유로보다 70% 폭등한 350유로로 시가가 형성되었다. 다음 날인 10월 28일 화요일에는 시총이 장중 한 때 2,960억 유로까지 치솟아 세계 1위인 엑슨 모빌을 넘어섰다. 화요일 종가 기준 주가는 913유로였다. 이틀 만에 4배 이상 치솟은 것이다. 이와 같은 주가 급등으로 공매도 세력은 200억 유로라는 어마어마한 손실을 입었다. 공매도 세력 중의 하나로 참여하였던 아돌프 메클레(Adolf Merckle) 역시 5억 유로의 손실을 기록한 것으로 알려졌다. 포르쉐는 주가 급등 시에 보유 주식을 시장에 매도하여 상당한 차익을 남겼으며, 추가로 공매도 세력에게 보유주식을 대여하여 수수료까지 챙겼다. 2008년 포르쉐는 자동차 판매로 인한 이익보다 더 많은 이익을 이와 같은 주식 거래로 창출해 냈고, 주당 15유로의 추가 배당으로 돈 잔치를 벌였다.

 대표적인 독일 기업가인 메클레가 왜 헤지펀드가 주로 구사하는 공매도 세력에 참여하였는지는 여전히 알려져 있지 않다. 확실한 것은 동 거래로 인해 메클레를 포함한 공매도 세력이 천문학적인 피해를 입었다는 사실이다. 결국 글렌힐(Glenhill), 글렌뷰(Glenview), 엘리엇(Elliott), 페리(Perry) 등 당시 공매도에 참여했던 헤지펀드들은 포르쉐를 상대로 손해액이 60억 유로에 이르는 대규모 소송을 제기하였다. 소송의 취지는 포르쉐가 의도적으로 공매도 세력에게 재매입 압박(short squeeze)을 가하여 주식가격의 인위적인 상승을 가져왔다는 것이다. 하지만 독일 법원은 이들의 취지를 모두 부인하였고, 대부분의 헤지펀드는 소송에서 패하였다. 미국에 주로 위치했던 26개 헤지펀드들은 2012년에 동 소송을 미국의 연방법원까지 끌고 갔으나, 연방법원은 미국법이 적용되지 않는다는 피고의 주장을 수용하여 소송을 기각했다. 결국 폭스바겐 공매도 사건은 공매도 세력이 주가하락을 예상하더라도, 항상 이기는 것이 아니라는 것을 보여준 극명한 사례로 지금까지도 회자되고 있다.

 폭스바겐 공매도 세력 중의 하나로 참여 했던 헤지펀드인 글렌뷰 캐피탈 매니지먼트(Glenview Capital Management)의 CEO인 래리 로빈스(Larry Robins)를 2014년에 실사과정에서 면담한 적이 있다. 폭스바겐 이야기는 필자가 실사 전에 알고 있던 이야기라 직접 질의하기가 매우 조심스러웠다. 하지만 폭스바겐에 대한 이야기를 듣고 싶었던 필자는 혹시 펀드운영 과정에서 실패한 투자사례가 있느냐고 먼저 질의하였다.

 이에 그는 주저 없이 폭스바겐 투자 실패 사례를 이야기 하였는데, 그에 따르면 2008년 당시 폭스바겐 주가는 명백히 포르쉐가 인위적으로 주가를 조작한 사건이라고 단언하였다. 의도적이 아니라면 어떻게 주식을 매집하면서 매집한 주식을 다시 공매도 세력에게 빌려줄 수 있단 말인가? 헤지펀드 업계에 있는 이들은 상호간 의사소통이 원활한 편이므로, 결국 투자한

사모투자펀드(PEF)

헤지펀드들끼리 연합하여 소송 전까지 전개했다는 이야기도 들을 수 있었다. 약간 살찐 모습에 이웃집 아저씨처럼 푸근한 인상에 항상 침착해 보이는 그였지만, 폭스바겐 이야기를 하면서는 상당히 흥분하는 모습이 아직도 기억이 난다. 글렌뷰는 2013년 말에 수익률 84%를 기록하여, 그 당시에 전 세계에서 수익률이 가장 높았던 헤지펀드로 기록되기도 하였다. 하지만 래리 혼자서 펀드 전체의 운영을 책임지고 있어, 핵심운용인력 리스크(keyman risk)가 높은 편이라 판단하여 투자는 보류한 적이 있다.

한편 포르쉐의 폭스바겐 인수 시도의 결론은 그야말로 비즈니스의 세계에서는 영원한 승자도 패자도 없다는 점을 다시 한 번 상기시켜 주는 각본 없는 드라마였다. 즉 2008년 글로벌 금융위기의 단기여파를 적절히 활용하여 승리한 것처럼 보였던 포르쉐는 2008년 글로벌 금융위기의 장기적 여파로 인해 몰락하였다. 포르쉐의 비더킹 회장의 폭스바겐 주식 인수자금은 주로 은행에서 빌린 돈으로 마련되었는데, 2008년 글로벌 금융위기 이후 금융기관의 자금경색이 이어지자 인수자금 회수요구가 쇄도하였다. 이에 따라 2009년부터 포르쉐의 자금압박이 본격 시작되었다.

비더킹 회장은 카타르의 국부펀드에까지 도움을 요청하였지만, 90억 유로에 달하는 부채를 해소할 방법을 결국 찾지 못했다. 마침내 비더킹 회장은 2009년 포르쉐 지분의 49.9%를 폭스바겐에게 매각하였다. 비더킹 회장은 2009년 7월 포르쉐 회장 자리에서 물러나면서 5천만 유로, 당시 우리나라 돈으로 8백억 원 이상의 퇴직금과 상여금을 챙겨 나갔다. 폭스바겐은 2012년 7월에 포르쉐의 나머지 51.1% 지분을 다시 매입하였다. 이로써 스포츠카와 프리미엄 세단의 대명사 포르쉐는 국민차 브랜드 폭스바겐의 100% 자회사로 운명이 바뀌었다. 포르쉐의 야심찬 인수 계획은 인수를 시도하다가 결국은 인수를 당하는 아이러니한 결말을 내고, 10년에 가까운 세월동안 진행된 독일 자동차 업계의 대표적인 M&A 드라마는 여기에서 막을 내렸다.

포르쉐 창업자 페르디난트와 그의 아들 페리(슈투트가르트 포르쉐 박물관)

포르쉐 부자의 일대기와 포르쉐의 대표적 모델 등을 전시한 포르쉐 박물관은 남부 독일의 바덴뷔르템베르크 州都인 슈투트가르트에 있다. 슈투트가르트는 1931년에 페르디난트가 자신이 상상한 차를 실제로 제작하기 위한 "디자인 및 제조(Grundung eines Konstrucktionsburos; Design and Construction Office) 사무실"을 처음으로 설립한 도시이다. 이 사무실이 바로 포르쉐의 모태이다. 슈투트가르트는 설립자 페르디난트가 사망한 도시이기도 하다. 그만큼 슈투트가르트는 포르쉐와 떨어질래야 떨어질 수 없는 도시이다.

전술한 바대로 페르디난트(Ferdinand)가 히틀러와 합작으로 제작한 폭스바겐이 빅 히트를 치면서 화려한 전성기를 보내기는 했지만, 2차 대전에서 독일이 패배하면서 포르쉐의 앞날은 그렇게 밝지가 않았다. 페르디난트의 아들인 페리(Ferry)도 고급 스포츠 차량 제조에 집중하면서 사세를 급격히 확장하는 데는 한계가 있었다. 예컨대 1950년 당시 포르쉐 356 시리즈 제품은 10,200 마르크로 차량 제품 중 가장 비싼 럭셔리 카의 대명사였다. 독일 이외의 국가 중에서도 화폐 가치가 높았던 영국, 네덜란드, 스위스 등의 일부 부유층만이 소비할 정도로 고가였다고 한다. 하지만 포르쉐의 사세를 확장시킬 만한 대규모 수요는 아니었다.

포르쉐의 사세를 급격히 확장시킨 폭발적 수요를 촉발시킨 나라는 아이러니하게도 2차 대전 당시 슈투트가르트를 철저히 파괴시킨 미국이었다. 전후 최대 소비국가로 부상한 미국인들에게 유럽 최고의 럭셔리 차량이라는 이미지는 미국인들의 소비 심리를 자극하기에 너무나도 적합하였던 것이다. 오스트리아 태생으로서 미국에서 포르쉐를 포함한 유럽 차량을 수입하던 막스 호프만(Max Hoffman)은 이와 같은 점을 간파하고, 유럽의 고색창연한 문물을 상징적으로 표현하는 로고를 제작하도록 1951년에 페리 포르쉐에게 요청했다. 포르쉐의 로고를

911 터보 1호 제품(슈투트가르트 포르쉐 박물관 소장)

디자인한 이는 전문적인 디자이너가 아니라 엔진 전문가인 프란츠 라임슈피쓰(Franz Xaver Reimspiess)였다. 프란츠는 슈투트가르트의 상징인 말과 이 도시가 위치한 뷔르템베르크州 문장(紋章, Coat of Arms) 중의 사슴뿔(antlers)을 결합하여 포르쉐의 로고를 만들었다. 포르쉐 로고 정 중앙에는 말·사슴뿔 그림과 함께 슈투트가르트라는 도시 이름이 선명하게 새겨져 있다. 이 로고는 1952년부터 포르쉐 생산제품 운전석의 핸들에 처음으로 장착되기 시작했다.

포르쉐 박물관에는 설립자 페르디난트와 그의 아들 페리에 관한 사진과 일대기들을 사실감 있게 전시해 놓고 있어서 관람자들의 눈길을 끈다. 특히 1974년 9월에 페리 포르쉐가 장녀 루이체 피에히에게 그녀의 70번째 생일 선물로 준 은빛 색깔의 "911 터보" 1호 생산 제품이 보

사모투자펀드(PEF)

는 이의 시선을 사로잡는다. 이때까지만 해도 폭스바겐과 포르쉐 사이에는 우호적인 관계가 유지되고 있었다는 것을 보여주는 상징적인 제품이기도 하다. 비즈니스 세계에서는 영원한 적도 동지도 없다는 것은 잘 알려진 상투적인 문구지만, 더 나아가 누나와 친동생 간의 이처럼 끈끈한 우애마저도 한순간에 무색하게 만들어 버리는 냉엄한 현실이 비즈니스 세계가 가진 이 전투구의 실상은 아닌지 모르겠다. 특히 2015년 9월 18일, 미국 환경부(EPA)가 폭스바겐 차량의 이산화탄소 배출량 조작 의혹을 제기하면서 폭스바겐이 헤어나기 어려운 수렁에 빠진 이후, 포르쉐 역시 산화질소 배출량에 대한 조작 의혹에 휩싸이면서 폭스바겐과 포르쉐 양사의 끈질긴 인연은 지금도 현재 진행형이다.[514] 2015년 디젤 스캔들 이후에도 폭스바겐은 준중형 승용차인 골프를 전기차로 전환하여 e-골프를 출시하고, 포르쉐는 스포츠 세단에서 전기자동차 타이칸(Taycan) 생산 라인업을 강화하면서 전기차 시장에서도 양사의 끈질긴 인연이 향후에도 계속될지 주목된다.[515]

---

514 Financial Times, Nov 5, 2015
515 Financial Times Feb 12, 2019

대체투자 파헤치기(중)
타이타노마키의 서막

< 대체투자 파헤치기(중)은 대체투자 파헤치기(하)로 이어집니다. >

대체투자 파헤치기 하
— PEF(2) 주주행동주의, 주요 대기업 그룹 해부 編 —

타이타노마키의 2막

이원희 지음

Gamco Asset Management
Elliott Management
Pershing Square
Clinton Group
Carl Icahn
Trian
TCI
Third Point
Jana Partners
Starboard Value
ValueAct Capital
Bulldog Investors

BONY Melon
JC Penny
삼성물산
Apple
eBay
SK㈜
Pepsi
현대상선
Du Pont
Sotheby
Softbank
Coca Cola

타이타노마키의 2막(기간토마키), 주주행동주의와 대기업 그룹간 피할 수 없는 혈투!

주주행동주의 동향, 전략, 대응 방안,
PEF와 헤지펀드의 차이점, 한국 주요 대기업 그룹의 모든 이슈 파헤치기

• 사모투자펀드(PEF)

당초 (하)권에 담으려고 했던 내용은 역사, 경제, 금융과 인문학을 융합한 『황금, 설탕, 이자(상) – 바빌로니아의 수수께끼』와 『황금, 설탕, 이자(중) – 성지기사단의 비밀』이라는 별도의 책으로 출간할 예정입니다. 아래 내용은 각 책에 담길 내용 중 일부입니다.

이제 기원전 6세기 고대 리디아 금융제국의 금화 "크로에세이드(croeseid)"와 13세기 세계 제국을 건설한 원나라 쿠빌라이 칸의 법정 지폐인 "교초(交鈔)"가 결합된, 인류 역사상 가장 완벽한 통화가 마침내 20세기에 탄생한 것이다!

– 『황금, 설탕, 이자(상): 바빌로니아의 수수께끼』 서문 중에서 –

백년전쟁을 일으킨 영국의 에드워드 3세(Edward Ⅲ, 1312~1377)나 프랑스의 필리프 6세(Philip Ⅵ, 1293~1350)가 자신들이 살았던 시대보다 1,500년 이전에 중국인들이 장평 전투에 참여한 100만 대군을 땡전 한 푼도 들이지 않고 징병했다는 이야기를 들었다면 아마도 기절초풍했을 것이다. 유럽에서는 18세기 의무 병역제가 확립되기 전까지, 반대급부가 없으면 군대는커녕 사람 하나도 동원할 수 없었기 때문이다.

– 『황금, 설탕, 이자(중): 성지기사단의 비밀』 서문 중에서–

대체투자 파헤치기(중)
타이타노마키의 서막

> 『황금, 설탕, 이자(상)-바빌로니아의 수수께끼』 - 본문 중에서

이처럼 황금은 지구와 인간의 역사 훨씬 이전부터 존재한 외계 물질이었다. 그만큼 귀했다. 얼마나 귀했는지 수메르인들은 그들의 신화에서 인류의 탄생과 황금 채굴이 직접적인 관련성을 가지고 있다고 묘사했다. 즉, 황금을 채굴하기 위해 하늘에서 내려온 이들이 인간을 창조했다는 것이다! 후술하는 남아프리카 유역의 초 고대 금광 유적지 주변의 짐바브웨와 줄루 부족들의 전설도 비슷하다.

그들에 따르면 이들 초 고대 유적지를 만든 이들은 황금을 캐기 위해 최초의 사람들(First People)이 살과 피를 이용해 창조한 노예, 즉 인간을 창조했다고 한다. 하기야 고대부터 금이 가장 많았던 곳과 인류가 처음으로 나타난 곳 모두가 아프리카라는 것이 묘하게 일치하기는 한다. 만에 하나라도 수메르인들의 신화나 줄루 부족의 전설이 지어낸 이야기가 아니라 사실을 묘사한 것이라면? 수메르인들의 주장이 황당하다고 느끼는가? 그렇다면 다음의 사실들은 어떻게 설명이 가능할까?

첫째, 호모 사피엔스 사피엔스가 출현한 4~5만 년 훨씬 이전인 기원전 10만 년 전후에 아프리카 남부의 스와질랜드(Swaziland)에서는 인간이 금을 채굴한 탄광의 흔적이 아직도 남아 있다. 말도 안 되는 소리! 하지만 영국인 텔포드 에드워즈(Telford Edwards)는 1904년 짐바브웨를 방문한 후, 짐바브웨에서 10만년 이전의 초 고대에 매우 활발한 금광 채굴활동이 있었다고 주장했다. 나아가 그는 초 고대인이 채굴한 금광이 최소한 21,637,500온스, 약 612톤일 것이라고 추정했다.

둘째, 스와질랜드나 짐바브웨뿐 아니라 오늘날 남아프리카공화국에도 최소 15만 년 전에 형성된 대도시 유적이 남아 있다. 물론 이들 타운은 금광 지역과 매우 가깝고, 금광 채굴과 어떻게든 관련이 되어 있다. 학자들은 이들 도시에 거주했던 이들의 인구가 약 20만 명이었다고 추정한다. 중세 유럽에서 가장 번영했던 베니스 인구가 13세기에 고작 10만 명이었는데, 15만 년 전 아프리카에 20만 명의 인간이 거주했다고?

믿기 어려운가? 그렇다면 지금 당장 구글 어스(Google Earth)를 실행한 다음, 검색창에 다음 좌표를 입력하고 눈으로 직접 확인해 보라. 지금 독자들 눈앞에 펼쳐지고 있는 이 경이로운 유적지들은 남부 아프리카 금광 지역에 최소 15만 년 전에 건설된 인간들의 집단 거주지이다.

『황금, 설탕, 이자(중) – 성지기사단의 비밀』 –본문 중에서

특히 서유럽의 상인은 상인과 뱅커들이 결합된 머천트 뱅커들을 포함한다. 서유럽의 머천트 뱅커는 산업혁명 시대에만 특별히 존재했던 것은 아니었다. 머천트 뱅커는 수메르, 아시리아, 바빌로니아, 페니키아에도 있었다. 특히 성지기사단을 거쳐 13세기부터 이탈리아에서 등장하기 시작한 시에나의 본시뇨리(Bonsignori), 루카의 리카르디(Riccardi), 제노아의 그리말디(Grimaldi), 피렌체의 바르디(Bardi)·페루찌(Peruzzi)·메디치(Medici)와 같은 머천트 뱅커들은 산업, 국제무역, 자본대출과 금융기법을 결합하여 14세기에는 서유럽 왕실과 교황과의 우호적 관계를 확립하고 사회적 지위까지 확보했다.

이들은 1204년 4차 십자군 전쟁에서의 베니스 상인들처럼 황금과 은을 위해서라면, 같은 카톨릭 교도로서 카톨릭의 성지 콘스탄티노플에 있는 금박의 성모마리 성상을 파괴하고 수도원의 수녀를 강간하는 일 따위조차도 대수롭지 않게 여겼다. 사람들이 도처에 굶어 죽는 14세기 유럽의 7년 대기근 상황에서도 이탈리아 뱅커들은 너도나도 비싼 값으로 곡물을 왕실에 팔면서 은행 규모를 키웠다.

심지어 청나라의 임산부와 어린이까지도 아편 중독에 빠지는 심각한 상황에서 오로지 은을 위해 아편을 팔던 영국 상인들은 "아편이 영국 상류층이 마시는 샴페인과 브랜디와 다를 것이 뭐냐(?!)"고 강변했다. 나아가 상인들의 합법적인 이익집단이었던 영국 의회는 불법 마약인 아편을 몰수하고 불태웠다는 이유로, 청나라를 상대로 전쟁까지 선포하였다. 마르크스의 말대로 이들은 "불타오르는 종교적 신념, 기사도 정신과 이국적인 감상주의라는 최고의 황홀경을 독선적인 이해타산이라는 얼음장 같이 차가운 물속에 수장(水葬)시켰다." 만약 주자학을 창시한 송나라의 주희(朱熹, 1130~1200)가 탐욕에 물든 이들 상인과 뱅커들의 존재를 알았다면 뒤로 주저앉을 만큼 경악했을 것이다. 더 나아가 주희는 능지처참 형으로 이들을 철저히 말살한 뒤, 은나라 주왕(紂王, BC ?~ 1046?)이 했던 것처럼 시신은 소금에 절인 후 육장(肉醬)을 떠서 먹어야 한다고 주장했을지도 모르겠다.

Experience Never Errs.

Leonardo da Vinci

Cerca Trova